本书出版得到

国家重点文物保护专项补助经费

资　助

海岱考古

（第十五辑）

山东省文物考古研究院 编

科学出版社

北京

内 容 简 介

《海岱考古》是山东省文物考古研究院主编的关于海岱地区考古学文化研究的集资料性与学术性为一体的系列考古学文集。此丛书集中发表了山东省文物调查和考古发掘的简报与报告，有重点地刊载了本地区考古学研究的论文。

第十五辑收录了9篇发掘、调查报告和10篇研究论文，为山东地区考古学文化体系的完善增添了新的材料。

本书适合从事考古学、历史学、人类学等方面的专家、学者以及高等院校相关专业师生参考、阅读。

图书在版编目（CIP）数据

海岱考古. 第十五辑 / 山东省文物考古研究院编. —北京：科学出版社，2023.9

ISBN 978-7-03-076377-8

Ⅰ.①海⋯ Ⅱ.①山⋯ Ⅲ.①考古–山东–丛刊 Ⅳ.①K872.52-53

中国国家版本馆CIP数据核字（2023）第175168号

责任编辑：雷　英 / 责任校对：邹慧卿
责任印制：肖　兴 / 封面设计：张　放

科学出版社 出版
北京东黄城根北街 16 号
邮政编码：100717
http://www.sciencep.com

北京中科印刷有限公司 印刷
科学出版社发行　各地新华书店经销
*

2023 年 9 月第 一 版　开本：787×1092　1/16
2023 年 9 月第一次印刷　印张：27　插页：32
字数：640 000

定价：350.00 元
（如有印装质量问题，我社负责调换）

《海岱考古》编辑委员会

主　　任　孙　波

副 主 任　孔胜利　徐　波

委　　员（按姓氏笔画排序）

　　　　　王　龙　　王子孟　　王春云　　代全龙

　　　　　吕　凯　　朱　超　　刘　晨　　刘文涛

　　　　　孙启锐　　李　罡　　李宝军　　吴志刚

　　　　　张　溯　　陈永婷　　赵益超　　郝导华

　　　　　党　浩　　徐倩倩　　梅圆圆　　董文斌

　　　　　韩　辉

执行主编　张　溯

目 录

泰安虎城遗址调查报告 ……………………… 山东省文物考古研究院　宁阳县博物馆（1）

莒南址坊遗址考古发掘报告 ………… 山东省文物考古研究院　莒南县文物管理所（10）

高青县拥护村南遗址发掘简报 …… 山东省文物考古研究院　高青县文化和旅游局（35）

乳山东王家遗址发掘简报 ………… 山东省文物考古研究院　乳山市文物保护中心（54）

滕州市于山遗址发掘简报 ……………………………………………………………………

　　　…山东省文物考古研究院　郑州大学历史学院考古学系　滕州市文化和旅游局（71）

济南市省府前街遗址 A 区发掘报告 ……………………… 济南市考古研究院（107）

山东烟台开发区、福山区汉墓清理简报 ……………………………………………………

　　　………………………………… 烟台市博物馆　烟台市福山区王懿荣纪念馆（167）

曲阜市旧县四街窑址发掘报告 ……………………… 山东省文物考古研究院（212）

济宁市嘉祥县龙城华府墓地发掘简报 ……………………… 济宁市博物馆（286）

山东巨野县元代济宁路达鲁花赤按檀不花家族墓地及其出土碑刻 ……………………

　　　………………………………………………………… 张慧敏　康建国（296）

邹平黄山三路发现铜器窖藏 ………………………………………… 张玉静（308）

辽东半岛新石器时代晚期社会格局再识 ……………………………… 张翠敏（318）

关于蒙山古道的几个城址 ………………………… 杨光海　郝导华　张子晓（333）

汉画像石上所见"牛马合犋"图研究 ………………………………… 李　放（344）

尺寸之间：汉尺形制和纹样综考 ……………………………… 孔凡一　刘艳菲（351）

山东汉墓出土铅釉陶器研究 ………………………… 么　彬　张　冲　王　滨（375）

唐与朝鲜半岛往来的历史见证——山东长清孝堂山石祠上的题刻 ………… 杨爱国（397）

莱州海仓独木舟的发现与研究 ………………………………… 张英军　张玉光（403）

石以言孝——博山颜文姜祠历代碑碣考析 …………………………… 徐春晖（414）

泰安虎城遗址调查报告*

山东省文物考古研究院

宁阳县博物馆

一、工作概况

　　山东地区拥有数量众多的旧石器时代晚期遗存，集中分布于沂、沭河及汶、泗河流域，此外，在鲁中南中低山丘陵区、日照沿海及烟台等地也有零星发现。其中汶、泗流域的旧石器时代考古工作可追溯到20世纪80年代末，中国社会科学院考古研究所工作人员在汶上、宁阳、嘉祥县及兖州市等地发现一批旧石器时代遗存。因采集石制品面貌似不同于此前在山东其他区域的发现，被认为是一种颇具本地特色的旧石器时代文化[1]。为探索和揭示山东地区的旧石器时代石器面貌及其丰富的文化内涵提供了一批重要材料。然而美中不足的是，44处地点的石制品均采自地表，难以追寻其所处原生层位，同时后续工作也未跟进，致使汶、泗流域是否也存在典型"细石器"技术成为悬而未决的学术问题。此后相关考古工作近乎停滞，对此问题的推动和解决更无从谈起。不可否认，该区域存在进一步开展野外工作的潜力和研究空间。

　　山东省文物考古研究院联合相关文物部门，于2017～2019年开展了为期3年的系统旧石器专项复查、调查工作，范围涉及济南长清区、泰安市肥城、济宁市汶上及兖州等地，其中以在泰安市宁阳县发现的遗存数量最多。2019年4月，由山东省文物考古研究院与宁阳县博物馆业务人员组成调查队，首先在伏山镇发现东山岭遗址，采集到数量丰富的石制品，其中包含制作精良的细石核及工具。随后调查便围绕县域10余乡镇展开。具体调查工作参考1∶5万地形图，重点对具备第四纪埋藏条件的河流阶地、谷地、低山、丘陵及洞穴地貌，采取"之"字形路线的野外调查策略。经过4个月调查，在宁阳县内共新发现旧石器遗存30余处。对采集石制品进行初步研究可知，石器面貌

---

* 国家社会科学基金项目（19BKG008）阶段性基础研究成果之一。

分属于细石器及小石器两种工业传统。虎城遗址即为此次调查中发现的旧石器时代晚期遗存（图一）。

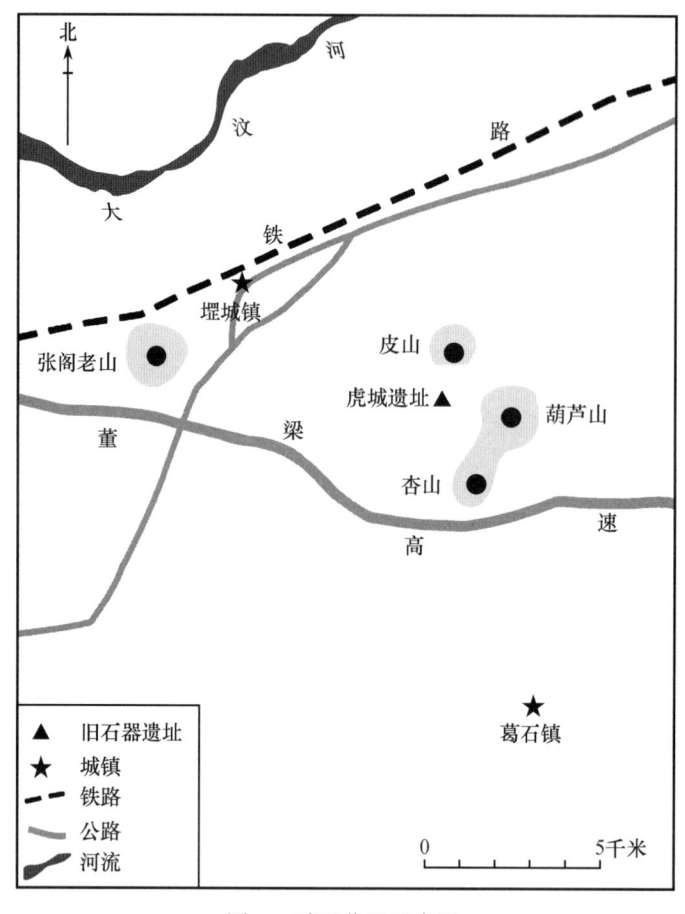

图一　遗址位置示意图

二、区域环境与地质地貌

宁阳县位于鲁中地区西南角的泰安市南部，地质构造带位于鲁西断块隆起区中部，由汶、泗断陷盆地，汶东断陷盆地及皋山玉皇顶复背斜等几个构造单元组成。地势东高西低。东部为低山丘陵区，属蒙山余脉绵延，海拔一般在120～500米。西部为平原地带，最低处海拔46米。中部为低山与平原的过渡地带，系由古老结晶岩组成的断块低山丘陵区（缓坡丘陵、剥蚀堆积丘陵）[2]。坡面组合体构成复杂，为山地久经侵蚀的产物。具体表现为坡度一般较为低缓，无一定方向，大多没有明显脉络，顶部浑圆。

调查发现的旧石器地点多集中于以丘陵为主的中部过渡带。遗存地貌多表现为丘陵顶部残丘，石制品多采集于地表，仅个别石制品采自地层之中。以虎城遗址为例，采集石制品散布于皮山南坡，其西约8千米张阁老山北部山前也采集过石英制品[3]。虎城遗址石制品采集自覆盖于山体之上厚度不一的次生堆积中。该遗址发现于县城东北约15千米的葛石镇虎城村西北，面积较大，东西长约150、南北长约80米。中心点坐标为东经116°54′37.01″，北纬35°51′15.26″，海拔175米。2019年夏季调查及复查共计3次，先后采集包括石核、石片及工具残件等62件。

三、石制品分类与描述

调查发现的62件石制品类型包括石核、石片、工具和残件等（表一）。原料绝大多数为石英，极少数为燧石。石制品重量小于10、10~30克的分别占石制品总数的45.16%；大于30克的有6件，为3件锤击石核、2件断块和1件厚石片。石制品大小以小型为主，占比约90.32%；微型次之，中型者比例不足2%。工具可辨识出4种类型，占石制品总量的41.94%，其中以刮削器数量最多，其次为尖状器和凹缺刮器，石钻仅发现2件[4]。

表一　虎城遗址采集石制品分类统计表　　　　（单位：件）

石核		石片		工具				残件		合计
锤击	砸击	锤击	砸击	刮削器	尖状器	凹缺刮器	石钻	断块	残片	
5	1	5	3	15	5	4	2	18	4	62
8.06%	1.61%	8.06%	4.84%	24.19%	8.06%	6.45%	3.23%	29.03%	6.45%	100%

1. 石核

共6件。其中锤击石核5件，砸击石核1件，原料全部采用脉石英，均为块状毛坯，基本不见自然石皮，形状多不规整，磨蚀程度总体较低。长17~39.48、平均28.44毫米，宽18.45~42.51、平均33.77毫米，厚13.36~43.12、平均28.89毫米，重7.1~56.4克，平均31.23克。锤击石核可划归为双台面石核3件，多台面石核1件，单台面石核1件，共剥片17个。台面角64°~96°、平均76.05°。台面分为自然台面和打击台面，偶见修理台面，调整台面角度或调整台面的预制理念成熟，多有继续剥片潜力。石核剥片疤分布不集中，常见1个剥片面分布一两个片疤，偶见两三个剥片疤，消耗率适中，利用率一般。

双台面石核　2019HC：25，不规则块状毛坯，原料为富有光泽的棕白色脉石英，长25.37、宽42.51、厚32.19毫米，重32.5克。共有2个台面，4个剥片面。主剥片面可见4个片疤，最大者长25.37、宽26.72毫米，近三角状，此后又继续进行了两三次尝试剥片，留有2个片疤，均较短小。其右侧可见一自台面延伸至核体底部的贯通片疤，所剥石片为长型，剥片疤长27.03、宽14.8毫米。另一台面为节理面，甚小，以此为基础进行剥片，剥落的石片尺寸均不大，也可能是为了调整石核台面角度而进行的修理工作。石制品磨蚀程度中等，对石料的利用已近完结。可测台面角度分别为74°和75°（图二，1）。2019HC：29，核体呈三棱柱状。主台面为一宽大片疤，内凹。以此为台面在3个相邻垂面进行剥片，剥取石片数量在5件以上。台面角分别为68°和80°。核体磨蚀程度中度（图二，3）。

多台面石核　2019HC：27，核体呈不规则正方体状。原料为富有光泽的白色脉石英。长25.25、宽38.81、厚35.5毫米，重51克。共有3个台面，4个剥片面。主台面相对宽大、略内凹，系一完整片疤。以此为台面在相邻3个垂面进行尝试打片。其中以角度合适的剥片面打下一宽型石片，远端受坯材自身限制内收。3个有效台面角分别为84°、91°和96°。核体磨蚀程度较轻（图二，2）。

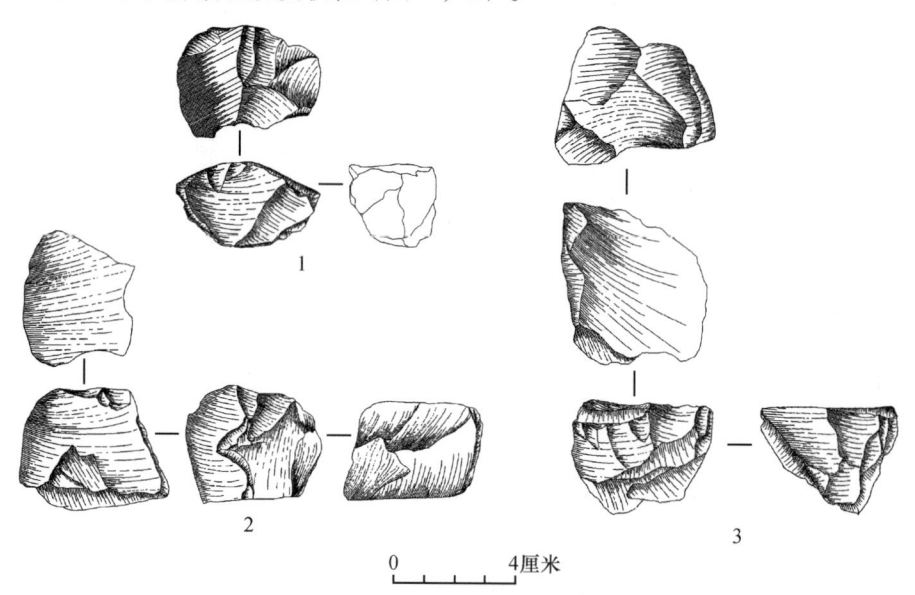

图二　虎城遗址采集石核
1、3.双台面石核（2019HC：25、2019HC：29）　2.多台面石核（2019HC：27）

2. 石片

8件。重量在1~15克的所占比例最大。依打击技术可分为砸击和锤击两种，其中锤击石片5件，砸击石片3件。多数为长型石片，少数宽厚型石片，以Ⅲ式、Ⅵ式晚期剥片产品居多。石片角平均94.6°，仅1件大于100°[5]。

锤击石片 共5件。2019HC:2，Ⅵ式长型石片。白色脉石英质。台面为节理面，甚平。腹面内凹，远端内收。有锥疤发育。远端可见多处崩疤。背面略凸，可见横向片疤自右侧向左侧切入，但未贯通。石片长33.36、宽32.6、厚11.69毫米，重13.6克，石片角为87°。磨蚀较轻（图三，1）。2019HC:31，Ⅲ式宽型石片。白色脉石英质。菱形自然台面。腹面外凸，打击泡显著，同心纹不明显，石片右侧呈外翻状，远端发育裂隙，残缺，背面有一纵脊，延伸至远端，几乎不见自然石皮，以底部裂隙面作为台面，可见一明显的石片疤。石片长42.4、宽61、厚21.7毫米，重65.3克。磨蚀较轻（图三，2）。2019HC:35，左裂片，自然台面，近长方形。石片长34.8、宽26、厚11毫米，重11.6克。轻度磨蚀（图三，3）。

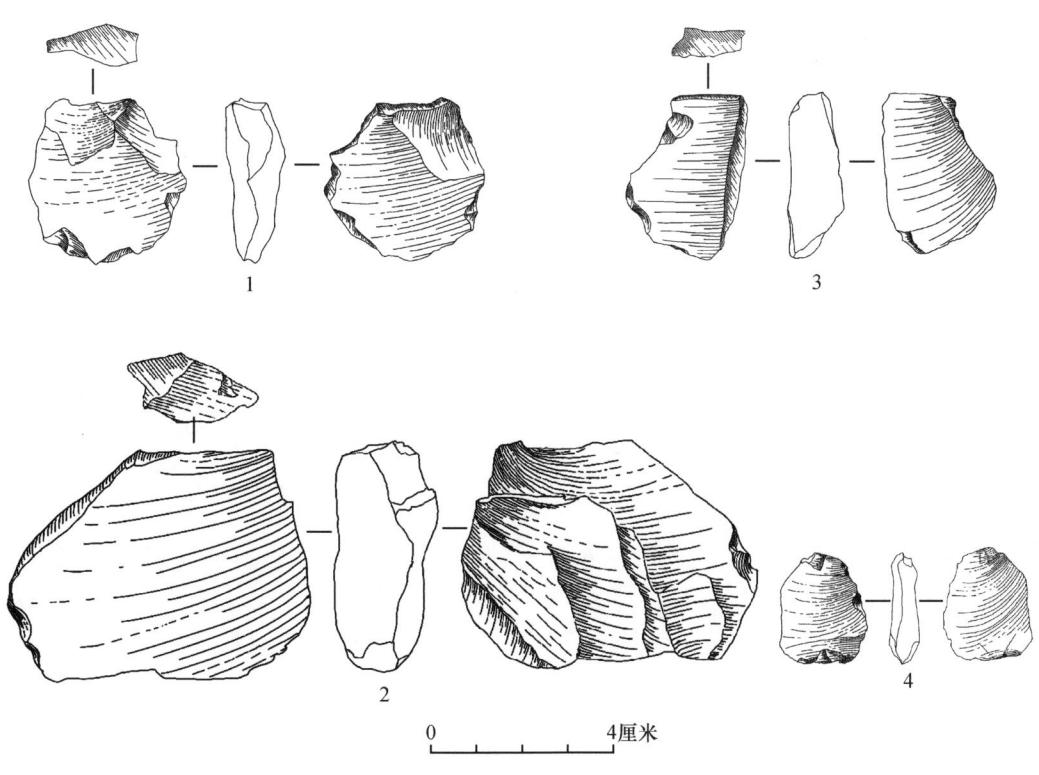

图三 虎城遗址采集石片

1~3.锤击石片（2019HC:2、2019HC:31、2019HC:35） 4.砸击石片（2019HC:55）

砸击石片 3件。2019HC：55，白色石英质。刃状台面，远端呈刃状，打击点、放射线显著，同心纹不显著。腹面、背面均略微凸起，符合砸击特征，石片长24.1、宽18.8、厚7.1毫米，重3.9克。磨蚀程度较轻（图三，4）。

3. 工具

共26件，主要包括尖状器、刮削器、凹缺刮器和石钻等。石料均采用质地纯净的石英。毛坯以片状为主，修理方向有正向加工、交互加工、转向加工。刮削器可分为单直刃、弧刃、单凹刃，修疤较为细密连贯，进深较浅；端刮器利用片状毛坯远端，正向加工修理，修疤浅小连续。其中2019HC：36和2019HC：49器形独特，判断器物类型为三棱状尖状器。总体观察，磨蚀程度轻，刃口较为锋利。

尖状器 2019HC：24，白色石英质。毛坯为石片，点状台面，远端受力点呈线状分散受力，腹面微凸，不甚平，主要修理部位在石片远端及左侧，远端为转向修理，左侧为正向修理。疤痕形态呈鱼鳞状、平行状。刃缘内凹。左侧边缘通边修理，远端未贯通。两边修理后与背脊汇聚成一三棱状。器体长42.3、宽31.2、厚17.3毫米，重22.3克，刃角分别为51°、53°。有使用痕迹。磨蚀程度较重（图四，3）。

三棱状尖状器 2019HC：36，白色石英质。毛坯为厚石片，自然台面，未经修理，打击点清楚。以石片腹面为修理台面，石片两侧均可见修理痕迹，修理痕迹与背脊汇聚成一三棱尖状，对背脊进行剥片修理，波浪状刃缘，剥片形态呈鱼鳞状。器长33.1、宽23.8、厚16.8毫米，重13克，刃角分别为79°、80°、82°，磨蚀程度轻微（图

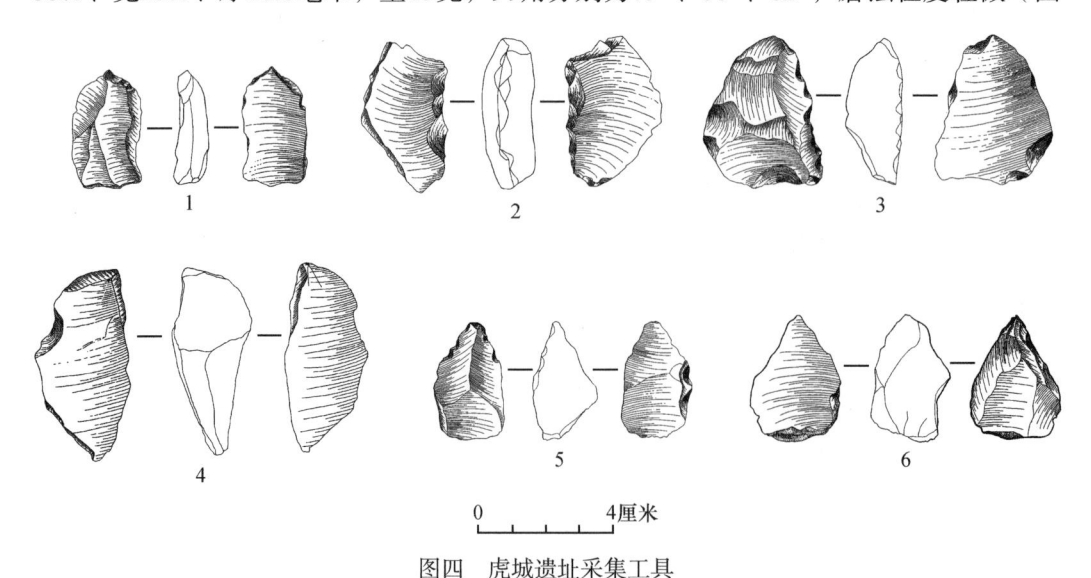

图四　虎城遗址采集工具

1. 石钻（2019HC：45）　2. 刮削器（2019HC：10）　3. 尖状器（2019HC：24）　4. 凹缺刮器（2019HC：8）
5、6. 三棱状尖状器（2019HC：49、2019HC：36）

四，6）。2019HC∶49，白色石英质。毛坯为厚型锤击石片，台面为节理面。背部留有Y字形背脊。石片两侧均可见正向修理痕迹，修理至与背脊汇聚成一三棱尖状，背脊可见交互加工修理痕迹，线状刃缘，修疤形态呈鱼鳞状和平行状。器长32.3、宽19.3、厚17.3毫米，重10.3克，刃角分别为60°、62°、78°（图四，5）。

刮削器　15件。2019HC∶10，白色石英质。毛坯为石片，有疤台面，可见较小片疤，打击点明显，背部可见一纵脊，存在修理背脊行为，左侧可见交互加工修理痕迹，长度28.4毫米，未贯通整个边缘，刃缘呈波浪状，修疤形态呈鱼鳞状。器长41.1、宽26.2、厚15.3毫米，重15.3克，刃角51°，刃口光滑圆钝，有使用痕迹，磨蚀程度较轻（图四，2）。

凹缺刮器　4件。2019HC∶8，浅棕色脉石英质。毛坯为左裂片，可见台面为素面，未经修整。石片剥制过程中因石料本身节理发育较重，受力后沿打击方向开裂为2片。打击泡强凸，可见锥疤放射线发育。远端呈尖角状。修理凹口位于左侧边缘接近石片近端处。背向多次修理，凹口边缘不平滑，反映出加工对象对整条边缘的反作用力较弱，也可能是此件器物尚处于使用阶段前期，凹口并未完全受力摩擦均匀所致。刃口两侧可见细小崩疤，长约15毫米，可见因使用所形成的摩擦光泽，磨蚀程度中等，弦长13.52、弦深1.46毫米。器长49.1、宽25.76、厚17.08毫米，重16.3克。磨蚀程度较轻（图四，4）。

石钻（雕刻器？）　2件。2019HC∶45，乳白色脉石英质。毛坯为石片。腹面内凹，远端正、反两个方向修理出尖角，此器物单就修理方式而言，与旧石器时代晚期山东地区常见的斜边雕刻器相似，表现在重点修理部位不是点状而是呈凿子状。但考虑到角度相对尖锐，如果作为雕刻器使用，那么因刃口使用频繁，更容易损耗，所以暂归作石钻。长31.86、宽19.89、厚10.17毫米，重7.8克。磨蚀程度中等（图四，1）。

4. 残件（断块及残片）

采集到的石制品中，部分标本或最大尺寸小于2厘米，或带有明显片疤，只是依据这些特征无法将其归入以上类别。显然这些石制品是在剥片和修理过程中所产生的废弃产品。共有22件，占整个石制品数量的35.48%。其中断块18件，残片4件。平均长31.46、宽21.03、厚12.61毫米，平均重量为10.92克。

四、石器工业内涵及发现意义

（一）石器工业大体面貌

泰安虎城遗址发现于2019年4月21日，同年5月20日、7月18日两次复查，共发现石制品62件，几乎全部为脉石英制品，仅见1件燧石，且难以划归成型器物。未见与此地点距离甚近且地貌堆积相似的东山岭遗址所采集到的细石器技术产品。东山岭遗址除同样使用附近富集的脉石英作为石料外，还利用杂色燧石预制细石核，剥取细石叶，同时发现了晚期常见的雕刻器、石镞等典型器物。如果排除调查、采集收集石制品类型不全面等因素，二者很可能存在文化时代上的早晚关系。石料来源应与此区域发现的旧石器时代遗存相似，均采集自山体岩脉之中。

不同于相同调查阶段发现的遗存，虎城遗址采集石制品类型以工具为主，共采集26件，占石制品总数的41.93%，而石片（12.9%）、石核（9.67%）也占有一定比例。在2019年度的专项调查中，虎城遗址石制品中的修理石器比例也占据前列，且类型相对更为丰富。石制品大小以小型为主，数量约占石制品总数的90.32%，微型产品比例居其次，中型者极少。石核类剥片技术仍以锤击法为主，但砸击法的使用也占相当比例，这一特点在这一批发现的遗存中都表现显著，应与采用石料特性有直接关系。石器中刮削器比例高并且是各个遗址中普遍存在的器类，这也是该区域旧石器时代文化的另一特色。同时，由于石制品暴露于地表，加之石英制品裂隙发育较多，石器受自然环境影响尤大，工具不甚定型，有介乎两种器物之间者，个别器物上遗留的片疤性质有时并不好把握，如本文中关于石钻（2019HC∶45）的识别尚有进一步探讨的空间。石英应采集自山体岩脉之中，燧石来源则尚待进一步工作明确。

（二）年代及其发现意义

2019年度旧石器专项调查发现的遗存，所处地貌几乎一致。除部分遗存在地表及清理剖面过程中采集有细石器技术产品外，其余地点仅发现了打制石器。但以脉石英作为主要石器原料的特点极为相似。排除采集的随机性和不确定性，新发现地点中，应有时代在细石器技术传入山东地区前的石器文化。就目前发现的材料，虎城遗址未发现细石器，但识别出2件可划分为石钻的标本，其年代或在山东地区细石器技术出现之前或出现后的较早阶段。

通过在汶、泗流域开展的3个年度的旧石器时代专项调查工作，我们发现了包括虎城遗址在内的一批旧石器材料，这些发现填补了宁阳旧石器时代遗存的区域空白，也扩大了山东细石器技术的分布范围。除此前认知的沂、沭河流域分布有大量细石器遗存外，在汶、泗流域同样蕴藏着丰富的细石器遗存。同时，两个流域所发现的石制品在工具组合和典型器物方面表现出极为接近的特点。

通过目前的工作，可以得出一些初步认识：宁阳县至少存在两个旧石器文化阶段，即以东山岭遗址为代表的细石器阶段文化和时代稍早的以张阁老地点、百果园遗址等为代表的小石器传统文化。这些发现奠定了建立以泰安宁阳为代表的汶、泗流域旧石器文化序列的基石，也为接下来的野外调查和发掘工作提供了重要线索。

调　查：李　罡　高文太　郭向东　于　勇
整　理：李　罡　刘春宇　刘　禄
绘　图：李　罡
执　笔：孔胜利　刘　禄　于　勇　李　罡

注　释

[１] 中国社会科学院考古研究所山东工作队：《山东汶、泗流域发现的一批细石器》，《考古》1993年8期。
[２] 宁阳县地方史志编纂委员会：《宁阳县志（1985~2002）》，方志出版社，2007年。
[３] 山东省文物考古研究院、宁阳县博物馆、沂源县博物馆：《山东宁阳县张阁老旧石器地点调查简报》，《四川文物》2021年6期。
[４] 石制品测量标准依卫奇：《石制品观察格式探讨》，《第八届中国古脊椎动物学学术年会论文集》，海洋出版社，2001年，209~218页。
[５] Toth Nicholas. The oldowan reassessed: A close look at early stone artifacts. *Journal of Archaeological Science*, 1985, 12(2): 101-120.

莒南址坊遗址考古发掘报告

山东省文物考古研究院
莒南县文物管理所

一、概　　况

址坊遗址位于临沂市莒南县朱芦镇址坊社区东南约600米，刘家东山村西北300米，址坊村废弃砖窑厂东南侧，瓦日铁路南侧。遗址位于盆地中央，地势相对平坦，东近考山，北望甲子山，西北接灯笼山，西望龟山，绣针河及其支流从遗址西侧和南侧流过。遗址早年受砖窑厂破坏严重，现平面形状为不规则形，南北最大径约110米，东西最大径约70米，面积约5000平方米（图一）。该遗址为县级文物保护单位。此地

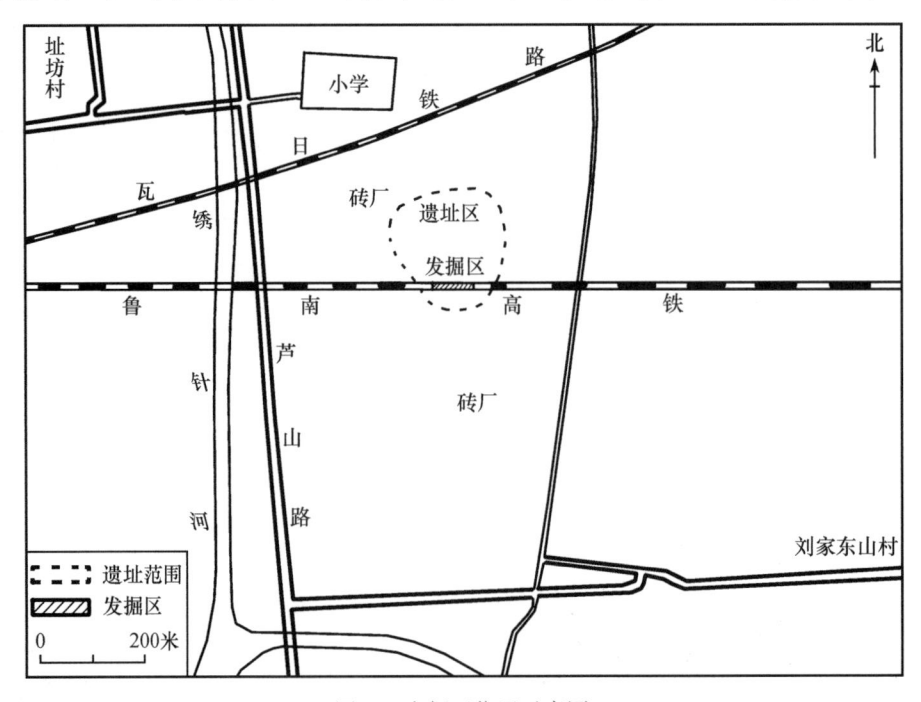

图一　发掘区位置示意图

属鲁东南，与黄海直线距离22千米，距日照尧王城遗址18千米。

为配合鲁南快速铁路客运通道莒南段工程基本建设，山东省文物考古研究院等于2017年12月至2018年1月对址坊遗址进行考古发掘。本次发掘面积450平方米，以遗址西南角为基点，将全部的发掘区放在第一象限，以TN×E×给探方编号，共布5米×10米探方9个。共清理灰坑4个、灰沟2条。除1个灰坑属于周代外，其余遗迹皆属龙山文化时期（图二）。

址坊遗址龙山文化堆积主要出土有鬹、罐、尊形器、匜形盆、平底盆、甗、壶、高柄杯、单把杯、鲈形杯、圈足盘、鼎、纺轮等陶器及残片，陶质以夹砂为主，少量夹细砂和泥质，陶色以灰黑、黑陶为主，少量红陶和白陶。另外还出土部分石器。

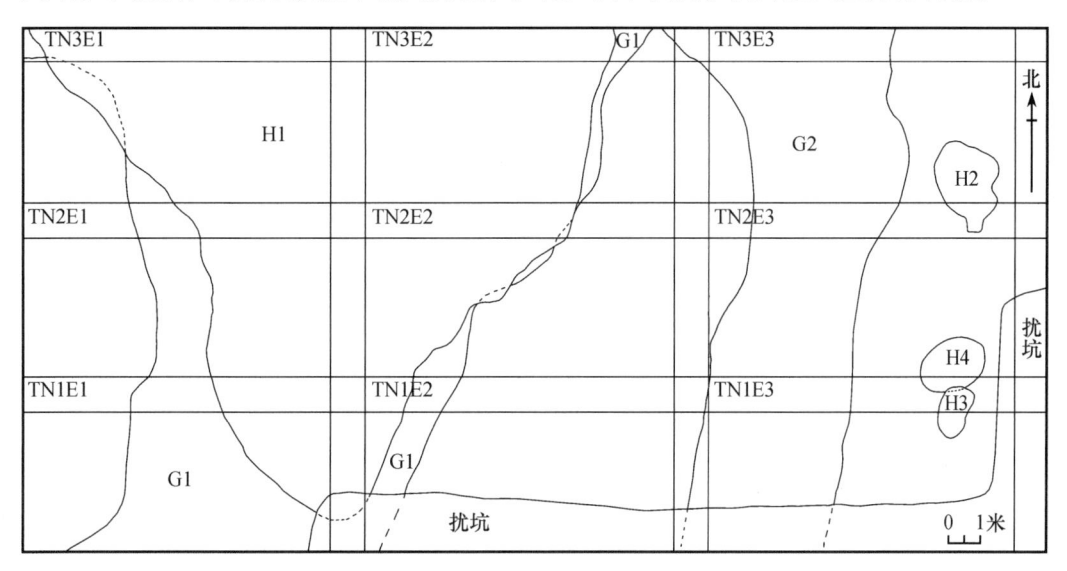

图二　遗址发掘区遗迹分布图

二、地层堆积

遗址受砖厂取土以及农田平整土地影响，破坏严重。地表北高南低（图三）。

第1层：耕土层。分2小层，1a和1b。

1a层：黄褐色粉砂土，质较密，包含少量陶片，以夹砂灰陶为主，少量泥质灰陶，可辨器形有鬹足、罐、绳纹瓦等。另有少量青花瓷片和酱釉瓷片。含较多石块，伴有塑料薄膜。厚7～32厘米。

1b层：灰褐色粉砂土，较致密，含少量烧土颗粒和少量龙山文化陶片，以夹砂灰陶为主，多素面，可辨器形有鼎足、器盖、鬹等。该层偶见塑料薄膜、青花瓷片等近现代遗物。为近现代扰土层。厚10～28厘米。

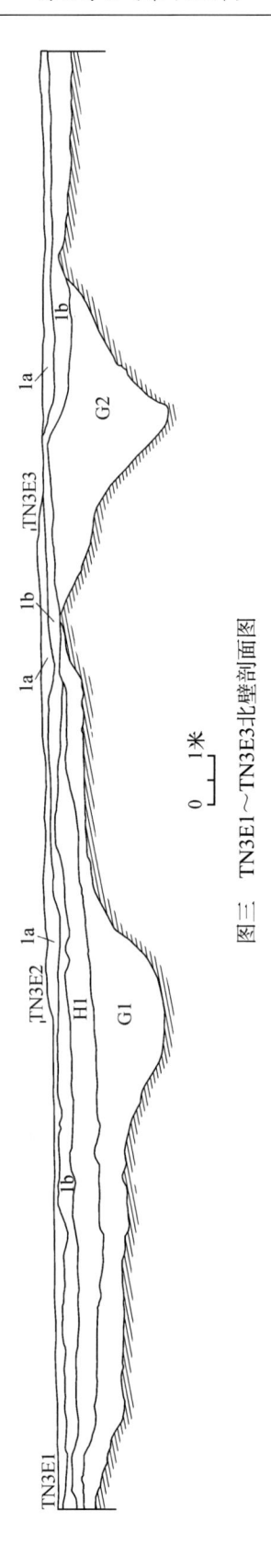

图三 TN3E1～TN3E3北壁剖面图

第2层：即H1分布范围，分布于发掘区西部，长17、宽14.05、深0.1~0.95米。为黑褐色黏土，土质硬且致密，夹少量烧土块、炭屑、石块，含陶片较多。以夹砂黑陶和夹砂灰陶为主，泥质陶次之，纹饰以素面为主，另有少量东周绳纹陶片，可辨器形有鬲、甗、鼎足、罐、瓦等。出土东周铜镞。为东周时期地层。

G1开口于东周地层下，G2、H2~H4开口于第1层下。

三、龙山文化遗存

（一）遗迹

1. H2

开口于第1层下，打破生土，平面形状不规则，斜壁，底不平，填土为深灰色粉砂土，一次性堆积，出土陶片以夹砂灰黑陶为主，少量泥质黑陶，火候较高，可见器形有鼎、罐、鬲、盆、杯等。长2.58、宽1.4、深0.18米（图四）。

陶鼎　1件。H2:1，夹砂红褐陶，平底，三鼎足外撇，足正面饰竖附加堆纹。底径7.6、高8.4厘米（图五）。

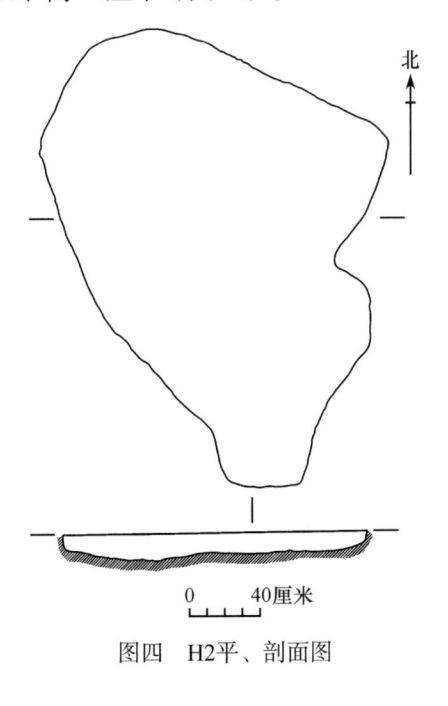

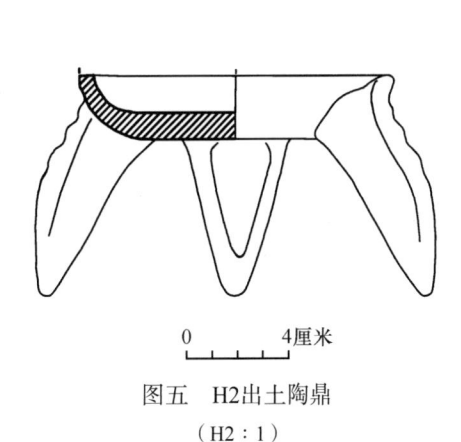

图四　H2平、剖面图

图五　H2出土陶鼎
（H2:1）

2. H3

开口于第1层下，打破H4和生土，平面形状呈椭圆形，斜壁，圜底。填土为灰褐土夹黄土块，一次性堆积，出土陶片以夹砂灰黑陶为主，少量泥质黑陶、红陶，火候较高，可见器形有鼎、罐、圈足盘、鬶、匜形盆、器盖等。长1.74、宽1.04、深0.2米（图六）。

3. H4

被H3打破，打破生土，平面形状呈椭圆形，直壁，平底。填土为灰褐土夹黄土粒，一次性堆积，陶片较多，出土陶片以夹砂黑陶为主，少量泥质黑陶和夹砂红陶，可见器形有鼎足、甗口沿、罐、把手等。长1.8、宽1.5、深0.19米（图七）。

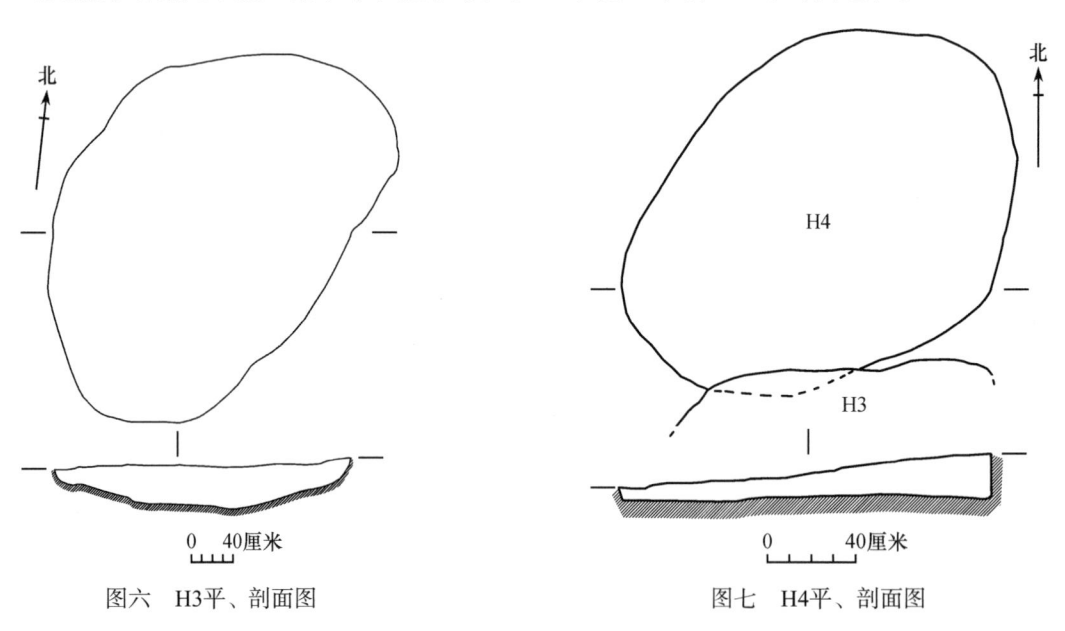

图六 H3平、剖面图

图七 H4平、剖面图

4. G1

平面形状不规则，大致呈南北走向，底部高低不平，发掘区北端口部宽18、底部宽1、深2.3米；发掘区南端口部宽9.6、底部宽1.6、深1.95米。填土可分5层。其中G1①层为浅灰褐色粉砂土，夹杂大量褐色锈砂粒，较致密，含较多龙山文化陶片，可辨器形有盆、罐等。厚0.05～0.35米。G1②层为浅灰褐色粉砂土，砂较细，较致密，含龙山文化陶片，可辨器形有盆、鼎、罐等。厚0.05～0.4米。G1③层为灰褐色细粉砂土，较致密，含少量石块和龙山文化陶片，可辨器形有盆、鼎、杯、罐、匜形盆等。厚

0.05～0.4米。G1④层为灰褐色细粉砂土，较致密，含龙山文化陶片、少量石块，可辨器形有鼎、杯等，石器见刀、砺石等。厚0.05～0.6米。G1⑤层为灰褐色细粉砂土，较致密，含龙山文化陶片，可辨器形有鼎、盆、杯等。厚0.05～0.15米（图八、图九）。

（1）G1③层

鼎足　2件。夹砂红褐陶。G1③：44，呈圆锥状，略外撇。足面饰3长条形镂孔。高7.3厘米（图一〇，1）。G1③：45，呈鸟喙形，竖直。足正面饰竖附加堆纹。高8.8厘米（图一〇，2）。

甗足　1件。G1③：46，夹砂红褐陶，足正面饰竖附加堆纹。高5.8厘米（图一〇，3）。

甗口沿　1件。G1③：47，夹砂红褐陶，斜折沿，束颈，腹上部饰一小横耳。残高6.4厘米（图一〇，4）。

罐口沿　2件。夹砂灰陶，盘口，窄折沿，束颈。G1③：48，肩部饰2竖桥形耳。复原口径42、残高9厘米（图一〇，5）。G1③：49，残高6.8厘米（图一〇，6）。

尊　1件。G1③：15，泥质黑陶，窄平折沿，敞口呈喇叭状，腹部逐渐内收，腹部下折内收呈平底。腹部饰对称双横耳，腹部外壁饰2条凸棱，凸棱中间饰三角形波折纹，波折纹每边由2条浅凹槽组成。口径18、底径6.6、高17.4厘米（图一〇，7）。

箅子　1件。G1③：43，夹砂灰陶，半圆形，斜折沿，斜壁，平底。底部残见长条形镂孔。复原口径22.4、底径20.4、高3.8厘米（图一〇，8）。

（2）G1④层

罐形鼎　1件。G1④：18，夹砂灰褐陶，斜折沿，鼓腹，平底，三足外撇，足呈铲形。素面。口径17.6、底径10、高15厘米（图一一，9）。

鼎足　1件。G1④：50，夹砂红褐陶，铲形，外撇。高5.2厘米（图一一，1）。

甗足　2件。夹砂红褐陶，袋状铲形足。G1④：51，残高6厘米（图一一，2）。G1④：52，陶足正面饰竖附加堆纹。残高10厘米（图一一，5）。

鬶足　2件。夹砂红褐陶。G1④：53，袋状，残高4.7厘米（图一一，3）。G1④：54，实足跟，残高9.4厘米（图一一，6）。

鬶把手　1件。G1④：55，夹砂白陶，绞丝状。残高9.7厘米（图一一，4）。

梭形器　1件。G1④：3，夹砂红褐陶。高6、直径3.5厘米（图一一，7）。

陶拍　1件。G1④：27，夹砂红褐陶。高5.3、底径4厘米（图一一，8）。

罐口沿　2件。窄斜折沿，束颈。G1④：57，泥质灰陶。残高12.1厘米（图一一，10）。G1④：58，夹砂灰陶。残高8.7厘米（图一一，11）。

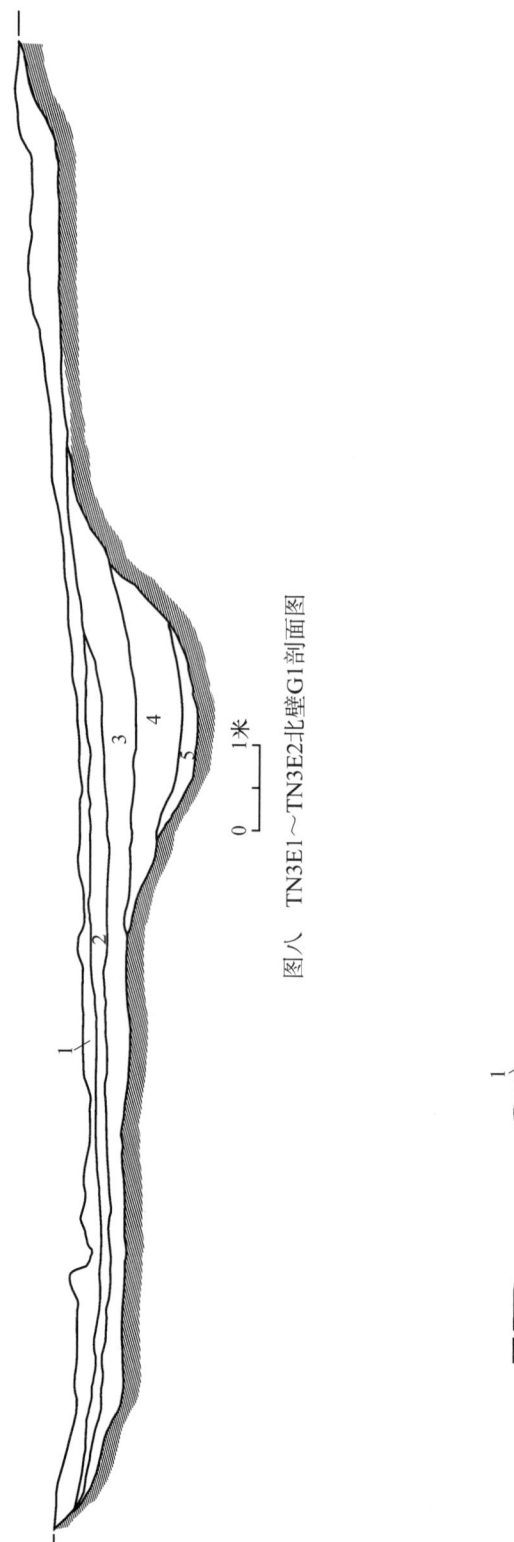

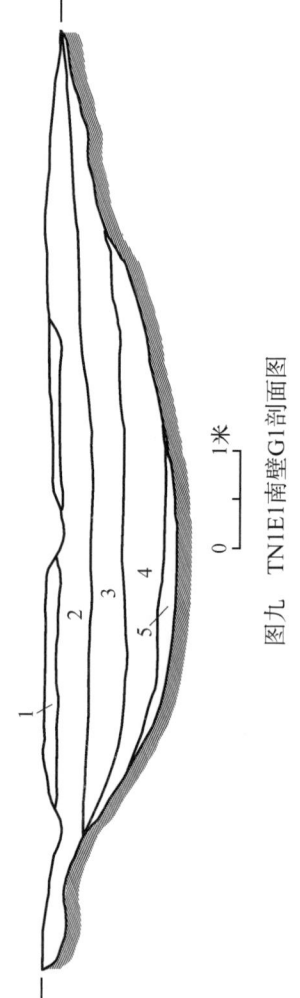

图八 TN3E1～TN3E2北壁G1剖面图

图九 TN1E1南壁G1剖面图

图一〇 G1③层出土陶器

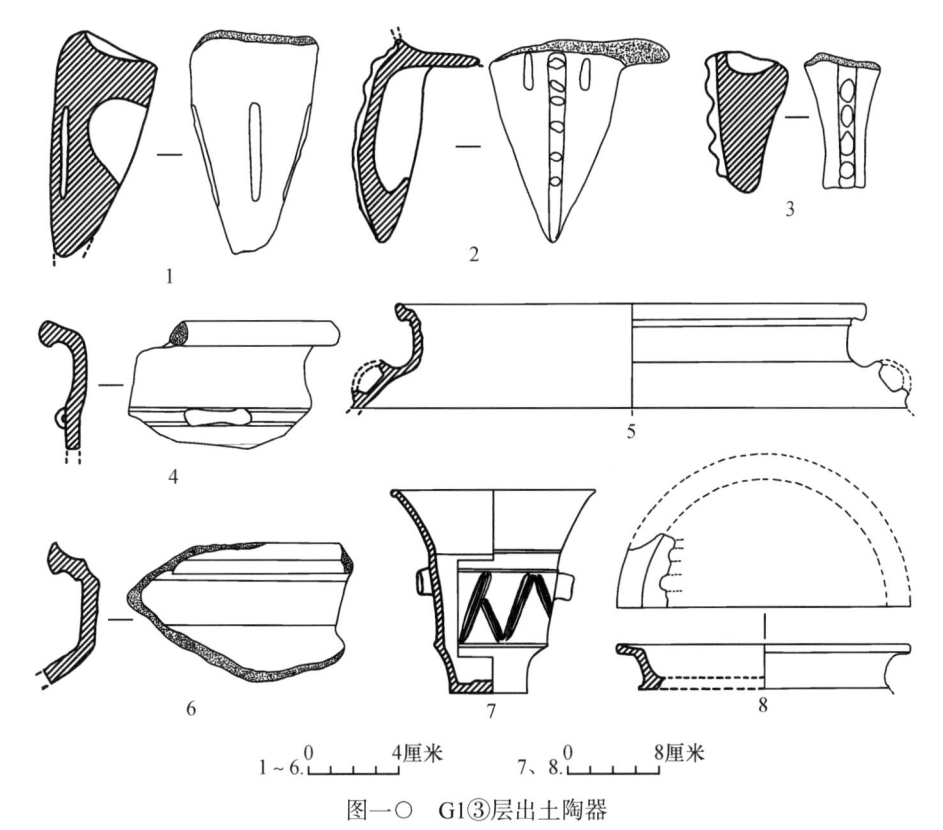

1、2.鼎足（G1③：44、G1③：45） 3.鬲足（G1③：46） 4.甗口沿（G1③：47） 5、6.罐口沿（G1③：48、G1③：49） 7.尊（G1③：15） 8.箅子（G1③：43）

（3）G1⑤层

鼎口沿　1件。G1⑤：61，夹砂灰褐陶。方唇，斜折沿。素面。残高8.2厘米（图一二，4）。

鼎足　2件。铲形，外撇。G1⑤：58，夹砂红褐陶。高6厘米（图一二，1）。G1⑤：59，夹砂灰陶，足正面饰竖附加堆纹。高7.7厘米（图一二，2）。

匜形盆口沿　1件。G1⑤：60，夹砂灰陶，圆唇，敛口，弧壁外鼓。残高8厘米（图一二，3）。

单把杯　1件。G1⑤：40，泥质黑陶，直口，鼓腹，平底内凹。单把，残。口径7.8、底径6.6、高14.4厘米（图一二，5）。

盘　1件。G1⑤：43，泥质黑陶，坡折沿，斜壁，平底。高2.5厘米（图一二，6）。

图一一　G1④层出土陶器

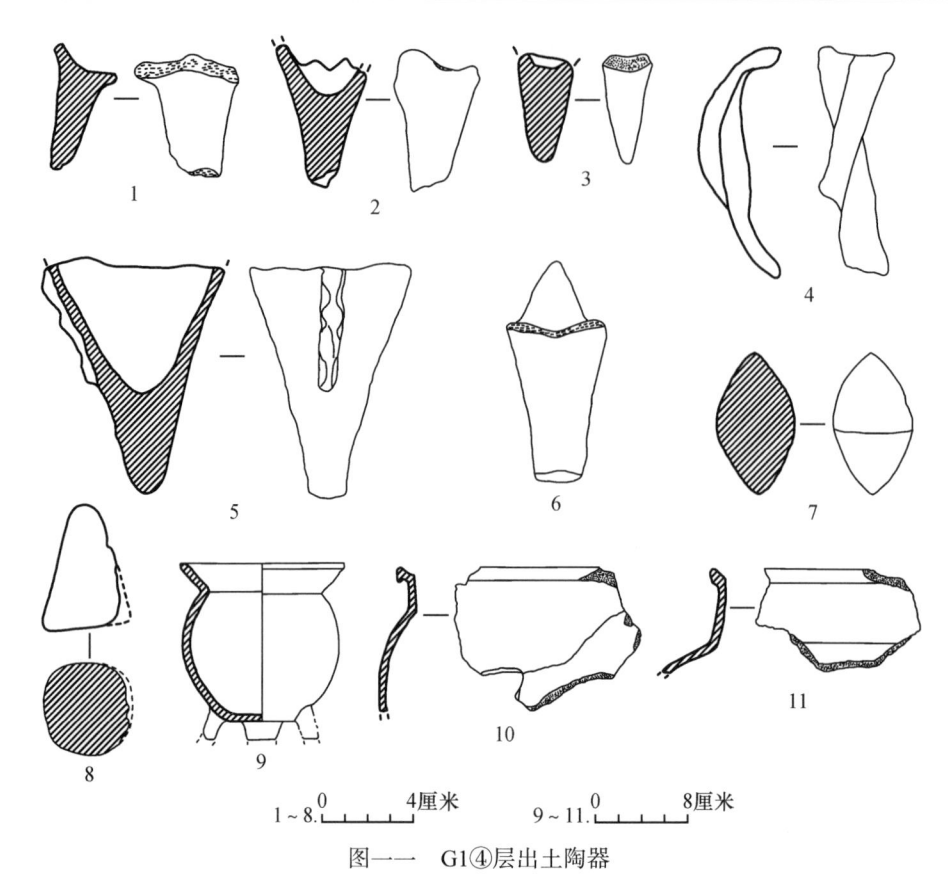

1. 鼎足（G1④：50）　2、5. 甗足（G1④：51、G1④：52）　3、6. 鬲足（G1④：53、G1④：54）
4. 鬲把手（G1④：55）　7. 梭形器（G1④：3）　8. 陶拍（G1④：27）　9. 罐形鼎（G1④：18）
10、11. 罐口沿（G1④：57、G1④：58）

5. G2

壁较规整，宽7、深2.5米，填土可分为8层。其中G2①层为深灰褐色粉砂土，含陶片、烧土块、草木灰，较致密。陶片以夹砂为主，少量泥质陶，可辨器形有罐、鼎、鬲、匜形盆、器盖等。厚0.03～0.65米。G2②层为浅灰褐色粉砂土，含较多粗砂粒，零星烧土颗粒，较致密，无陶片出土。厚0.03～0.18米。G2③层为浅灰褐色粉砂土，含较多粗砂粒，少量草木灰、烧土块等，较致密，陶片以夹砂为主，少量泥质。可辨器形有罐、鼎、鬲、甗、觯形杯、壶、匜形盆、器盖等。厚0.03～0.32米。G2④层为浅灰褐色粉砂土，含零星烧土颗粒、炭屑，该层底有一层薄粗砂，较致密。出土少量夹砂陶片，可辨器形有罐、甗、器盖、圈足盘等。厚0.1～0.34米。G2⑤层为浅灰褐色粉砂土，含零星炭屑，较多细砂，该层底有一层厚2～3厘米的灰白色淤沙，较致密，出土少量陶片，以夹砂为主，少量泥质，可辨器形有甗、罐、匜形盆、杯、鼎、鬲、

图一二　G1⑤层出土陶器

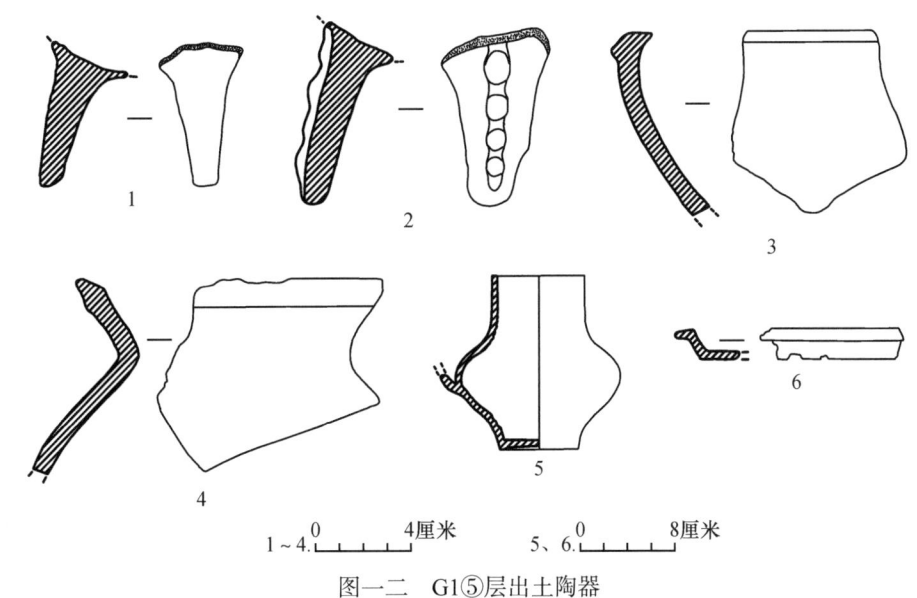

1、2. 鼎足（G1⑤：58、G1⑤：59）　3. 匜形盆口沿（G1⑤：60）　4. 鼎口沿（G1⑤：61）
5. 单把杯（G1⑤：40）　6. 盘（G1⑤：43）

盘等。厚0.08～0.25米。G2⑥层为浅灰褐黏土，夹杂较多黄色黏土及粗砂粒，较致密，出土少量陶片，可辨器形有罐、鬶、鼎等。厚0.1～0.35米。G2⑦层为灰褐黏土，含少量棕褐色水锈，较致密，含少量陶片，可辨器形有鼎、匜形盆、罐、圈足盘、杯等。厚0.3～0.36米。G2⑧层为灰褐黏土，夹杂较多棕褐色水锈，该层底有3厘米厚灰白色淤土，较致密，无遗物。厚0.2～0.45米（图一三）。

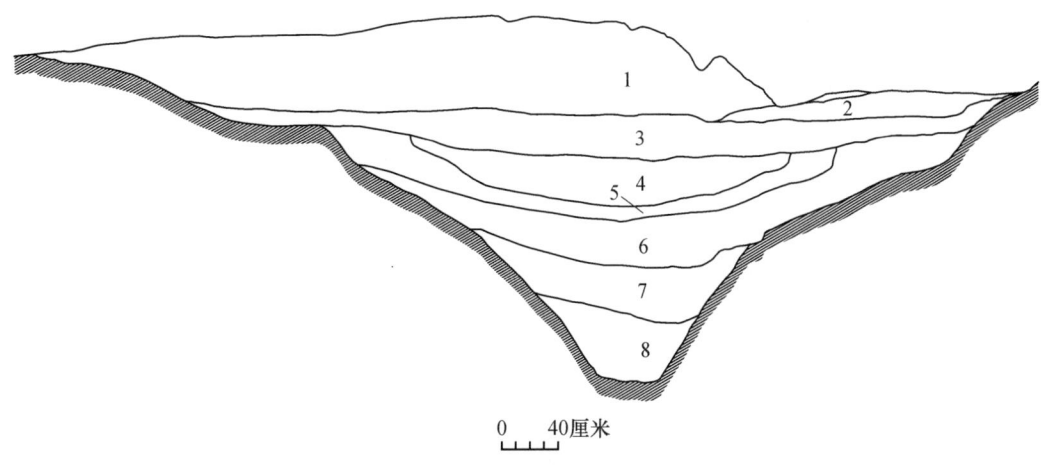

图一三　TN3E3北壁G2剖面图

（1）G2①层

鼎口沿　2件。夹砂黑陶，斜折沿，罐形。G2①：23，鼓腹，腹上部饰附加堆纹。残高7.3厘米（图一四，1）。G2①：28，残高6.7厘米（图一四，2）。

鼎足　2件。夹砂红褐陶，铲形，外撇。G2①：30，残高4.8厘米（图一四，4）。G2①：31，足正面饰竖附加堆纹。残高8.1厘米（图一四，5）。

鬶形杯　1件。G2①：29，夹砂黑陶，为鬶形杯底部，平底内凹。残高3厘米（图一四，3）。

匜形盆口沿　1件。G2①：32，夹砂黑陶，敛口，斜壁。残高7厘米（图一四，6）。

单把杯　1件。G2①：18，夹细砂黑陶，直口，口小底大，平底略内凹。单把，

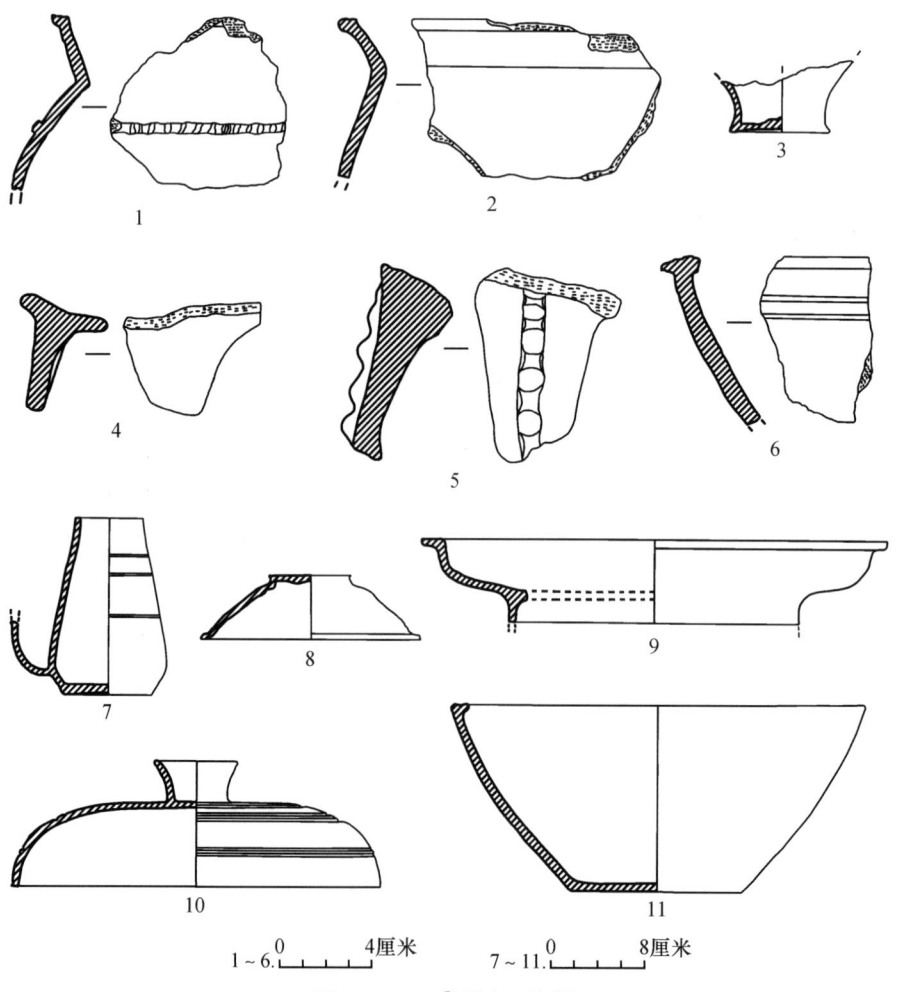

图一四　G2①层出土陶器

1、2.鼎口沿（G2①：23、G2①：28）　3.鬶形杯（G2①：29）　4、5.鼎足（G2①：30、G2①：31）　6.匜形盆口沿（G2①：32）　7.单把杯（G2①：18）　8、10.器盖（G2①：2、G2①：1）　9.圈足盘（G2①：3）　11.匜形盆（G2①：25）

残。口径5.8、底径7.6、高14.8厘米（图一四，7）。

器盖　2件。G2①：2，夹砂黑陶，小窄折沿，腹壁外鼓，平顶。口径19、顶径7.2、高5厘米（图一四，8）。G2①：1，泥质黑陶，覆盘状，敞口，广肩弧收成平顶，喇叭形捉手。口径32、捉手直径3.6、高10.5厘米（图一四，10）。

圈足盘　1件。G2①：3，泥质黑陶，平折沿，腹壁外弧内收呈平底，宽圈足。素面。口径40、底径24.8、高7厘米（图一四，9）。

匜形盆　1件。G2①：25，夹砂灰褐陶，圆唇，敛口，弧壁外微鼓，平底。素面。口径36、底径14.8、高15.6厘米（图一四，11）。

（2）G2③层

匜形盆口沿　1件。G2③：33，夹砂红褐陶，敛口。残高5.5厘米（图一五，1）。

鼎　1件。G2③：9，夹砂灰褐陶，斜折沿，鼓腹，平底，铲形足外撇。素面。口径13.8、底径11.8、高16.4厘米（图一五，4）。

鼎足　1件。G2③：34，夹砂红褐陶，铲形，外撇。足跟饰按窝。高7.2厘米（图一五，2）。

壶　1件。G2③：8，泥质黑陶，直口，鼓腹，平底略内凹。肩部饰凹弦纹4周。口径4.6、底径5.2、高10.6厘米（图一五，3）。

觯形杯　1件。G2③：13，泥质黑陶，直口，折肩，鼓腹，腹下部弧内收呈平底略内凹。腹下部饰1小竖耳。口径4.6、底径4.8、高13厘米（图一五，5）。

圈足盘　1件。G2③：10，泥质黑陶，圆唇，敞口，弧壁外鼓，平底，宽圈足。素

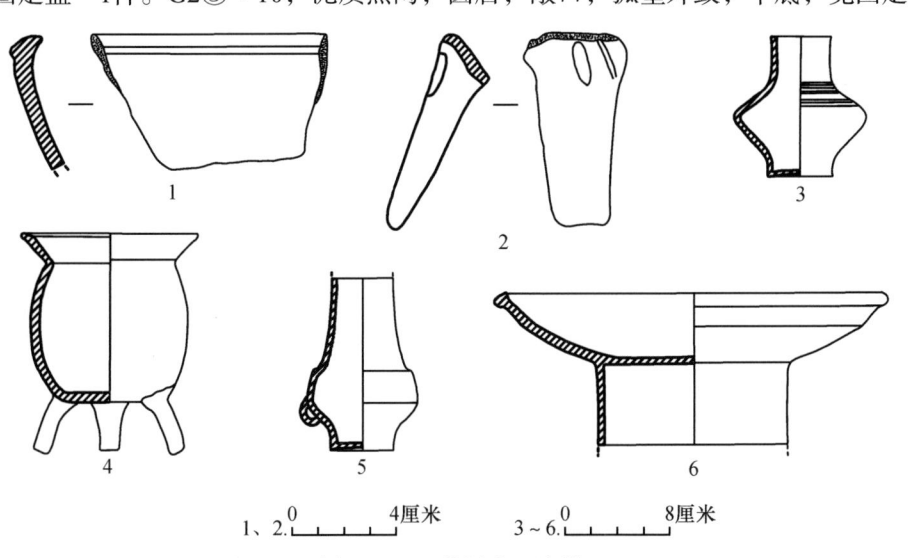

图一五　G2③层出土陶器
1.匜形盆口沿（G2③：33）　2.鼎足（G2③：34）　3.壶（G2③：8）　4.鼎（G2③：9）
5.觯形杯（G2③：13）　6.圈足盘（G2③：10）

面。口径31、底径15、残高11.4厘米（图一五，6）。

（3）G2④、G2⑤、G2⑥层

鼎　2件。G2④：23，罐形，残。夹砂灰褐陶，鼓腹，平底，三铲形足外撇，足正面饰竖附加堆纹。素面。底径11、残高8厘米（图一六，4）。G2⑤：20，夹砂黑陶，斜折沿，腹微鼓，平底，三足残失。口径13.2、底径8.2、高9厘米（图一六，8）。

鼎口沿　1件。G2④：35，夹砂灰陶，斜折沿。腹部饰篮纹。残高10.3厘米（图一六，1）。

鼎足　3件。夹砂红褐陶，外撇。G2④：36，足跟有圆形按窝。残高4厘米（图一六，2）。G2④：37，足正面饰竖附加堆纹。残高6.7厘米（图一六，3）。G2⑥：38，足跟有圆形按窝。残高4厘米（图一六，7）。

平底盆　1件。G2④：24，泥质黑陶，平折沿，斜壁微内弧，平底。口径35.4、底径21.4、高8.4厘米（图一六，5）。

壶　1件。G2④：22，泥质黑陶，鼓腹，平底内凹。素面。底径6.8、高10厘米（图一六，6）。

杯　1件。G2⑤：19，泥质黑陶，壁内弧，平底。底径12、残高10厘米（图一六，9）。

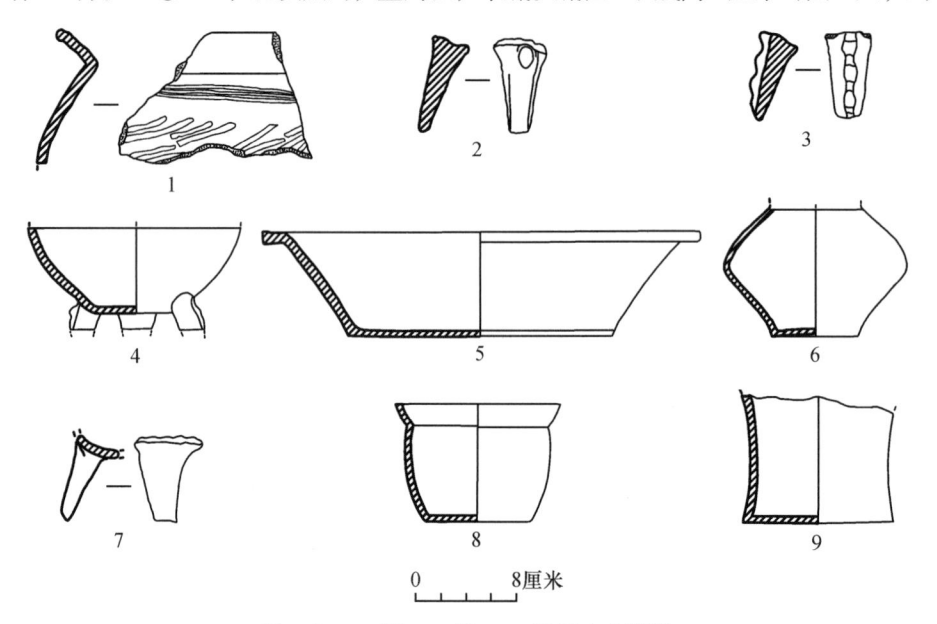

图一六　G2④、G2⑤、G2⑥层出土陶器
1.鼎口沿（G2④：35）　2、3、7.鼎足（G2④：36、G2④：37、G2⑥：38）　4、8.鼎（G2④：23、G2⑤：20）　5.平底盆（G2④：24）　6.壶（G2④：22）　9.杯（G2⑤：19）

（二）遗物

1. 陶器

址坊遗址受近代平整土地影响，出土遗物较少，多数为出土陶器标本。现予以介绍。

杯耳　3件。桥形。TN2E3①：9，夹砂灰陶，背身两侧上翘，中间呈凹槽状。剖面呈宽扁状。残高6.3厘米（图一七，1）。TN3E3①：8，泥质灰陶，背身饰两竖凹槽，剖面略呈圆形。残高5.6厘米（图一七，2）。TN3E3①：9，夹砂灰陶，剖面呈宽扁形。高6厘米（图一七，3）。

杯把手　1件。TN1E2①：4，泥质黑陶，桥形，剖面呈圆形。高6.1厘米（图一七，4）。

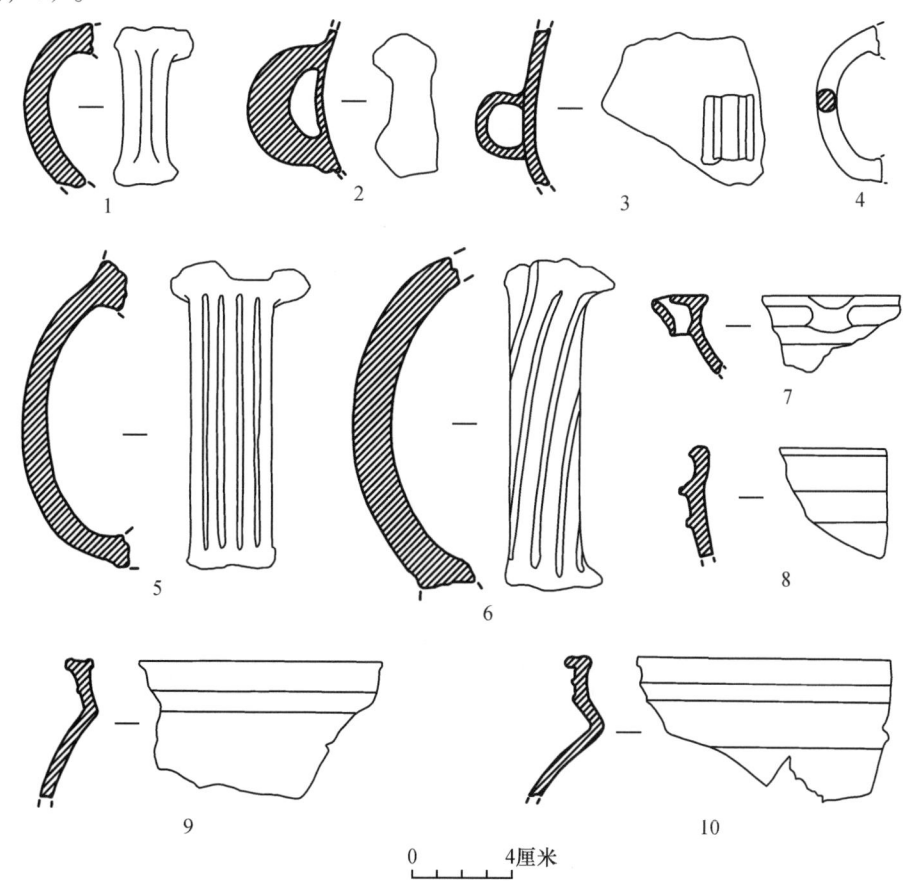

图一七　陶杯耳、壶耳、鬶把手及鼎口沿

1~3.杯耳（TN2E3①：9、TN3E3①：8、TN3E3①：9）　4.杯把手（TN1E2①：4）　5、6.鬶把手（TN2E3①：10、TN2E3①：11）　7~10.鼎口沿（TN3E3①：10、TN3E2①：5、TN3E3①：11、TN3E2①：6）

鬶把手　2件。夹砂灰陶，背身饰4道竖状凹槽。桥形，宽扁状。TN2E3①：10，高12.2厘米（图一七，5）。TN2E3①：11，高13厘米（图一七，6）。

鼎口沿（盆形）　2件。夹砂灰陶，圆唇，微敛口。TN3E3①：10，窄平折沿，口沿外侧饰1小横耳。残高3厘米（图一七，7）。TN3E2①：5，腹壁外侧饰2道凸弦纹。残高4.3厘米（图一七，8）。

鼎口沿（罐形）　2件。夹砂灰陶，沿外饰2周凸弦纹。TN3E3①：11，圆唇，斜折沿，鼓腹。残高5.4厘米（图一七，9）。TN3E2①：6，方唇，唇面浅凹槽，平折沿，微敛口。残高5.5厘米（图一七，10）。

铲形鼎足　2件，外撇。TN1E3①：13，夹砂红褐陶，残高5.7厘米（图一八，1）。TN2E2①：4，夹砂灰陶，足正面饰竖附加堆纹，足背面1浅凹槽。残高9.4厘米（图一八，2）。

鸟喙形鼎足　3件。足正面饰竖附加堆纹。TN3E3①：12，夹砂灰陶，外撇，背面

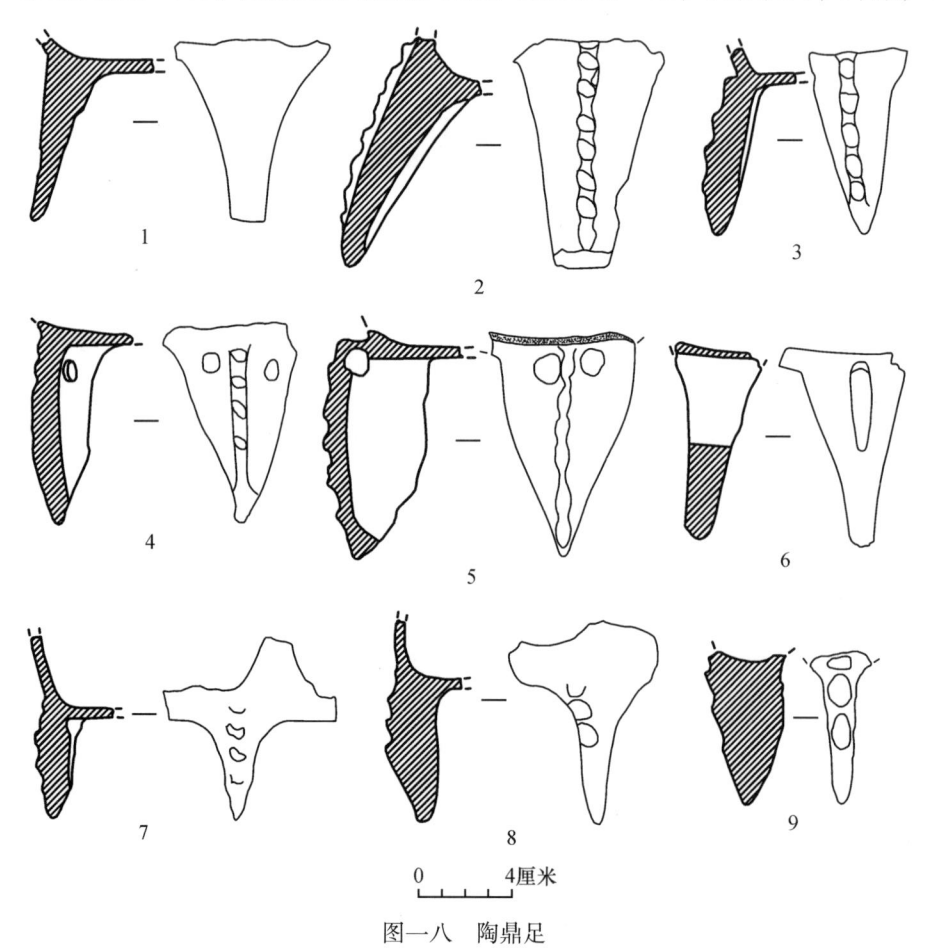

图一八　陶鼎足
1、2. 铲形（TN1E3①：13、TN2E2①：4）　3～5. 鸟喙形（TN3E3①：12、TN3E3①：13、TN1E3①：14）
6. "Y"形（TN2E2①：5）　7～9. 侧装三角形（TN1E3①：15、TN3E3①：14、TN3E3①：15）

一浅凹槽。残高7.6厘米（图一八，3）。TN3E3①：13，夹砂红褐陶，竖直，足跟饰对称圆形镂孔。残高8.5厘米（图一八，4）。TN1E3①：14，夹砂黑陶，竖直，足跟饰对称圆形镂孔。残高10.5厘米（图一八，5）。

"Y"形鼎足 1件。TN2E2①：5，夹砂红褐陶，竖直，足跟上部饰长条形镂孔。残高8.4厘米（图一八，6）。

侧装三角形鼎足 3件，竖直。TN1E3①：15，泥质灰陶，正面饰4个按窝，背面饰一浅凹槽。残高7.7厘米（图一八，7）。TN3E3①：14，夹砂灰陶，正面饰3个按窝。残高8.6厘米（图一八，8）。TN3E3①：15，夹砂红褐陶，正面饰3个按窝。残高6.4厘米（图一八，9）。

甗口沿 4件。TN1E3①：16，夹砂灰陶，圆唇，卷沿，鼓腹，腹部饰小横耳。残

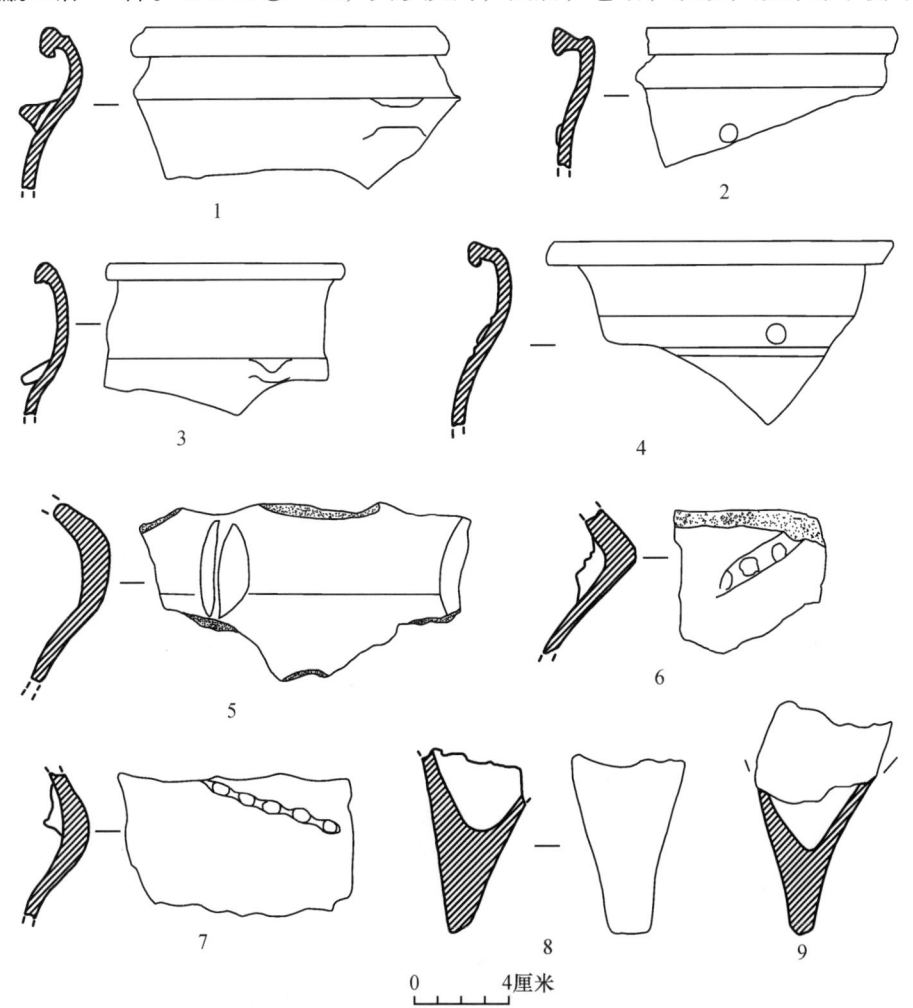

图一九 陶甗口沿、甗腰及甗足
1～4. 甗口沿（TN1E3①：16、TN1E3①：17、TN1E2①：5、TN1E3①：18） 5～7. 甗腰（TN1E2①：6、TN2E3①：12、TN2E2①：6） 8、9. 甗足（TN2E2①：7、TN3E3①：16）

高6.7厘米（图一九，1）。TN1E3①：17，夹砂灰陶，方唇，窄折沿，腹部饰小圆饼。残高5.8厘米（图一九，2）。TN1E2①：5，夹砂灰陶，圆唇，小卷沿，束颈，肩部饰小横耳。残高6.3厘米（图一九，3）。TN1E3①：18，夹砂黑陶，圆唇，窄斜折沿，束颈，肩部饰小圆饼。残高7.7厘米（图一九，4）。

甗腰　3件。腰部饰竖向附加堆纹。TN1E2①：6，夹砂灰陶。残高7.4厘米（图一九，5）。TN2E3①：12，夹砂黑陶。残高6厘米（图一九，6）。TN2E2①：6，夹砂黑陶。残高6.2厘米（图一九，7）。

甗足　袋状铲形足，2件。TN2E2①：7，夹砂红褐陶。残高7.5厘米（图一九，8）TN3E3①：16，夹砂灰陶。残高9.8厘米（图一九，9）。

瓦足盆　1件。TN3E3①：17，夹砂灰陶，弧壁，平底，瓦形足。残高5.2厘米（图二〇，1）。

箅子　1件。TN2E3①：5，夹砂灰陶，圜底，锥形纽。残长4.4、残宽4.3、高2.2厘米（图二〇，2）。

圆形戳印纹圈足　1件。TN1E2①：7，泥质黑陶，外壁饰圆形戳印纹。残高5.1厘米（图二〇，3）。

平底盆　2件。弧壁，平底。TN2E3①：3，夹砂黑陶，窄斜折沿，腹上部2条浅凹槽。高11.9厘米（图二〇，4）。TN1E3①：19，泥质灰陶。残高6.5厘米（图二〇，5）。

镞　1件。TN3E3①：3，夹砂红褐陶，柳叶形，横截面呈菱形。残长4.5、宽1.6、厚1厘米（图二〇，6）。

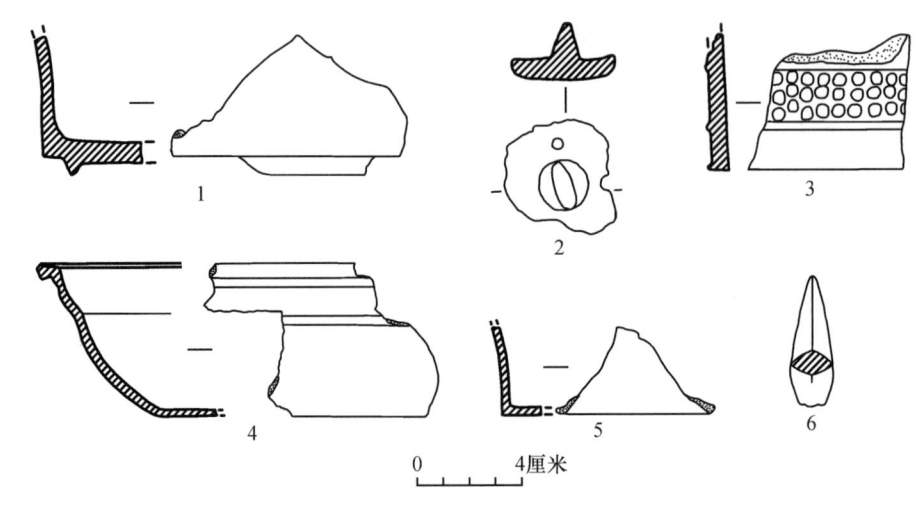

图二〇　陶瓦足盆、箅子、平底盆、镞及圈足
1.瓦足盆（TN3E3①：17）　2.箅子（TN2E3①：5）　3.圆形戳印纹圈足（TN1E2①：7）　4、5.平底盆（TN2E3①：3、TN1E3①：19）　6.镞（TN3E3①：3）

纺轮　8件。其中6件圆形，正面中部鼓起，边缘有凸棱和凹槽。TN1E3①：9，夹砂黑陶。直径5.6、厚0.9、孔径0.5厘米（图二一，1）。TN2E3①：8，夹砂黑陶。直径4.9、厚0.9、孔径0.4厘米（图二一，3）。TN3E3①：4，夹砂黑陶。直径5.3、厚0.6、孔径0.4厘米（图二一，4）。TN2E2①：1，夹砂灰陶，陶色不均，部分偏黄。直径

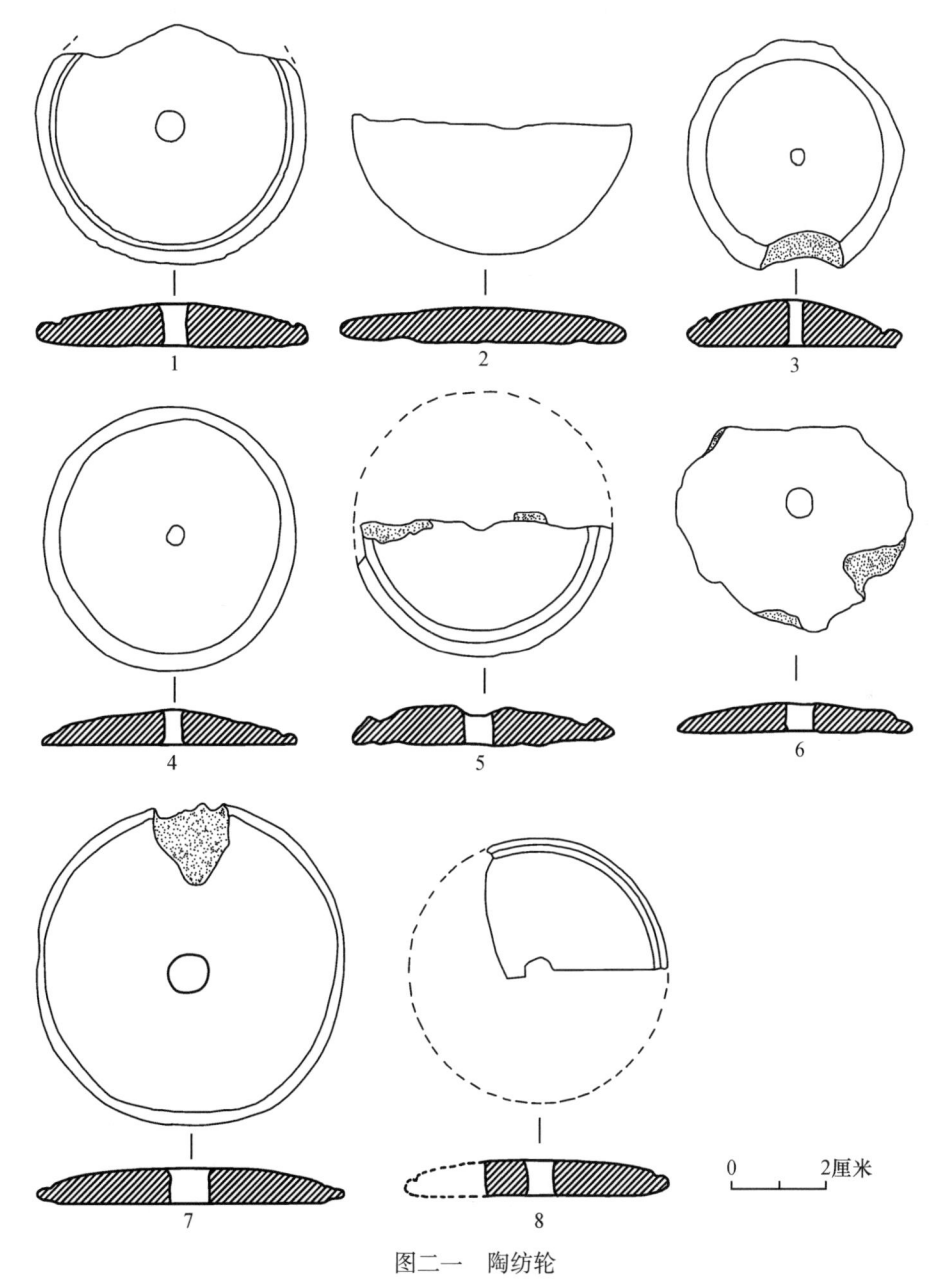

图二一　陶纺轮

1. TN1E3①：9 2. TN1E3①：10 3. TN2E3①：8 4. TN3E3①：4 5. TN2E2①：1 6. TN2E3①：4
7. TN3E3①：6 8. TN1E2①：1

5.4、厚0.7、孔径0.6厘米（图二一，5）。TN3E3①：6，夹砂黑陶。直径6.5、厚0.7、孔径0.8厘米（图二一，7）。TN1E2①：1，夹细砂灰陶。直径5.4、厚0.8、孔径0.5厘米（图二一，8）。

另2件正面微鼓起，边缘无凹槽，夹砂黑陶，陶色不均，表面偏黄。TN1E3①：10，残，直径5.8、厚0.8厘米（图二一，2）。TN2E3①：4，直径5.2、厚0.6、孔径0.6厘米（图二一，6）。

圆陶片　2件。圆形。TN2E2①：8，夹砂黑陶，直径4.5、厚0.6厘米（图二二，1）。TN1E3①：11，夹砂红褐陶，直径3、厚0.7~1厘米（图二二，2）。

圆陶垫片　2件。夹砂灰陶，圆形，中间有圆形凹孔。G1③：31，直径4.8、厚0.6、孔径0.5、孔深0.1厘米（图二二，3）。G2③：4，直径3.4、厚0.6、孔径0.9、孔深0.3厘米（图二二，4）。

2. 石器

锛　6件。G1③：23，平面呈梯形，弧刃。长10.1、宽5.7、厚2.9厘米（图二三，1）。H1：9，刃部有崩残，平面呈长方形，直刃。残长8.6、宽5.1、厚2.4厘米（图二三，2）。TN3E3①：7，平面呈长方形，直刃。长6.8、宽4.3、厚1.9厘米（图二三，3）。TN1E3①：3，直刃，刃部有崩残。残长4.8、宽5.2、厚2.4厘米（图二三，4）。TN3E2①：2，直刃。残长6.2、宽7.5、厚1.8厘米（图二三，5）。H1：1，平面呈长方形，直刃，刃部略有崩残。长6.7、宽4.2、厚2.1厘米（图二三，6）。

斧　双面刃，3件。TN3E3①：5，略呈长方形。残长11.1、宽7.2、厚6厘米（图二四，1）。G1②：5，平面呈梯形，圆角直背。长8.5、宽4.3、厚2.8厘米（图二四，2）。G1③：26，残。残长7.2、残宽3、厚3.8厘米（图二四，3）。

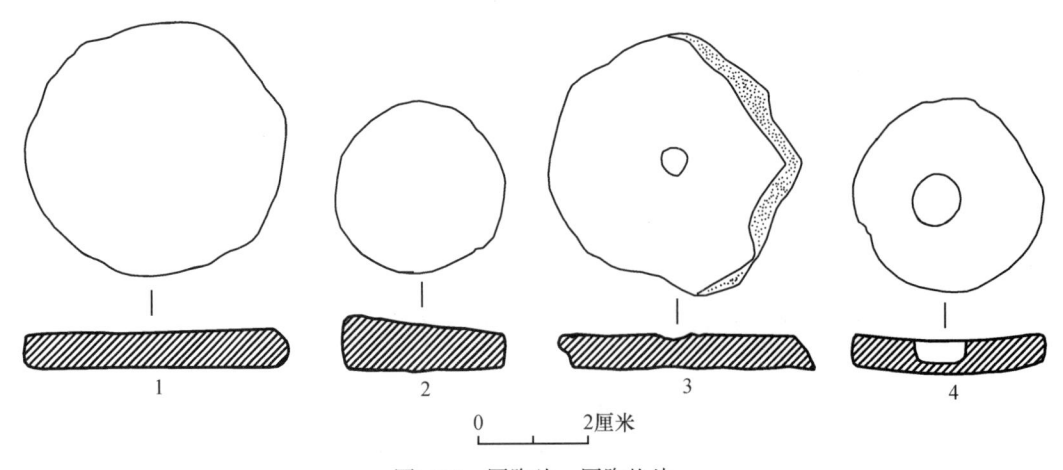

图二二　圆陶片、圆陶垫片
1、2. 圆陶片（TN2E2①：8、TN1E3①：11）　3、4. 圆陶垫片（G1③：31、G2③：4）

图二三　石锛

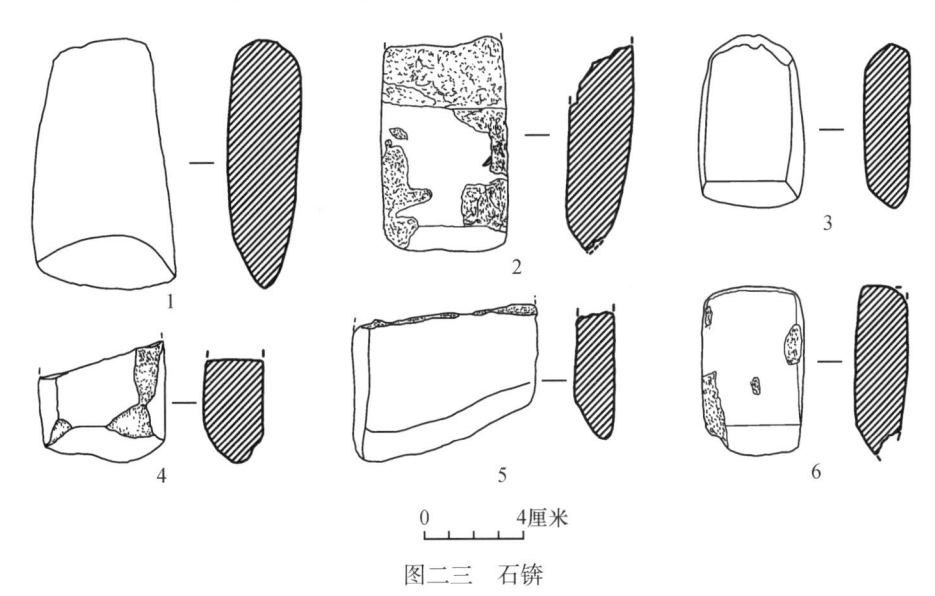

1. G1③:23　2. H1:9　3. TN3E3①:7　4. TN1E3①:3　5. TN3E2①:2　6. H1:1

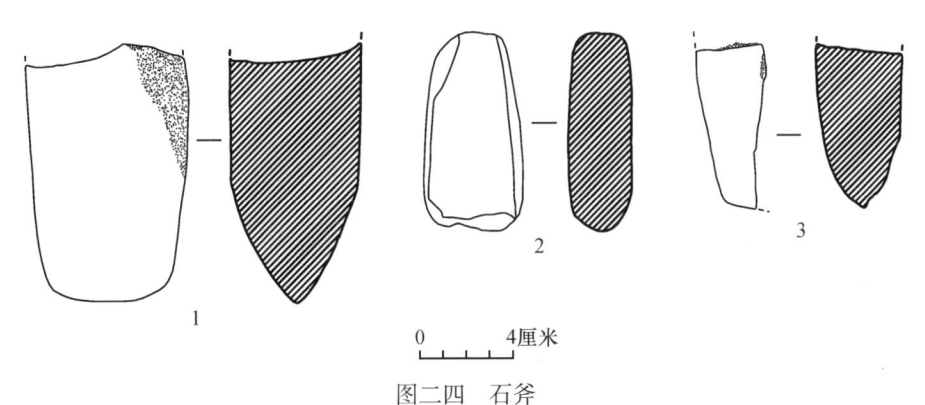

图二四　石斧

1. TN3E3①:5　2. G1②:5　3. G1③:26

残斧、锛　5件。刃部残失。G1④:14，平面呈梯形，圆角略弧背。残长8.6、宽4.2、厚2.5厘米（图二五，1）。TN2E3①:2，剖面呈梯形。残长4、宽3.6、厚2.4厘米（图二五，2）。TN3E1①:5，圆角直背，剖面呈梯形。残长2.9、宽4、厚1.8厘米（图二五，3）。TN3E2①:4，弧背，剖面呈梯形。残长4.5、宽3.6、厚3厘米（图二五，4）。H1:7，圆角弧背，残长4.2、宽5、厚2.4厘米（图二五，5）。

铲　3件。残，扁平。TN3E2①:1，弧背，横截面呈扁长方形。残长7.1、残宽6.6、厚1.6厘米（图二六，1）。G1③:24，残长7.9、残宽5.1、厚1厘米（图二六，2）。G1④:35，残长6.1、残宽5.4、厚0.8厘米（图二六，3）。

刀　7件。分直背、略弧背和弧背三种。

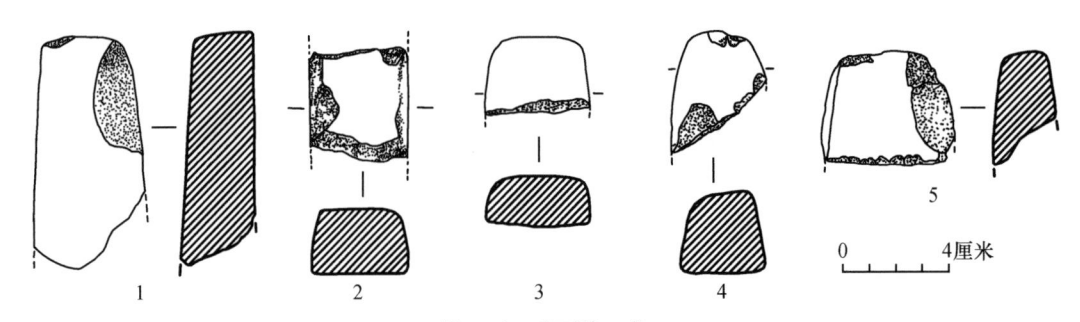

图二五　残石锛、斧

1. G1④：14　2. TN2E3①：2　3. TN3E1①：5　4. TN3E2①：4　5. H1：7

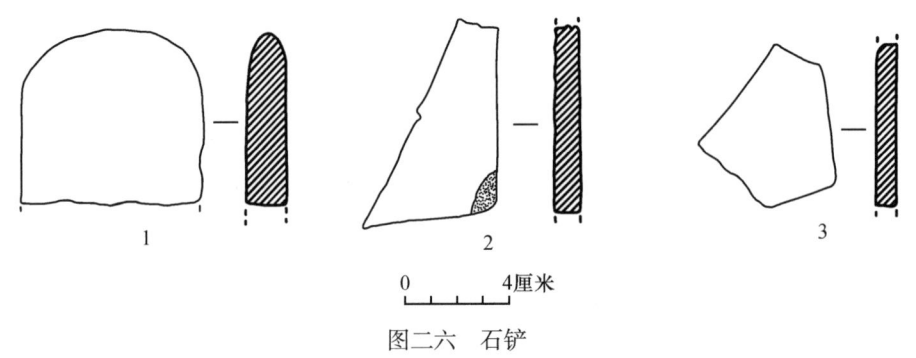

图二六　石铲

1. TN3E2①：1　2. G1③：24　3. G1④：35

直背　1件。H1：5，略弧刃，残存1孔，为对钻。长4.6、残宽7.8、厚1厘米（图二七，1）。

略弧背　2件。G1①：11，刃部微内凹，双面刃。残存2钻孔，孔为对钻。长4.1、残宽8.1、厚0.5厘米（图二七，2）。G1①：34，单面直刃。长5、残宽4.6、厚1.3厘米（图二七，3）。

弧背　4件。H1：3，单面直刃。长5.4、残宽5.7、厚1.1厘米（图二七，4）。G1④：29，略弧刃。1钻孔，为双面对钻。长4.5、宽7.3、厚0.9厘米（图二七，5）。H1：2，略弧刃。长5.9、宽9.2、厚0.6厘米（图二七，6）。G1③：22，弧刃。长5.8、残宽4.8、厚0.8厘米（图二七，7）。

锤　1件。G2①：27，平面呈梯形。长8.3、宽4.5、厚3厘米（图二七，8）。

凿　2件。平面略呈长方形。TN3E2①：3，刃部残失。残长8.6、宽3.2、厚0.5厘米（图二七，9）。G1①：33，双面刃。残存2圆形钻孔，为对钻。残长5.1、宽1.9、厚0.5厘米（图二七，10）。

镞　5件。据横截面不同分两种情况。

横截面扁薄，边锋为双面刃　2件。H1：6，平面近柳叶形，前锋残，有扁锥状

0 ____ 4厘米

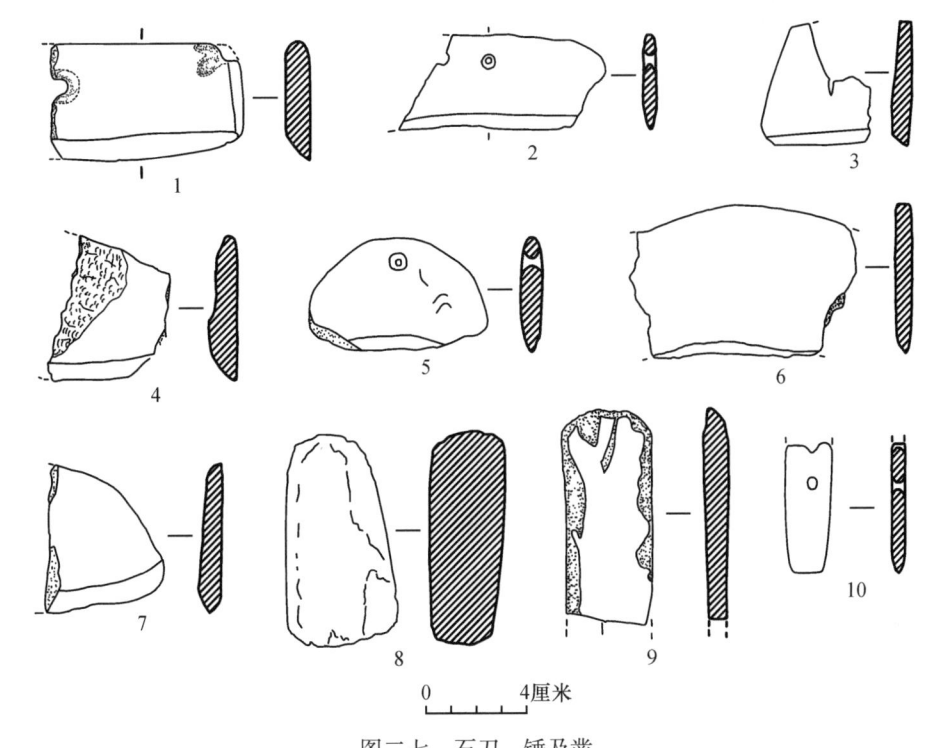

图二七　石刀、锤及凿

1～7. 刀（H1∶5、G1①∶11、G1①∶34、H1∶3、G1④∶29、H1∶2、G1③∶22）　8. 锤（G2①∶27）
9、10. 凿（TN3E2①∶3、G1①∶33）

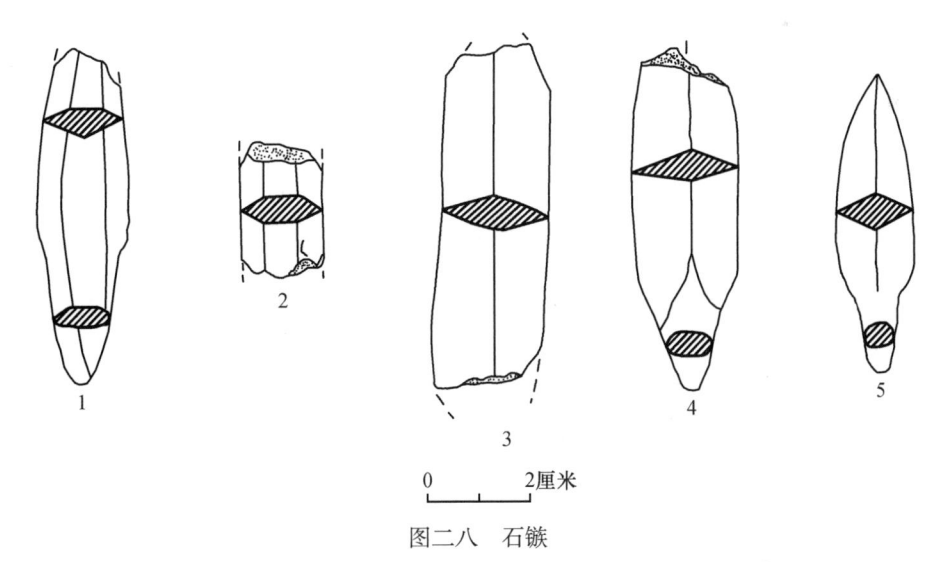

0 ____ 2厘米

图二八　石镞

1. H1∶6　2. TN1E3①∶4　3. G1①∶4　4. TN1E3①∶8　5. TN1E3①∶7

铤。残长6.5、宽1.8、厚0.5厘米（图二八，1）。TN1E3①：4，仅存镞身，扁薄，无脊。残长2.7、宽1.6、厚0.7厘米（图二八，2）。

横截面呈菱形　3件。G1①：4，前锋残。残长6.7、宽2.2、厚0.6厘米（图二八，3）。TN1E3①：8，平面呈柳叶形，前锋残。有铤，铤横截面呈扁椭圆形。残高6.5、宽2.1、厚0.6厘米（图二八，4）。TN1E3①：7，平面呈柳叶形，有铤，铤横截面呈圆形。长5.8、宽1.7、厚0.8厘米（图二八，5）。

四、周代遗存

址坊遗址周代遗存保存较差，仅存H1。出土少量绳纹陶片和1件铜镞。

陶罐口沿　1件。H1：13，泥质灰陶，斜折沿。残高4.9厘米（图二九，1）。

铜镞　1件。H1：14，平面呈柳叶形，镞身横截面呈三角形，有铤，铤部横截面呈六边形。长2.9、宽1厘米（图二九，2）。

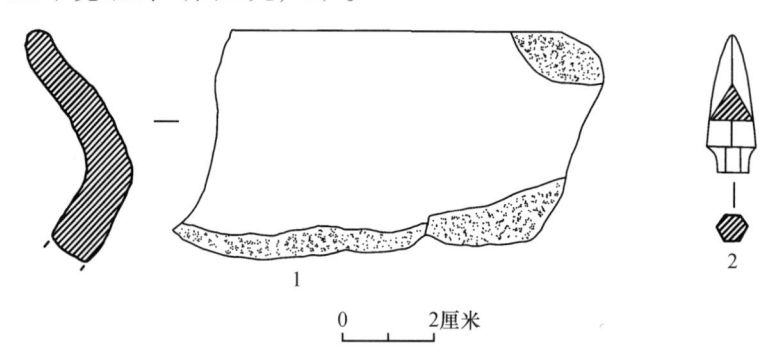

图二九　H1出土陶罐口沿、铜镞
1.陶罐口沿（H1：13）　2.铜镞（H1：14）

五、结　　语

（一）龙山文化遗存G1和G2

G1⑤层出土铲形足（G1⑤：59），足正面饰竖附加堆纹，与诸城呈子[1]鼎足（M15：4）基本一致。该形态鼎足出现于龙山文化中期早段。罐口沿（G1④：57）与尹家城遗址[2]罐的口沿（H63：24）形态基本一致，时代属于龙山文化中期。G1③层出土鸟喙形鼎足（G1③：45），鼎足竖直，该形态流行于龙山文化中期晚段。

G2出土陶器标本中，铲形足（G2⑥：38）为龙山文化早期陶鼎足典型特征，铲形足正面饰竖附加堆纹（G2④∶23），出现于龙山文化中期早段；平底盆（G2④∶24）平折沿、斜壁等特征与东盘遗址[3]陶盆（M16∶2）形态基本一致，时代属龙山文化早期；器盖（G2①∶1）与尹家城遗址（M15∶8）形态基本一致，圈足盘（G2①∶3）与东盘遗址（H36②∶3）形态基本一致，时代约属于龙山文化中期。

G1底部和口部较不规则，推测非人工建造，应为自然淤积而成。G2横截面呈倒梯形，底部两侧较陡，特别是G2④、G2⑤、G2⑧层底部为粗砂或淤沙，G2应为壕沟。

从出土陶器和标本看，G1于龙山文化中期早段开始淤积，于龙山文化中期晚段淤积填平。G2的建造年代推测为龙山文化早期，一直使用至龙山文化中期。

（二）龙山文化遗存地方类型

龙山文化可分为城子崖类型、姚官庄类型、尹家城类型、尧王城类型、杨家圈类型和王油坊类型[4]。其中尧王城类型主要分布于泰沂山东南的鲁东南地区。址坊遗址器物种类和形态，如鼎、平底盆、甗等器物和标本形态与同属尧王城类型的两城镇遗址[5]、尧王城遗址[6]等基本一致。址坊遗址位于尧王城类型这一区域内，属于这一类型。

（三）周代文化遗存

址坊遗存周代文化遗存少，推测发掘区在周代位于生活区的边缘。

附记：址坊遗址2017年发掘由张溯领队，赵国靖为执行领队，并总体负责资料的整理工作。参与发掘的人员有张恒、孙亮申、张学堂、庄绪增、孙运波、汲中敏。在址坊遗址发掘过程中，莒南县文物管理所给予了很大的帮助，多次到工地慰问，在此表示感谢。

器物修复：臧玉霞　胡爱坤
器物线图：张　鑫　郭蒙蒙
清　　绘：穆文琪　邢馨月
执　　笔：赵国靖　张　溯　张　恒　庄绪增
　　　　　汲中敏

注　释

[1] 昌潍地区文物管理组等：《山东诸城呈子遗址发掘报告》，《考古学报》1980年3期。

[2] 山东大学历史系考古专业教研室：《泗水尹家城》，文物出版社，1990年。

[3] 山东省文物考古研究院等：《临沭县东盘遗址发掘报告》，《海岱考古》（第十三辑），科学出版社，2020年，13~188页。

[4] 栾丰实：《海岱龙山文化的分期和类型》，《海岱地区考古研究》，山东大学出版社，1997年，229~282页。

[5] 中美联合考古队等：《两城镇：1998~2001年发掘报告》，文物出版社，2016年。

[6] 临沂地区文物管理委员会等：《日照尧王城龙山文化遗址试掘简报》，《史前研究》1985年4期；中国社会科学院考古研究所山东队等：《山东日照市尧王城遗址2012年的调查与发掘》，《考古》2015年9期。

高青县拥护村南遗址发掘简报

山东省文物考古研究院
高青县文化和旅游局

高青县位于山东省北部平原地带，隶属淄博市，北依黄河，南邻小清河。1948年，原高苑县和青城县合并，取两县首字得名为高青县。境内古代遗存丰富，其中陈庄遗址发现西周早期齐国城址及贵族墓地，是鲁北地区商周考古的重要发现。

2020年3~4月，为配合小清河综合治理工程，山东省文物考古研究院对小清河沿线进行了详细的调查勘探。拥护村南遗址是此次调查勘探工作中新发现的一处遗址，位于高青县高城镇拥护村东南约1.5千米处，东侧为南水北调分洪闸，南距小清河（河段116+000）500米，北邻南水北调工程河道（图一；图版一，1）。遗址大致呈长方

图一 遗址位置示意图

形，南北长约170米，东西宽约90米，面积约1.5万平方米，地形平坦，北部为树林，中部被现代道路东西贯穿，南部为农田。地表可采集到数量较多的陶片，可辨器形有罐、鬲、盂等，推测遗址文化内涵主要为东周时期。小清河分洪道治理工程需对原堤坝进行开挖，其中北堤开挖区域占压遗址南部。

2020年4～5月，经国家文物局批准，山东省文物考古研究院组织业务力量对遗址进行了考古发掘。发掘区位于小清河分洪道北堤以北，由于工程占压区域呈东西向狭窄条带状，故布设一列共8个10米×5米探方进行发掘，探方由西向东分别编号为T1～T8，总发掘面积400平方米（图二；图版一，2）。发掘情况及收获简报如下。

一、地层堆积

发掘区地层堆积可分为7层，以T3北壁剖面为例（图三）：

第1层：为现代耕土，浅灰褐色粉砂土，土质疏松，厚0.2～0.3米，包含物较杂乱，有周代、汉代、唐宋及明清各时期陶片及现代遗物。

第2层：为河水泛滥形成的淤积层，具体由浅黄褐色砂土和红褐色黏土相间构成，浅黄褐色砂土疏松，红褐色黏土则致密坚硬，厚1.2～1.4米，未发现包含物。

第3层：灰褐色黏土，土质较致密，厚0.1～0.18米，包含物极少，仅有少量烧土颗粒，并发现小块白瓷片。

第4层：深灰褐色黏土，土质致密，厚0.2～0.3米，包含物见少量陶片及较多的细小螺壳，陶片均较小且磨圆度高。

第5层：黄褐色粉砂黏土，土质较致密，厚0.1～0.15米，包含物见少量陶片及烧土颗粒。

第6层：浅灰褐色粉砂黏土，土质较疏松，厚0.3～0.4米，包含物较多，发现大量陶片。

第7层：黄褐色粉砂土，土质较疏松，厚0.2～0.4米，包含物为数量较多的陶片。

第5层下发现唐代墓葬及灰坑，第6层及第7层下发现周代遗迹，第7层下未发掘，为黄色砂土，无包含物，通过勘探可知黄色砂土层厚约0.8米，其下为含水量极大的黑灰色淤泥。

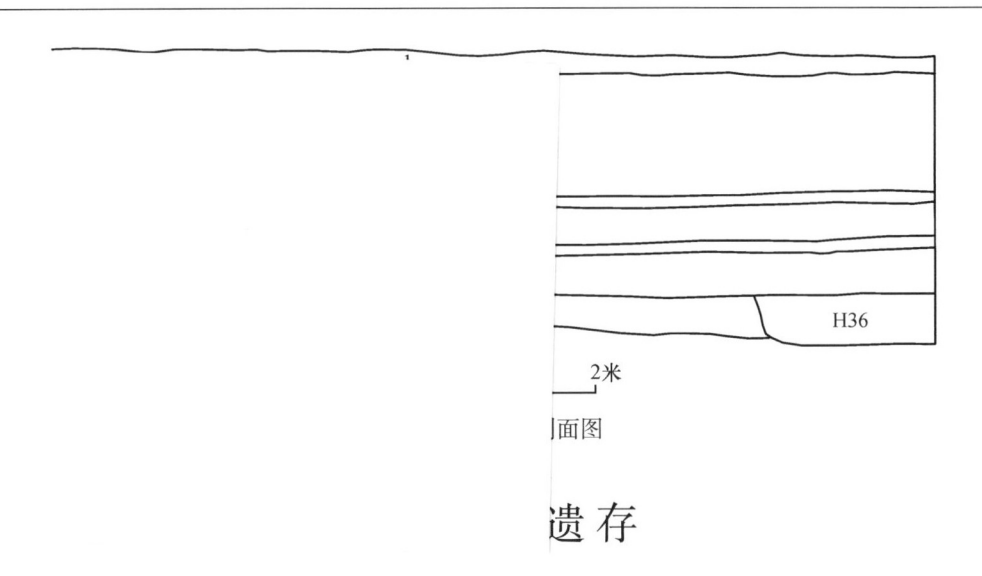

本次共发现并清理周代灰坑60座，多数平面近圆形，坑壁分为直壁、斜壁内收及斜壁外张等，部分灰坑内出土较完整、可修复的陶器，器形包括鬲、豆、盂等；发现东周墓葬4座，均为较窄小的土坑墓，M3、M4及M5出土随葬陶器。另外，发现并清理唐代灰坑1座及砖室墓1座。

（一）周代遗存

本次发现并清理周代遗迹包括灰坑60座及墓葬4座，集中分布于发掘区西部及中部，东部发现较少。分别举例介绍如下：

1. 灰坑及出土遗物

H2　位于T3中部偏北，开口于第6层下，平面形状为椭圆形，近直壁，底部近平而中间略凹，坑内填土为深灰褐色，土质疏松，未见明显分层，出土少量陶片。口部直径1.1～1.2、存深0.4米（图四；图版二，1）。

H3　位于T4中部偏东南，开口于第6层下，打破灰坑H35，平面形状为不规则的卵圆形，东部较窄而西部较宽，直壁平底，坑内堆积为深灰褐色土，土质疏松，未见明显分层，出土大量陶片，其中可辨器形有夹砂红陶素面鬲、夹砂灰陶绳纹鬲及泥质灰陶绳纹罐等。长2.52、宽1.65、存深0.46米（图五；图版二，2）。

H6　位于T3中部偏西北，开口于第6层下，平面形状为椭圆形，坑壁斜直外张，坑底近平而中部略凹，坑内堆积为深灰褐色土，土质疏松，未见明显分层，出土少量陶片。口部直径1.22～1.4、底部直径1.28～1.5、存深0.54米（图六；图版二，3）。

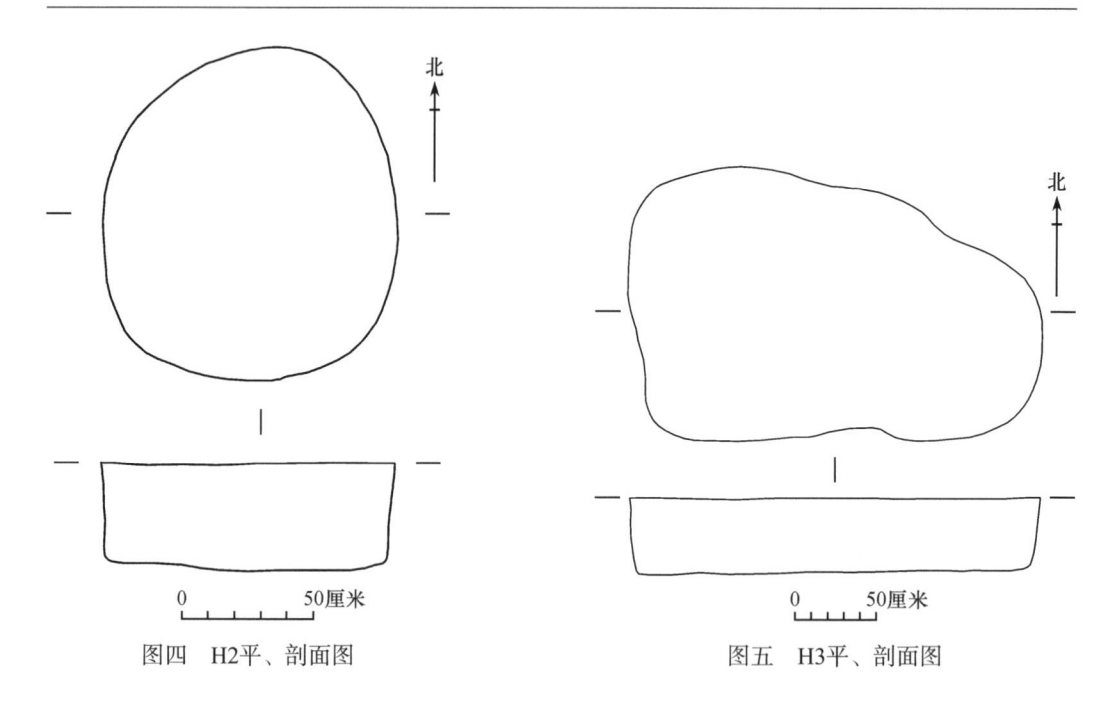

图四 H2平、剖面图

图五 H3平、剖面图

H8　位于T1中部，开口于第6层下，打破H51，平面形状近椭圆形，坑壁近直，底近平，坑内堆积为浅灰褐色土，土质较疏松，未见明显分层，出土少量陶片。口部直径1.24～1.38、存深0.55米（图七）。

H10　位于T5东南角，开口于第6层下，平面形状为椭圆形，东侧坑壁外张、西侧坑壁内收，底部西高东低，坑内堆积为深灰褐色土，土质疏松，未见明显分层，出土较多陶片，其中可辨器形有灰陶夹砂鬲及灰陶绳纹罐等。口部直径1.15～1.24、存深0.54米（图八）。

H13　位于T2西部，开口于第6层下，打破H22及M4，平面形状近圆形，壁面内收，坑底近平，坑内堆积为深灰褐色土，土质疏松，未见明显分层，出土较多陶片，复原泥质灰陶豆1件。直径1.84～1.98、存深0.28～0.35米（图九）。

H18　位于T2东部，开口于第6层下，打破H30、H37、H58、H61及M5，平面形状近圆形，壁面弧收，圜底，坑内堆积为深灰褐色土，土质疏松，未见明显分层，出土较多陶片，复原夹砂素面红陶鬲1件，直径1.7～1.76、现存最深0.3米（图一〇）。

H20　位于T6中部偏北，开口于第6层下，平面形状近圆形，壁面内收，平底，坑内堆积为灰褐色土，土质较疏松，未见明显分层，出土陶片及较完整器物，修复2件泥质灰陶盂。口部直径0.95～1.04、存深0.38米（图一一）。

图六 H6平、剖面图

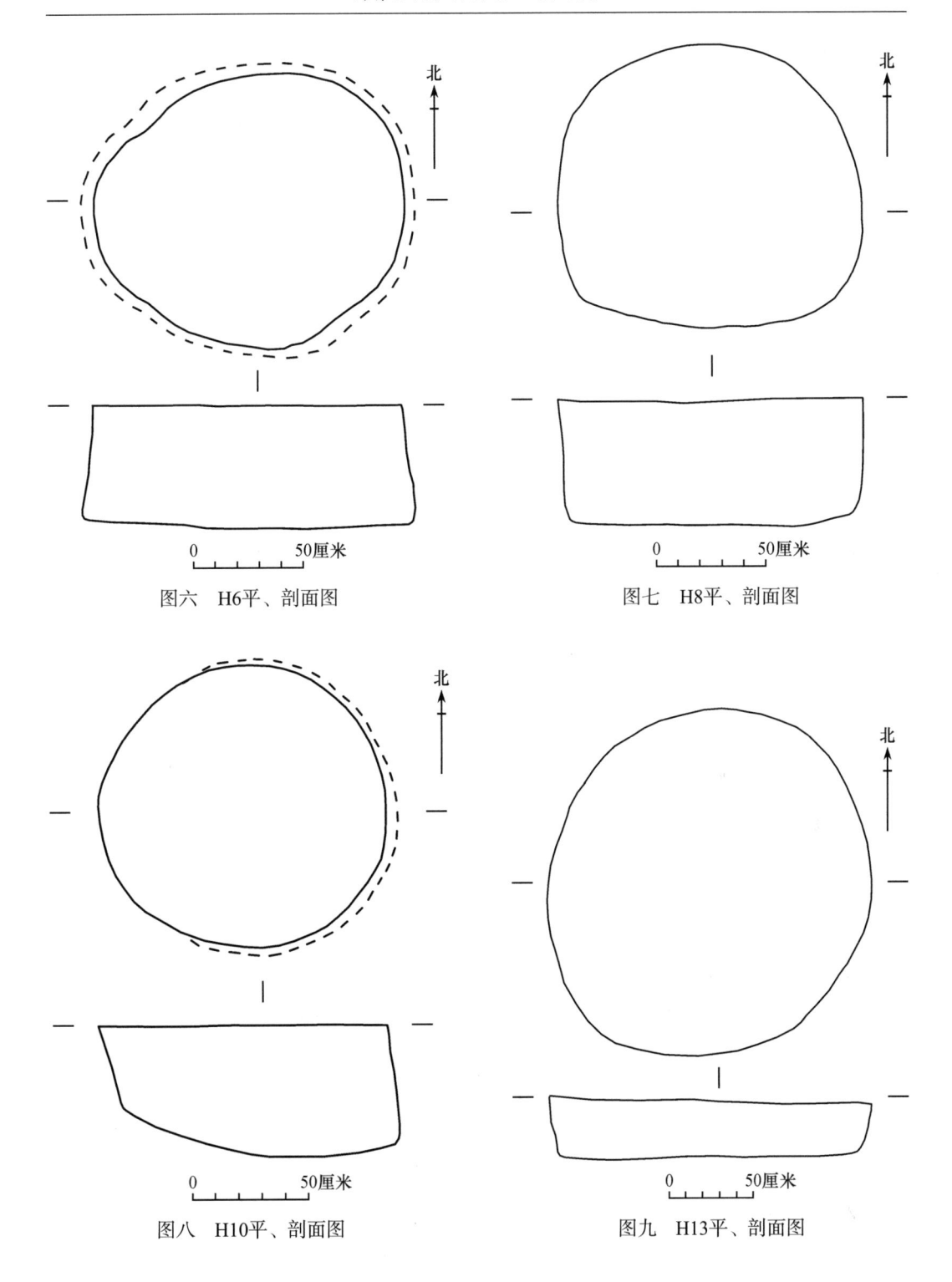

图七 H8平、剖面图

图八 H10平、剖面图

图九 H13平、剖面图

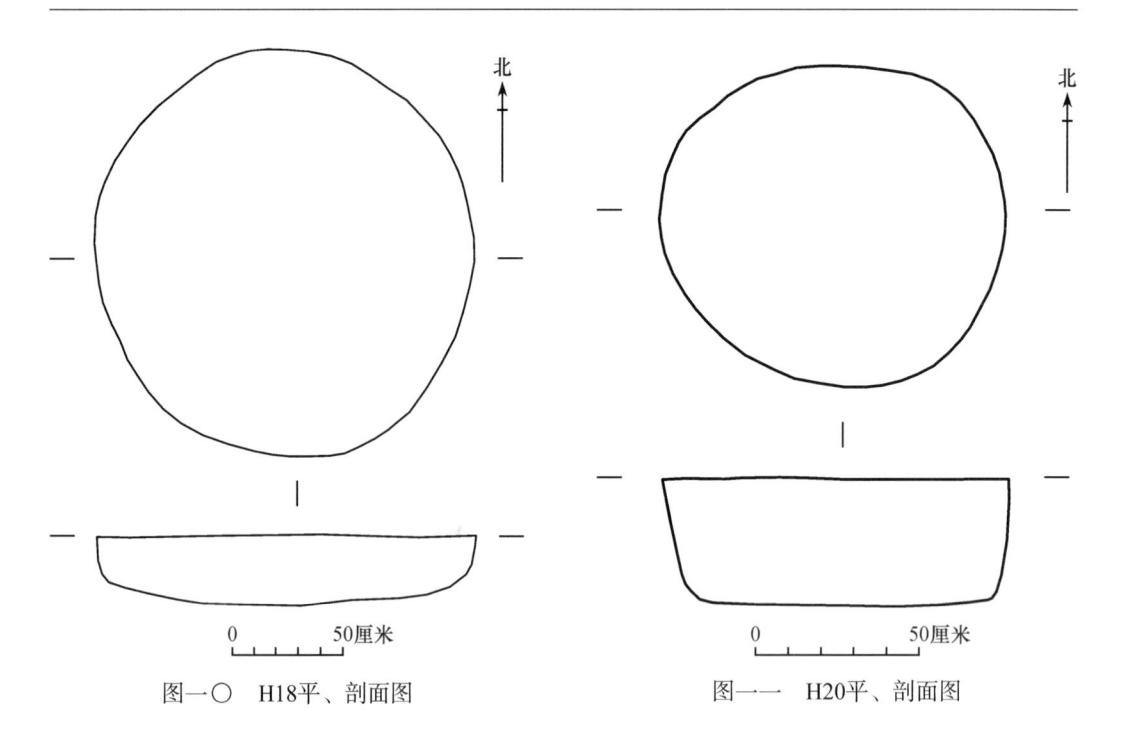

图一〇　H18平、剖面图　　　　　　图一一　H20平、剖面图

H33　位于T5西部，开口于第6层下，西部延伸入T4东隔梁未清理，西北部被H12打破，打破H34，平面形状近圆形，壁面近直，平底，坑内堆积为深灰褐色土，土质疏松，未见明显分层，出土大量陶片，可辨器形有豆、盂等。探方内最宽处2.34、存深1.14米（图一二；图版二，4）。

H34　位于T5西北部，开口于第6层下，北部伸入T5北隔梁未清理，西南部被H33打破，平面形状近椭圆形，斜壁内收，底近平，坑内堆积为灰褐色土，土质疏松，未见明显分层，出土大量陶片及卜骨1件。最大径2.12、存深0.9米（图一三）。

H39　位于T8西南部，开口于第6层下，南半部延伸出T8南壁以外未清理，探方内形状近半圆形，直壁，平底，坑内堆积为灰褐色土，土质疏松，未见明显分层，出土少量陶片，复原泥质灰陶盂1件。直径1.6、存深0.66米（图一四）。

H44　位于T6东北部，开口于第6层下，东部延伸入T6东隔梁下未清理。平面形状近圆形，斜壁内收，平底，坑内堆积为灰褐色土，土质疏松，未见明显分层，出土少量陶片及铜镞1件。直径1.7、存深1.1米（图一五）。

H50　位于T5南部，开口于第6层下，南部延伸出探方外未清理，西部被H38打破，打破H60，探方内有其一部分，为半圆形，壁面外张，平底，坑内堆积分为3层：第1层，深灰褐色土含黑灰，土质疏松；第2层，浅灰褐色土，较疏松；第3层，深黄褐色土，土质疏松，出土较多陶片，其中可辨器形有灰陶夹砂鬲及灰陶绳纹罐等。探方内最大口径2.12、最大底径2.48、存深0.8米（图一六）。

图一二　H33平、剖面图

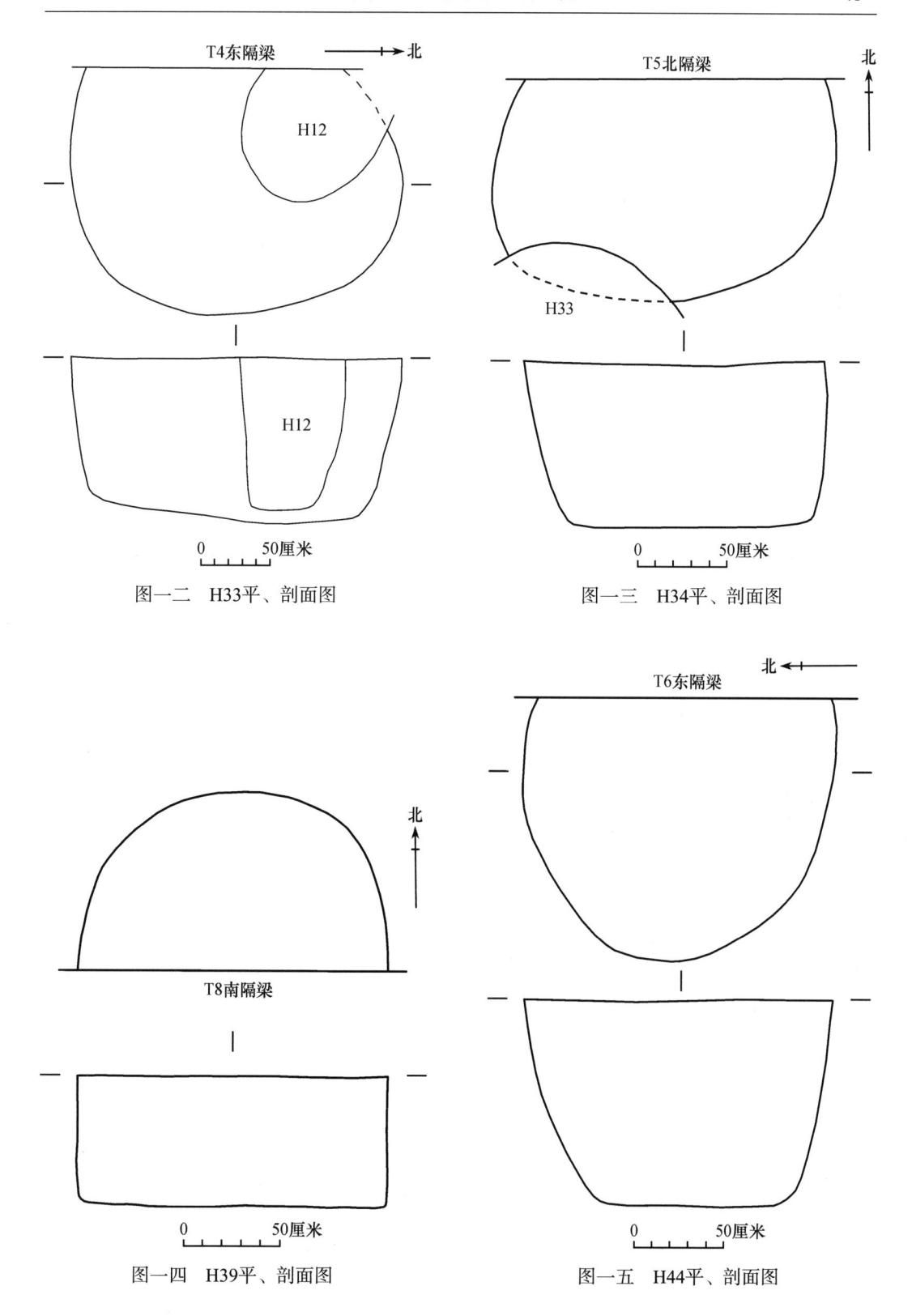

图一三　H34平、剖面图

图一四　H39平、剖面图

图一五　H44平、剖面图

H57　位于T4西北部，开口于第7层下，东北部被H32打破，平面形状近圆形，壁面外张，平底，坑内堆积为深灰褐色土，土质疏松，未见明显分层，出土陶片及较完整器物，包括鬲、盂等。探方内开口最宽处2.3、地面最宽处2.38、存深2.6米（图一七；图版二，5）。

H60　位于T5南部，开口于第6层下，南部被H50打破，平面椭圆形，壁面外张，平底，坑内堆积为深灰褐色土含黑灰，土质疏松，出土较多陶片，其中可辨器形有灰陶夹砂鬲及灰陶绳纹罐等。探方内最大口径1.76、最大底径1.97、存深0.8米（图一八；图版二，6）。

周代灰坑及文化层出土遗物以陶器为主，器形有鬲、豆、盂、网坠等，另外还出土有铜镞、蚌镰及卜骨等。

陶鬲　H18:1，夹砂红陶，素面，方唇，侈口，折沿，束颈，圆肩，微鼓腹，下腹斜直内收，连裆较低矮，无实足跟。口径18.8、腹径21.6、通高20.8厘米（图一九，1；图版四，1）。H57:1，夹砂灰陶，颈以下饰竖向粗绳纹，裆部饰横竖向交叉绳纹，方唇，侈口，折沿，腹垂鼓，连裆，三袋足外撇，无实足跟。口径16、腹径16、通高13厘米（图一九，2；图版四，2）。

陶豆　H13:1，泥质灰陶，豆盘较深，尖唇，侈口，内外壁弧收，豆柄较粗矮，中部有凸棱一道，圆唇喇叭口状圈足。豆盘口径16、圈足径11、通高10.2厘米（图一九，3；图版四，3）。

陶盂　H20:1，泥质灰陶，尖唇，窄斜折沿，微敛口，肩部有折棱一道，鼓腹，下腹弧收，圜底。口径16.4、腹径16.8、通高6.6厘米（图一九，4；图版四，4）。H20:2，泥质灰陶，尖圆唇，折沿，微敛口，微鼓腹，下腹弧收，小平底，内壁存有轮制痕迹。口径20、腹径19、底径6.4、通高10.7厘米（图一九，5）。H39:1，泥质灰陶，尖唇，斜折沿，侈口，肩部有折棱一道，外壁弧收，平底底部内凹。口径19.8、腹径9.2、底径8.2、通高5.8厘米（图一九，6）。

陶网坠　T4⑦:1，泥质黄褐陶，素面，呈中部略鼓的圆筒状，圆孔口部微内凹。直径4.7、孔径1.9、通高5.3厘米（图二〇，1；图版四，5）。

铜镞　H44:1，镞身双翼，一侧翼面及两翼后锋残缺，中脊起棱线，棱线与双翼间凹陷形成血槽，实心铤，铤截面略呈菱形。通长5.1、铤长2.5、翼宽1.6厘米（图二〇，2；图版四，6）。

蚌镰　T4⑦:2，以河蚌壳制作，一侧内凹有刃，刃上刻出细密锯齿。通长8.4、通宽3.7、最厚处0.5厘米（图二〇，3；图版四，7）。

图一六　H50平、剖面图

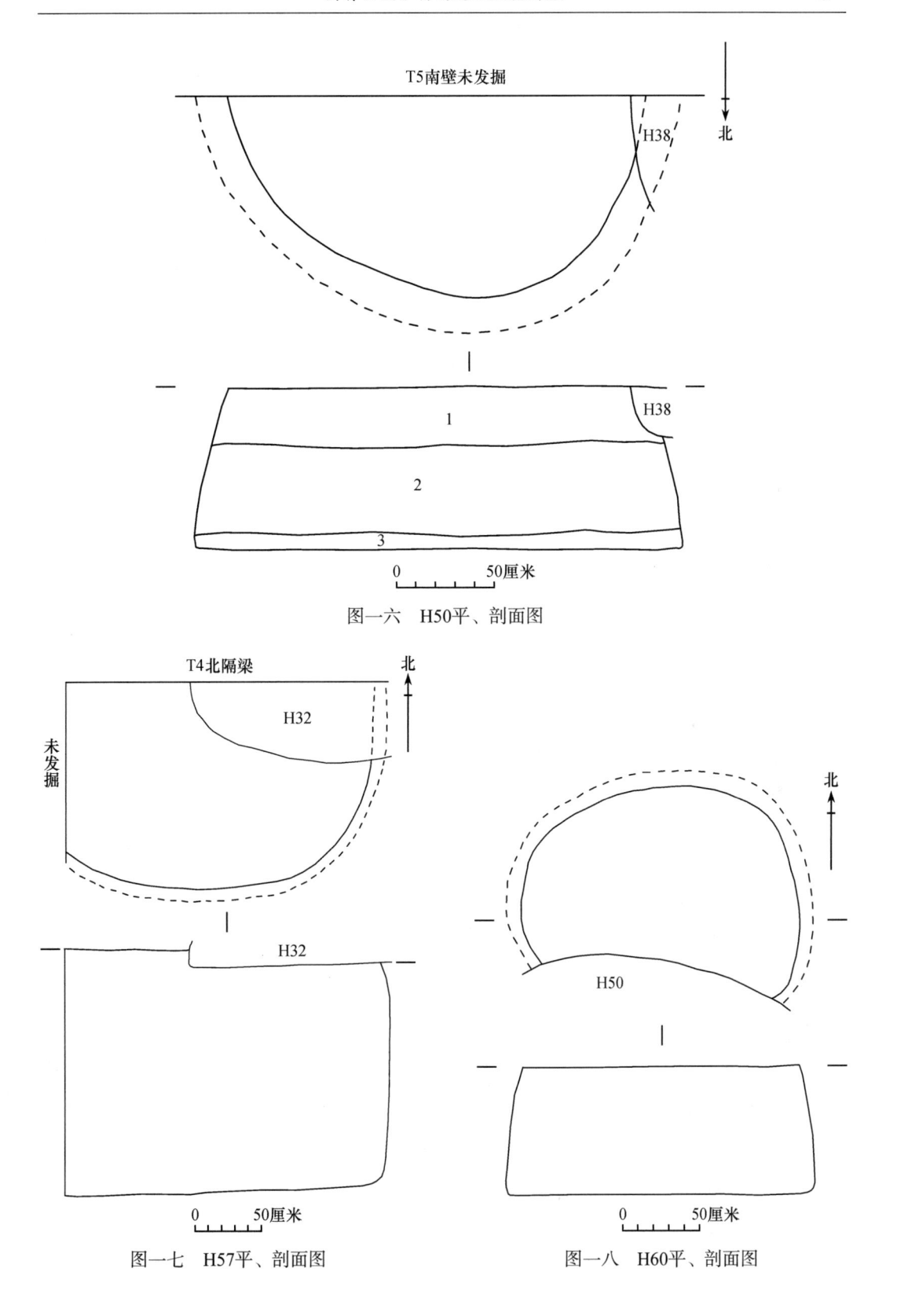

图一七　H57平、剖面图

图一八　H60平、剖面图

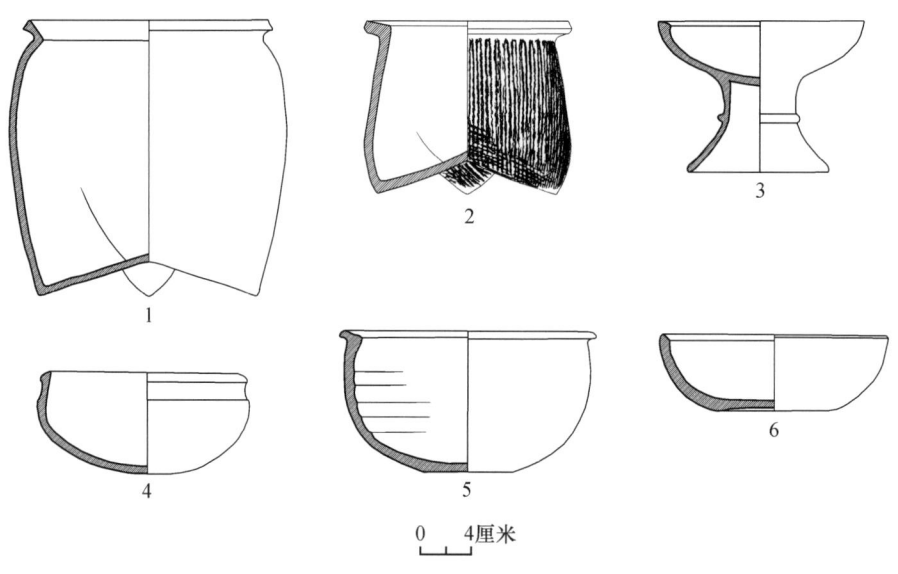

图一九　出土周代陶器

1、2. 鬲（H18：1、H57：1）　3. 豆（H13：1）　4～6. 盂（H20：1、H20：2、H39：1）

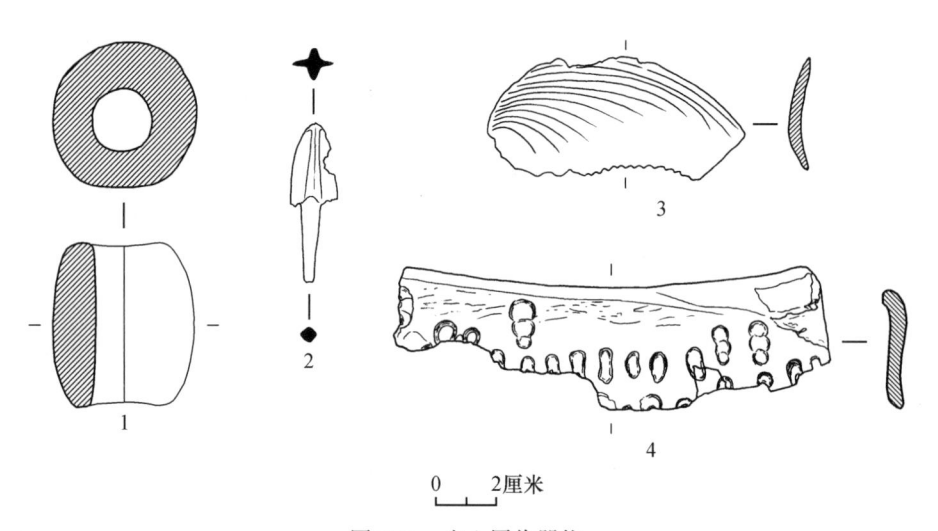

图二〇　出土周代器物

1. 陶网坠（T4⑦：1）　2. 铜镞（H44：1）　3. 蚌镰（T4⑦：2）　4. 卜骨（H34：1）

卜骨　H34：1，以牛肩胛骨制成，部分残失，一面有密集钻孔，其中见三连钻，钻孔有炙烤痕迹，另一面光滑无钻孔。残长14.3、残宽2.1～3.9、最厚处0.6厘米（图二〇，4；图版四，8）。

2. 墓葬

M2　位于T6南部，开口于第6层下，长方形土坑竖穴墓，墓向120°，未见明显棺椁痕迹，发现人骨一具，头向东南，面向北，仰身直肢，墓内未发现随葬品。长1.73、宽0.49、存深0.25米（图二一）。

M3　位于T6西南部，开口于第6层下，长方形土坑竖穴墓，墓向117°，墓内一棺，发现人骨一具，头向东南，面向北，仰身直肢，南侧发现壁龛，龛平面半圆形，龛内发现陶豆2件、陶盂1件及陶鬲1件。长1.84、宽0.69、存深0.4米，壁龛宽0.9、深0.49米（图二二；图版三，1）。

M3出土随葬品4件。

陶豆　M3：1，泥质灰陶，豆盘较深，方唇，侈口，内外壁弧收，豆柄较细高，中间偏上部位有凸棱一道，方唇喇叭口状圈足。豆盘口径17、圈足径10.2、通高17.6厘米（图二三，1；图版五，1）。M3：4，泥质灰陶，豆盘较深，向一侧倾斜较甚，方唇，侈口，内外壁弧收，豆柄较细高，略弯曲，中间偏上部位有凸棱一道，方唇喇叭口状圈足。豆盘口径16.2、圈足径11.2、通高16.6厘米（图二三，2；图版五，2）。

陶盂　M3：2，泥质灰陶，尖唇，斜折沿较宽，敛口，鼓腹，腹部有折棱一道，下腹弧收，小平底。口径20、腹径19.6、底径4.2、通高10.4厘米（图二三，3；图版五，3）。

陶鬲　M3：3，夹砂红陶，素面，尖唇，侈口，折沿，束颈，圆肩，微鼓腹，下腹斜直内收，连裆低矮近平，无实足跟。口径18、腹径23.6、通高20.8厘米（图二三，4；图版五，4）。

M4　位于T2南部，开口于第6层下，西部和东南部分别被H13及H27打破，土坑竖穴墓，平面梯形，北宽南窄，墓向0°，墓内一椁一棺，棺内发现人骨一具，头向北，面向东，侧身屈肢，随葬品放置于西侧二层台上，发现陶豆2件及陶鬲1件，长2.93、宽1.1~1.2、存深0.63米（图二四；图版三，2）。

M4出土随葬品3件。

陶鬲　M4：1，夹砂红陶，素面，尖唇，侈口，折沿，束颈，斜肩，微直腹，腹下部略内收，连裆低矮近平，无实足跟。口径16、腹径22.8、通高24.6厘米（图二五，1；图版五，5）。

陶豆　M4：2，泥质灰陶，豆盘较浅，方唇，侈口，内外壁中部均有折棱，外壁上部较直略内凹，下部弧收，豆柄较细高，中间偏下部位有凸棱一道，方唇喇叭口状圈足。豆盘口径17.2、圈足径10、通高19.2厘米（图二五，2；图版五，6）。M4：3，泥质灰陶，豆盘较浅，方唇，侈口，内外壁中部均有折棱，外壁上部较直略内凹，下

图二一　M2平、剖面图

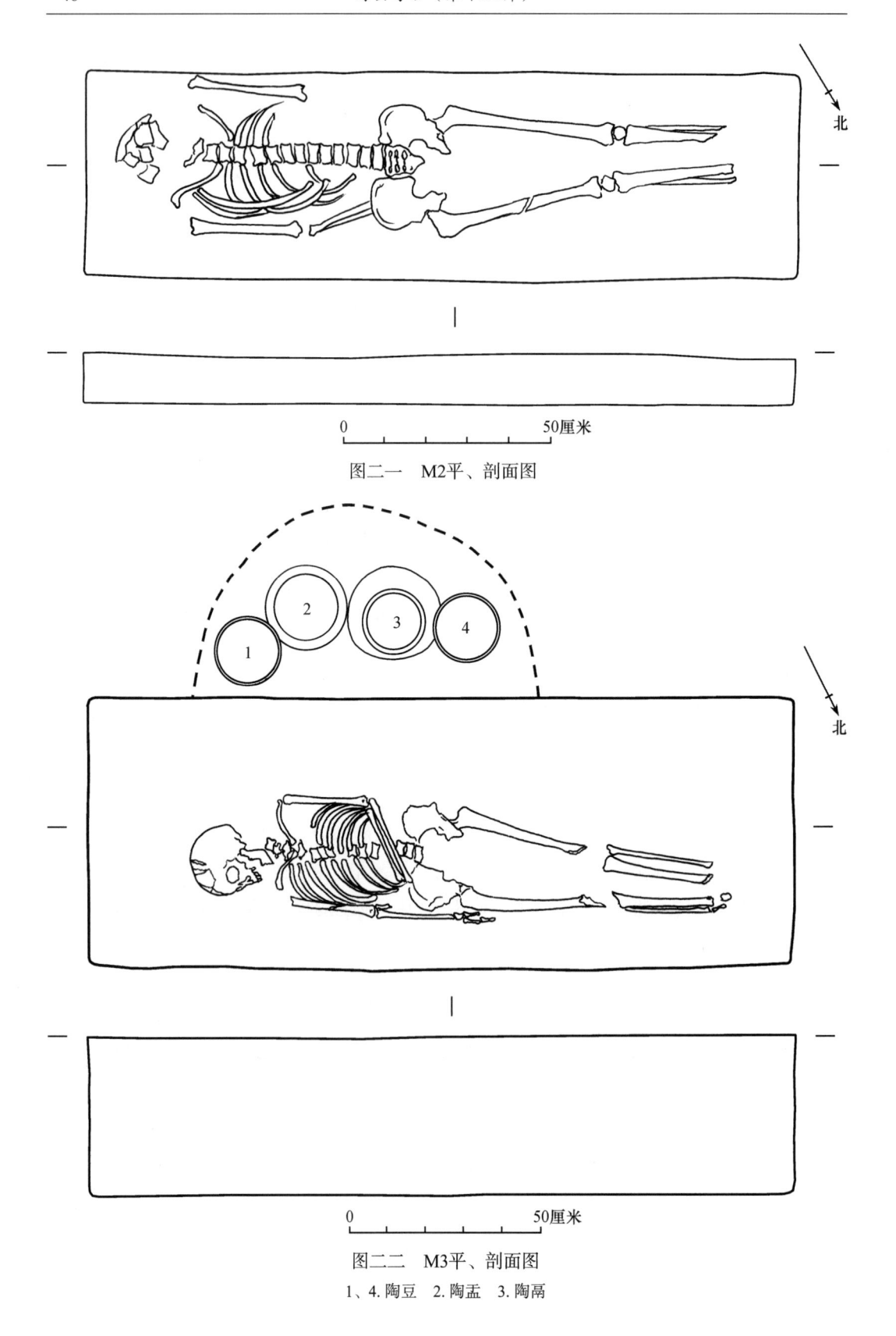

图二二　M3平、剖面图
1、4. 陶豆　2. 陶盂　3. 陶鬲

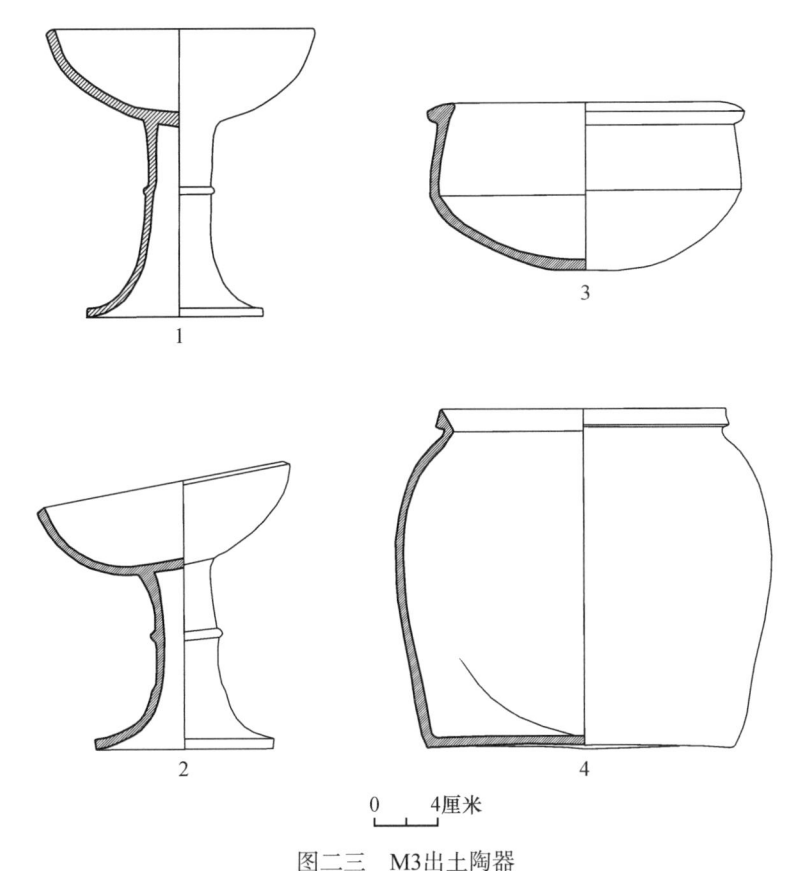

图二三　M3出土陶器
1、2.豆（M3∶1、M3∶4）　3.盂（M3∶2）　4.鬲（M3∶3）

部弧收，豆柄较细高，中间偏下部位有凸棱一道，方唇喇叭口状圈足。豆盘口径16.4、圈足径10.4、通高18.2厘米（图二五，3；图版五，7）。

M5　位于T2东南部，开口于第6层下，被H18、H30、H37、H53及H58打破，长方形土坑竖穴墓，墓向75°，墓内一棺，棺内发现人骨一具，头向东南，面向北，仰身直肢，随葬品放置于棺内头部，发现陶豆1件。长1.98、宽0.65、存深0.4米（图二六；图版三，3）。

陶豆　M5∶1，泥质灰陶，豆盘较深，方唇，侈口，内外壁弧收，豆柄较细高，无凸棱，方唇喇叭口状圈足。豆盘口径17、圈足径11.8、通高15.6厘米（图二五，4；图版五，8）。

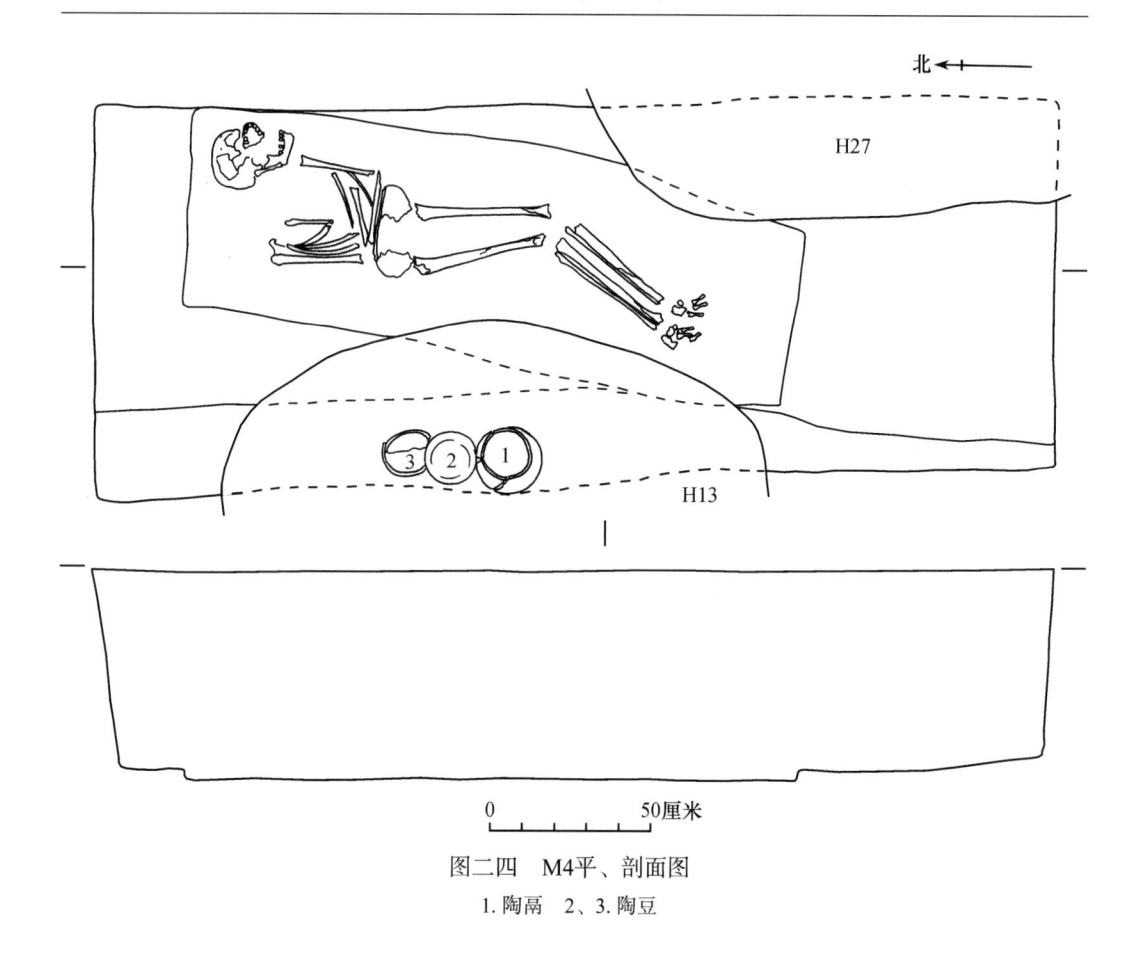

图二四　M4平、剖面图
1. 陶鬲　2、3. 陶豆

（二）唐代遗存

1. 灰坑

H1　位于T8南部，开口于第5层下，平面形状近圆形，斜壁内收，近圜底，坑内堆积为灰褐色土，土质疏松，未见明显分层，出土少量陶、瓷片。直径0.86~0.98、存深0.16米（图二七；图版六，1）。

2. 墓葬

M1　位于T3东南部，开口于第5层下，墓向180°。墓室平面略呈梯形，北端窄而南部宽，墓道长方形，南向，南部遭到破坏。墓内以青砖砌筑墓室，墓壁外张，近顶部被破坏，墓砖不存，推测为叠涩顶，墓道与墓室之间以乱砖封砌。墓内未见明显棺痕，亦未见棺钉，发现人骨2具，头皆向南，保存状况较差，东侧人骨基本完整，侧身屈肢，西侧人骨散乱且部分缺失。随葬品放置于墓室内：墓室南部中间发现陶罐1

图二五　M4、M5出土陶器

1. 鬲（M4∶1）　2~4. 豆（M4∶2、M4∶3、M5∶1）

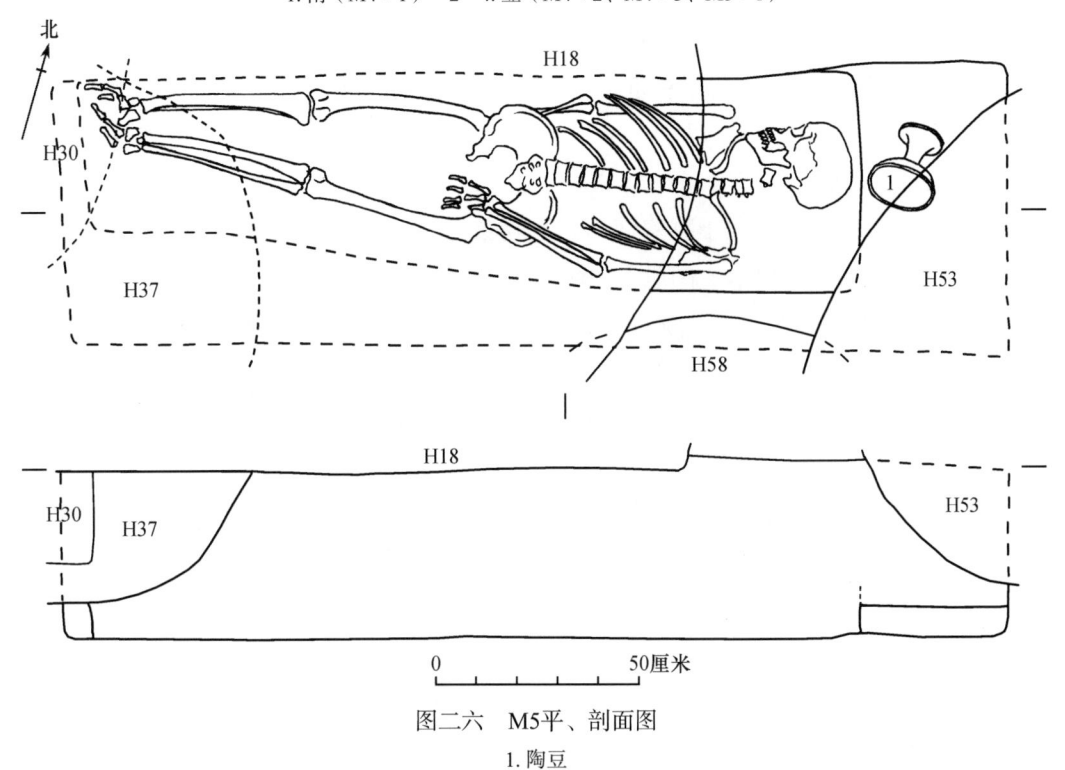

图二六　M5平、剖面图

1. 陶豆

图二七　H1平、剖面图

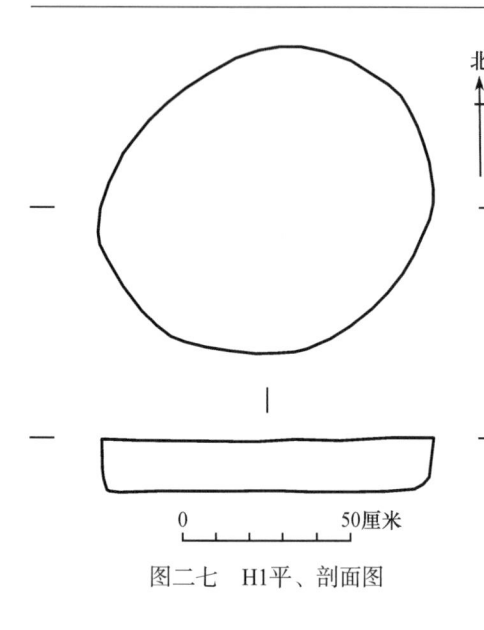

件、铜合页3件，西南角发现瓷罐、瓷碟、利用瓦片磨制的托盘、铁器各1件，东侧人骨右肩下发现半面铜镜。墓圹口部现存长3.3（含墓道）、宽1.55、存深0.85米（图二八；图版六，2）。

出土遗物有陶器、瓷器、铜器及铁器等。

陶罐　1件。M1:1，置于墓室南部中间，泥质灰陶，圆唇，微卷沿，束颈，双贯耳残失，圆肩，微鼓腹，下腹斜弧收，小平底。口径16、最大腹径26、底径8.6、通高26.8厘米（图二九，1；图版七，1）。

陶托盘　1件。M1:3，置于墓室西南角瓷碟下方，以瓦片简单加工制成，泥质灰陶，近椭圆形。长16.2、宽15.8、厚1厘米（图二九，3；图版七，4）。

瓷罐　1件。M1:2，置于墓室西南角，灰白胎，酱釉，外侧釉不包底，圆唇，高领，微侈口，束颈，双系耳残失，圆肩，微鼓腹，下腹弧收，平底。口径16.6、最大腹径21.6、底径9、通高18.8厘米（图二九，2；图版七，2）。

瓷碟　1件。M1:4，置于墓室西南角，灰白胎，酱釉，外侧釉不包底，圆唇，侈口，内外壁弧收，平底内凹。口径14.5、底径6.2、通高3.3厘米（图二九，4；图版七，3）。

铜镜　1件。M1:5，置于墓室中部偏南，压在东侧人骨右侧肱骨下方，为半面，镜纽不存，锈蚀严重，纹饰不清。复原直径20.2、镜缘宽1.1、厚0.8、镜体厚0.5厘米（图二九，5；图版七，5）。

铜合页　3件。分散置于墓室南部，均锈蚀并有不同程度的残缺，形制相同。长6、宽4.1、铜片厚0.15厘米（图版七，6）。M1:6，由两片花冠形铜片扣合而成，合页两面中间均有三根细柱，一侧柱端顶有一扇形铜片，另一侧残缺（图二九，6）。M1:7，仅存合页一半，花冠形铜片，一面中部有三根细柱，细柱顶端有一扇形铜片（图二九，7）。M1:8，仅存合页一半，花冠形铜片，一面中部有三根细柱（图二九，8）。

残铁器　1件，置于墓室西南角，覆盖于瓷碟及瓷罐之上，锈蚀残断严重，器形不明。

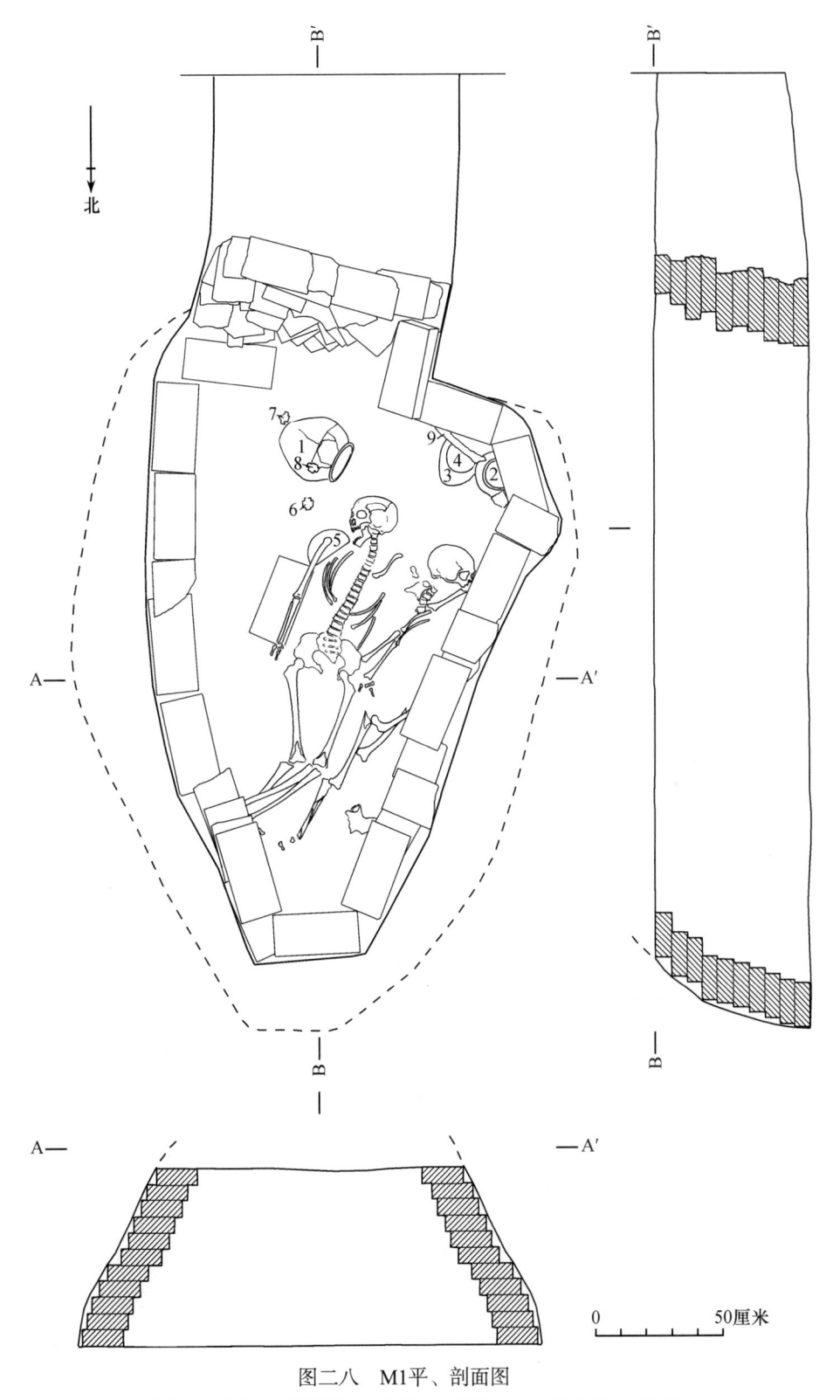

图二八　M1平、剖面图
1.陶罐　2.瓷罐　3.陶托盘　4.瓷碟　5.铜镜　6~8.铜合页　9.铁器

图二九 M1出土器物

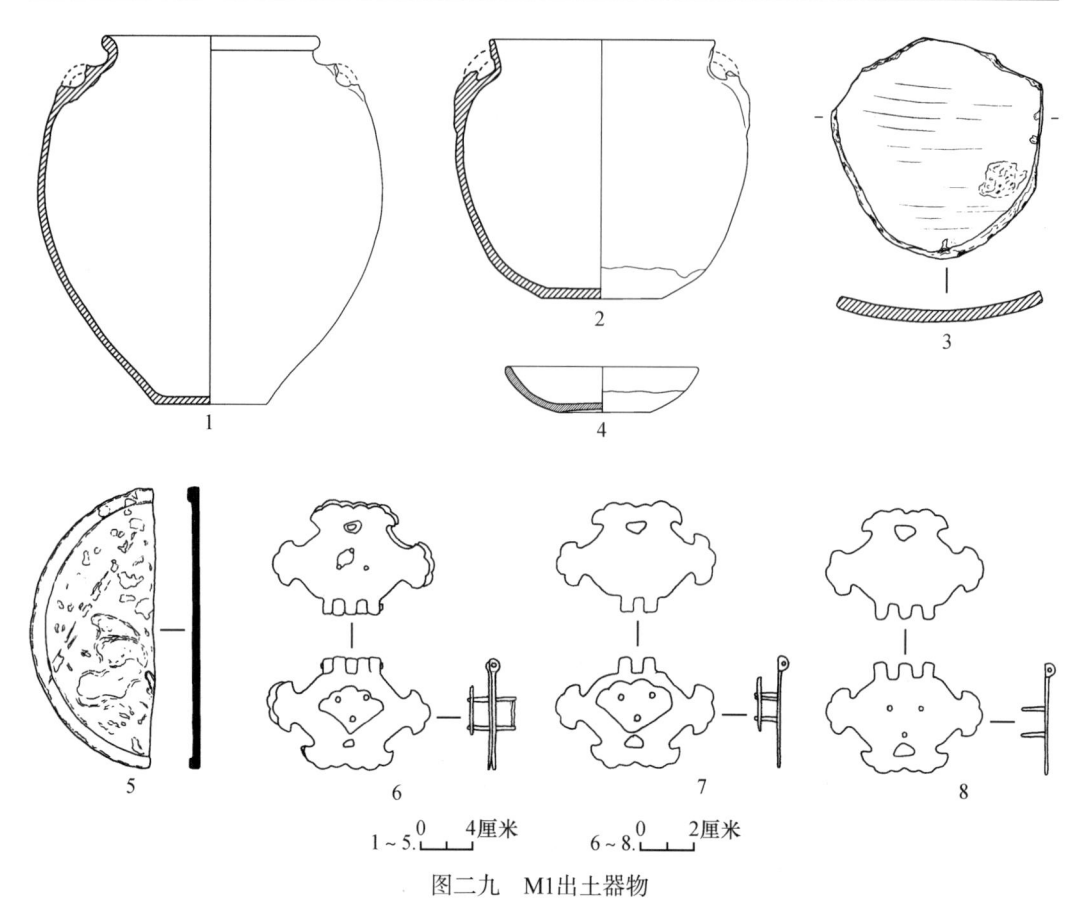

1. 陶罐（M1:1） 2. 瓷罐（M1:2） 3. 陶托盘（M1:3） 4. 瓷碟（M1:4） 5. 铜镜（M1:5）
6~8. 铜合页（M1:6、M1:7、M1:8）

三、年代推测

开口于第6层及第7层下的周代遗迹出土遗物中，可辨陶器器形有鬲、盂、豆、罐等，其中完整及修复的陶器为鬲、盂和豆，可与同处鲁北地区的高青陈庄[1]、济南王府[2]、章丘宁家埠[3]、临淄两醇[4]和昌乐岳家河[5]等遗址、墓地出土陶器进行对比。

M3、M4两座墓葬出土的红陶素面鬲M3:3、M4:1，器高均大于宽且裆底近平，M3:3器形与章丘宁家埠M30:1近似而裆较低，时代当为春秋中期，M4:1体更高、腹近直，当更晚一些。墓葬出土陶豆M3:1、M3:4形制近于宁家埠M5:3，M4:2、M4:3形制近于两醇M3122:1，时代皆为春秋中期，M5:1则与两醇M3140:7近似，具有春秋早期特征。M3出土陶盂形制接近宁家埠M114:2，时代大致为春秋中晚期。综合来看，M3、M4与M5皆为春秋时期墓葬，其中M5时代略早，可能为春秋早期，M3、M4为春秋中晚期。

灰陶绳纹鬲H57:1三足外鼓，弧裆略高，袋足明显，区别于墓葬所出陶鬲，与陈庄F2∶1、H179∶4近似，年代为西周晚期。H57开口于第7层下，为发掘区内年代较早的遗迹。H18∶1为红陶素面鬲，鬲裆较高，应早于M3、M4出土者，器形近似于两醇M3174∶4春秋早期鬲。考虑到H18打破M5大部，M5出土陶豆为春秋早期特征，推测这件器物有可能原为M5中的随葬品。陶豆H13∶1口沿内微敛，豆柄粗短，与岳家河M132∶10近似，具有西周晚期至西周末的特征。

综上，发掘区内主要遗存年代为西周晚期至春秋时期。

四、小　　结

根据出土遗物推测遗址主要遗存年代为西周晚期至春秋时期，性质应为规模较小的一般聚落。发掘区内第6层下地势西高东低，遗迹主要分布于发掘区西部。由勘探情况可知，遗址整体呈北高南低、西高东低的地形特点，周代聚落的中心应位于发掘区西北方向的高地之上，发掘区所在位置为其边缘地带。

该遗址距离陈庄遗址约4千米。陈庄遗址面积约9万平方米，除西周遗存外，城内发现大量东周时期遗迹遗物，并在利用西周城墙的同时新开挖了壕沟[6]，证明东周时期人类活动仍然频繁，为这一时期本区域规模较大、级别较高的重要聚落。拥护村南遗址面积约1.5万平方米，可能为从属于陈庄遗址的次一级聚落。

发掘人员：吕　凯　张敬伟　陈　辰　吕海路
　　　　　张　鹏　高　峰　等
器物修复：张敬伟
摄　　影：吕　凯　陈　辰
绘　　图：吕　凯　吕海路
执　　笔：吕　凯　陈永婷　陈　辰　高　峰

注　释

[1] 山东省文物考古研究所：《山东高青县陈庄西周遗存发掘简报》，《考古》2011年2期。
[2] 山东省文物考古研究所：《山东济南王府遗址发掘报告》，《山东省高速公路考古报告集》（1997），科学出版社，2000年。
[3] 山东省文物考古研究所：《济青高级公路章丘工段考古发掘报告集》，齐鲁书社，1993年。
[4] 山东省文物考古研究院：《临淄齐墓》（第二集），文物出版社，2018年。
[5] 山东省潍坊市博物馆、山东省昌乐县文管所：《山东昌乐岳家河周墓》，《考古学报》1990年1期。
[6] 山东省文物考古研究所：《高青陈庄遗址发掘的主要收获及相关问题》，《海岱考古》（第四辑），科学出版社，2011年。

乳山东王家遗址发掘简报

山东省文物考古研究院
乳山市文物保护中心

东王家遗址位于乳山市徐家镇东王家庄村东北，北依四平山，南距黄海海岸约4千米，东北距南黄庄遗址约5千米（图一）。乳山地区多为低山丘陵，遗址位于东王庄村东北的一座南高北低的山岗上。遗址内部中部高，东西南三侧地势稍低，中心位置海拔约41米。东王家遗址是全国第三次文物普查时发现的遗址。

2021年5月，为配合莱西至荣成高速铁路项目建设，山东省文物考古研究院联合乳山市文物保护中心对东王家遗址进行了系统勘探及考古发掘。遗址受自然和人为的破

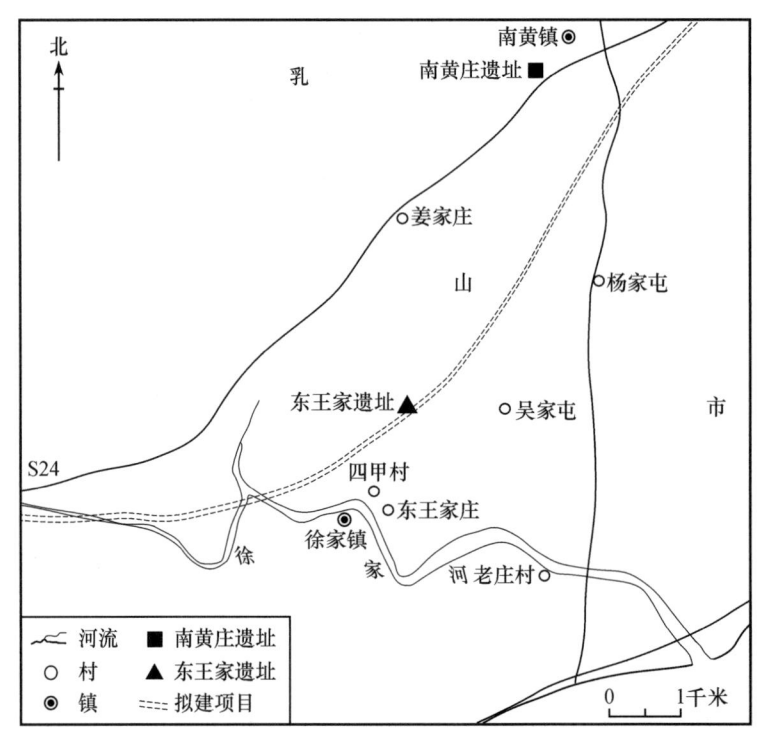

图一 遗址位置示意图

坏，总体保存较差。经过系统勘探，发现东王家遗址仅残存壕沟两条，其他区域未发现明显的文化层堆积。已探明的壕沟呈半环状，东西长约370米，南北宽约100米，壕沟内区域的总面积约4万平方米。此次考古发掘对两条壕沟进行了解剖发掘，分为东、西发掘区（图二）。发掘采用探方法，发掘过程中根据具体情况进行扩方，实际发掘面积约220平方米。此次发掘的最主要发现是在解剖沟内发现了珍珠门文化的遗存，现将发掘收获简报如下。

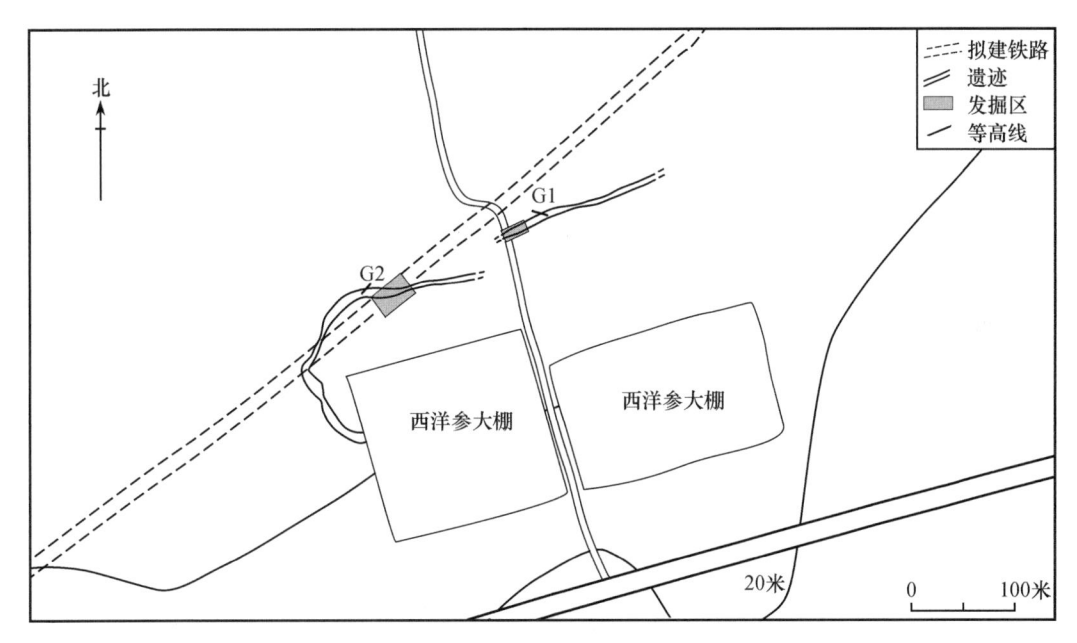

图二 发掘区位置示意图

一、地层堆积

遗址内地层堆积较为简单，以西发掘区T1113、T1213、T1313探方北壁为例，共3层，具体如下（图三）。

第1层：浅黄褐色黏土，土质较疏松，内夹有地膜等现代杂物。覆盖整个探方，同遗址地势一致，呈西高东低的形态。厚15~55厘米，为现代耕土层。

第2层：黄褐色砂质黏土，土质较疏松，内含有大量小石块。主要分布在发掘区北部区域。厚10~27厘米，为近代耕土层。

第3层：红褐色砂质黏土，土质较疏松，内含有大量小石块。厚15~25厘米。G2开口于此层下。

第3层下为砂质基岩层。

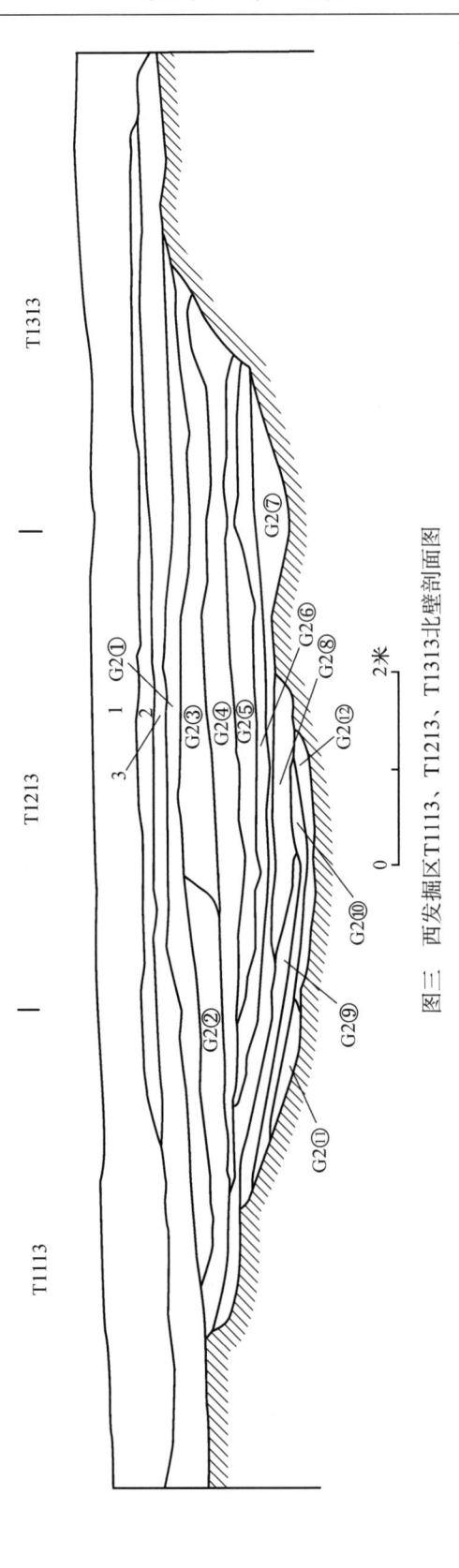

图三 西发掘区T1113、T1213、T1313北壁剖面图

二、遗　　迹

东部壕沟编号G1，呈东西向，宽3~5、深1.2~3.5、残长162米。西部壕沟编号G2，呈半环形，宽2.5~6、深1.2~3.2、残长约270米；G2南部有西洋参大棚，暂无法进行勘探；东部靠近山麓逐渐消失。

（一）G1

位于东发掘区探方T2021、T2022内。东发掘区内G1长10.25~11、宽3.7~4.5、深2.6~3.5米。G1的西侧及东侧均延伸至发掘区外，靠近遗址的一侧壁面较陡（图四、图五）。

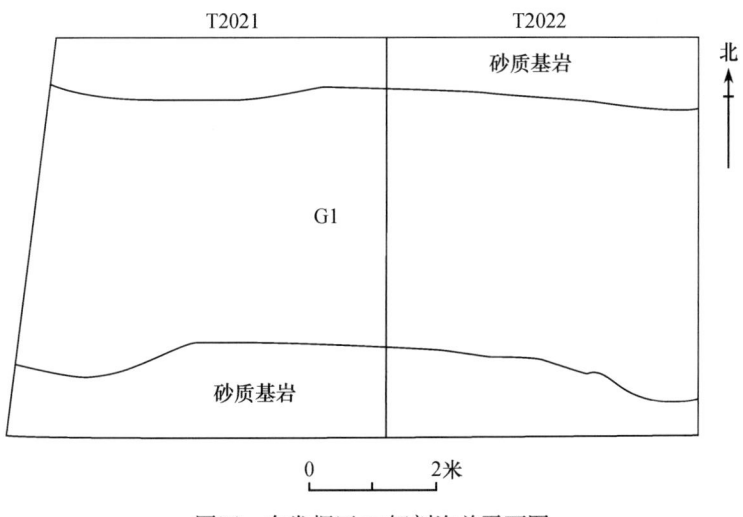

图四　东发掘区G1解剖沟总平面图

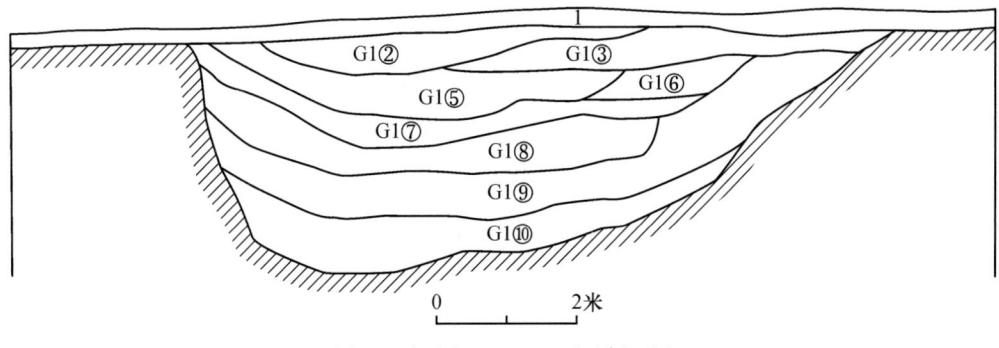

图五　东发掘区T2021西壁剖面图

G1开口在第1层下，打破生土。平面呈条带状，剖面为斜弧壁圜底，部分呈平底。沟内填土共分为10层堆积，其中第1层为晚期堆积，出土极少量近代瓷片，第2～10层为早期堆积，以第5层出土陶片数量最多。

G1①层：浅红褐色粉砂土，土质致密，内含少量红烧土块及草木灰，出土少量陶片，剖面较平整。厚5～10厘米。

G1②层：红褐色粉砂土，土质较致密，内含大量红烧土块及草拌泥，出土少量陶片，剖面平整。厚3～16厘米。

G1③层：灰褐色粉砂土，土质较致密，含少量碎石块及红烧土颗粒，出土陶片数量相对较多。厚10～30厘米。

G1④层：浅灰色粉砂土，土质疏松，含极少量红烧土颗粒，水淤而成，剖面为斜坡状。厚2～14厘米。

G1⑤层：浅灰褐色粉砂土，土质较致密，含部分草木灰及较多大石块，出土陶片数量较多。厚3～40厘米。

G1⑥层：灰色粉砂土，土质较致密，含少量碎石块。厚5～20厘米。

G1⑦层：浅灰色粉砂土，土质较疏松，含较多粗砂、红烧土颗粒、少量陶片，剖面为斜坡状。厚5～20厘米。

G1⑧层：浅棕色粉砂土，土质较致密，内含较多碎石块。出土较多陶片，多为夹砂、夹蚌红褐陶，也有灰褐陶。可见器形有鬲足、鼎足、口沿等。纹饰多素面，有带系、带纽。出土1件石钺（残）。厚2～15厘米。

G1⑨层：深棕色粉砂土，土质较致密，西部含大石块，夹有粗砂、少量陶片。厚15～40厘米。

G1⑩层：深棕色粉砂土，土质较疏松，含碎石块及大量粗砂、少量陶片。厚10～30厘米。

（二）G2

位于西发掘区探方T1113、T1213、T1313内，探方内G2长约14、宽约5.6米。G2西部和东部均延伸至发掘区外。G2开口于第3层下，打破生土。平面呈长条形，斜弧壁，圜底。口部宽2.9～6.8、深1.62～1.75米。沟内填土共分为12层，地层堆积大致呈水平状。其中第1、2层为战国至汉代文化层，含少量战国至汉代陶片。第3～12层为西周文化层，含少量珍珠门文化南黄庄类型的陶片（图三、图六）。

G2①层：深褐色粉砂黏土，质地较致密，内含有少量小石块。出土陶片较多，多为明清晚期陶片。厚15～28厘米。

G2②层：灰褐色黏土，质地较致密，内含有少量小石块。探沟西南部集中出土大量战国晚期—汉代陶片。厚15～25厘米。

G2③层：黄褐色黏土，土质较致密。厚25～40厘米。

G2④层：灰褐色砂土，土质较疏松，内含有深红色水锈，第4层内开始出土早期陶片。厚20～30厘米。

G2⑤层：黄褐色砂土，土质较疏松，土内无杂石，内有深红色水锈。厚10～18厘米。

G2⑥层：青褐色粉砂黏土，黏土、砂土混杂，土质较疏松。厚8～15厘米。

G2⑦层：青灰色黏土，土质较致密，内含有少量大石块。厚5～20厘米。

G2⑧层：深灰色黏土，土质较致密。厚0～25厘米。

G2⑨层：黄褐色砂土，土质较疏松，内含有较多小石块。厚0～15厘米。

G2⑩层：黄褐色砂土，土质较疏松。厚0～10厘米。

G2⑪层：灰褐色砂土，土质较疏松，有较多石块。厚0～10厘米。

G2⑫层：深灰色黏土，土质较疏松。厚5～10厘米。

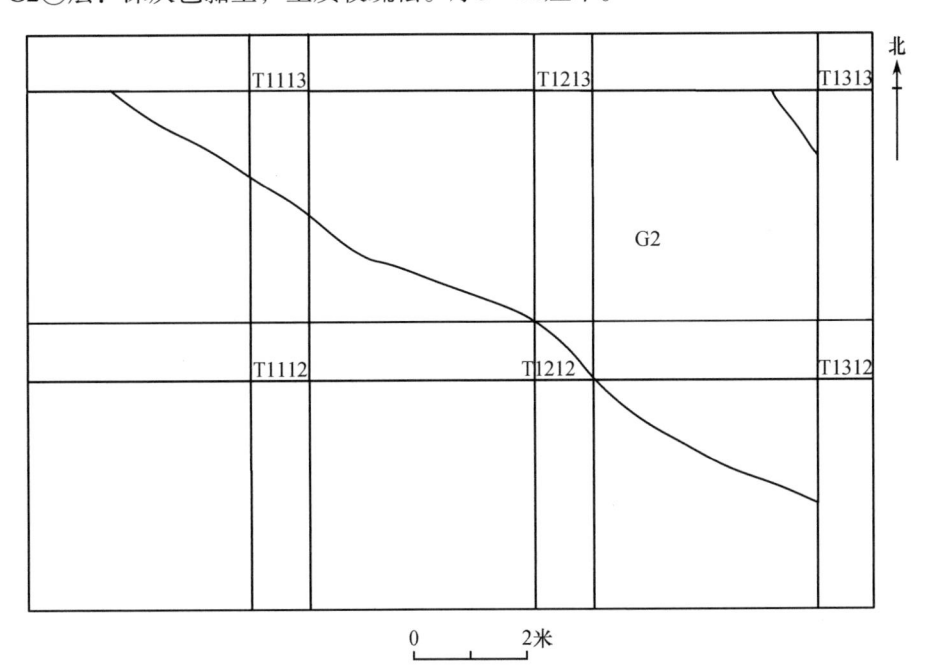

图六　西发掘区G2解剖沟总平面图

三、出土遗物

遗物以珍珠门文化时期陶片为主，少量战国至汉代陶器。

（一）珍珠门文化遗物

出土遗物以陶器为主，另有石钺1件。

陶器以夹砂红陶为主，少量夹砂灰陶。遗物多为残片，主要为口沿、器底、器足。根据对出土遗物的系统整理、拼对，判断器形主要有鬲、鼎、甗、罐、簋、盆、钵、器盖等。

1. 陶鬲

复原器2件，残器1件，口沿残片54件。按照腹径与器身高度的比例分为A型粗胖型和B型瘦高型。

A型 38件。粗胖型，口径小于腹径，口沿宽度相对B型较窄。均为夹砂红褐陶，侈口，斜直沿，方唇，束颈，腹外鼓，腹上部均有扁耳。如G2⑦：1，复原器，裆微瘪，最大腹径居中，三足较矮，足跟粗短。口径27、高33厘米（图七，1）。G2⑦：7，唇部内凹形成凹槽，下腹部残。口径22、残高8.3厘米（图七，2）。G1⑤：96，唇部内凹形成凹槽，下腹部残。口径20.6、高16.7厘米（图七，3）。

B型 19件。瘦高型，口沿宽大，口径大于腹径。均为大宽沿，侈口，束颈，腹外鼓。如G2⑦：4，复原器，器身变形严重。夹砂红褐陶，方唇，唇面微内凹，唇部外

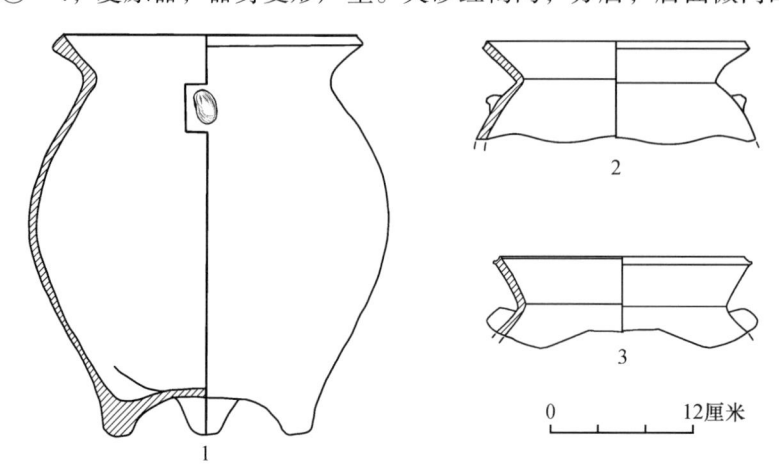

图七 A型陶鬲
1. G2⑦：1　2. G2⑦：7　3. G1⑤：96

侧有一圈锯齿纹。宽折沿，裆微瘪，最大腹径居中，腹上部有4个扁耳，三足细矮。口径26、高32.4~34.6厘米（图八，1；图版八，1、2）。G2⑦：3，口残缺，夹砂红褐陶，侈口，沿斜直，裆微瘪，最大腹径居中，腹上部有一圈细小箅点纹及较大乳钉纹等距离装饰，三足稍高。残高28厘米（图八，2；图版八，3、4）。G1⑤：97，口沿残片。夹砂红褐陶，方唇，宽折沿，腹下部残缺。唇部外侧有一圈锯齿纹，腹上部有一圈细小箅点纹，箅点纹上方有一圈较大乳钉纹等距离装饰。口径27.4、残高7.7厘米（图八，3）。G1③：18，口沿残片。夹砂黑陶，方唇，宽折沿，沿面微卷。腹上部两侧有两耳对称分布，腹底部残缺。口径17、残高14.3厘米（图八，4）。G2⑤：12，口沿残片。夹砂红褐陶，方唇，唇部有凹槽，宽折沿，腹下部残缺。唇部外侧有一圈锯齿纹，腹上部有一圈细小箅点纹。口径27、残高21.1厘米（图八，5）。

另有鬲足标本80件。以夹砂红褐陶为主，少量夹砂灰褐陶。鬲足足跟相对瘦长，部分足面有凹窝，足跟外侧连接腹片内收明显。部分足跟外撇，如G1⑤：95，柱状

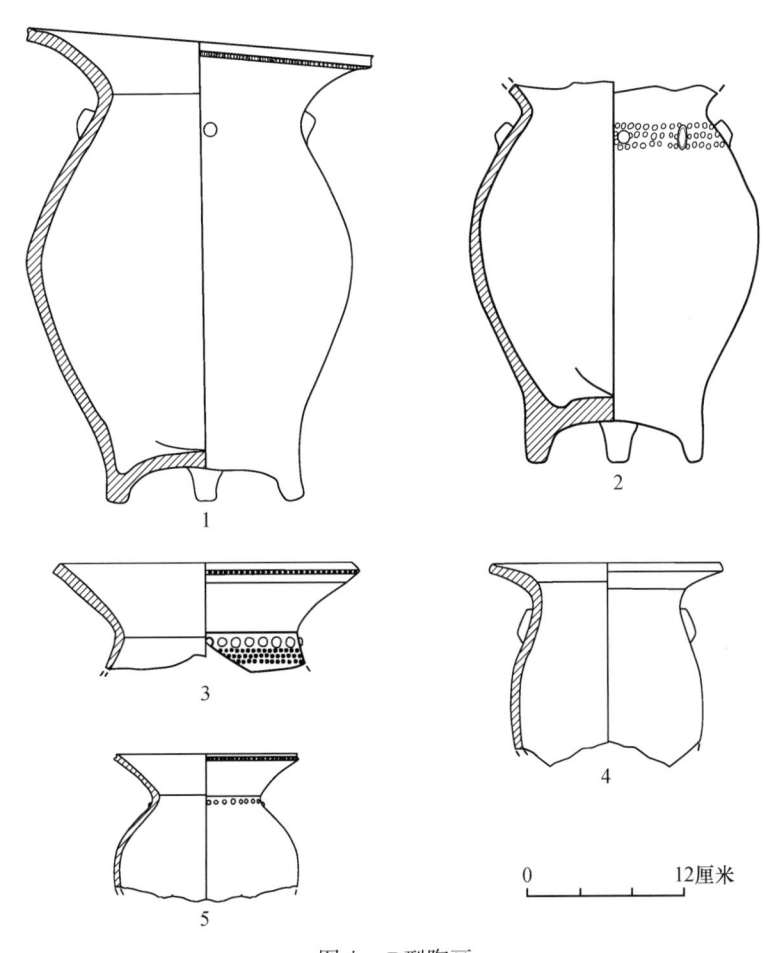

图八　B型陶鬲
1. G2⑦：4　2. G2⑦：3　3. G1⑤：97　4. G1③：18　5. G2⑤：12

图九　陶鬲足
1. G1⑤：95　2. G2④：21

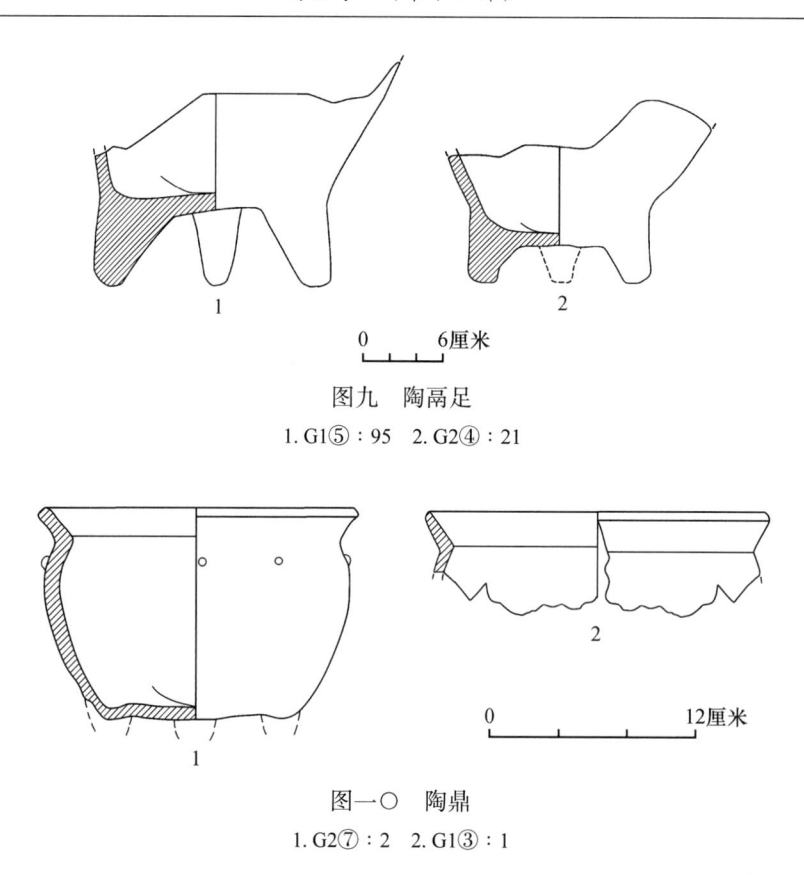

图一〇　陶鼎
1. G2⑦：2　2. G1③：1

足跟，足窝内凹。残高16.4厘米（图九，1）。G2④：21，柱状足跟。残高13.2厘米（图九，2）。

2. 陶鼎

鼎残器　1件。G2⑦：2，足残缺。夹砂红褐陶，方唇，侈口，沿斜直。圆鼓腹，最大腹径居上部，腹上部有8颗小乳钉纹对称分布。裆微瘪，底近平。足跟残缺，有明显的切割痕迹，应为人类有意识的行为，便于器物进行再利用。口径18.6、腹径17.6、残高11.8厘米（图一〇，1）。

陶鼎口沿　5件。如G1③：1，残片。圆方唇，侈口，沿斜直，腹外鼓，下腹部残。口径残20、残高6厘米（图一〇，2）。

鼎足　85件。以夹砂红褐陶为主，少量夹砂灰褐陶。鼎足足跟矮小粗短，足跟外侧连接腹片相对外撇。如G2④：1，足跟相对圆润，器物内壁较平。残高7.2厘米（图一一，1）。G2⑦：6，足跟锥状，足窝浅平。残高6.1厘米（图一一，2）。G1⑨：6，足跟呈柱状。残高6厘米（图一一，3）。

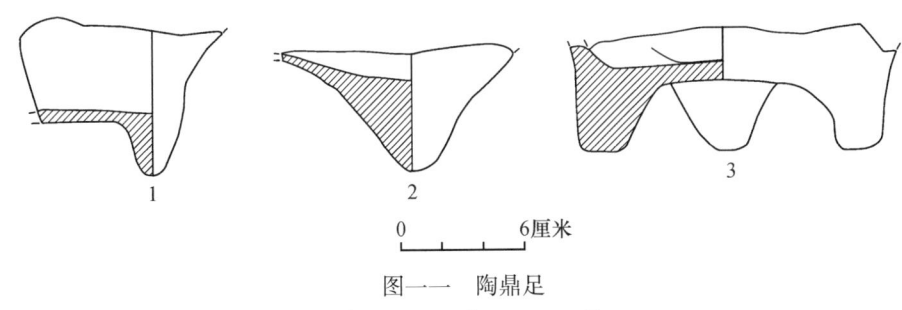

图一一 陶鼎足
1. G2④:1 2. G2⑦:6 3. G1⑨:6

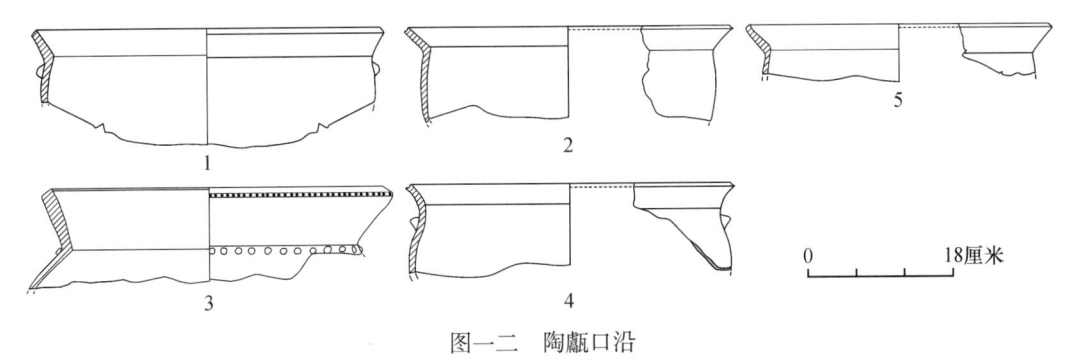

图一二 陶鬶口沿
1. G1⑤:93 2. G1⑧:5 3. G1⑤:1 4. G1⑧:4 5. G1⑤:54

3. 陶鬶

鬶口沿 14件。口径较大，均为夹砂陶，多为残陶片，未见可复原器物。均为侈口、方唇。如G1⑤:93，口沿残片，夹砂红陶。斜直沿，腹上部有耳，下腹部及底部残。口径约43、残高14.2厘米（图一二，1）。G1⑧:5，夹砂红褐陶。唇部内凹形成凹槽，侈口，斜直沿，下腹部及底部残。口径约40、残高11.6厘米（图一二，2）。G1⑤:1，夹砂红褐陶。唇部外侧有一圈锯齿纹，颈部有一圈小型乳钉纹，下腹部及底部残。口径约42.8、残高12厘米（图一二，3）。G1⑧:4，夹砂红褐陶。唇部内凹形成凹槽，侈口，沿微卷，腹上部有耳，下腹部及底部残。口径约40、残高11厘米（图一二，4）。G1⑤:54，夹砂红褐陶，斜直沿，下腹部及底部残。口径约38、残高6.4厘米（图一二，5）。

鬶足 29件。乳状袋足。如G1⑧:3，柱状足跟，夹砂红陶。残高7厘米（图一三，1）。G2⑥:6，柱状足跟，夹蚌红褐陶。残高5厘米（图一三，2）。G1③:8，锥状足跟，足跟相对瘦高，夹砂黄褐陶。残高8.3厘米（图一三，3）。G2⑥:5，锥状足跟，足跟相对瘦高，夹砂红褐陶。残高8.3厘米（图一三，4）。

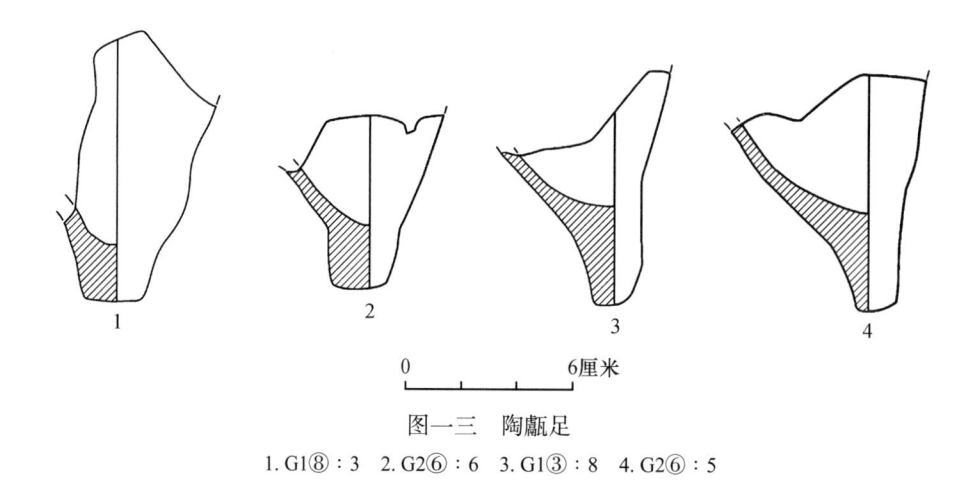

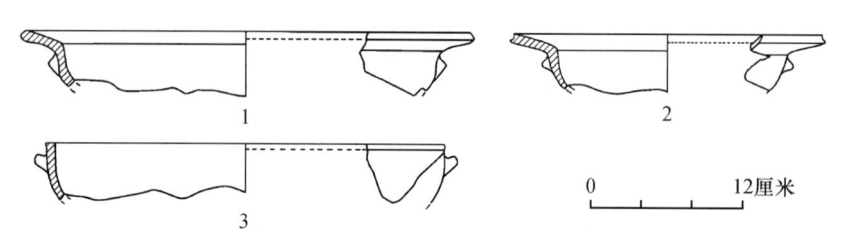

图一三 陶鬹足
1. G1⑧：3 2. G2⑥：6 3. G1③：8 4. G2⑥：5

图一四 陶盆口沿
1. G2④：32 2. G1⑤：34 3. G1②：5

4. 陶盆

陶盆口沿　3件。均为残片。G2④：32，夹砂红陶，圆唇，宽折沿，腹弧内收，腹上部有扁耳，下腹部及器底残。残口径36、残高4.9厘米（图一四，1）。G1⑤：34，夹砂黄褐陶，方唇，唇部有凹槽，宽折沿，腹弧内收，腹上部有扁耳，下腹部及器底残。残口径25、残高4.3厘米（图一四，2）。G1②：5，夹砂红褐陶，方唇，口部有耳，器身较薄，腹下部及器底残。残口径31.6、残高4.4厘米（图一四，3）。

5. 陶罐

陶罐口沿　29件。均为残器，侈口、束颈。如G2⑩：12，口沿残片，夹砂红褐陶，沿窄，圆唇，斜折沿，腹上部有一圈小型乳钉纹。残口径26、残高6.7厘米（图一五，1）。G1⑤：33，口沿残片，夹砂红褐陶，方唇，斜直沿，颈部有对称双耳。残口径17、残高7.1厘米（图一五，3）。

陶罐器底　2件。

平底陶罐器底　1件。G1③：17，夹砂黄褐陶，仅存器底及下腹部，下腹部有细绳纹。腹部斜弧内收，平底。底径约10.8、残高4厘米（图一五，4）。

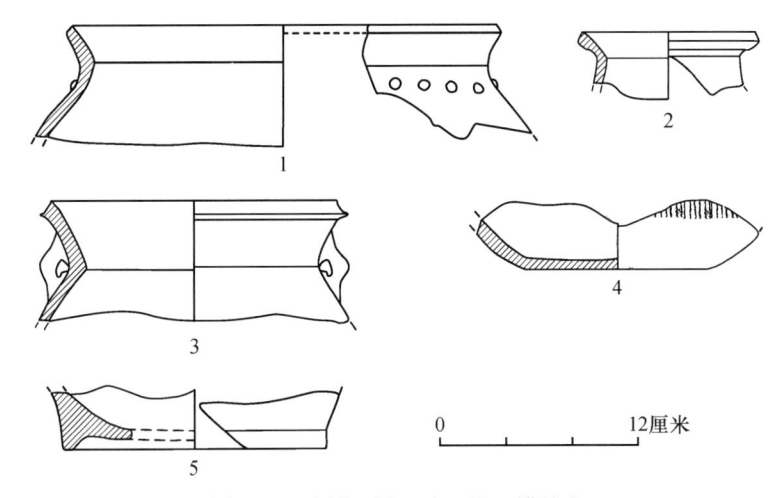

图一五　陶罐口沿、壶口沿、罐器底
1、3. 罐口沿（G2⑩：12、G1⑤：33） 2. 壶口沿（G1⑤：39） 4. 平底罐器底（G1③：17）
5. 圈足罐器底（G2⑧：6）

圈足陶罐器底　1件。底径较大。G2⑧：6，底径16、残高3.4厘米。圈足底，圈足直立、矮。底面向下微凸，器内壁弧形。腹片斜直，与圈足夹角较大（图一五，5）。

6. 陶壶

陶壶口沿　1件。G1⑤：39，口沿残片，夹砂红褐陶，叠唇，唇部稍厚，斜直沿。残口径10.8、残高3.6厘米（图一五，2）。

7. 陶钵

9件，底径较小，圈足高直；腹片与圈足外夹角较大，向腹部收缩明显。

复原标本1件。G2③：1，夹砂红褐陶，方唇，直口微敞，弧腹。圈足底，圈足微外撇，底部平整。口径9.6、底径6.4、高6.8厘米（图一六，1；图版八，5）。

残底8件。如G1⑩：1，底径5、残高约5厘米。圈足高直，底面平直，器内壁弧形。腹片弧形向上，与圈足夹角较大（图一六，2）。

8. 器盖

10件，圈足外撇，底径较小。

复原标本1件。G1⑨：37，夹砂灰陶，方唇，斜腹微弧，圈足矮小，底部平整。口径13.7、底径6.6、高3.6厘米（图一六，3）。

残器盖　9件。如G1⑨：2，圈足稍高。底面平直，器内壁有折痕。腹片向上外扩明显，与圈足夹角较小。底径5.5、残高3厘米（图一六，4）。

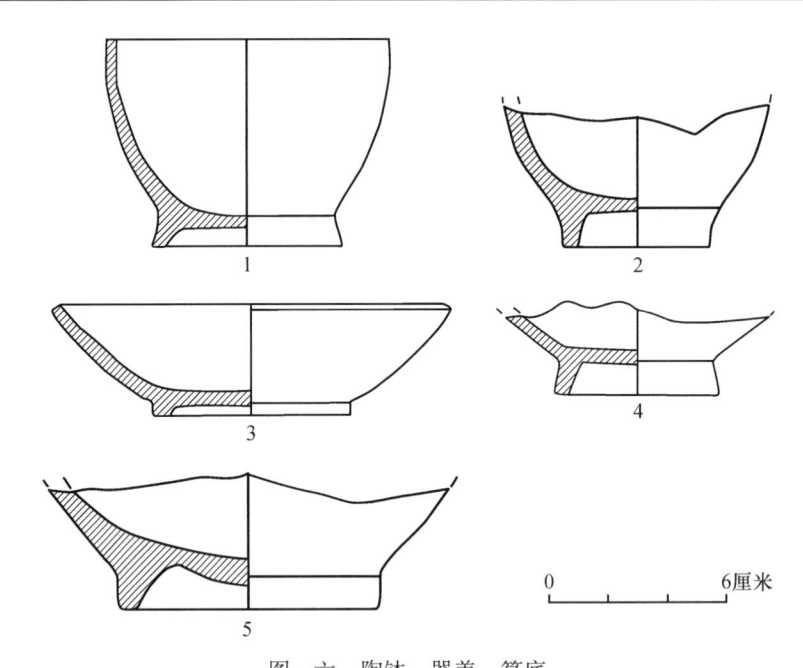

图一六　陶钵、器盖、簋底
1、2.钵（G2③：1、G1⑩：1）　3、4.器盖（G1⑨：37、G1⑨：2）　5.簋底（G2③：2）

9. 陶簋

簋底　20件，圈足较矮，底径稍大。如G2③：2，圈足外撇，较矮。器壁较厚。底面平直，器内壁弧形。底径9、残高4厘米（图一六，5）。

10. 石钺

1件。G1⑧：1，石英砂岩。器身扁薄，通体磨制。顶部残断，近顶部有穿孔，双面短刃。平面近方形，器身两侧磨圆成弧角，刃部有使用留下的多处崩疤。孔为两面对琢而成。残长8.1～8.8、宽约8、厚约1.1厘米（图一七，1；图版八，6）。

11. 陶网坠

2件。G1⑤：98，圆柱形，管状，一端残断，一端弧形。残长3.5、直径1.6、孔径0.3厘米（图一七，2）。G1⑤：99，圆柱形，管状，一端残断，一端弧形。残长3.5、直径1.6、孔径0.3厘米（图一七，3）。

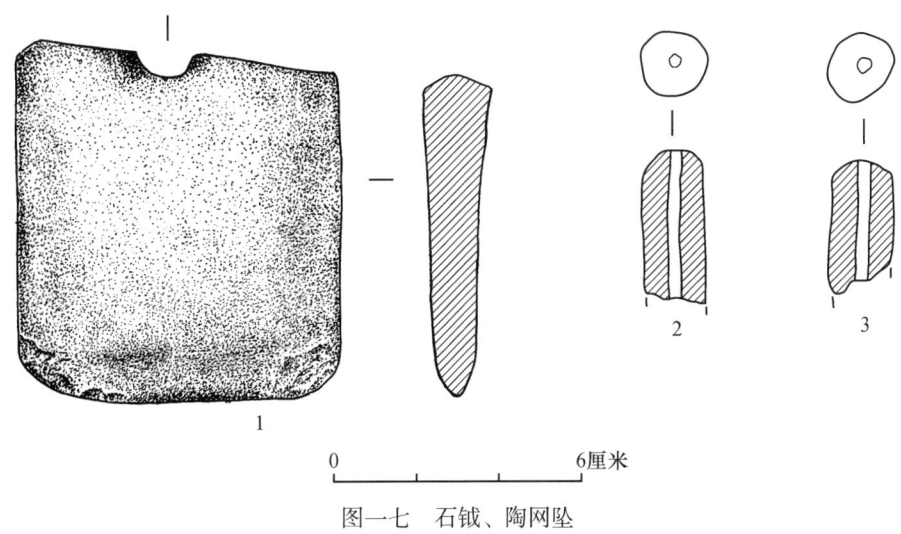

图一七　石钺、陶网坠
1.石钺（G1⑧∶1）　2、3.陶网坠（G1⑤∶98、G1⑤∶99）

（二）东周及以后遗物

G2第1～3层出土少量东周晚期至汉代陶器，以泥质灰陶为主，器形以大口宽沿深垂腹盆为主，少量陶盘、陶瓮。

深腹盆　共9件，根据口沿形态的差异分为二型。

A型　6件。宽直沿，侈口，叠唇。

复原器　2件。均为泥质灰陶，唇面微内凹，沿面下凹。折腹，腹部微弧呈斜直内收，上腹部遍布瓦棱纹，下腹部有绳纹。底部较薄，残，略呈圜状，有绳纹。G2②∶2，口径49、高26厘米（图一八，1）。G2②∶3，口径47.6、残高25.6厘米（图一八，2）。

残器　4件。均为泥质灰陶，唇面微内凹，侈口，沿面下凹。折腹，腹部微弧。G2②∶6，腹部及器底残。口径52、残高10厘米（图一八，3）。G2②∶7，上腹部呈瓦棱状，下腹部及器底残。口径48、残高12厘米（图一八，4）。G2②∶4，唇部外侧有一周锯齿纹，口沿处呈瓦棱状，腹部及器底残。口径48、残高7.2厘米（图一八，5）。G2②∶5，口沿处呈瓦棱状，腹部及器底残。口径50、残高7厘米（图一八，6）。

B型　宽卷沿，残器3件。多为泥质灰陶，侈口，沿面下凹。G2①∶4，方唇，唇部外侧有一周锯齿纹，侈口，腹微弧内收。腹上部呈瓦棱状，下部接绳纹，底残。器身有成对分布的小圆孔，为修补痕迹。口径52、残高20厘米（图一九，1）。G2①∶5，圆唇，腹微弧内收。腹上部呈瓦棱状，下腹及器底残。口径48、残高19厘米（图一九，2）。G2①∶6，圆唇，口沿处呈瓦棱状，腹呈弧状，腹部及器底残。口径

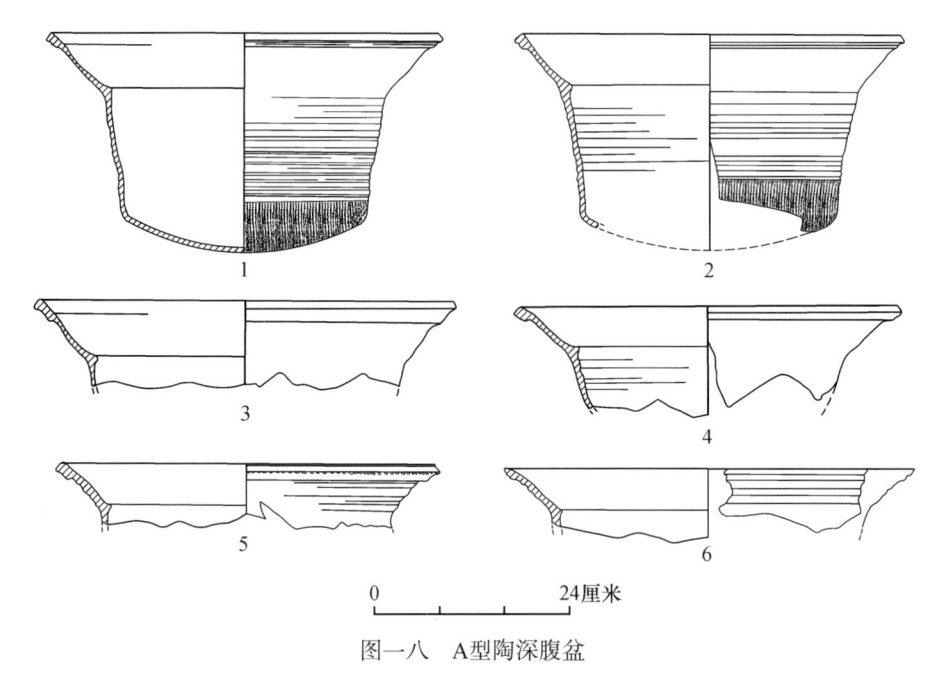

图一八 A型陶深腹盆
1. G2②：2 2. G2②：3 3. G2②：6 4. G2②：7 5. G2②：4 6. G2②：5

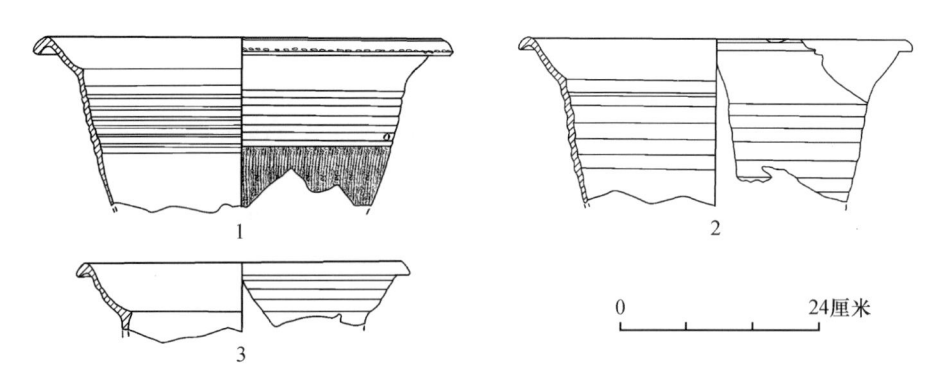

图一九 B型陶深腹盆
1. G2①：4 2. G2①：5 3. G2①：6

40、残高7.8厘米（图一九，3）。

盘 复原器1件。G2①：3，泥质灰陶，敞口，卷沿，方唇，折腹，圜底。口径52、高10厘米（图二〇，1）。

罐 口沿1件。G2①：2，夹砂红褐陶。方唇，口微敞。斜直沿，两端薄，中间厚。束颈，腹外鼓。口径33、残高8厘米（图二〇，2）。

瓮口沿 2件。G2②：1，夹砂红褐陶。方唇，直口，口部呈瓦棱状，腹外鼓。口径46、残高10厘米（图二〇，3）。G2②：8，泥质灰陶，敛口，厚圆唇，颈部略直，鼓腹。口径26、残高6厘米（图二〇，4）。

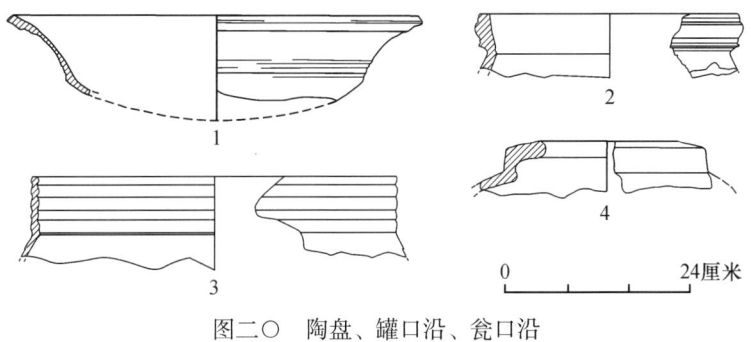

图二〇　陶盘、罐口沿、瓮口沿
1. 盘（G2①：3）　2. 罐口沿（G2①：2）　3、4. 瓮口沿（G2②：1、G2②：8）

四、小　　结

东王家遗址位于四平山山体南侧阳坡的山麓两侧，遗址东、西两侧均有山涧沟壑，常年溪水不断。遗址南侧为开阔的海岸平原。西南1.3千米为徐家河主河道，南部4千米为黄海海域。优越的自然环境，使得居住人群获取生活资料十分便利。遗址距海岸线又有一定的距离，在能保障获取丰富海生资源的同时又使人们远离相对不稳定的海洋环境及相对潮湿的居住环境。这些得天独厚的地理条件非常适宜古人类生活居住。

东王家遗址受到平整土地、开垦梯田的人为破坏，加之后期的流水侵蚀，导致遗址整体保存较差。本次发掘除发现两条壕沟外，未发现其他的遗迹类型。且此次发掘收集的遗物多为残片，可复原器较少，无法准确把握出土遗物的类型并进行分期研究。但是经过系统的勘探、发掘及资料的分析整理，我们对遗址的年代与文化内涵有了初步认识。

根据遗址的平面布局及遗迹的剖面形态，可知东王家遗址的类型属于环壕聚落。从遗迹的剖面形态来看，G1北侧海拔较高、沟壁坡度较缓；南侧海拔较低、沟壁坡度较陡，这种堆积形态结构属于典型壕沟的剖面特征，有利于防御。从遗址整体的平面形态来看，G2呈环形分布，遗迹内部形成相对封闭独立的生活空间。此外，G1西端与G2东端之间断开分布，此处属于山麓高地，很有可能是连接遗址内外的通道。

遗址内出土的早期遗物中陶器多为夹砂夹蚌红陶，宽折沿，口部装饰锯齿纹，陶器颈部装饰乳钉纹，具有珍珠门文化的典型特色。根据口沿演变及三足器裆部变化可以分为早晚两期，早期器物口沿以折沿为主，三足器裆线明显，年代相当于西周中期。晚期卷沿增多，三足器裆线近平，年代相当于西周晚期。其中，遗址内出土的A型鬲与南黄庄遗址出土的Ⅰ式鬲、B型鬲与南黄庄遗址[1]出土的Ⅲ式鬲基本一致。

遗址内出土的晚期遗物根据深腹盆的口沿差异可以分为二型，年代对应东周晚期至西汉早期。其中A型宽折沿叠唇斜直深腹盆介于莱州市路宿遗址[2]的周代A型盆与龙口芦头东南遗址[3]汉代深腹盆之间。

沟内堆积有明显的淤积现象，且淤积层内无遗物出土。出土遗物的层位相对较为集中，G1出土遗物多集中在第3~5、8~9层，G2出土遗物多集中在第5、6、9、10层，表明壕沟内的废弃堆积集中在这两个阶段。此外，G2①层、G1②层出土了一定数量的东周晚期到汉代早期的陶片，说明这一时期遗址附近又有了人类活动，壕沟内堆积受到战国至汉代人类活动的扰动。

此次考古勘探与发掘最主要的收获是发现了珍珠门文化南黄庄类型时期的环壕聚落，为研究胶东地区商周时期文化序列提供了新的考古材料。东王家遗址东距南黄庄遗址仅5千米，这两处遗址年代相近、文化内涵有一定的关联。遗憾的是遗址主体保存较差，影响对遗址内布局形态的全面认识，迫切需要开展更多的考古工作来进一步完善对区域考古学文化面貌的认识。

附记：本次发掘领队为山东省文物考古研究院董文斌，参加此次发掘的人员主要有孙倩倩、周路遥、胡小洋，山东大学历史文化学院文物与博物馆专业硕士研究生陈修福，河北师范大学历史文化学院文物与博物馆专业硕士研究生韩昕宸，乳山市文物保护中心孙利堂、孙继猛。此次发掘工作得益于乳山市文物保护中心的大力支持和帮助！此外，广西民族大学民族学与社会学学院文博专业硕士研究生禚文静参与了资料的整理工作。发掘期间山东省文物考古研究院孙波、高明奎、赵国靖、董文斌等到现场进行指导。在本次写作与绘图工作中，得到了赵国靖、赵益超、闫明同志的指导和帮助，在此一并表示感谢！

摄　　影：张仲坤
绘　　图：陈修福　禚文静　闫　明
执　　笔：孙倩倩　孙继猛　孙利堂　赵国靖
　　　　　董文斌

注　释

[1]　北京大学考古系等：《山东乳山县南黄庄西周石板墓发掘简报》，《考古》1991年4期；刘延常等：《珍珠门文化初探》，《华夏考古》2001年4期。
[2]　山东省文物考古研究院等：《莱州市路宿遗址考古发掘报告》，《胶东调水考古报告集》，科学出版社，2020年，1~40页。
[3]　烟台市博物馆等：《山东龙口芦头东南遗址考古发掘报告》，《胶东调水考古报告集》，科学出版社，2020年，95~106页。

滕州市于山遗址发掘简报

山东省文物考古研究院
郑州大学历史学院考古学系
滕州市文化和旅游局

于山遗址位于山东省枣庄市滕州市大坞镇于山村南，北依染山，南邻北界河，东距345省道约300米，东北距离郳国故城约17千米，东南距离滕州市约20千米。遗址地势北高南低，中心位置海拔约55米。该遗址于2003年被列为枣庄市级文物保护单位，总面积约30万平方米（图一、图二）。

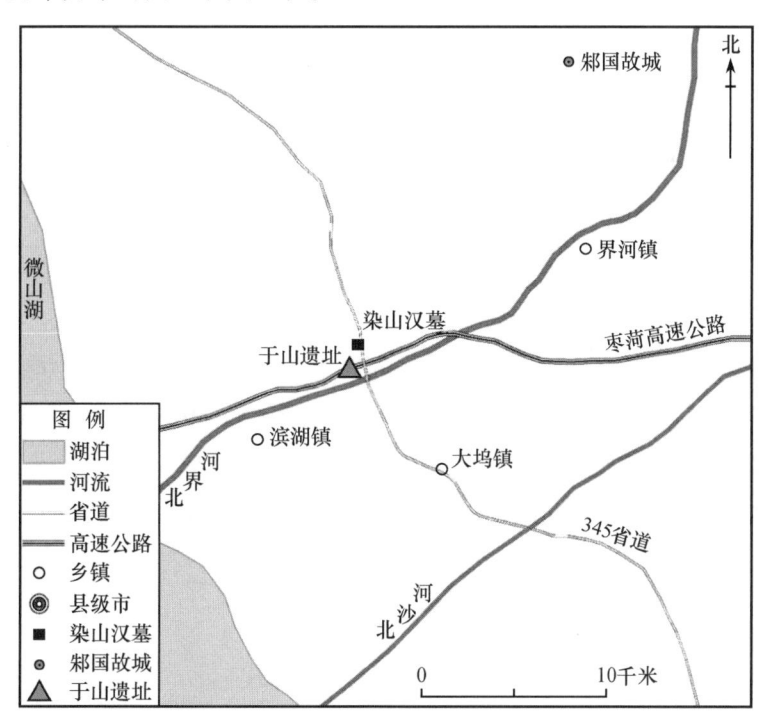

图一 遗址位置示意图

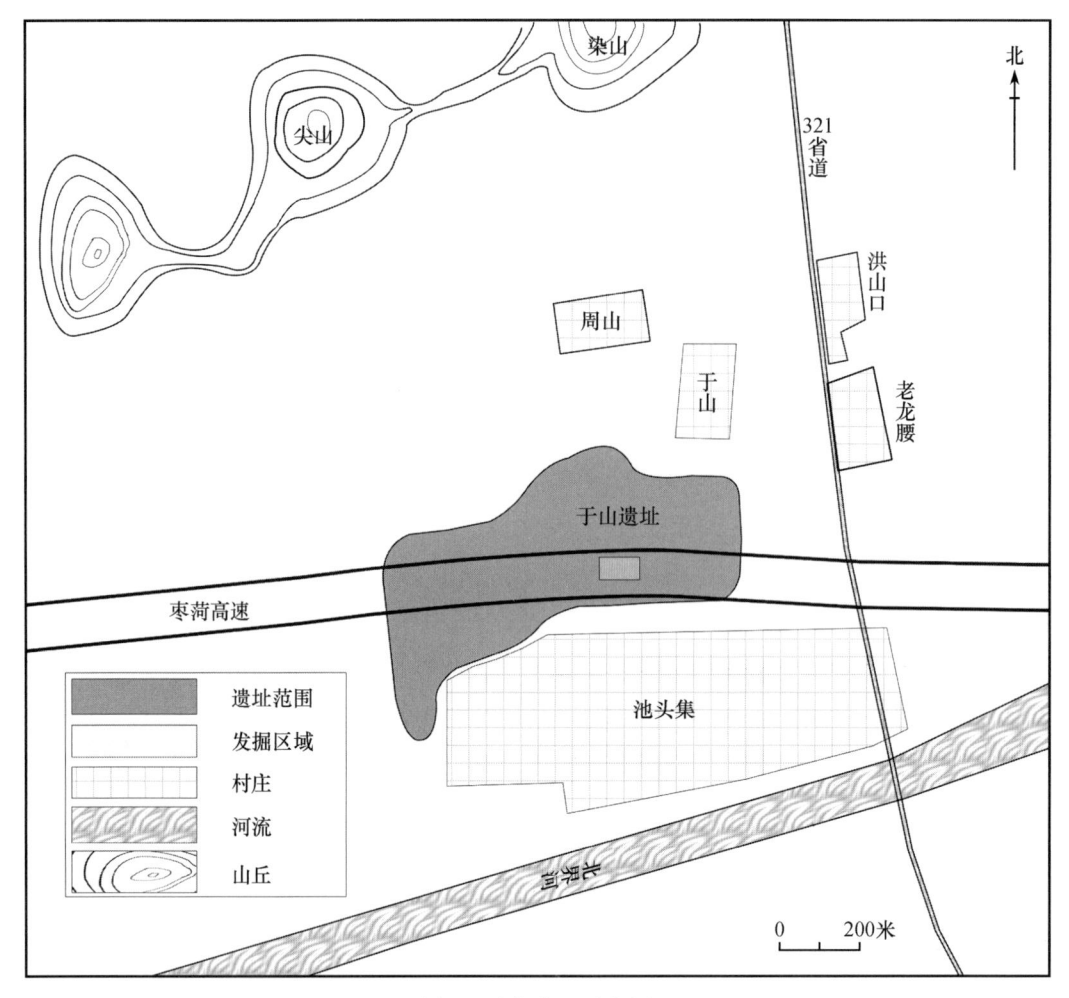

图二　发掘位置示意图

2018年9～12月，为配合枣菏高速公路的修建，山东省文物考古研究院联合郑州大学历史学院考古系对于山遗址进行考古发掘，共布置5米×10米的探方63个，实际发掘面积2700平方米。清理各类遗迹共500余个，其中灰坑512个，灰沟22条，墓葬5座，水井6眼，窑址1座（图三），出土了丰富的文化遗物。现将此次发掘的主要收获简报如下。

一、地层堆积

由于发掘区位于遗址南部边缘，地层堆积较薄，且分布不连续，有的时代地层缺失。于山遗址的文化堆积大致可分为3层，现以T0406、T0407北壁为例介绍如下（图四）。

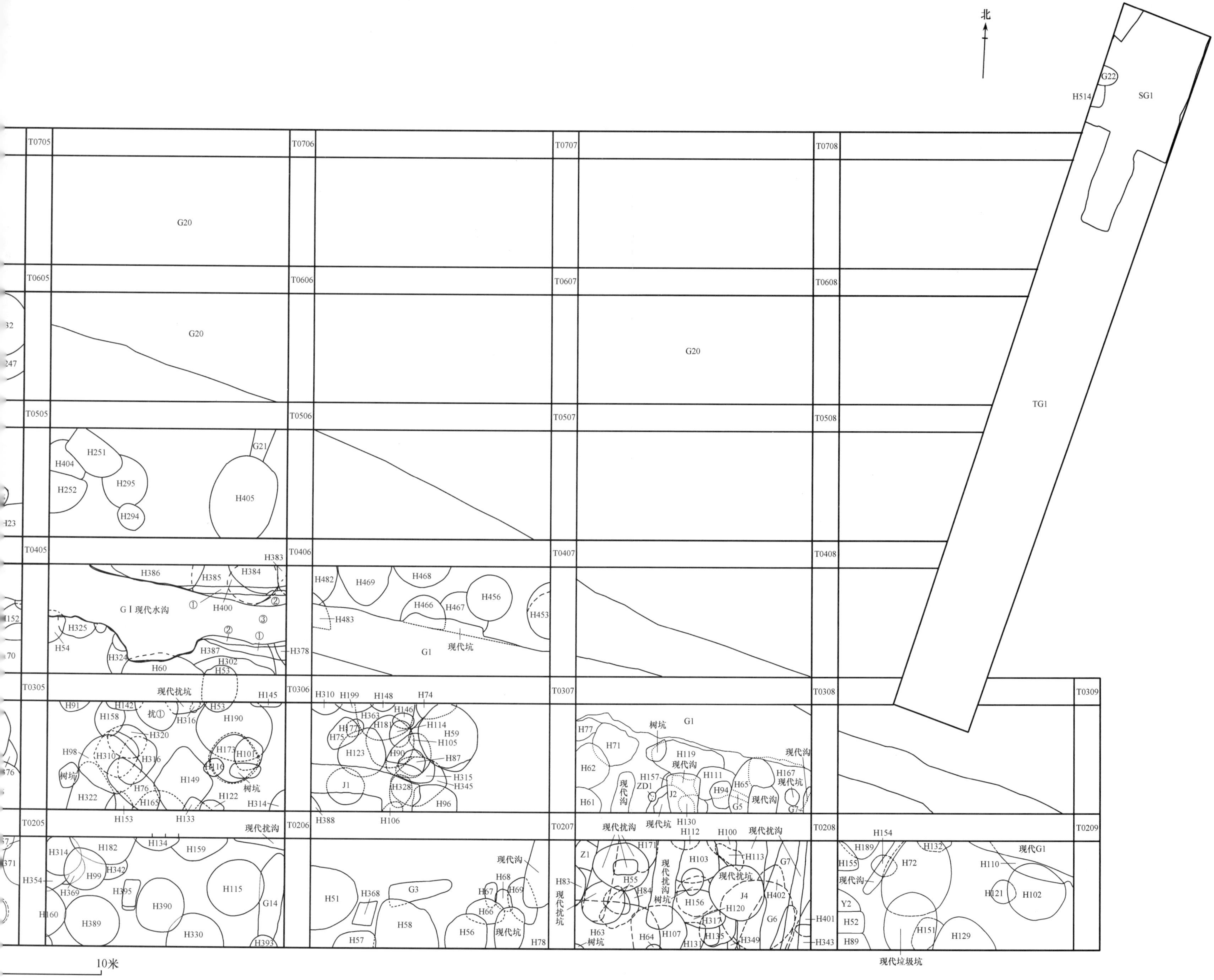
北
SG1
H514
G22
TG1
T0705
T0706
T0707
T0708
T0605
T0606
T0607
T0608
T0505
T0506
T0507
T0508
T0405
T0406
T0407
T0408
T0305
T0306
T0307
T0308
T0309
T0205
T0206
T0207
T0208
T0209
G20
G21
H251
H404
H252
H295
H294
H405
H386
H385
H384
H383
H400
G Ⅰ 现代水沟
H325
H54
H324
H387
H302
H60
H53
H378
H482
H469
H468
H456
H466
H467
H453
H483
G1
现代坑
现代扰坑
H145
H91
H142
抗①
H158
H316
H190
H320
H98
H310
H173
H101
树坑
H76
H149
H165
H322
H122
H314
H153
H133
H310
H199
H148
H74
H363
H146
H114
H59
H105
H75
H123
H90
H87
H315
H328
H345
J1
H96
H388
H106
H77
H71
H119
H62
H157
ZD1
J2
H111
H65
H94
H167
H61
现代沟
H130
G5
G7
现代扰沟
H112
H100
H154
H189
H132
现代G1
H134
H159
H182
H171
H103
H113
Z1
H155
H72
H110
H314
H342
H99
H83
H55
H402
G7
H354
H369
H395
H115
H51
H368
G3
H67
H68
H69
H66
H84
H156
J4
H120
H121
H102
Y2
H52
H89
H151
H129
H160
H389
H390
H330
G14
H393
H57
H58
H56
H78
H63
H64
H107
H131
H135
H317
H349
G6
H401
H343
现代垃圾坑
10米

面图

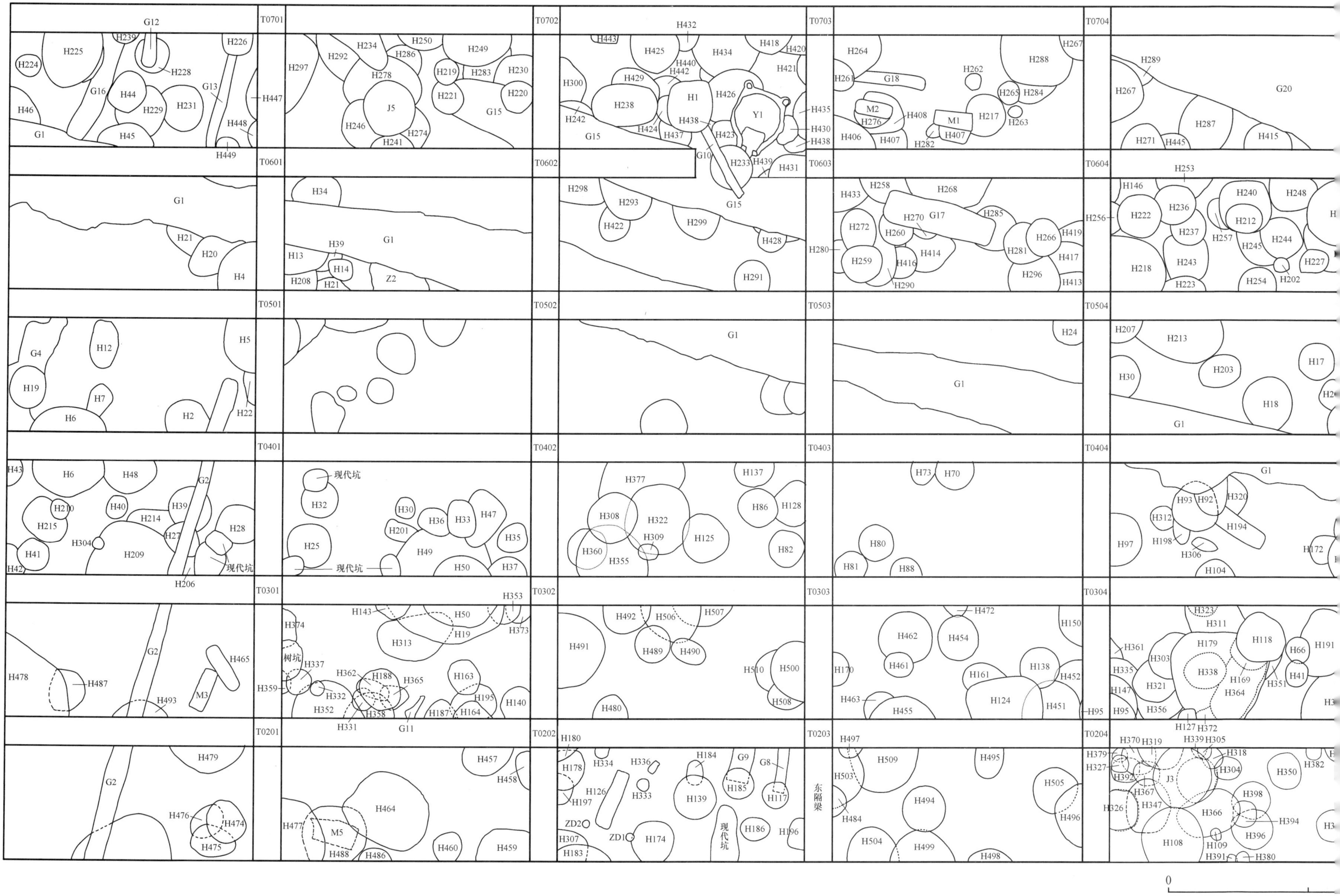

图三 发掘区总

第1层：耕土层，厚20～36厘米，土色为浅灰褐色，土质松软，结构较疏松，包含大量植物根系、碎石块等。

第2层：明清文化层，厚24～30厘米，黄褐色粉砂土，土质较松软，结构较致密。出土少量瓷片，可辨器形有碗、盆、罐等。

第3层：汉代文化层，厚20～30厘米，灰褐色粉砂黏土，土质较硬，结构较致密。出土大量瓦片、陶片，可辨器形有盆、瓮、筒瓦、板瓦等。

第3层下为两周时期遗迹，打破生土。可辨器形主要有鬲、豆、罐、盆、瓮、甑、盂、釜等。

二、西周文化遗存

西周文化遗存较少，零星分布，未发现文化层。共发现墓葬1座，灰坑3个。

1. M5

位于T0202西南部，开口于第1层下，被H477、H464打破。平面呈长方形，残长1.7、宽0.85米。填土为浅灰花土，土质较致密，含少量的陶片、料姜石。墓内葬一成年个体，仰身直肢，头向东，方向92°，头骨、躯干保存较好，下肢被H477所打破。在底部见有棺的痕迹，均已严重腐朽，结构不详。在头部左侧生土二层台上放置随葬品，二层台残长1.6、宽0.3米，包括陶罐、鬲、豆、盆各1件（图五、图六）。

鬲　1件。M5∶2，夹砂灰陶，圆唇，折沿，微鼓腹，裆部较高，锥状实足跟。通体饰细绳纹，沿下纹饰经擦抹，腹部抹断一周。口径16、高15厘米（图六，1）。

豆　1件。M5∶3，泥质灰陶，侈口外撇，浅弧盘略显出侧壁，短柄带一道凸棱，喇叭形圈足，足底部外撇，素面。口径14.6、底径8.6、高8.7厘米（图六，2）。

罐　1件。M5∶1，泥质灰陶，圆唇，沿稍卷，圆肩，鼓腹，圜底内凹，通体素面。口径15、底径9、高17.2厘米（图六，3）。

盆　1件。M5∶4，泥质青灰陶，陶色不均，局部呈现红褐色。尖圆唇，沿面微内凹，深腹，圜底内凹。沿面外缘有一周压纹，沿下纹饰被抹平。通体绳纹，但纹饰大多被不规则地抹断。口径24.4、底径9.3、高13.6厘米（图六，4）。

2. H285

位于T0604中部，开口于3层下，被H281打破。平面呈圆形，近直壁，底近平，口径约1.5、深约0.46米。坑内填灰褐色土，土质较硬，结构较致密，出土少量陶片，可辨器形有豆、鬲、罐等（图七）。

· 74 ·　　　　　　　　　　　　海岱考古（第十五辑）

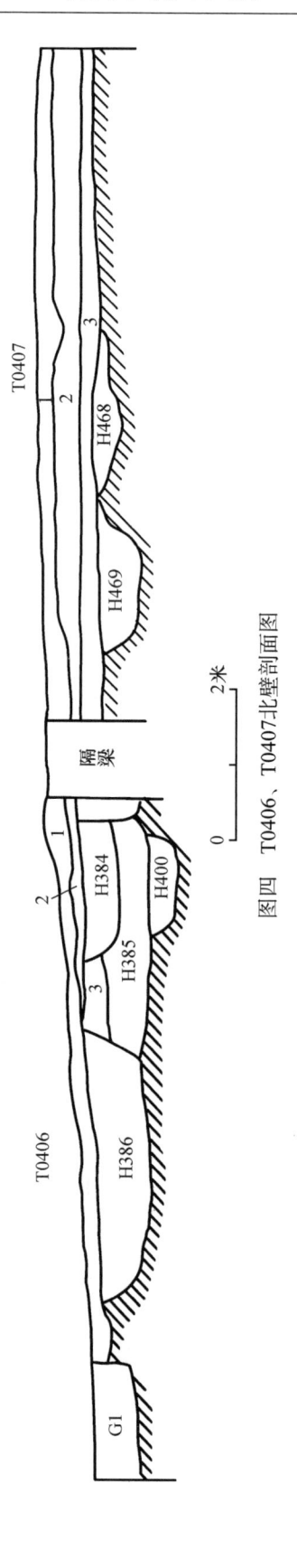

图四　T0406、T0407北壁剖面图

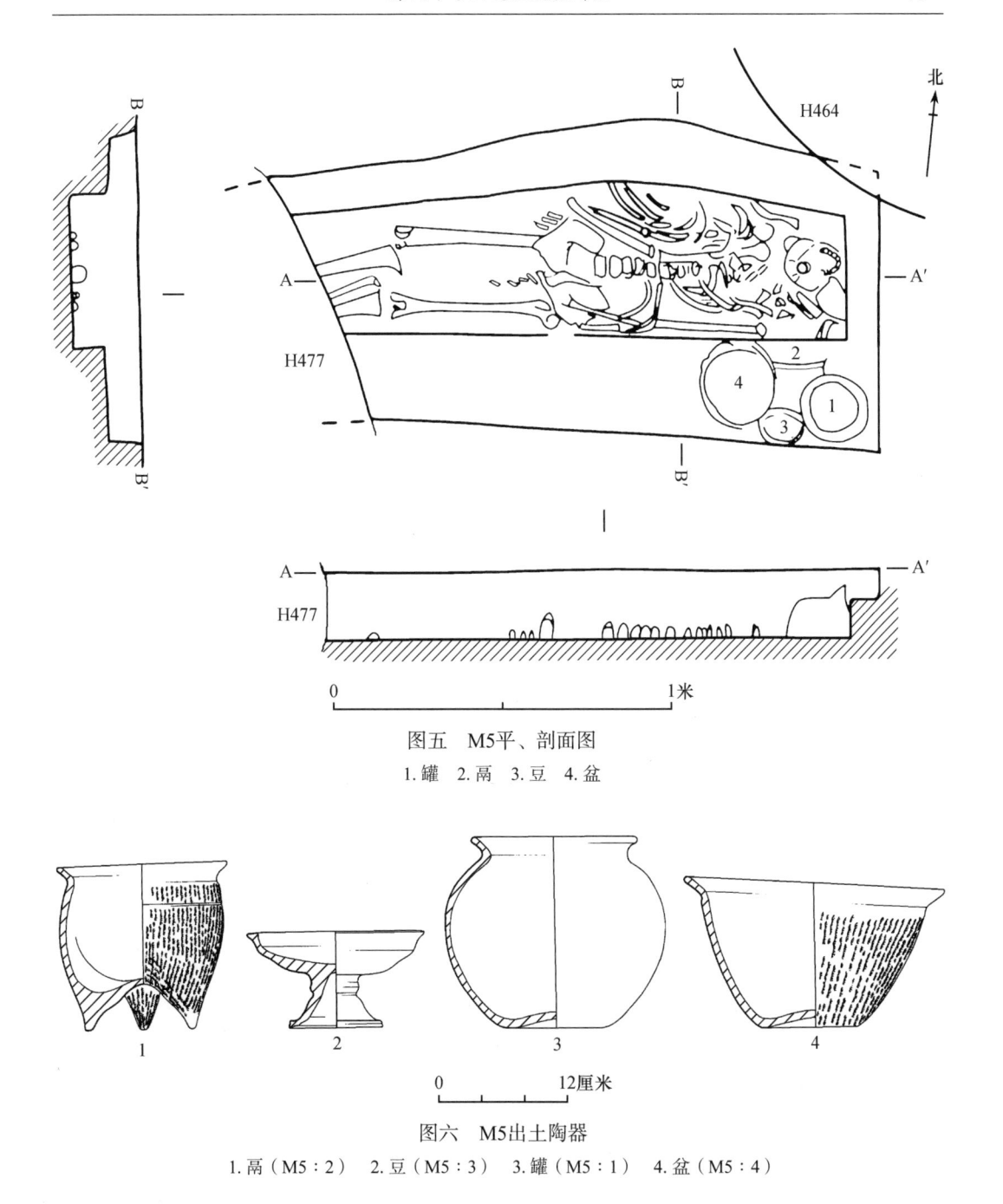

图五 M5平、剖面图
1.罐 2.鬲 3.豆 4.盆

图六 M5出土陶器
1.鬲（M5:2） 2.豆（M5:3） 3.罐（M5:1） 4.盆（M5:4）

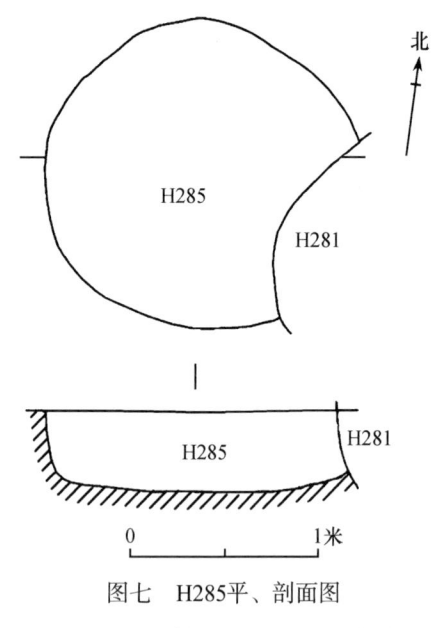

盆　2件。均为泥质灰陶。H285：2，沿面内斜，唇部微凹。口径35.6、残高2.2厘米（图八，1）。H285：4，圆唇，宽斜沿，腹饰中绳纹。口径19.2、残高3.6厘米（图八，6）。

豆　1件。H285：3，泥质灰陶，方唇敛口，唇面有一周凸棱，浅盘弧壁。口径19.2、残高1.8厘米（图八，2）。

罐　3件。均为泥质灰陶。H285：5，方唇斜折沿，唇面上有一周凹槽，沿下及颈部饰竖列绳纹。口径19.2、残高3.4厘米（图八，7）。H285：7，圆方唇，卷沿侈口，颈部绳纹有擦抹痕迹。口径23.2、残高3厘米（图八，5）。H285：8，斜折沿。残高5、宽7厘米（图八，3）。

鬲足　1件。H285：6，夹砂红褐陶，锥状足跟，足尖部残缺，饰细绳纹。残高3.2厘米（图八，4）。

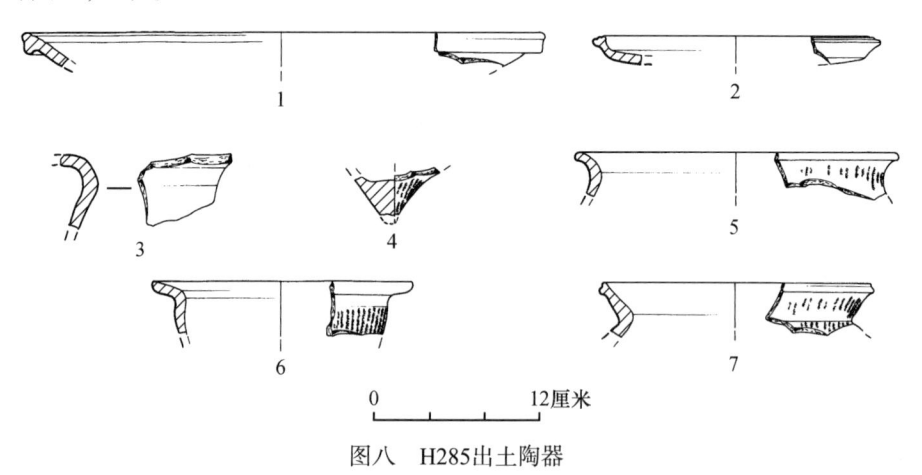

图七　H285平、剖面图

图八　H285出土陶器
1、6. 盆（H285：2、H285：4）　2. 豆（H285：3）　3、5、7. 罐（H285：8、H285：7、H285：5）
4. 鬲足（H285：6）

三、东周文化遗存

此次发掘的东周文化遗存十分丰富，分布范围覆盖整个发掘区。遗迹以灰坑为主。出土遗物主要是陶器，也可见少量陶质工具、建筑构件、铁器、石器、骨器、蚌器等。下面选取典型单位及出土遗物进行介绍，发现的12件陶文及符号也一并介绍。

（一）典型遗迹及遗物

1. H405

位于T0506东南部，开口于3层下，平面呈椭圆形，斜壁，近平底，口径1.8~4、深约0.47米。坑内填灰褐色土，土质较硬，结构较致密。出土少量陶片，可辨器形有鬲、瓮、甑等（图九）。

鬲　1件。H405∶3，夹砂灰陶，方唇，宽沿稍卷，唇下及颈部均饰绳纹。口径24、残高4厘米（图一〇，1）。

甑　1件。H405∶1，泥质灰黑陶，方唇，折沿，腹部斜收，肩腹交界处微鼓，通体饰粗绳纹，器内呈红褐色。口径30.4、残高15厘米（图一〇，4）。

瓮　2件。均为泥质灰陶。H405∶2，斜方唇，折沿，束颈，颈肩部饰绳纹，肩部有两道抹纹截断绳纹。口径17.6、残高8厘米（图一〇，2）。H405∶4，方唇，沿稍卷，束颈，肩部饰竖列绳纹。口径18.8、残高5.6厘米（图一〇，3）。

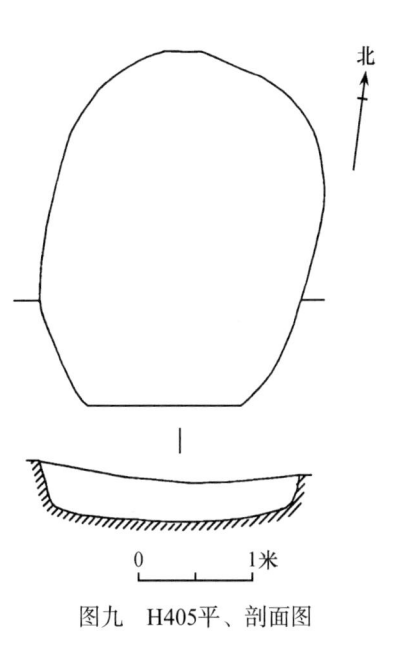

图九　H405平、剖面图

图一〇　H405出土陶器
1.鬲（H405∶3）　2、3.瓮（H405∶2、H405∶4）　4.甑（H405∶1）

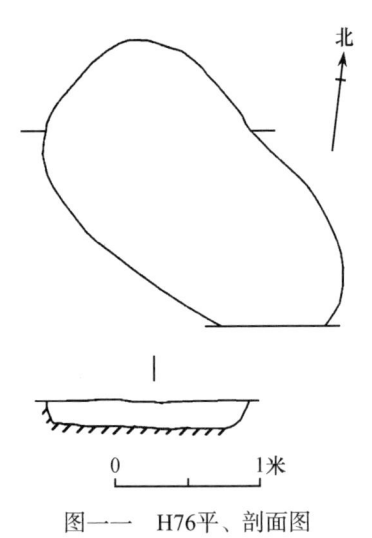

2. H76

位于T0306西南部，开口于1层下。平面呈椭圆形，斜壁，近平底，口径0.7～2.44、深0.1～0.22米。坑内填浅灰褐色土，土质较硬，结构致密，包含少量烧土、炭屑、石块等。出土大量陶片，可辨器形有罐、瓮、盆、鬲、豆等（图一一）。

鬲　3件。H76：9，夹砂灰陶，斜折沿，方唇，上腹微鼓，饰斜列绳纹。口径20、残高7.4厘米（图一二，8）。H76：8，夹砂红褐陶，方唇，折沿，沿面微凸，束颈，下饰中绳纹。口径21.2、残高8.6厘米（图一二，1）。H76：6，夹砂红褐陶，方唇，斜折沿，颈部外弧，鼓肩，颈部以下饰粗绳纹。口径20.8、残高4厘米（图一二，2）。

盆　3件。H76：5，泥质灰陶，圆唇，沿面弧凸，敛口，唇下缘微出凸棱，沿下

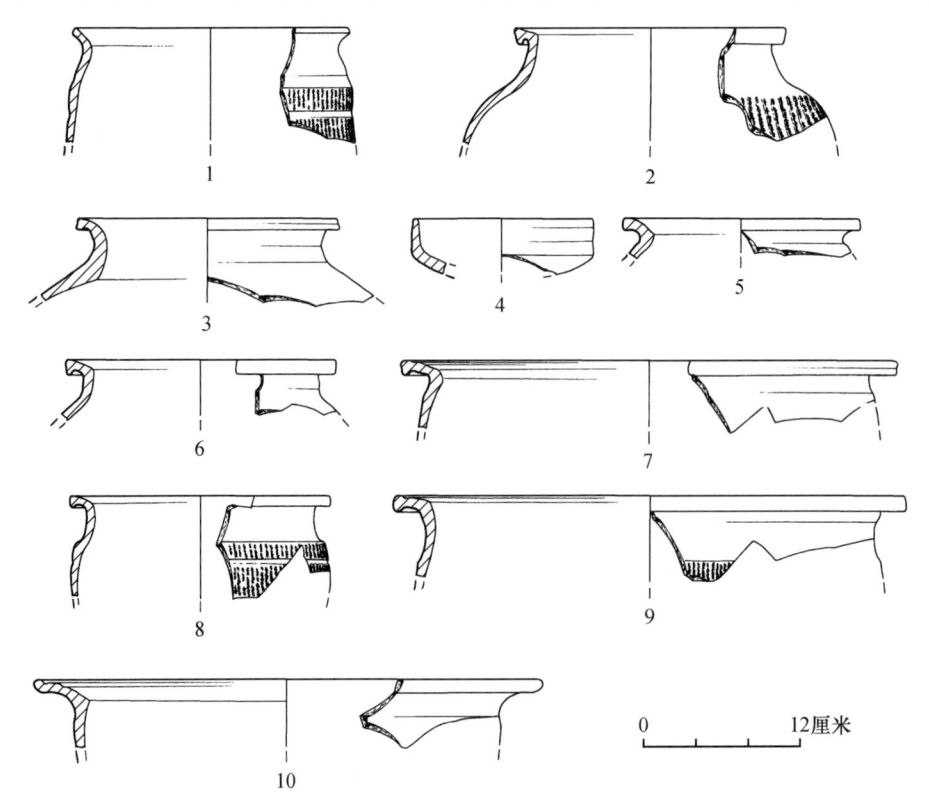

图一一　H76平、剖面图

图一二　H76出土陶器

1、2、8.鬲（H76：8、H76：6、H76：9）　3.瓮（H76：2）　4.豆（H76：10）　5、6.罐（H76：4、H76：7）　7、9、10.盆（H76：3、H76：1、H76：5）

及颈部抹光。口径38.8、残高4.8厘米（图一二，10）。H76：3，泥质灰褐陶，方唇，沿面近平，敛口，内缘有一周凹槽，唇部微内凹，上腹部有一周凸棱，其上均抹光。口径37.6、残高4.8厘米（图一二，7）。H76：1，泥质灰褐陶，圆方唇，唇下缘起凸棱，平沿，腹部和口沿内侧均有同心圆状轮修痕迹，器体磨光。口径38.8、残高6厘米（图一二，9）。

豆　1件。H76：10，泥质灰陶，口略侈，折腹，底外侧弧曲。口径13.6、高4厘米（图一二，4）。

瓮　1件。H76：2，泥质灰陶，方唇，沿面较窄，肩部磨光，以下残。口径20、残高6厘米（图一二，3）。

罐　2件。均为泥质灰陶，方唇，斜折沿。H76：4，束颈。口径18、残高2.6厘米（图一二，5）。H76：7，唇下缘起凸棱，颈部短直，有抹去绳纹的痕迹。口径18、残高2.6厘米（图一二，6）。

3. H118

位于T0305东北部，开口于1层下。平面呈圆形，斜壁，近平底。口径约1.26、深约0.3米。坑内填深灰褐色土，土质较软，结构疏松，包含少量烧土、炭屑、石块等。出土大量陶片，可辨器形有鬲、罐、豆、盆、瓮、鼎、拍等，还有少量骨器（图一三）。

鬲　3件。H118①：1，夹砂灰陶，方唇，斜折沿。口径24、残高3.6厘米（图一四，1）。H118①：2，夹砂灰陶，圆唇，卷沿，素面。口径18.4、残高4.8厘米（图一四，2）。H118②：4，夹砂红陶，方唇，口微内斜。口径34.8、残高4.2厘米（图一四，5）。

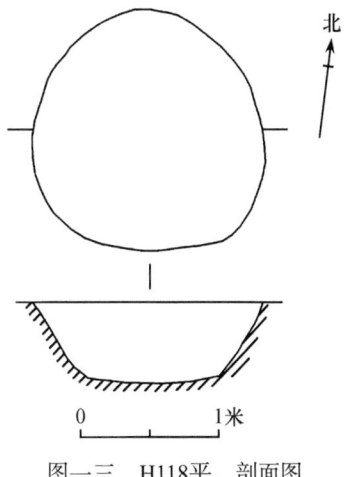

图一三　H118平、剖面图

盆　5件。均为泥质灰陶。H118②：1，方唇，沿面斜折，内侧弧凹，沿下抹光，上腹较直，饰竖向绳纹经擦抹。口径34.8、残高6.8厘米（图一四，9）。H118②：2，方唇，斜折沿，沿面微弧，颈部微凹，下饰绳纹。口径34.4、残高6.4厘米（图一四，7）。H118②：5，方唇，唇面内凹，斜卷沿，腹饰横列绳纹。残长8.4、残宽12厘米（图一四，11）。H118②：10，尖圆唇，唇面内凹，敛口，颈部近直，下饰数道凹弦纹。口径50.4、残高7.2厘米（图一四，6）。H118②：7，方唇，唇面内斜，口微敛，颈部有一圈瓦棱纹。残长5.4、宽9厘米（图一四，14）。

罐　2件。均为泥质灰陶。H118②：3，方唇，唇面内凹，侈口，束颈。口径

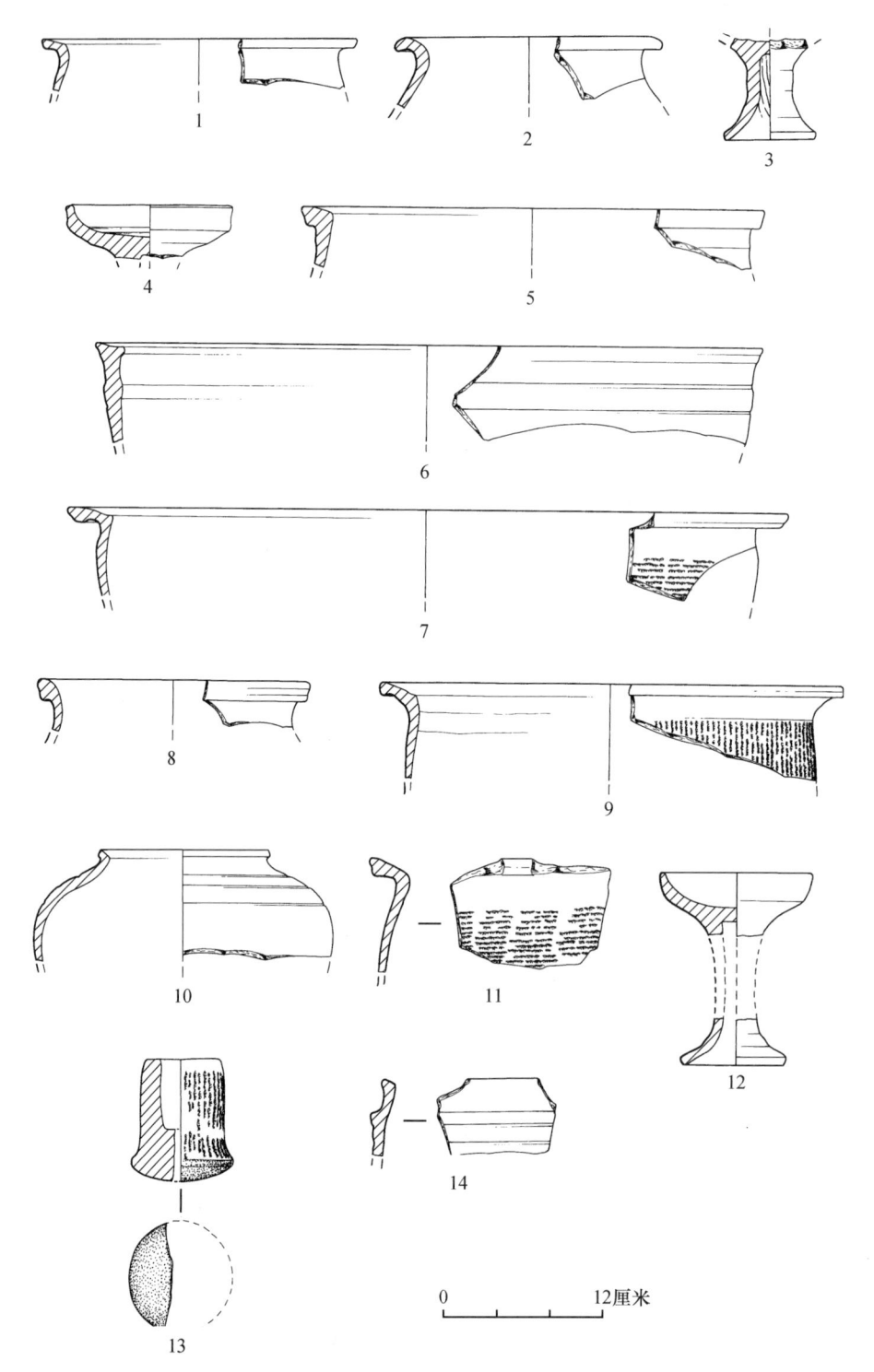

图一四　H118出土陶器

1、2、5.鬲（H118①：1、H118①：2、H118②：4）　　3、4、12.豆（H118①：3、H118②：6、H118①：4）
6、7、9、11、14.盆（H118②：10、H118②：2、H118②：1、H118②：5、H118②：7）
8、10.罐（H118②：3、H118②：9）　　13.陶垫（H118②：8）

20.4、残高3.6厘米（图一四，8）。H118②：9，斜方唇，窄折沿，鼓肩，有三道凹弦纹。口径12.8、残高8厘米（图一四，10）。

豆　3件。均为泥质灰陶。H118①：3，矮柄，中部略凸。底径6.6、残高7.2厘米（图一四，3）。H118①：4，敞口，浅盘，弧壁，喇叭形圈足，豆柄中部残。豆盘口径11.4、残高4.5、足底径7、残高3.4厘米（图一四，12）。H118②：6，浅盘，盘外壁微内凹，转折处出棱。口径12、残高3.8厘米（图一四，4）。

陶垫　1件。H118②：8，泥质灰陶，圆形垫面外凸，夹砂红褐陶，柄饰绳纹，局部有擦抹痕迹。高8.8厘米（图一四，13）。

4. Y1

位于T0703东南部，开口于3层下，南北向，被H233打破。由窑室、窑床、火膛、烟道等组成。窑室呈馒头形，坑壁以烧土烧结，北部两侧位置有两条烟道。窑床平整，呈青灰色。长1.9、宽1.62米。窑床南侧进火口处为一长方形火膛，包含大量炭屑，质地极松软。窑室填土呈黄白色，包含大量塌陷的红烧土块、青灰色烧结土块，较致密，出土少量陶片、瓦片，可辨器形有盆、鬲、罐、瓮、板瓦、筒瓦等（图一五）。

筒瓦　4件。制法均为外切。Y1火膛：1，夹细砂黄褐陶，瓦头微内收，圆唇上翘，前端饰细绳纹与斜列绳纹交错分布，内里饰指压纹。残长24.8、残宽12厘米（图一六，5）。Y1火膛：4，泥质黄褐陶，饰交错竖列绳纹。残长10、宽11.8厘米（图一六，1）。Y1：01，泥质灰陶，瓦头较直，圆唇上翘，饰竖列绳纹。长10.4、宽10.4厘米（图一六，2）。Y1：02，泥质灰陶，瓦头微内收，圆唇，饰弦断竖列绳纹。长15、宽10.4厘米（图一六，4）。

板瓦　1件。Y1：03，泥质灰陶，圆唇，瓦头饰瓦棱纹。长7.6、宽7.4厘米（图一六，3）。

瓮　2件。Y1窑室：6，夹砂红褐陶，厚方唇，窄折沿，鼓肩，唇面饰绳纹，肩以下饰绳纹。口径25.2、残高5厘米（图一六，9）。Y1：04，泥质灰陶，方圆唇，窄折沿，广肩。口径26.4、残高2.6厘米（图一六，8）。

盆　1件。Y1窑室：1，圆方唇，敛口，唇下起凸棱，唇面有凹槽数周，腹部纹饰被抹平。口径44.4、残高5厘米（图一六，12）。

罐　2件。均为泥质灰陶。Y1窑室：4，方唇，侈口，束颈，颈部饰多周弦纹，腹部饰弦断竖向细绳纹。口径15、残高16厘米（图一六，6）。Y1窑室：2，尖圆唇，侈口，斜折沿，沿面略凹，肩部饰横列绳纹。口径27.2、残高4.8厘米（图一六，7）。

鬲　1件。Y1窑室：3，泥质黄褐陶，圆唇，近直口，短直颈，颈部以下饰竖向绳纹。口径25.6、残高5.8厘米（图一六，10）。

图一五 Y1平、剖面图

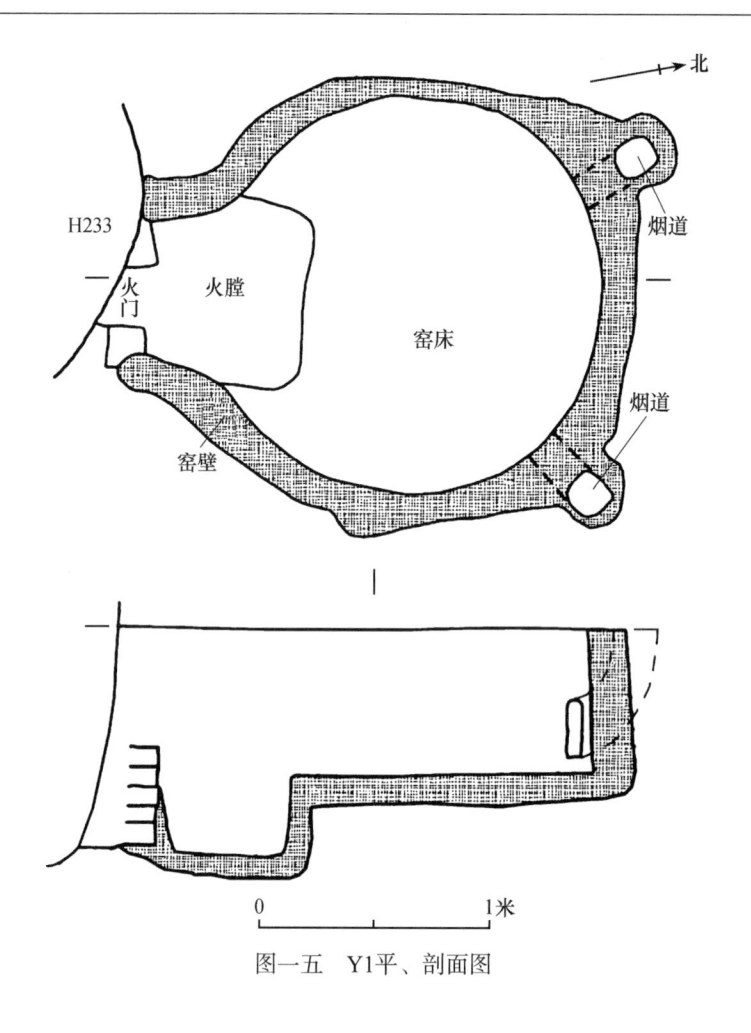

盂　1件。Y1：05，泥质灰陶，方圆唇，沿面外斜，直口。口径25.2、残高3.6厘米（图一六，11）。

5. H179

位于T0305中部，开口于1层下，被H118、H127打破。平面呈圆形，弧形平底。口径约3.59、深约0.2米。坑内填浅灰褐色土，土质较软，结构较疏松，包含少量石块、烧土颗粒、炭屑、料姜石等。出土大量陶片，可辨器形有罐、釜、瓮、盆、鬲、鼎、豆、垫等，还有少量骨器和蚌器（图一七）。

鬲　7件。多数为夹砂灰陶。H179：1，方唇，唇面微凹，沿面内高外低，颈部明显，鼓腹，肩部以下饰竖列绳纹。口径22、残高8.8厘米（图一八，6）。H179：7，圆唇，沿面外斜，短颈，鼓腹，饰绳纹。口径29.2、残高4.8厘米（图一八，2）。H179：2，方唇，唇面内凹，沿面内高外低，口略直，腹微鼓，饰绳纹。口径24.8、

图一六 Y1出土陶器

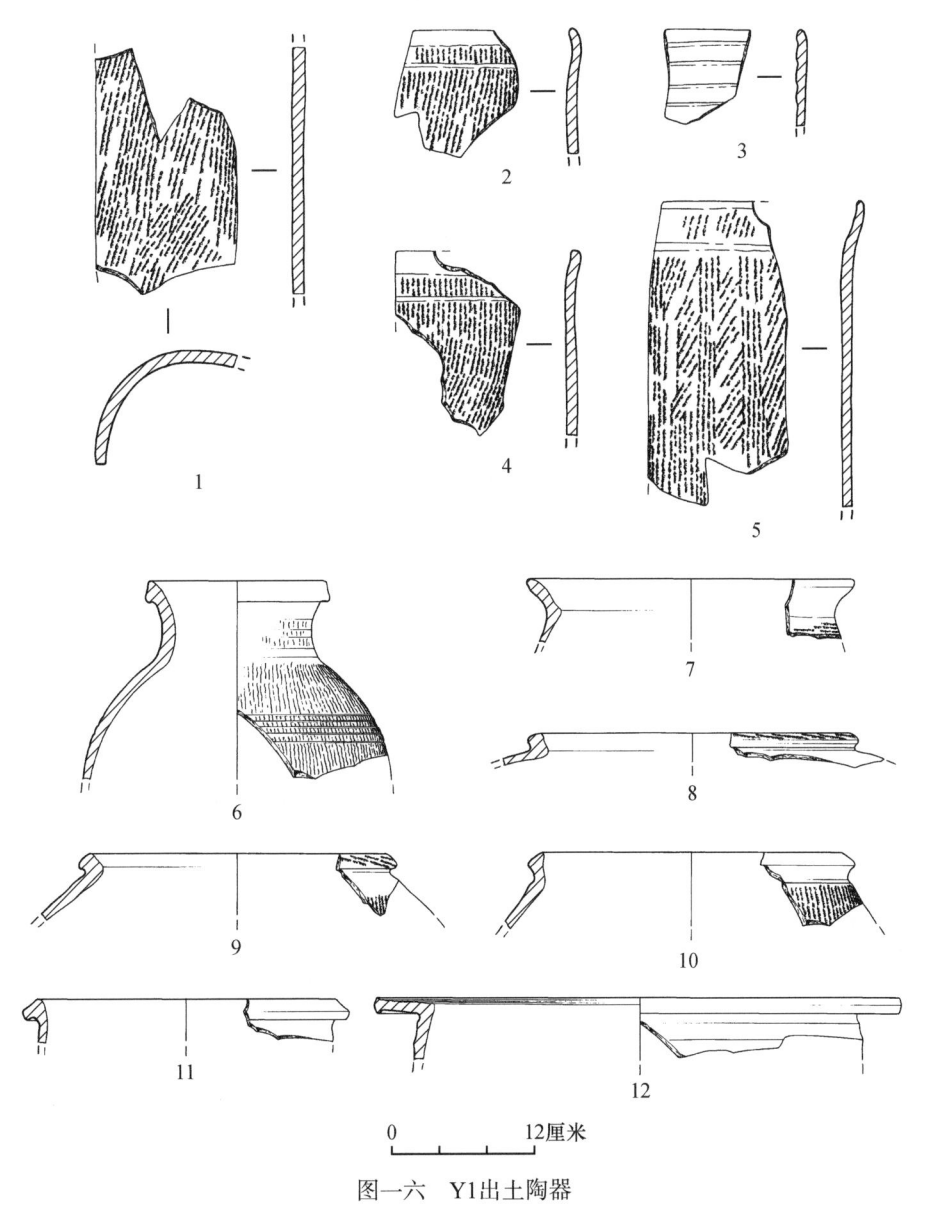

1、2、4、5.筒瓦（Y1火膛：4、Y1：01、Y1：02、Y1火膛：1） 3.板瓦（Y1：03）
6、7.罐（Y1窑室：4、Y1窑室：2） 8、9.瓮（Y1：04、Y1窑室：6） 10.鬲（Y1窑室：3）
11.盂（Y1：05） 12.盆（Y1窑室：1）

残高8.4厘米（图一八，8）。H179：5，圆唇，直口，鼓肩，饰绳纹。残长9.4、宽6.4厘米（图一八，10）。H179：10，圆唇，沿面内侧略高。口径19.6、残高3厘米（图一八，15）。H179：6，方唇，沿面外斜，短颈，鼓肩，饰绳纹。口径19.2、残高8.8厘米（图一八，17）。H179：4，方唇，沿面内高外低，近直口，束颈。口径19.2、残高6.6厘米（图一八，18）。

图一七 H179平、剖面图

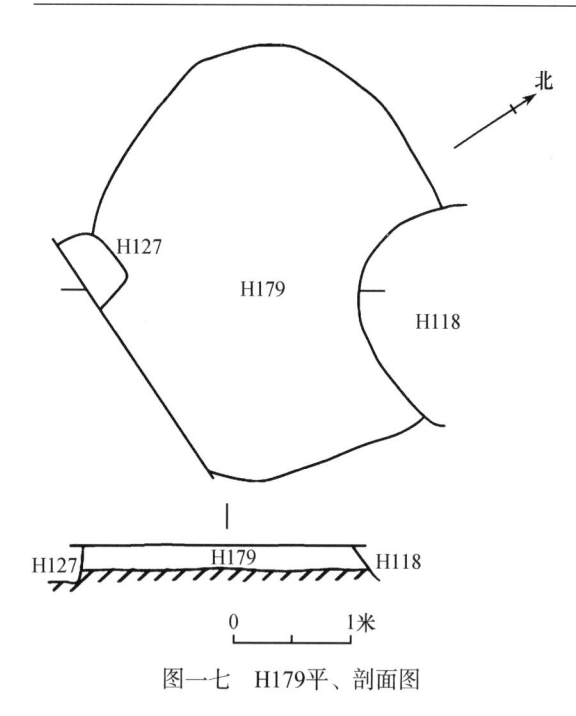

罐 4件。多为泥质陶，多方唇，卷沿。H179：3，泥质红陶，直口。口径18.8、残高3.8厘米（图一八，1）。H179：13，泥质黄褐陶，折沿，束颈，饰绳纹。口径28.4、残高5.8厘米（图一八，4）。H179：14，泥质灰陶。口径22、残高4.6厘米（图一八，3）。H179：9，泥质灰陶，沿面内高外低。口径23.2、残高3.4厘米（图一八，14）。

豆 1件。H179：18，泥质灰陶，方唇，近直口，浅盘，内里圆弧，外侧转折处起凸棱。口径12.4、残高4.4厘米（图一八，5）。

盆 5件。均为泥质灰陶，多方唇，折沿或近直口。H179：12，唇面内凹，沿面略凹，腹部饰竖列绳纹。口径27.6、残高7厘米（图一八，7）。H179：11，方唇，斜折沿，腹微弧。口径31.2、残高6.8厘米（图一八，19）。H179：17，方唇，直口，近口部有一周凸棱。口径38、残高4.8厘米（图一八，9）。H179：15，直口，带提手。残高10、残宽11.6厘米（图一八，12）。H179：16，敛口，腹较直。口径29.6、残高9.2厘米（图一八，13）。

垫 1件。H179：19，夹细砂灰陶，圆形垫面外凸柄饰绳纹。残高12.4厘米（图一八，11）。

瓮 1件。H179：8，泥质灰陶，方唇，折沿，鼓腹。口径16、残高5.4厘米（图一八，16）。

蚌镰 1件。H179：21，刃部有磨痕。残长11.6、残高5.6厘米（图一八，21）。

骨簪 1件。H179：20，细圆柱形，头部残。残长4.4厘米（图一八，20）。

6. J5

位于T0702中部偏南，开口于3层下。井口平面呈圆形，直壁，井口置一周石块，起加固作用。口径约2.1米，往下清理至2.5米未至底。井内填黑褐色土，土质较硬，结构较致密，包含大量石块、料姜石等。出土大量陶片，可辨器形有盆、瓮、豆、罐、釜、鬲、舟形器等（图一九）。

鬲 2件。J5：24，夹砂红褐陶，圆唇，折沿，颈部明显，弧腹，饰绳纹。口径

图一八 H179出土陶器

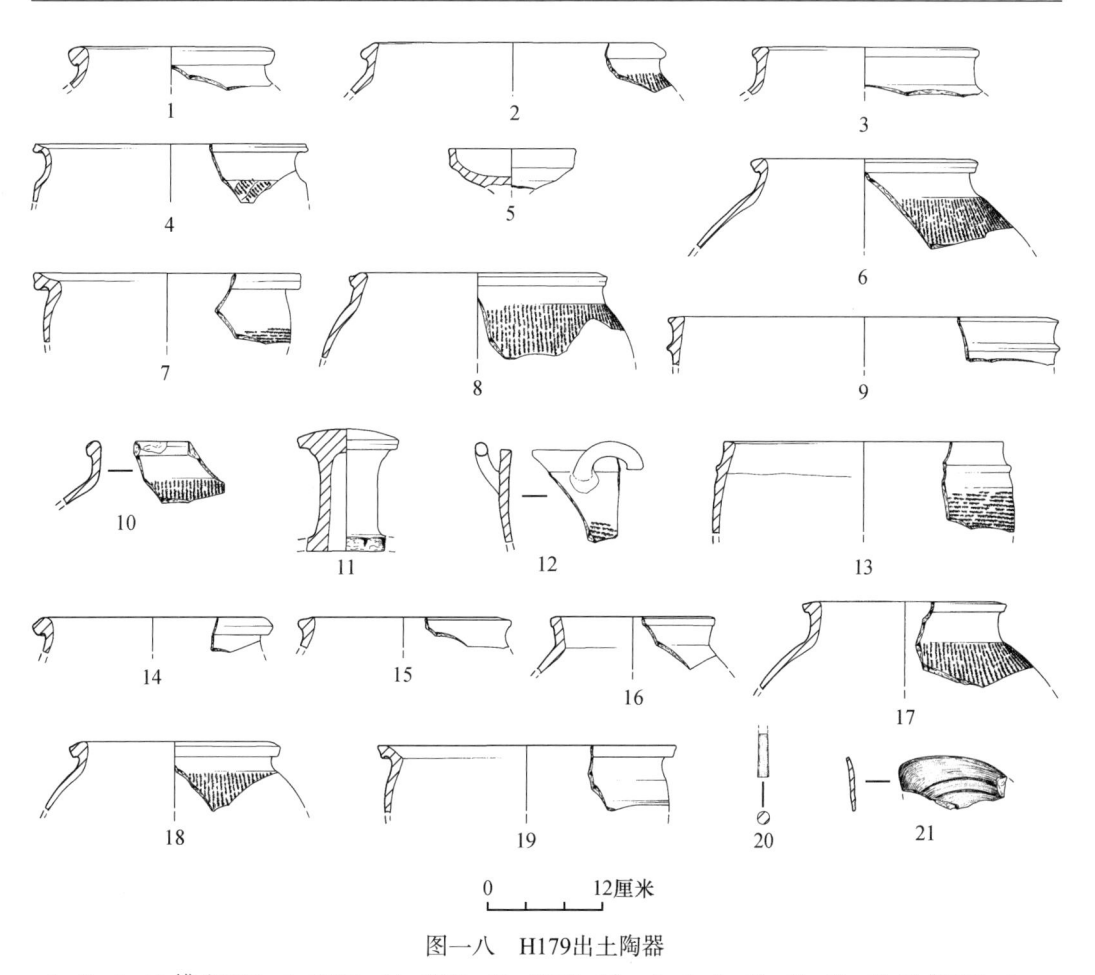

1、3、4、14.罐（H179：3、H179：14、H179：13、H179：9） 2、6、8、10、15、17、18.鬲（H179：7、H179：1、H179：2、H179：5、H179：10、H179：6、H179：4） 5.豆（H179：18） 7、9、12、13、19.盆（H179：12、H179：17、H179：15、H179：16、H179：11） 11.垫（H179：19） 16.瓮（H179：8） 20.骨簪（H179：20） 21.蚌镰（H179：21）

26、残高6.8厘米（图二〇，7）。J5：25，夹砂灰陶，方唇，折沿，肩微鼓，饰绳纹。口径20.4、残高4.4厘米（图二〇，14）。

罐 9件。均为泥质灰陶或灰褐陶。J5：19，方唇，直口。口径18.4、残高3.2厘米（图二〇，1）。J5：20，方唇，唇面略凹，直口，短颈。口径22、残高4厘米（图二〇，4）。J5：26，圆肩，素面。口径19.2、残高4厘米（图二〇，6）。J5：27，圆唇，沿面内高外低，直口外斜。口径13.2、残高4.4厘米（图二〇，8）。J5：18，圆唇，近直口，短颈。口径24、残高6.8厘米（图二〇，10）。J5：14，圆唇，沿面外斜，侈口，颈部有数周凸棱。口径18、残高6.6厘米（图二〇，12）。J5：16，方唇，侈口，颈部有数周凸棱。口径14.8、残高5.4厘米（图二〇，16）。J5：15，圆方

图一九 J5平、剖面图

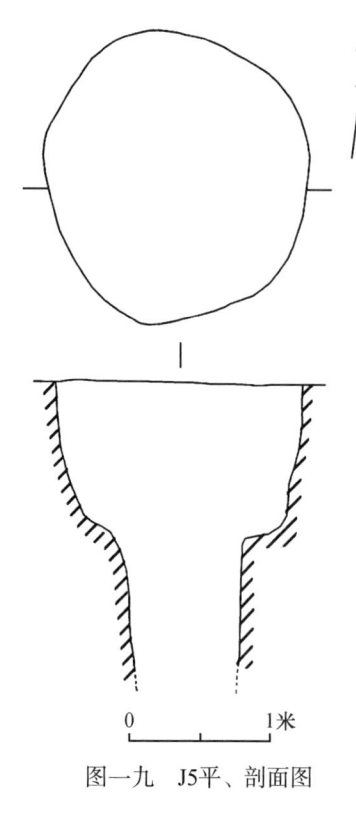

唇，卷沿。口径18.4、残高3.6厘米（图二〇，22）。J5：17，方唇，侈口，颈部有数周凸棱。口径12、残高4.6厘米（图二〇，25）。

豆 1件。J5：28，泥质灰陶，浅盘，直口。口径18.4、残高3.2厘米（图二〇，20）。

盆 8件。除J5：13为夹砂灰陶外，其余为泥质灰陶。J5：22，方唇，敛口，弧腹，颈起凸棱一周。口径29.2、残高4.8厘米（图二〇，2）。J5：13，夹砂灰陶，方唇，敛口，颈起凸棱一周，腹微弧。口径33.2、残高7.6厘米（图二〇，5）。J5：5，方唇内凹，宽斜折沿，沿面内侧有五周凸棱，弧腹，腹部饰横向绳纹。口径45.6、残高4.8厘米（图二〇，13）。J5：29，圆唇，宽斜折沿，弧腹。复原口径34.8、残高7.4厘米（图二〇，15）。J5：4，方唇，宽斜折沿，沿面有四周凸棱。口径45.6、残高4.8厘米（图二〇，24）。J5：3，圆方唇内凹，宽斜折沿，沿面内侧有四周凸棱，弧腹，腹部饰横向绳纹。口径44.8、残高9.6厘米（图二〇，26）。J5：1，方唇，唇面有两道凹槽，宽平折沿，腹近直。腹部饰横向绳纹。口径54、残高8厘米（图二〇，27）。J5：2，圆方唇，宽斜折沿，腹近直。腹部饰横向绳纹。口径53.6、残高6.4厘米（图二〇，28）。

瓮 7件。J5：11，泥质灰陶，圆唇，斜肩，肩部饰竖向绳纹。复原口径26、残高7.6厘米（图二〇，9）。J5：12，夹砂灰陶，圆唇，近口沿处纹饰被抹平，肩部饰竖列绳纹。口径26、残高7.4厘米（图二〇，11）。J5：7，夹砂灰陶，圆唇，直口，肩饰竖列细绳纹。口径29.2、残高4.8厘米（图二〇，17）。J5：10，泥质灰陶，厚圆唇，卷沿，广斜肩，饰竖列绳纹。口径28、残高3.6厘米（图二〇，18）。J5：6，泥质灰陶，圆唇，斜肩，饰竖列绳纹。复原口径24.4、残高3.8厘米（图二〇，19）。J5：8，泥质灰陶，圆唇，斜肩，肩部饰竖列绳纹。口径24、残高6.8厘米（图二〇，21）。J5：9，泥质灰陶，厚圆唇，束颈，斜肩，饰竖列绳纹。口径27.2、残高6.2厘米（图二〇，23）。

舟形器 1件。J5：23，夹砂灰陶，椭圆形，沿面有凹槽两周。口径37.2、宽5.4厘米（图二〇，3）。

图二〇 J5出土陶器

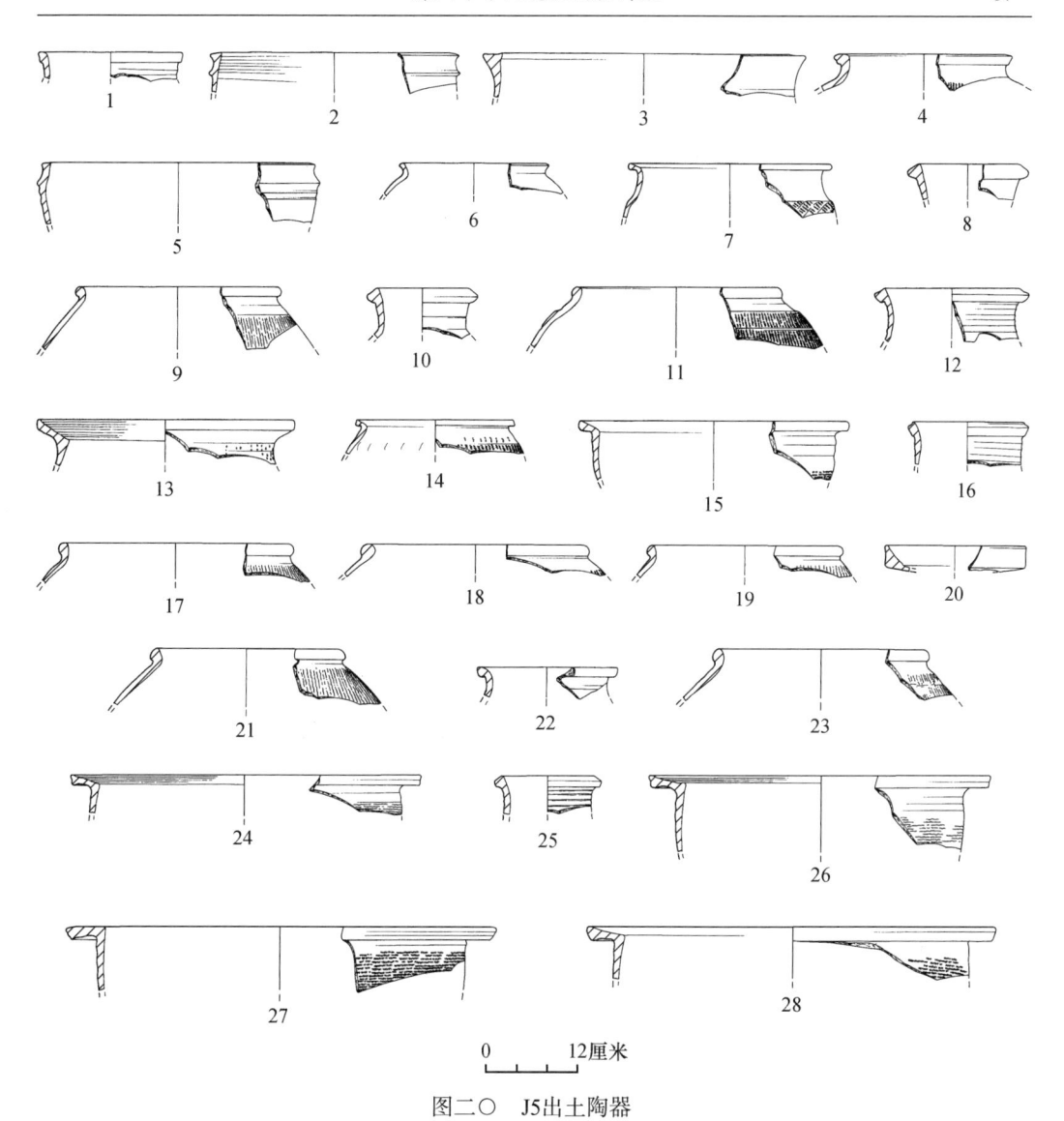

1、4、6、8、10、12、16、22、25.罐（J5：19、J5：20、J5：26、J5：27、J5：18、J5：14、J5：16、J5：15、J5：17） 2、5、13、15、24、26～28.盆（J5：22、J5：13、J5：5、J5：29、J5：4、J5：3、J5：1、J5：2） 3.舟形器（J5：23） 7、14.鬲（J5：24、J5：25） 9、11、17～19、21、23.瓮（J5：11、J5：12、J5：7、J5：10、J5：6、J5：8、J5：9） 20.豆（J5：28）

（二）陶文和符号

共12件。大多数为单字，分刻划和戳印两种，均为阴文。出现的器形有豆、盆、缸、量（图二一-1、图二一-2）。

1. 陶文

11件。5件为戳印，6件为刻划。分属3种器形，6件为豆，4件为盆，1件为量。仅H212∶1有二字，其余均为单字（图二一-1、图二一-2）。

（1）盆

H55∶1，口沿。泥质灰陶，方唇，宽折沿，沿面微弧，颈部饰竖列绳纹。残高2、残宽12.2厘米。口沿处刻划一陶文"付"（图二一-1，1）。

H212∶1，泥质灰陶，方唇微凹，宽斜折沿，腹近直，饰横向绳纹。口径54、残高7.2厘米。盆口沿戳印二字陶文"母亓（其）"（图二一-1，6）。

G1∶1，泥质灰陶，方唇，宽折沿。口径38、残高5.8厘米。口沿刻划一陶文"疒"（图二一-1，7）。

H103∶1，泥质灰陶，斜方唇，宽折沿。残高3.2、残宽9.5厘米。口沿刻划一陶文"登"（图二一-1，10）。

（2）豆

H415∶1，泥质灰陶，圆唇，浅盘，豆盘外侧有凸棱，喇叭形圈足。口径11.8、高10.6、底径7厘米。豆盘中部戳印一陶文"公"（图二一-1，2）。

H395∶1，泥质灰陶，喇叭口状圈足。残高8、底径8.2厘米。柄中部刻划一陶文"徇"（图二一-1，3）。

H240∶1，泥质灰陶，口及圈足均残，柄部有一周凸棱。残高9.5厘米。豆柄中部刻划一陶文"壹"（图二一-1，4）。

H213∶1，泥质灰陶，圆唇，浅盘，弧腹。口径16、高10.4厘米。豆柄中部戳印一陶文，模糊不可辨（图二一-1，5）。

H253∶1，泥质灰陶，矮柄，喇叭形圈足。底径7.6、残高8厘米。豆柄上部戳印一陶文"賸"（图二一-1，11）。

H53∶1，泥质灰陶，喇叭形圈足。底径7.2、残高8.1厘米。豆柄中部戳印一陶文"賸"字（图二一-1，12）。

（3）量

M2∶1，量，泥质灰陶，方唇，直口，腹微弧，中部有鋬手，平底。颈腹部饰竖向绳纹，腹部中间一周附加堆纹。口径31.2、高34.2、底径20.4厘米。内底中央戳印一陶文"禀（廩）"，为邹国官量标志（图二一-1，9）。

2. 符号

1件。H63∶1，陶量，泥质灰陶，平底，直腹。底径20.4、残高4.6厘米。内底中

图二一-1 周代陶文

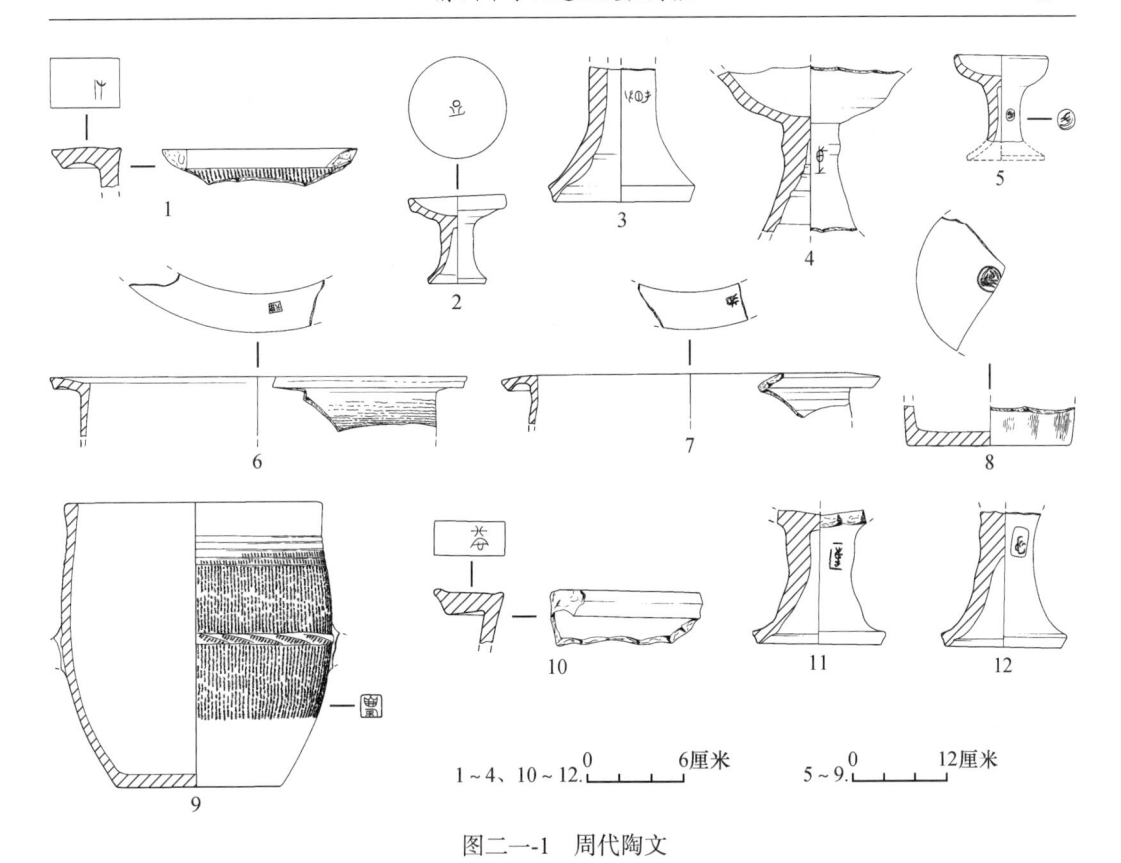

1、6、7、10.盆（H55:1、H212:1、G1:1、H103:1） 2~5、11、12.豆（H415:1、H395:1、H240:1、H213:1、H253:1、H53:1） 8、9.量（H63:1、M2:1）

央戳印一团龙形符号。与邾国故城遗址所发现陶量（J5⑥:5）的戳印符号及位置均一致，具有某种象征或标识意义[1]（图二一-1，8）。

四、汉代遗存

汉代遗存也相当丰富，除G20外，主要分布于发掘区西部，遗迹主要有水井、灰坑、瓦罐葬等，出土遗物有板瓦、筒瓦、瓦当、罐、盆等。G20延续时间较长，自汉代沿用至唐宋时期，由于其始建及使用年代为汉代，因此将其归为汉代遗存介绍。

G20　位于发掘区东北部，西北—东南走向，开口于2层下，贯穿T0705、T0706、T0708、T0709、T0606、T0607、T0608、T0609、T0507、T0508、T0509、T0408、T0409、T0308、T0309（图二二）。在发掘区东北垂直于G20走向开探沟TG1一条，长2.24、宽2米。从TG1剖面观察，G20共有25层，可分为四期。

（1）第一期：第1~3层，厚0.1~1米，土质较硬，结构较致密，土色为灰褐色，

图二一-2 周代陶文、符号拓本

1~11.陶文拓本（H415∶1、H395∶1、H53∶1、H253∶1、H240∶1、H213∶1、H212∶1、G1∶1、H55∶1、H103∶1、M2∶1） 12.符号拓本（H63∶1）

包含大量碎瓷片、陶片、红烧土块、草木灰等。

（2）第二期：第4、5层，厚0.2~1米，土质较硬，结构较致密，土色为黑褐色，包含大量陶片、草木灰、石块、螺蛳，可辨器形有瓷碗、筒瓦、板瓦等。

瓷碗 2件。G20Ⅱ∶1，黄褐釉陶，圆唇，敞口，斜弧腹。口径18、残高3厘米（图二三，1）。G20Ⅱ∶2，假圈足，底部无釉。底径6.7、残高2.6厘米（图二三，3）。

罐 2件。G20Ⅱ∶3，黄褐釉陶，方唇内凹，束颈，斜肩，颈肩交界处有一竖耳。残高8、残宽10厘米（图二三，2）。G20Ⅱ∶5，泥质灰陶。牛鼻状竖耳。残高6.6、残宽7.8厘米（图二三，4）。

G20内地层：

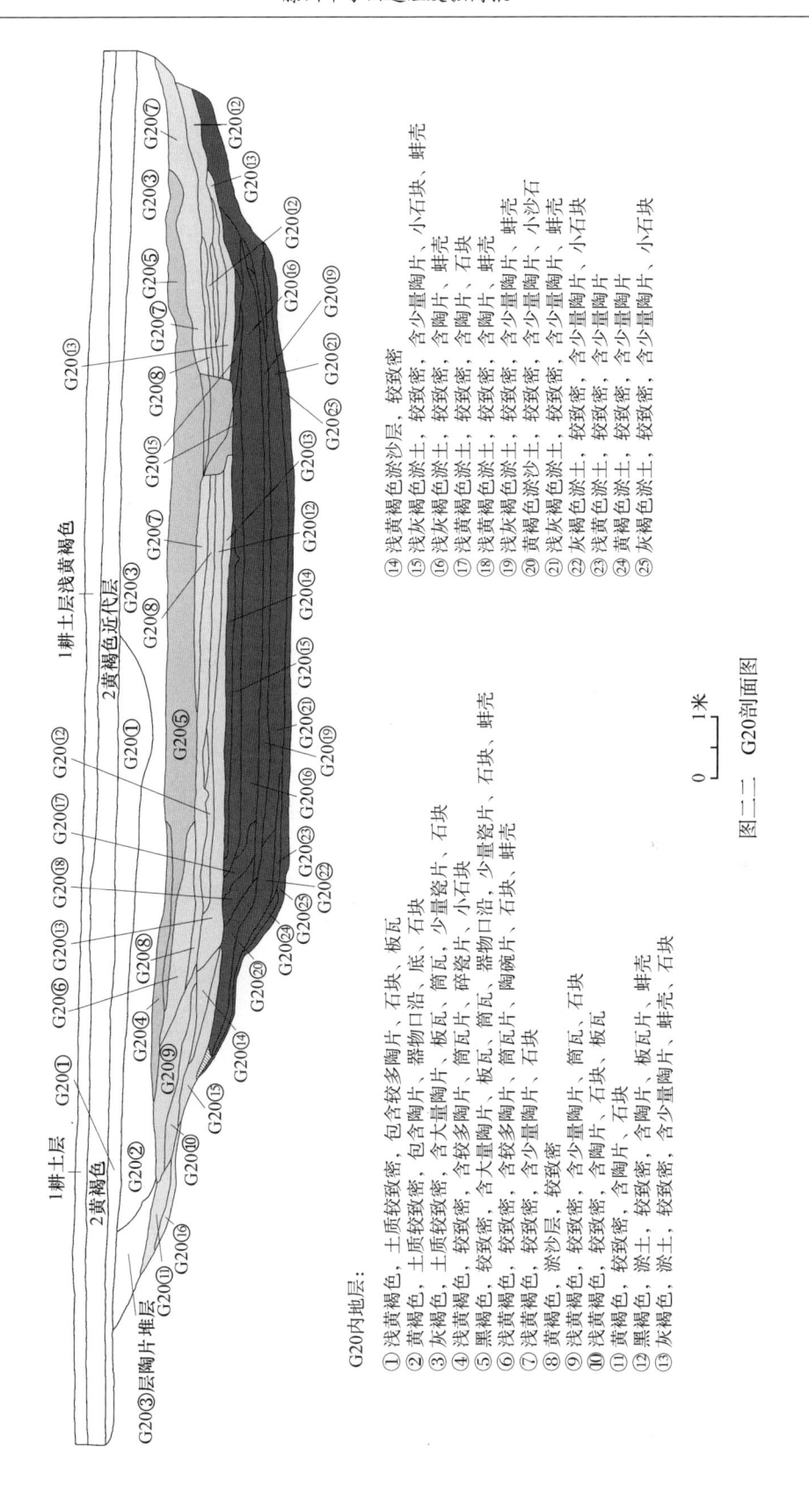

① 浅黄褐色，土质较致密，包含较多陶片、石块、板瓦
② 黄褐色，土质较致密，含大量陶片、器物口沿、筒瓦、板瓦、石块
③ 灰黄褐色，土质较致密，含大量陶片、板瓦、筒瓦、碎瓷片、少量瓷片、石块
④ 浅黄褐色，较致密，含多陶片、板瓦、筒瓦、器物口沿、少量瓷片、小石块
⑤ 黑褐色，较致密，含大量陶片、板瓦、筒瓦、陶碗片、石块、蚌壳
⑥ 浅黄褐色，较致密，含多陶片、筒瓦、石块
⑦ 浅黄褐色，较致密，含少量陶片、石块
⑧ 黄褐色，淤沙层，较致密
⑨ 浅黄褐色，较致密，含陶片、石块
⑩ 浅黄褐色，较致密，含陶片、石块
⑪ 黑褐色，淤土，含少量陶片、板瓦片、蚌壳
⑫ 黑褐色，淤土，含少量陶片、蚌壳、石块
⑬ 灰褐色，较致密，含少量陶片、小石块
⑭ 浅灰褐色淤沙层，较致密
⑮ 浅灰褐色淤土，较致密，含陶片、蚌壳
⑯ 浅灰褐色淤土，较致密，含陶片、石块
⑰ 黄褐色淤土，较致密，含陶片、蚌壳
⑱ 浅黄褐色淤土，较致密，含少量陶片、蚌壳
⑲ 浅灰褐色淤沙土，较致密，含少量陶片、小沙石
⑳ 黄褐色淤土，较致密，含少量陶片、蚌壳
㉑ 浅黄褐色淤土，较致密，含少量陶片、小沙石
㉒ 灰褐色淤土，较致密，含少量陶片、蚌壳
㉓ 浅黄色淤土，较致密，含少量陶片、小石块
㉔ 黄褐色淤土，较致密
㉕ 灰黄色淤土，较致密，含少量陶片、小石块

图二二　G20剖面图

盆　G20Ⅱ：4，泥质灰陶，侈口，弧腹。腹部有四道凹槽。残高7、残宽8厘米（图二三，5）。

铁削　G20Ⅱ：6，背直，截面呈楔形。长14.6、宽4厘米（图二三，6）。

（3）第三期：第6~13层，厚0.2~0.8米，灰褐色淤土，土质较松，结构较致密，包含少量碎陶片、石块、螺蛳等。

板瓦　3件。均为泥质灰陶。G20Ⅲ：2，瓦舌较直，饰瓦棱纹。内切。残长13、宽13厘米（图二三，7）。G20Ⅲ：3，密布纵横交错的绳纹。内切。长13、宽15厘米（图二三，8）。G20Ⅲ：4，板瓦后部，饰绳纹。内切。长8.8、宽12.2（图二三，9）。

筒瓦　1件。G20Ⅲ：1，泥质灰陶，竖绳纹，内侧饰布纹。内切。长17、宽11厘米（图二三，10）。

（4）第四期：第14~25层，厚0.3~1.1米，深灰褐色淤土，土质松软，结构致密，包含少量陶片、石块等。

碗　1件。G20Ⅳ：1，泥质灰陶，圆唇，侈口，弧腹，圈足，唇下有三周凹弦纹。口径23.6、高13.4、底径13厘米（图二三，11）。

瓮　2件。均为泥质灰陶。G20Ⅳ：3，叠唇，侈口，折沿。口径30、残高5.2厘米（图二三，12）。G20Ⅳ：6，圆方唇，敛口，圆肩。口径27.6、残高3.6厘米（图二三，13）。

盆　2件。均为泥质灰陶，方唇内凹，宽斜折沿。G20Ⅳ：2，唇面有戳刺痕迹。口径48、残高4.8厘米（图二三，14）。G20Ⅳ：4，沿面微鼓，弧腹，腹部饰瓦棱纹。口径48、残高8.4厘米（图二三，15）。

瓦当　1件。G20Ⅳ：5，泥质灰陶，周边残缺，饰卷云纹。直径6厘米（图二三，16）。

板瓦　1件。G20Ⅳ：1，泥质灰陶，瓦头部分饰瓦棱纹，下部饰绳纹，内饰布纹。内切。长35.6、宽33厘米（图二三，17）。

筒瓦　1件。G20Ⅳ：3，泥质灰陶，尾部素面，瓦身饰绳纹，内侧有制作留下的布纹。内切。长15、宽13.2（图二三，19）。

罐　G20Ⅳ：6，泥质灰陶，圆方唇，斜折沿，口微敛，高领，饰三周凹弦纹。口径25.2、残高6.4厘米（图二三，18）。

水工设施SG1　位于发掘区东北部，开口于2层下，平面呈长方形，被H511打破。水工设施用石板垒砌而成，由引水道、水池、出水口组成。北端引水道由横向石板向两侧垒砌，排水口以石块垒砌，西侧又见西向的石台阶，水池底部排列多块横向石板。整体长约8.1、宽约1.1、深约1.9米。水池长约2.28、宽约1.16米。土色为黑褐色，土质松软，结构较疏松，为淤积土和积砂土，包含少量碎陶片、瓦片、红烧土块、草木灰、螺蛳、石块等（图二四）。

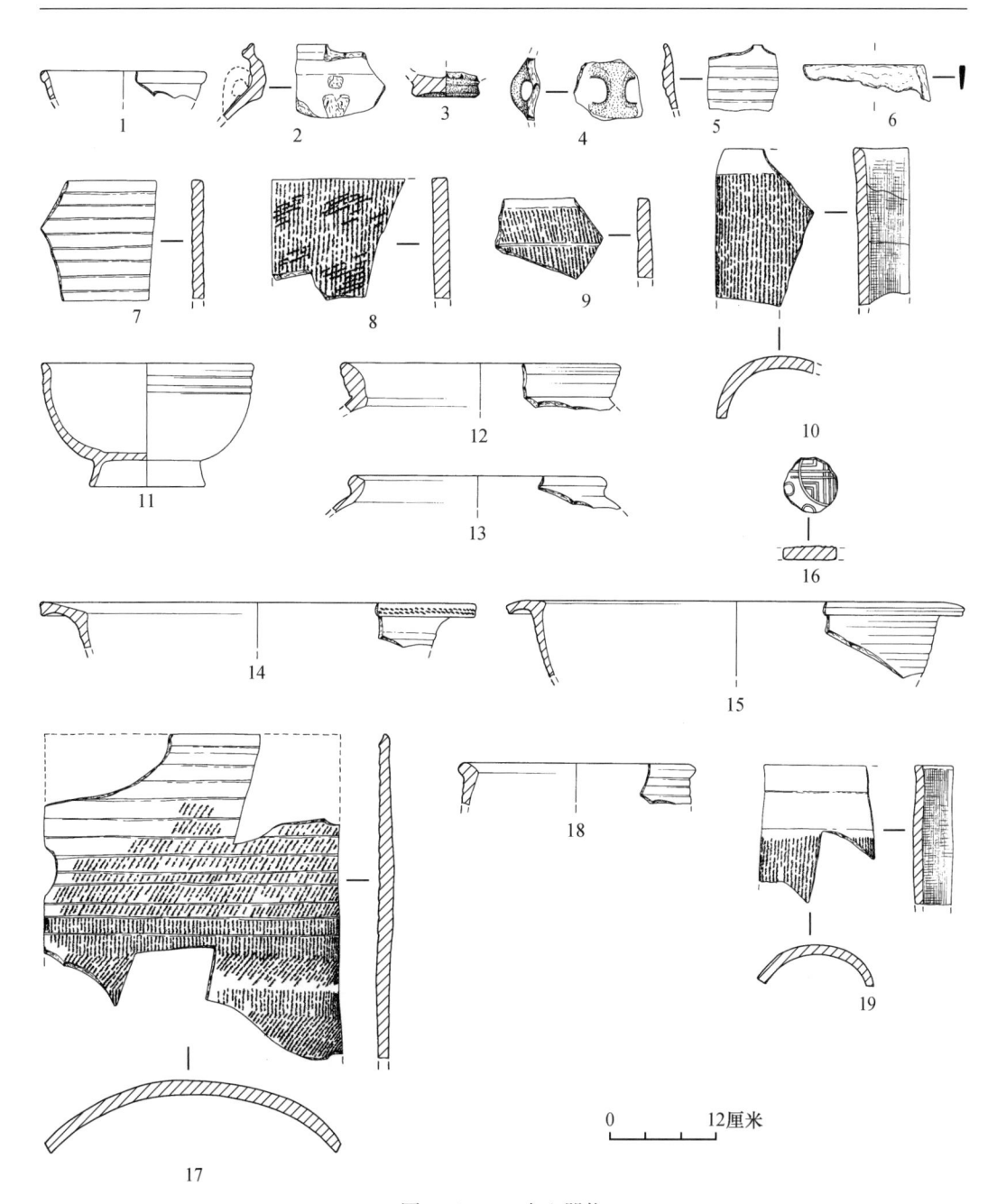

图二三　G20出土器物

1、3、11.瓷碗（G20Ⅱ：1，G20Ⅱ：2，G20Ⅳ：1）　2、4、18.陶罐（G20Ⅱ：3，G20Ⅱ：5，G20Ⅳ：6）　5、14、15.陶盆（G20Ⅱ：4、G20Ⅳ：2、G20Ⅳ：4）　6.铁削（G20Ⅱ：6）　7~9、17.板瓦（G20Ⅲ：2、G20Ⅲ：3、G20Ⅲ：4、G20Ⅳ：1）　10、19.筒瓦（G20Ⅲ：1、G20Ⅲ：3）　12、13.瓮（G20Ⅳ：3、G20Ⅳ：6）　16.瓦当（G20Ⅳ：5）

图二四　SG1平、剖面图

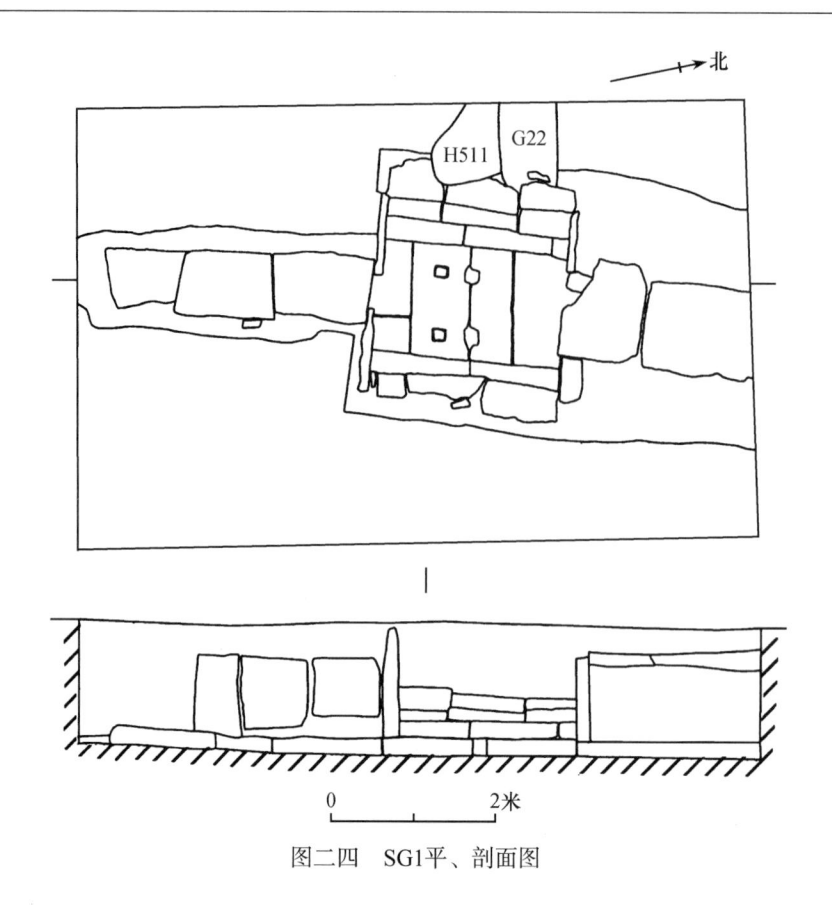

五、唐宋文化遗存

此次发掘唐宋时期的文化遗存较少，主要分布在发掘区西部。遗迹包括灰坑和灰沟。出土遗物以瓷器为主。

典型遗迹及遗物

共发现唐宋时期遗迹3处，其中包括灰坑2个、灰沟1条。

H477　位于T0202西北部，开口于1层下。平面呈圆形，斜壁，近平底。口径约2.2、深约1.3米。坑内填灰褐色土，土质松软，结构较致密，包含少量石块、炭屑、烧土颗粒、料姜石等。出土少量瓷片，可辨器形有碗（图二五）。

图二五　H477平、剖面图

瓷碗　6件。均施黄白釉，釉不及底。圆唇，侈口，弧腹，假圈足。H477:6，唇下一周凹弦纹。口径18、残高3.8厘米（图二六，1）。H477:3，仅存假圈足。底径3.7、残高4厘米（图二六，2）。H477:5，唇下一周凹弦纹。口径12、残高5.2厘米（图二六，3）。H477:1，圈足，无釉，边缘微上卷。底径6.8、残高3.4厘米（图二六，4）。H477:4，仅存口部。口径10、残高4.2厘米（图二六，5）。H477:2，矮圈足，无釉，饰瓦棱纹。底径8.8、残高3.6厘米（图二六，6）。

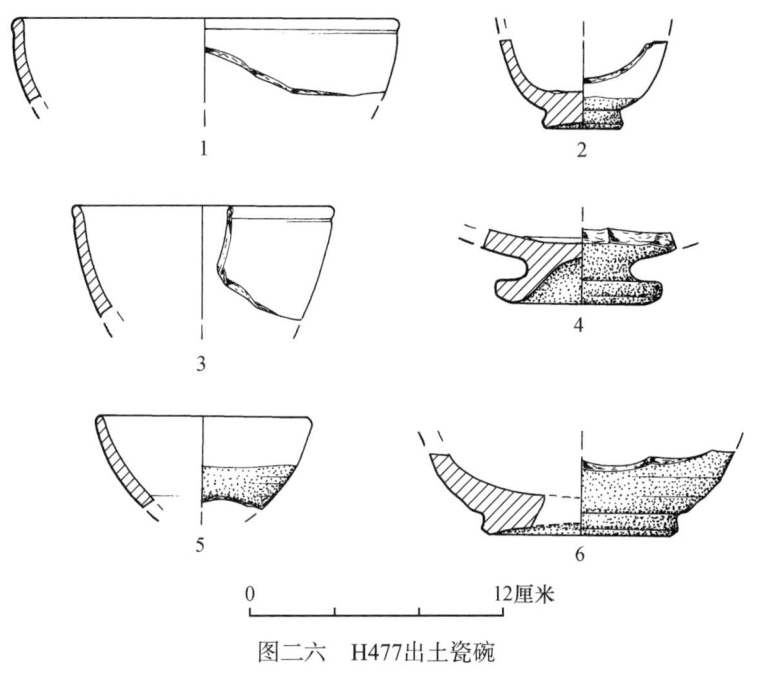

图二六　H477出土瓷碗
1.H477:6　2.H477:3　3.H477:5　4.H477:1　5.H477:4　6.H477:2

六、分期与年代

（一）周代文化遗存

于山遗址发现的周代文化遗存最为丰富，整个发掘区均有分布。根据典型单位的地层堆积、相互叠压打破关系以及出土器物的发展演变，可将周代文化遗存分为7段（表一）。

第1段：遗迹主要有M5、H285、H286、H453，H295、H434中也包含少量该段遗物。该时期陶器以夹砂陶和泥质陶为主，制作较为精良，且胎质较薄。陶器以灰陶为主，也有少量红褐陶。其中甗、杯等器物陶质较硬，施黑色陶衣，器身局部呈红褐色，鬲、罐、豆、盆等器物多为夹砂灰陶。纹饰分绳纹、附加堆纹和素面三种，以竖列细绳纹居多。典型器物有Ⅰ式鬲、A型Ⅰ式绳纹罐、素面罐、A型Ⅰ式盆、A型Ⅰ式豆、Ⅰ式甗、A型Ⅰ式瓮、A型Ⅰ式杯。

于山Ⅰ式陶鬲M5∶2为斜折沿，束颈，腹部微鼓，裆部较高，圆锥状足跟，与滕州东康留周代墓地西周晚期A型Ⅰ式陶鬲M134∶2器形相似。A型Ⅰ式陶盆M5∶4为斜折沿，圆唇，深腹，圜底内凹，胎体较薄，与曲阜鲁故城遗址西周晚期Ⅱ式陶盆T110H20（下）∶4器形近似。据上述分析，其年代大致在西周中期晚段。

第2段：遗迹包括H98、H131、H135、H241、H281、H292、H311、H317、H322、H345、H360、H405、H430、H434、G7③等。陶器分夹砂和泥质两种。陶色多见灰陶、红褐陶和黑陶。纹饰仅见绳纹和素面两种。瓮、罐、罍等器物可见轮修痕迹，制作工艺良好。鬲是最常见的器物，均为连裆鬲。典型器物有Ⅱ式鬲，A型Ⅱ式绳纹罐，A型Ⅱ式、B型Ⅰ式盆，Ⅱ式甗，A型Ⅱ式瓮，Ⅰ式罍，Ⅰ式盂。陶质工具可见陶拍，石器有磨石。

表一　于山遗址典型器物分期表

型式 分期	鬲	绳纹罐 A	绳纹罐 B	素面罐
1段	Ⅰ M5∶2 Ⅱ H295∶1	Ⅰ H286∶1 H434∶2		M5∶1
2段	G7③∶3 H131∶1	Ⅱ G7③∶1		
3段				
4段	Ⅲ H246∶7 H76∶9			

续表

型式 分期	鬲	绳纹罐 A	绳纹罐 B	素面罐
5段	Ⅳ H217:2 H217:3	Ⅲ H217:5		
6段		Ⅳ H169:4 H364:12	Ⅰ H364:5	
7段		Ⅴ H478:1	Ⅱ J5:13	

型式 分期	盆 A	盆 B	豆 A	豆 B
1段	Ⅰ M5:4		Ⅰ M5:3	
2段	Ⅱ H281:7	Ⅰ H98:1 H281:6		
3段	Ⅲ H278:2		Ⅱ H278:2	
4段	Ⅳ H76:5	Ⅱ H76:3	Ⅲ H76:10	

续表

型式\分期	盆 A	盆 B	豆 A	豆 B
5段		Ⅲ H217:11 H118:1		H213:1
6段		Ⅳ H488:10 H72:1	Ⅳ H387:1	
7段		Ⅴ H212:1 T0406G1:1 H55:1 H103:1	Ⅴ H111:1 H415:1	

型式\分期	甗	瓮 A	瓮 B	罍	釜
1段	Ⅰ H453:1	Ⅰ H453:5			
2段	Ⅱ H405:1 H311:1	Ⅱ H322:1		Ⅰ G7③:2	

续表

型式 分期	甗	瓮 A	瓮 B	罍	釜
3段	Ⅲ H278:1				
4段		Ⅲ H76:2		Ⅱ H426:1	
5段		Ⅳ H217:10 / J4:11			
6段		Ⅴ H488:1	Ⅰ H338:1 / H169:3		Ⅰ H364:6 / H488:11
7段		Ⅵ H485:1 / H485:2	Ⅱ J5:7 / J5:12		Ⅱ J5:26

续表

型式 分期	盂	杯 A	杯 B	缸	鼎	壶
1段		I H453:2				
2段	I H360:1 H345:1					
3段						
4段	II H76:1					
5段		II H60:2	H60:1 H82:1	M2:1		
6段	III H72:11 H364:7				H72:5	H72:9
7段						

续表

型式 分期	筒瓦	板瓦
1段		
2段		
3段		
4段		
5段	Ⅰ Y1:1	Ⅰ M2:1
6段	Ⅱ H488:15 H387:2	
7段		Ⅱ G7②:1

于山A型Ⅱ式陶罐G7③：1为斜折沿，沿面微凹，唇部直颈，与曲阜鲁故城春秋早期Ⅳ式陶罐T311H7：4器形相近。Ⅱ式陶甗H405：1为敞口，斜折沿，肩腹相交处微鼓，与曲阜鲁故城春秋早期Ⅱ式陶甗T110H20（上）：2器形相似。据此判断，其年代相当于春秋早期。

第3段：遗迹包括H278等。出土器物较少，陶器仅见夹砂灰陶，纹饰以绳纹为主。

器物承接早期形制演变而来。典型器物有A型Ⅲ式盆，A型Ⅱ式豆，Ⅲ式甗。

于山Ⅲ式陶甗H278∶1为折沿，方唇，上腹微鼓，沿面外缘饰一道凹槽，与兖州西吴寺春秋中期Ⅴ式陶甗H4220∶1器形相近。A型Ⅲ式陶盆H278∶2为折沿，圆唇，沿面微弧凸，束颈，与兖州西吴寺春秋中期Ⅲ式陶盆H544∶1器形相近。据此判断，其年代相当于春秋中期。

第4段：遗迹包括H76、H246、H426等。陶器以泥质陶居多，夹砂陶较少。陶色主要为灰陶。纹饰有绳纹和素面两种，陶器颈部绳纹基本消退，不见抹纹。素面陶器器体多磨光。典型器物有Ⅲ式鬲，A型Ⅳ式、B型Ⅱ式盆，A型Ⅲ式豆，A型Ⅲ式瓮，Ⅱ式罍，Ⅱ式盂。

于山A型Ⅳ式陶盆H76∶5为折沿，沿外缘饰两道凹弦纹，唇下缘起凸棱，与曲阜鲁故城春秋晚期ⅦB式陶盆T110④∶7器形相似。A型Ⅲ式陶豆H76∶10为折腹，尖圆唇，直口，腹壁弧折，与兖州六里井春秋晚期Ac型Ⅲ式陶豆H2∶3器形相似。据此判断，其年代相当于春秋晚期。

第5段：遗迹包括H60、H82、H118、H132、H213、H217、H411、J4、Y1（火膛）、M2等。陶器以夹砂陶为主，少量泥质陶。大多为灰陶，少量黑陶。纹饰主要有绳纹、弦纹，少量素面。其中盆、瓮的沿面上开始出现凹弦纹。筒瓦、板瓦前端出现一道道的瓦棱纹。典型器物有Ⅳ式鬲，A型Ⅲ式绳纹罐，B型Ⅲ式盆，B型豆，A型Ⅳ式瓮，A型Ⅱ式、B型杯，量，Ⅰ式筒瓦，Ⅰ式板瓦，龟形器盖。陶质工具有陶垫、陶纺轮。

于山B型Ⅲ式陶盆H217∶11为斜折沿，斜方唇，唇下缘起凸棱，鼓腹，与曲阜鲁故城战国早期Ⅸ式陶盆T311J1∶5器形相似。B型陶豆H213∶1为斜弧腹，侈口，圆唇，与曲阜鲁故城战国早期Ⅸ式陶豆T901（4A）∶1器形近似。其年代相当于战国早期。

第6段：遗迹包括H72、H169、H179、H338、H351、H364、H387、H488、H491。陶器仍以夹砂陶为主，少量泥质陶，仅见灰陶。陶器制作水平出现下降，器体开始变大。器物口沿变窄或不显沿。鬲已不见，出现釜。盂变小，成为钵。盆的肩部出现明显的瓦棱纹，微出折肩。典型器物有A型Ⅳ式、B型Ⅰ式绳纹罐，B型Ⅳ式盆，A型Ⅳ式豆，A型Ⅴ式、B型Ⅰ式瓮，Ⅰ式釜，Ⅲ式盂，鼎，壶，Ⅱ式筒瓦。陶质工具有陶垫，生产工具和装饰用品可见蚌刀和骨簪。

于山Ⅰ式陶釜H488∶11为直颈，斜唇，鼓肩，与曲阜鲁故城战国中期B型Ⅱ式陶釜M58∶110器形相似。B型Ⅰ式陶瓮H338∶1为束颈，方唇，广肩，与曲阜鲁故城战国中期Ⅴ式陶瓮T901（4c）∶1器形相似。其年代相当于战国中期。

第7段：遗迹包括H55、H103、H111、H212、H415、H478、H485、J5、G7①②、

Y1（窑室）等。陶器多为泥质灰陶，且胎质较厚，器体较大，陶器制作已显粗糙。纹饰多见瓦纹、弦纹、绳纹和素面。以瓦棱纹和凹弦纹为主，通常饰于器物沿面或颈部，密集且规整。绳纹开始衰退，多见素面器物，常在近口沿处磨光。盆、豆出现戳印或刻划陶文。典型器物有A型Ⅴ式、B型Ⅱ式绳纹罐，B型Ⅴ式盆，A型Ⅴ式豆，A型Ⅵ式、B型Ⅱ式瓮，Ⅱ式釜，Ⅱ式板瓦，量，舟形器。生产工具可见铁锸。

于山A型Ⅴ式陶盆H212∶1为宽折沿近平，方唇沿内缘微起棱，唇中部微内凹，唇下起凸棱，上腹近直，与曲阜鲁故城战国晚期Ⅺ式陶盆T703⑥∶19器形近似。A型Ⅴ式陶豆H111∶1为侈口，圆唇，外壁竖直，内壁圆弧，外壁与盘底转折处折棱明显，豆柄斜直，喇叭形圈足，底部起台座，与泗水尹家城战国晚期B型Ⅲ式陶豆H290∶9器形相似。其年代相当于战国晚期。

（二）汉代文化遗存

于山遗址中汉代遗存较多，主要分布在发掘区西部和东北部区域。遗迹包括H464、SG1、G20。陶器绝大部分为夹砂陶，陶色以浅灰陶为主，制作工艺下降，胎体质地粗糙并含有杂质。陶器多为素面，带纹饰的器物较少，纹饰以瓦棱纹最为常见，绳纹逐渐衰退。典型器物有盆、瓮、罐、筒瓦、板瓦、瓦当、砖，其中以筒瓦、板瓦数量最多。

于山Ⅰ式筒瓦G20Ⅳ∶3为瓦舌与瓦身持平，内外侧均饰多周凹弦纹，与曲阜鲁故城战国晚期Ⅴ式筒瓦T752（4）∶2器形近似，但于山筒瓦瓦内为细密的麻点纹，属汉代筒瓦特征，其年代可能已进入西汉初期（表二）。Ⅱ式筒瓦H221∶2为瓦头微内收，瓦舌下倾，圆唇上翘，与邹城邾国故城（2017年）筒瓦J3①∶17器形相似，故推断其年代相当于西汉晚期。Ⅲ式筒瓦H5∶1瓦舌较长，瓦坯较厚，瓦面饰有几道较深的竖向细沟，瓦内饰细布纹，与邹城邾国故城（2015年）筒瓦J1（11）∶18器形相似，其年代大致在两汉之际。

（三）唐宋文化遗存

于山遗址唐宋时期遗存较少，主要分布于发掘区西部。遗迹分灰坑、灰沟两类，出土器物仅见瓷器，器形可见碗、盆。以灰胎和灰白胎为主，多数内壁施釉，外壁不施釉或施釉不及底，底以圈足居多。

表二　汉代筒瓦分期表

分期＼型式	筒瓦
1段	Ⅰ G20Ⅳ:3
2段	Ⅱ H221:2
3段	Ⅲ H5:1

七、结　语

于山遗址经历时间长，年代跨度大，发现了较丰富的两周时期及汉代文化遗存，也有少量西周及唐宋文化遗存分布。从遗址地貌看，大致以G20为界线，西南低洼，向东北方向地势隆起呈台地状。从发掘看，这不仅仅是地貌上的不同，而且在时代及文化内涵上也有很大区别。台地之上主要为汉代及明清时代堆积，从台地下来，向南多见东周遗迹，向西多见汉代遗迹，并开始出现唐宋遗存。造成这种现象的原因，与遗址的形成过程息息相关。在台地之上，发现了一条西北—东南向的大型冲沟G20，宽约23米。这条冲沟的范围大致与台地下缘相符合，而现台地上缘部分实际上是冲沟不断淤积、逐渐垫高形成的。G20有明显人工开挖的痕迹，在最初的使用期堆积中，仅发现有汉代的遗物，以板瓦、筒瓦居多，这基本可以确定G20的始建年代是汉代。这也解释了为何汉代遗迹填土多含白色砂岩，实际上是由于开挖G20。在G20开挖之前，可能东周遗存分布较为广泛，随着G20的建成，区域内东周遗存被破坏殆尽。随着G20不断淤积，开挖部分被填平，而且又因为G20处于台地的下缘，从台地之上冲下或废弃的垃圾不断向此处堆积，慢慢成为台地的一部分。

从遗存性质来看，此次发掘中发现了比较重要的陶窑、水工设施等遗迹。Y1位于T0703东南部，窑床平整，保存较好，窑身上部已被破坏，全貌不详，清理中未发现操作间，可能被南部的唐宋时期遗迹H233打破。火膛内包含大量炭屑和少量筒瓦，未发现有其他陶器等生活器皿，可能是烧制建筑材料的窑炉。火膛内出土的筒瓦年代相当于战国早期，并且没有晚期遗物扰乱，据此推断陶窑的使用年代大致处在同一时期。窑室内堆积了大量的红褐色及青灰色烧结土块，掺杂少量陶片、石块等，可辨器形有瓮、盆、罐，器物年代约为西汉初期，可能是陶窑被废弃后填入的。

水工设施SG1位于发掘区东北角。从层位及位置上看，SG1可与G20使用期相对应，在排水口处有明显水流积砂痕迹，此水工设施可能与遗址北的池头泉有关，推测是池头泉通向G20的水道及排水设施。水池内底部铺垫石板，北侧左右两端各有一个凹槽，南部两端的凹槽内放置切割完整的石块。从位置上看，这排列整齐的凹槽可能是起到闸门开关作用的残存结构。SG1的主要功能应该是由遗址内部向遗址外通过G20排水，在排水末端安放闸门也有集水及取水的辅助功能。

据王献唐先生所著《三邾疆邑图考》[2]，于山遗址大致处于邾国与滕国的分界线一带。从实际发掘情况看，于山遗址所出盆、豆、罐、釜、量、钵、板瓦等器物，与邾国故城同类器物特征一致。最重要的是，于山遗址出土的内底印有"廪"字的陶量（M2∶1），形制为直口，鼓腹，平底，腹部左右各有一圆柱形把手，与邾国故城早年间出土的官方陶量完全一致[3]。另外，还发现有内底戳印团龙纹的陶量（H63∶1），与邾国故城所发现陶量（J5⑥∶5、H404②∶18、J2①∶38）的戳印符号及位置均一致。量器具有鲜明的官方色彩，这说明于山遗址在周代行政上归属邾国。

从邾国疆域看，南部边境主要的城邑有茅、虫二邑。茅在今山东金乡县西北。茅本西周初年封国，姬姓，为周公第三子茅叔所封。据《左传》，僖公二十四年（前636年），富辰谏曰："……凡、蒋、邢、茅、胙、祭，周公之胤也。"哀公七年（前488年），公伐邾，成子以茅叛，师遂入邾。此时茅已亡于邾国，成为邾国之邑。虫，邾邑，《左传》载鲁昭公十九年，宋伐邾，围虫，三月，取之。虫邑邻近宋、邾边境，又近宋邑方舆，方舆约在今鱼台县治二十里。从具体区位看，茅应在金乡西北、鱼台西北，而虫应在鱼台东北。于山遗址位于滕州东北，与鱼台隔微山湖而望，因此，于山遗址应距虫邑较近。虫邑城防坚固，宋师围三月乃下，可见虫邑应该是一座较大的城址，而于山遗址可能是附属于虫邑的次级聚落，它们通过微山湖东面染山、尖山、凫山、红山之阳的交通线路联系。

此次发掘收获颇多，发现了多种类型的遗迹，尤其是大型沟类遗迹G20、水工设施，以及各类建筑构件的出现，都暗示存在较大型的聚落或建筑；同时，陶窑作为手工业的重要一环，对于进一步研究整个遗址功能区的布局特征，探讨当时的制作工艺以及烧制所需原材料的供应来源等问题具有重要意义，但本次发掘未有相关联的新发现，可能与发掘区处在遗址边缘有关。期待今后的考古工作能够寻找到更多的线索。

附记：本次发掘项目负责人为朱超，执行领队为孙启锐。参与本次发掘的技工有刘相民、陈宣好、付善柳、渠志正、徐宝存。曲阜师范大学毕德广、徐团辉、张俭等老师带领该校文物与博物馆学2017级部分本科生参加发掘，参与的有吴清运、刘述孟、齐泽霖、李太全、赵志慧、顾雪玲、于玉、周兰兰、于晓瑄、赵钰洁、丁梦竹、刘舒羽。郑州大学历史学院惠夕平副教授带领部分硕士研究生参与发掘，参与的有薛涛、张汝丽、李欣、张凯。薛涛以发掘资料为主要材料完成了自己的硕士学位论文，为简报的发表做了大量前期工作。在陶文释读方面，日本岩手大学刘海宇先生给予了帮助及指导。本次发掘受到滕州市文化和旅游局、滕州市汉画像石馆的大力协助，感谢张桑局长和李慧馆长。在此，对上述人员表示衷心感谢！

器物修复：刘相民
绘　　图：孙广贺
执　　笔：孙启锐　薛　涛　张　桑　李　慧
　　　　　惠夕平　朱　超

注　释

[1] 山东大学历史文化学院考古系等：《山东邹城市邾国故城遗址2015年发掘简报》，《考古》2018年3期。
[2] 王献唐：《三邾疆邑图考》，齐鲁书社，1982年。
[3] 朱承山：《邾国故城出土的两件陶量》，《文物》1982年3期。

济南市省府前街遗址A区发掘报告

济南市考古研究院

一、引 言

为配合建设单位施工建设，根据国家、省、市的相关文物保护法规，经上级文物主管部门批准，根据济南市考古研究所与济南融新投资发展有限公司考古发掘协议书，济南市考古研究所于2008年10月23日至11月29日，对省府前街遗址A区进行了抢救性考古发掘，取得丰硕成果，现将发掘情况报告如下。

省府前街遗址位于济南市历下区泉城路以北省府前街区域，在市政府公布的首批地下文物保护区——环城公园保护区范围内[1]，是整个古城区文化遗存的组成部分（图一）。

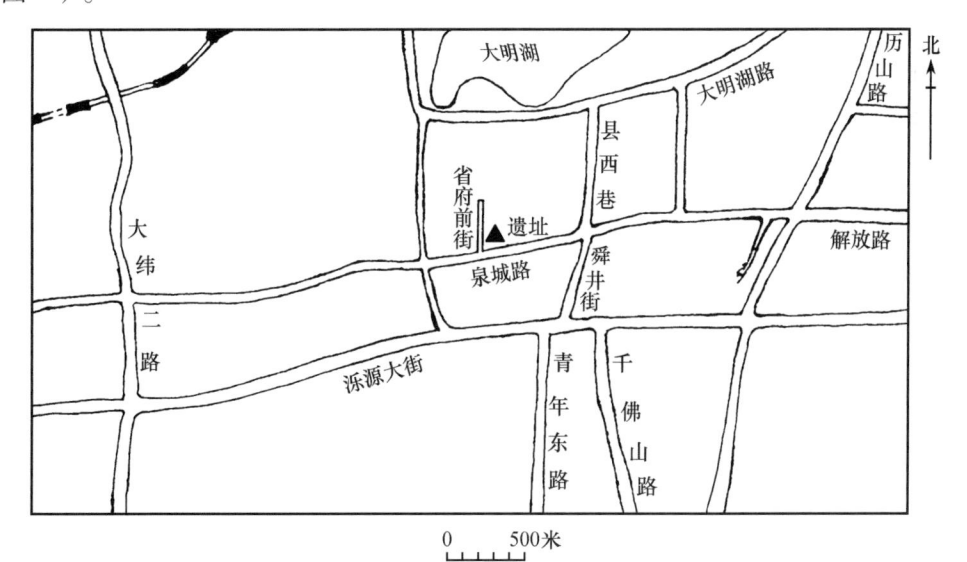

图一 遗址位置示意图

二、地层堆积

（一）探方分布

省府前街遗址南邻泉城路，西靠省府前街，东接居民楼，北靠省府东街。本着有利于经济建设、有利于文物保护的原则，从施工现场的实际情况出发，为了统一确定施工区域内发现的水井位置，以泉城路、省府前街十字路口的东北角为基点，我们在整个工地理论上布10米×10米探方若干个（图二；图版九，1）。

在工地北半部布10米×10米探方6个，进行考古发掘，实际发掘面积600平方米。发现不同时期的房址4座、灶址2个、灰坑12个、水井19眼，出土一批战国、汉至明清时期的陶器、瓷器、铜钱等（图三；图版九，2）。

（二）地层堆积

每个探方从上至下，由晚至早，平、剖面相结合逐层清理。依据土质、土色、包含物划分地层及其他遗迹，并且根据叠压打破关系判定遗迹年代关系，按单位收集遗物随时做好记录。对于重要遗迹现象做好绘图照相工作。

由于省府前街A区考古区域属于城市考古范畴，文化堆积属于不同时期房屋拆建多次城市活动堆积而成。文化堆积结构较杂乱，属于不同时期的建筑垃圾重叠堆积，故在布方前用挖掘机清理掉厚达1.5～1.8米的建筑垃圾，该层不列入文化堆积。

以T0621西壁为例，共划分5层文化层，分别介绍如下。

第1层：为近现代建筑层，又分2小层。

第1A层：建筑垃圾层，深1～1.25米，土色呈灰褐色，土质结构松、乱、杂，颗粒粗糙，包含大量现代建筑垃圾和生活垃圾，夹杂较多的碎石块、砖块、残瓦片、石灰、煤渣、烧土颗粒、草木灰等。出土瓷片以白釉、青花为主，次之为酱釉瓷片。可辨器形有碗、盘、碟、杯、缸等。为近现代层。

第1B层：建筑垃圾层，深1.35～1.4、厚0.15～0.4米，土色黑褐色，土质结构疏松，含有大量现代建筑垃圾、生活垃圾。夹杂较多的石块、砖块、板瓦残片、石灰、煤渣、烧土颗粒、草木灰等。出土大量白釉、青花、酱釉瓷片。可辨器形有碗、盘、杯、缸等。在此层下发现F1、H3、H4、H5等。为明清层。

第2层：划分2小层。

第2A层：深1.85～1.95、厚0.45～0.5米，土色呈浅黄褐色，土质松软，含有草木

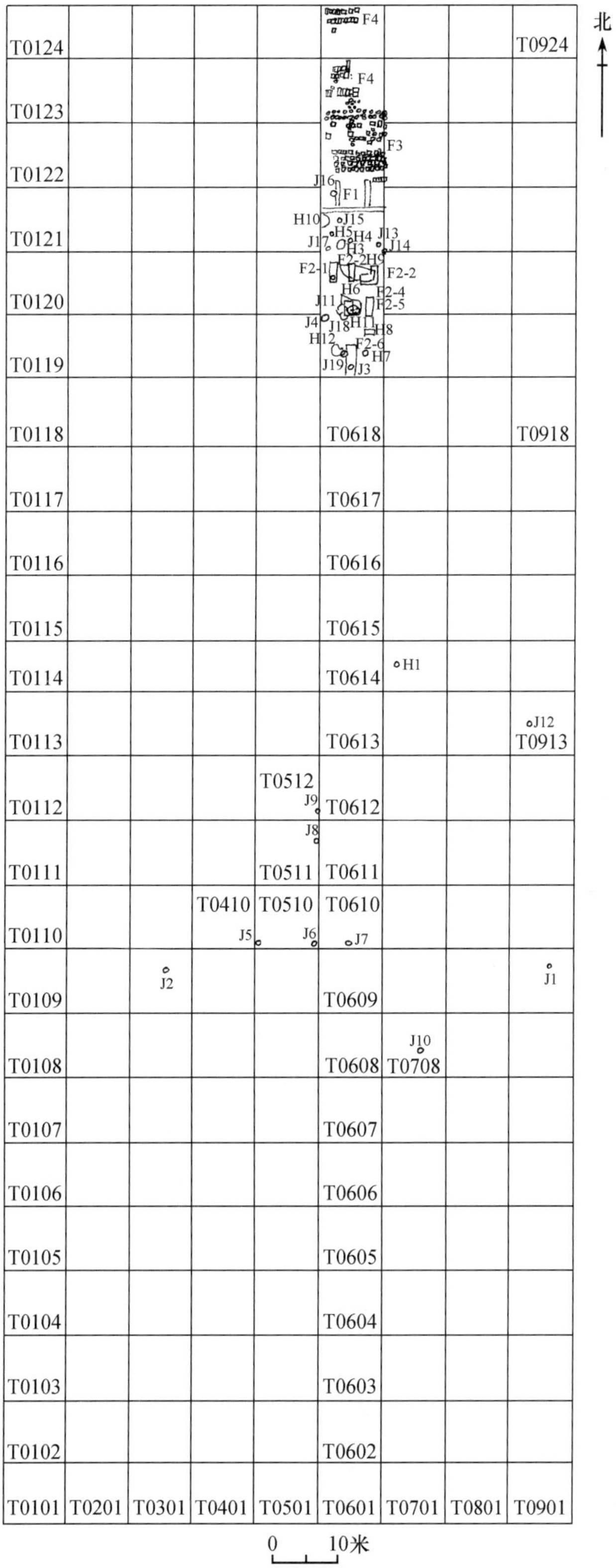
北
T0124
F4
T0924
T0123
F4
T0122
F3
J16
F1
T0121
H10
J15
H5
H4
J17
H3
J13
J14
T0120
F2-1
F2-2
H9
F2-2
H6
F2-4
J11
F2-5
J4
J18
H11
H8
H12
F2-6
H7
T0119
J19
J3
T0118
T0618
T0918
T0117
T0617
T0116
T0616
T0115
T0615
T0114
T0614
H1
T0113
T0613
J12
T0913
T0512
J9
T0112
T0612
J8
T0111
T0511
T0611
T0410
T0510
T0610
T0110
J5
J6
J7
J2
J1
T0109
T0609
J10
T0108
T0608
T0708
T0107
T0607
T0106
T0606
T0105
T0605
T0104
T0604
T0103
T0603
T0102
T0602
T0101
T0201
T0301
T0401
T0501
T0601
T0701
T0801
T0901
0
10米

图二　布方示意图

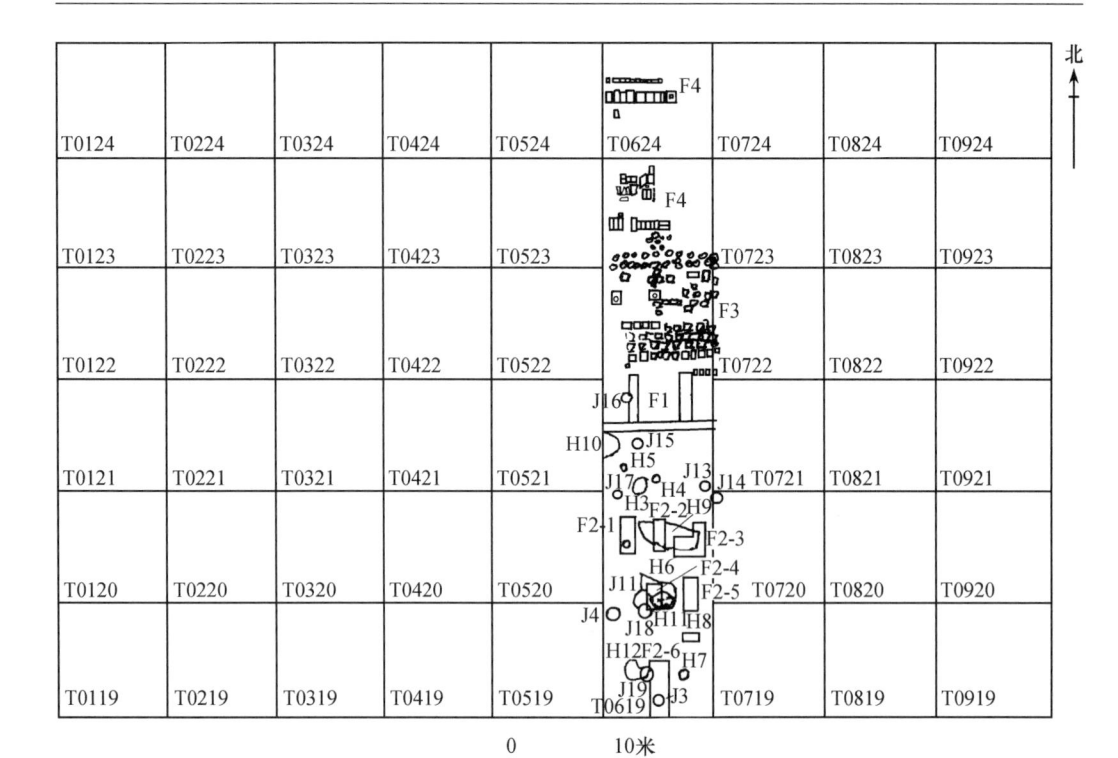

图三　遗迹平面图

灰、烧土颗粒。土质结构杂乱、颗粒粗。夹杂有石块、瓦块等残片。出土瓷片以白釉青花为主，少许酱黄釉。可辨器形有碗、盘、杯、缸等。为明清层。

第2B层：深2.15～2.55、厚0.25～0.4米，土色呈黄褐色，土质略硬、较纯，未出土遗物。为明清层（第2B层在本遗址不普遍）。

第3层：深2.35～2.85、厚0.2～0.95米，土色呈深褐色，土质结构紧密，较黏，近似淤积形成的，含有大量灰烬颗粒。出土大量瓷片，以白釉青花为主，次之为酱釉、黄釉、绿釉，可辨器形有碗、盘、杯、盅、缸等。为明清层。

第4层：深3.15～3.25、厚0.35～0.8米，土色呈浅黄褐色，土质结构较硬，含有大量灰烬、板瓦残片、石块，出土大量陶片、瓷片等。可辨器形有碗、盘、缸、盆。为宋元时期居住生活堆积而成。

第5层：深4.3～4.55、厚1.25～1.3米。土色呈灰褐色，土质结构较硬，含有大量灰烬颗粒，出土大量陶片、瓷片，陶片均为素面泥质，红陶、灰陶两种。瓷片为白釉、青釉、酱釉、黄釉、绿釉。可辨器形有碗、盘、杯。在此层下，发现遗迹J15、J16和H10～H13等。为隋唐居住生活堆积形成（图四）。

图四　T0621西壁剖面图

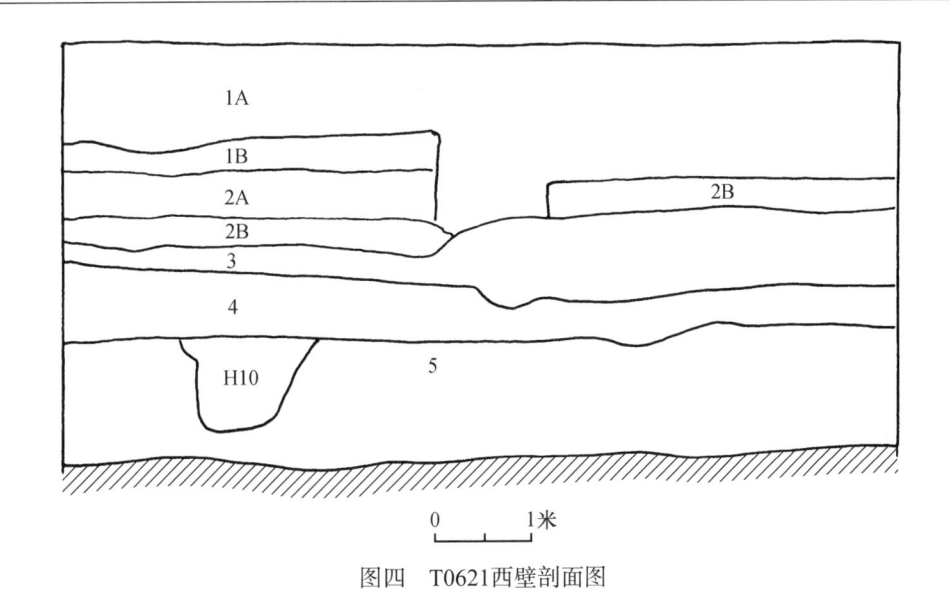

三、战国、汉文化遗存

（一）遗迹

1. 灰坑

H11　位于T0620，部分在T0619北部隔梁下。开口于第5层下，开口距地表4.6米，距南壁8.92米，距西壁3.7米。坑为圆形，直壁，平底，直径2.1、深0.7米。该坑打破J18。坑内填土为灰褐色，土质略紧密，含大量草木灰、少量陶片、兽骨，坑壁似有加工痕迹。根据开口层位和出土物推断，该遗迹的时代当为东汉晚期（图五；图版一一，1）。

H12　位于T0619西南部，开口于第5层下，开口距地表4.6米，距南壁2.5米，距西壁1.28米。坑呈不规则椭圆形，直壁，斜底。口径东西2.06、南北2、深0.9米。被J19打破，坑内填土为灰褐色，土质疏松，较黏，含大量草木灰、黑颗粒、石块、瓦片、兽骨、陶片等。陶片可辨器形有罐、豆、盆等。根据开口层位和出土器物推断，该遗迹的时代当为东汉晚期（图六；图版一一，2）。

2. 水井

J8　位于T0511，井框为方形，陶井圈，井口圆形，直径1、残深1.46米，残井口距地表5.7米，出土陶罐等。该井时代为战国、汉（图版一〇，1）。

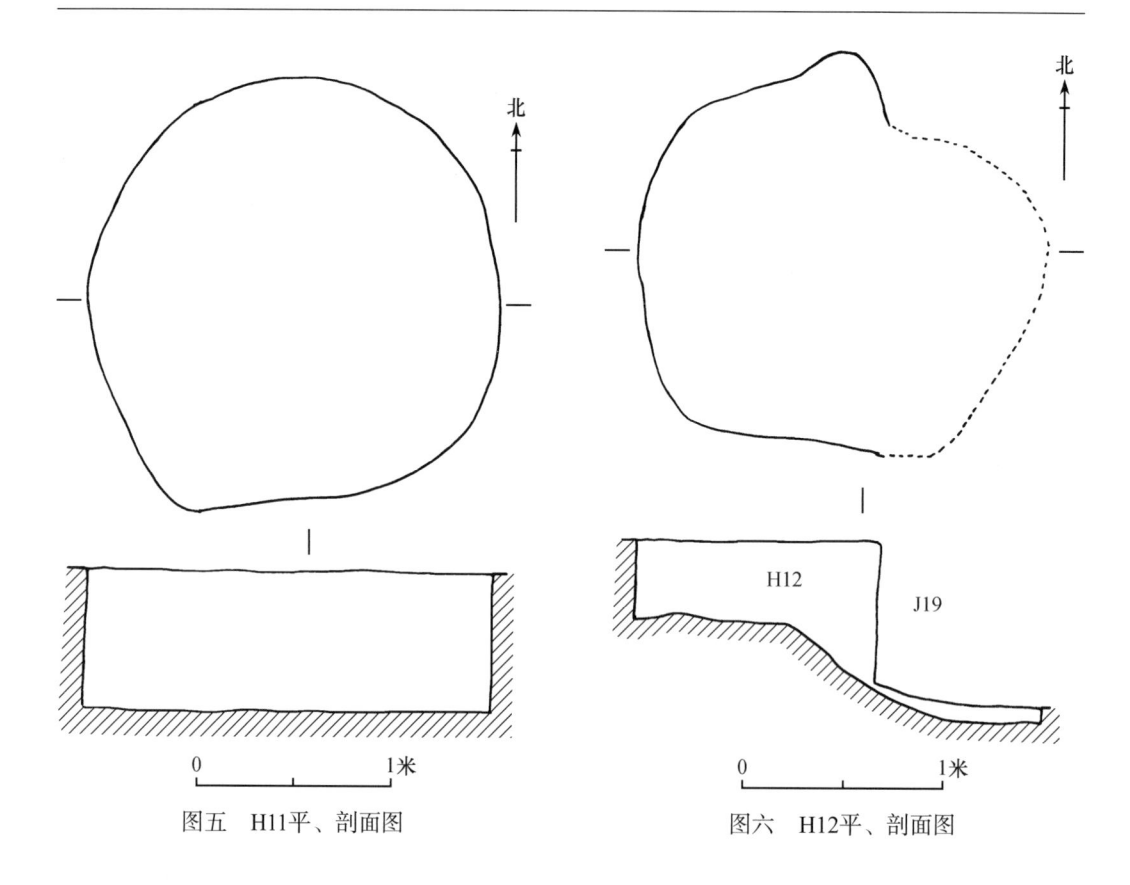

图五 H11平、剖面图　　　　图六 H12平、剖面图

J10　位于T0708中部，西距西壁3米，南距南壁4米。此井上部被施工单位破坏，开口层位不详，残口距地表5.6米。为椭圆形，土壁，直壁平底，井口直径1~1.2、残深1.1米。井内填土呈黑褐色，土质较黏。填土中含有少量灰烬、兽骨。出土少量筒瓦及陶片。陶片均为泥质灰陶。可辨器形有罐、瓮等。从出土遗物推断，该井当为战国时期（图七）。

J15　位于T0621西北部，西距西壁1.7米，南距南壁2.85米。开口于第5层下，打破生土，井口距地表6.3米。该井为近圆形，土壁，斜直壁，平底。井口直径1.3~1.32、底径1.02、深1.86米。井内填土呈黑灰色，土质疏松，略黏，含有少量灰烬颗粒。出土陶片、瓷片等。可辨器形有碗、罐、盆、瓮等。从出土遗物及地层关系推断，该井时代为汉唐（图八；图版一〇，6）。

J16　位于T0621西北部，西距西壁1、南距南壁6.5米。开口于第5层下，打破生土。井口距地表6.3米。该井为椭圆形，土壁，斜壁，平底，井径1.2~1.5、底径0.84~0.88、深1.47米。井内填土呈灰褐色，土质疏松，略黏。含有少量灰烬颗粒。出土大量陶片、瓷片，瓷片为白釉、酱釉；陶片有素面泥质红陶、灰陶。可辨器形有碗、罐、盆。从出土遗物及地层关系推断，此井约为东汉晚期（图九；图版

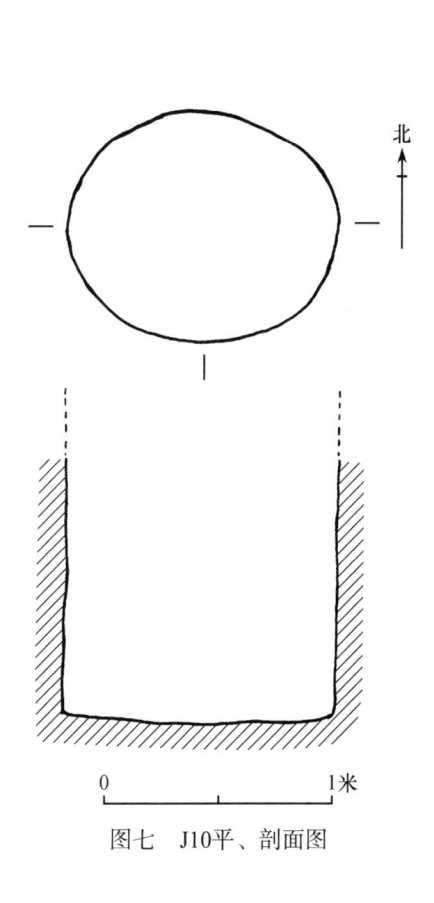

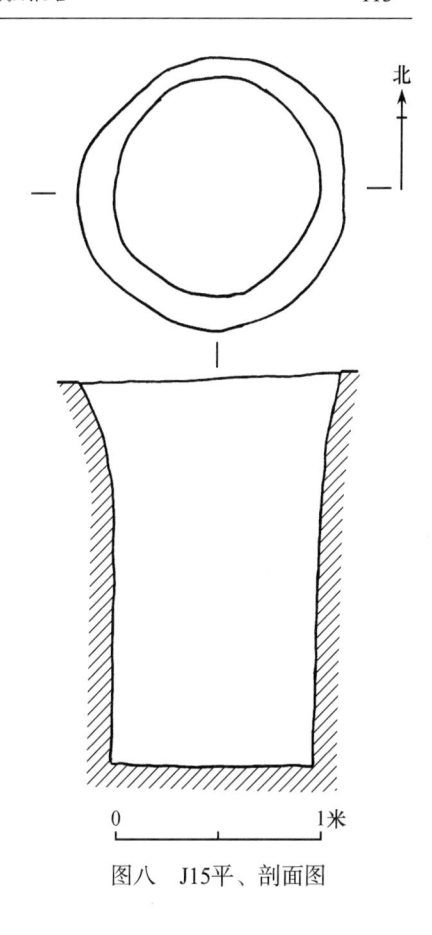

图七 J10平、剖面图　　　　　图八 J15平、剖面图

一〇, 3)。

J17　位于T0620北隔梁的西部,距探方西壁0.3、南壁8.3米。开口于第5层下,打破生土层,井口距地表4.4米。呈圆形,土壁,斜壁,平底。口径1.4、底径1.08、深2.12米。井内填土呈灰褐色,土质较硬,性黏,水分较多,内含有黄土块、料姜石,少许石块、烧土颗粒、草木灰等,出土物有青色绳纹陶片、红色泥质陶片,少许兽骨、蚌壳等,器形有豆、罐、壶、盆等。据开口层位和出土物推断J17的时代为汉(或者战国时期)(图一〇;图版一〇, 4)。

J18　位于T0619的北部,开口于第5层下,开口距地表4.55米,距南壁8.35、西壁3.3米。井为近圆形,土壁,平底。口径1.25、底径1.1、深1.4米。井被H11打破,井内填土为灰褐色,质松软,黏性较大,出土少量陶片,填土内含瓦片、石头、烧土、草木灰等。根据开口层位和出土器物推断,该遗迹的时代为东汉晚期(图一一;图版一一, 6)。

J19　位于T0619西南部,开口于第5层下,开口距地表4.6米,距南壁2.9、西壁2.72米。井为椭圆形,直壁,平底。口径东西1.36、南北1.12、深0.98米。J19打破H12,

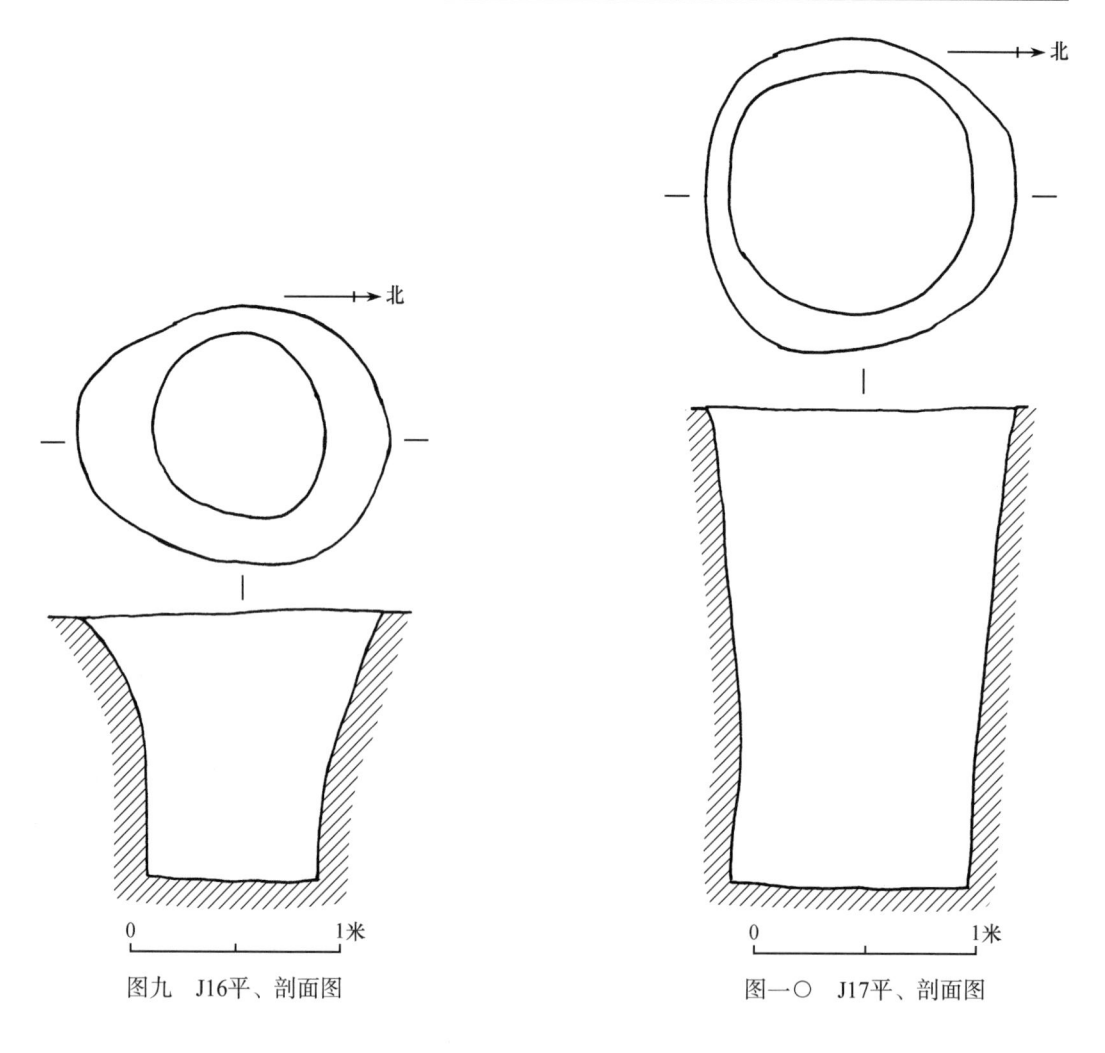

图九 J16平、剖面图　　　　　　　图一〇 J17平、剖面图

井内填土为灰褐色，质疏松，较黏，含石块、瓦片、陶片、兽骨、草木灰等。陶片可辨器形有盆、罐、豆等。根据开口层位和出土遗物推断，该遗迹的时代当为东汉晚期（图一二；图版一〇，5）。

（二）遗物

主要有陶器、兽骨等。以下按质地分类介绍。

陶器

有陶壶、豆盘、盆。

壶　J17：1，敞口，方唇，折腹，小平底。颈部和腹部饰斜竖绳纹。口径15、底径10、腹径25、高18厘米。战国时期（图一三，1；图版一三，1）。

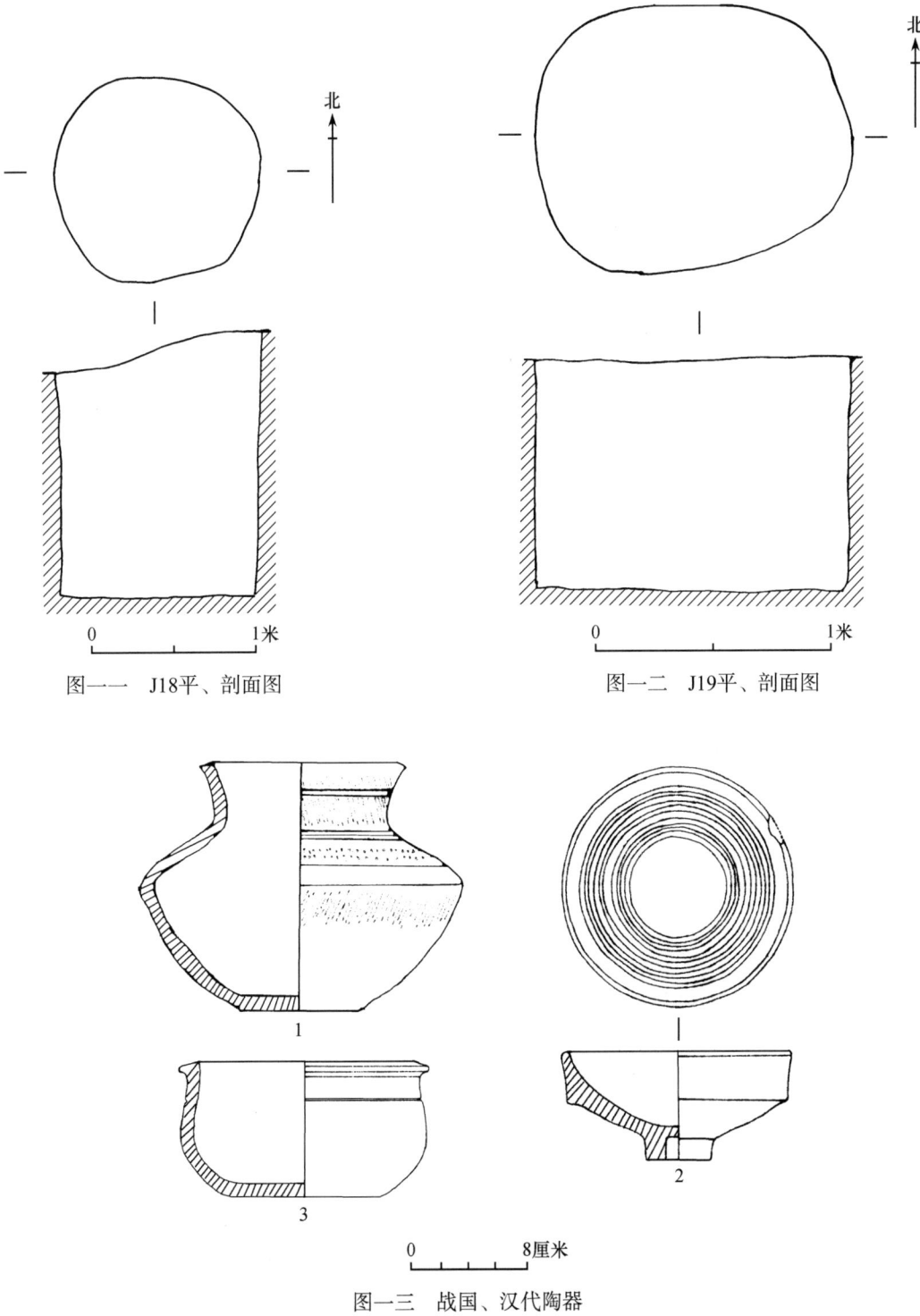

济南市省府前街遗址A区发掘报告

图一一　J18平、剖面图

图一二　J19平、剖面图

图一三　战国、汉代陶器
1. 壶（J17∶1）　2. 豆盘（T0619⑤∶6）　3. 盆（J17∶2）

豆盘　T0619⑤：6，残，泥质灰陶，敞口，浅弧腹。口径17.5、底径4.8、高8厘米。汉代（图一三，2；图版一三，2）。

盆　J17：2，泥质灰陶，直口，方唇，腹部微鼓，平底。口沿下及上腹部有旋纹。口径18.6、底径11.6、腹径18.5、高9.5厘米。战国时期（图一三，3；图版一三，3）。

四、隋唐文化遗存

（一）遗迹

水井（在前面J15中已描述，此略）。

（二）遗物

1. 陶器

罐　残，修复。J15：6，泥质红陶，圆唇，鼓腹，下腹斜收，小平底。腹部有旋纹，肩部两侧附加一对桥形耳。口径17、腹径29、底径11.6、高27.2厘米（图一四，1；图版一三，4）。

2. 瓷器

碗　残，修复。T0619⑤：5，圆唇，斜腹，圈足。上半部施白釉，下半部、足部素烧。直径13、底径6.1、高3.8厘米（图一四，2；图版一三，5）。

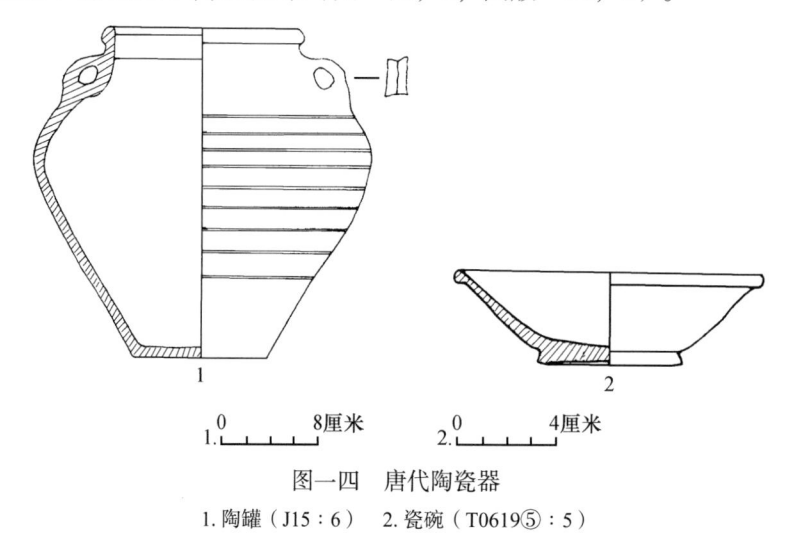

图一四　唐代陶瓷器
1.陶罐（J15：6）　2.瓷碗（T0619⑤：5）

五、宋、元文化遗存

（一）遗迹

1. 房址

F2为残存建筑基础，分布在T0619、T0620内，开口于第4层下，开口距地表约3.4米。其残存基础依由西向东、由北向南的顺序分别编号为F2-1、F2-2、F2-3、F2-4、F2-5、F2-6。F2-2、F2-3间距为0.85~0.3米，其余间距2.2~3.4米。现对F2基础分别介绍如下。

F2-1　为长方形，（南北）长3.2米，北宽1.29、南宽1.2米，厚度不详。此基础南半部分已破坏，北半部残留一部分砾石面，用5~22厘米直径的砾石堆砌，残存1~2层砾石。

F2-2　为长方形，（南北）长3.2米，北宽1.29、南宽1.2米，此基础东北部一小部分被H9打破，其他部分砾石面排列，堆积较密集，砾石规格不等。用直径6~20厘米的砾石堆砌，残存1~2层砾石。

F2-3　为刀形，长3米，北宽0.8、南宽2.8米，由青砖与石块组成。

F2-4　为长方形，（南北）长2.8米，北宽1.2、南宽1米，此基础砾石面排列堆积较紧密，砾石规格不等。用直径6~23厘米的砾石堆砌，残存1~2层砾石。

F2-5　为长方形，（南北）长3.2米，北宽1.28、南宽1.2米，厚0.26米，此基础砾石面排列较紧密，砾石规格不等，用直径6~21厘米的砾石堆砌，残存1~2层砾石。此基础已解剖。

F2-6　位于T0619南部中间，为长方形（南北）。南部延伸至T0618内（没有发掘），暴露部分残长4.8米，北宽1.4、南宽1.35米。此基础砾石面排列堆积较紧密，砾石规格不等。用直径7~41厘米的砾石堆砌，残存1~2层砾石。

通过对F2的清理，根据开口层位推断，该遗迹的时代当为宋元时期（图一五；图版一二，1）。

2. 灰坑

H7　位于T0619东南部，开口于第3层下，开口距地表2.8米，距南壁2.7、西壁6.1米。圆形，斜壁，圜底。口径东西0.8、南北0.9、深0.36米。坑内堆积为灰褐色，呈颗粒状，质疏松，含陶片、瓷片、瓦片、砖块、白灰块、红烧土块、木炭、草木灰等。

图一五　F2平面图

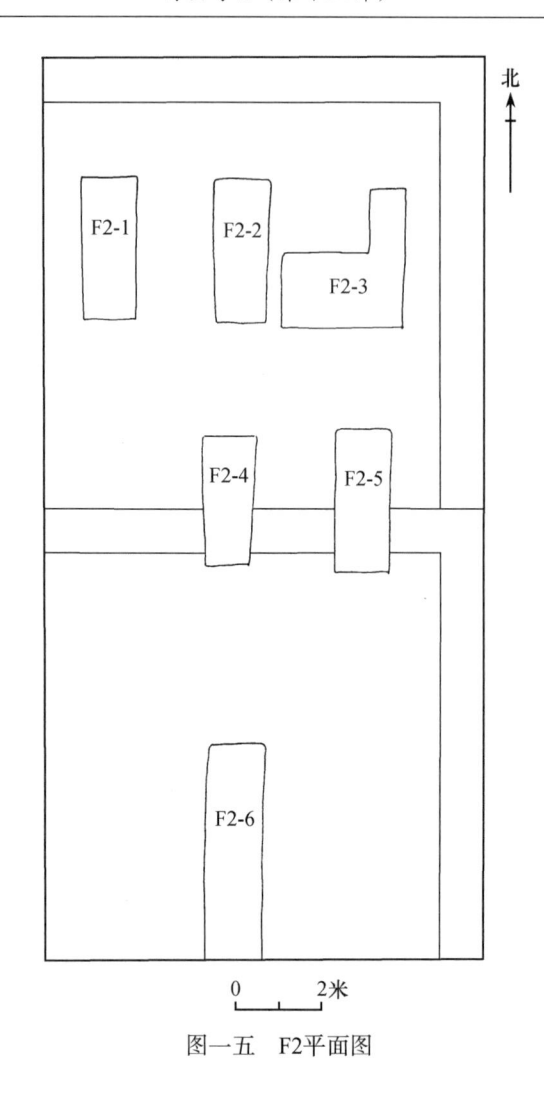

坑内堆积不分层。通过对H7的清理，根据开口层位和出土器物推断，该遗迹的时代当为宋元时期（图一六）。

H8　位于T0619东北部，开口于第3层下，开口距地表2.8米，距南壁6.15、西壁6.3米。坑为东西长方形，直壁，平底，长1.8、宽0.85、深0.82米。坑内堆积为淤积而成，黑、灰色，土质紧密较纯净，堆积不分层。出土可复原的瓷碗1件和少量陶、瓷片。通过对H8的清理，根据开口层位和出土器物推断，时代当为宋元时期（图一七）。

H9　位于T0620的中央处偏北，距探方西壁2.4、南壁4.4米。开口于第3层下，打破第4、5层和F2，坑口距地表2.8米，呈不规则长方形，东西长5.4、南北宽2.9米。直壁，底部深度不同，呈阶梯状，坑的西半部深0.5米，东半部深0.95米，石块排列呈正方形。残存状况是：坑的北、东两面上部由一层较大石块依次排列，下面是由较小石

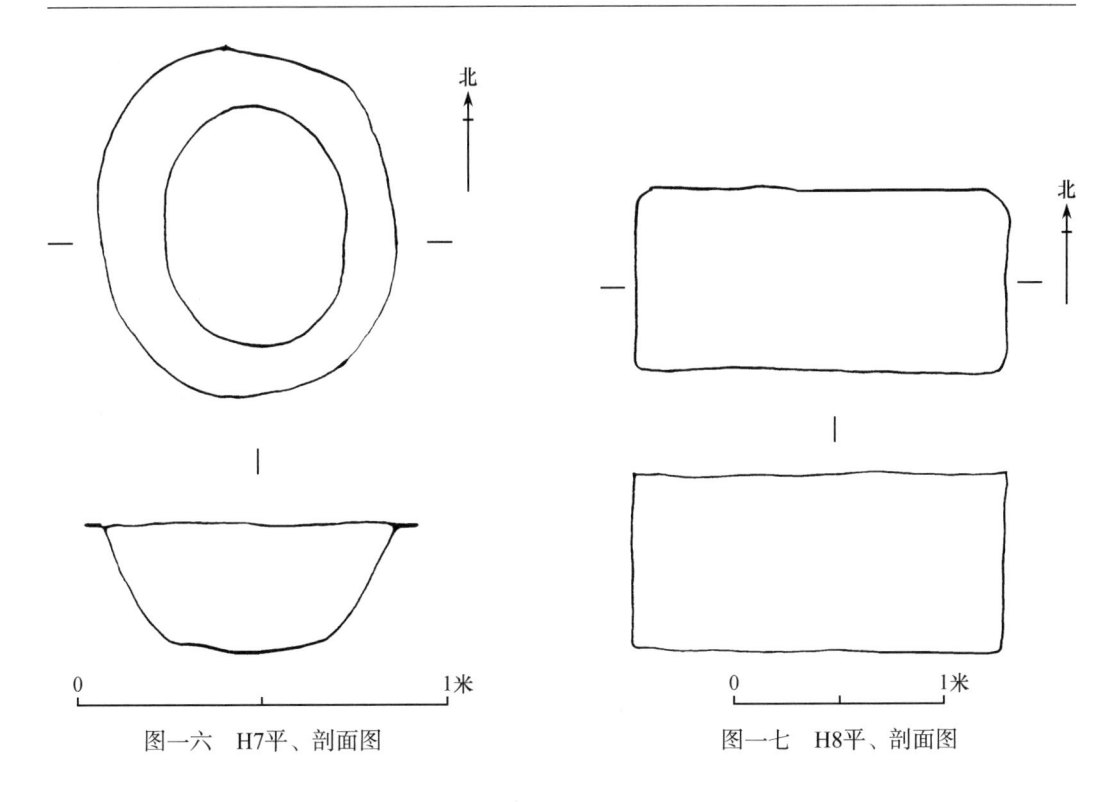

图一六 H7平、剖面图　　　　　　　　图一七 H8平、剖面图

块和卵石堆积。南面是由较大石块分三层，排列厚度0.4米。西壁为土壁。堆积的石块大小不等，长在0.12~0.4厘米，宽在0.08~0.3厘米，厚在0.08~0.15厘米。H9东半部深处，墙宽在0.25~0.5米，坑南北长2.1、东西宽1.9、深0.74米，坑内堆积分两层：第1层东向西分布全坑，厚0.45米，呈灰黑色，土质较松，含有较多的草木灰和烧土颗粒、白灰块等，出土物以白釉、蓝釉、青釉、黑釉瓷片较多，少许灰陶片、石块、瓦块、兽骨等，器形有碗、盘、盆、罐等，出土物还有铜钱、铜饰品、棋子、骨器等；第2层分布在H9的东半部石块堆积内，厚约0.5米，呈灰褐色，土质较硬，性黏，土质较纯，出土少许白釉、青釉、蓝釉瓷片，器形有碗、盘等。根据坑的堆积和构造形式，疑似房址和水窖之类。据开口层位和出土器物推断，H9为宋元时期（图一八；图版一一，3）。

H10　位于T0621西部，灰坑西部一部分由于压在T0521下面所以未清理，南距南壁约8.2米。开口于第4层下，打破第5层。该灰坑为不规则形，坑口距地表4.5米，长径1.45、短径1.1、深0.85米。坑内填土呈灰褐色，土质疏松，含有少量灰烬颗粒，出土少量陶、瓷片。陶片以素面泥质红陶为主，次之为素面泥质灰陶。瓷片以白釉瓷片为主，少量酱釉瓷片。可辨器形有碗、盒，出土少量兽骨。初步分析为当时废弃的垃圾坑。从出土遗物推断，此坑为宋元时期（图一九）。

图一八　H9平、剖面图

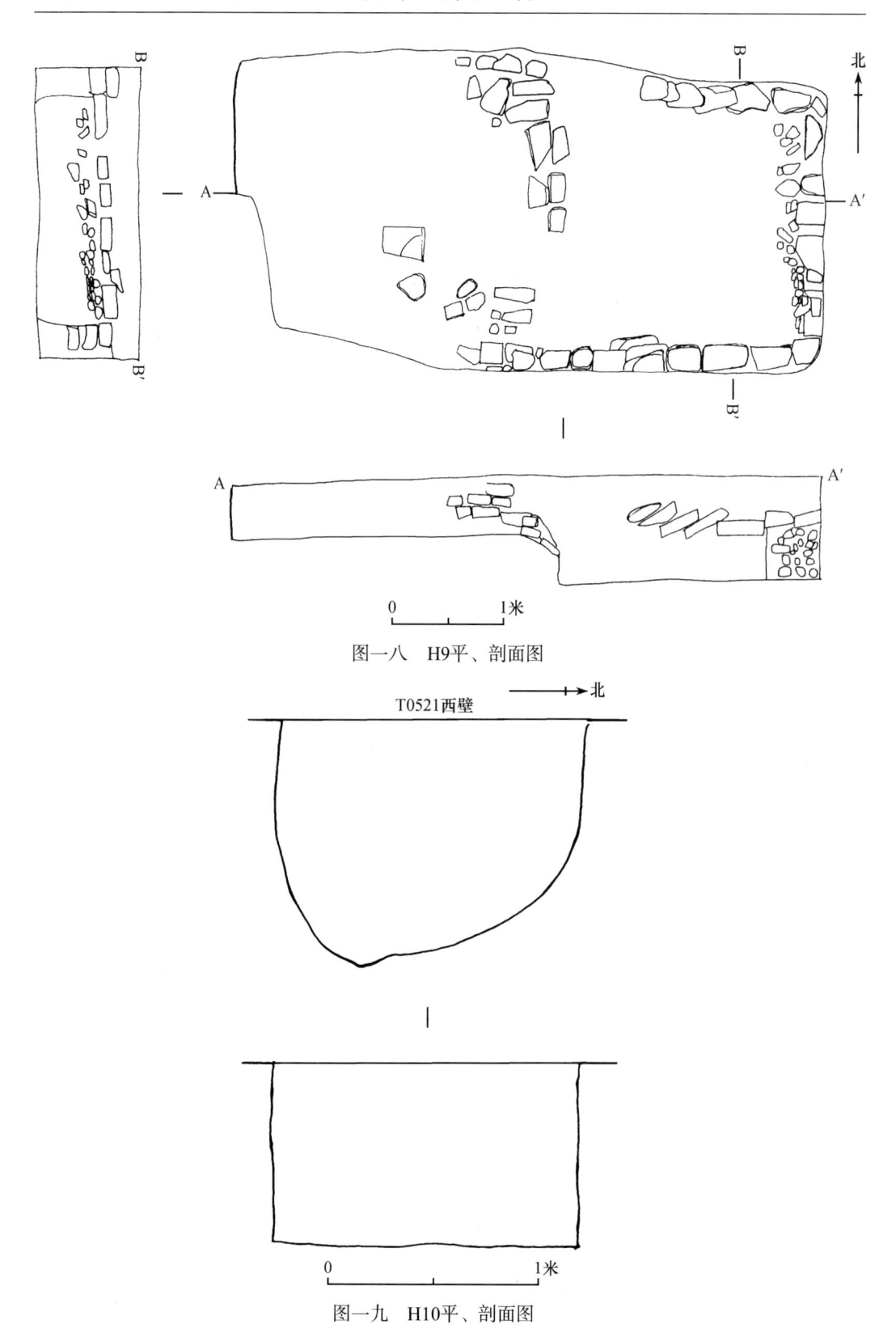

图一九　H10平、剖面图

（二）宋代遗物

1. 陶器

建筑构件　1件，残。T0621④：14，泥质灰陶，圆柱形，口部残，颈部有三凸棱，鼓腹，平底。口径2.4、底径3.5、腹径6.3、高11.5厘米（图二四，6）。

2. 瓷器

碗　22件。釉色分白釉、黑釉等。按釉色和形状不同，分为二型。

A型　白瓷碗，11件。依腹部形状不同，分二亚型。

Aa型　7件。尖唇，斜腹，圈足。残，均为修复。H9：8，尖唇，斜腹，圈足。器身内壁和外壁上半身施白釉，外壁下部素烧。口径21.1、底径7、高6.7厘米（图二○，1）。T0620④：8，尖唇，斜腹，圈足，碗底有四个支钉痕。白釉，口沿外侧有滴痕。口径12、底径5.5、高4.3厘米（图二○，2）。T0620④：14，尖唇，斜腹，圈

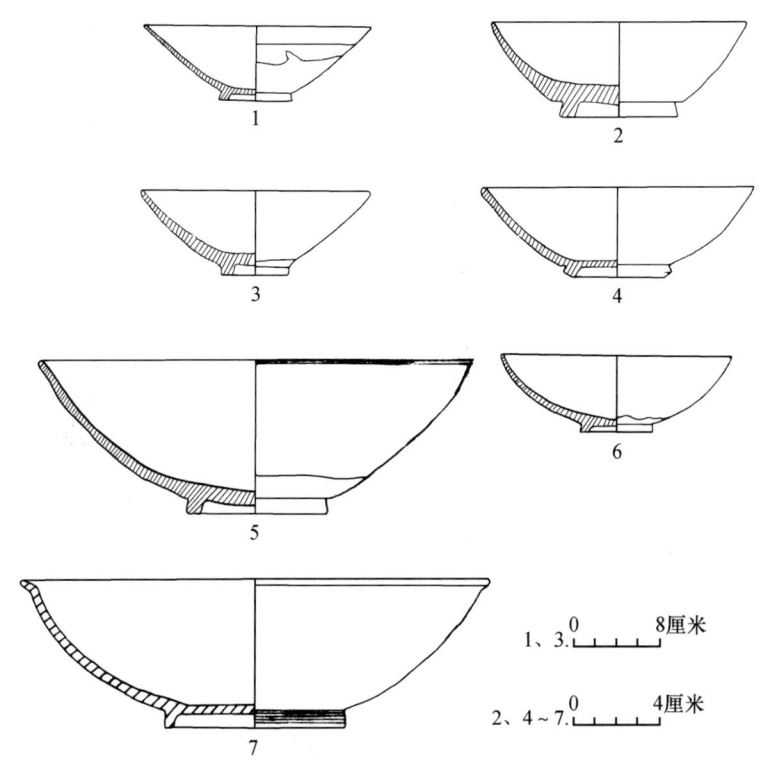

图二○　宋代Aa型瓷碗
1. H9：8　2. T0620④：8　3. T0620④：14　4. T0621③：3　5. T0621④：5　6. T0621④：12
7. T0621④：21

足。器身施白釉，足部素烧。冰裂纹。口径19.2、底径6.2、高7.7厘米（图二〇，3）。T0621③：3，尖唇，斜腹，圈足。器身施白釉，冰裂纹。口径12.6、底径4、高4.1厘米（图二〇，4）。T0621④：5，尖唇，斜腹，圈足。器身施白釉。口径20.2、底径6.5、高6.9厘米（图二〇，5）。T0621④：12，尖唇，斜腹，圈足。器身施白釉。口径21.6、底径6.8、高6.9厘米（图二〇，6）。T0621④：21，尖唇，斜腹，圈足。器身施白釉。口径21.8、底径8.4、高6.7厘米（图二〇，7）。

Ab型　4件。尖唇，深腹（腹微鼓），圈足。残，均为修复。T0619⑤：2，尖唇，深腹，圈足。器身施白釉。口径15.5、足径6、高6.4厘米（图二一，1）。T0620④：7，圆唇，深腹，圈足。白釉。口径11.8、底径5.8、高5.4厘米（图二一，2；图版一六，1）。T0620④：9，尖唇，深腹，圈足。器身白釉，冰裂纹。口径18、底径7、高7.5厘米（图二一，3）。T0621④：32，圆唇，深腹，圈足。器身上半部施白釉，下部素烧。口径13.1、底径4.6、高4.9厘米（图二一，4）。

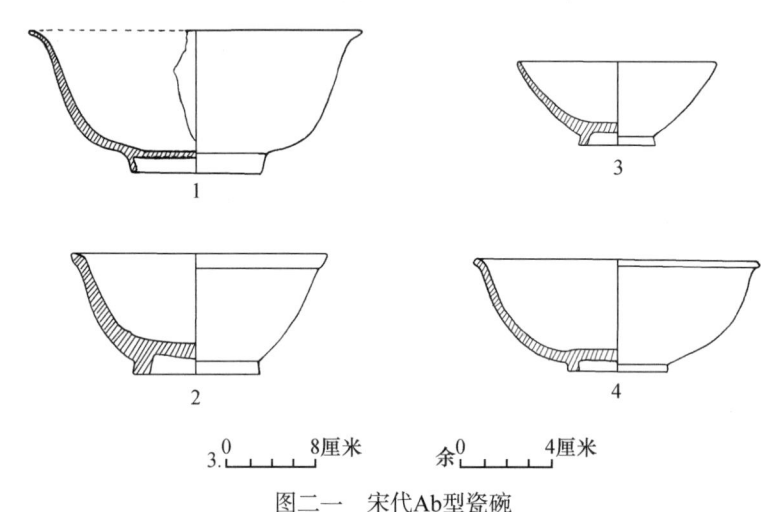

图二一　宋代Ab型瓷碗
1. T0619⑤：2　2. T0620④：7　3. T0620④：9　4. T0621④：32

B型　黑瓷碗，11件。尖唇，圈足，施黑釉，依腹部形制不同，分二亚型。

Ba型　6件。尖唇，斜腹，圈足。残，均为修复。H9①：1，尖唇，斜腹，圈足。器身上半部施黑釉，下半部素烧。口径9.2、底径4.1、高3.1厘米（图二二，1）。H9：26，尖唇，斜腹，圈足。器内壁白釉，外壁施黑釉。口径13、底径4.2、高6.2厘米（图二二，2）。T0621④：4，尖唇，斜腹，圈足。器身上半部施酱釉，下半部素烧。口径11.1、底径4.5、高3厘米（图二二，3）。T0621④：9，圆唇，斜腹，圈足。口沿部施黑釉，腹部、足部素烧。口径9、底径4.4、高3厘米（图二二，4）。T0621④：17，尖唇，口沿下有一凹棱，斜腹，圈足外撇。器身施黑釉，足部素烧。口径11.8、底径4.2、高3.9厘米（图二二，5）。T0620④：17，尖唇，斜腹，圈足。黑釉，足部素烧。碗内壁有一周纹饰。口径17、底径5.8、高5厘米（图二二，6）。

Bb型　5件，残，均为修复。尖唇，深腹，圈足。H9：1A，尖唇，深腹，圈足。施黑釉。口径10.5、底径3.5、高4.7厘米（图二三，1）。T0621③：4A，尖唇，敛口，深腹，圈足。器身上半部施黑釉，下部素烧。口径19.1、底径5.7、高7.8厘米（图二三，4）。T0621③：4B，尖唇，敛口，深腹，圈足。器身上半部施黑釉，下

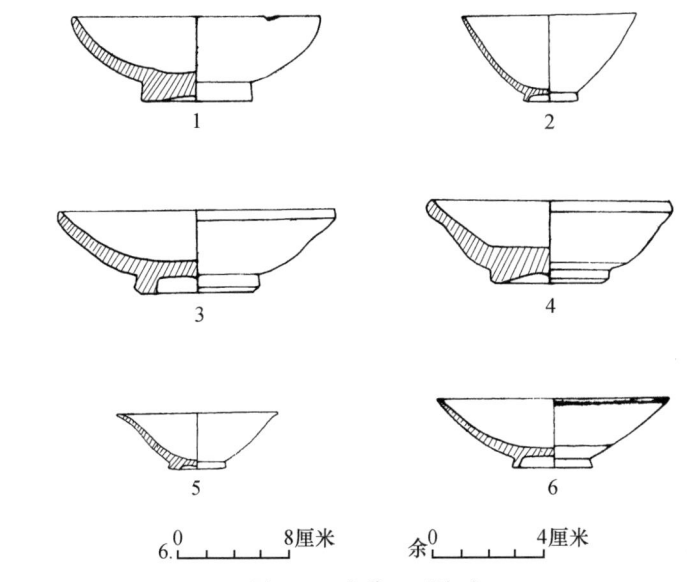

图二二　宋代Ba型瓷碗
1. H9①：1　2. H9：26　3. T0621④：4　4. T0621④：9　5. T0621④：17　6. T0620④：17

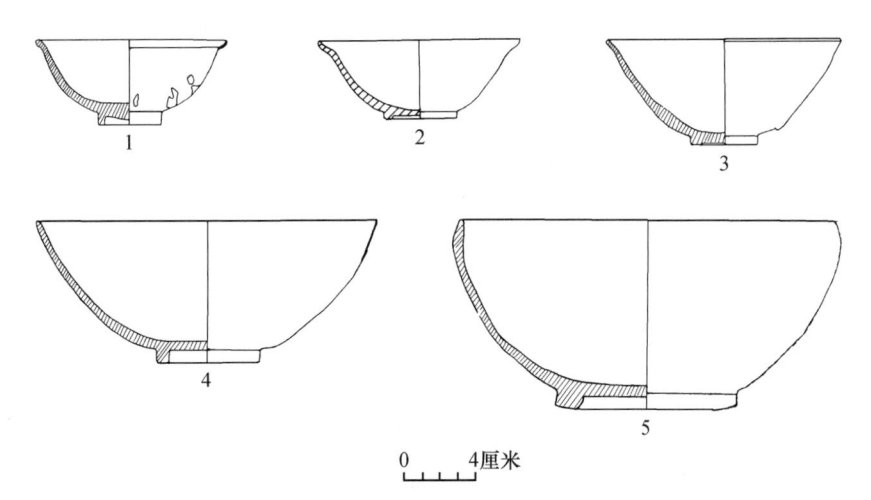

图二三　宋代Bb型瓷碗
1. H9：1A　2. T0621④：16　3. T0621④：15　4. T0621③：4A　5. T0621③：4B

半部素烧。口径21.2、底径8.2、高10.3厘米（图二三，5）。T0621④：15，圆唇，深腹，圈足。器身施黑釉，足部素烧。口径13.2、底径3.8、高5.8厘米（图二三，3）。T0621④：16，圆唇，深腹，圈足。器身施黑釉，足部素烧。口径11.4、底径4.1、高4.3厘米（图二三，2）。

盘　3件。残，修复。T0619③：11，尖唇，圈足，外部口沿施黑釉，大部素面。口径17.2、底径7、高4.5厘米（图二四，1）。T0621④：2，尖唇，斜腹，圈足。器身施白釉。口径13.7、底径5.6、高2.7厘米（图二四，2）。T0621④：19，尖唇，花瓣形口沿，浅腹，圈足。器身施白釉。口径16.5、底径7.3、高5.2厘米（图二四，3；图版一六，2）。

罐　1件。T0619④：6，圆唇，鼓腹，圈足。大部施白釉，足部素面。口径5.5、腹径7.9、底径3.5、高6.4厘米（图二四，4）。

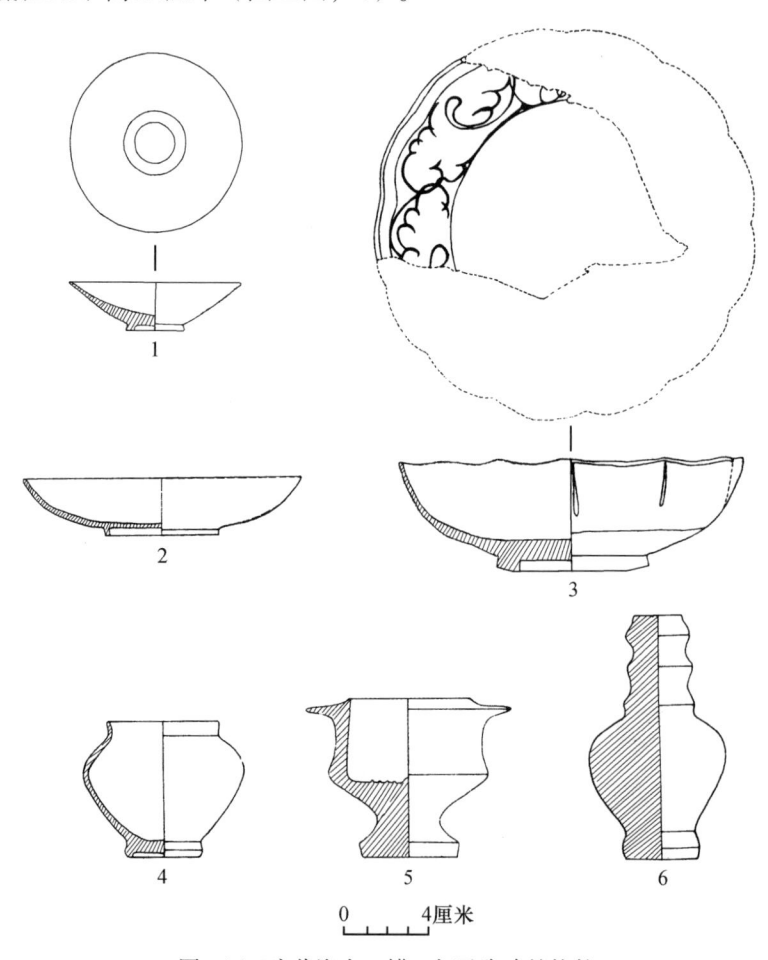

图二四　宋代瓷盘、罐、杯及陶建筑构件
1～3.瓷盘（T0619③：11、T0621④：2、T0621④：19）　4.瓷罐（T0619④：6）　5.瓷杯（T0620④：12）
6.陶建筑构件（T0621④：14）

杯　1件。残，修复。T0620④：12，宽平沿，灯身深腹碗式，高柄座。蛋黄釉，冰裂纹。口径10、腹径7.8、底径4.6、高7.5厘米（图二四，5）。

3. 铜钱

在F1中出土的宋代铜钱，能够看清年号的有景德元宝（图二五，1）、咸平元宝（图二五，2）、祥符通宝（图二五，3）、政和通宝（图二五，4）、大观通宝（图二五，5）。

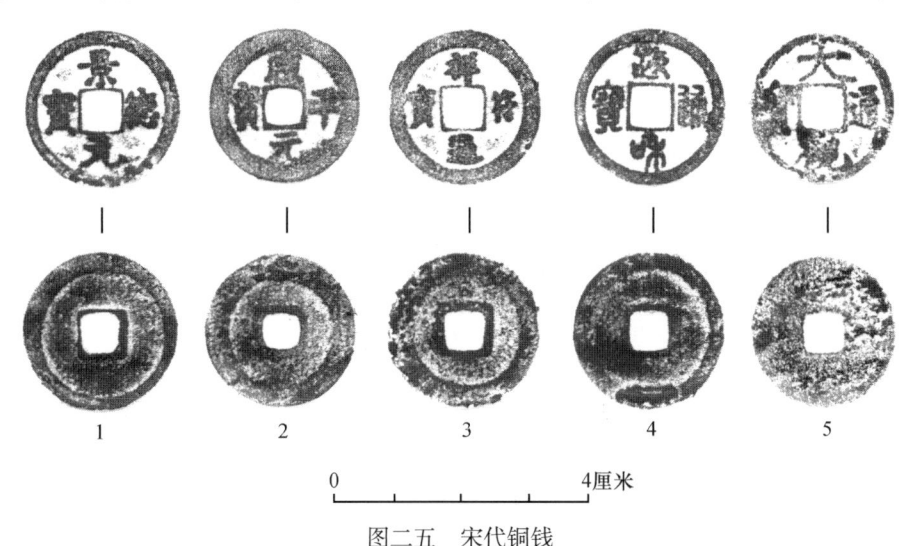

图二五　宋代铜钱
1. 景德元宝（F1：1）　2. 咸平元宝（F1：2）　3. 祥符通宝（F1：3）　4. 政和通宝（F1：4）
5. 大观通宝（F1：5）

（三）元代遗物

遗址出土的元代遗物主要是瓷器，有瓷碗、盘、盆、灯盏、器盖等。

碗　34件。釉色分青釉、白釉、黑釉、蓝釉、酱釉等。按釉色和形状不同，分为五型。

A型　青瓷碗。13件。依腹部形状不同，分二亚型。

Aa型　5件。圆唇，斜腹，圈足。残，修复。T0620③：2A，圆唇，斜腹，圈足。器身施青釉，冰裂纹。口径10.8、底径3、高4.5厘米（图二六，1；图版一四，1）。T0620③：2B，圆唇，敞口，深腹，浅圈足。口径12、底径3、高5.3厘米（图二六，2）。T0620③：10，圆唇，斜腹，圈足。器身施青釉，内壁有花卉图案。口径15、底径5.1、高4厘米（图二六，3）。T0620④：5，圆唇，斜深腹，圈足。器身施青釉，口沿下部一周刻纹，有细小冰裂纹。口径12.9、底径4.5、高5.5厘米（图二六，4）。T0621④：28，圆唇，敞口，斜深腹，矮圈足。周身施青釉。冰裂纹。口径11.4、底径

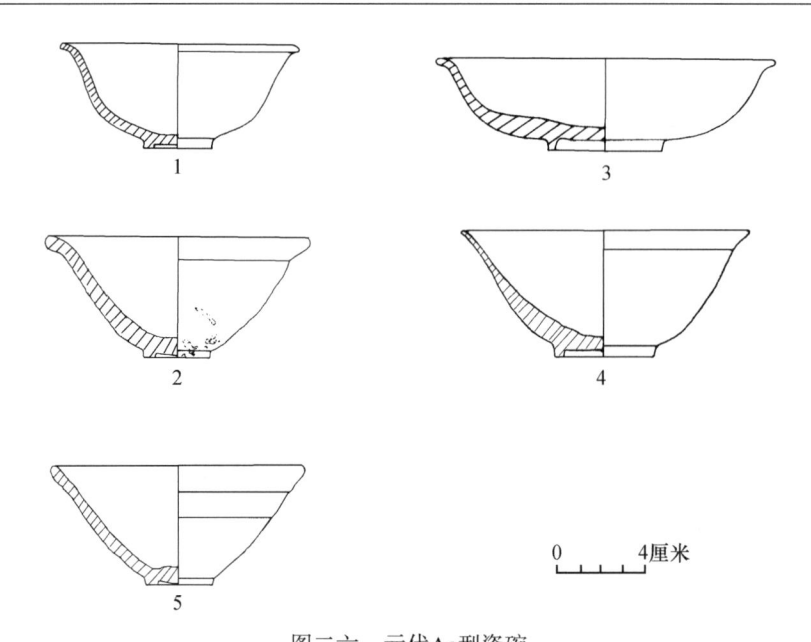

图二六　元代Aa型瓷碗
1. T0620③：2A　2. T0620③：2B　3. T0620③：10　4. T0620④：5　5. T0621④：28

3、高5.2厘米（图二六，5；图版一四，2）。

Ab型　8件。圆唇，深腹（腹微鼓），圈足。残，均修复。T0619④：5，圆唇，斜深腹，圈足。内壁刻缠枝花纹。口径13、底径4.5、高4.6厘米（图二七，1；图版一四，3）。H9：4，圆唇，深腹，圈足。灰色釉，足部素烧。冰裂纹。口径9.5、底径4、高4.5厘米（图二七，2）。H9：11，圆唇，深腹，圈足。器身施青釉，有滴釉现象。口径13、底径5.3、高5.6厘米（图二七，3）。H9：12，方唇，腹微鼓，圈足。器身施青釉。口径10.4、底径5.2、高5.5厘米（图二七，4）。H9：30，圆唇，斜深腹，圈足。器身均施青釉，冰裂纹。口径12.1、底径4、高5.2厘米（图二七，5）。T0621③：5，圆唇，深腹，圈足。器身施青釉。口径18.7、底径7.5、高8.1厘米（图二七，7）。T0621④：31，圆唇，敞口，深腹，圈足。施青釉。内底有刮圈。口径18、底径6.6、高7厘米（图二七，6；图版一四，4）。T0624③：2，残，修复。方唇，深腹，圈足。器身施青釉。口径9.8、底径5.2、高4.6厘米（图二七，8）。

B型　白瓷碗，13件。依腹部形状不同，分二亚型。

Ba型　9件。尖唇，斜腹，圈足。残，均为修复。T0620③：7，尖唇，斜腹，圈足。器身上半部施白釉，腹部下方及足部素烧。口径21.8、底径7、高6.7厘米（图二八，1）。H9：3，尖唇，缓腹，圈足。器身施青白釉。口径13.1、底径7.3、高3.7厘米（图二八，2；图版一四，5）。H9：14，尖唇，斜腹，圈足。其内壁施白釉，器外壁上半部施白釉，下半部及足部素烧。口径17.2、底径5.7、高5厘米（图二八，

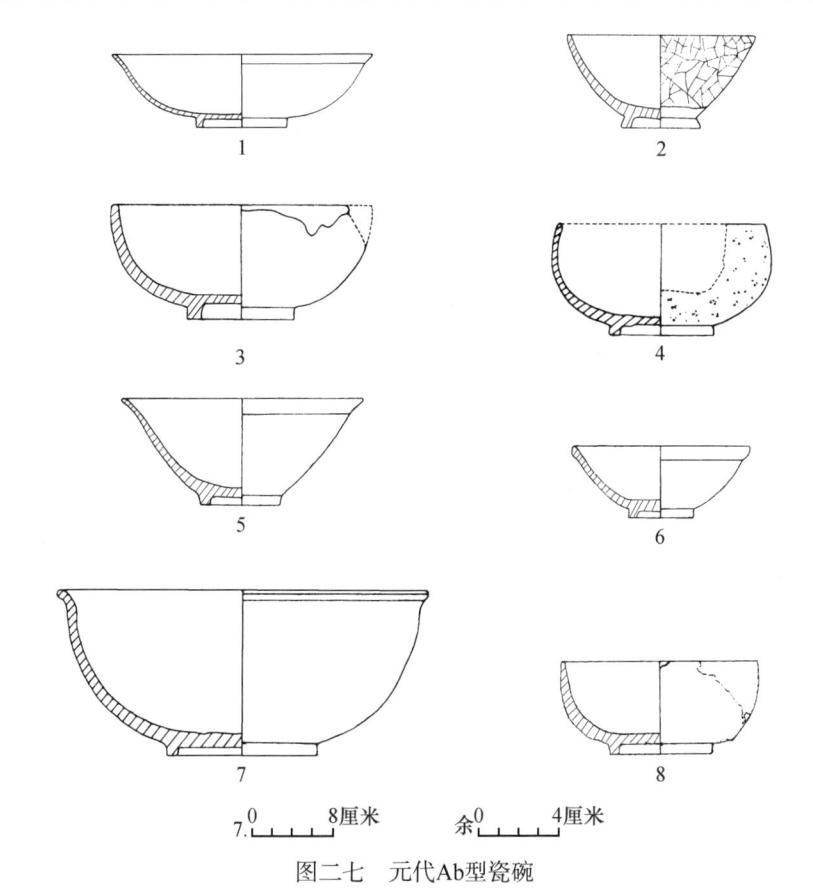

图二七 元代Ab型瓷碗
1.T0619④:5 2.H9:4 3.H9:11 4.H9:12 5.H9:30 6.T0621④:31 7.T0621③:5
8.T0624③:2

3）。H9:31，尖唇，斜腹，圈足。器身施白釉泛黄。口径22、底径7、高7.2厘米（图二八，4）。T0621④:18，尖唇，斜腹，圈足。器身施白釉。口径10.2、底径3.8、高2.5厘米（图二八，5）。T0621④:26，尖唇，口径21、底径6.9、高6.4厘米（图二八，6）。T0621④:30，尖唇，浅腹，圈足。器身施白釉。口径11、底径4.4、高3厘米（图二八，7）。T0621⑤:1A，尖唇，斜腹，圈足。器身施白釉。冰裂纹。口径19.4、底径8.8、高6.8厘米（图二八，8）。T0621⑤:21，尖唇，斜腹，圈足。器身施白釉。冰裂纹。口径13.8、底径6.4、高3.9厘米（图二八，9）。

Bb型 4件。尖唇，深腹（腹微鼓），圈足。残，均为修复。H9:23，尖唇，深腹，圈足。器身大部施淡白釉，足部素烧。口径15.4、底径6.2、高5.7厘米（图二九，1）。J11:1，圆唇，深腹，圈足。黄褐色胎，灰白釉，足部素烧。腹身有六道横旋纹。口径16.6、底径6.6、高9厘米（图二九，2；图版一四，6）。T0620⑤:1A，圆唇，深腹，圈足。白釉，足部素烧。冰裂纹。碗底有3个支钉。口径

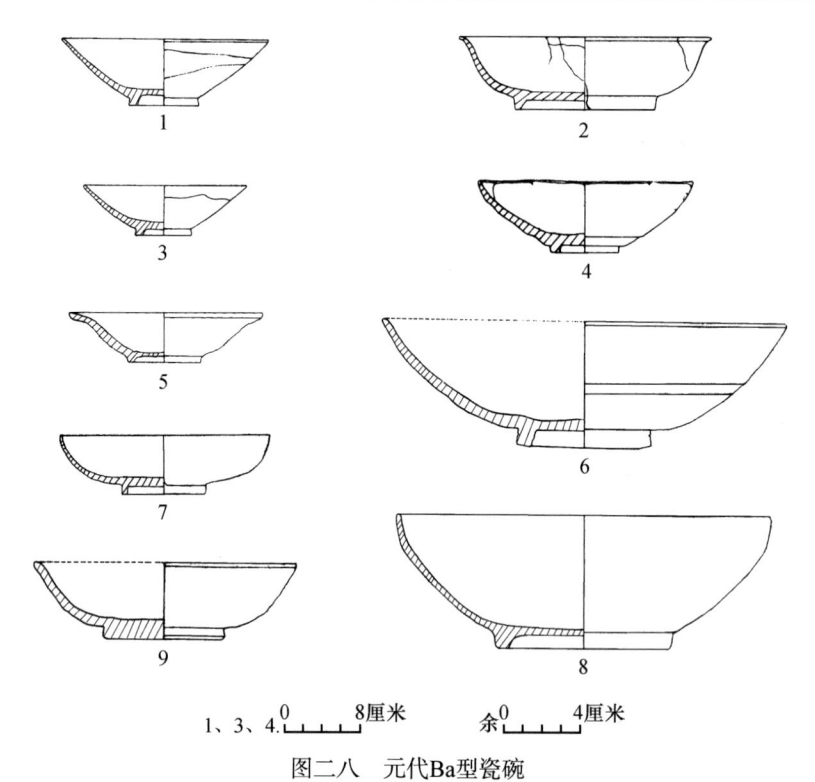

1、3、4. 0╌╌╌╌8厘米　余 0╌╌╌4厘米

图二八　元代Ba型瓷碗

1. T0620③：7　2. H9：3　3. H9：14　4. H9：31　5. T0621④：18　6. T0621④：26　7. T0621④：30
8. T0621⑤：1A　9. T0621⑤：21

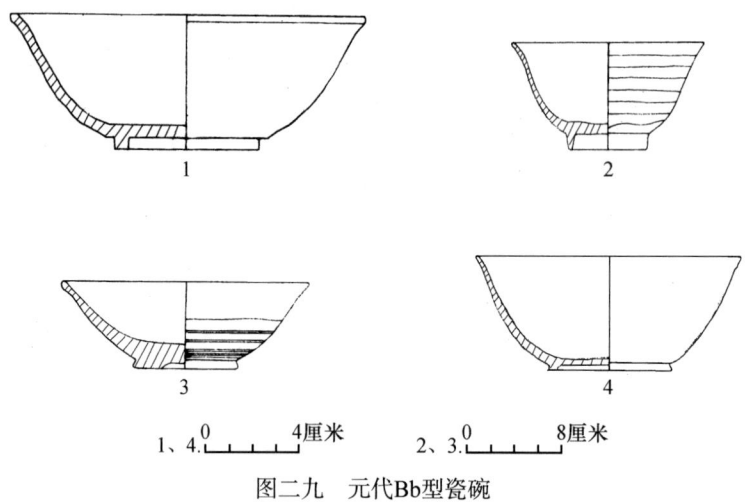

1、4. 0╌╌╌4厘米　2、3. 0╌╌╌8厘米

图二九　元代Bb型瓷碗

1. H9：23　2. J11：1　3. T0620⑤：1A　4. T0621④：26A

21.8、底径9、高7.4厘米（图二九，3）。T0621④：26A，尖唇，深腹，圈足。施白釉。口径22.8、底径10.6、高9.5厘米（图二九，4）。

C型　黑瓷碗，3件。残，均为修复。H9：6，尖唇，斜腹，圈足。器身施黑釉。口径9.3、底径4.9、高3.3厘米（图三〇，1）。H6：1，尖唇，斜腹，圈足。器身上半部施黑釉，下部素烧。口径16.6、底径6、高6厘米（图三〇，2）。T0621④：7，尖唇，斜腹，圈足。器身上半部施黑釉，下部素烧。口径6.5、底径3.1、高1.8厘米（图三〇，3）。

D型　蓝釉瓷碗，3件。残，均为修复。H9：5，尖唇，斜腹，圈足。器身施钧釉，冰裂纹。口径17.9、底径6.5、高4.2厘米（图三一，1）。H9：20，尖唇，深腹，圈足。蓝釉，足部素烧。口径22.2、底径7.6、高9.6厘米（图三一，2）。T0620③：21，尖唇，斜腹，圈足。器身施钧釉。口径21.6、底径5.3、高9.1厘米（图三一，3）。

E型　酱釉瓷碗，2件。残，均为修复。H9：9，尖唇，斜腹，圈足。口径18.3、底径5.2、高5.1厘米（图三二，1）。T0619④：12，圆唇，斜腹，圈足。器身施酱釉。口径16.3、底径6.4、高5厘米（图三二，2）。

瓷盘　13件。浅腹，圈足。以青釉为主，亦有钧釉、白釉等。依釉色不同，分三型。

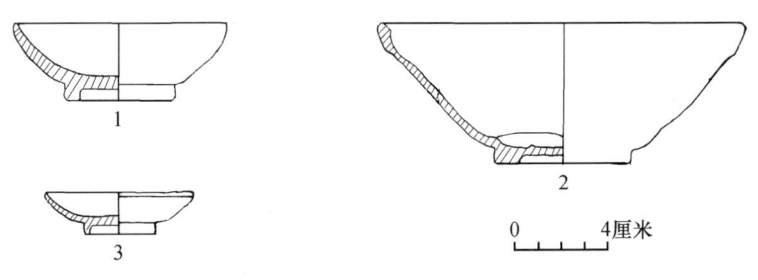

图三〇　元代C型瓷碗
1. H9：6　2. H6：1　3. T0621④：7

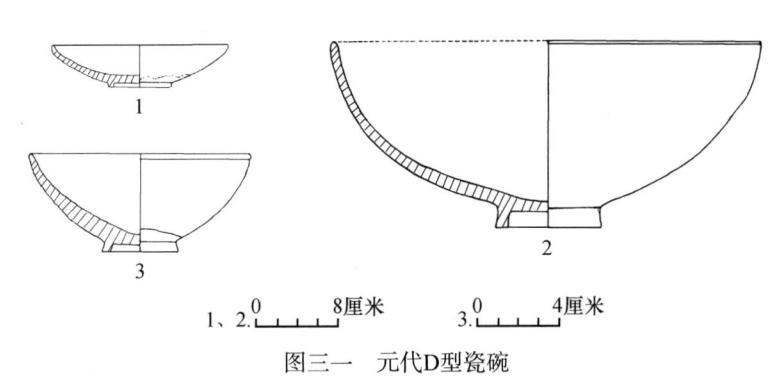

图三一　元代D型瓷碗
1. H9：5　2. H9：20　3. T0620③：21

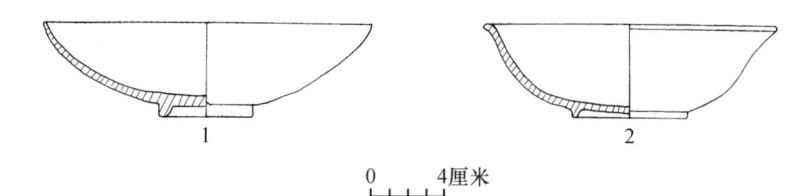

图三二　元代E型瓷碗
1. H9∶9　2. T0619④∶12

A型　7件。青釉。残，修复。T0619③∶2，尖唇，浅腹，圈足。器身施青釉，冰裂纹。口径12.4、底径7.4、高3.7厘米（图三三，1；图版一五，1）。T0619③∶12，尖唇，浅腹，圈足。器身施青釉，冰裂纹。口径14.2、底径8、高3.8厘米（图三三，2；图版一五，2）。H9∶7，尖唇，浅腹，圈足。器身施青釉。口径11.7、底径4.8、高2.1厘米（图三三，3）。H9∶27，尖唇，深腹，圈足。器身施青釉，冰裂纹。口径13.1、底径6.7、高3.7厘米（图三三，4；图版一五，3）。H9②∶12，尖唇，浅腹，圈足。口径11.5、底径4.8、高2.2厘米（图三三，5）。T0620③∶6，尖唇，浅腹，圈足。黄褐胎，青釉，足部素烧。冰裂纹。口径15.3、底径5.5、高3.4厘米（图三三，6；图版一五，4）。T0620③∶18，尖唇，浅腹，圈足。青釉，足部素烧。口径12.5、底径4.6、高2.2厘米（图三三，7）。

B型　3件。钧釉。残，修复。H9∶28，尖唇，浅腹，圈足。器身施钧釉，冰裂纹，足部素烧。口径16、底径5.8、高3.5厘米（图三四，1；图版一五，5）。H9∶28B，尖唇，浅腹，圈足。器身施钧釉，足部素烧。口径14.3、底径5、高3厘米（图三四，2）。T0620②∶9，尖唇，浅腹，圈足。器身施钧釉。口径15.2、底径5、高3.6厘米（图三四，3；图版一五，6）。

C型　3件。白釉。残，修复。T0619③∶16，圆唇，斜腹，圈足。黄褐色胎，器身大部施白釉，足部素面。口径17、底径6.9、高4厘米（图三五，1）。T0619⑤∶4，尖唇，浅腹，圈足。上半部施釉，足部素烧。口径13.4、底径6、高3.1厘米，壁厚0.2~0.9厘米（图三五，2）。T0621④∶19，尖唇，斜腹，圈足。器身施白釉，足部素烧。口径16.8、底径6.6、高3.6厘米（图三五，3）。

盆　3件。

白釉黑花瓷盆　H9∶10，残，修复。方唇，直腹，浅圈足。黄褐胎，内壁施白釉，并有黑色花卉图案。器身外壁口沿处白釉，其余为灰褐色。口径51、底径32.5、高12.5厘米（图三六，1；图版一六，3）。

三彩陶盆　残，修复。T0620②∶6，方唇，斜直腹，平底。器身施绿釉，口沿施有三角纹，内壁刻有花卉图案。口径21、底径17、高6.4厘米（图三六，2；图版

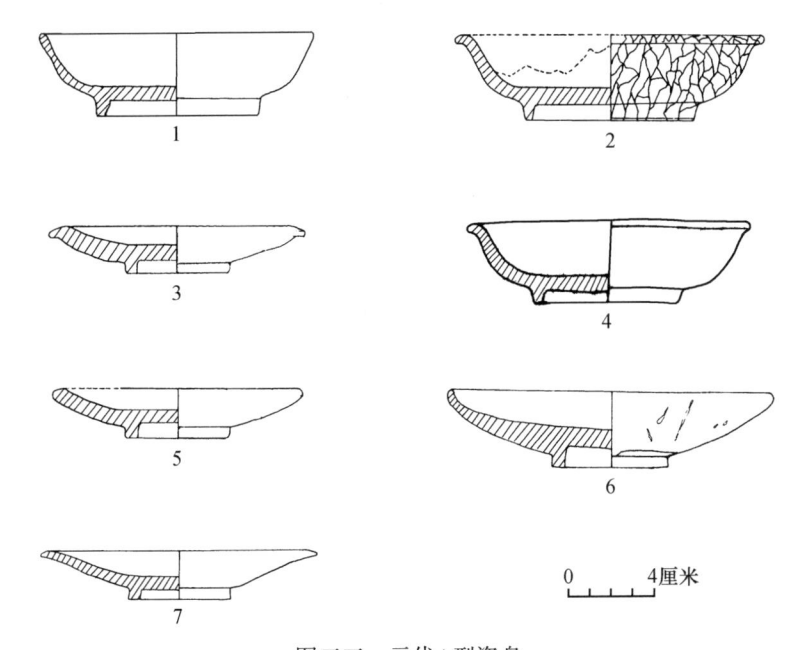

图三三 元代A型瓷盘

1. T0619③：2 2. T0619③：12 3. H9：7 4. H9：27 5. H9②：12 6. T0620③：6 7. T0620③：18

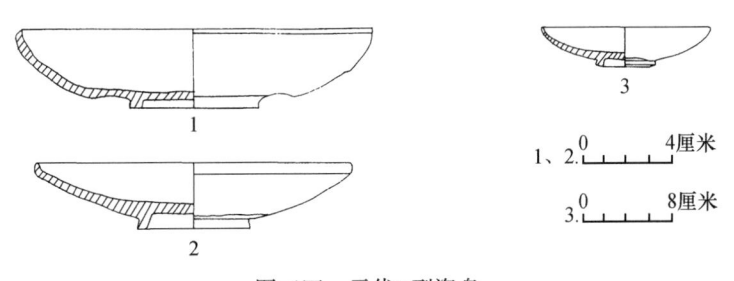

图三四 元代B型瓷盘

1. H9：28 2. H9：28B 3. T0620②：9

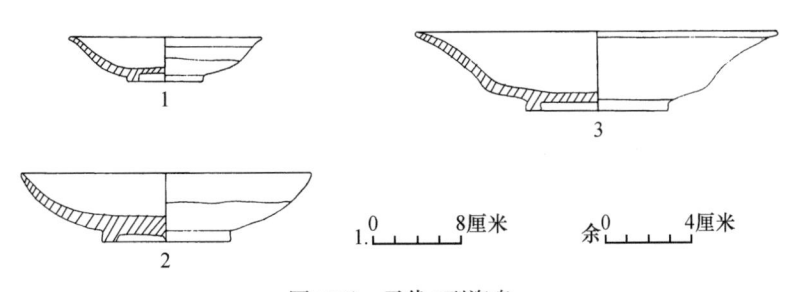

图三五 元代C型瓷盘

1. T0619③：16 2. T0619⑤：4 3. T0621④：19

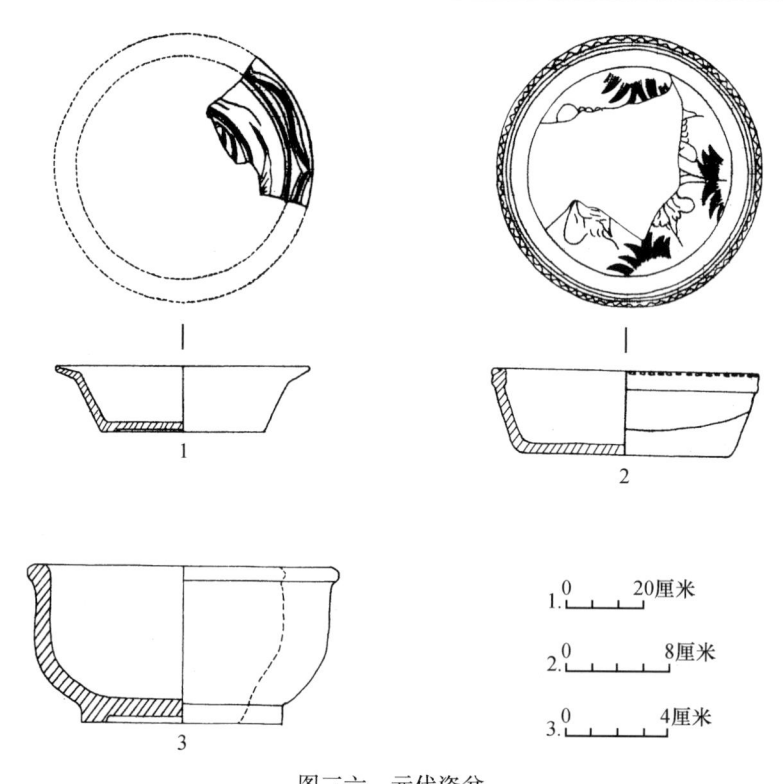

图三六　元代瓷盆
1. H9∶10　2. T0620②∶6　3. T0619④∶3

一六，4）。

白釉瓷盆　T0619④∶3，残，修复。圆唇，深腹，圈足。器身施白釉。口径12.4、底径8、高6厘米（图三六，3）。

高柄杯　1件。残，修复。J11∶3，尖唇，口微侈，深腹，高圈足。黑釉。口径13、底径5、高10.5厘米（图三七，1；图版一六，5）。

灯盏　2件。残，均为修复。T0621④∶27，宽平沿，灯身深腹碗式，高柄座。平沿施绿釉，柄部施浅红釉，并有10道黄釉横旋纹。口径3.6、腹径4.3、底径3.2、高8.3厘米（图三七，2；图版一六，6）。T0620③∶3，宽平沿，灯身深腹碗式，高柄座。平沿施白釉。口径5.7、腹径7.4、底径4.2、高6.4厘米（图三七，3）。

盒　1件。残，修复。T0619④∶9，应属于瓷盒的下半部。青釉，冰裂纹。直口，深腹，圈足。口径4.7、底径2、高2.5厘米（图三八，1）。

盅　1件。残，修复。T0619④∶4-1，尖唇，深腹，圈足。器身施白釉。口径3.9、底径1.7、高2厘米（图三八，2）。

器盖　2件。

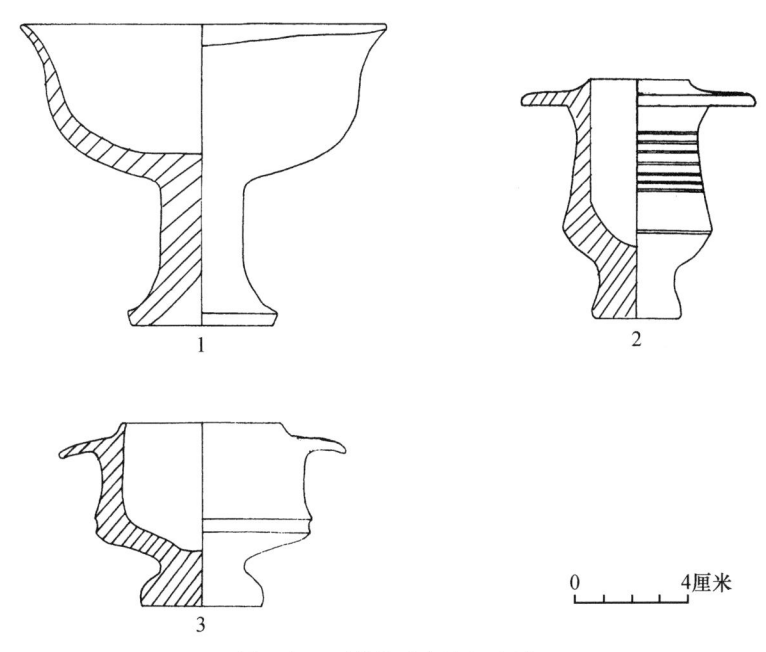

图三七　元代瓷高柄杯、灯盏

1. 高柄杯（J11∶3）　2、3. 灯盏（T0621④∶27、T0620③∶3）

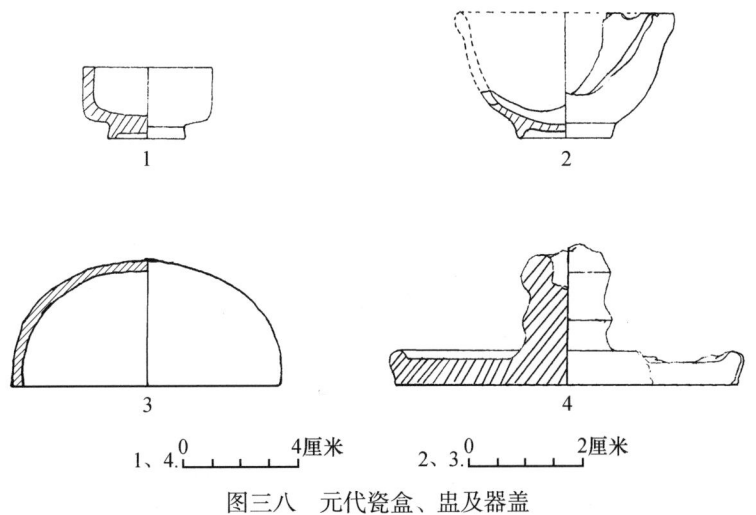

图三八　元代瓷盒、盅及器盖

1. 瓷盒（T0619④∶9）　2. 瓷盅（T0619④∶4-1）　3. 瓷器盖（T0619④∶4-2）　4. 陶器盖（T0621④∶20）

瓷器盖　残，修复。T0619④∶4-2，顶部为半球形，施白釉。直径4.8、高2.2厘米（图三八，3）。

陶器盖　残，修复。T0621④∶20，红陶。纽为圆形，直径2.8、高4.1厘米；盖为圆形，直径12.6厘米（图三八，4）。

六、明清文化遗存

（一）遗迹

1. 房址

F1位于省府前街A区T0621北部，F1北端深入北隔梁下。开口于第1B层下，打破第2A层。该房址为长方形，北部未到边，南部被近代墙基破坏。只残留下东西两墙基。现存东西外长6.3、内长4.8米，南北外残宽3.5～3.1米，残深0.22米。墙基距地表2.9米，墙基分别介绍如下：

西墙基：位于房址西端，南北向，残长3.5、宽0.6、残深0.22米。墙基内用砾石及瓦片、碎石、砖块砌筑，共砌筑三层石块。石块大小0.05～0.2米。

东墙基：位于房址末端，南北向，残长3.1、宽0.9、残深0.3米。墙基内用石块及砾石砌筑，只残留北部南北长1.2米。其他没有石块、砾石。现存共有两层砾石。

层内堆积及包含物：有踩踏面分布于整（屋）层内。厚薄不一，北低南高，不平整。为黄褐土，含有少量灰烬、烧土颗粒。土质硬、结构紧密。踩踏面分为两层。土色基本一致，只是第2层比第1层略硬。第1层厚4～8厘米；第2层厚10～18厘米。在踩踏面上发现少量瓷片，为白釉、酱釉、青花碎片。可辨器形有碗、盘、杯、碟等，共出土小件7件。

通过对该房址的清理发掘，出土一些铜钱，分别为"景德元宝""祥符通宝""咸平元宝""元丰通宝""政和通宝"，另有大量瓷片，均为生活用品，如碗、盘、杯等，瓷器为明清时期遗物。根据地层关系和出土器物推断，该房址为明清时期的废弃房屋（图三九）。

2. 灰坑

H3 位于T0620北隔梁的西部，坑的一部分延伸到T0621内，灰坑距探方西壁2.3、南壁9米。开口于第1B层下，打破第2A、3层，坑口距地表1.95米。灰坑南北长1.9、东西宽1.6、深0.24米。呈不规则形，直壁，平底。坑内填土为灰黑色，土质较松，内含红烧土颗粒，草木灰，出土物以红色陶片、青花瓷片较多，少许黑釉瓷片。器形有盘、碗、罐等。根据开口层位和出土器物推断，该灰坑为明清时期（图四〇）。

H4 位于省府前街A区T0621南部，西距西壁3.9、南距南壁0.6米。坑口距地表3.4米。开口于第2A层下，打破第2B及3层。该灰坑为圆形，直壁，平底。直径0.64、深0.66米。坑内填土呈灰褐色，土质疏松，含有少量灰烬颗粒。出土少量瓷片，分别为

图三九　F1平、剖面图

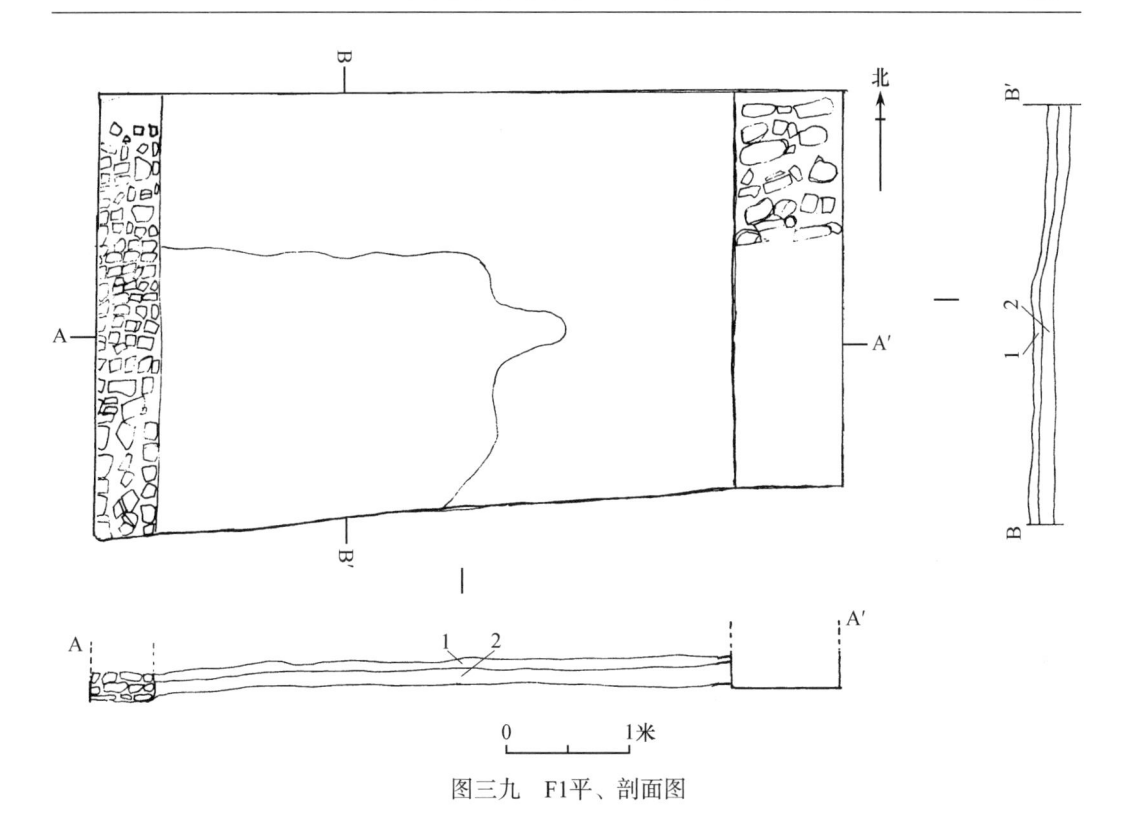

白釉、酱釉、青花瓷片。可辨器形有碗、盘、杯、盒；出土小件为黑釉瓷盒。根据开口层位和出土器物推断，该灰坑时代为明清时期（图四一）。

H5　位于T0621西南部。西距西壁1.5、南距南壁1.2米。开口于第2A层下，打破第2B及3层。该灰坑为圆形，直壁，平底，直径0.6、深0.32米。坑口距地表3.5米。坑内填土呈灰褐色，土质疏松，含有少量灰烬颗粒。出土少量瓷片，分别为白釉、青花、酱釉残片。可辨器形有碗、罐。从出土遗物均为生活用具，如碗、罐，初步分析其可能为当时废弃的灰坑。此灰坑开口于第2A层下，出土遗物均为明清时期的器物，推测此坑为明清时期（图四二）。

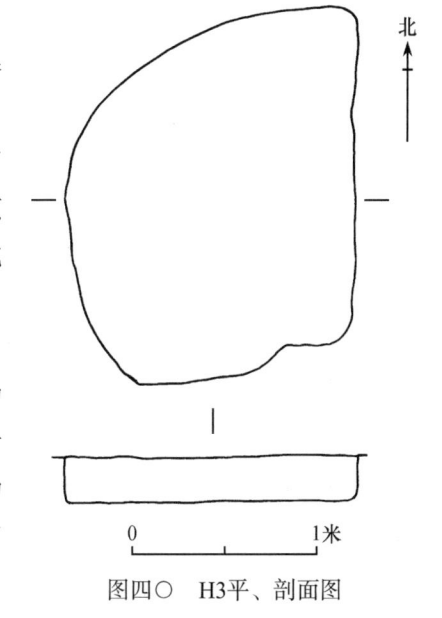

图四〇　H3平、剖面图

H6　位于T0620的南部中间处，坑的一部分延伸到T0619内，距探方西壁2.8米。开口于第2A层下，打破第3层。坑的西南角被J11打破，坑口距地表2米。灰坑呈不规则长方形，东西长3、南北宽1.84~2.43、深0.34米。

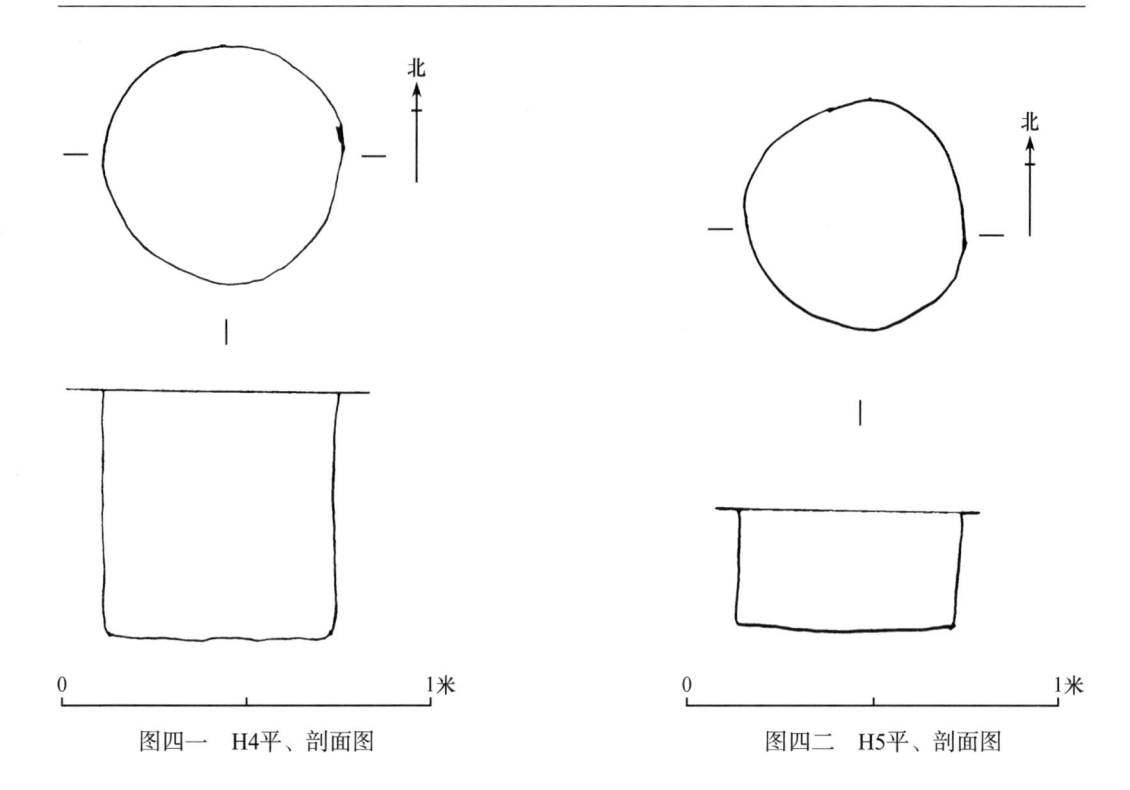

图四一 H4平、剖面图　　　　　　　图四二 H5平、剖面图

西宽东窄，直壁平底。坑内填土为浅灰色，土质松，内含较多的草木灰颗粒和红烧土颗粒。出土物有青花瓷片、黑釉瓷片、兽骨和瓦块等，器形有碗、盘、罐等。根据开口层位和出土器物推断，H6为明清时期（图四三）。

3. 水井

J11　位于T0620的西南部，部分延伸到T0619内，距探方西壁2.4米，开口于第1B层下，打破H6及第2A、2B、3层。井口距地表1.45米。井口呈椭圆形，土壁，直壁，平底。南北长1.62、东西宽1.44、深1.1米。井内填土为灰黑色，土质较松，含有草木灰，出土物有泥质灰色豆柄、板瓦残片、绳纹灰陶片、青花瓷片、黑釉瓷片、素面白釉瓷盘残片等。器形有碗、杯、豆、罐等，另出土有石球、骨簪、铜簪等器物。据开口层位和出土器物推断，J11为明清时期（图四四）。

J13　位于T0621东南部，并延伸至T0620东北部。东距T0621东壁0.8米，南距T0620南壁9.3米。开口于第2A层下，打破第3、4层。井口距地表4米。该井为近圆形土壁，直壁，平底。井口直径0.95、深1.2米。井内填土为灰黑土，土质松，较黏，含有少量灰烬颗粒，出土少量瓷片，分别为青花、白釉、酱釉。可辨器形有碗、盘、缸。从地层关系及出土遗物分析，时代为明清时期（图四五；图版一〇，2）。

图四三　H6平、剖面图

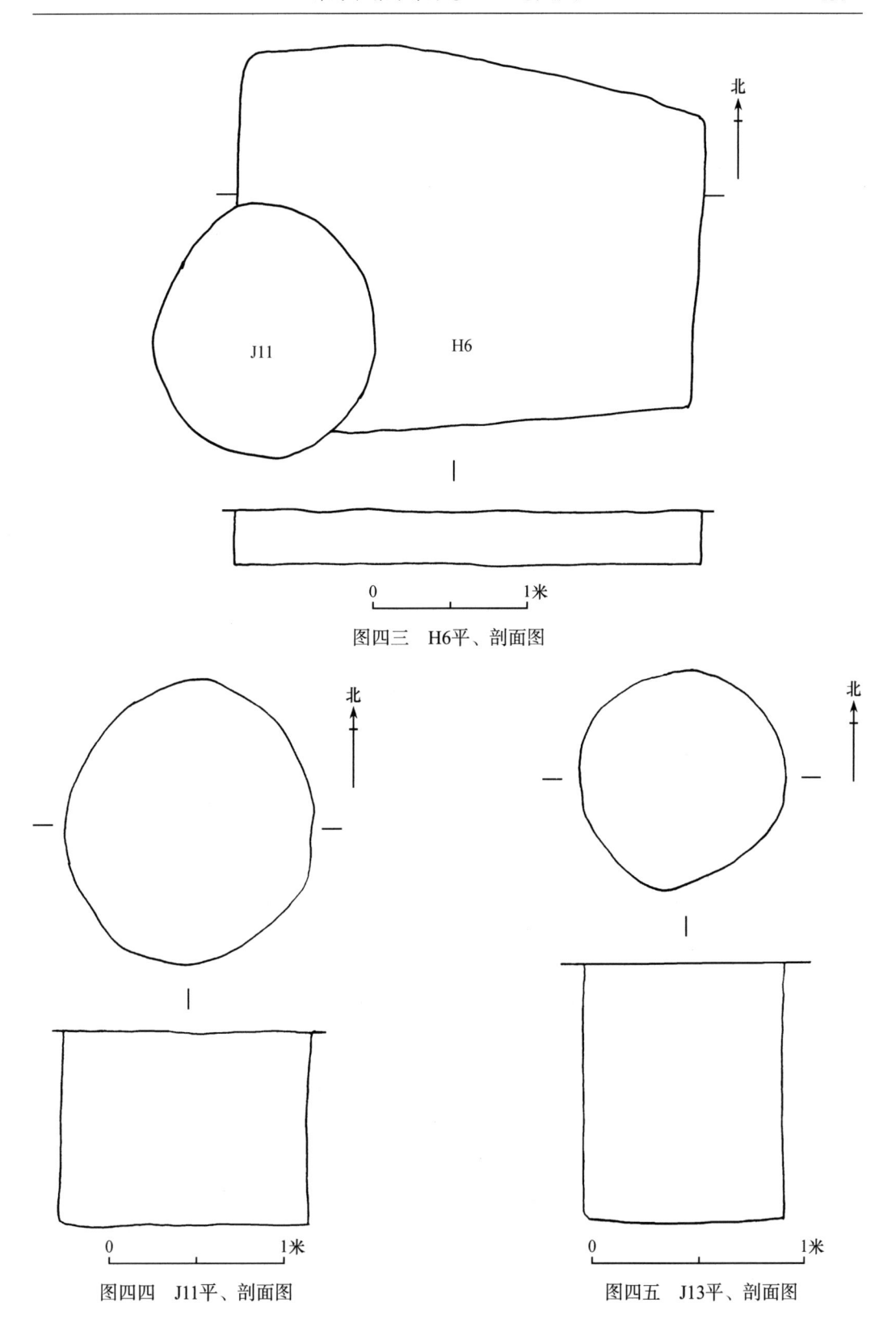

图四四　J11平、剖面图

图四五　J13平、剖面图

（二）明代遗物

按质料可分为陶器、瓷器、铜钱等，以瓷器居多。以下按质地分类介绍。

1. 陶器

2件。

炉　残，修复。T0620②：4，泥质红陶。方唇，敛口，扁球形腹，三锥形足。口径7.9、腹径8.7、高5.9厘米（图四六，1）。

舟　残，修复。J15：1，泥质黑陶。平口，鼓腹，平底。腹部均匀地设置四个凸齿。口径4、腹径6.4、底径2.6、高4厘米（图四六，2）。

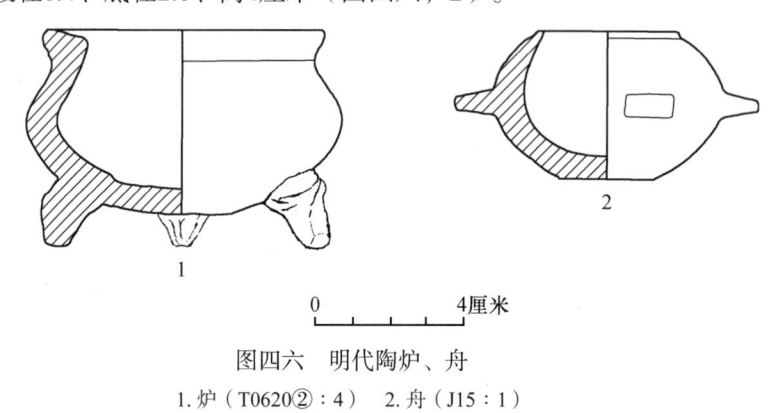

图四六　明代陶炉、舟
1. 炉（T0620②：4）　2. 舟（J15：1）

2. 瓷器

主要为生活用具。器形有碗、盘、壶、瓶、盆、罐、灯盏等。

碗　17件。釉色分为白釉、黑釉等。按釉色和形状不同，分为二型。

A型　白瓷碗，12件。依腹部形状不同，分为二亚型。

Aa型　10件。白釉，斜腹，圈足。残，均为修复。T0619③：9，尖唇，斜腹，圈足，碗内及外部口沿部分白釉，外壁下面施黑釉。口径18.6、底径7.4、高6.3厘米（图四七，1）。T0619③：19，圆唇，斜深腹，圈足。器身施白釉，足部素烧。口径18.4、底径7、高7厘米（图四七，2；图版一七，1）。T0619③：21，尖唇，斜腹，圈足。周身施白釉。口径16、底径4.5、高4.8厘米（图四七，3）。T0619④：7，尖唇，斜深腹，圈足。施白釉。器身有数道横旋纹，冰裂纹。口径19.3、底径7、高8.2厘米（图四七，4）。T0620③：A，尖唇，斜腹，圈足。器身施白釉，足部素烧。口径15.6、底径5.6、高5.2厘米（图四七，5）。T0620③：B，尖唇，斜腹，圈足。器

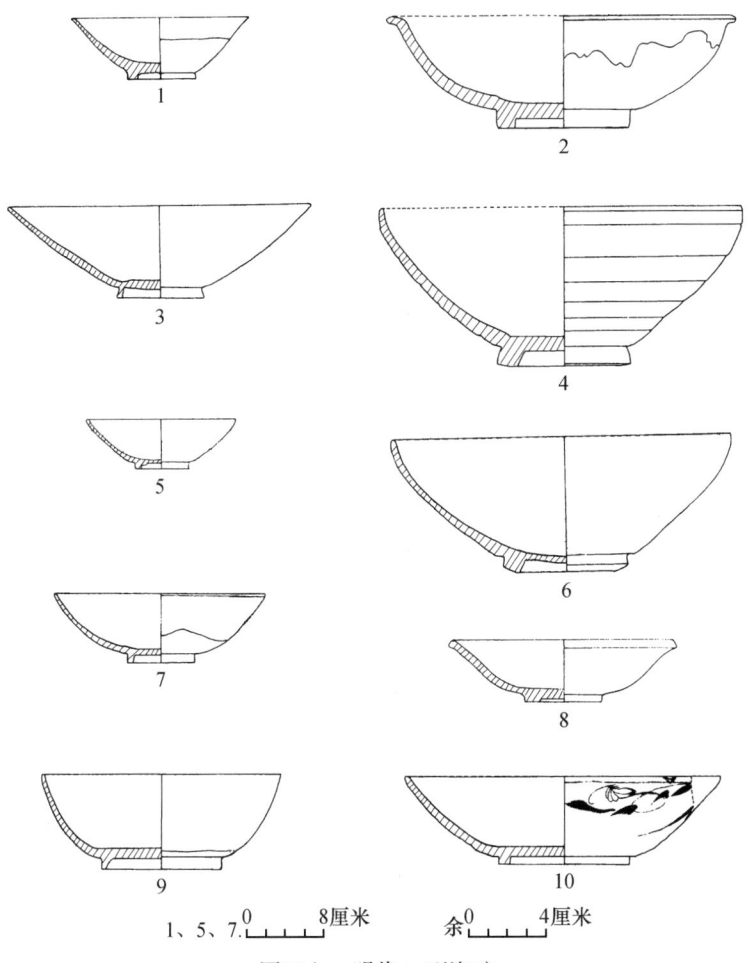

图四七 明代Aa型瓷碗

1. T0619③：9 2. T0619③：19 3. T0619③：21 4. T0619④：7 5. T0620③：A 6. T0620③：B
7. T0621③：33 8. T0621④：22A 9. T0621④：22B 10. T0624①：1

身施白釉，足部素烧。口径16.6、底径6、高6厘米（图四七，6）。T0621③：33，尖唇，斜腹，圈足。器身施白釉，足部素烧。口径22.3、底径7、高7.1厘米（图四七，7）。T0621④：22A，圆唇，斜腹，圈足。器身施白釉。口径11.9、底径4、高3.2厘米（图四七，8）。T0621④：22B，尖唇，斜腹，圈足。器身施白釉，足部素烧。口径12.6、底径6.3、高4.9厘米（图四七，9）。T0624①：1，残。尖唇，斜腹，圈足。器身施白釉，冰裂纹。外饰花卉图案。口径16.8、底径6.9、高4.5厘米（图四七，10）。

Ab型　2件。白釉，腹微鼓，圈足。残，均为修复。T0621③：7，尖唇，深腹，圈足。器身施白釉。口径12.9、底径4.7、高5.7厘米（图四八，1）。T0621④：11，尖唇，深腹，圈足。器身施白釉。口径9.4、底径2.5、高4厘米（图四八，2）。

B型　黑瓷碗，5件。尖唇，圈足，施黑釉。依腹部形制不同，分二亚型。

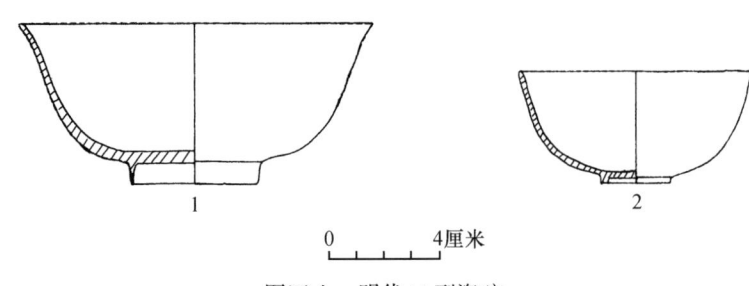

图四八　明代Ab型瓷碗
1. T0621③∶7　2. T0621④∶11

　　Ba型　2件，尖唇，斜腹，圈足。残，修复。T0619③∶17a，尖唇，斜腹，圈足。显黄褐胎，口沿外一周施黑釉，器身大部素面。内底有3个支钉痕迹。口径12.6、底径5.5、高4厘米（图四九，1）。T0620③∶17b，尖唇，斜腹，圈足。黄褐胎，酱釉，器外上部施釉，下部素烧。内底有刮圈。口径9.5、底径4.5、高3厘米（图四九，2）。

　　Bb型　3件。尖唇，深腹，圈足。残，均为修复。T0620②∶10，尖唇，深腹，圈足。黑釉，足部素烧。口径11.1、底径4.5、高4.4厘米（图五〇，1；图版一七，2）。T0620④∶1，尖唇，深腹，圈足。黑釉，腹下部及足部素烧。口径11.7、底径4、高5.3厘米（图五〇，2）。T0620③∶20，尖唇，深腹，圈足。器身施黑釉。口径16.2、底径5.4、高6厘米（图五〇，3）。

　　瓷盘　12件。尖唇，浅腹，圈足。以白釉为主，亦有青釉和黄釉。依釉色不同，分三型。

　　A型　8件。白釉。残，均为修复。T0619⑤∶A，尖唇，敞口，浅弧腹，平底。器身上半部施白釉，下半部素烧。口径17.5、足径7、高3.9厘米（图五一，1）。T0619④∶1，尖唇，斜腹，圈足。施白釉。口径16、底径5、高3.2厘米（图五一，2）。T0619③∶23，尖唇，深腹，圈足，器身施白釉。口径14.6、底径8.6、高4.3厘米（图五一，3）。T0620H3∶A，圆唇，浅盘，圈足。器身施白釉。口径11.8、底径6.8、高2.8厘米（图五一，4；图版一七，3）。T0620③∶8，尖唇，浅腹，圈足。器身施白釉。口径17.1、底径8.6、高4厘米（图五一，5）。T0621③∶12，方唇，浅腹，深盘，平底。口径13、底径7.5、高2.8厘米（图五一，6）。T0621③∶16，尖唇，葵

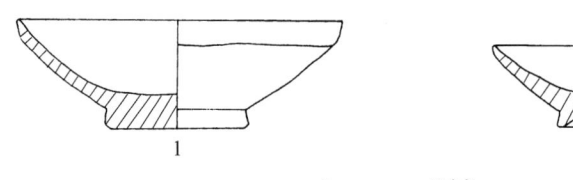

图四九　明代Ba型瓷碗
1. T0619③∶17a　2. T0620③∶17b

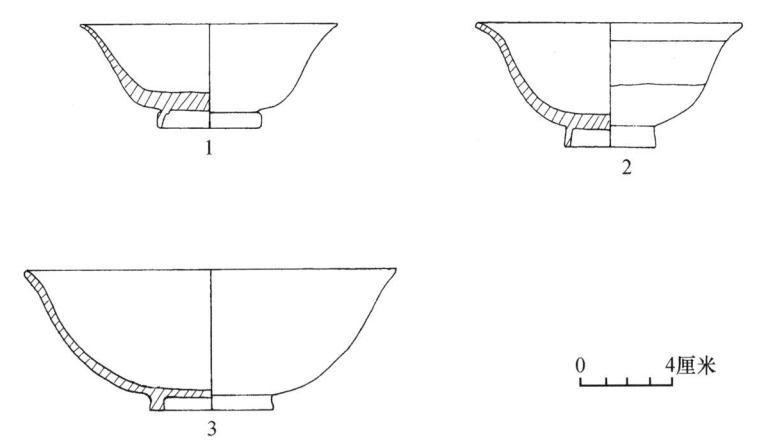

济南市省府前街遗址A区发掘报告

图五〇　明代Bb型瓷碗
1. T0620②：10　2. T0620④：1　3. T0620③：20

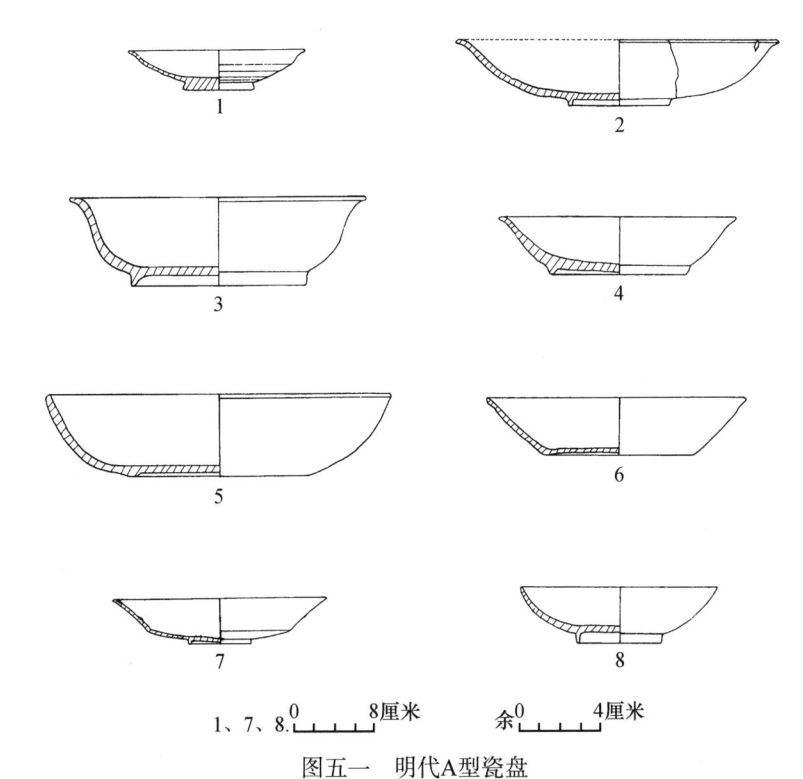

图五一　明代A型瓷盘
1. T0619⑤：A　2. T0619④：1　3. T0619③：23　4. T0620H3：A　5. T0620③：8　6. T0621③：12
7. T0621③：16　8. T0621①：5

花口，斜直腹，圈足。内底有刻花。口径21.7、底径6.1、高4.4厘米（图五一，7）。T0621①：5，尖唇，浅盘，圈足。周身施青白釉。口径19.8、底径8.5、高5.4厘米（图五一，8；图版一七，4）。

B型　3件。青釉。残，修复。T0619③：10，圆唇，敞口，浅弧腹，圈足。口径11、底径4.5、高2.6厘米（图五二，1；图版一七，5）。T0619③：1，乳白胎，青釉，敞口，圈足。口径12.2、底径4、高2厘米（图五二，2）。T0619③：4，圆唇，浅腹，圈足。施豆青釉。口径14.6、底径6.2、高3厘米（图五二，3）。

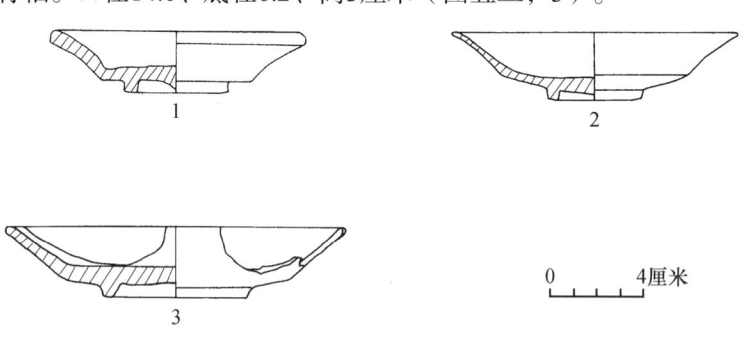

图五二　明代B型瓷盘
1.T0619③：10　2.T0619③：1　3.T0619③：4

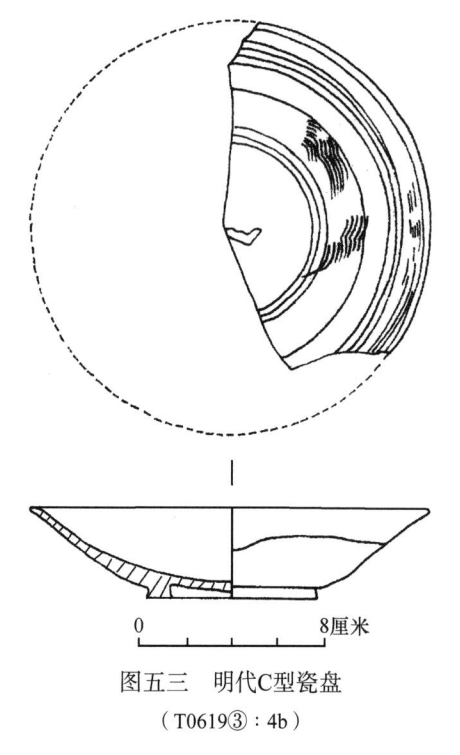

C型　1件。酱釉。残，修复。T0619③：4b，红褐胎，酱釉，釉至口沿外侧，内壁施两道釉彩，有刻花，盘心有纹饰。敞口，浅弧腹，圈足。口径18、底径7.6、高3.8厘米（图五三）。

罐　3件。残，均为修复。T0619④：10，尖唇，鼓腹，平底。器身上半部施白釉，下部素烧。腹部有8道凸棱纹。口径8.6、底径4.8、高7.5厘米（图五四，1）。J4：31，圆唇，鼓腹，圈足。器身施白釉，冰裂纹。口径2.9、腹径4.4、底径3.2、高4.8厘米（图五四，2）。T0620④：4，尖唇，鼓腹，平底。上腹部有两对称的器耳。器身施白釉，下半部及足部素烧。口径3.5、腹径4.8、底径2、高5.5厘米（图五四，3）。

壶　1件。残，修复。J4：19，器身扁形。口沿方唇，束颈，肩部有一对系耳，鼓腹，腹身饰线形图案，圈足。大部施黄褐色釉，足部素烧。

图五三　明代C型瓷盘
（T0619③：4b）

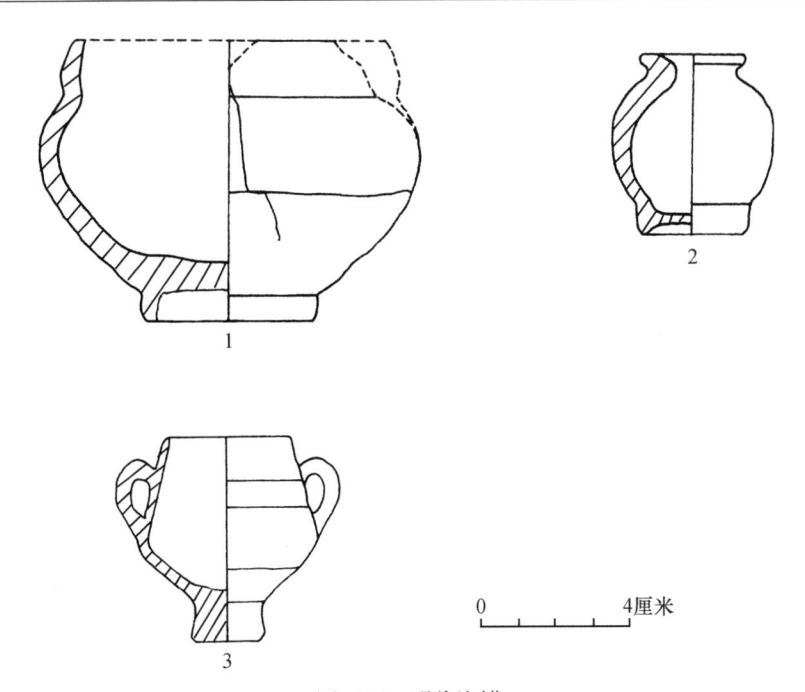

图五四 明代瓷罐
1. T0619④:10 2. J4:31 3. T0620④:4

口径5、腹径4.5～11.5、底径4～6.4厘米（图五五，1；图版一七，6）。

四系瓶 1件。残，修复。采集：1，浅褐色胎，酱釉，器身上部四分之一施釉，余部素烧。圆唇，四系，矮圈足。近平弧鼓腹，最大腹径居中。口径5.5、腹径14.3、底径5.5、高33.5厘米（图五五，2）。

盆 1件。残，修复。H4:1，圆唇，敞口，深腹，平底微凹。器身施黑釉，足部素烧。底部有四个支钉。口径19.4、底径9.8、高8.6厘米（图五五，3）。

灯盏 1件。残，修复。T0620④:6，宽平沿，灯身深腹碗式，高柄座。器身施白釉，做工粗糙。口径3.2、底径2、高4厘米（图五五，4）。

器盖 4件。残，均为修复。T0619③:15，圆纽，子母口。施白釉。盖上有两道墨迹旋纹。纽径3.5、外径20.2、底径13.3、高6.5厘米（图五六，1）。T0621①:2，径内有青花图案。盖径5.5～7、高2厘米（图五六，2）。T0621④:8，施黑釉。盖径12.6、高3.5厘米（图五六，3）。T0621④:3，施酱釉。盖径9.4、高2.1厘米（图五六，4）。

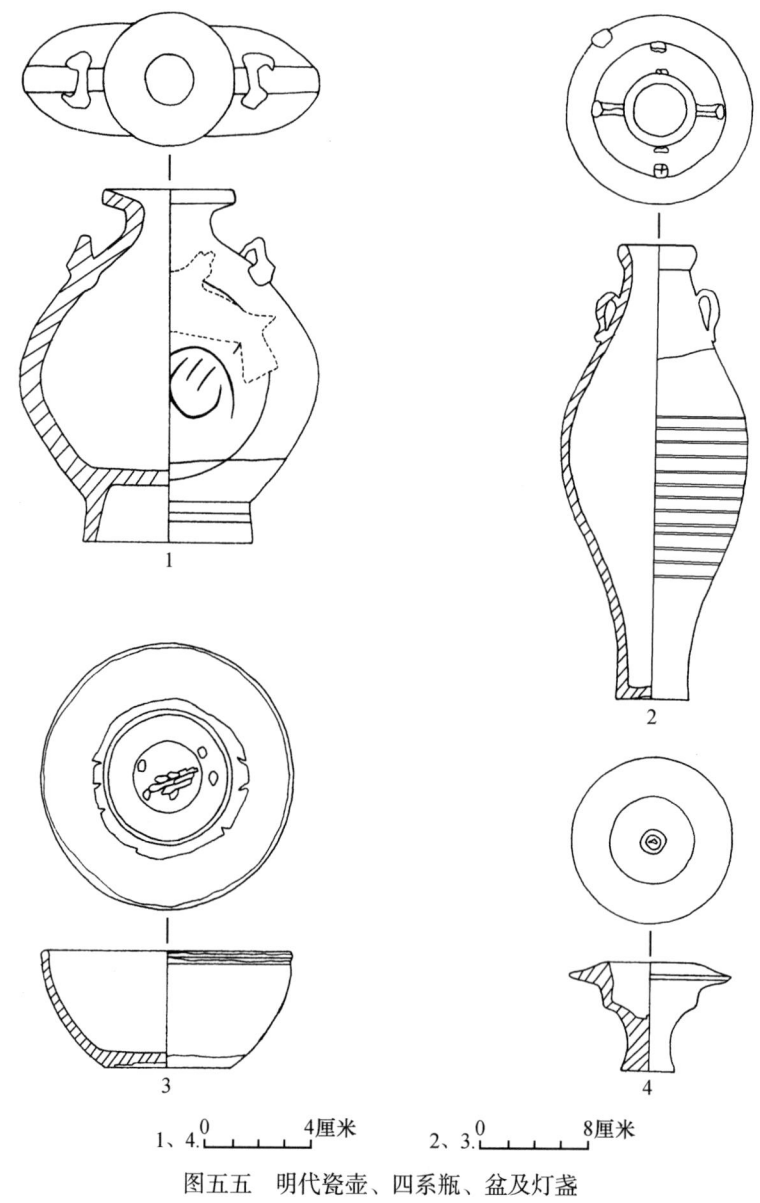

图五五　明代瓷壶、四系瓶、盆及灯盏
1.壶（J4∶19）　2.四系瓶（采集∶1）　3.盆（H4∶1）　4.灯盏（T0620④∶6）

3. 石器

石球　1件。残，修复。T0621③∶6，石质，近似椭圆形，做工粗糙。最大直径3.5、最小直径2.8厘米（图五七）。

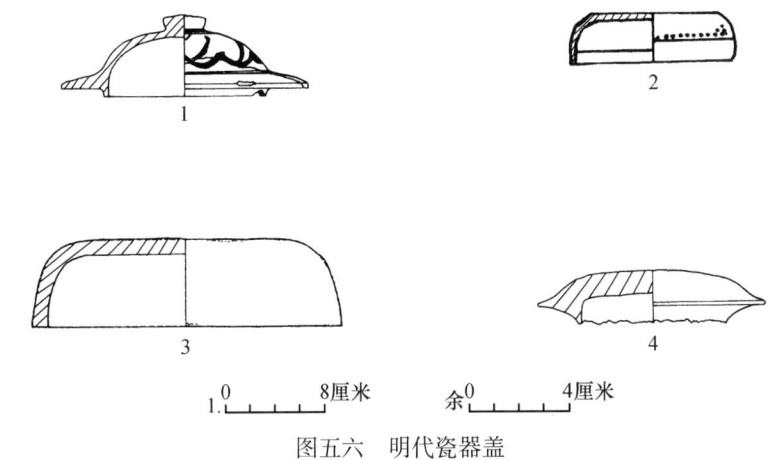

图五六　明代瓷器盖
1. T0619③：15　2. T0621①：2　3. T0621④：8　4. T0621④：3

（三）清代遗物

不甚丰富，遗物较少。按质料可分为瓷器、铜钱等，以瓷器居多。瓷器中以日常生活用具为主。下面按质料分类介绍。

1. 瓷器

主要为生活用具。器形有碗、盘、壶等。

碗　19件。釉色分为白釉、酱釉（黑釉）、青花等。按釉色和形状不同，分为三型。

A型　3件。白釉。深腹，圈足。残，均为修复。J4：1A，尖唇，深腹，圈足。器身施白釉。口径10.5、底径4.2、高6厘米（图五八，1）。T0619①：3，尖唇，斜腹，圈足。器身施白釉。口径13.2、底径6、高4厘米（图五八，2）。T0621①：19，尖唇，深腹，圈足。器身施白釉。口径10.7、底径5.5、高5.6厘米（图五八，3）。

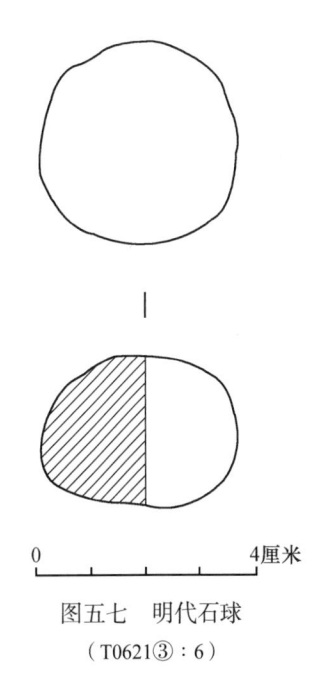

图五七　明代石球
（T0621③：6）

B型　5件。酱釉（黑釉）。残，均为修复。J4：10，尖唇，斜弧腹，圈足。白胎酱釉，釉不见底。口径15.4、底径6.5、高5.2厘米（图五九，1）。T0620②：3，尖唇，斜腹，圈足。器身上半部施酱釉，下部素烧。口径17.2、底径6.4、高5.8厘米（图五九，2）。T0621③：13，尖唇，斜腹，圈足。器身上半部施黑釉，下半部素烧。口径10.1、底径4.2、高3.2厘米（图五九，3）。T0621③：8，圆唇，斜腹，圈足。器身施酱釉，下腹部、足部素烧。口径9.6、底径4.1、高3.2厘米（图五九，4）。

图五八　清代A型瓷碗
1. J4∶1A　2. T0619①∶3　3. T0621①∶19

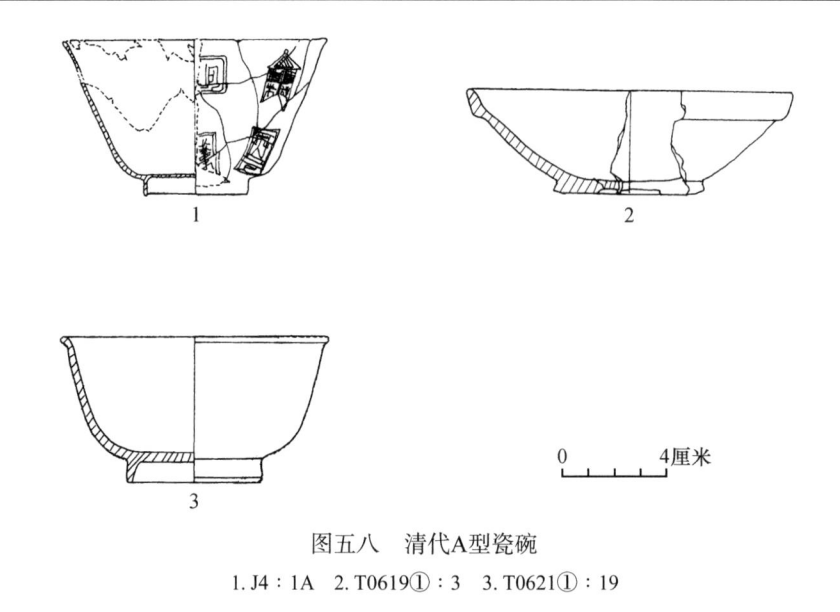

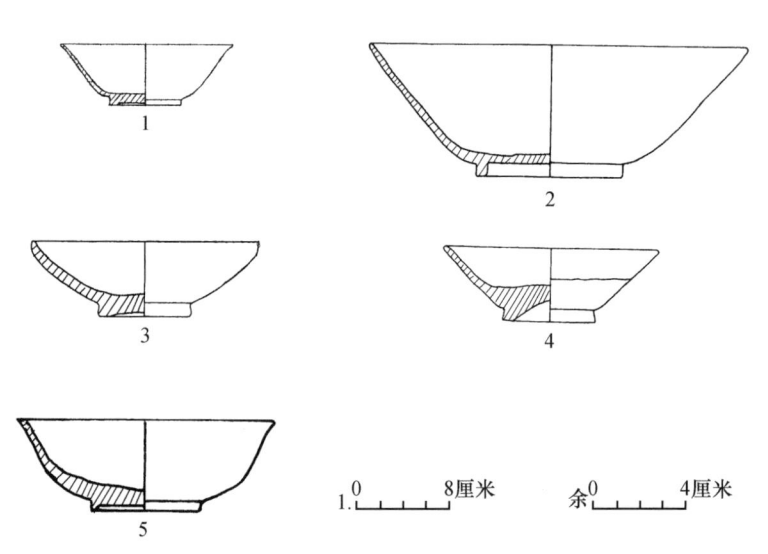

图五九　清代B型瓷碗
1. J4∶10　2. T0620②∶3　3. T0621③∶13　4. T0621③∶8　5. T0621①∶3

T0621①∶3，尖唇，深腹，圈足。器身施黑釉，足部素烧。口径11.5、底径4.9、高3.9厘米（图五九，5）。

C型　11件。青花瓷器。残，均为修复。J4∶4，尖唇，敞口，深弧腹，圈足。白釉红花描金瓷碗。口径10.1、底径3.9、高6厘米（图六〇，1；图版一八，1）。J4∶17，圆唇，深腹，圈足。周身饰花卉图案。口径14、底径6.4、高6.9厘米（图六〇，2）。J4∶22，葵口，深腹，圈足。周身贴彩（珐琅彩），外壁"喜"字。口径16.6、底径6.2、高6.5厘米（图六〇，3）。T0619①∶1，白釉青花，尖唇，敞口，深

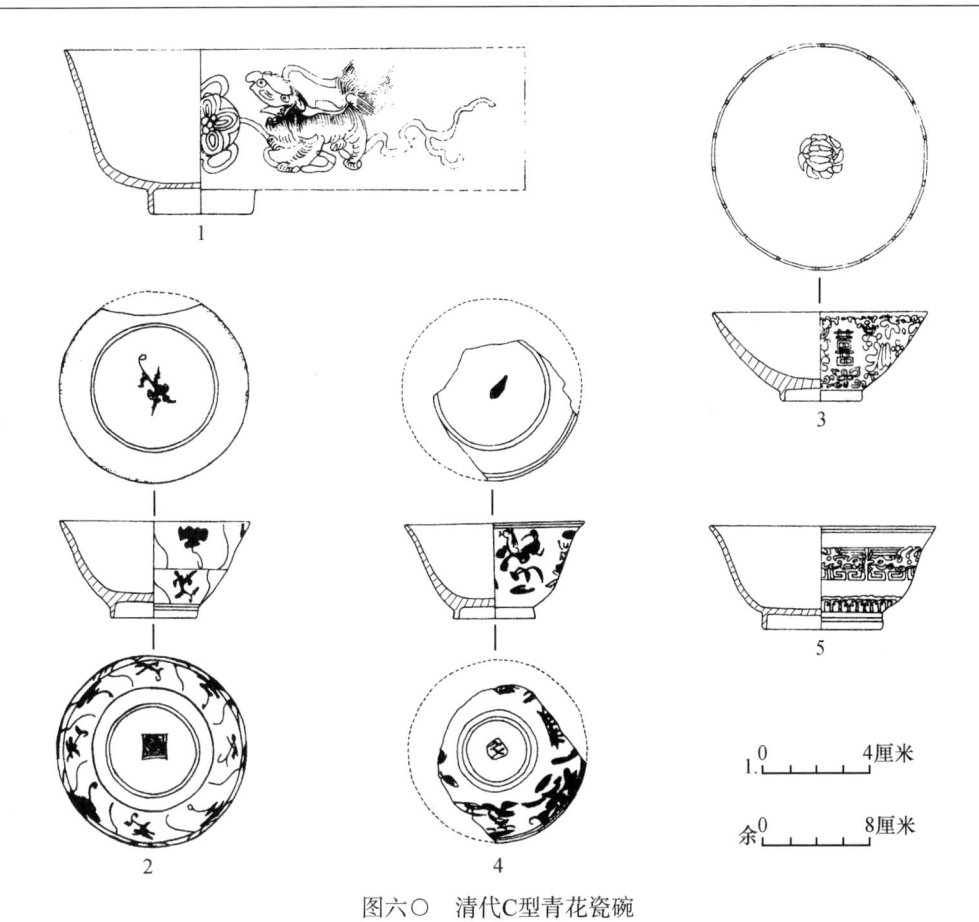

图六〇　清代C型青花瓷碗
1. J4∶4　2. J4∶17　3. J4∶22　4. T0619①∶1　5. T0619①∶2

弧腹，圈足。口径13.2、底径6、高7厘米（图六〇，4）。T0619①∶2，尖唇，深腹，圈足。白胎，器外壁腹部和下部饰两周纹饰。口径17、底径9、高7.6厘米（图六〇，5）。J4∶9，尖唇，深腹，圈足。器身外部饰花卉图案，外壁器底署"若深珍藏"四字。口径10.3、底径4.9、高6厘米（图六一，1）。T0620①∶2，尖唇，斜腹，圈足。白釉，外壁饰缠枝花卉图案。口径11、底径4、高3.1厘米（图六一，2）。J13∶1，尖唇，深腹，圈足。白釉，器身饰青花图案，碗内器底为一青蛙，碗外部饰三个狮子形象。口径16.5、底径7.4、高6.2厘米（图六一，3）。T0621①∶4，尖唇，斜腹，圈足。器身施白釉，碗内青花图案。口径14.1、底径6.4、高4.2厘米（图六一，4）。T0621①∶12，尖唇，深腹，圈足。器身施白釉，点缀青花图案。口径9.1、底径4.2、高5.8厘米（图六一，5）。T0622①∶7，尖唇，浅腹，圈足。内外饰青花图案。口径26、底径14.2、高6.5厘米（图六一，6）。

　　盘　11件。尖（圆）唇，浅腹，圈足。以青花图案居多，亦有青釉和白釉。依釉色不同，分三型。

图六一　清代C型青花瓷碗

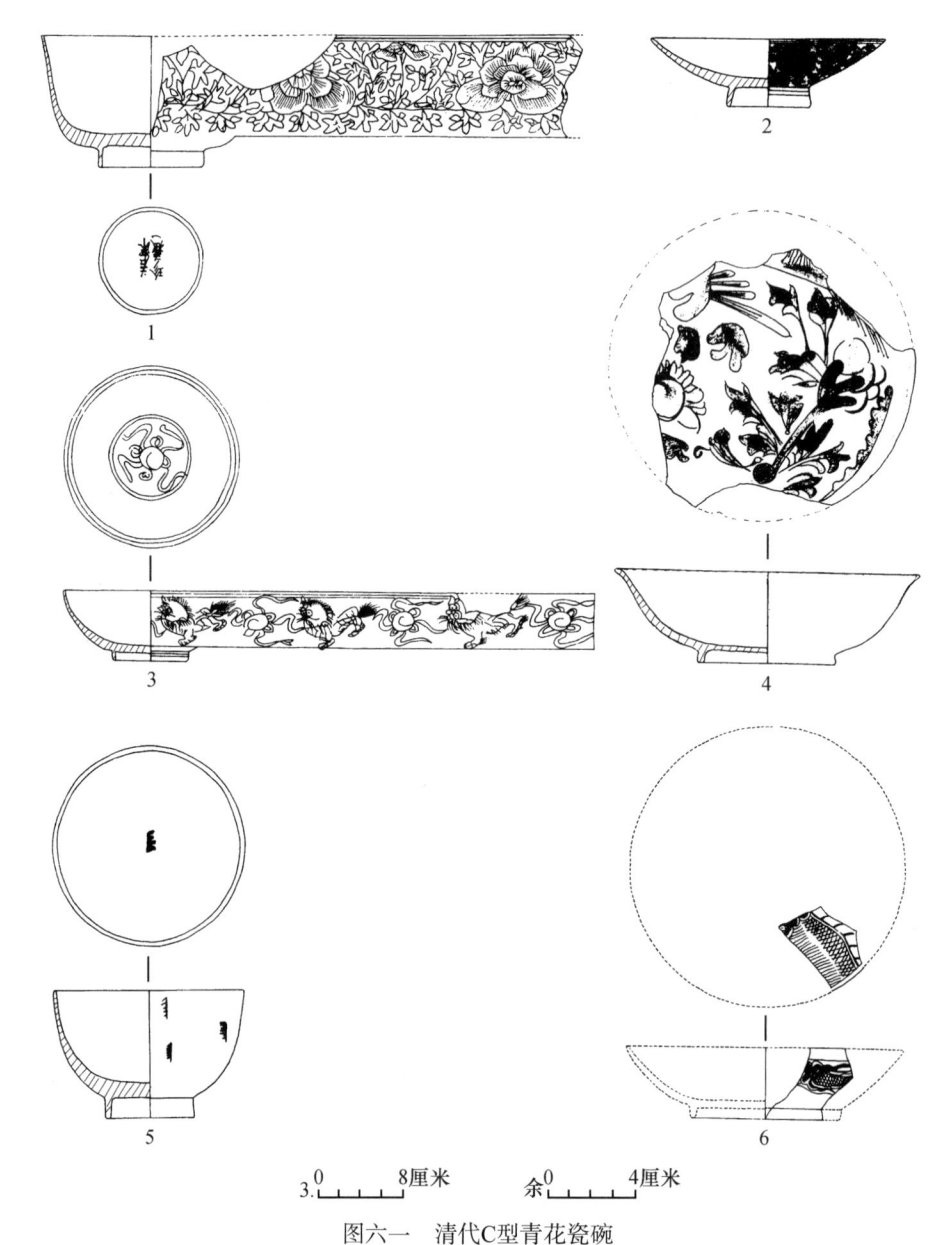

1. J4∶9　2. T0620①∶2　3. J13∶1　4. T0621①∶4　5. T0621①∶12　6. T0622①∶7

　　A型　3件，残，修复。施青釉，尖唇，浅腹，圈足。J4∶A，尖唇，浅腹，圈足，内壁施红釉。内底有兰花及文字"不知香在室"。口径13.4、底径7.6、高2.3厘米（图六二，1；图版一八，2）。T0620②∶A，孔雀蓝釉，尖唇，斜腹，圈足。器身施孔雀蓝釉，足部素烧。口径13.6、底径8.1、高2.4厘米（图六二，2；图版一八，3）。采集∶2，青釉刻花，敞口（葵花口），平底，圈足。口径19.1、底径11.5、高3.6厘米（图六二，3）。

图六二 清代A、B型瓷盘

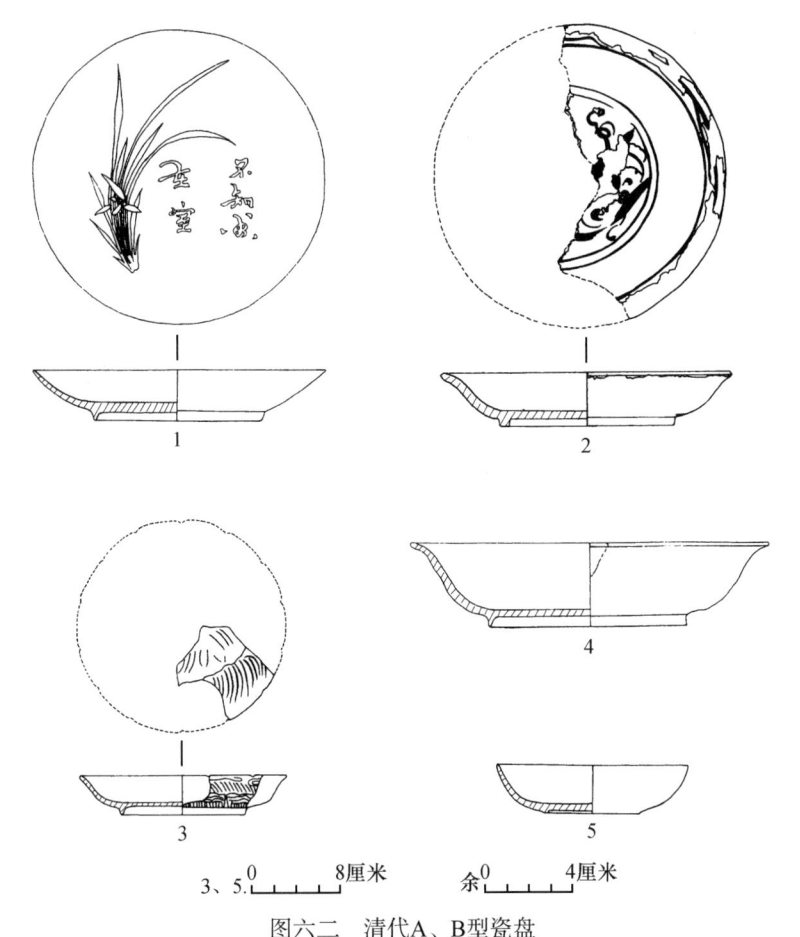

1~3.A型（J4:A、T0620②:A、采集:2） 4、5.B型（T0619①:4、T0621①:9）

B型 2件。残，修复。施白釉。圆唇，浅腹，圈足。T0619①：4，圆唇，浅盘，圈足。口径16.5、底径9.2、高3.8厘米（图六二，4）。T0621①：9，尖唇，浅腹，圈足。白釉，足部素烧。口径17.4、底径8.8、高4.3厘米（图六二，5）。

C型 6件。残，修复。施青花图案。尖唇，浅腹，圈足。J4：5，尖唇，浅腹，圈足。白釉珐琅彩，外壁口沿和足部两圈篮纹，内壁饰花卉图案，红、黄、紫三色，并有三个红"喜"字。口径13.5、底径8.3、高2.3厘米（图六三，1；图版一八，4）。J4：12，尖唇，浅腹，圈足。器外口沿和足部各有一圈篮纹，器内饰红花图案。口径17.6、底径11、高3.2厘米（图六三，2）。H3：1，尖唇，浅盘，圈足。口径14.2、底径7.6、高3.4厘米（图六三，3）。H6：4，残，修复。尖唇，浅腹，圈足。白釉，器身内外，饰缠枝花卉图案。口径14.7、底径8.4、高4厘米（图六三，4；图版一八，5）。T0621①：22，圆唇，斜腹，浅盘，圈足。器外饰红彩花卉。口径16.4、底径9.4、高3厘米（图六三，5）。T0623①：2，尖唇，浅盘，圈

图六三　清代C型瓷盘

1. J4∶5　2. J4∶12　3. H3∶1　4. H6∶4　5. T0621①∶22　6. T0623①∶2

足，内外壁饰青花图案。口径14.9、底径9.4、高2.7厘米（图六三，6）。

壶　2件。

酱釉瓷壶　残，修复。J4：7，尖唇，敞口，束颈，垂鼓腹，浅圈足。器身大部施釉，底部素烧。口径3.4、腹径4.8、底径3.2、高7.4厘米（图六四，1）。

黑釉瓷壶　微残。J4：16，尖唇，束颈，鼓腹，最大腹径在下部，矮圈足。器身大部施黑釉，近足部素烧。口径3.5、腹径5.1、底径3.5、高8.1厘米（图六四，2）。

罐　1件。

白釉盖罐　残，修复。J4：B，分上下两部分，子母扣盖。器身饰有文字"策英吴果刑尝尔武眉世会雨"。器口径10.5、底径7.4、通高12.4厘米。盖径3.2厘米（图六四，3；图版一八，6）。

灯盏　1件。修复。T0624①：2，平沿下垂，灯身深腹碗式，高柄座。浅黄褐色胎，绿釉。口径4、底径5.4、高7.8厘米（图六五，1）。

盅　4件。釉色分为青花、白釉等，按釉色不同，分为二型。

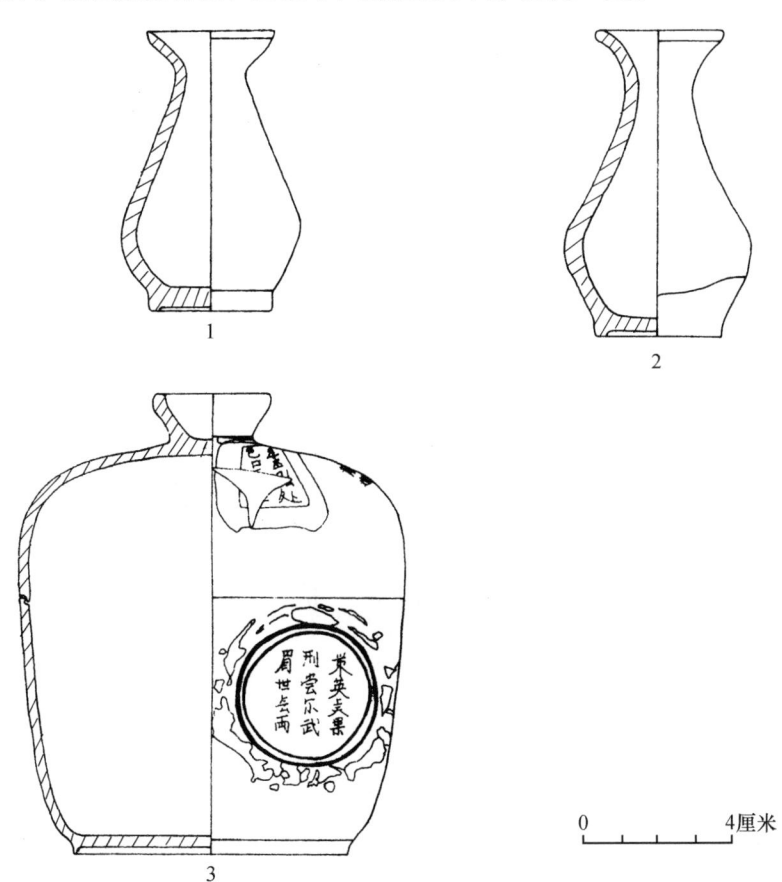

图六四　清代瓷壶、罐

1、2.壶（J4：7、J4：16）　3.罐（J4：B）

A型　2件。残，修复。青花，深腹，圈足。J4：25，圆唇，深腹，圈足。饰青花图案。口径5.1、底径1.9、高2.7厘米（图六五，2）。J4：29，尖唇，深腹，圈足。器身花卉图案。口径4.5、底径1.6、高2.85厘米（图六五，3）。

　　B型　2件。残，修复。白釉，尖唇，深腹，圈足。T0619J4：26，尖唇，深腹，圈足。器身施白釉。口径4、底径1.9、高2.4厘米（图六五，4）。T0619J4：27，尖唇，深腹，圈足。器身施白釉，口径3.6、底径1.7、高2.15厘米（图六五，5）。

　　器盖　1件。残，修复。白釉。T0619③：20，圆形，蘑菇状纽，纽径10.4、盖径17.7、高4厘米（图六五，6）。

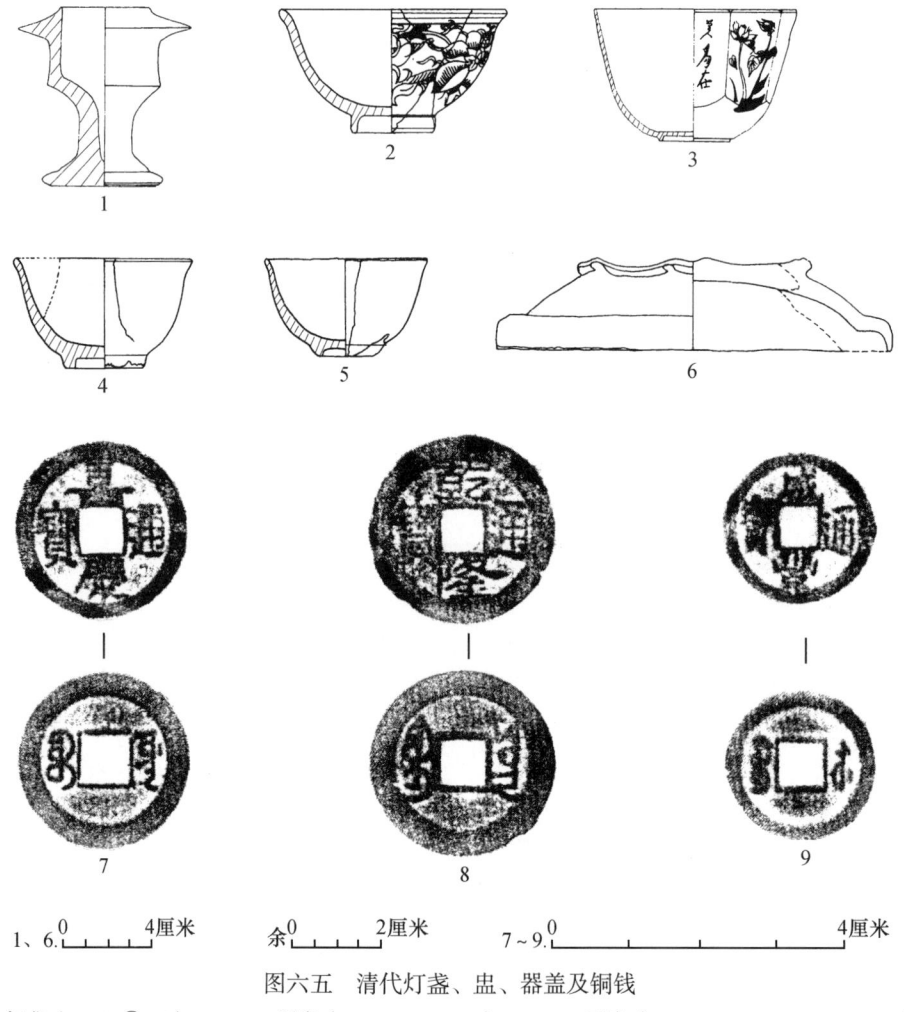

图六五　清代灯盏、盅、器盖及铜钱
1.灯盏（T0624①：2）　2、3.A型盅（J4：25、J4：29）　4、5.B型盅（T0619J4：26、T0619J4：27）
6.器盖（T0619③：20）　7.嘉庆通宝（J4：1）　8.乾隆通宝（J4：2）　9.咸丰通宝（J4：3）

2. 铜钱

J4出土铜钱，能够识别年号的有清"嘉庆通宝"（图六五，7）、"乾隆通宝"（图六五，8）、"咸丰通宝"（图六五，9）。

七、近代遗存

（一）遗迹

1. 房址

F3　位于省府前街A区T0622整个探方内，开口于第1A层下，打破第2A层。F3被后期破坏较严重，结构、形状不详。只残留下一部分墙基与墙基南部用石板铺就的东西向的路面。

墙基：位于T0622西北部，西距西壁2.4、南距南壁5.6米。墙基从残留下形状分析为正方形，东西长1.6、南北残宽1.4米，残高0.045米，只残留下一层砖。东、西、北三面，破坏严重，只有南壁（基础）略好些，为双砖纵砌。砖尺寸为0.28米×0.12米×0.045米。在墙基西壁中间有一块方石，顶端中间有一圆孔，方石边长0.48、厚0.24~0.3米，圆孔直径0.2、深0.12米。在此方石西边约2.6米，还有一块近似的方石。尺寸与其基本相同。两块方石，其摆放位置均在一条直线上。推测为当时的柱础。

路：在T0622南部，南距南壁1.4米，有一条用石板平铺的东西向的路，东西残长8、南北残宽1.4米，此路用一层石板平铺，路面高低不平。用的石板料大小不一，有长方形、三角形、方形、不规则形等。尺寸为长0.2~0.6、宽0.2~0.5、厚0.1~0.2米，此路距墙基约1.6米。

此房址因破坏较严重，整体形状不详。用途不明。与路及F3以北木桩、F4的关系不详。

从开口层位关系及墙基用砖，初步推测F3及路约为近代的建筑和当时使用的路（图六六；图版一二，2）（T0622F3与T0623F3为同一房基）。

F3位于T0623、T0622内，在F4的南部。

木桩：在清理完T0623内的第一层土后，发现在探方的南边，由西至东有一排木桩，在清理时又发现在这排木桩的北面出现了几个木桩，呈不规则排列。清理完平面后，解剖了木桩剖面约1米。

F3开口于第1A层下，建筑方式不明，只是在探方内出现一排木桩，木桩排列方式

图六六　F3平、剖面图

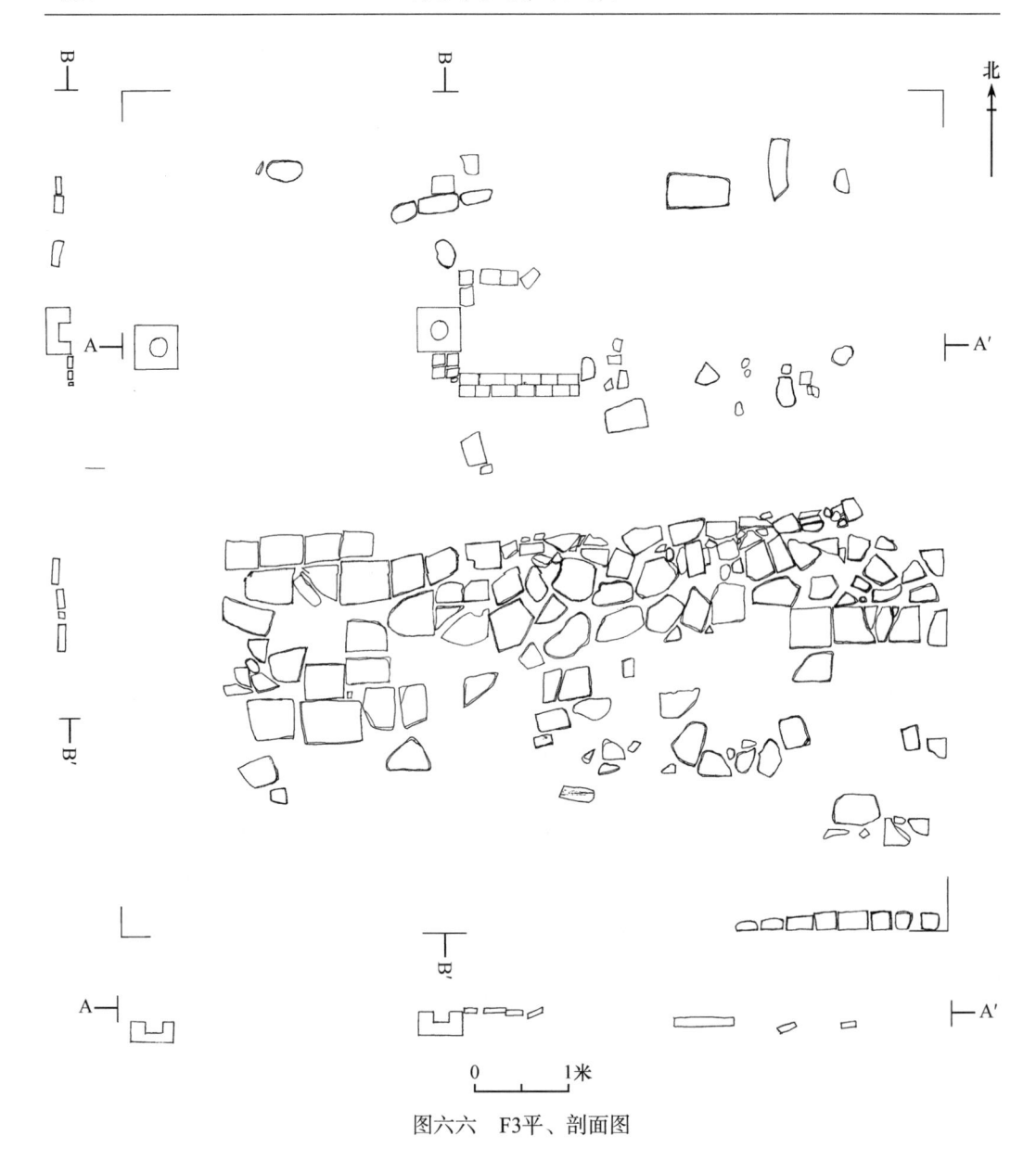

没有一定规律，由西至东长8.1米，向东延伸到探方外，在这排木桩北部中间处有8个木桩，排列方式呈不规则圆形，两处相距0.8米，南面这排有45个木桩，桩距在0.1~0.42米，木桩的直径为0.08~0.2米，深度在0.46~0.7米，F3的南部延伸到T0622内，这些木桩可能是由于济南是泉城，城区地下水位过高，在当时建房时作为墙基起到支撑和加固的作用。据开口层位和木桩的腐蚀情况，推断F3为近代房址（图版一二，3、4）。

F3的建筑范围和建筑用处不明，又和F4相邻，开口在同一层位下。F3和F4是否为同一建筑有待进一步考证。

F4　分布在探方T0623、T0624内，位于F3的北部。据F4已经清理的迹象分析，F4为砖块结构，南北总长13.6、东西宽5.1米，向西延伸到探方外，由于受工期所限，探方外部没有清理，情况不明。

开口于第1层下，建筑方式据残存状况看为砖石结构，石块为基础，为叙述方便，暂定F4最南边的墙基为F4-1，中间处为F4-2，北边处为F4-3（在T0624内）。

F4-1　位于T0623的西南部，呈东西走向，距探方南壁2.35米，向西延伸到探方外。该处由西至东长5.1、宽0.85~1米，残存厚0.2米，由上至下两层石板堆积。上层石板为南北纵向排列，由西到东8块石块一字排列，石板长0.85~1、宽0.38~0.45、厚0.08~0.15米，在距探方西壁1.1~1.9米处间隔，宽0.8米的间隔处没有石块堆积。下层石块厚度0.1~0.13米，石板长0.12~0.6、宽0.1~0.4米。

F4-2　位于T0623的北半部偏西，呈东西走向，距探方西壁1.7米，距探方南壁3.44米，距F4-1有2.4米。该处东西长2.5、南北宽1.25~1.68米，残存厚0.14米，为一层石块堆积，石块排列较乱无规律，石块长0.2~0.6、宽0.5~0.8、厚0.08~0.14米。

F4-3　位于T0624内，北部距探方南壁5.1米，距F4-2有6.9米，呈东西走向。该处东西长4.5、宽0.9~1.4米，为一层石、砖堆积。残存深0.3米。F4-3的南半部是由9块石板平行由西至东依次整齐排列，石板长0.5~0.7、宽0.4~0.6、厚0.1~0.16米。北部是由10块较小的石块由西到东平整排列，石块长0.3~0.55、宽0.1~0.2、厚0.1~0.12米，在F4-3的中间是用碎石堆积无序排列，在F4-3的最东部有一方形柱础，中间有透孔，柱础长0.44、宽0.4米，柱础有边沿，边沿宽0.06米，北沿缺失，方槽长0.33、宽0.31、深0.025~0.04米，中部方形透孔长0.14、宽0.125米（图版一二，6）。在F4-3东部柱础的南边紧靠柱础处，有两块石板依次排列。

另外在F4-2和F4-3之间西部有8个木柱，无序排列，柱距0.12~2.25米，木桩直径0.06~0.12米，木桩长在0.5~0.8米。在清理房基中采取标本1件（即F4的柱础）。

F4和F3开口在同一层面，没有一定的形状和分布范围，是不是同一建筑群有待考证，根据F4的开口层位推断，F4为近代房址（图六七；图版一二，5）。

2. 灶

Z1　位于T0620的西部，开口于第1A层下，打破第1B层，灶的南部被H2打破。灶离探方西壁0.6、南壁3米，距地表1.05米。灶为椭圆形袋状，灶口东西长1、南北宽0.75、深0.32~0.42米。灶底径东西长1.18、南北宽0.82米，烧土层厚0.05~0.06米。灶内填土为灰褐色，土质较松，含有大块的烧土块和草木灰烬，出土少许白釉瓷片、残瓦块、砖块、石块等。据开口层位和出土物推断，该遗迹的时代应是近现代时期（图六八；图版一一，4）。

图六七　F3、F4平、剖面图

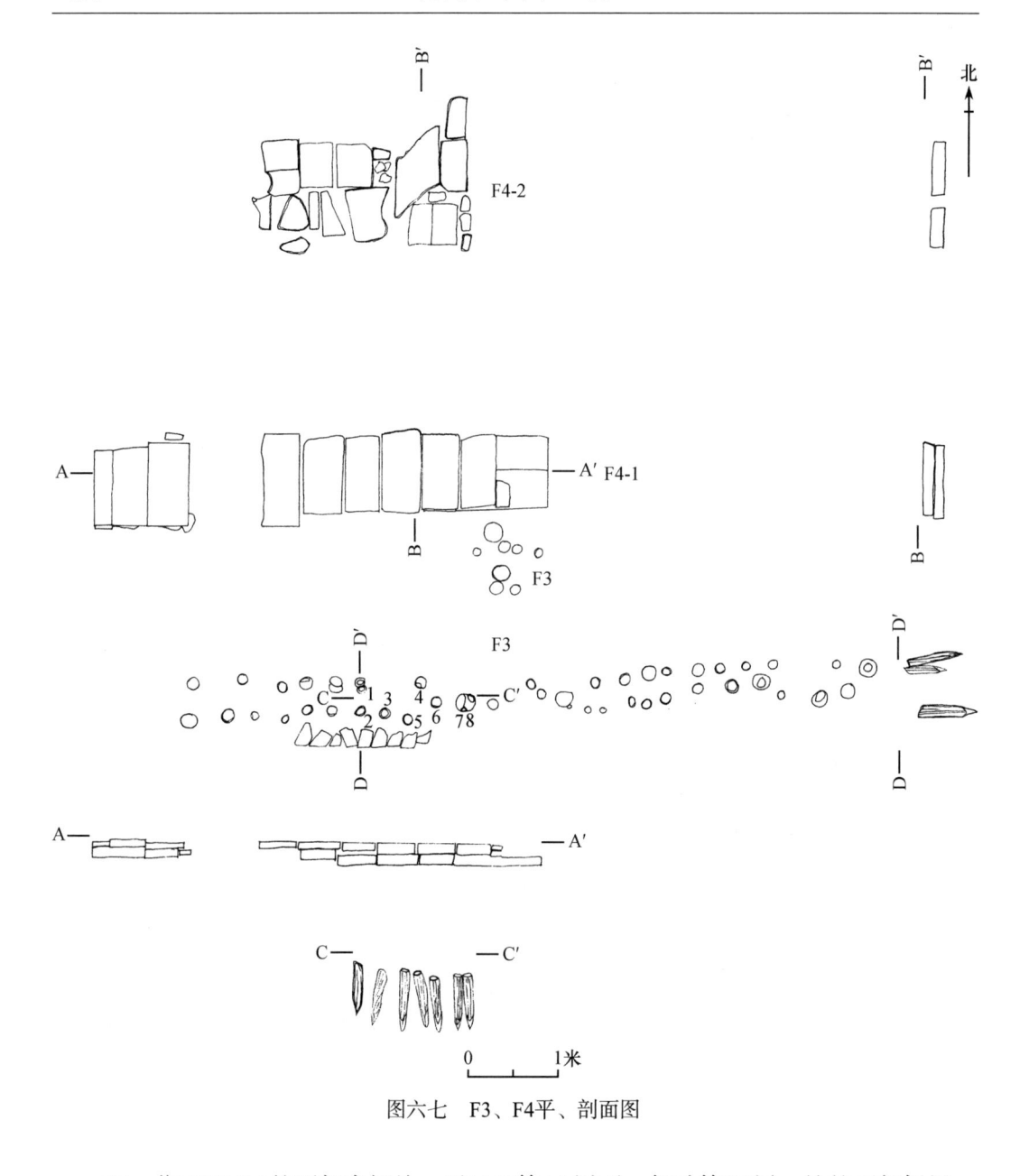

Z2　位于T0620的西部中间处，开口于第1A层下，打破第1B层，灶的西部坍塌，灶坑距探方西壁0.9、南壁4.7米，距地表1.15米。灶为椭圆形，袋状平底坑，灶口东西长1、南北宽0.77、深0.4米。灶底东西长1.1、南北宽0.85米。灶内填土为灰褐色、土质较松，底部有一层厚约0.05米的草木灰烬，含有红烧土块等。灶的烧土层厚3～4厘米。出土少许白釉、酱釉瓷片。据开口层位和出土物推断，该遗迹的时代应为近现代时期（图六九；图版一一，5）。

图六八　Z1平、剖面图

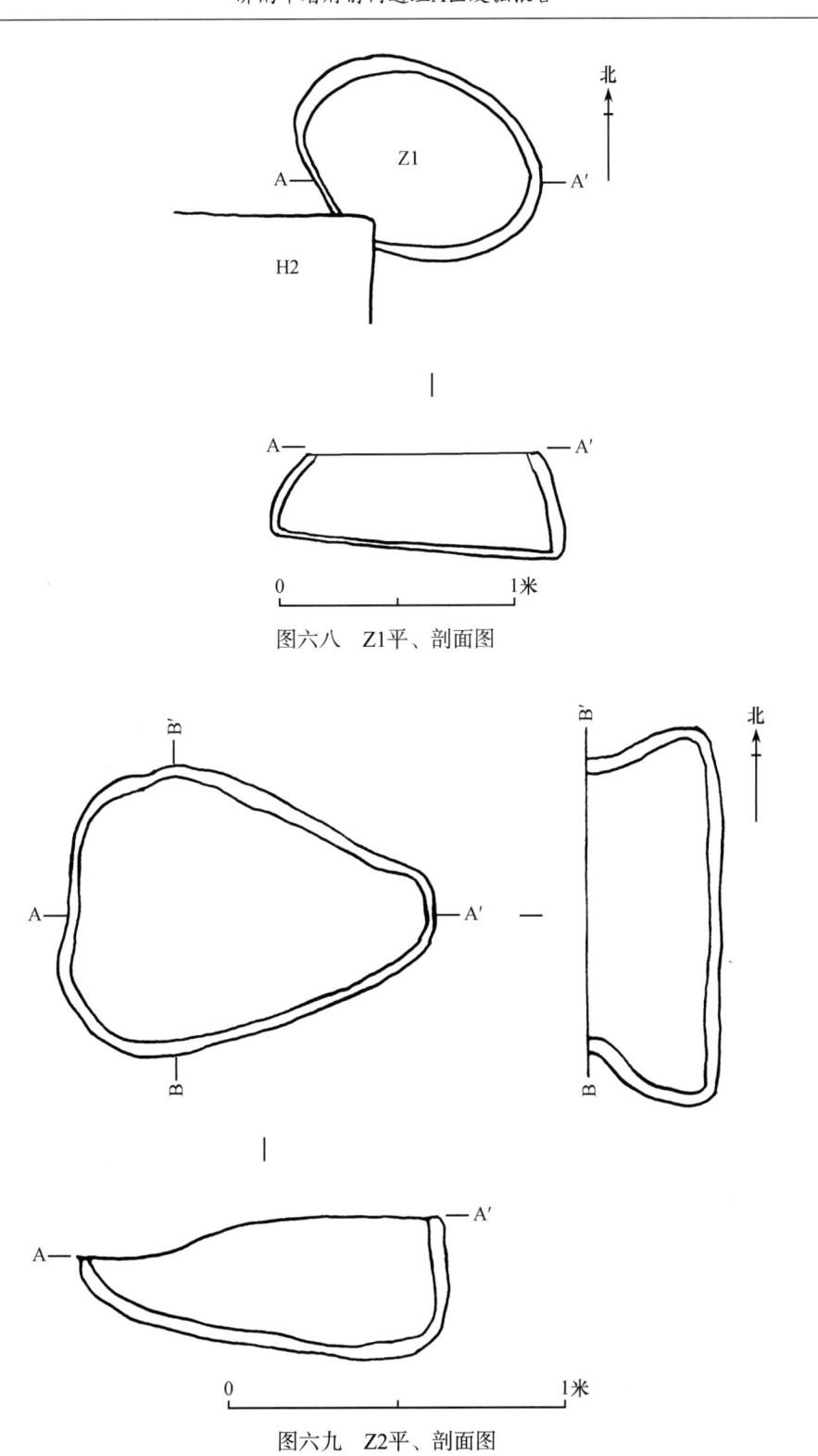

图六九　Z2平、剖面图

图七〇　H2平、剖面图

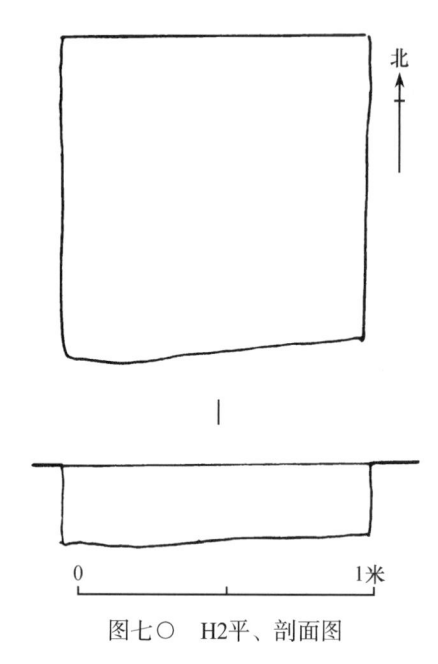

3. 灰坑

H2　位于T0620的西南角处，开口于第1A层下，坑的西部延伸到探方西壁外，距探方南壁2米，坑口距地表1.05米。坑为长方形，坑内填土为灰褐色，土质较松，坑的南、北、东边和底部均有一层约0.03米厚的白灰层。坑内含有红烧土颗粒、白灰块等。出土物有酱釉、白釉、青花瓷片、残瓦块、石块等，器形有碗、罐、盘等。据H2的开口层位和出土物推断，该遗迹应是近现代时期的石灰坑（图七〇）。

4. 水井

J3　位于T0619内的南部，靠近南壁，开口于第1层层面。其距探方西壁3.5、南壁0.25米。井为圆形，砖、石结构，内直径0.8、底径0.96、深2.3米。井上部用八层青砖平砌，白砂灰黏接，砖与石灰连接处，有两层用半块的砖垒砌，内留对称的方形凹槽2个，应是脚窝。砖规格为28厘米×15厘米×4.5厘米。砖壁下为不规则石块，砂灰黏接，井底部用方框木支撑井壁。井内填土为建筑垃圾及生活垃圾，土质疏松，含石块、砖块、瓷器、石器、铁、铜器及儿童玩具等。根据其开口层位和出土器物推断，该遗迹的时代当为近现代（图七一）。

J4　位于T0619内的西北部，开口于第1层下，井距探方南壁8.15米，西壁、北壁延伸至探方西壁与北隔梁内。井为圆形，砖砌结构，口内径0.6、底径0.83、残深1.82米，井口部位已被破坏，上部用青砖垒砌，砖规格为28厘米×14厘米×5厘米。现残留平砌、扁立砌筑各三层，此六层砖深0.8米，砂灰黏接，应为近现代砌筑。井下部用单砖错缝平砌，完整的砖较少，未用砂灰或泥黏接，井底部用木板支撑井壁。井内填土上部为建筑垃圾，下部为灰、黑色淤泥，含青砖、石块、瓦片、瓷片、铜钱等，出土小件30多件。根据其开口层位和出土器物推断，该遗迹的开建时代及使用时代应为清代和近现代（图七二）。

J14　位于T0620北隔梁东部，一部分延伸到探方的东隔梁内。该井开口于第1A层下，打破第2A、3层。距探方西壁8.3、南壁9.1米，井口距地表2米。井呈圆形，土壁，直壁，平底。井口直径0.7、深1.25米，填土呈灰黑色，土质松，含有少量草木灰、碎砖块等，未出遗物。根据开口层位推断，J14的时代为近代（图七三）。

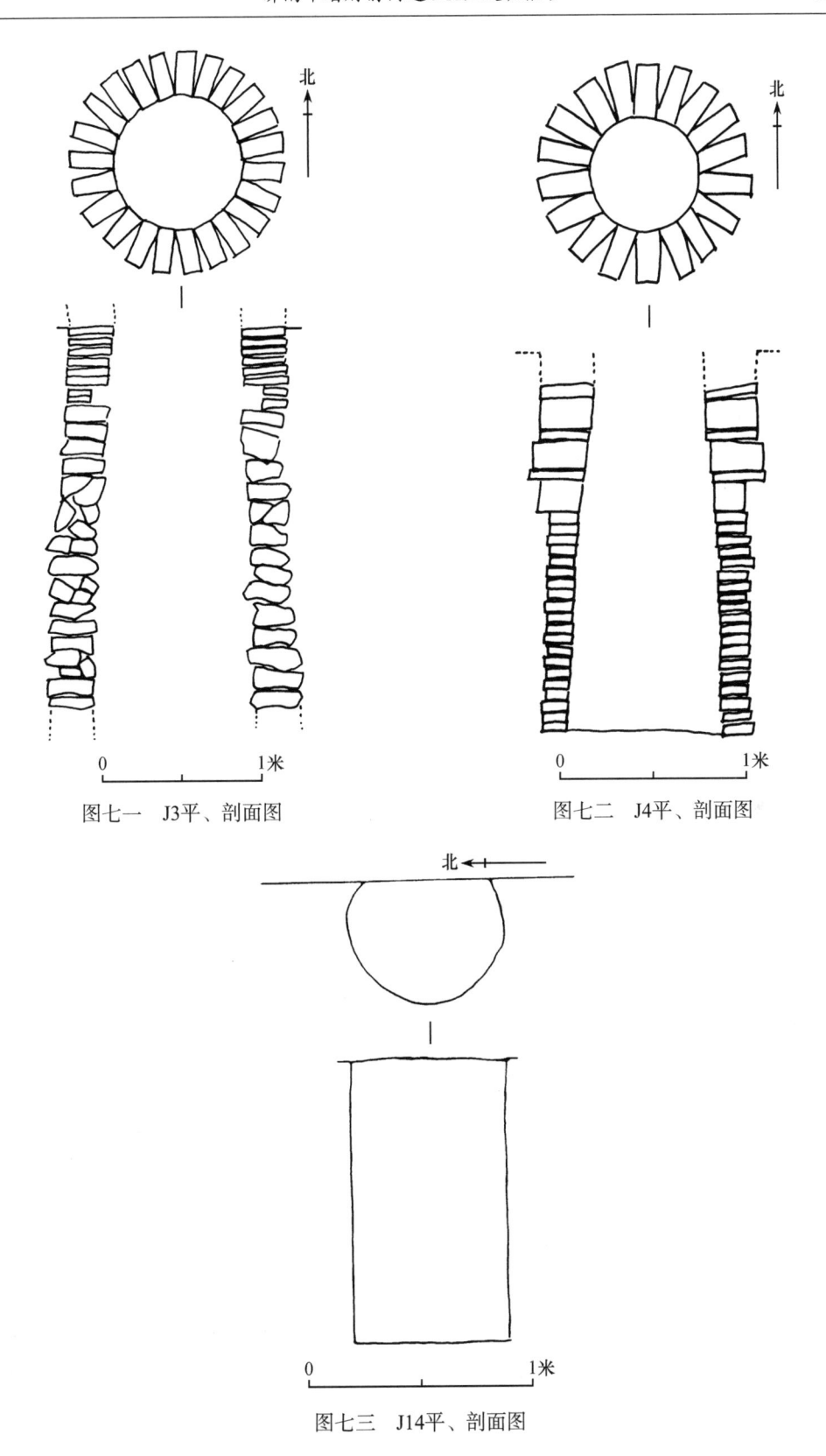

济南市省府前街遗址A区发掘报告

图七一 J3平、剖面图

图七二 J4平、剖面图

图七三 J14平、剖面图

（二）遗物

近代（民国）时期，出土器物较少，主要有瓷器。

瓷器

主要为生活用具。器形有碗、盘等。

碗　12件。釉色分为白釉、青花等。按釉色和形状不同，分为二型。

A型　2件。白釉，尖唇，圈足。残，均为修复。J4∶21，尖唇，深腹，圈足。器身施白釉，饰有花卉（竹子）图案。口径10.5、底径3.8、高5.4厘米（图七四，1）。T0620①∶6，尖唇，斜腹，圈足。器身施淡白釉。口径21.9、底径7.2、高6.3厘米（图七四，2）。

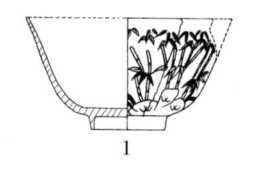

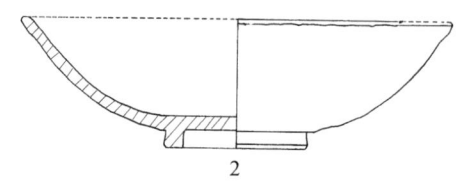

图七四　民国A型瓷碗
1. J4∶21　2. T0620①∶6

B型　10件。白釉，器身饰青花图案。依腹部形状不同，分二亚型。

Ba型　2件。白釉，斜腹，圈足。残，均为修复。J4∶8，敞口，斜腹，圈足，内底有刮圈。口径15.5、底径6.4、高5.3厘米，壁厚0.3~0.5厘米（图七五，1）。J4∶14，尖唇，斜腹，圈足。白胎，清釉，釉不至底，外壁饰花卉图案，冰裂纹。口径16.2、底径6.2、高6厘米（图七五，2）。

Bb型　8件。白釉，深腹，圈足。残，均为修复。T0620①∶9，尖唇，深腹，圈足。器身施白釉，青花图案。口径15.2、底径5.8、高7.2厘米（图七六，1）。T0620①∶11，尖唇，深腹，圈足。器身施白釉，青花图案，似马奔跑的形象。口径7.5、底径3.2、高3.5厘米（图七六，2）。T0620①∶13，尖唇，深腹，圈足。器身施白釉，青花（飞禽）图案。口径15.2、底径6.6、高7.8厘米（图七六，3）。T0621①∶18-2，尖唇，深腹，圈足。器身施白釉，青花图案。口径15.2、底径7、高7.5厘米（图七六，4）。T0621①∶20，尖唇，深腹，圈足。器身施白釉，点缀"7"字形图案。口径8.7、底径4、高5.6厘米（图七六，5）。T0622①∶5，尖唇，

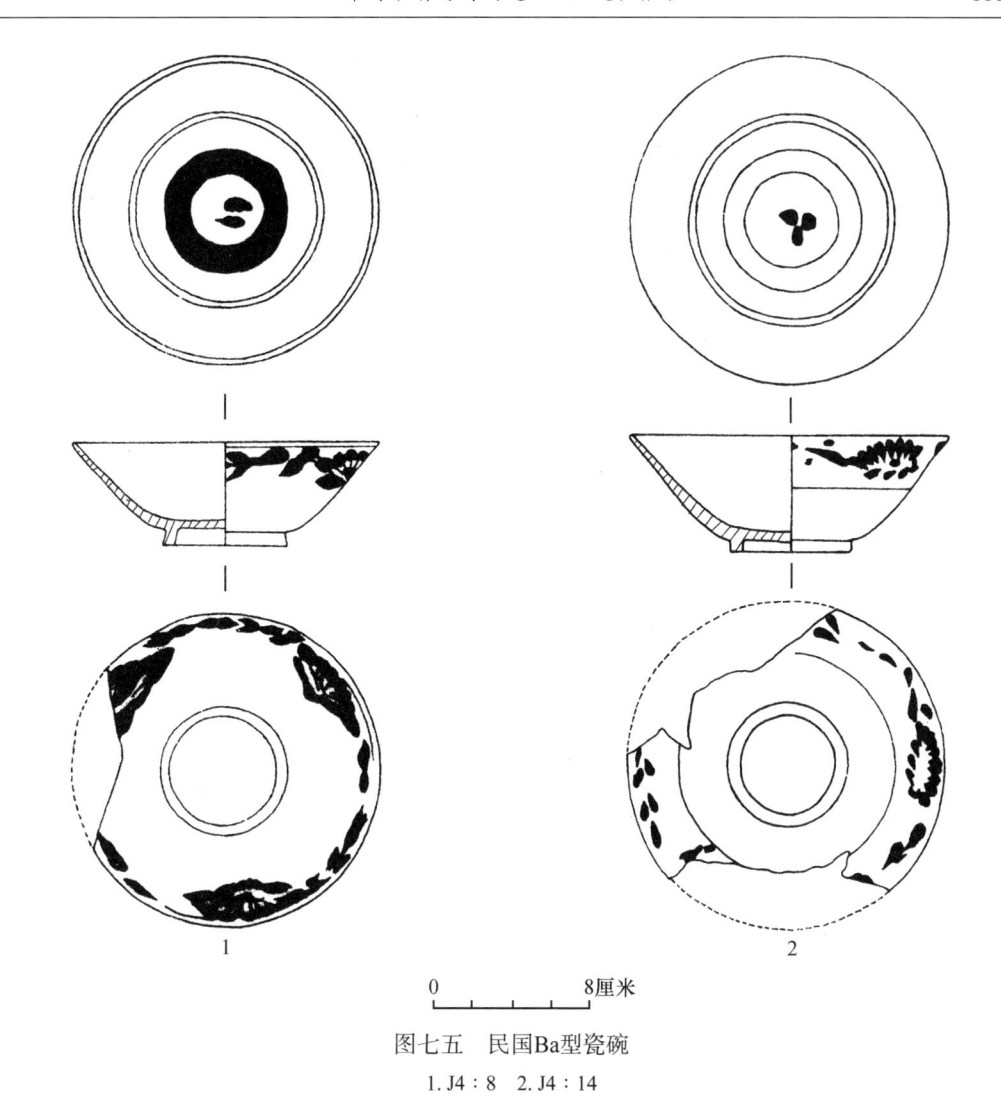

图七五　民国Ba型瓷碗
1. J4:8　2. J4:14

深腹，圈足。器身施白釉，青花图案。口径13.4、底径6.4、高6.8厘米（图七六，6）。T0622①:6，圆唇，深腹，圈足。白釉，青花图案。口径13、底径7、高6.5厘米（图七六，7）。T0622①:8，圆唇，深弧腹，圈足。器身施白釉，釉不包底，青花图案。口径6.4、底径3、高3.8厘米（图七六，8）。

盘　4件。釉色分为白釉和青花图案。依釉色和形状不同，分为二型。

A型　1件。器身施白釉。残，修复。T0620①:8，尖唇，浅腹，圈足。器身施白釉，口沿外沿有一周篮纹。碗内有青花图案。口径12、底径5.9、高3.1厘米（图七七，1）。

B型　3件。器身饰青花图案。残，均为修复。T0622①:9，尖唇，浅腹，圈足。白釉，青花图案。口径19.8、底径11.4、高4厘米（图七七，2）。T0620①:7，尖

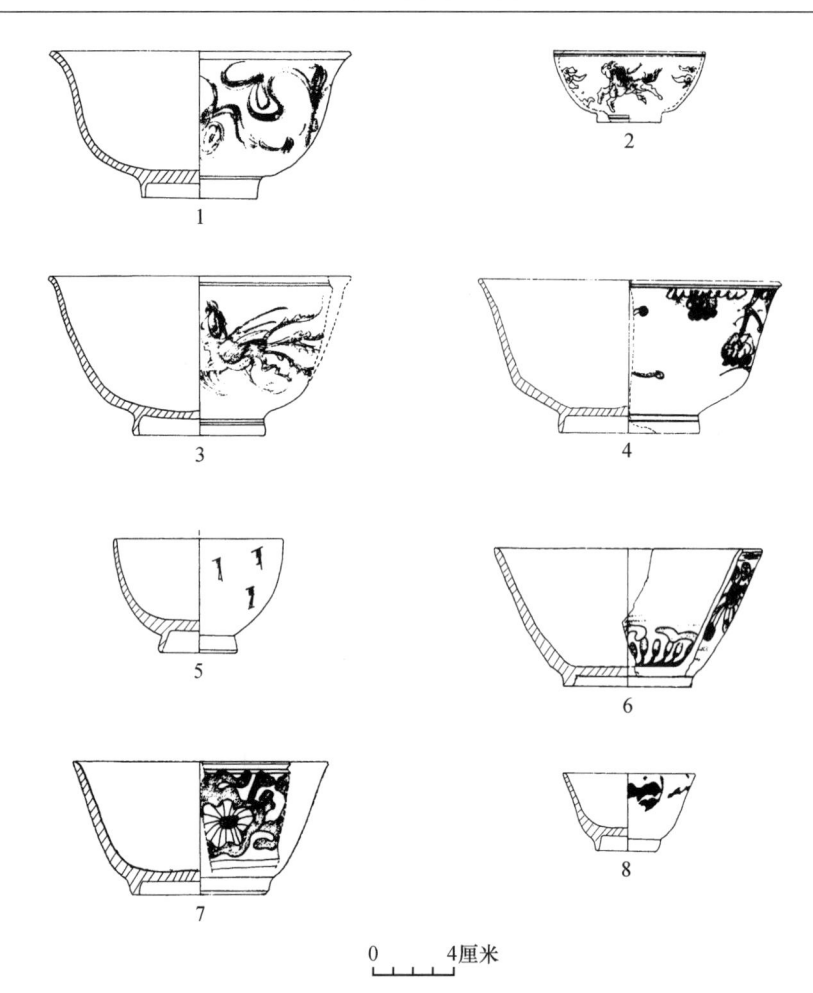

图七六　民国Bb型瓷碗

1. T0620①：9　2. T0620①：11　3. T0620①：13　4. T0621①：18-2　5. T0621①：20　6. T0622①：5
7. T0622①：6　8. T0622①：8

唇，斜腹，圈足。碗外部口沿和足部各饰一道篮纹，内身青花图案。口径13.7、底径8.2、高2.8厘米（图七七，3）。T0623①：1，尖唇，敞口，斜腹，圈足。盘内饰青花图案，内有青花款识，口沿下有一周青花纹饰，外底一周双线篮纹。口径15.9、底径9.6、高3.1厘米（图七七，4）。

另外，还出土瓷盅、瓷壶等（略）。

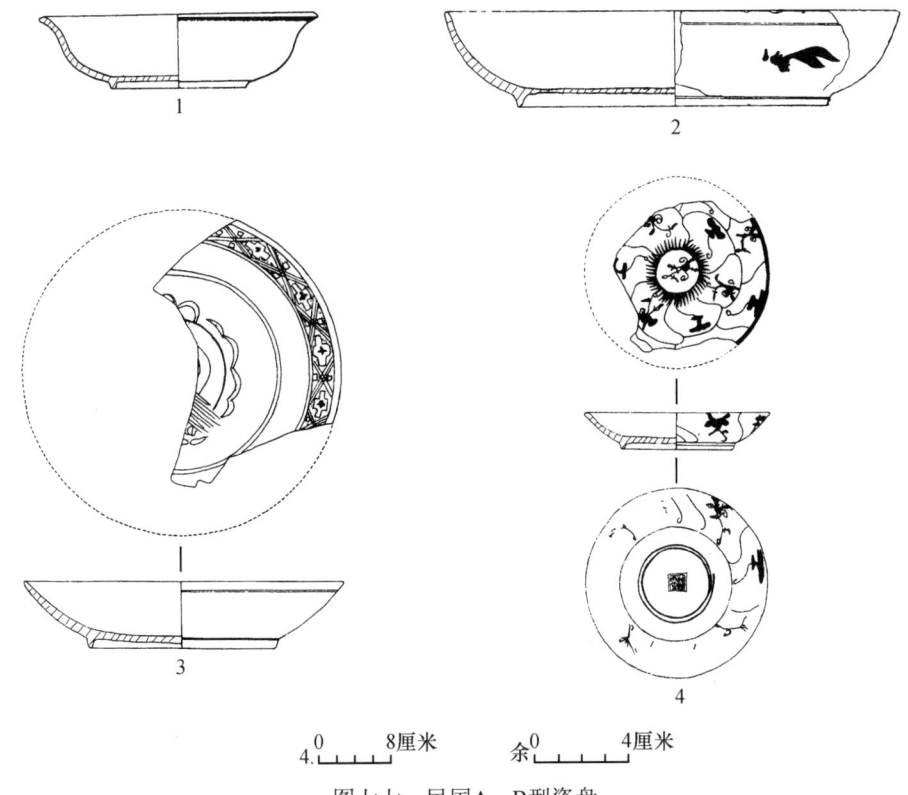

图七七　民国A、B型瓷盘

1.A型（T0620①：8）　2~4.B型（T0622①：9、T0620①：7、T0623①：1）

八、结　语

济南市省府前街遗址A区的考古发掘，是济南市古城区一个重要的考古项目，发现的遗迹、遗物对研究济南古城区的历史和中国陶瓷史、水利史，具有重要的学术价值。

（一）古代水井

数量众多的古代水井，是此次考古发掘的重要收获。在遗址范围内（包括由于建设工期，南部未发掘区域）发现战国至明清时期的水井19眼。水井的结构有土壁、瓦壁、砖壁和石壁。出土各个时代的陶器、瓷器等。对于研究济南泉水文化和泉水申遗，提供了珍贵的实物资料。在济南高都司巷遗址、旧军门巷遗址[2]、按察司街遗址[3]发掘中，亦发现不同时期的水井多处，充分说明济南的泉水历史源远流长，至今仍具有蓬勃的生命力！

在东汉晚期、隋唐的水井中，出土战国、隋唐时期的陶瓷器，为中国陶瓷器史的研究，提供了丰富的实物资料。

（二）房址

发掘出的房址，尤其是明清时期的干栏式建筑，说明济南古城区由于处在泉城区域，地下水位高，先民采取了特殊的建筑措施，这对于建筑史的研究具有重要意义。干栏式建筑，在意大利威尼斯城水城，就是采取的这种形式。在淤泥中打进木桩，有利于地基稳固，延长建筑物的使用寿命。

（三）宋元明清及近代遗迹、遗物

宋元明清及近代的遗迹、遗物，十分丰富。宋元瓷碗、瓷盘与济南郎茂山路元代家族墓瓷碗（M1：1）[4]和济南按察司街遗址[5]出土的器物相似。出土的大量战国至明清时期的陶瓷器，对于研究中国陶瓷史和济南的地方史，具有重要意义。

附记：本次发掘领队为济南市考古研究院房道国，参加发掘的人员主要有房道国、郝素梅、鲍雪飞、李省虎、孙贵洪、宋学旺。在济南省府前街遗址发掘的过程中，得到济南融新投资发展有限公司的大力支持；时任济南市考古研究所副所长李铭、张辰及办公室主任张幼辉等领导多次前往工地指导工作。谨致谢意！

摄　　影：房道国　郝素梅
绘　　图：房道国　毕冠超
拓　　片：毕冠超
执　　笔：房道国　郝素梅　鲍雪飞　杨　阳

注　释

[1] 济政字〔2002〕2号公布济南市第一批六大地下文物保护区有：无影山区、刘家庄区、魏家庄区、古城区、牛王庄区。其中古城区地下文物保护区范围为环城公园以内区域。
[2] 房道国等：《济南市发掘旧军门巷遗址》，《中国考古年鉴》（2004年），文物出版社，2005年。
[3] 济南市考古研究所：《济南按察司街遗址发掘报告》，《海岱考古》（第九辑），科学出版社，2016年。
[4] 济南市考古研究所：《济南郎茂山路元代家族墓发掘简报》，《文物》2010年4期。
[5] 同[3]。

附表一 济南省府前街遗址 A 区灰坑登记表 （单位：米）

编号	位置	层位	形制	尺寸（口径×底径—深）	器物	时代	备注
H1	T0714	①	圆形	0.7—1	陶片	近代	开口据地表0.5米
H2	T0620	①A	长方形	1.04—0.24	陶、瓷片	近现代	开口距地表1.05米
H3	T0620	①B	不规则形，直壁，平底	（1.6~1.9）—0.24	陶片、瓷片	明清	开口距地表1.95米
H4	T0621	②A	圆形，直壁，平底	0.64—0.66	瓷片	明清	开口距地表3.4米
H5	T0621	②A	圆形，直壁，平底	0.6—0.32	瓷片	明清	开口距地表3.5米
H6	T0620	②A	不规则长方形	（1.84~2.43）—0.34	瓷片、兽骨、瓦块	明清	开口距地表2米
H7	T0619	③	圆形，斜壁，圜底	（0.8~0.9）—0.36	陶片、瓷片	宋元	开口距地表2.8米
H8	T0619	③	长方形，直壁，平底	（0.85~1.8）—0.82	陶片、瓷片	宋元	开口距地表2.8米
H9	T0620	③	不规则长方形	（2.9~5.4）—（0.5~0.95）	陶片、瓷片、铜钱	宋元	开口距地表2.8米
H10	T0621	④	不规则形	（1.1~1.45）—0.85	陶片、瓷片、兽骨	宋元	开口距地表4.5米
H11	T0620	⑤	圆形，直壁，平底	2.1—0.7	陶片、兽骨	东汉晚期	开口距地表4.6米
H12	T0619	⑤	椭圆形，直壁，斜底	（2~2.06）—0.9	陶罐、豆、盆	东汉晚期	开口距地表4.6米

附表二 济南省府前街遗址 A 区水井登记表 （单位：米）

编号	位置	层位	形制	尺寸（口径×底径—深）	器物	时代	备注
J1	T0909		圆形，石质，平底	0.8	陶片	近代	南部施工破坏
J2	T0309		圆形，砖砌，平底	0.82—0.4	陶片	近代	
J3	T0619	①	圆形，砖、石砌，平底。井底部用方框木支撑井壁	0.8×0.96—2.3	瓷片、砖块、石块、铁器、铜器等废杂物	近现代	

续表

编号	位置	层位	形制	尺寸（口径×底径—深）	器物	时代	备注
J4	T0619	①	圆形，砖砌，平底	0.6×0.83—1.82	青砖、石块、瓦片、瓷片、铜钱等	清代和近现代	
J5	T0410		圆形，土壁，平底	1.46—1		东周	残井口距地表5.6米
J6	T0510		圆形，陶井圈，平底	1.5—1.5	陶豆盘	东周	残井口距地表5.7米
J7	T0610		圆形，土壁，平底	1.05—0.96	陶片	汉	残井口距地表5.5米
J8	T0511		井框为方形，陶井圈，井口圆形	1—1.46	陶罐等	战国、汉	残井口距地表5.7米
J9	T0512		椭圆形，土壁，平底	1.1—0.92		东周	残井口距地表5.9米
J10	T0708		椭圆形，土壁，平底	（1～1.2）—1.1	陶罐、瓮等	战国	残井口距地表5.6米
J11	T0620	①B	椭圆形，土壁，直壁，平底	（1.44～1.62）—1.1	瓷碗、杯、豆、罐等	明清	井口距地表1.45米
J12	T0913		圆形	1.1—0.7	陶瓷片		南部施工破坏
J13	T0621	②A	圆形，土壁，直壁，平底	0.95—1.2	瓷碗、盘、缸	明清	井口距地表4米
J14	T0620	①A下，打破②A、③	圆形，土壁，直壁，平底	0.7—1.25		近代	
J15	T0621	⑤	圆形，土壁，斜直壁，平底	（1.3～1.32）×1.02—1.86	瓷碗、罐、盆、瓮等	汉唐	井口距地表6.3米
J16	T0621	⑤	椭圆形，土壁，斜壁，平底	（1.2～1.5）×（0.84～0.88）—1.47	瓷碗、罐、盆	东汉晚期	井口距地表6.3米
J17	T0620	⑤	圆形，土壁，斜壁，平底	1.4×1.08—2.12	陶豆、罐、壶、盆等	汉（或战国时期）	井口距地表4.4米
J18	T0619	⑤	近圆形，土壁，平底	1.25×1.1—1.4	陶片	东汉晚期	井口距地表4.55米
J19	T0619	⑤	椭圆形，直壁，平底	（1.12～1.36）—0.98	陶豆、罐、盆等	东汉晚期	井口距地表4.6米

山东烟台开发区、福山区汉墓清理简报

烟 台 市 博 物 馆
烟台市福山区王懿荣纪念馆

烟台经济技术开发区（行政区划属烟台福山区）地处山东半岛黄海之滨，位于北纬37°32′、东经121°14′，毗连烟台市中心区，区域范围为夹河以西、柳林河以东、柳子河以北、海岸线以南，总面积约360平方千米。1984年10月经中华人民共和国国务院批准设立，是中国首批14个国家级开发区之一。自20世纪90年代至21世纪初，为配合烟台开发区内经济建设，经上级文物管理部门批准，烟台市博物馆先后多次组织考古工作人员，对工程建设区域进行保护性考古发掘，共清理汉代墓葬20座，以三十里堡墓群为主，福山区清理汉墓1座（图一）。现将发掘情况简报如下。

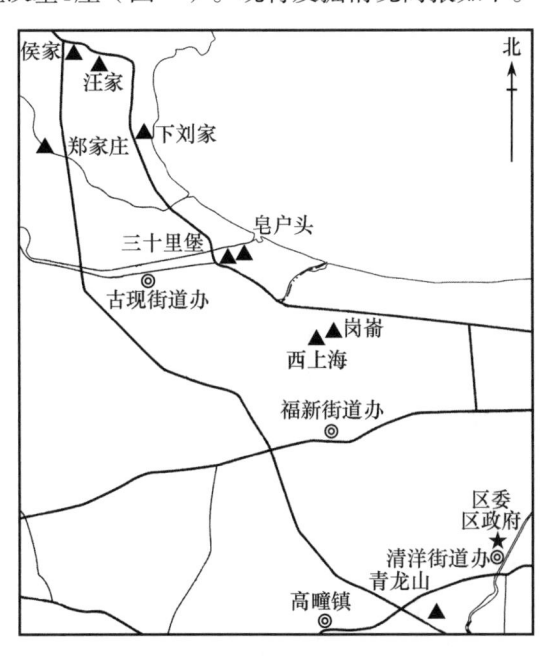

图一　墓葬位置示意图

一、墓地概况

三十里堡墓群位于开发区古现办事处三十里堡及岗嵛村一线南部的海滨丘陵地带，北距海岸约1千米，分布在东西长7.5、南北宽3.5千米的一片山岗上。当地人称"牟城72冢"。随着平整土地，北部和西部的土冢逐渐被平掉。现存墓群分东、西两大墓区，相距2.5千米，有封土墓60余座。时代为汉代。

三十里堡墓群东墓区（岗嵛）位于开发区长江社区岗嵛村南，东起岗嵛山，西至西留沟，主要分布在岗嵛村西山岗上，南北宽约1.5千米，有汉墓23座。1998年11月与2003年3月，为配合开发区内工程建设，先后清理墓葬7座，分别编号98M1～98M3（岗嵛）、03M1、03M2（岗嵛），03M1、03M2（西上海）。此外，1974年，文物部门在岗嵛清理了2座墓葬，由于年代久远，考古资料不完整，仅见部分文字资料和出土遗物，在此也一并介绍。西墓区位于开发区古现办事处三十里堡村南，长江路横穿西墓区而将其分为南北两部分。北半部主要分布在邻近三十里堡故城址南城墙的山顶及东南山坡上，约有汉墓20座。南半部主要分布在长江路以南、陈家村西山顶及大王家村北山顶和东南坡上，南北长约3000、东西宽约900米的范围内，有汉墓17座，总体保存基本完好。2003年6～7月，为配合长江路西延工程建设，对封土墓Z16（当地人一般称封土堆为"冢子"，在以往调查时，对三十里堡墓群内现存封土的墓以字母Z开头进行了编号）进行考古发掘，清理墓葬3座，编号03YTKZ16M1～03YTKZ16M3。同时，多年来，福山区文物管理部门在对三十里堡墓群进行文物调查及村民日常生产活动中发现并上交的陶器，本报告也一并进行介绍。

皂户头墓地位于开发区古现街道办事处皂户头村东南。东邻卡斯特葡萄酒庄园，西为黄金河，南邻三十里堡墓群西墓区。2003年7月，为配合开发区路政工程建设，清理汉墓4座，编号03YTKZM1、03YTKZM3～03YTKZM5。

汪家墓地位于开发区八角街道办事处汪家村南500米的小山北坡。2003年7月，为配合区内工程建设，清理汉墓1座，编号03YTKWM1。

侯家墓地位于开发区八角街道办事处侯家村西，西北距方里刘家约1500米，北距206国道约600米，东北1500米为祈雨顶，西至"塚子顶"，南至丈老沟北。东西约150、南北约2000米，面积约30万平方米。2005年10月，为配合区内工程建设，清理汉墓2座，编号05YTKHM1、05YTKHM2。

郑家庄墓地位于开发区八角街道办事处郑家庄南约200米的一处台地上，当地群众称"小南埠"，北距206国道约14.5米，位于其南面的绿化带中。2005年12月，为配合区内工程建设，清理汉墓1座，编号05YTKZM1。

下刘家墓地位于开发区八角街道办事处下刘家村西南约500米处，当地村民称"应家茔"，其西约300米为206国道，处于古现9路南约100米处的丘陵地带。2007年7月，为配合区内工程建设，清理汉墓1座，编号07YTKXM1。

青龙山墓地位于福山区清阳街道办事处青龙山南侧坡底台地，内夹河（清阳河）西岸约200米。该墓地东北约4.5千米处的内、外夹河并流后入黄海，为福山区主要河流之一。2014年6月，青龙山广场施工时发现，清理汉代墓葬1座，编号14YTFQM1。

二、墓葬介绍

共清理墓葬22座，根据墓葬形制分为土坑墓和砖室墓。其中，土坑竖穴墓7座，砖室墓15座。土坑竖穴墓皆为长方形；砖室墓，平面略呈"凸"字形或长方形，多数顶部后期已遭破坏。砖室一般先挖土圹，然后砌筑砖室四壁。"凸"字形墓葬由墓道、墓门和墓室组成。墓葬上原有封土，长期以来因地貌变迁，今多已不存，仅侯家墓地的两座墓葬封土仍在。

（一）土坑竖穴墓

1. 三十里堡墓群西墓区

位于西墓区的中部，现长江路西。封土高约3米，经过夯打，较坚硬。封土下有3座墓葬，东西向并列。编号03YTKZ16M1～03YTKZ16M3。

03YTKZ16M1　方向125°。土坑竖穴墓，墓圹平面基本呈长方形，四角圆抹，西端略宽于东端，直壁，平底。长3.04、东宽1.92、西宽2.1、深2.56米。墓内填土为较纯净的黄灰土，应是从别处拣选而来，使用木棍分层夯打，结构紧密，质地较坚硬。夯打较随意，夯面不平整，较粗糙。层面之间有褐色水锈。夯层厚8～10厘米。夯棍为圆柱平头，夯窝底部较平，夯窝直径6～10、深6～8厘米。有熟土二层台，系挖墓穴时凿出的酥石碎块回填堆砌而成，因棺椁塌陷，二层台向椁室内倾塌，台面不规整。台面宽度不一，东台宽0.34、西台宽0.2、南台宽0.38～0.48、北台宽0.4、高0.8米。墓底有葬具一椁一棺，已朽，平面长方形，受外力挤压，并因二层台向内倾塌，不规整。椁长2.48、宽1.2、高0.66米。棺位于椁室中部，髹漆，外黑内红。棺长2.12、宽0.8、高0.4米。棺内人骨架1具，已朽，仅见头、肩及四肢朽痕。可辨头向西，单人仰身直肢葬。随葬品仅陶罐1件，位于北侧二层台偏东（图二；图版一九，1）。

陶罐　1件。03YTKZ16M1：1，泥质灰陶，方唇，直口，斜折沿，矮束颈，溜

图二　03YTKZ16M1平、剖视图

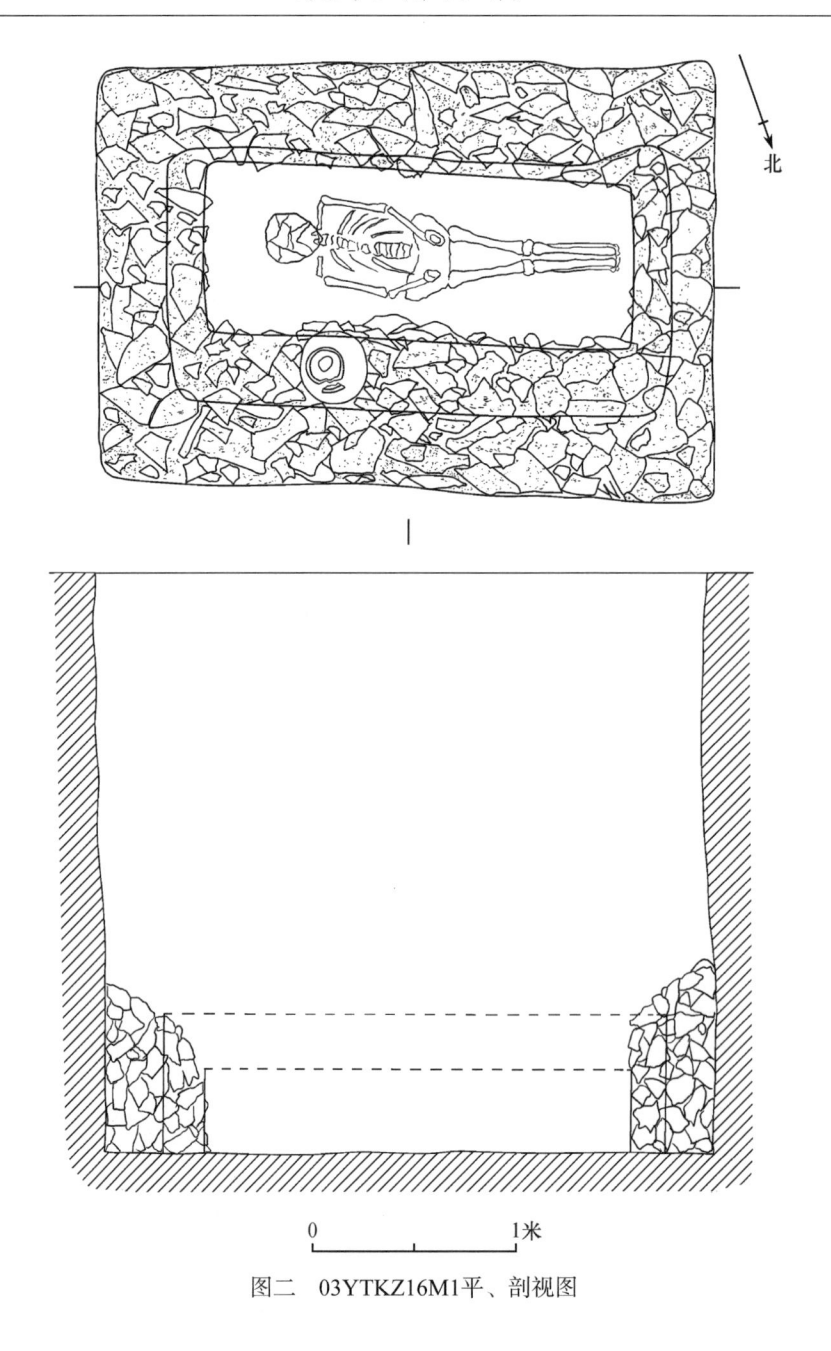

肩，鼓腹，下腹内收，小平底。腹上部有数周刮弦纹，中部一道绳纹。口径17.5、腹径29.8、底径11.8、高27.5厘米（图三；图版二〇，1）。

03YTKZ16M2　方向128°。土坑竖穴墓。墓室顶部有直径约1.4米的圆形盗洞，土质坚硬，在深0.8米处停止盗掘。墓圹平面长方形，圆抹角，直壁，平底。长3.8、宽2.7、深4.8米。墓底垫一层熟土，以平整墓底，放置棺椁。其底部偏北，人为挖有一条小沟，东窄西宽，长2.3、宽0.1~0.14米。墓内填五花土，使用木棍分层夯打，结构紧密，质地较坚硬。夯层较平整，层面之间有褐色水锈。夯层厚约10厘米。夯棍为圆柱平头，夯窝底部较平，直径8~10、深6~8厘米。有熟土二层台，系挖墓穴时凿出的酥石碎块回填堆砌而成。台面宽度不一，东台宽0.4、西台宽0.6、南台宽0.56、北台宽0.5、高0.9米。墓底有葬具一椁二棺，已朽，平面长方形，受外力挤压，并因二层台向内倾塌不规整。椁室的壁因外力挤压呈弧形。椁的西、南挡板较清楚。椁长2.46、宽1.62、高0.9米。椁盖板南北向，宽约0.2米。棺紧靠椁室的南部，双棺制作精致，内外棺界线不十分清晰。棺长2.36、宽0.8、高0.1米。外棺上有青铜包角、包边。髹漆。棺顶覆盖有幔，幔上镶有鎏金铜饰件铜泡。棺内人骨架1具，已朽，仅见头骨朽痕。可辨头向西，单人仰身直肢葬。随葬品共62件，其中陶罐5、小陶罐3、高领罐3、陶壶2、陶盘1、铜铺首2、陶灶腿1件，位于椁内棺外北侧器物箱内。陶钵6件，4件位于墓室四角的二层台上，2件位于器物箱内，其中墓圹东南角的陶钵内残存有炭化粮食遗存。石晗1、铜带钩1、铜带扣1件，位于棺内墓主头部附近。此外，铜包角7、铜包边5、铜泡20、铜钱4件，位于棺内（图四；图版一九，3、4）。

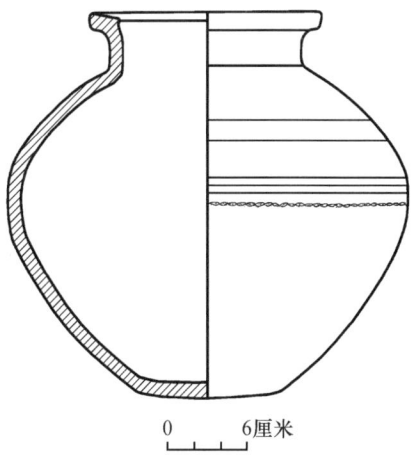

图三　03YTKZ16M1出土陶罐（03YTKZ16M1∶1）

陶罐　5件。03YTKZ16M2∶8，泥质灰陶。直口，宽方唇，斜折沿，高束颈，斜肩，鼓腹，腹下部内收，最大腹径居中，小平底。肩部刻划有"董"字。口径18.5、腹径32.6、底径10.5、高34.4厘米（图五，1；图版二〇，3、4）。03YTKZ16M2∶9，泥质灰陶。近直口，方唇，卷沿，内斜折沿内凹，矮束颈，溜肩，鼓腹，下腹内收，最大腹径偏下，小平底。素面。口径19、腹径34.6、底径10.5、高34.6厘米（图五，2；图版二〇，2）。03YTKZ16M2∶10，泥质黄胎黑皮陶，夹细砂颗粒，黑皮大部剥落。口微敛，圆唇，沿面圆鼓斜折后内凹，矮束颈，溜肩，鼓腹，下腹内收，最大腹径居中，小平底微凸。颈部饰2周鼓棱，腹中部饰1周断续的细绳纹，下腹部拍印横斜交错的粗绳纹。口径19.5、腹径34、底径12.5、高30.5厘米（图五，3；图版二〇，5）。03YTKZ16M2∶11，泥质灰陶，敛口，圆唇，沿面圆鼓斜折后内凹，矮束颈，溜肩，鼓腹，下腹内收，最大腹径偏下，小平底。器形不规则。肩部有刻划纹。口径20、腹径34.6、底径12、高30厘米（图五，4；图版二〇，6）。03YTKZ16M2∶12，泥质灰褐陶。敛口，圆唇，卷沿，沿面圆鼓斜折后内凹，矮束颈，溜肩，鼓腹，腹下部内收，最大腹径偏下，小平底。肩部饰3周凹弦纹，下腹部拍印横斜交错的粗绳

图四 03YTKZ16M2平、剖视图

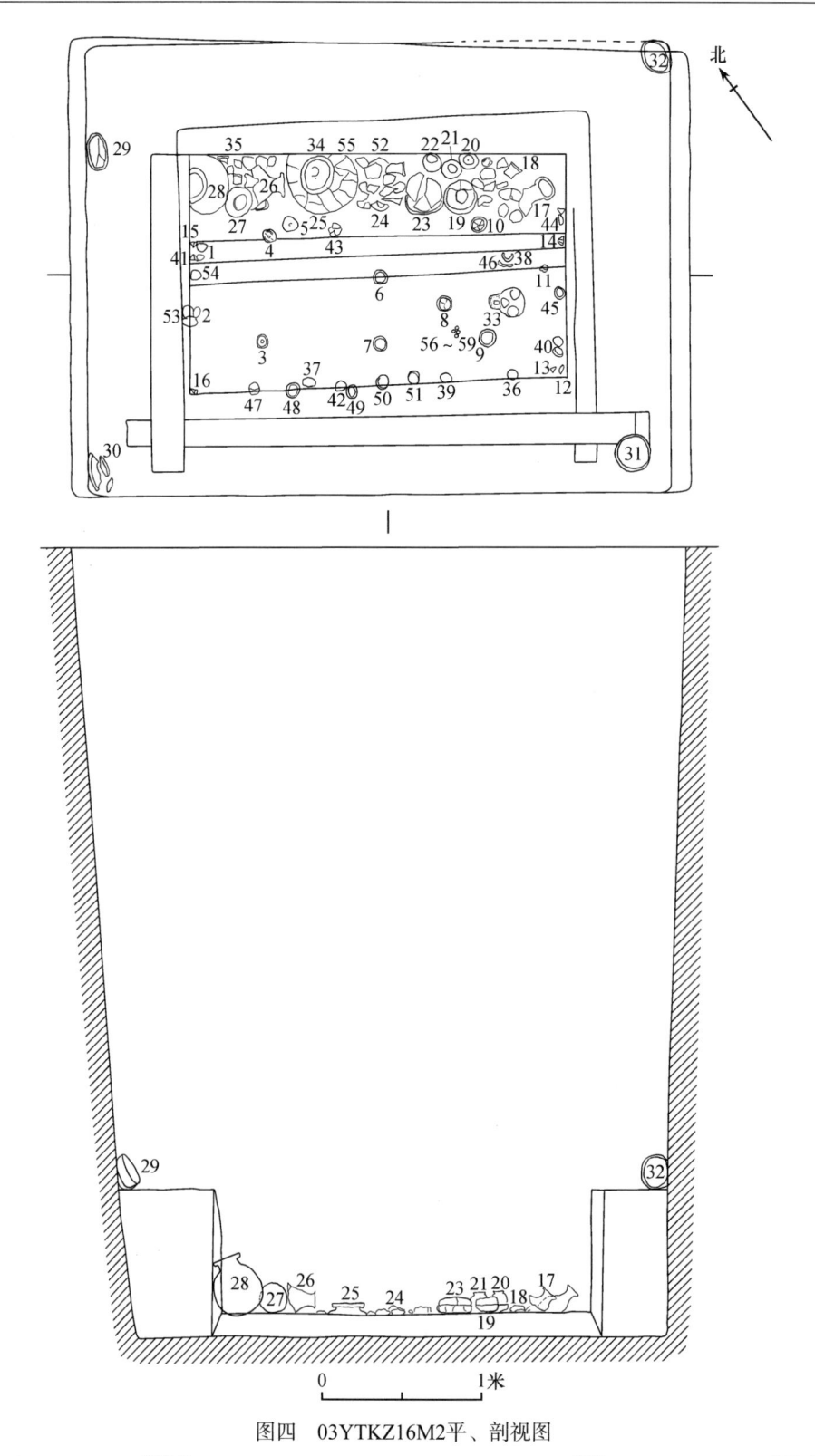

1、2、36、37、39.铜包边　3~11、40、42、43、45、47~51、53、54.铜泡　12~16、41、44.铜包角　17.陶壶（2件）　18、25、27、28、52.陶罐　19.陶盘　20~22.小陶罐　23.陶钵（2件）　24、26、35.高领罐　29~32.陶钵　33.石哈　34.铜铺首（2件）　38.铜带扣　46.铜带钩　55.陶奁腿　56~59.铜钱

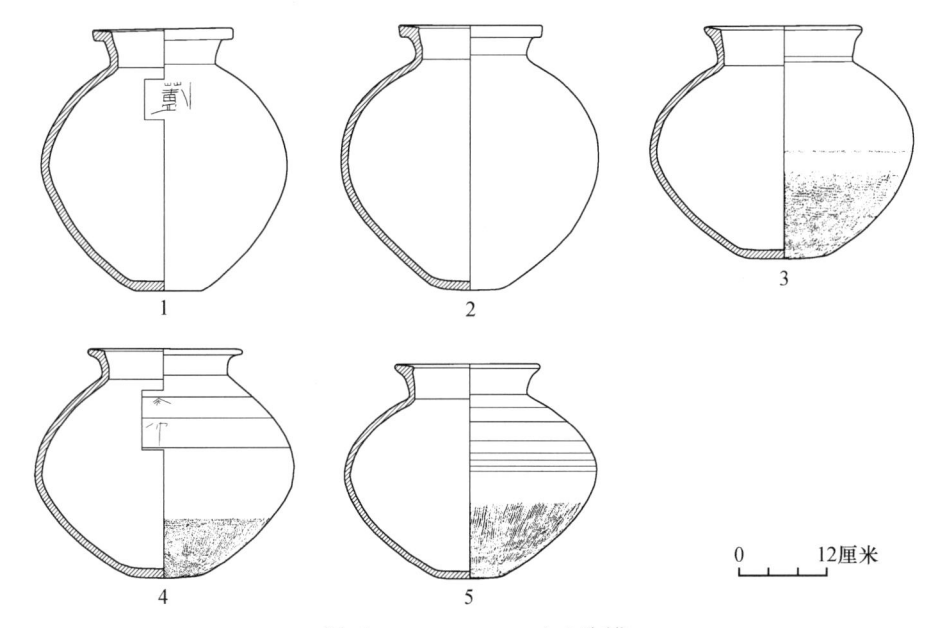

图五　03YTKZ16M2出土陶罐
1.03YTKZ16M2：8　2.03YTKZ16M2：9　3.03YTKZ16M2：10　4.03YTKZ16M2：11　5.03YTKZ16M2：12

纹，腹中部有水平向刮痕。口径19.5、腹径34.5、底径10.5、高28厘米（图五，5；图版二一，1）。

小陶罐　3件。均泥质灰陶，素面。03YTKZ16M2：18，直口，平沿，矮直领，溜肩，鼓腹，小平底内凹。器物表面有轮上刀具刮抹修整痕。口径7.8、腹径11.7、底径3.5、高8.6厘米（图六，1；图版二一，2）。03YTKZ16M2：19，直口，圆唇，矮直领，弧肩，鼓腹，小平底内凹。器物表面有轮上刀具刮抹修整痕。口径6.7、腹径11.6、底径5.5、高7.7厘米（图六，2；图版二一，3）。03YTKZ16M2：20，直口，圆唇，矮直领，溜肩，鼓腹，平底微凹。颈部饰一周凸棱，腹部饰一周鼓棱。器物表面有轮上刀具刮抹修整痕。口径8、腹径12.3、底径6、高7.6厘米（图六，3；图版二一，4）。

高领罐　3件。均泥质灰陶，平底。03YTKZ16M2：13，微侈口，圆唇，圆斜折沿，高领，溜肩，圆鼓腹，下腹斜内收，最大腹径在下部。颈肩相交部饰1周折棱，腹中部及肩部有刮旋痕。口径11、腹径18、底径7、高20.6厘米（图七，1；图版二一，5）。03YTKZ16M2：14，侈口，圆唇，高领，溜肩，圆鼓腹，最大腹径居下。腹中部及肩部有刮旋痕。口径11.1、腹径18、底径7.2、高21厘米（图七，2；图版二一，6）。03YTKZ16M2：15，磨光。侈口，方唇，圆折沿，高束颈，溜肩，鼓腹，下腹斜内收。颈部饰1周压印绳纹和2周凹弦纹，腹中部及肩部有刮旋痕。口径11.5、腹径20.2、底径8、高22.6厘米（图七，3；图版二二，1）。

陶壶　2件。均泥质灰陶。侈口，平沿，方唇，长颈，溜肩，鼓腹，圜底。03YTKZ16M2：16，素面。口径13.8、腹径21、高25厘米（图七，4；图版二二，2）。03YTKZ16M2：17，近底部饰有压印绳纹。口径13.5、腹径21、高25.8厘米（图七，5；图版二二，3）。

陶钵　6件。均泥质灰陶，敛口，素面。03YTKZ16M2：2，器表通体施有黑色陶衣。圆唇，弧腹内收，小平底。口径20、高7.8厘米（图八，1；图版二二，4）。

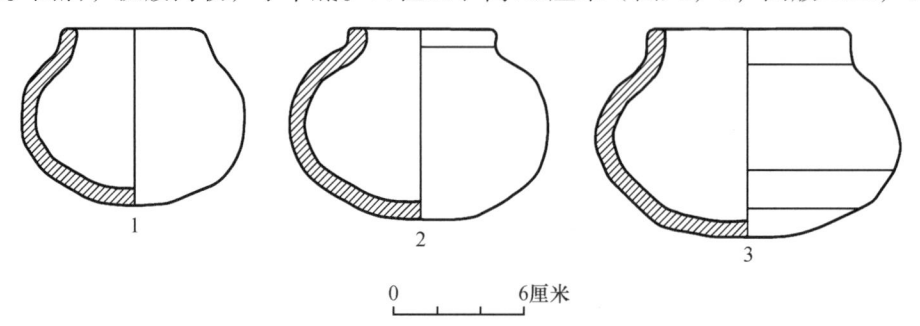

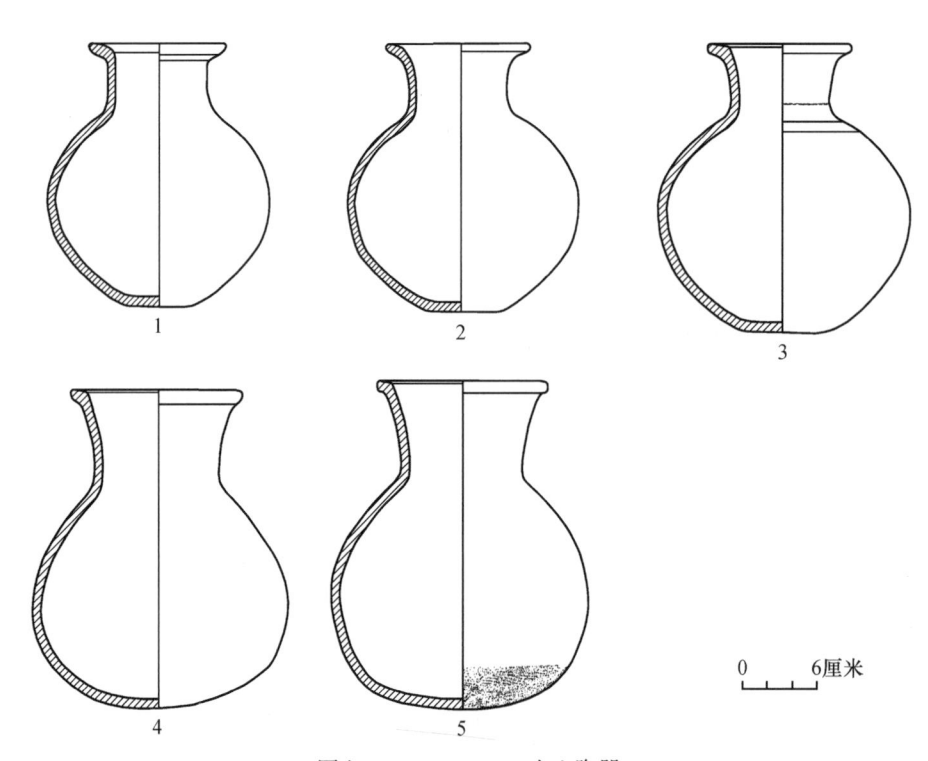

图六　03YTKZ16M2出土小陶罐
1. 03YTKZ16M2：18　2. 03YTKZ16M2：19　3. 03YTKZ16M2：20

图七　03YTKZ16M2出土陶器
1～3. 高领罐（03YTKZ16M2：13、03YTKZ16M2：14、03YTKZ16M2：15）　4、5. 壶（03YTKZ16M2：16、03YTKZ16M2：17）

03YTKZ16M2：3，器表通体施有黑色陶衣。圆唇，折腹，腹下部内收，小平底。口径19.5、高7.6厘米（图八，2；图版二二，5）。03YTKZ16M2：4，器表通体施有黑色陶衣。平唇，折腹，腹下部内收，小平底。器表有刀具刮抹修整痕。口径18.3、高6～8厘米（图八，3；图版二二，6）。03YTKZ16M2：5，圆唇，弧腹，腹下部内收，小平底。器表有刀具刮抹修整痕。口径19、高7.5厘米（图八，4；图版二三，1）。03YTKZ16M2：6，平唇，鼓腹，腹下部内收，小平底。器表有刀具刮抹修整痕。口径17、高6.5厘米（图八，5；图版二三，2）。03YTKZ16M2：7，平唇，鼓腹，腹下部内收，小平底。口径17、高7厘米（图八，6；图版二三，3）。

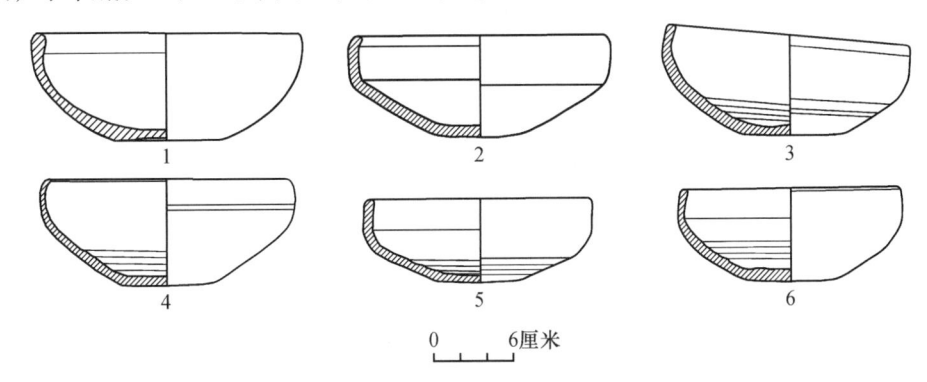

图八　03YTKZ16M2出土陶钵
1. 03YTKZ16M2：2　2. 03YTKZ16M2：3　3. 03YTKZ16M2：4　4. 03YTKZ16M2：5　5. 03YTKZ16M2：6
6. 03YTKZ16M2：7

陶盘　1件。03YTKZ16M2：1，泥质黑陶。残。侈口，方唇，腹较浅，折腹，平底。器表素面。盆内侧有纹饰，口沿饰有一周云气纹，腹部及底部饰有鱼、鹤及水草纹。口径24、高5.2厘米（图九，1；图版二三，4、5）。

陶奁腿　1件。03YTKZ16M2：47，泥质灰陶，蹄足，系陶奁残腿。残高4、足厚1.2厘米（图九，2）。

铜带钩　1件。03YTKZ16M2：46，残，钩缺失。形体较小，瘦长。琵琶形。圆纽位于尾部中间，较矮。残长6.3、厚0.6～1厘米（图九，3；图版二四，1）。

铜泡　20件。03YTKZ16M2：36，呈圆形，外侧鼓起，通体鎏金，内凹中部有一环纽。直径4.7、高1、厚0.15厘米（图一〇，1；图版二四，2）。

铜包角　7件。03YTKZ16M2：41，呈三边形锥状，外侧通体鎏金，内凹处有一平纽。各边长4、高3、厚0.1厘米（图一〇，2；图版二四，3）。

铜包边　5件。03YTKZ16M2：44，形状似铜泡对折90°状，外侧通体鎏金，内凹处有一平纽。长5、高2.1、厚0.1厘米（图一〇，3；图版二四，4）。

铜铺首　2件。03YTKZ16M2：34，兽面衔环状。兽面长5.2、厚1.7、环径长3.8、

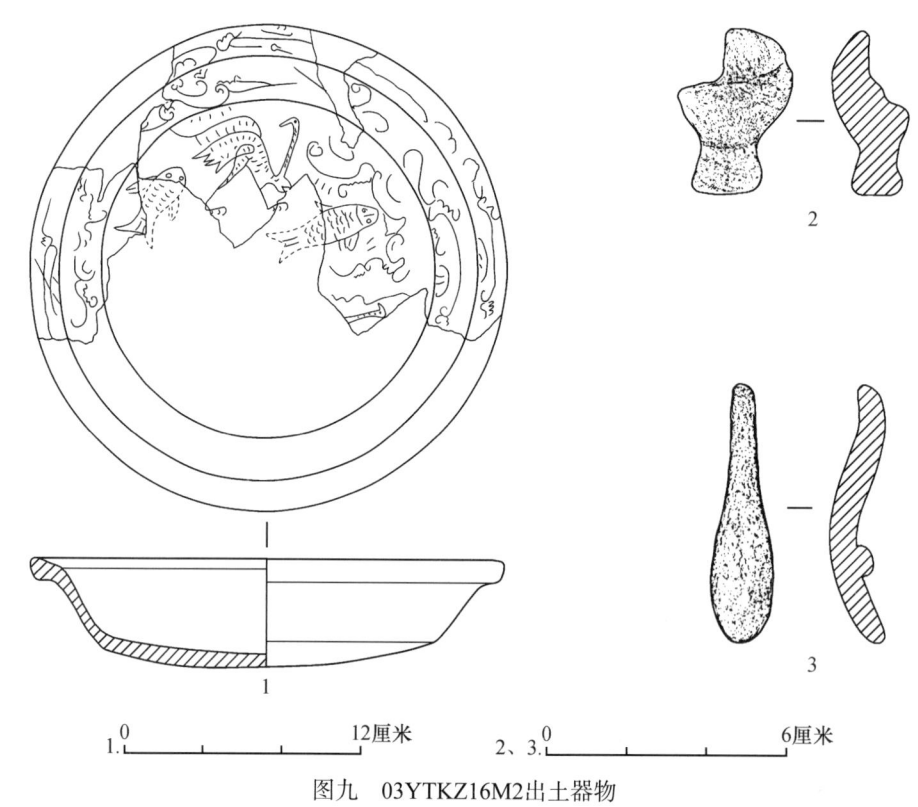

图九　03YTKZ16M2出土器物
1. 陶盘（03YTKZ16M2∶1）　2. 陶食腿（03YTKZ16M2∶47）　3. 铜带钩（03YTKZ16M2∶46）

厚0.4厘米（图一〇，4；图版二四，5）。

铜钱　4枚。均为五铢钱。03YTKZ16M2∶55，字体瘦长，"五"字中间两笔弯曲、末端近平行，"铢"字的"金"字头呈三角形。"朱"字头方折。直径2.6、穿径1、厚0.1厘米（图一〇，5）。

铜带扣　1件。03YTKZ16M2∶38，呈半环椭圆状，器物残环，锈蚀严重。长4、径0.4~0.8厘米（图一〇，6）。

石唅　1件。03YTKZ16M2∶33，残，略呈长方形，制作粗糙。素面。长1.8、宽2.2、厚0.4厘米（图一〇，7；图版二四，6）。

03YTKZ16M3　方向129°。土坑竖穴墓。墓葬因人为毁坏，北、西壁上部缺失。墓圹平面长方形，直壁，壁面较规整，平底。长3.6、宽2.7、深5.05米。墓内填土黄褐色，上部夹杂较多酥石块，墓底部酥石块变少，应为原土回填。使用木棍分层夯打，结构紧密，质地较坚硬。夯打较随意，夯面不平整。层面之间有褐色水锈。夯层厚8~10厘米。夯棍为圆柱平头，夯窝底部较平，夯窝直径7~10、深5~8厘米。有熟土二层台，系挖墓穴时凿出的黄褐色土及酥石碎块回填堆砌而成。因棺椁塌陷，二层台向椁室内倾塌，台面不规整。台面宽度不一，东台宽0.55、西台宽0.65、南台宽0.7、

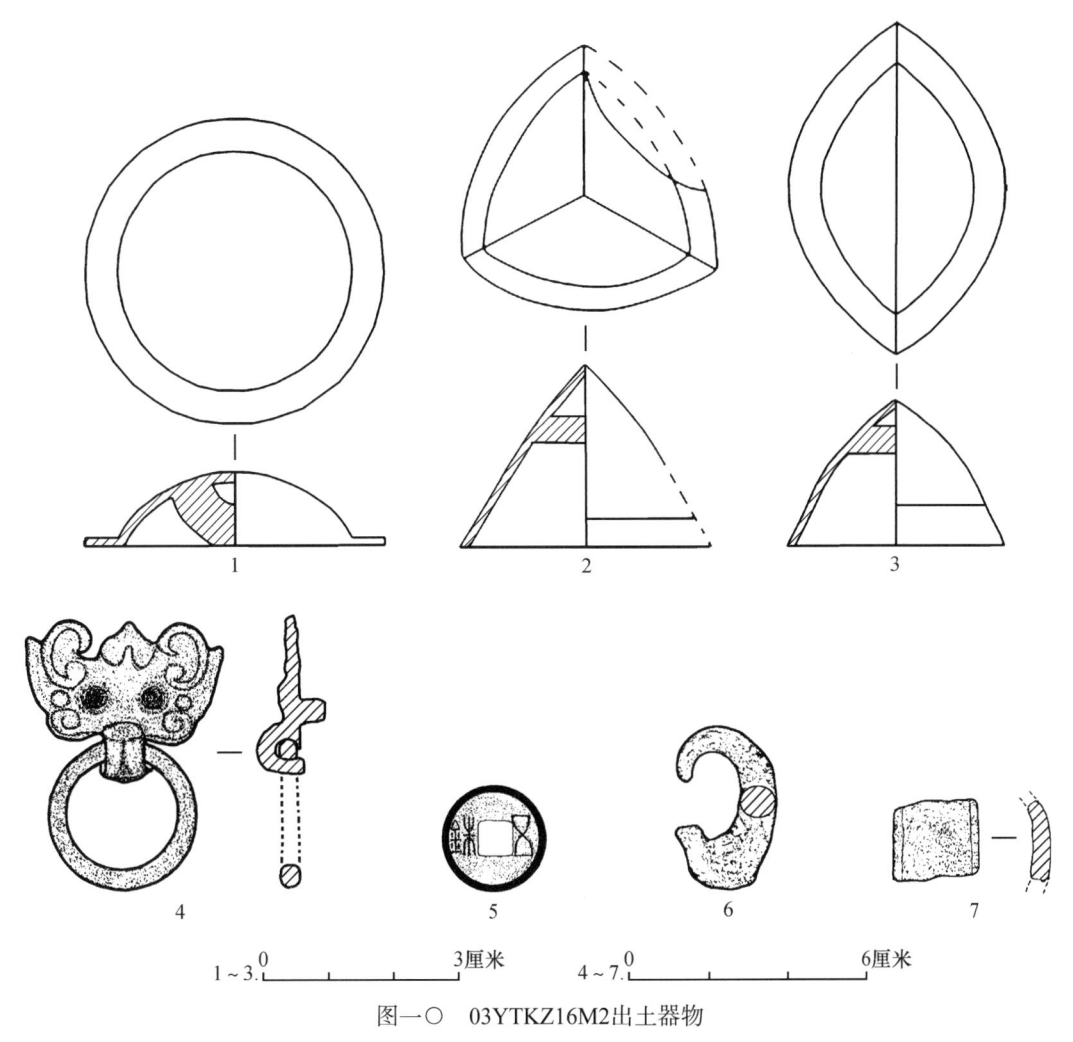

图一〇　03YTKZ16M2出土器物

1. 铜泡（03YTKZ16M2∶36）　2. 铜包角（03YTKZ16M2∶41）　3. 铜包边（03YTKZ16M2∶44）
4. 铜铺首（03YTKZ16M2∶34）　5. 铜钱（03YTKZ16M2∶55）　6. 铜带扣（03YTKZ16M2∶38）
7. 石啥（03YTKZ16M2∶33）

北台宽0.55、高1.34米。墓底有葬具一椁一棺，已朽，平面呈长方形，受外力挤压向内倾塌，不规整。椁长2.62、宽1.45、高1.34米。棺位于椁室中部，长2.3、宽0.75米。根据朽痕判断为红漆棺。棺内人骨架1具，已朽。单人葬。葬式及头向不明。随葬品共9件，其中白陶罐1件、盘口罐1件、彩绘罐3件、灰陶罐3件。自东向西排列，位于椁内棺外北侧。铜镜1件，位于棺内西侧（图一一；图版一九，2）。

白陶罐　1件。03YTKZ16M3∶1，夹砂白陶。侈口，方唇外斜，球形腹，圆肩，束颈，平底。最大腹径偏下。腹中部饰1周凹弦纹，下腹近底处压印粗绳纹。口径17.5、腹径29.8、底径13、高27.5厘米（图一二，1；图版二五，1）。

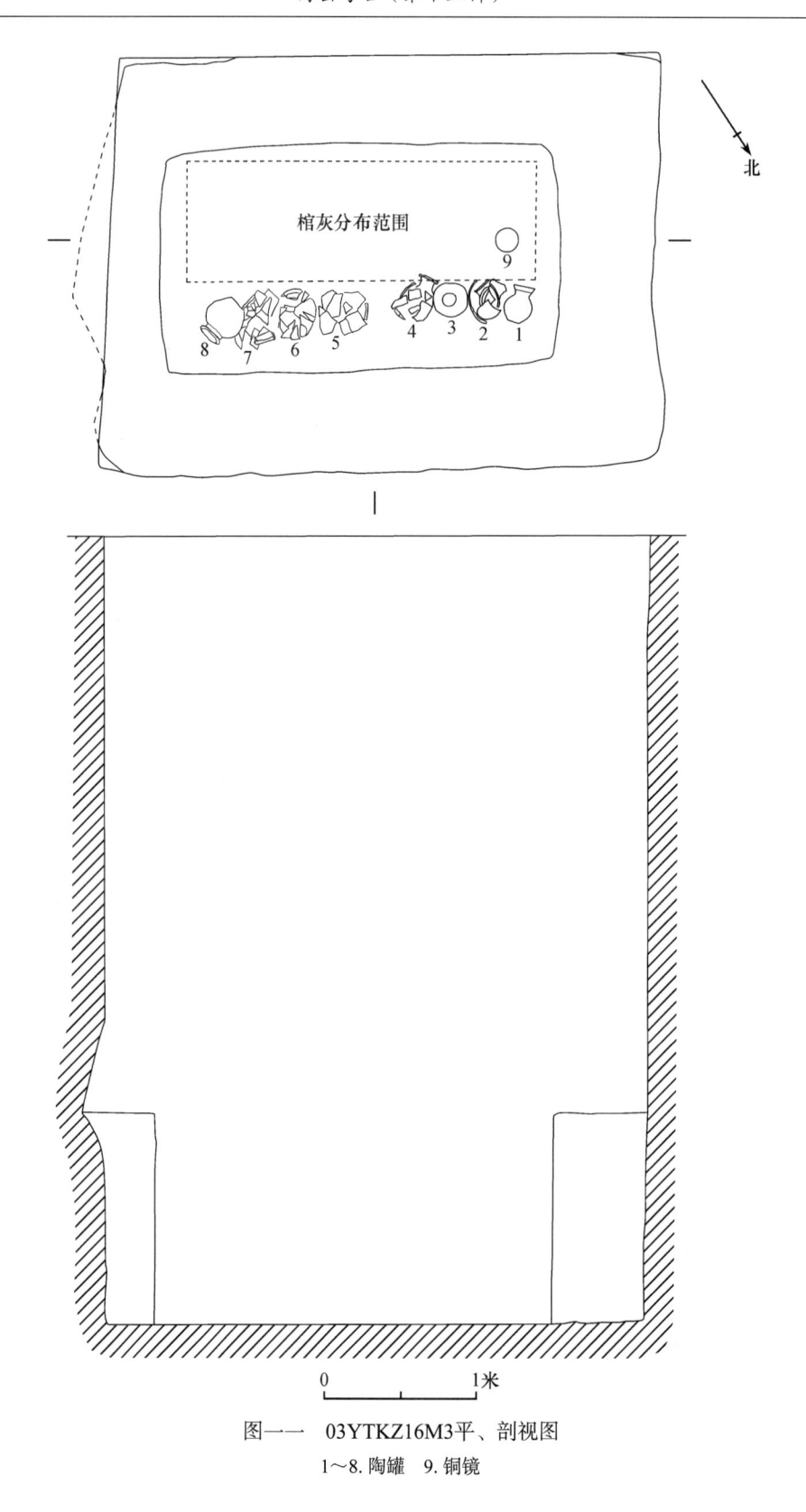

图一一　03YTKZ16M3平、剖视图

1～8. 陶罐　9. 铜镜

彩绘罐　3件。均泥质灰陶，通体涂白陶衣，部分剥落。03YTKZ16M3：3，直口，方唇，束颈，溜肩，鼓腹，下腹斜内收，最大腹径偏下，平底微凹。器物上部是红色彩绘组成的四个倒三角，黑色双边，两三角之间是黑色彩绘纹，均已模糊不清，无法辨认，颈部有1周黑色横带。颈部有1周不规则的掐印纹，腹内有数周轮上刀具刮抹痕，下腹及底部拍印中粗绳纹。口径15、腹径22.4、底径7.5、高23.5厘米（图一二，2；图版二五，2）。03YTKZ16M3：4，侈口，方唇，卷沿，沿边有1周凹弦纹，唇面微下垂，束颈，溜肩，鼓腹，下腹斜内收，平底，最大腹径偏下。器物上部是红色彩绘组成的四个倒三角，黑色双边，两三角之间是黑色彩绘纹，颈部有一周黑色横带。颈部有1周凸棱纹，下腹部及底部拍印细绳纹，腹中部有2周不规则的粗掐印纹，腹内有5周轮上刀具刮抹痕。彩绘纹饰不清。口径14.8、腹径22、高23.4、底径13.2厘米（图一二，3；图版二五，3）。03YTKZ16M3：6，口微侈，方唇，束颈，溜肩，鼓腹，下腹斜内收，最大腹径偏下，平底微凹。器物上部是红色彩绘组成的4个倒三角，黑色双边，两三角之间是黑色彩绘纹，均已模糊不清，无法辨认，颈部有一周

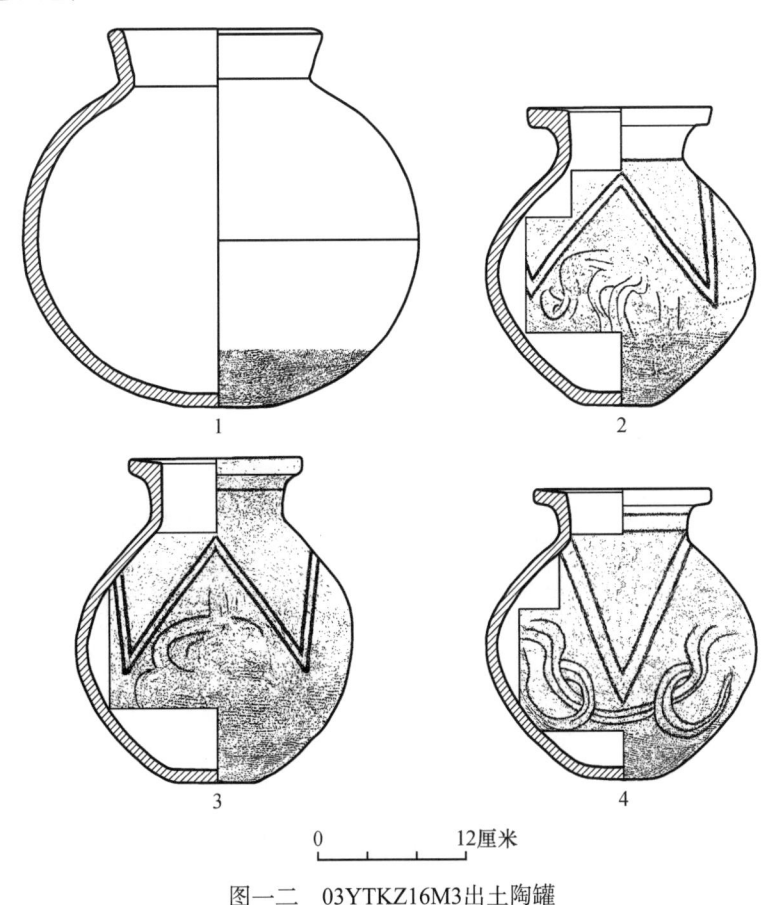

图一二　03YTKZ16M3出土陶罐
1. 白陶罐（03YTKZ16M3：1）　2～4. 彩陶罐（03YTKZ16M3：3、03YTKZ16M3：4、03YTKZ16M3：6）

黑色横带、有1周不规则的掐印纹，腹内有数周轮上刀具刮抹痕，下腹及底部拍印中粗绳纹。口径14.8、腹径22.6、底径8.2、高23.2厘米（图一二，4；图版二五，4）。

陶罐 4件。03YTKZ16M3：2，泥质灰陶。盘口，圆唇，束颈，溜肩，弧腹，下腹斜内收，最大腹径偏下，圜底。肩部数周刮弦痕，腹中部饰1周绳纹，下腹近底处压印粗绳纹。口径13、腹径21.3、底径6、高27厘米（图一三，1；图版二五，5）。03YTKZ16M3：5，泥质灰陶，方圆唇，沿面斜内折，束颈，溜肩，弧腹，下腹斜内收。肩部有凹弦纹，腹中部1周粗绳纹，下腹部饰细绳纹。口径14、腹径23.7、高24、底径9厘米（图一三，2；图版二五，6）。03YTKZ16M3：7，泥质灰褐陶，夹少量粗砂颗粒。直口微侈，圆唇，沿面圆鼓斜内折，束颈，溜肩，弧腹，下腹斜内收，最大腹径偏上，小平底。肩部有3周凹弦纹，腹中部有不完整的2周粗绳纹，下腹部饰纵、横拍印细条纹和粗绳纹。口径18.2、腹径30.8、高30.1、底径9.6厘米（图一三，3；图版二六，1）。03YTKZ16M3：8，泥质灰陶。盘口，方唇，斜折沿，束颈，溜肩，

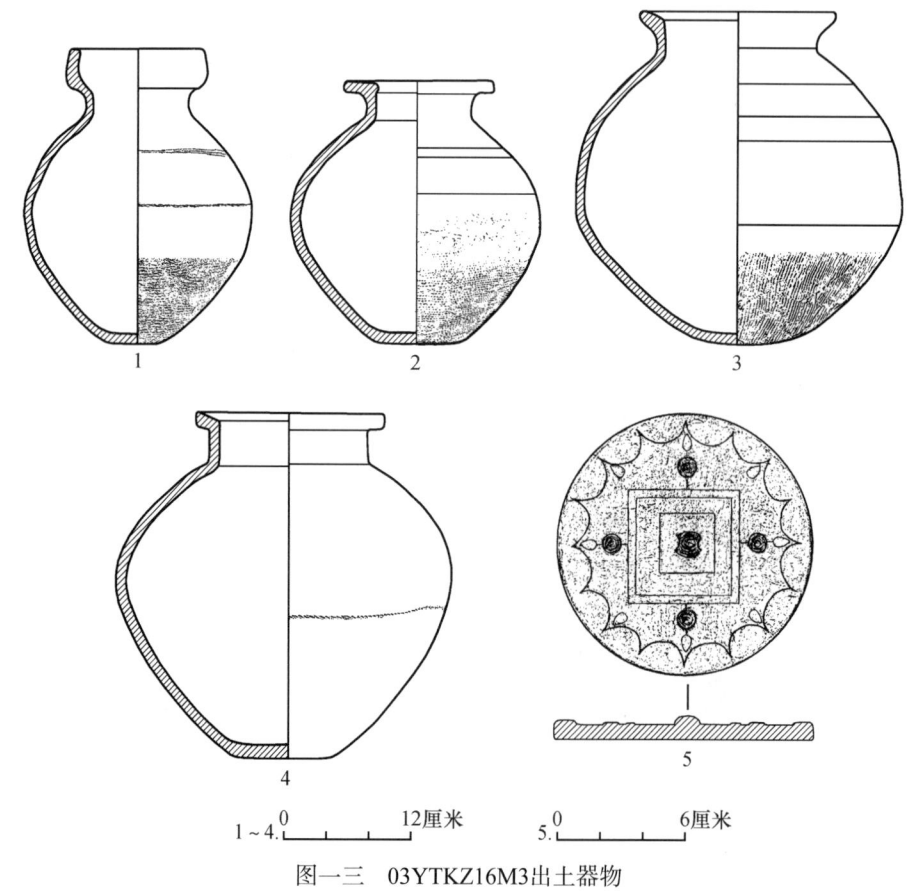

图一三 03YTKZ16M3出土器物
1～4.陶罐（03YTKZ16M3：2、03YTKZ16M3：5、03YTKZ16M3：7、03YTKZ16M3：8）
5.铜镜（03YTKZ16M3：9）

弧腹，下腹斜内收，最大腹径偏上，小平底微鼓。肩部有3周轮上刀具痕，腹中部饰1周不规则的压印中粗绳纹，腹内中部有2周凸棱。口径17.6、腹径31.6、高31厘米（图一三，4；图版二六，2）。

铜镜　1件。03YTKZ16M3：9，锈蚀严重，漫漶不清。四乳对称连叠草叶纹镜。圆纽，纽座外围一凹弧面大方格，方格外四枚乳钉。内向十六连弧纹缘。镜面微凸。直径11.8、厚0.4厘米（图一三，5；图版二六，3）。

三十里堡墓群采集品　11件。均为陶器。

陶罐　3件。K.3.32，夹砂灰陶。方圆唇，直口，平沿，短颈，溜肩，鼓腹，圜底。上部素面，下部近底有少量绳纹，不规则。高28.5、口径14、底径11.5、腹径31、厚1.5厘米（图一四，1；图版二六，4）。K.3.70，泥质灰陶。方唇，口微侈，斜沿，短颈，溜肩，鼓腹，圜底。腹局部有间断性绳纹。高37.5、口径15.8、腹径36、底径10厘米（图一四，2；图版二六，5）。K.3.7，泥质灰陶。圆唇，口微侈，斜沿，短颈，溜肩，鼓腹，平底。腹及底部有3周间断性绳纹。高32、口径17、腹径31.2、底径10厘米（图一四，3；图版二六，6）。

陶壶　7件。K.3.28，泥质磨光黑陶。方唇，侈口，长颈，溜肩，鼓腹，圜底，圈足。腹上部饰三圈多道浅暗弦纹，腹下部饰两圈细绳纹。高27、口径15、底径19.8、腹径24.8、厚0.8～1厘米（图一五，1；图版二七，1）。K.3.86，夹砂灰陶。口部残，溜肩，鼓腹，较修长，圈足。腹部及圈足底饰少量不规则细绳纹。残高29、残口径11.7、底径12.7、腹径25.6、厚0.8厘米（图一五，2）。K.3.8，夹砂灰陶，素面。方唇，侈口，长颈，溜肩，鼓腹，较修长，圈足。高30.8、底径12、腹径24、厚1～1.2厘米（图一五，3；图版二七，2）。K.3.91，泥质黑陶。方圆唇，盘口。带器盖。底残，斜弧腹，素面。残高22、口径11.7、腹径18.6、厚0.8～1厘米，盖径长12.1、高2.8、厚0.8

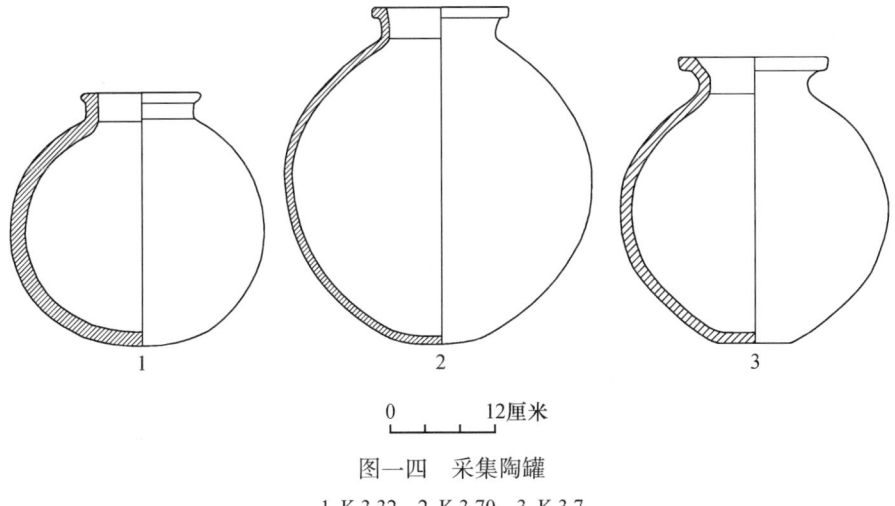

图一四　采集陶罐
1. K.3.32　2. K.3.70　3. K.3.7

图一五　采集陶器

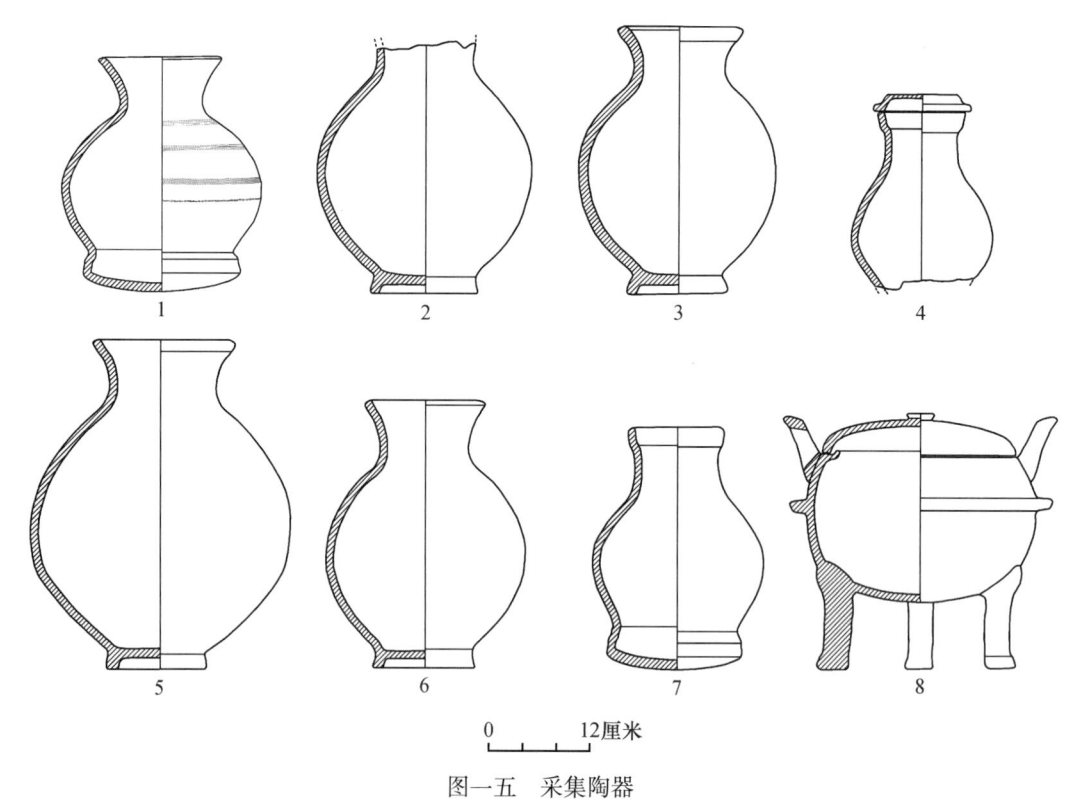

1~7. 壶（K.3.28、K.3.86、K.3.8、K.3.91、K.3.132、K.3.93、K.3.94）　8. 鼎（K.3.131）

厘米（图一五，4）。K.3.132，泥质灰陶。方唇，侈口，长颈，口略残，溜肩，鼓腹，圈足，素面。高38、口径17.5、腹径31、底径12.2、圈足向内凹进1厘米（图一五，5；图版二七，3）。K.3.93，泥质灰陶。方唇，微残，侈口，长颈，溜肩，鼓腹，圈足底内凹。素面。高31、口径14.5、腹径24.5、底径12.2、圈足向内凹进1厘米（图一五，6）。K.3.94，泥质灰陶。圆唇，盘口，长颈，溜肩，鼓腹，圜底，素面。高28、口径12、腹径21、底径16.5厘米（图一五，7）。

陶鼎　1件。K.3.131，夹砂灰陶。圆唇，敛口，带器盖，子母口。两侧附耳，腹中偏上一圈出沿。弧腹圜底，三蹄足，素面。通高29.5、口径19.2、宽沿处径长32.2、厚0.8厘米，器盖径长24、高4.3、厚0.6厘米（图一五，8；图版二七，4）。

2. 皂户头墓地

墓葬1座，编号03YTKZM1。方向97°。土坑竖穴墓。墓圹平面基本呈长方形，西端略宽于东端。直壁，平底。长1.85、东宽1.03、西宽1.2、深0.43米。墓内填土为黄褐色酥石。有熟土二层台，棺室不规整，台面宽度不一，宽0.16~0.6、高0.18米。墓底有葬具，已朽，平面长方形。棺长1.3、宽0.44米。棺内人骨架1具，已朽，仅见股骨及上肢骨朽痕。可辨头向东，单人仰身直肢葬。随葬大量五铢钱，诸多成串放置，共计128枚，其中保存完整者112枚，残16枚，另有1枚货泉（图一六）。

五铢钱　128枚。03YTKZM1：1，字体瘦长，"五"字中间两笔较直而略弯曲，"铢"字的"金"字头呈三角形，"朱"字头方折。直径2.5、穿径0.9、厚0.1厘米（图一七，1）。03YTKZM1：2，字体瘦长，"五"字中间两笔弯曲、末端近平行，"铢"字的"金"字头呈三角形，"朱"字头方折。直径2.5、穿径0.9、厚0.1厘米（图一七，2）。

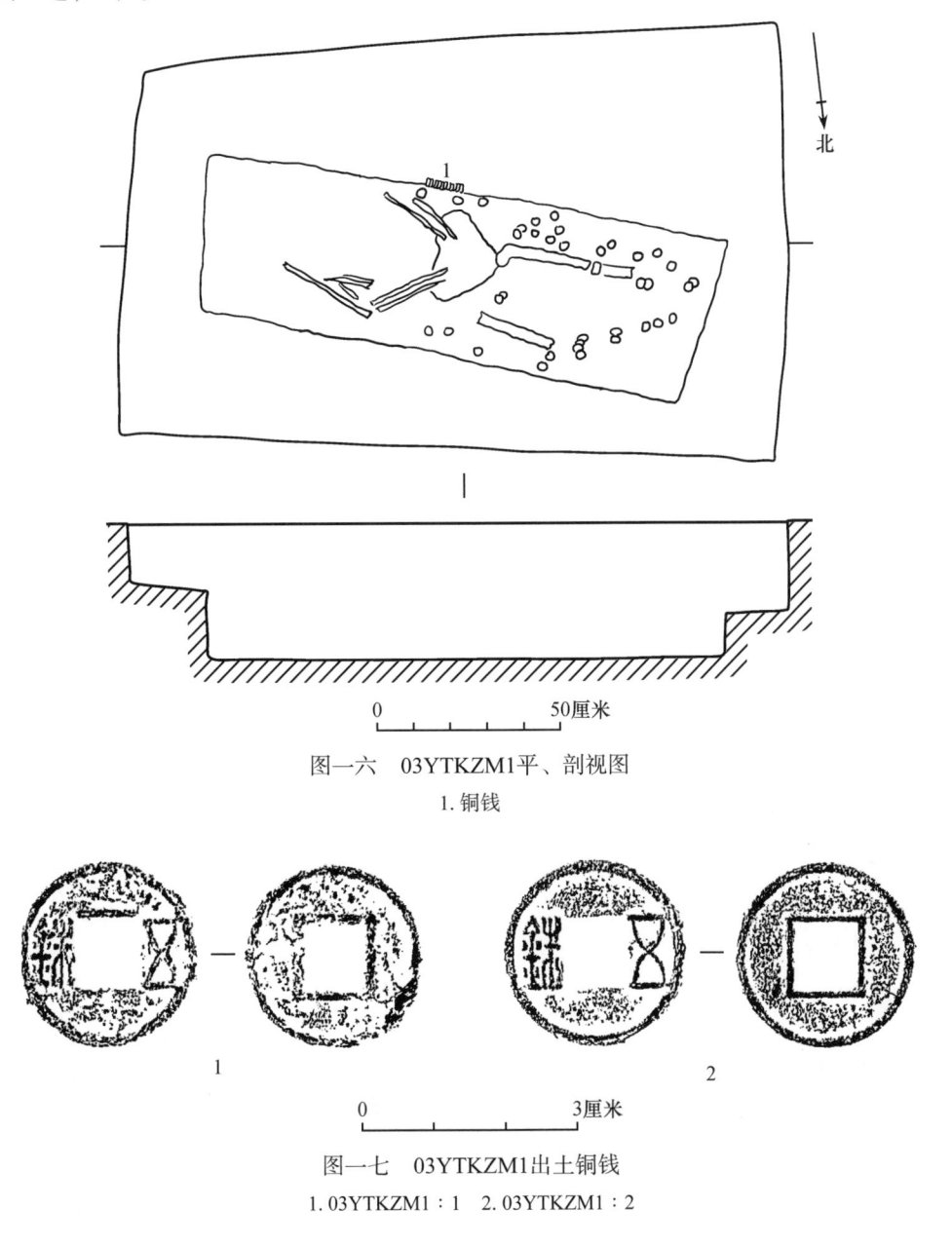

图一六　03YTKZM1平、剖视图
1. 铜钱

图一七　03YTKZM1出土铜钱
1. 03YTKZM1：1　2. 03YTKZM1：2

3. 青龙山墓地

清理墓葬1座，编号14YTFQM1。方向320°。土坑竖穴墓，已毁坏，仅存下半部。墓圹平面长方形。直壁，壁面较规整，平底。长3.3、宽1.5、残深1.7米。墓内填土黄褐色，应为原土回填。有熟土二层台，台面不规整。台面宽度不一，东台宽0.25、西台宽0.26、南台宽0.18、北台宽0.23、高0.53米。墓底有葬具一椁一棺，已朽，平面长方形。椁长2.9、宽0.95米。棺内人骨架1具，已朽。单人仰身直肢葬。头向西。随葬品共10件，其中陶罐1、陶壶4、陶盘1、陶熏炉1件。此外，发现有漆器，已朽，无法提取，内盛有鱼，现仅存鱼骨。自南向北排列，位于椁内棺外西侧。铜镜、铜印、铜带钩各1件，位于棺内（图一八）。

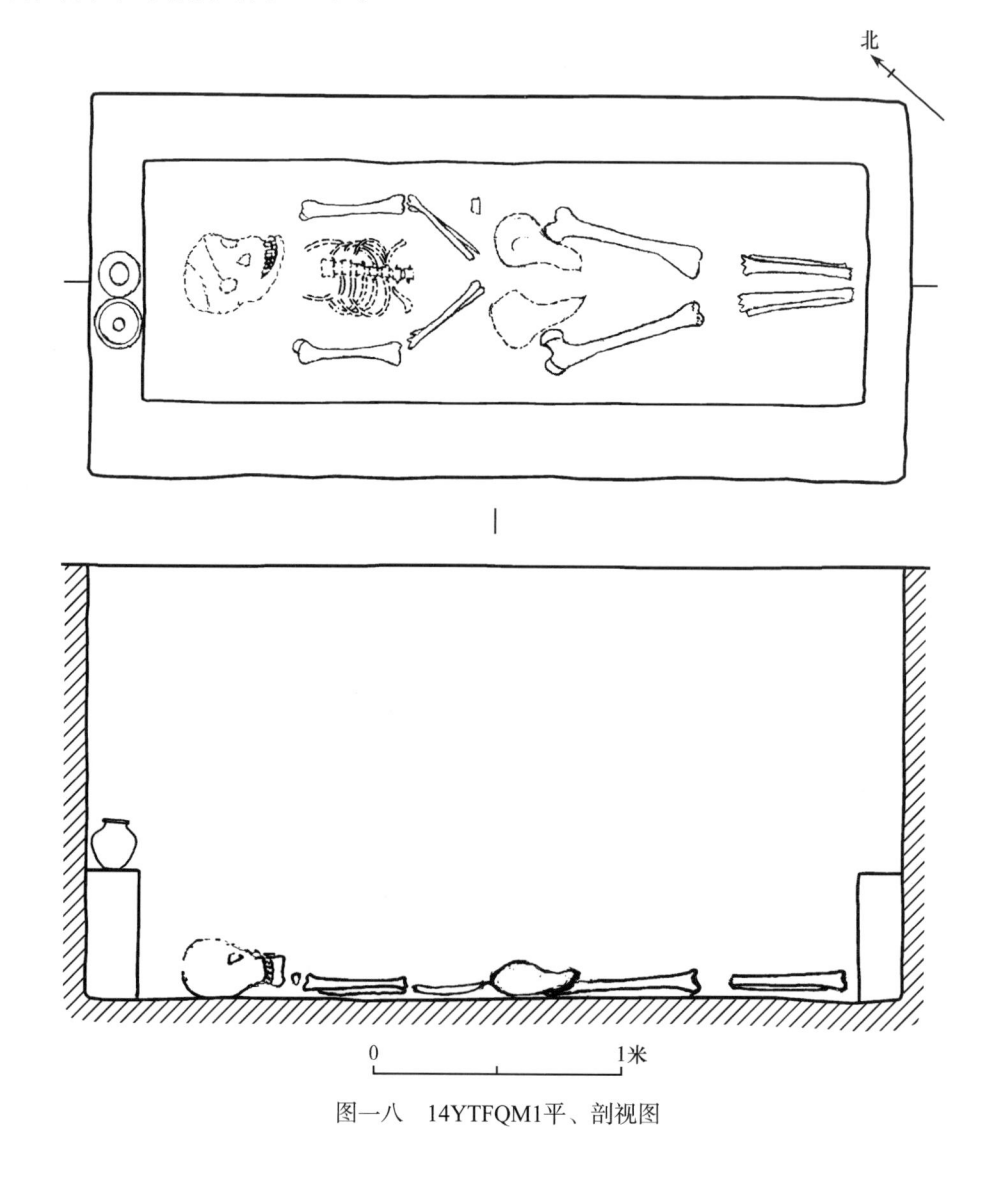

图一八　14YTFQM1平、剖视图

陶罐　1件。14YTFQM1：4，泥质灰陶。侈口，方唇，矮颈，折肩处有1周细绳纹，腹下部斜收，大圜底。口径18、底径23.5、通高24厘米（图一九，1；图版二八，1）。

陶壶　4件。形制基本相同，均为泥质灰陶，方唇，侈口。14YTFQM1：2，束颈，斜肩，鼓腹，腹下部内收，平底。素面。口径15、底径8.5、高27.5厘米（图一九，2；图版二八，2）。14YTFQM1：3，束颈，斜肩，圆鼓腹，腹下部内收，平底。素面。口径13.5、底径7、高25厘米（图一九，3）。14YTFQM1：9，束颈，溜肩，鼓腹，平底。腹部偏下有2周绳纹。口径13.8、底径6、高26厘米（图一九，4）。14YTFQM1：10，溜肩，鼓腹，平底。素面。口径15.3、底径8、高30厘米（图一九，5）。

陶盘　1件。14YTFQM1：1，方唇，侈口，宽平折沿，深折腹，缓平底。口径27、底径6、高7厘米（图二〇，1；图版二八，3）。

陶博山熏炉　1件。14YTFQM1：5，承盘与炉身。炉身扁圆腹，饰凸弦纹，上覆博山盖，略残。柄较短，承盘方唇折沿，折腹，微圜底。承盘直径20.4、盘高4、底径15.8厘米；熏炉通高14、炉身口径6、腹径10.2厘米（图二〇，2；图版二八，4）。

铜镜　1件。14YTFQM1：7，昭明连弧铭带镜。圆纽，圆纽座。座外一周凸弦纹

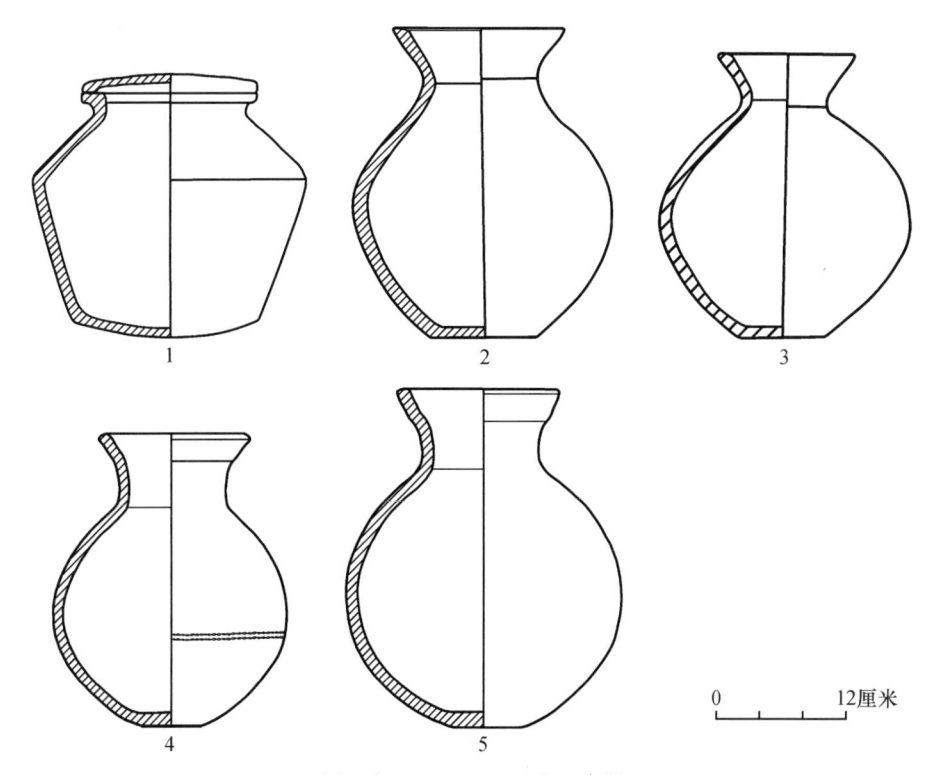

图一九　14YTFQM1出土陶器

1.罐（14YTFQM1：4）　2～5.壶（14YTFQM1：2、14YTFQM1：3、14YTFQM1：9、14YTFQM1：10）

图二〇　14YTFQM1出土器物

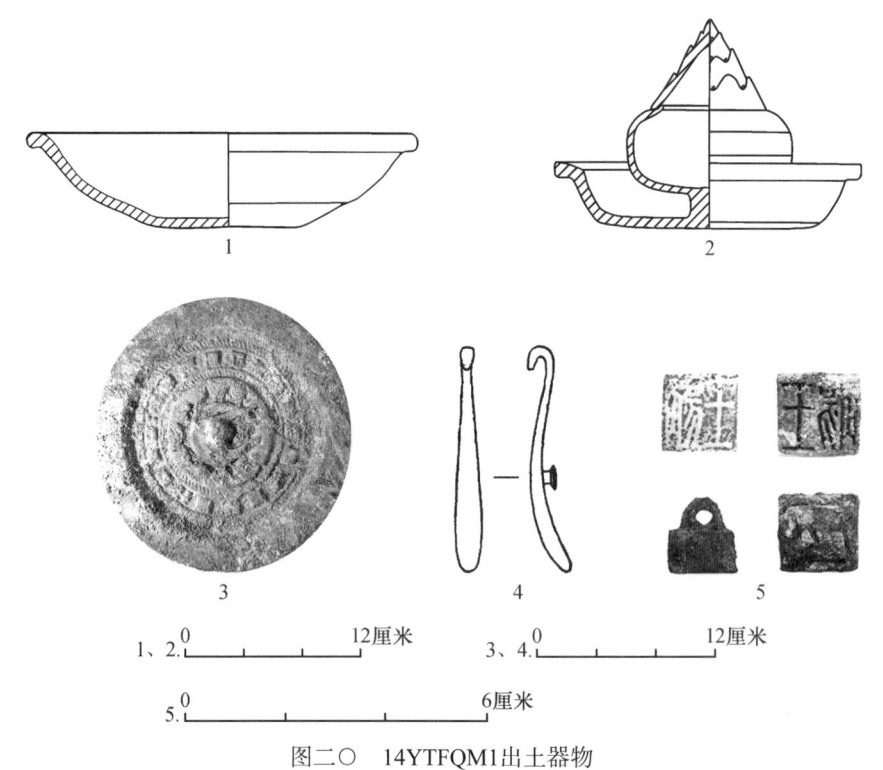

1. 陶盘（14YTFQM1：1）　2. 陶博山熏炉（14YTFQM1：5）　3. 铜镜（14YTFQM1：7）
4. 铜带钩（14YTFQM1：8）　5. 铜印（14YTFQM1：6）

和一周内向十二连弧纹。两圈短斜线之间装饰铭文，铭文漫漶不清，仅可辨"㠯"（以）字。宽素缘。宽镜面微凸。直径9、厚0.6厘米（图二〇，3）。

铜带钩　1件。14YTFQM1：8，琵琶状，体瘦长，钩体为弓式，钩纽在中部略偏向钩尾处，素面。长7.4厘米（图二〇，4）。

铜印　1方。14YTFQM1：6，方面，阴文篆刻，背部环状鼻纽，印面阴文"王觞"，右上印面有腐蚀，印面长1.6、印台高0.8、通高1.6厘米（图二〇，5）。

4. 三十里堡墓群东墓区（岗嵛）

1974年，文物工作者在东墓区（岗嵛），抢救清理了两座墓葬，编号74GYM1、74GYM2。均为长方形土坑竖穴墓。74GYM1，长4.4、宽3.9、深8.7米。墓道位于墓室西侧，呈阶梯式。葬具为一椁双棺，墓主骨骼保存较好，同穴合葬；74GYM2，长5、宽4、深6米。墓葬发掘资料，现仅有部分文字资料及M1的部分出土遗物。

74GYM1的部分出土遗物，共8件。均为陶器，器类有鼎、壶、奁、洗、盒、砚、炉等。

扁壶　1件。74GYM1∶2，泥质灰陶。小直口，直领，扁圆腹，方形圈足。表面光滑，壶两侧腹部刻划有桃形图案。腹径14.5、腹短径9.1、高14厘米（图二一，1；图版二九，1）。

奁　1件。74GYM1∶3，泥质灰陶。盖失。子母口，奁身呈直筒形，平底，底缘设有三小矮蹄形足，腹部饰一对兽形铺首，衔环。素面。表面光滑。口径10.5、腹径12.2、通高18.3厘米（图二一，2；图版二九，2）。

玳瑁盒　1件。74GYM1∶4，泥质灰陶。盒体呈椭圆形，壁直而向下收小，大平底。外壁两侧隐起线条为四足。盖顶为圆弧形，一端为兽面塑形，另一端为鳄首形按柄。长17.2、宽10、通高8.1厘米（图二一，3；图版二九，3）。

圆炉　1件。74GYM1∶8，泥质灰陶，方唇，外折沿，腹呈较矮的直筒形，平底，腹底均有长条形镂孔，蹄形足，底周缘设三只蹄形小矮足。素面，器表光滑。高12、口径16.5厘米（图二一，4；图版二九，4）。

鱼形盒　1件。74GYM1∶5，泥质黑皮灰陶。通体为扁长的鱼形，分上下两半，扣合而成，中空。下半部为平底，上缘起较矮的子母口。前端微呈鱼下颚，末端微置鱼尾，上半部末端残损。前端以凸线条做成鼻、眼、腮等鱼头形。通长32.8、宽9.3、高9.8厘米（图二二，1；图版三〇，1）。

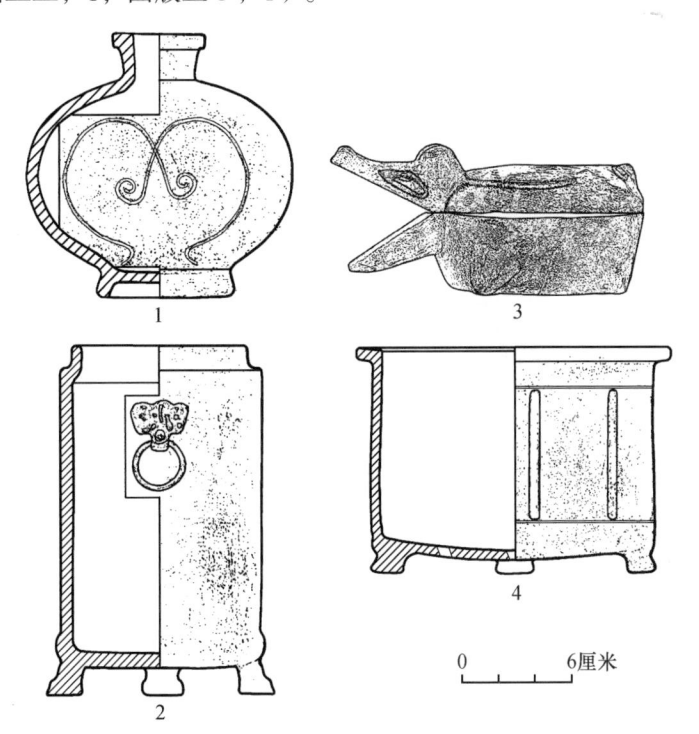

图二一　74GYM1出土陶器

1.扁壶（74GYM1∶2）　2.奁（74GYM1∶3）　3.玳瑁盒（74GYM1∶4）　4.圆炉（74GYM1∶8）

蟾洗 1件。74GYM1∶6，泥质灰陶。大侈口，圆唇，外卷沿，直腹，矮腹斜收，浅圈足，底为双层，外底有一圈极矮的圈足，正中设一圆孔，直径2厘米。内底正中为一陶塑蟾蜍，底中部内凹。素面，器表光滑。口径28、高7.5厘米（图二二，2；图版三〇，2）。

龟形器（砚） 1件。74GYM1∶7，泥质灰陶。盖失。整体造型为龟形，子母口。器体为圆盘形。直壁。大平底。壁一侧设有一长喙的兽头，底缘设四只矮尖足，若龟形。素面，器表光滑。口径13.8厘米（图二二，3；图版三〇，3）。

博山炉 1件。74GYM1∶9，泥质灰黑色。口沿为较细矮的子口，深圆腹，腹部设两只塑形横耳衔环，底座略似喇叭形。器盖堆塑成博山形式，山峦起伏，气孔多

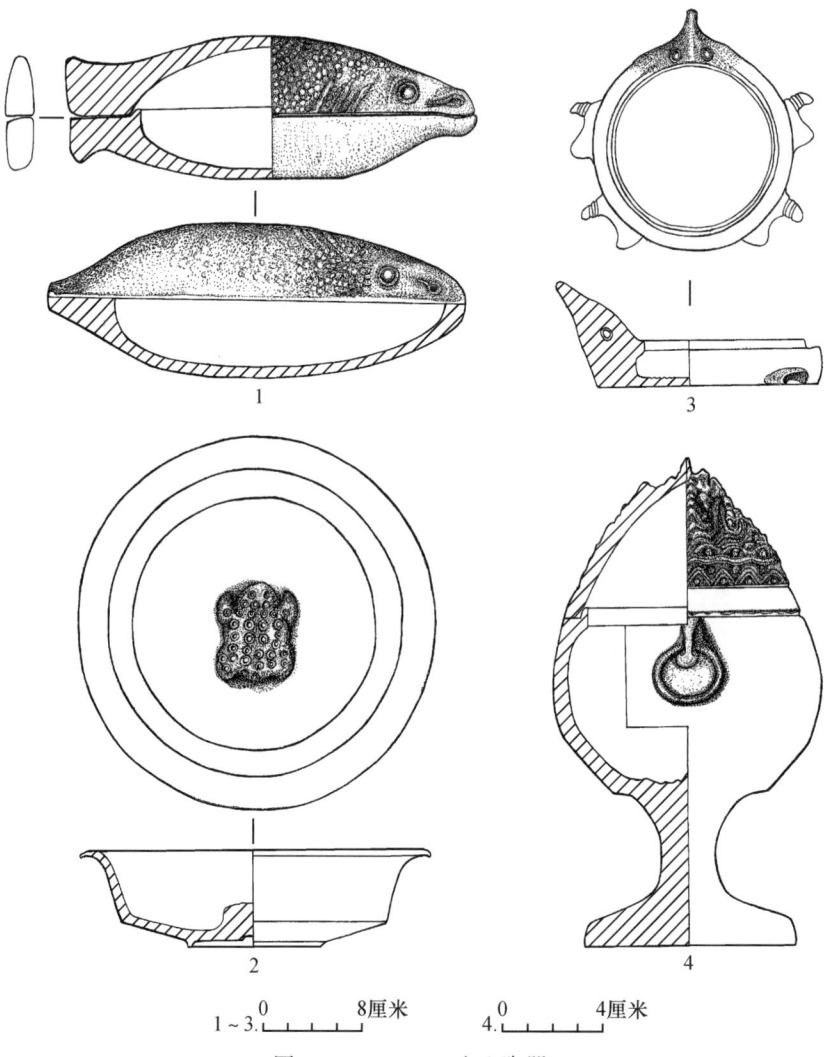

图二二 74GYM1出土陶器
1.鱼形盒（74GYM1∶5） 2.蟾洗（74GYM1∶6） 3.龟形器（砚）（74GYM1∶7） 4.博山炉（74GYM1∶9）

不通透。有一对圆环。整器手制痕迹较重。通高19、口径7.8厘米（图二二，4；图版三〇，4）。

（二）砖室墓

共15座。均为单室砖室墓，其中侯家墓地的2座地上还有封土。

1. 侯家墓地

清理墓葬2座，编号05YTKHM1、05YTKHM2。均为封土墓，由地上封土与地下墓室两部分组成，地下墓室平面略呈"凸"字形，由墓道、墓门和墓室组成，"四隅券进"式穹隆顶，已塌陷。

05YTKHM1　方向328°。现存封土较大，呈圆形，底边略呈方形，边长8.7、最高处1.9米。封土顶部人为用乱石铺砌一层，可能是当时人们为了防盗而砌筑。封土经过夯打，十分坚硬，无明显夯层。堆积可分为上下两层，上层为灰褐层，堆积较厚，夹杂黄褐色土，内含大量粗砂粒，质硬；下层为黄色酥石层，堆积较薄，基本接近封土底部，为挖掘墓圹的垫土。其下为原始地面。顶部西侧有盗洞。墓葬位于封土西侧中部（图二三）。

墓道，位于墓室西侧，长4.6、宽1.3、深0.4～0.8米。平面呈长条形，底部自南向北呈斜坡状。墓道内有残砖。

墓门，开在墓室西壁偏北。宽0.9、高0.7、进深0.3米。券顶，用砖为楔形砖。门垛，采用单砖东西向平铺，花纹面向内。封门砖采用单砖错缝平铺砌筑方法，现存10层。

墓室，略呈长方形。墓圹长2.88、宽2.3、深1.18米。砖室长2.6、宽2.24、深1.2米。墓室为先挖土圹，后砌砖室。先平铺一层砖作底，再用砖砌筑墓室四壁。除西壁较直外，其余三壁均略外弧。北壁，现存16～17层，东壁北侧破坏，南侧现存17层，南壁现存19层。单砖错缝平铺循环砌筑。墓室四壁自直壁向上逐渐内收，形成穹隆顶。用砖长侧面纹饰朝向墓室。墓室四壁相交处抹角。墓底较平整，单层，单砖纵列平铺。填土为灰褐色，墓顶砖塌陷于墓室。

葬具，已朽，在墓底南侧及北侧偏西发现棺灰痕迹。墓主骨骼已朽，头向、葬式不明。无随葬品。

墓砖，长侧面模印重菱形花纹，子母口。砖长30、宽13、厚7.2厘米（图二四，1）。

05YTKHM2　方向208°。封土顶部长满荆棘，因日常生产活动的蚕食，现存呈长条形，南北长约13、东西宽约12、最高处1.5米。剖面略呈椭圆形。经过夯打，十分坚

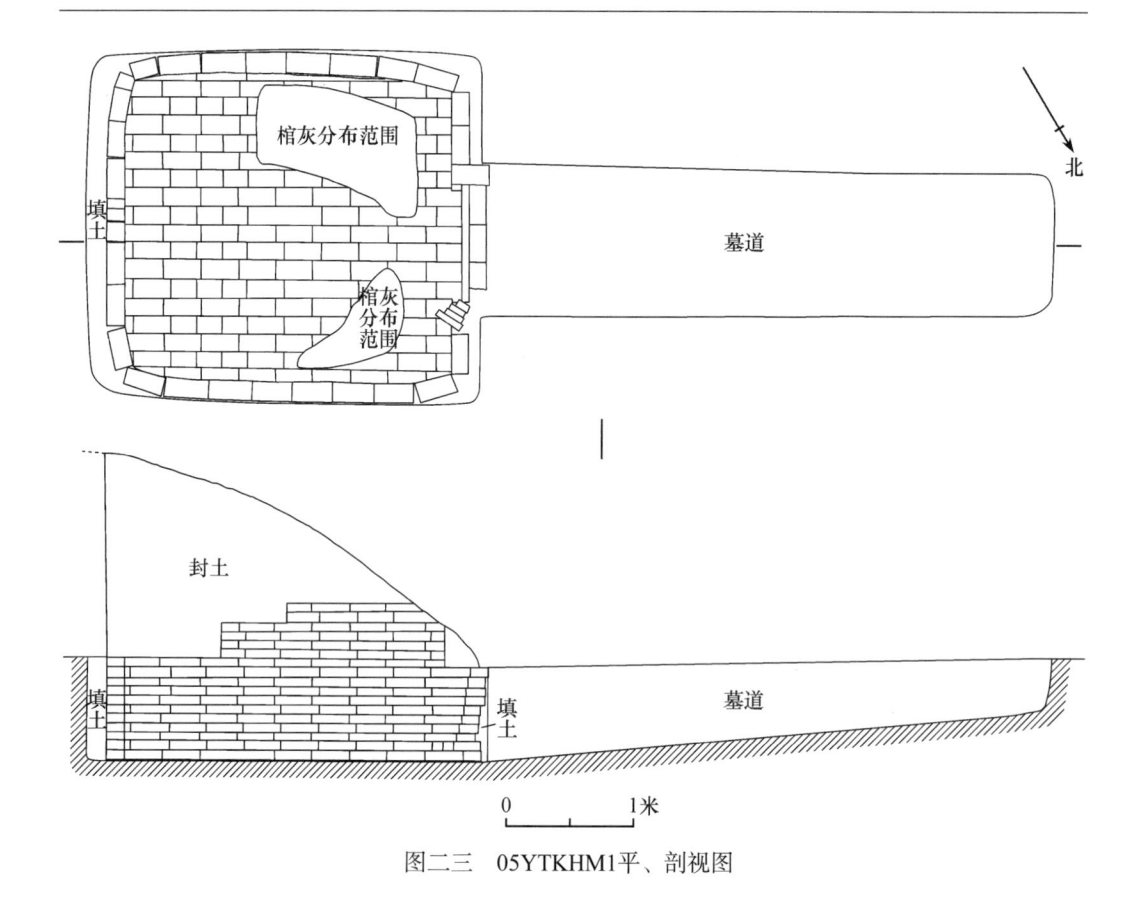

图二三　05YTKHM1平、剖视图

硬，无明显夯层。堆积可分为上下两层，上层为灰褐层，夹杂黄褐土，内含大量粗砂粒，质硬；下层为黄色酥石层，为挖掘墓圹的垫土，其下为原始地面。顶部有3个盗洞。墓葬位于封土东南部（图二五；图版三一，1）。

墓道，位于墓室南侧，封土外侧。平面呈长条形，南窄北宽，底部自南向北呈斜坡状，尾端底部抬高。长3.12、宽1~1.33、墓门处最深1米。壁面及底部均未经过特殊处理，较粗糙。

墓门，开在墓室南壁中部偏西。宽0.94、残高0.36、进深0.3米。门垛，采用单砖错缝平铺，花纹向内。

墓室，略呈长方形。墓圹长3.2、宽2.6、深1.35米。砖室，长2.48、宽2.31、深1.2米。墓室为先挖土圹，后砌砖室。先平铺一层砖作底，再用砖砌筑墓室四壁。除南壁较直外，其余三壁均略外弧。现存东壁6层、西壁15层、北壁12~15层。单砖错缝平铺循环砌筑。墓室四壁自直壁向上逐渐内收。顶部已毁坏，具体结构不明。根据M1的顶部分析，应为穹隆顶。用砖长侧面纹饰朝向墓室。墓室四壁相交处折角明显，采用对头齐缝方式砌筑。墓底较平整，单层，单砖纵列平铺，但墓室底部中间未铺地砖。

图二四　墓砖拓本

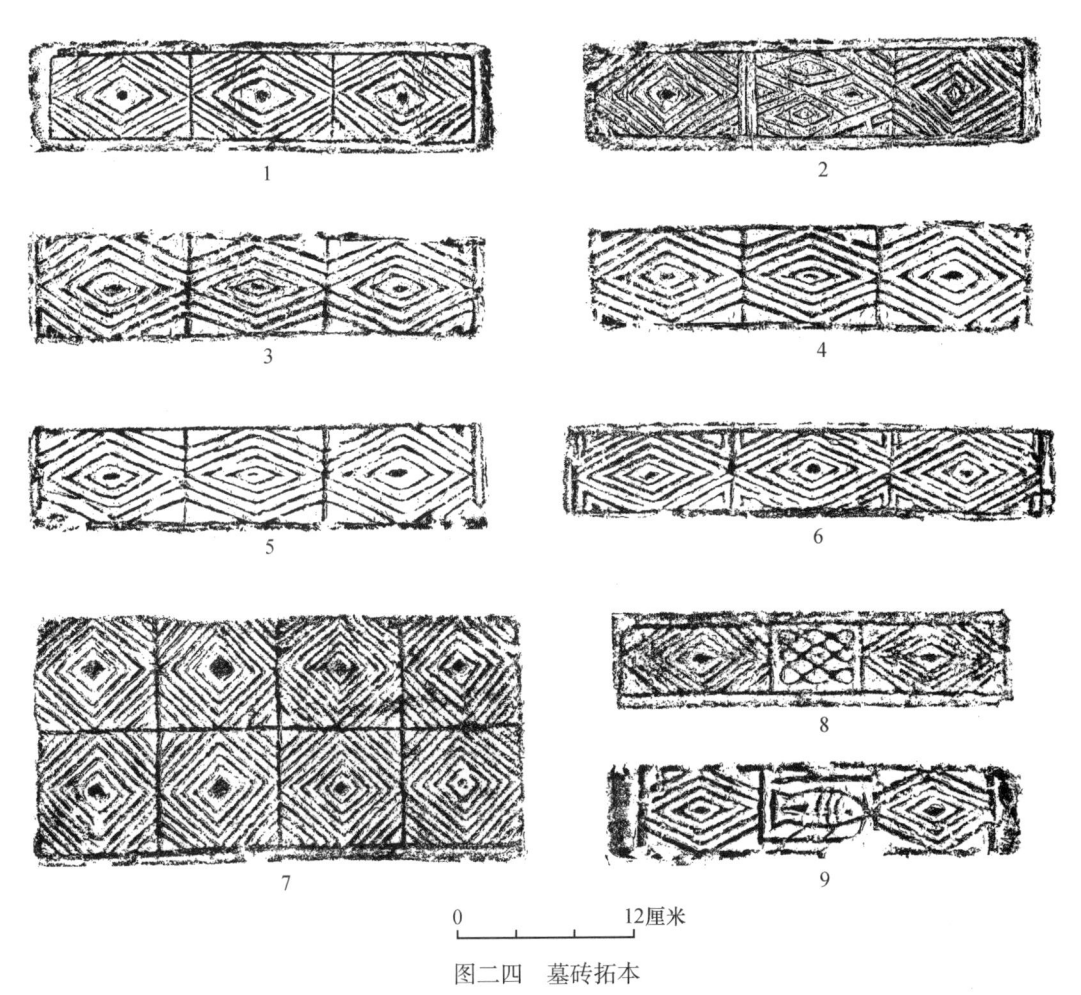

1. 05YTKHM1　2. 05YTKHM2　3. 98M1（岗嵛）　4. 98M2（岗嵛）　5. 98M3（岗嵛）　6、7. 03M2（西上海）
8. 03M1（岗嵛）　9. 03M2（岗嵛）

墓底西北角，采用单砖南北向砌筑砖台。填土为灰褐色，墓顶砖塌陷于墓室。葬具已朽，墓底无地砖处北半部发现黑色棺灰痕迹，有少量红色漆。墓主骨骼已朽，头向、葬式不明。随葬品五铢钱，少量剪轮五铢，保存很差，无法提取。

墓砖，有两种。一种长侧面模印重菱形花纹，子母口。砖长31、宽13.5、厚7厘米；另一种长侧面模印重菱形与小重菱格花纹相间纹饰，子母口。砖长31、宽13.5、厚7厘米（图二四，2）。

2. 三十里堡墓群东墓区（岗嵛）

清理墓葬7座，编号98M1（岗嵛）、98M2（岗嵛）、98M3（岗嵛），03M1（西上海）、03M2（西上海）、03M1（岗嵛）、03M2（岗嵛）。

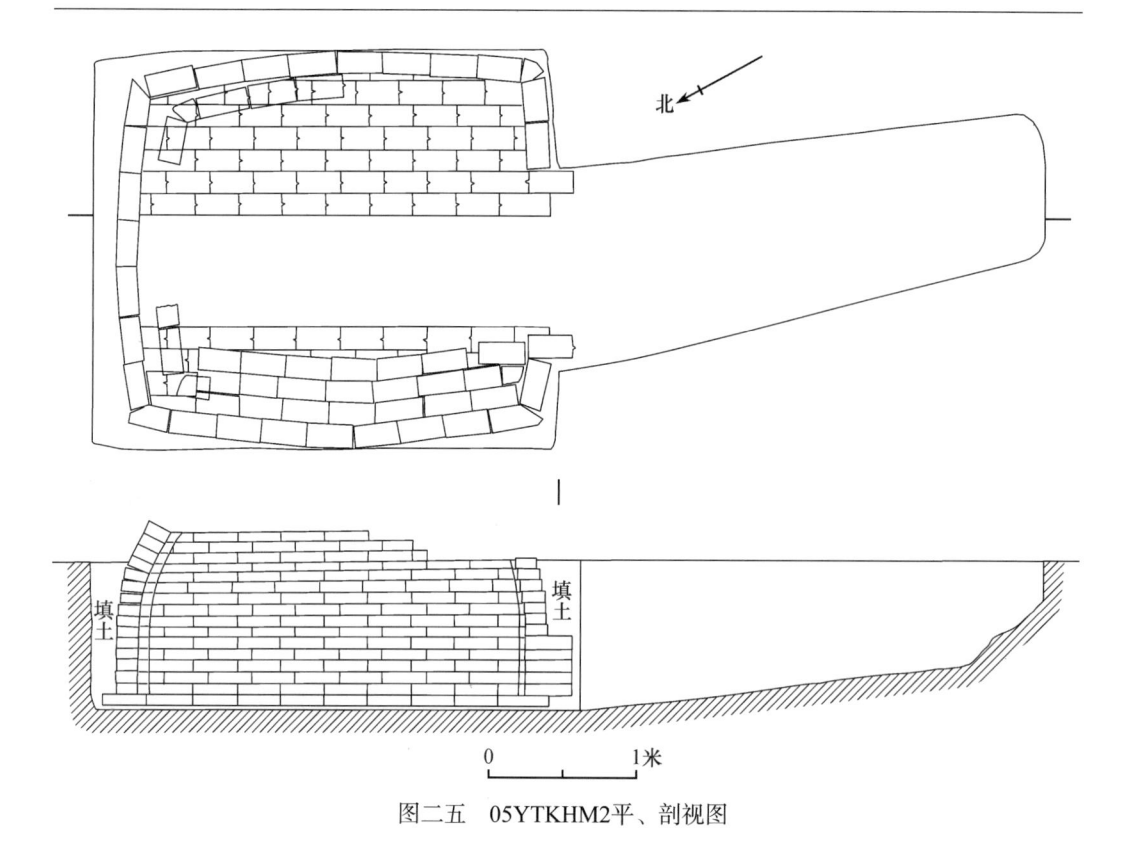

图二五　05YTKHM2平、剖视图

98M1（岗崤）　方向200°。平面略呈"凸"字形，由墓道、墓门和墓室组成。后期破坏严重，顶部情况不明（图二六）。

墓道，位于墓室南侧，平面呈长条形，底部自南向北呈缓坡状。长3.9、宽1.08、深0～1.35米。

墓门，开在墓室南壁中部偏东。宽0.8、高1.12、进深0.4米。封门砖砌筑方法不明。

墓室，略呈长方形。砖室长3.04、宽2.26、深1米。墓室为先挖土圹，后砌砖室。先平铺一层砖作底，再用砖砌筑墓室四壁。除南壁较直外，其余三壁均略外弧。现存北壁12层、东壁11层、西壁10层。采用单砖错缝平铺循环方式砌筑。用砖长侧面纹饰朝向墓室。墓室四壁相交处折角明显，采用对头齐缝方式砌筑。墓底较平整，单层，单砖交错斜铺呈"人"字形。填土为灰褐色。未见葬具。墓主骨骼已朽，头向、葬式不明。无随葬品。

墓砖，长侧面模印菱形纹夹杂乳钉纹饰图案。砖长31、宽14、厚7.5厘米（图二四，3）。

98M2（岗崤）　方向203°。平面略呈"凸"字形，由墓道、墓门和墓室组成。后期破坏严重，顶部情况不明（图二七）。

图二六 98M1（岗嵛）平、剖视图

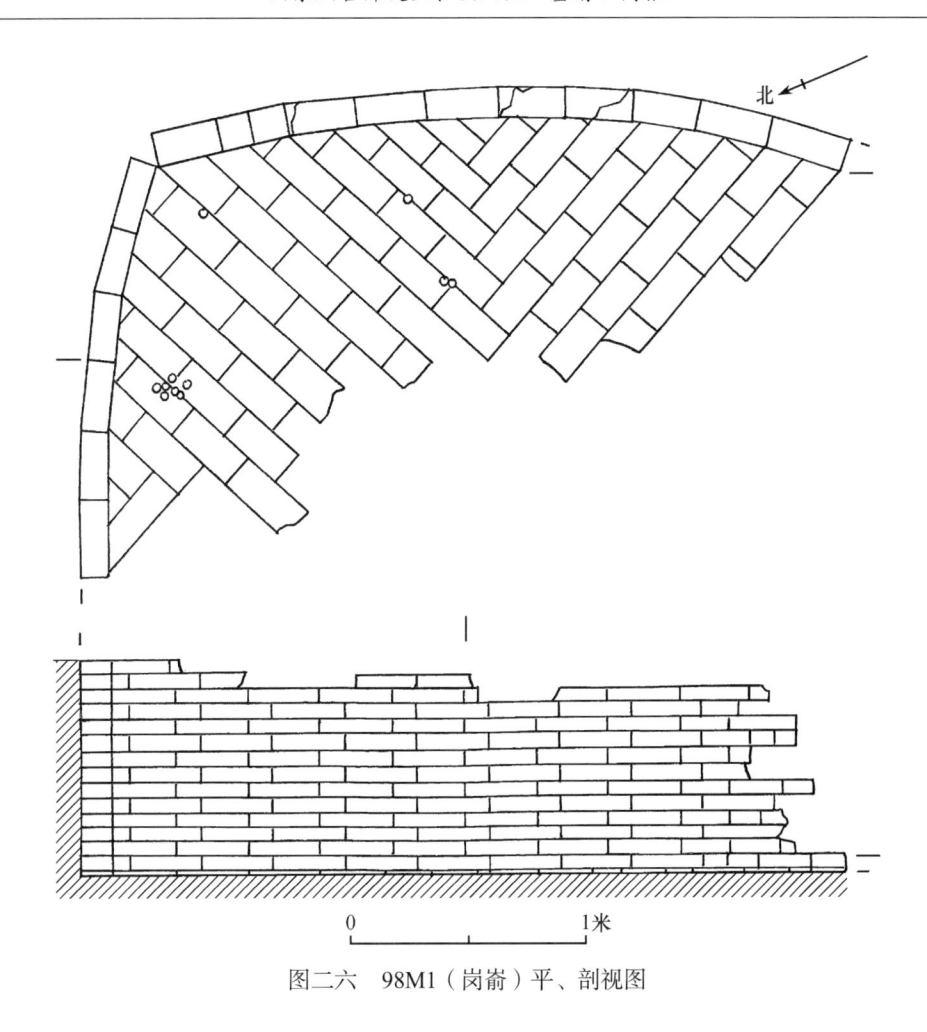

墓道，位于墓室南侧，土坑竖穴式，残长0.59、宽1.02米。位于墓门附近的东、北两侧用单砖砌筑，已被破坏，具体情况不明。

墓门，开在墓室南壁中部。宽1.02、高0.64、进深0.3米。封门砖采用单砖横向的砌筑方法。

墓室，略呈长方形。砖室南北长2.9、东西残宽2.4、残深0.66米。墓室为先挖土圹，后砌砖室。先平铺一层砖作底，再用砖砌筑墓室四壁。除西壁破坏较严重外，其余三壁保存尚可，现存东壁10层、西壁和北壁各7层。除南壁较直外，其余三壁均略外弧。自第7层始向上逐渐内收，墓顶可能是穹隆顶。采用单砖错缝平铺循环方式砌筑。用砖长侧面纹饰朝向墓室。墓室四壁相交处折角明显，采用对头齐缝方式砌筑。墓底较平整，单层，单砖交错斜铺呈"人"字形。墓室底部西北角，有整砖与残砖砌筑的曲尺形台，南北长0.52、东西宽0.46米。填土为灰褐色。

葬具一棺，已朽，根据灰痕判断，长1.9、宽0.72米。墓主骨骼已朽，仅在墓底北

图二七 98M2（岗崮）平、剖视图

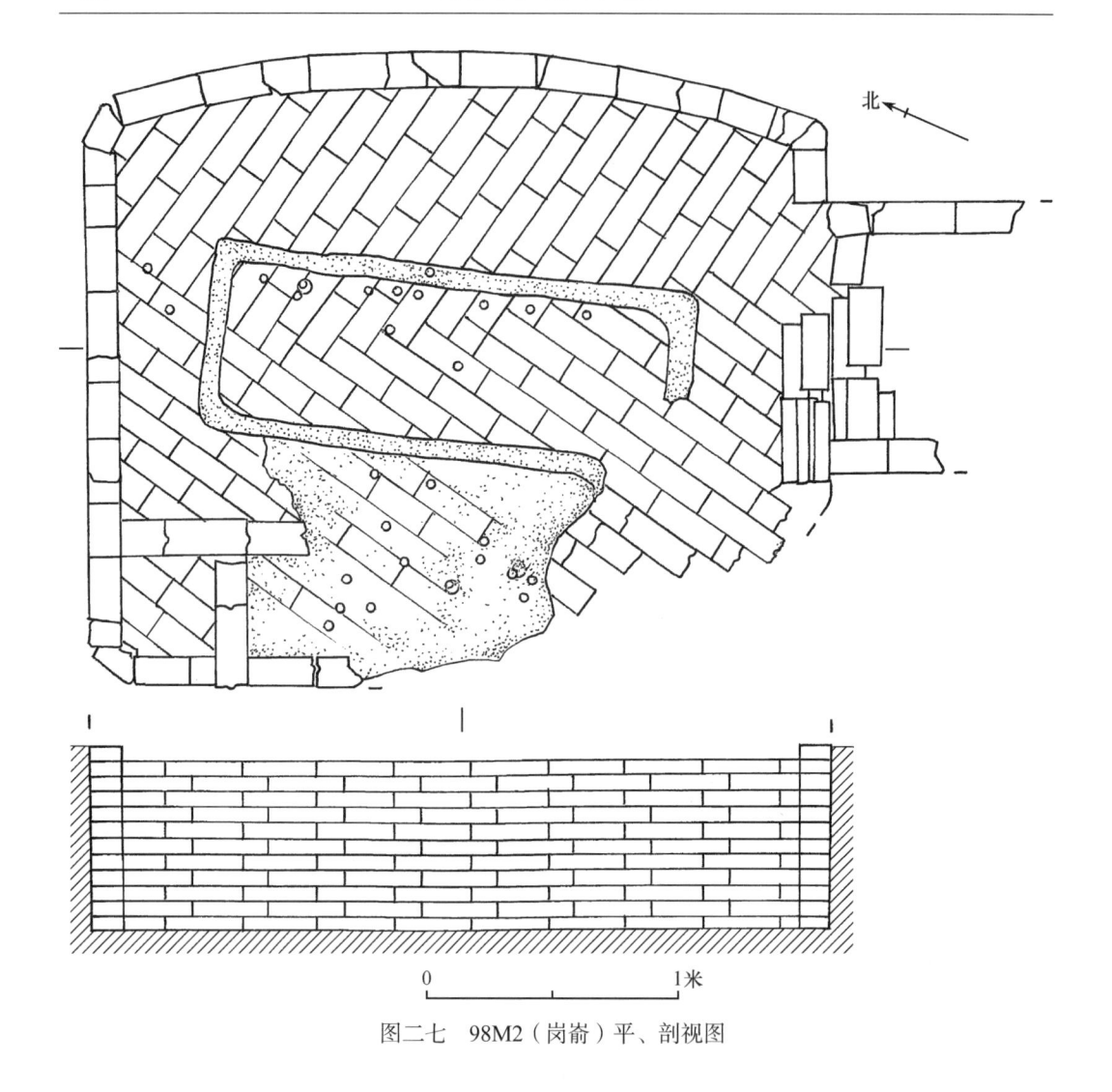

侧见头骨及部分肢骨，较凌乱，可能后期墓葬进水。头向、葬式不明。随葬五铢钱多枚，已朽，无法提取。

墓砖，长侧面模印菱形纹夹杂乳钉纹饰图案，子母口，砖长31、宽14、厚7.5厘米（图二四，4）。

98M3（岗崮） 方向201°。由于后期破坏，砖室仅存约二分之一，墓顶部情况不明（图二八）。

墓室，砖室长3.22、东西残宽2、残深0.66米。墓室为先挖土圹，后砌砖室。先平铺一层砖作底，再用砖砌筑墓室四壁。墓室遭到严重破坏，东壁与北壁保存较好，现存东壁12～14层、北壁7～14层。墓壁均略外弧。采用单砖错缝平铺循环方式砌筑。用砖长侧面纹饰朝向墓室。墓室两壁相交处折角明显，采用对头齐缝方式砌筑。墓底较

图二八 98M3（岗嵛）平、剖视图

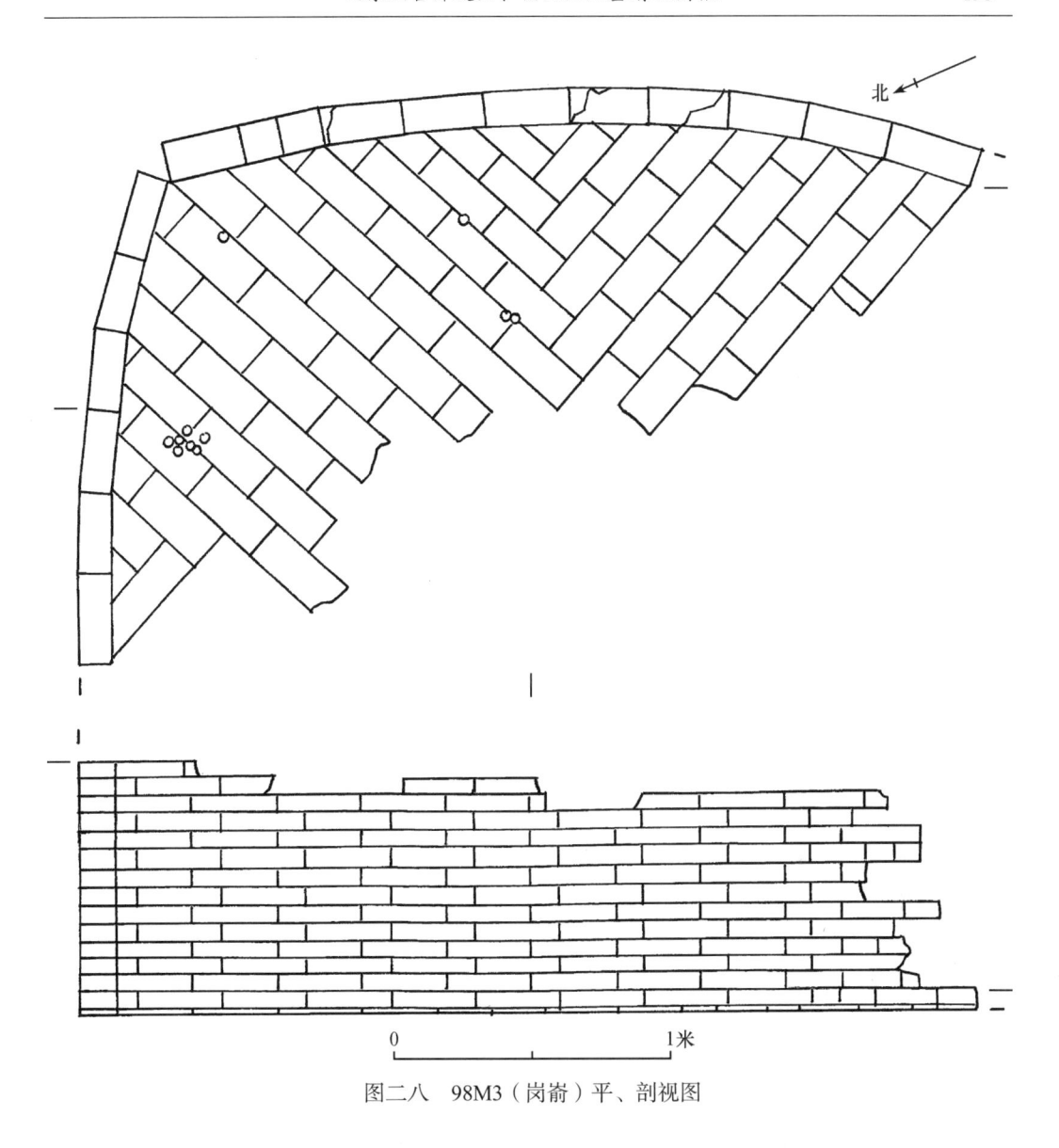

平整，单层，单砖交错斜铺呈"人"字形。填土为灰褐色。葬具及墓主骨骼，已朽。头向、葬式不明。随葬五铢钱多枚，已朽，无法提取。

墓砖，长侧面模印菱形纹夹杂乳钉纹饰图案，子母口，砖长31、宽14、厚7.5厘米（图二四，5）。

03M1（西上海） 方向300°。长方形。后期破坏严重，顶部情况不明（图二九）。

墓葬营建时，先挖出近似的生土圹，后砌砖室。墓圹长2.66、宽1.28、深0.34米。砖室，东部较窄，西部较宽，长2.5、宽1.14～1.26、深0.28米。先平铺一层砖作底，再

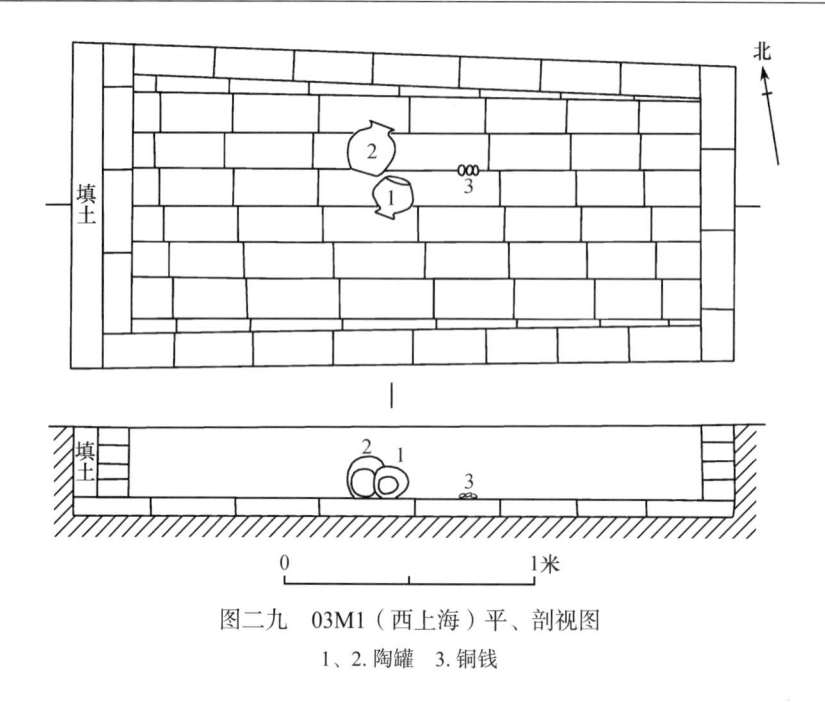

图二九　03M1（西上海）平、剖视图
1、2. 陶罐　3. 铜钱

用砖砌筑墓室四壁。砖壁与土圹之间用土填实。墓室四壁保存较好，现存4层砖。采用单砖错缝平铺循环方式砌筑。黄泥粘砌。用砖长侧面纹饰朝向墓室。墓室四壁相交处纵横方式砌筑。墓底较平整，单层，采用单砖东西向平行错缝方式砌筑。填土为黄褐色。葬具及墓主骨骸，已朽，头向、葬式不明。

随葬品主要为陶器，有陶罐2件，放置在墓室中部，另有五铢钱，已朽，无法提取。

陶罐　2件，均泥质灰陶，侈口，斜沿，束颈，溜肩，鼓腹，腹下部斜收，平底。素面。03M1（西上海）：1，叠唇，口径12.4、底径12.5、高16.5厘米（图三〇，1）。03M1（西上海）：2，方唇，口径12、底径11.5、高19.1厘米（图三〇，2）。

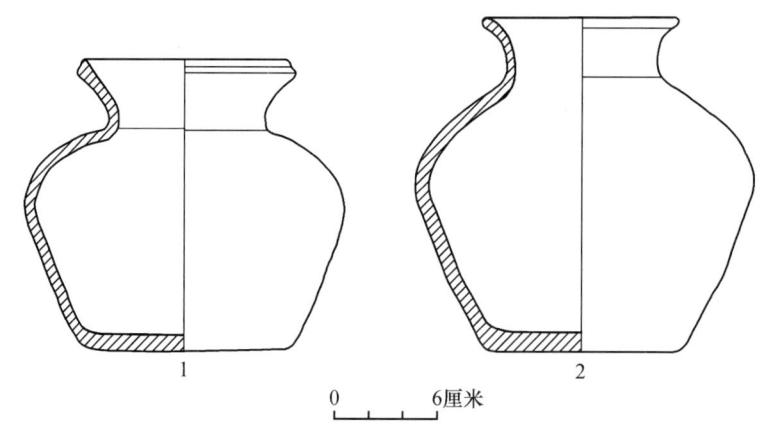

图三〇　03M1（西上海）出土陶罐
1. 03M1：1（西上海）　2. 03M1：2（西上海）

墓砖，侧面模印菱形纹，子母口，砖长31、宽14、厚6厘米。

03M2（西上海）　方向295°。长方形。后期破坏严重，顶部情况不明（图三一）。

墓葬营建时，先挖出近似的生土圹，后砌砖室。砖室，长2.56、宽1、深0.44米。四壁保存较好，现存4层砖。在土圹底部直接砌筑砖室四壁，采用一丁一横单砖错缝方式砌筑。黄泥粘砌。墓室四壁相交处纵横方式砌筑。墓底较平整，单层，用单砖铺砌略呈纵横相间平铺。填土为灰褐色。葬具及墓主骨骼已朽，头向、葬式等不明。无随葬品。

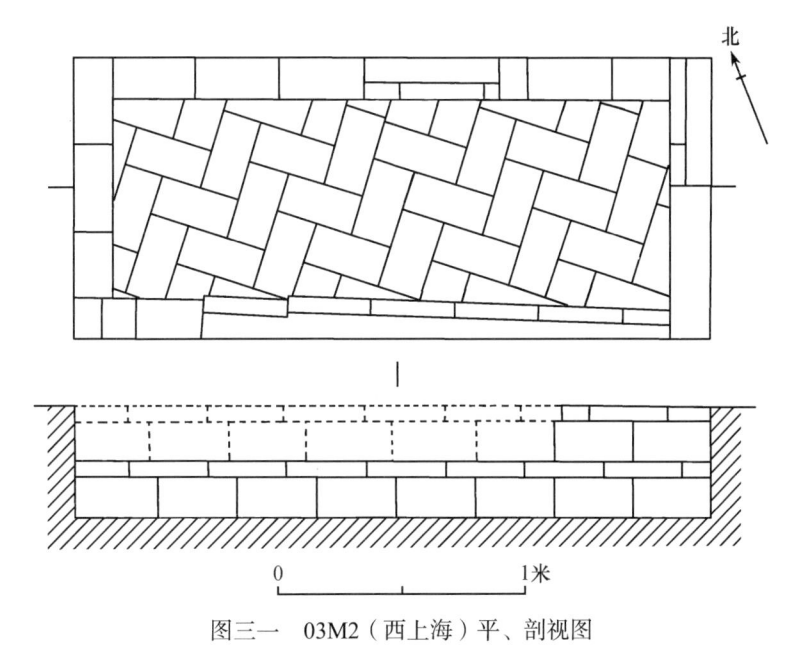

图三一　03M2（西上海）平、剖视图

墓砖分两种，一种是两长侧面模印菱形纹，一侧为横菱形纹，另一侧为竖菱形纹。子母口。砖长33、宽16、厚6厘米（图二四，6）；另一种为八组菱形纹，花纹面向上，砖长33.5、宽16.5、厚6.4厘米（图二四，7）。

03M1（岗嵛）　方向340°。平面略呈"凸"字形。后期破坏严重，砖室仅存约二分之一，墓顶部情况不明（图三二）。

墓道，位于墓室西侧，土坑竖穴式，已破坏，具体情况不明。

墓门，开在墓室西壁，仅存南侧的砖砌门垛，现余10层。采用单砖平铺方式砌筑。封门砖仅余底部1层，砌筑方法不明。

墓室，略呈方形。砖室残长3.4、宽1.1、深0.98米。墓室为先挖土圹，后砌砖室。先平铺一层砖作底，再用砖砌筑墓室四壁。现仅余南壁3～15层、部分西壁。墓壁略内弧。采用单砖错缝平铺循环方式砌筑。黄泥粘砌。用砖长侧面纹饰朝向墓室。墓室西壁与南壁相交处折角明显，采用对头齐缝方式砌筑。墓底较平整，单层，用单砖铺砌

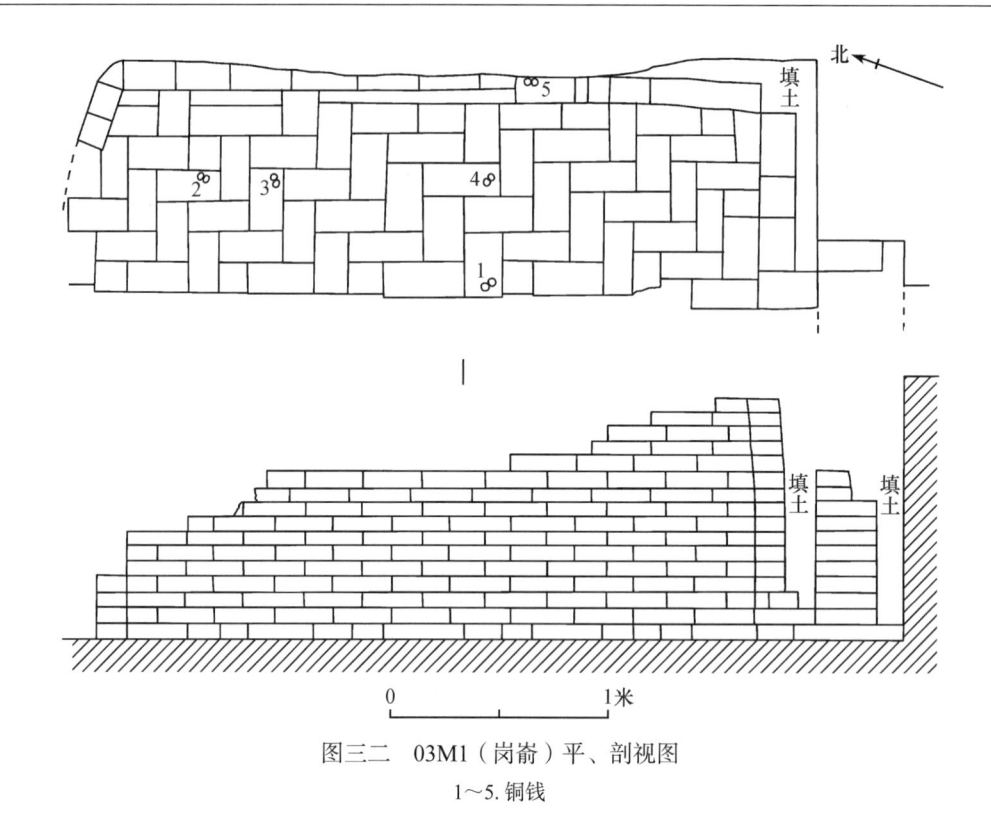

图三二　03M1（岗崟）平、剖视图
1~5.铜钱

略呈纵横相间平铺。填土为灰褐色。葬具及墓主骨骼已朽，头向、葬式不明。随葬品有五铢钱多枚，已朽，无法提取。

墓砖，长侧面模印菱形纹与网格纹相间纹饰图案。砖长29、宽13、厚7厘米（图二四，8）。

03M2（岗崟）　方向340°。平面略呈"凸"字形，由墓道、墓门和墓室组成。后期破坏严重，顶部情况不明（图三三）。

墓道，位于墓室西侧，平面呈长条形，底部自西向东呈缓坡状。长3.8、宽1.3米，深0.8米。

墓门，开在墓室西壁中部偏北。宽1.4、高0.44、进深0.36米。砖砌门垛，现余8层。采用单砖平铺砌筑方式。封门砖砌筑方式不明。

墓室，略呈长方形。墓圹长3.5、宽2.8、残深0.74米。砖室长3.2、宽2.4、残深0.7米。墓室为先挖土圹，后砌砖室。先平铺一层砖作底，再用砖砌筑墓室四壁。墓室四壁，仅余南壁保存较好，现存6~9层。墓壁均略外弧。采用单砖错缝平铺循环方式砌筑。黄泥粘砌。用砖长侧面纹饰朝向墓室。墓室两壁相交处折角明显，采用对头齐缝方式砌筑。墓底较平整，单层，单砖交错斜铺呈"人"字形。填土为黄褐色土夹杂有碎砖，较硬。未见葬具。墓主骨骼保存差，仅在墓室内发现一头骨，部分肢骨，葬式

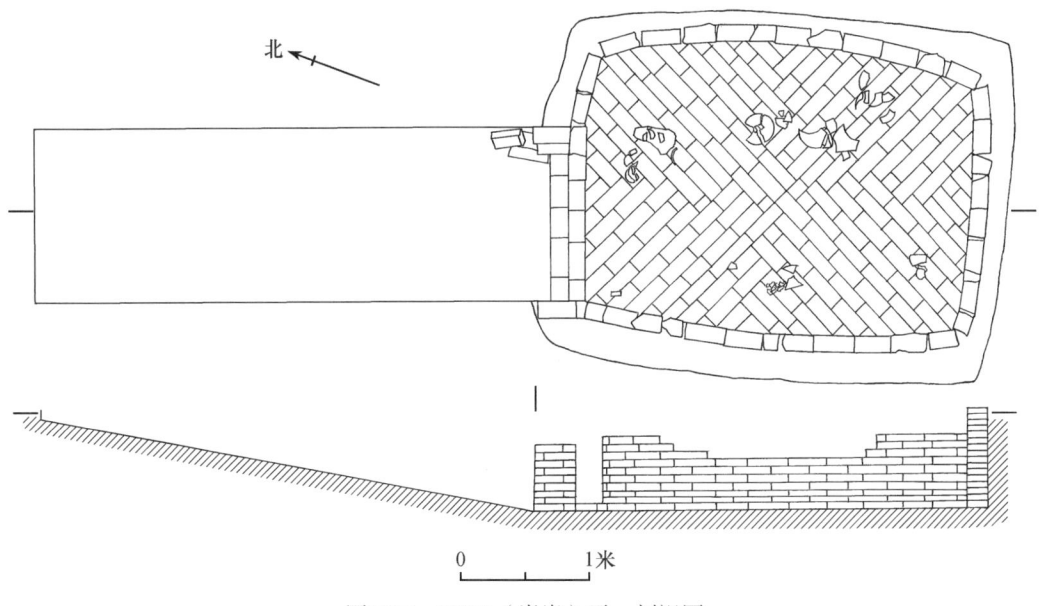

图三三 03M2（岗嵛）平、剖视图

不明。随葬品均为残片，无法复原。可以辨别器类为罐。

墓砖，长侧面模印菱形纹与鱼形纹相间的纹饰图案。砖长28.5、宽13、厚6.5厘米（图二四，9）。

3. 皂户头墓地

墓葬3座，编号03YTKZM3～03YTKZM5。

03YTKZM3　方向297°。位于发掘工地中部。基本呈长方形，由墓道、墓门和墓室三部分组成（图三四；图版三一，2）。

墓道，位于墓室西侧，直接凿在生土上，平面呈箕形，西侧尾端较直。两壁制作规范，自西向东呈斜坡状。长2.06米，东端宽1.4、距地表深1.06米，西端宽0.8、距地表深0.2米。

墓门，设在墓室西壁中部。用残砖齐缝封堵。宽0.87、进深0.4、高1.08米。

墓室，砖砌。墓圹东西长3.06、南北宽1.75、残深1.08米。砖室东部较宽，西部较窄，长2.5米，宽度不一，宽1.2～1.35、深1米。墓葬营建时，先挖出近似的生土圹，然后平铺一层砖作底，再用砖砌筑墓室的四壁。墙壁与土圹之间用土填实。墓室四壁保存较好，现存21层砖。采用单砖错缝砌筑方法。用砖长侧面纹饰朝向墓室。墓室顶部已遭到破坏，除东壁较直外，南、北两壁向外略凸。自底部第6层开始收分，向上起券，呈穹隆顶。墓底较平整，单层，用砖交错斜铺呈"人"字形。填土为黄褐色土。葬具及墓主骨骼已朽，头向、葬式不明。无随葬品。

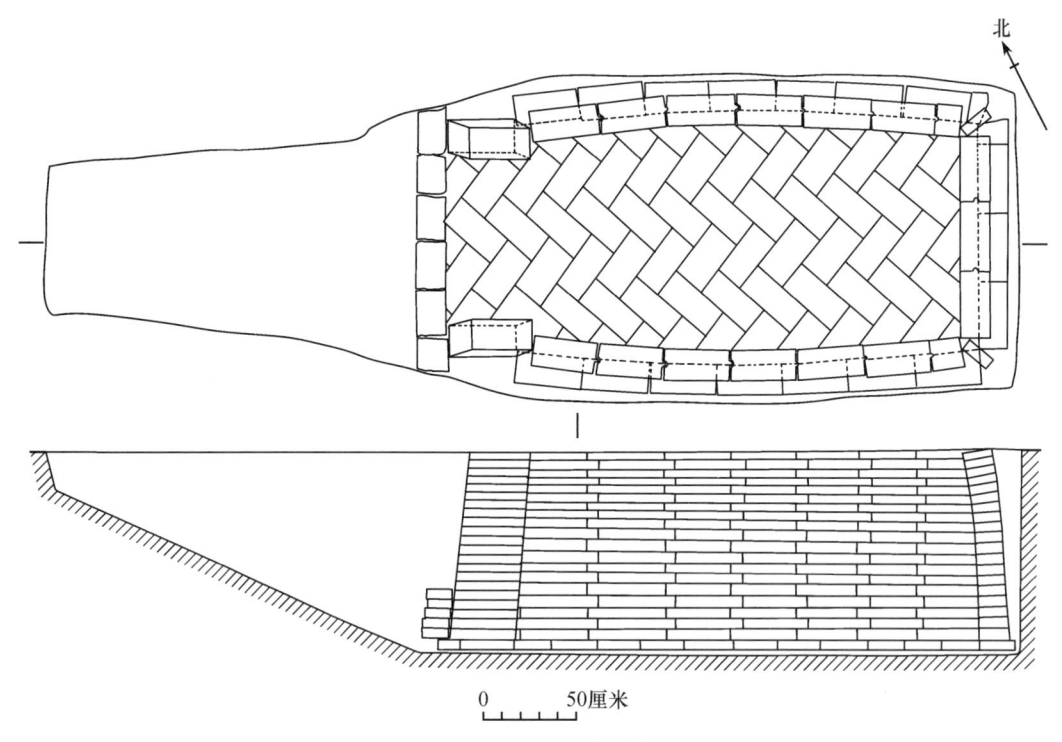

图三四 03YTKZM3平、剖视图

墓砖，一侧为菱形花纹，子母口。长34.5、宽15.5～16、厚5～6厘米。

03YTKZM4 方向113°。位于发掘工地中部。长方形（图三五；图版三一，3）。

墓门，设在墓室西壁。用残砖侧立封堵。宽0.84、进深0.8、残高0.6米。

墓室，砖砌。墓圹东西长2.7、南北宽1.24、残深1.46米。砖室长2.5米，宽1.2～1.35、残深1米。墓葬营建时，先挖出近似的生土圹，然后平铺一层砖作底，再用砖砌筑墓室的四壁。墙壁与土圹之间用土填实。顶部已破坏。四壁保存较好，现存3～6层砖。壁较直。采用单砖错缝砌筑方法。用砖长侧面纹饰朝向墓室。墓底较平整，单层，用单砖错缝铺砌。填土为黄褐色。葬具及墓主骨骼已朽，头向、葬式不明。无随葬品。

墓砖，一侧为菱形花纹，有子母口。长34.5、宽15.5～16、厚5～6厘米。

03YTKZM5 方向25°。位于发掘工地中部，仅存墓底（图三六）。

墓葬营建时，先挖出近似的生土圹，长3.18、残宽2.01、残深0.22米。然后平铺一层砖作底，再用砖砌筑墓壁。墓底较平整，单层，用单砖错缝铺砌。填土为黄褐色。葬具及墓主骨骼，已朽，头向、葬式不明。无随葬品。

墓砖，一侧为菱形花纹，有子母口。长34.5、宽15.5～16、厚5～6厘米。

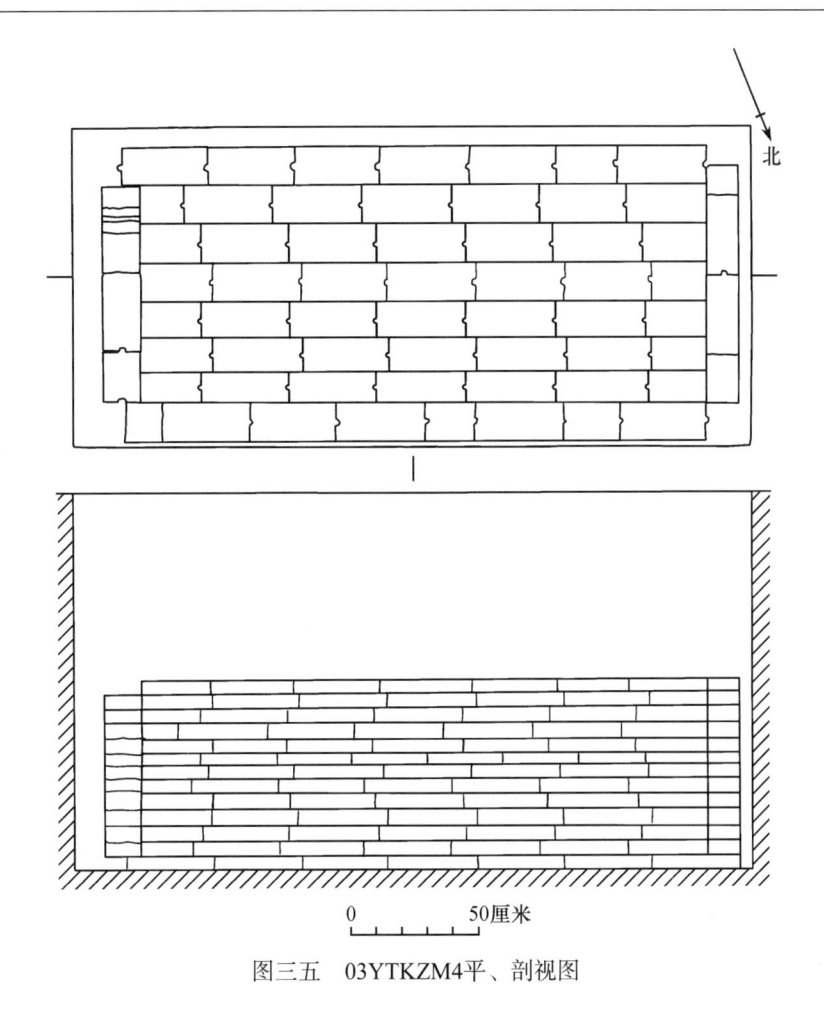

图三五　03YTKZM4平、剖视图

4. 汪家墓地

清理墓葬1座，编号03YTKWM1。

03YTKWM1　方向88°。平面略呈"凸"字形，由墓道、墓门和墓室组成。后期破坏严重，顶部情况不明（图三七）。

墓道，位于墓室西侧，土坑竖穴式，已被破坏，长度不明，宽1.13米，呈斜坡状。

墓门，开在墓室西壁中部，已破坏，封门砖砌筑方法不明。

墓室，略呈长方形。墓圹东西长3.18、南北宽2.54、残深0.26米。砖室东西长3、南北宽2.46、深0.28米。墓室为先挖土圹，后砌砖室。先平铺一层砖作底，再用砖砌筑墓室四壁。北壁保存稍好，现存1~4层，东壁、南壁，现存1~2层。墓壁略外弧，以南、北两壁外弧较甚。单砖错缝平铺循环砌筑。用砖长侧面纹饰朝向墓室，个别砖素面一侧向内。墓室四壁相交处折角明显，采用对头齐缝方式砌筑。用砖长侧面纹饰朝

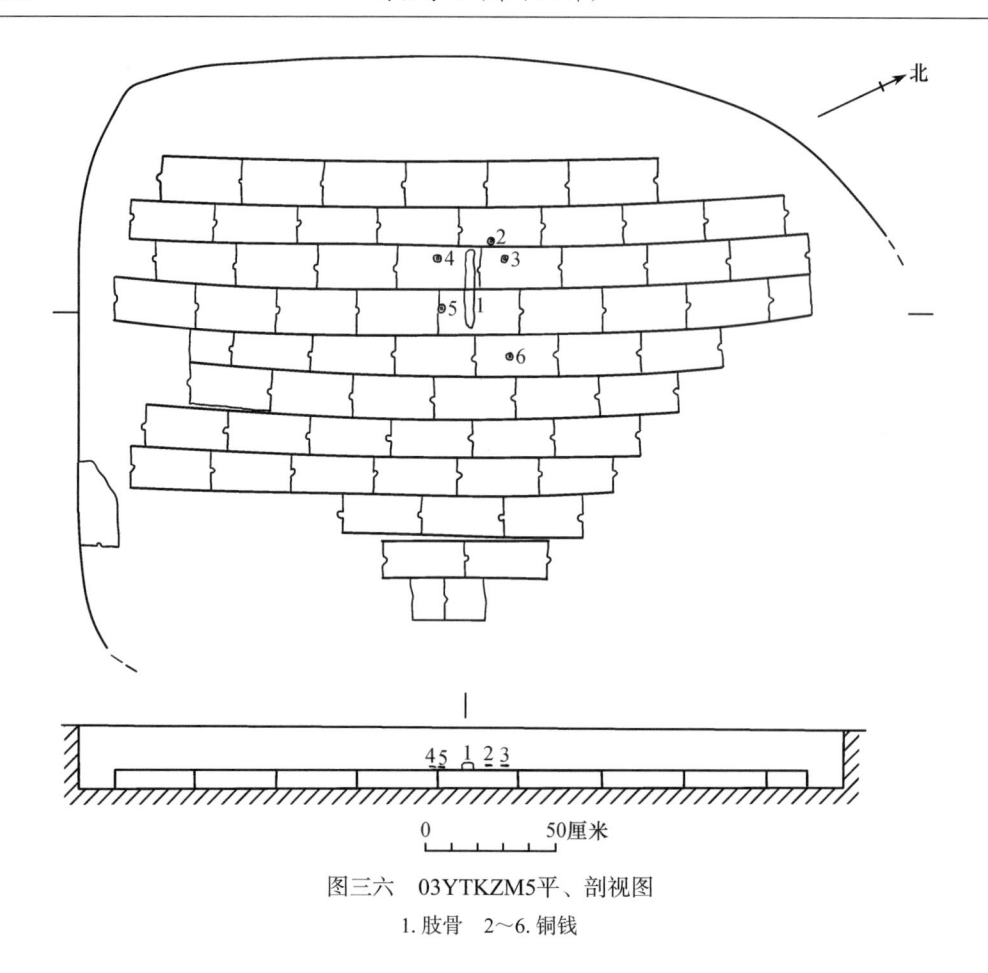

图三六 03YTKZM5平、剖视图
1. 肢骨 2~6.铜钱

向墓室。墓底较平整，单层，单砖斜列平铺。填土为黄褐色砂岩。葬具已朽，在墓底中部偏北处有灰痕，应为木棺。墓主骨骼已朽，头向、葬式不明。随葬五铢钱多枚，已朽，无法提取。

墓砖，长侧面模印两端重菱纹，中间为交口双鱼。砖长30.2、宽13.8、厚6.2厘米（图三八，1）。

5. 郑家庄墓地

清理墓葬1座，编号05YTKZM1。

05YTKZM1 方向291°。平面略呈"凸"字形，由墓道、墓门和墓室三部分组成。后期破坏严重，顶部情况不明（图三九）。

墓道，位于墓室西侧，直接凿在生土上，长方形，上宽下窄，已破坏，残长1.88、上宽1.8、下宽1.5、深1米。底部呈斜坡状。

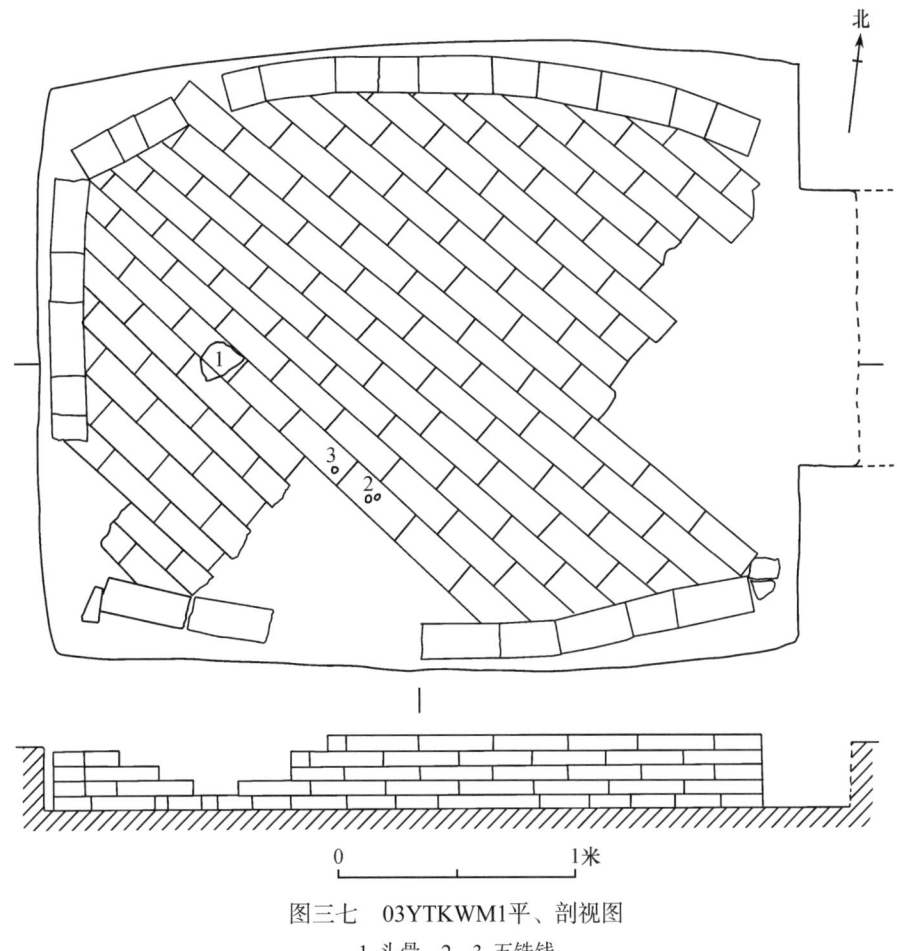

图三七　03YTKWM1平、剖视图
1. 头骨　2、3. 五铢钱

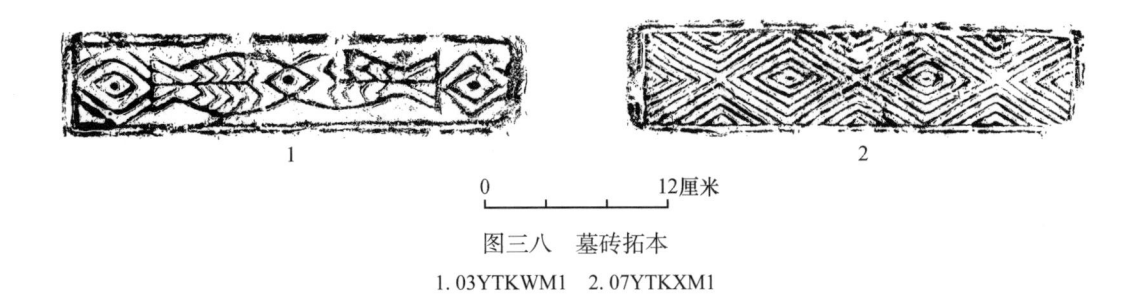

图三八　墓砖拓本
1. 03YTKWM1　2. 07YTKXM1

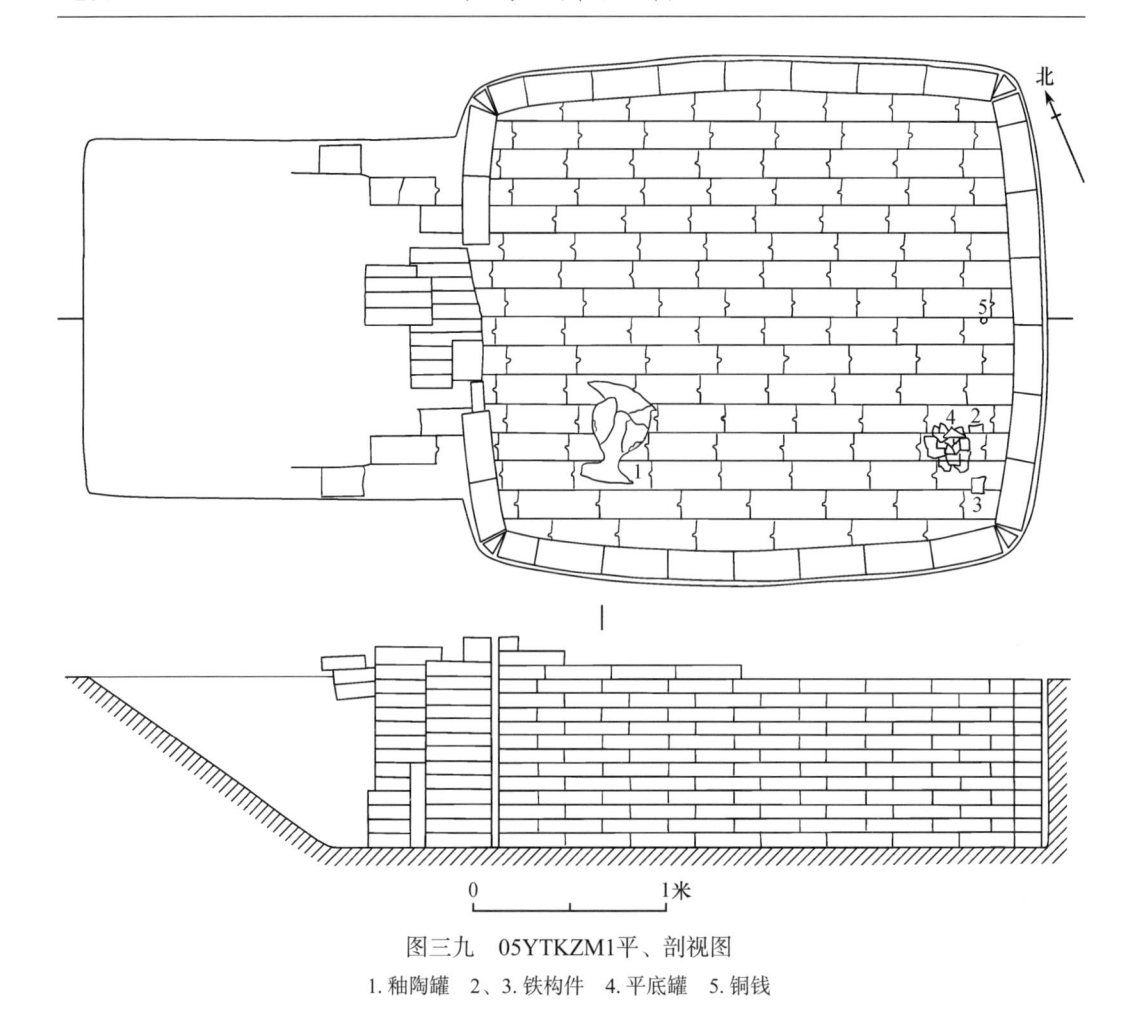

图三九　05YTKZM1平、剖视图
1. 釉陶罐　2、3. 铁构件　4. 平底罐　5. 铜钱

墓门，开在墓室西壁中部。宽1.17、高1.05米。两侧单砖东西向并排平铺砌砖墙，后砌券顶。门垛，采用单砖错缝平铺砌筑方式。券顶为双层，上层券顶外出，下层内收。用砖为楔形砖。采用单砖侧立砌筑而成。封门砖，先整砖南北向顺铺，后用残砖东西向横铺，仅余4层。

墓室，略呈长方形。墓圹东西长3、南北宽2.8、残深1.08米。砖室东西长2.7、南北宽2.35、深1.05米。先挖土圹，后砌砖室。先平铺一层砖作底，再用砖砌筑墓室四壁。现仅余15层。除西壁较直外，其余三壁均呈外弧形。单砖错缝平铺循环砌筑。用砖长侧面纹饰朝向墓室。墓室四壁相交处折角明显，采用对头齐缝方式砌筑。用砖长侧面纹饰朝向墓室。墓底较平整，单层，单砖纵列平铺。填土为灰褐色，夹杂黄褐土。葬具和墓主骨骼已朽，头向、葬式不明。

随葬品，共6件。有釉陶壶1件、平底罐1件。铁构件2件，已朽，无法提取，器形不清。五铢钱2枚，已朽，无法提取。位于墓室的南部及东部。

釉陶壶　1件。05YTKZM1:1，泥质红陶。盘口微侈。方唇，长束颈。斜肩，圆鼓腹，腹下部斜内收，假圈足。器表施黄釉。肩部饰一对对称兽面衔环铺首并饰一周篦划纹纹带，腹中部偏下饰有三周绳纹。口径17.8、腹径27.7、底径20、高37.5厘米（图四〇，1，图版二八，5）。

平底罐　1件。05YTKZM1:2，泥质灰陶。盘口微侈。方唇，短束颈。斜肩，鼓腹，最大腹径居中部，腹下部内收，大平底。腹中部以下饰有三周绳纹。口径14.5、腹径20.5、底径13.5、高22.6厘米（图四〇，2；图版二八，6）。

墓砖，两种，一种是长侧面模印重菱纹纹饰，子母口。砖长34、宽14、厚7厘米。另一种是楔形砖，子母口。长32.5、宽15、厚端厚7、薄端厚6厘米。

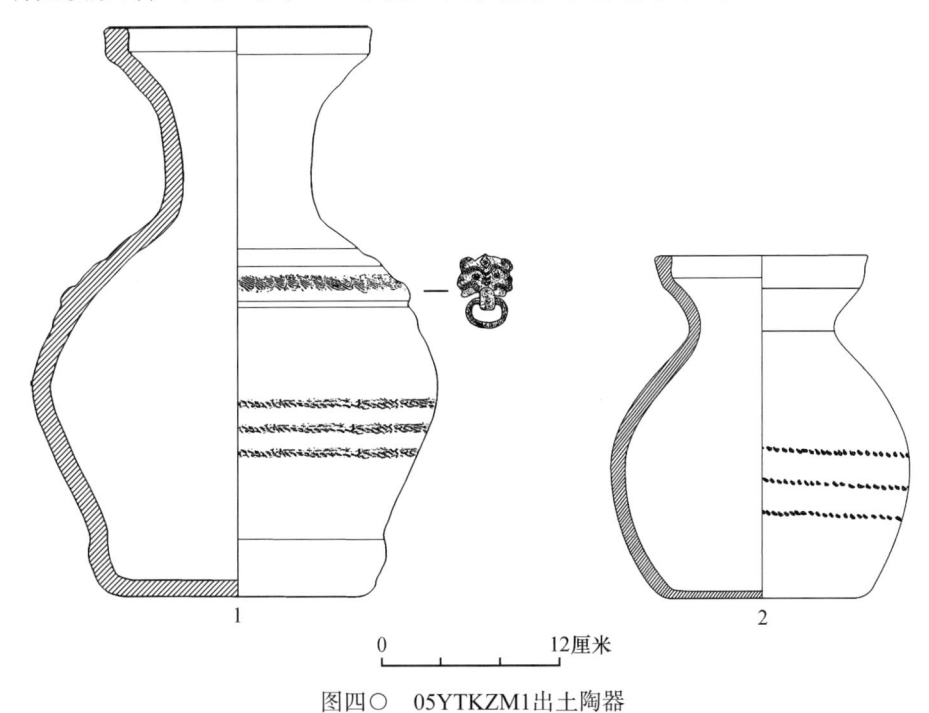

图四〇　05YTKZM1出土陶器
1. 釉陶壶（05YTKZM1:1）　2. 平底罐（05YTKZM1:2）

6. 下刘家墓地

清理墓葬1座，编号07YTKXM1。

07YTKXM1　方向178°。长方形。墓上部已破坏，顶部情况不明（图四一）。

墓室，砖砌。墓圹南北长3.07、东西宽2.5、深0.54米。砖室长2.98、宽2.46、深0.5米。墓葬营建时，先挖出近似的生土圹，然后平铺一层砖作底，再用砖砌筑墓室的四壁。墙壁与土圹之间用土填实。现存北壁2层、南壁1~3层、东壁2层、西壁单砖侧立1层。东、南和北三壁，单砖错缝平铺循环砌筑。西壁，单砖侧立砌筑方式。用砖长

图四一　07YTKXM1平、剖视图

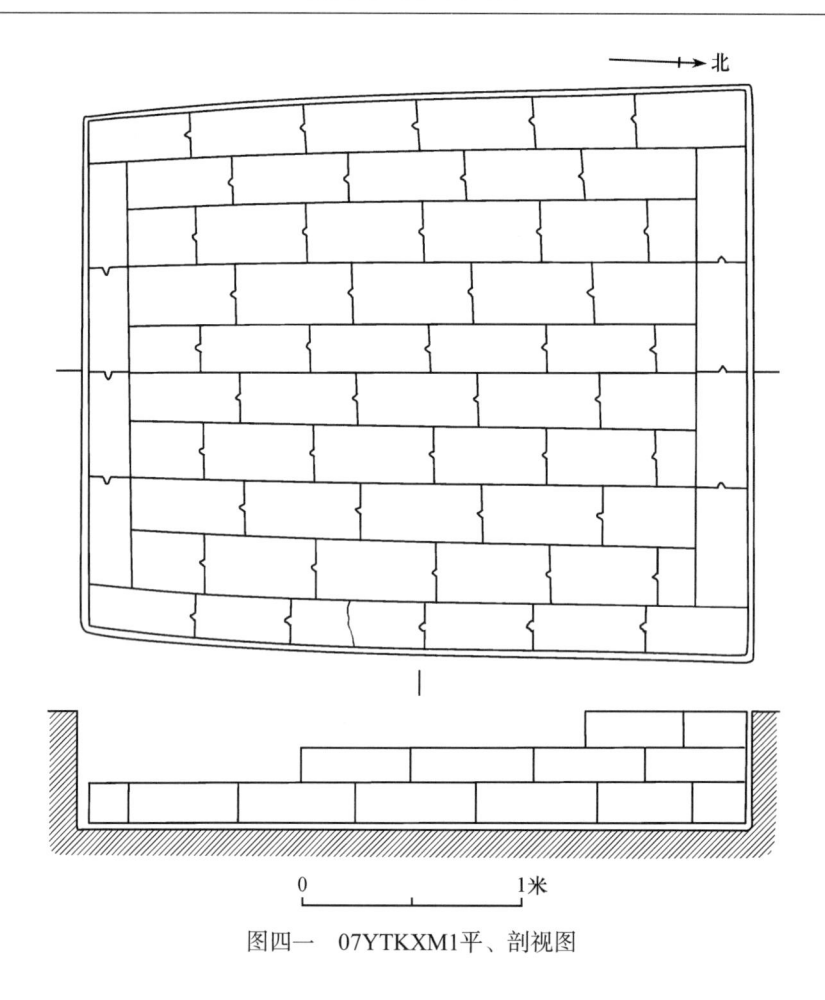

侧面纹饰朝向墓室。墓室四壁相交处呈直角，采用单砖错缝平铺方式砌筑。墓底较平整，单层，单砖东西向平行错缝铺砌。填土为灰褐色。葬具及墓主骨骼已朽，头向、葬式等不明。无随葬品。

墓砖，长侧面模印菱形纹夹有乳钉纹的花纹砖，有子母口，砖长30、宽14.5、厚7.5厘米（图三八，2）。

三、结　语

本次介绍的22座汉墓，除青龙山汉墓的行政区划现属福山区外，其他21座属于烟台开发区。自20世纪90年代至21世纪初，烟台开发区内实施建设工程，这些汉墓被零星发现，也有些汉墓是主动发掘。基本都位于山东省级文物保护单位——三十里堡墓群附近，说明该墓群是一处分布范围较广，并且集中使用时间较长的有联系性的墓地。同时，这里是一片广阔的海滩平原上海拔仅数米的一处隆起的丘陵地带，是古人选择墓地的理想位置。

清理的这些墓葬，后期都遭到不同程度的毁坏，大多数出土遗物不算丰富，墓葬的年代，主要依据墓葬的形制结构、墓葬布局及出土遗物的特征作大致推测。

（一）墓葬特征与时代

首先，从墓葬形制分析，分土坑竖穴墓、砖室墓两大类，墓室顶部均设置巨大的封土，部分墓葬至今仍然可见封土，但多数墓葬因地貌变迁、人为活动等，封土已不复存在。土坑竖穴墓流行木椁形式，在同一封土下，多见两两并排，根据墓葬形制、随葬器物等分析，时代一般较为接近，多认为墓主为夫妻关系，并穴合葬，这类墓葬在胶东地区，是汉代最为常见的墓葬形制。但也有个别墓葬不是并穴合葬，而是多座墓葬，如此次发现的三十里堡墓群编号Z16，在同一封土下并列三座墓葬，墓主可能不是夫妻关系，这有待于进一步考证。根据以往的考古发现及研究成果，木椁形式的土坑竖穴墓主要流行于西汉时期。砖室墓都是单室，多数有墓道。封土保存至今的比较少见，此次清理的侯家墓地2座墓葬，均设有封土，后期虽遭到毁坏，但是墓室位置并不在封土的中部，而是位于封土的一侧，墓道位于封土堆积的外侧，也是比较特殊的埋葬方式。根据本次发掘的墓葬形制，结合以往的考古发现及研究成果，在胶东地区，这类墓葬多见于东汉时期。

其次，从出土遗物来看，绝大多数是陶器，其器类多为各地汉墓中习见，出土铜镜皆为汉镜形式，出土铜钱都属于两汉时期。但不同类型墓葬在随葬品上有较大差别，土坑竖穴墓，随葬品多为陶器，铜器为铜镜等，钱币多见五铢钱。墓葬形制较大，随葬品多寡不一；砖室墓，随葬品较少，五铢钱多见。同时，三十里堡墓群随葬器物中的盘口罐、高领罐、直口罐及彩绘罐等器物与山东莱州朱郎埠所出土的盘口壶（M11:1、M22:1）、高领罐（M23:5）、彩绘罐相似，朱郎埠墓地其年代为西汉前期[1]。

由此可以推断，这些墓葬的时代应为两汉时期，土坑竖穴墓为西汉，砖室墓时代应为东汉。

（二）几点认识

关于当时胶东地区丧葬习俗之变化。

其一，并穴合葬墓的出现。据已知的考古资料，可证并穴合葬墓出现于西汉中期，合葬墓处于同一座封土下，应是夫妻关系。这类墓葬在胶东半岛以往的考古发掘中已有多例，如莱州朱郎埠墓群及福山东留公墓群[2]也有多组并穴合葬墓，其年代都不早于西汉中期。这种墓葬形式至西汉晚期已成为主要的丧葬形式。

其二，丧葬风俗与西方更加趋于一致。自东周时齐国灭莱统一胶东半岛后，胶东地区的丧葬习俗便逐渐被齐文化同化。开发区土坑竖穴墓，随葬器物无论在组合上还是在器物形制上，基本与山东中西部的同期文化一致，并且这种一致性进一步加强。如陶器或漆器的组合都是山东中西部地区习用的。2001年山东曲阜花山出土的一批汉墓[3]，其中出土的陶壶，不但在形制上，而且器物上的彩绘都与三十里堡汉墓完全一致。

其三，随着墓室日益居室化，世俗信仰的阴间观念得到了加强，阴宅即死人宅院的观念在民众中普遍认同。墓室的仿居室化出现，说明到东汉时，本地区的墓葬形制发生了很大的变化，砖室墓逐渐取代了土坑墓，并迅速流行起来，成为烟台地区墓葬的主要形制。这一时期砖室墓的形制以平面呈"凸"字形为主要特点，有斜坡状墓道、墓门和墓室。

附记：参加发掘的工作人员有烟台市博物馆林仙庭、闫勇、于晓丽、王富强、侯建业、王金定、赵娟、徐明江，福山区文物管理所高崇远，牟平文物管理所张凌波、唐忠诚等同志。

绘　图：侯建业　张　帅　闫　明
摄　影：闫　勇　侯建业　赵　娟
拓　片：张　帅　宋　松
执　笔：赵　娟　张　帅　陈　梅　闫　勇

注　释

[1]　烟台市博物馆：《山东莱州市朱郎埠墓群发掘报告》，《华夏考古》2009年第1期。
[2]　烟台市博物馆考古发掘资料，现存于该馆文物库房。
[3]　山东省文物考古研究所：《曲阜花山汉墓出土彩绘陶器》，《中国文物报》2001年5月6日第1版。

附表　山东烟台开发区、福山区墓葬登记表

墓号	墓葬形制	墓向（°）	墓圹、砖室尺寸（米）	棺、椁尺寸（米）	头向与葬式	随葬品及位置	时代	备注（米）
03YTKZ16 M1（三十里堡）	土坑墓	125	3.04×(1.92～2.1)—2.56	棺2.12×0.8—0.4，椁2.48×1.2—0.66	西。单人仰身直肢葬	陶罐1。北侧二层台偏东	西汉	
03YTKZ16 M2（三十里堡）	土坑墓	128	3.8×2.7—4.8	棺2.36×0.8—0.1，椁2.46×1.62—0.9	西。单人仰身直肢葬	随葬品62。陶罐5、高领罐3、小陶罐3、陶壶2、陶盘1、陶钵2、铜铺首2、陶奁腿1，位于椁内棺外北侧器物箱内。陶木4，位于棺室四角的二层台上。铜带钩1、铜带扣1，位于铜内墓主头部附近。铜包角7、铜泡20、铜钱4，位于棺内	西汉	
03YTKZ16 M3（三十里堡）	土坑墓	129	3.6×2.7—5.05	棺2.3×0.75，椁2.62×1.45—1.34	西。单人仰身直肢葬	随葬品9。白陶罐1、盘口罐1、彩绘罐3、灰陶罐3，位于椁内棺外北侧、铜镜1，位于棺内西侧	西汉	
03YTKZM1（皂户头）	土坑墓	97	1.85×(1.03～1.2)—0.43	棺1.3×0.44	东。单人仰身直肢葬	五铢钱128、货泉1，墓室底部	西汉	

续表

墓号	墓葬形制	墓向（°）	墓圹、砖室尺寸（米）	棺、椁尺寸（米）	头向与葬式	随葬品及位置	时代	备注（米）
14YTFQM1（青龙山）	土坑墓	320	3.3×1.5—1.7	椁2.9×0.95	西。单人仰身直肢葬	随葬品10，陶罐1，陶壶4，陶盘1，陶熏炉1。此外，发现有漆器，已朽，内有鱼骨。位于棺内椁内西侧。铜镜1，铜方印1，铜带扣1，位于棺内	西汉	漆器无法提取
74GYM1（岗前）	土坑墓		4.4×3.9—8.7			随葬品8件，陶扁壶1，陶奁1，陶耳环盒1，陶圆炉1，陶鱼形盒1，陶蟾洗1，陶龟形器1，陶博山炉1	西汉	
74GYM2（岗前）	土坑墓		5×4—6					
05YTKHM1（侯家）	砖室墓	328	墓圹2.88×2.3—1.18 砖室2.6×2.24—1.2			无	东汉	封土8.7—1.9
05YTKHM2（侯家）	砖室墓	208	墓圹3.2×2.6—1.35 砖室2.48×2.31—1.2			五铢钱，少量剪轮五铢，无法提取。位于墓室底部	东汉	封土13×12—1.5
98M1（岗前）	砖室墓	200	砖室3.04×2.26—1			无	东汉	
98M2（岗前）	砖室墓	203	砖室2.9×2.4—0.66			五铢钱，无法提取。墓室底部	东汉	
98M3（岗前）	砖室墓	201	砖室3.22×2—0.66			五铢钱，无法提取。墓室底部	东汉	

续表

墓号	墓葬形制	墓向(°)	墓圹、砖室尺寸(米)	棺、椁尺寸(米)	头向与葬式	随葬品及位置	时代	备注(米)
03M1（西上海）	砖室墓	300	墓圹2.66×1.28—0.34 砖室2.5×(1.14~1.26)—0.28			陶罐2，墓室中部。五铢钱，无法提取	东汉	
03M2（西上海）	砖室墓	295	砖室2.56×1—0.44			无	东汉	
03M1（岗箭）	砖室墓	290	砖室3.4×1.1—0.98			五铢钱多枚，无法提取	东汉	
03M2（岗箭）	砖室墓	340	墓圹3.5×2.8—0.74 砖室3.2×2.4—0.7			陶罐，无法复原	东汉	
03YTKZM3（皂户头）	砖室墓	297	墓圹3.06×1.75—1.08 砖室2.5×(1.2~1.35)—1			无	东汉	
03YTKZM4（皂户头）	砖室墓	113	墓圹2.7×1.24—1.46，砖室2.5×(1.2~1.35)—1			无	东汉	
03YTKZM5（皂户头）	砖室墓	25	墓圹3.18×2.01—0.22			无	东汉	
03YTKWM1（汪家）	砖室墓	88	墓圹3.18×2.54—0.26，砖室3×2.46—0.28			五铢钱，无法提取。位于墓室底部	东汉	
05YTKZM1（郑家庄）	砖室墓	291	墓圹3×2.8—1.08，砖室2.7×2.35—1.05			釉陶壶1、平底罐1、铁构件2、器形不清，无法提取。五铢钱2，墓室南部及东部	东汉	
07YTKXM1（下刘家）	砖室墓	178	墓圹3.07×2.5—0.54，砖室2.98×2.46—0.5			无	东汉	

曲阜市旧县四街窑址发掘报告

山东省文物考古研究院

旧县四街窑址位于曲阜市书院街道旧县四街村西部，南邻书院中学，东部为少昊陵，北部紧邻宋代仙源县旧址，西距鲁故城东城墙0.6千米（图一）。中心地理坐标为东经117°01′28.2″，北纬35°35′56.7″，海拔68米，所处区域为鲁中南低山丘陵与鲁西平原交接地带，属泰、沂、蒙山山前冲积扇的交接地带中上部，地势较为平坦，土质多为黄黏土。遗址东西长约460米，南北约270米，总面积约10万平方米，主要为汉代和金代时期的窑址、灰坑、墓葬。2013年1月，为配合旧县社区改造项目建设，对遗址进行全面勘探，并于同年10～12月发掘。由于遗迹分布相对分散，本次发掘共分四个发掘区（图二），布方规格为10米×10米，一区布探方5个（图三），东部为5米×10米探方2个，西部为10米×10米探方3个；二区6个（图四；图版三二）；三区3个（图五；图版三三），东南角根据窑址分布扩方，连同扩方面积约400平方米；四区6个（图六；图版三四），发掘面积共计约2100平方米。共清理灰坑26个（其中明清灰坑

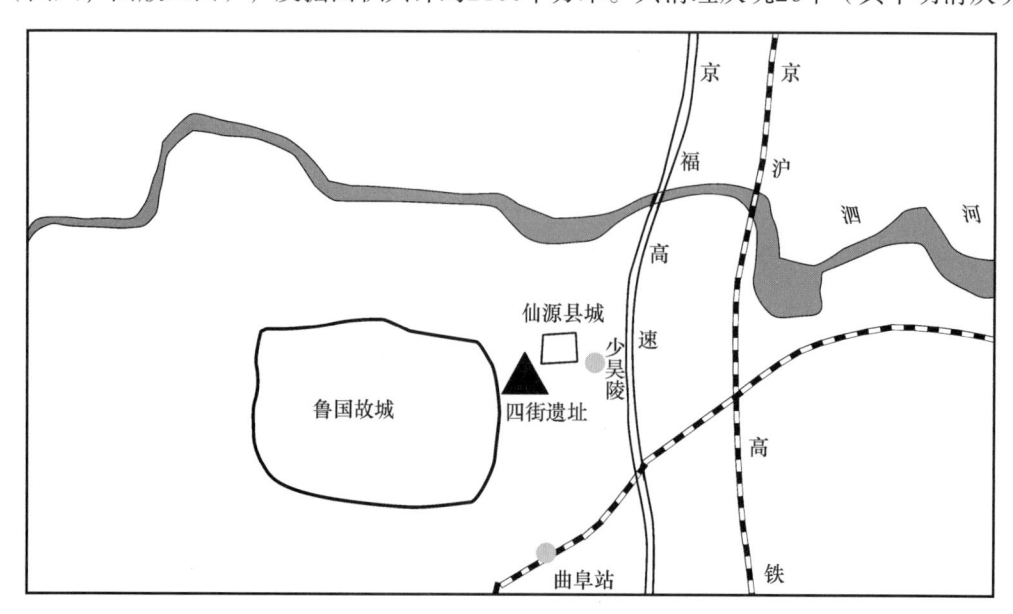

图一 遗址位置示意图

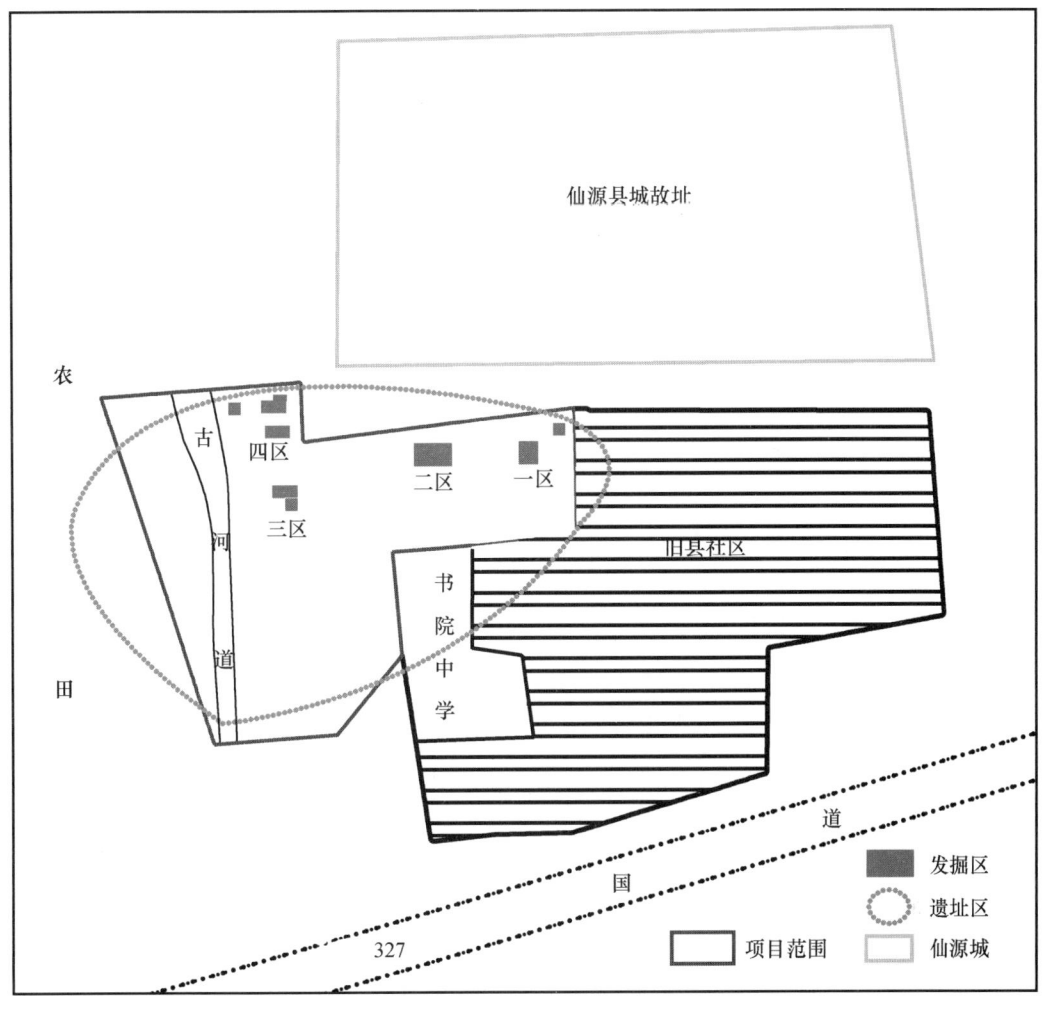

图二　发掘区位置图

1个未介绍）、灰沟4条、窑址17座、墓葬1座、道路1条，出土完整及可复原陶器、瓷器、铜器共计120余件，另有较多的建筑构件。现将发掘情况报告如下。

一、典型地层堆积

遗址所处地势东高西低，西部地层较薄，耕土层下即暴露遗迹，东部地层略厚，现以T3012东壁为例介绍如下（图七）。

第1层：耕土层，灰褐色黏土，土质疏松，分为1A、1B两层，厚0.25~0.35米，出有少量砖瓦残片和瓷片。

图三 一区发掘平面图

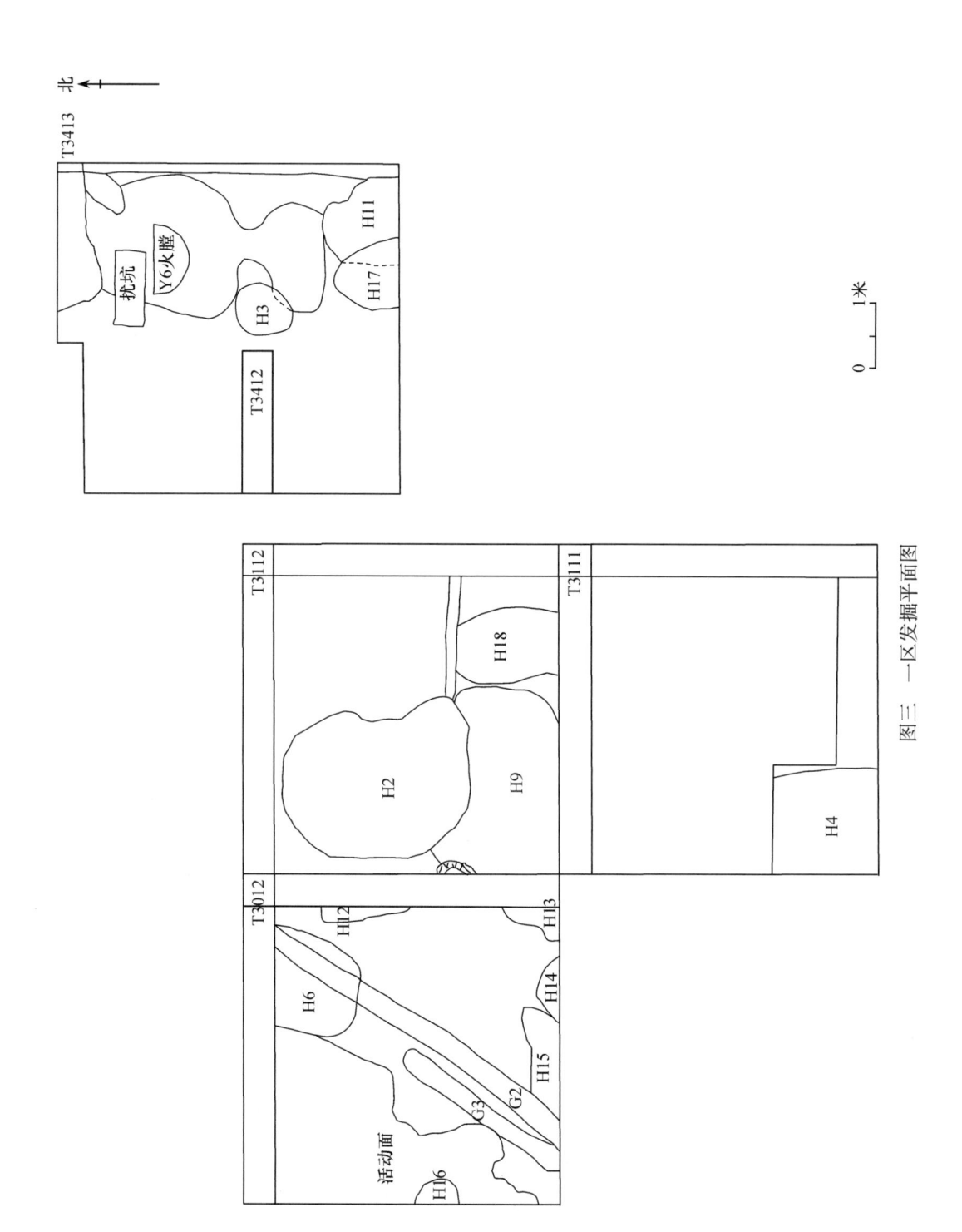

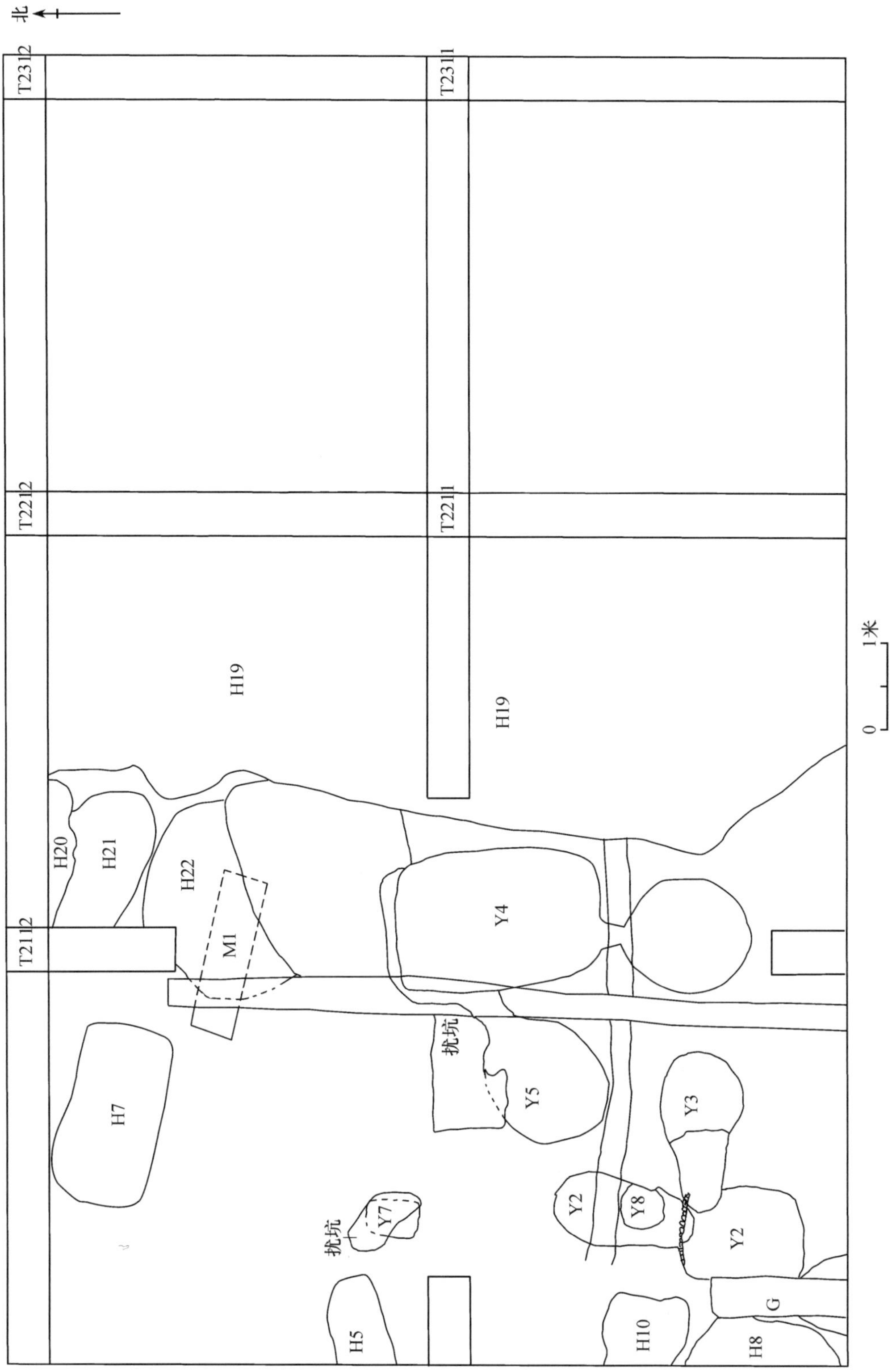

图四　二区发掘平面图

图五　三区发掘平面图

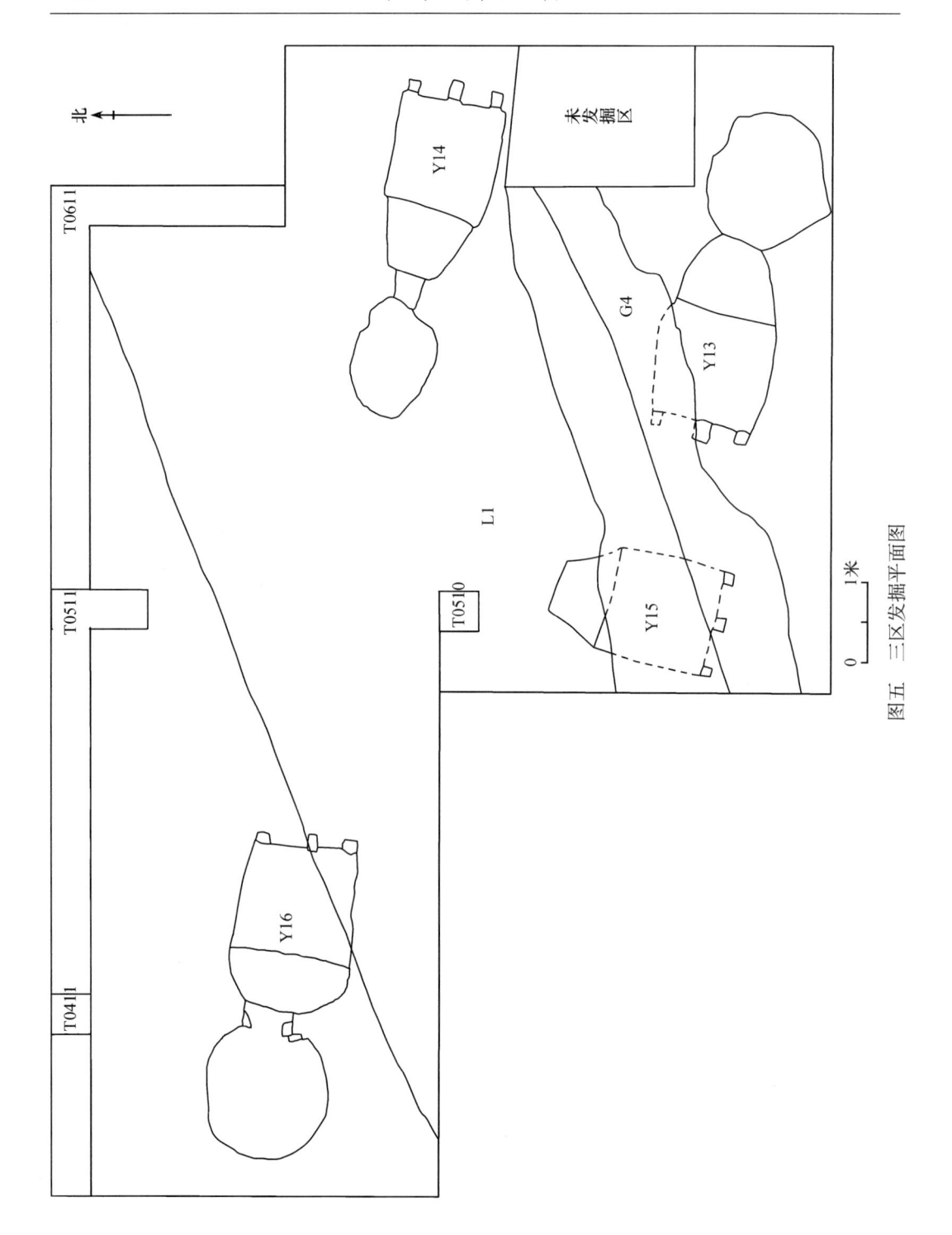

图六　四区发掘平面图

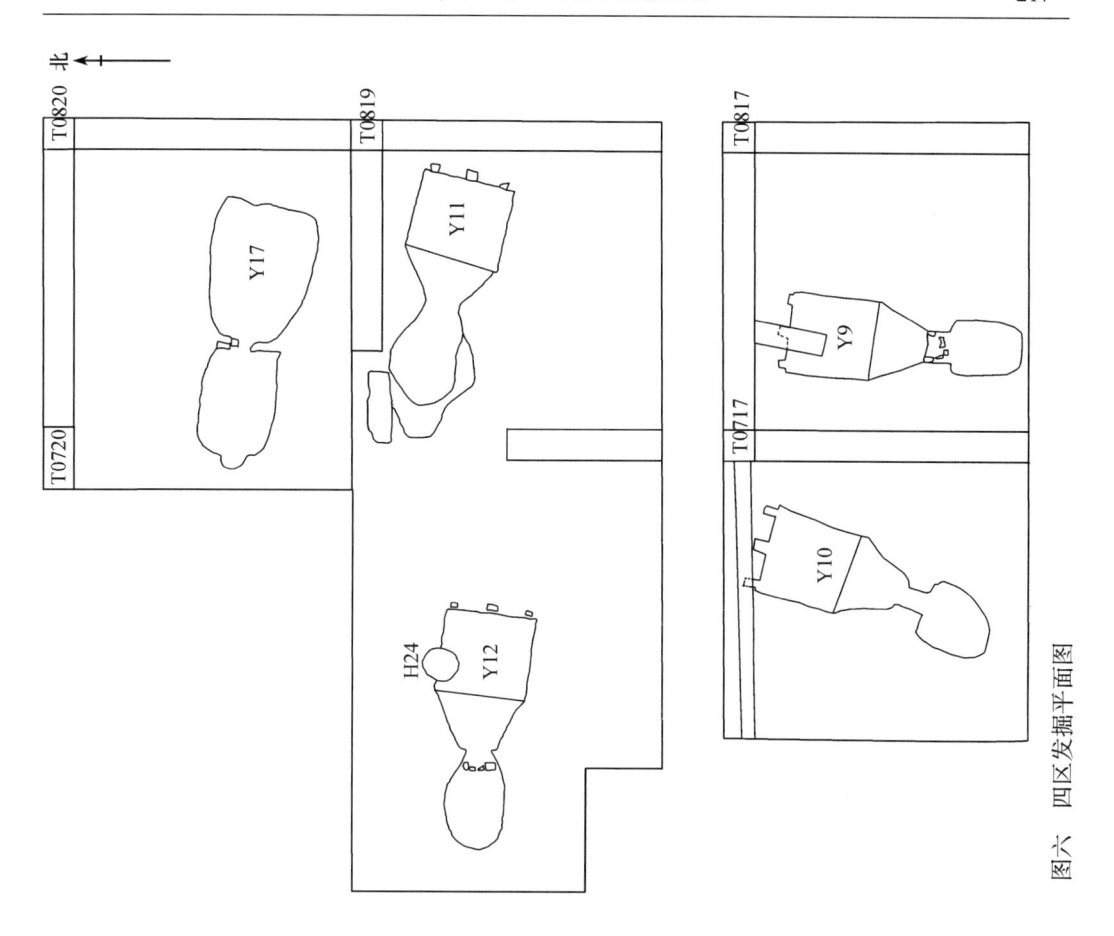

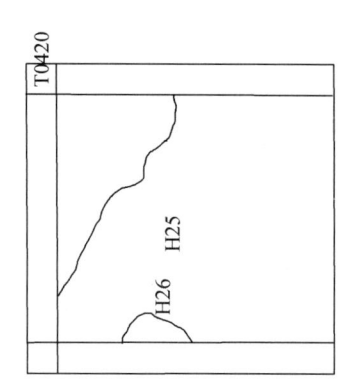

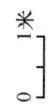

图七　T3012东壁地层

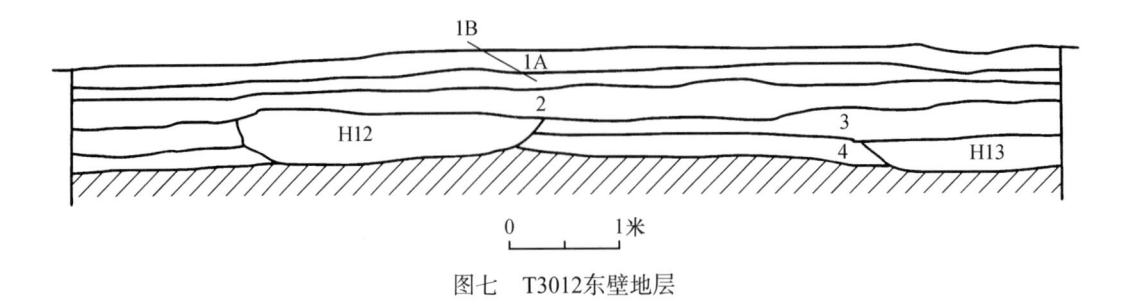

第2层：浅灰褐色黏土，较致密，含少量的红烧土颗粒。深0.25～0.35、厚0.15～0.75米，发现遗物有陶盆、罐、碗等，时代为金代。

第3层：浅黄褐色黏土，土质较硬，含较多红烧土粒和板瓦碎块。深0.5～0.65、厚0.12～0.35米。出土遗物有陶罐、盆、碗、板瓦、筒瓦等，时代为金代。

第4层：浅黄色粉砂黏土，较致密，夹杂有少量红烧土粒。深0.65～0.95、厚0.15～0.3米，较少出有遗物。

以下为褐色黏土，属生土层。

二、汉代遗存

共发现窑址9座，灰坑2个，墓葬1座。

（一）窑址

皆位于发掘区西部，成组分布，经勘探，窑址区西侧埋藏一条废弃的南北向古河道。窑室以上部分均遭破坏，附近有大量红烧土和残砖分布。形制结构基本一致，由操作间、窑门、火膛、窑室、烟囱五部分构成。操作间大多平面呈椭圆形，壁面为斜壁的土坑，火膛与窑室平面呈梯形，窑室后部等距分布三个方形烟囱。

1. Y9

位于发掘区西部偏南，处于T0817内，西邻Y10，与之并列为一组。开口于第1层下，距地表0.3米，打破生土。操作间朝南。现存南北长7.6、东西宽2.55米。根据其结构可分为操作间、窑门、火膛、窑室及烟囱五部分（图八；图版三五，1、2）。

操作间位于窑室南部，平面呈梯形，南北壁面呈台阶状，近窑门处有一平台，较平整，东西壁面为斜壁内收，平底。口部长2.36、宽1.2～1.7、深0.75米，底部长0.75、宽0.6～0.87米。堆积内多为废弃物，分为2层：第1层厚0.03～0.32米，呈斜坡状，灰褐

曲阜市旧县四街窑址发掘报告

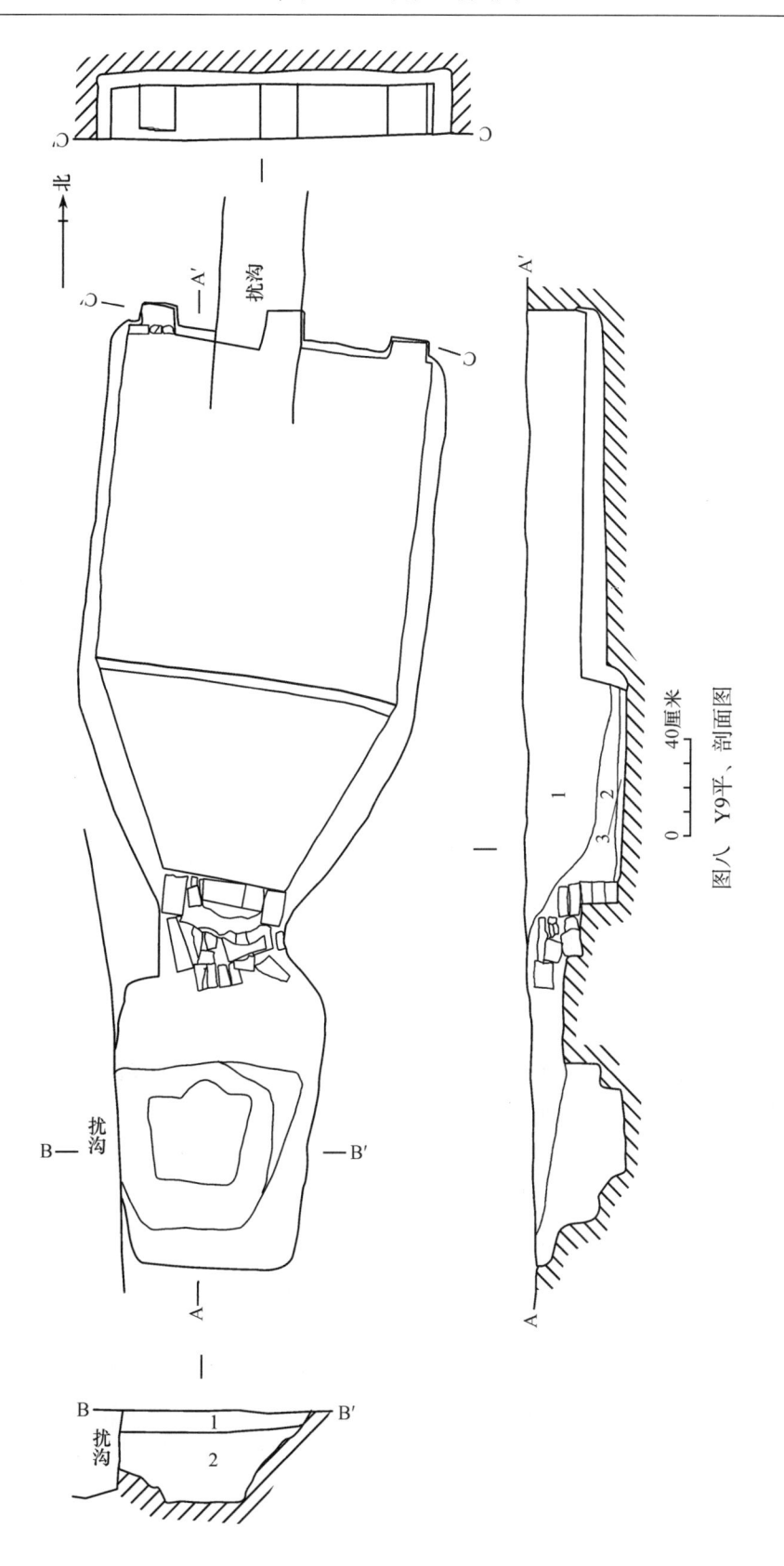

图八 Y9平、剖面图

粉砂土，含大量草木灰、烧土块，较致密，出土有板瓦残片和残砖；第2层厚0.15～0.6米，灰褐色粉砂土，含大量砖渣、烧土颗粒，致密，发现有少量板瓦残片及砖块。

窑门位于操作间和火膛之间，破坏较严重，底部仅存一层砖，侧壁由残砖横向平砌，向内斜收，底部宽0.8、顶部宽0.7、进深0.75米。门内东部横向放置封门砖，长36、宽18、厚9厘米，西侧亦发现数块残砖作为封门砖。底部呈斜坡状，南高北低，为青黄色烧烤硬面。窑门内多为倒塌堆积，发现残砖块、烧土块等。

火膛位于窑门和窑床之间，平面呈梯形，口部前端宽2.55、后端宽1.05、深0.4、进深1.7米，后端残高0.33米，由残砖错缝平砌3层而成。两侧为直壁，前端斜直，底部前端宽2.42、后端宽1.05、进深1.64米。壁面呈青灰色，厚0.25米，外侧为深红褐色，厚0.3米，可见竖向及斜向工具痕，呈铲形，宽14厘米，前端微弧。底部为平整的烧烤硬面。火膛内堆积可分为3层：第1层为废弃堆积，浅灰褐色粉砂土，厚0.05～0.72米，含大量烧土块，较致密，遗物有少量板瓦残片和残砖块；第2层为黄褐淤积土层，厚0.07～0.4米，含大量烧土，较致密。遗物有砖块和板瓦残片，发现完整方砖和条形砖各一块，分别为边长47、厚8厘米和长47、宽23.5、厚12厘米；第3层为使用时期堆积，大量草木灰，厚5厘米，未见遗物。

窑室位于火膛和烟室之间，仅残存窑床及近底部窑壁，平面呈长方形，口部长2.75、宽2.55、残高0.44米。窑壁较直，呈青灰色，壁厚0.1米，外部为红褐烧烤面，壁面可见有与火膛内相似的工具痕。窑床较平整，表面可见有清晰的放置砖坯和过火通道，平行状分布，火道处呈深灰色，砖坯位置为青黄色，间距8～10厘米。窑室内堆积与火膛1层相连，均为废弃堆积。出土遗物多为残砖和少量板瓦残片。

烟囱位于窑室北部，仅存底部，三个等距分布，分别位于东西两侧和中间。平面均呈长方形，直壁平底，壁面烧烤成青黄色。西侧口部宽27、进深22、残高35厘米，口部残留青砖封堵烟道。烟道内多硫渣，较硬，壁面较规整，呈青黄色，厚3厘米。中间烟道被晚期沟破坏，残存东壁和底，口部宽30、进深30厘米。东侧烟道口部坍塌，上部宽39、底部30、进深18厘米。

2. Y10

位于发掘区西部，在T0717内，东邻Y9。开口于第1层下，距地表0.3米，打破生土。操作间朝向西南。现存南北长8.3、东西宽2.75米。结构与Y9相同（图九；图版三六，1～3）。

操作间平面为梯形，北端宽2.15、南端宽1、进深2.3米。坑壁斜壁内收，不甚规整，底部略平，北端宽1.2、南端宽0.6、进深0.93米。北端有一平台，台面平整，东西2.1、南北0.5米，台面距底面0.5米。坑内堆积分为2层：第1层为灰褐色粉砂土，厚

曲阜市旧县四街窑址发掘报告

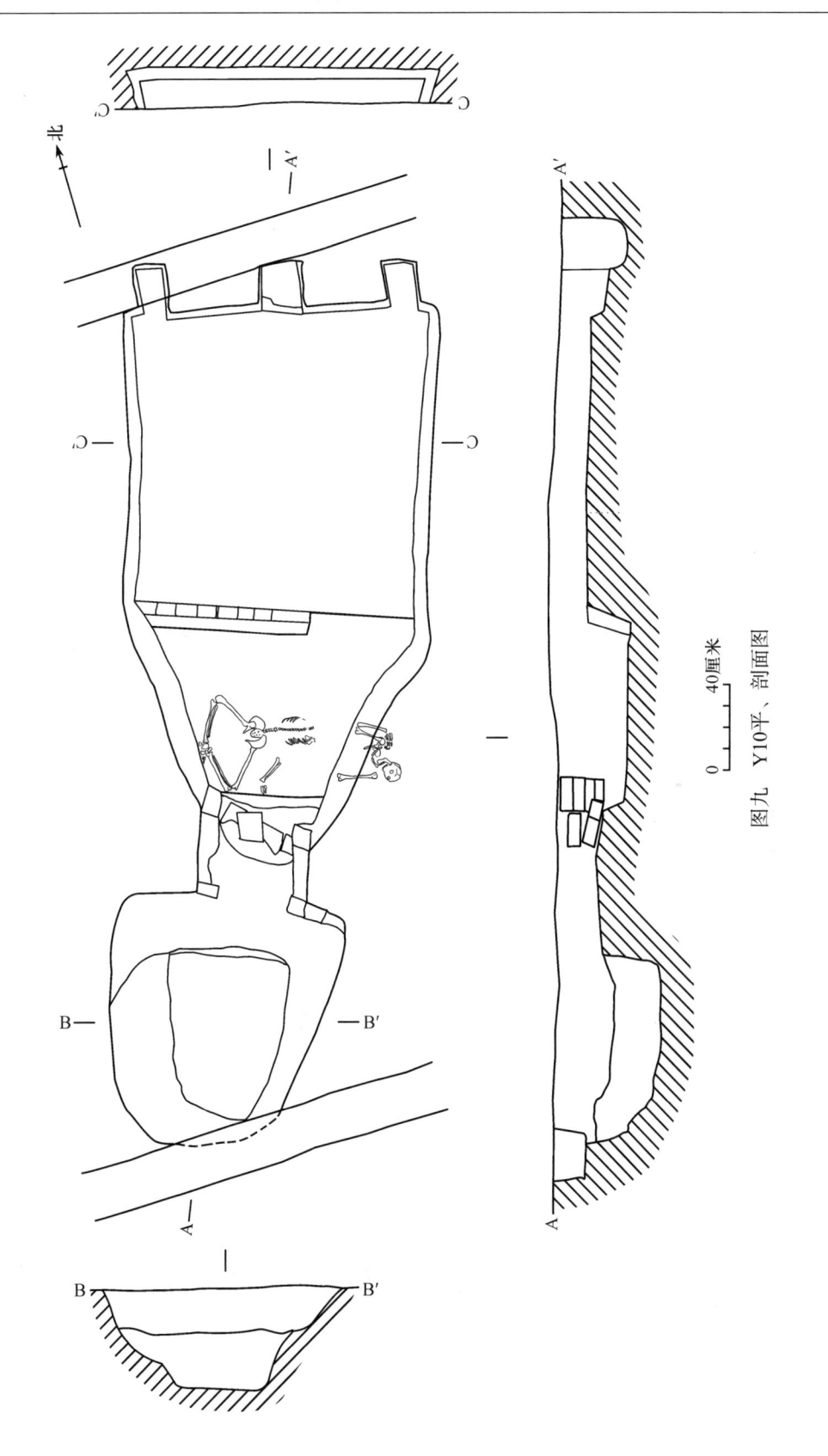

图九 Y10平、剖面图

0.4~0.65米，较致密，出土有较多碎砖块、烧土块以及少量的板瓦残片；第2层为浅灰褐色粉砂土，厚0.22~0.45米，致密，含棕色水锈，有较多烧土颗粒、碎砖粒。

窑门破坏严重，残存底部。整体呈长方形，门框宽1.07、门道宽0.75、进深1米。东西两侧为砖砌，仅北端存有4层砖砌壁面，残高0.4米。门内残存大量的红烧土块和碎砖块。

火膛深入窑室前部，为梯形竖穴坑，口部前端宽1.1、后端宽2.75、进深1.75、深0.4米。贴近窑室一侧竖向铺青砖，略内斜，仅存西部，东部已脱落，所用砖尺寸分三种，边长为37厘米的方形砖，长37、宽18.5、厚10厘米和长37、宽15、厚10厘米的长方形砖。两侧壁均为烧烤而成，略内凹，呈青灰色，厚约25厘米；底部较平，烧烤而成，呈红褐色，底部前端宽1.2、后端宽2.7、进深1.55米。堆积分为两层：第1层为浅灰褐色粉砂土，出有大量的残砖块及少量板瓦残片，厚0.43~0.52米；第2层为灰褐色粉砂土，含大量烧土和黄色淤积土，底部含有较多草木灰，厚0.13~0.18米，在火膛底部南侧发现一具男性人骨，保存较好，呈东西向，面向南，双腿外张。

窑室平面呈长方形，东西壁略内斜，规整光滑，均烧烤而成，呈青灰色，厚约10厘米，口部南北长2.95、东西宽2.65~2.85、残高0.36米，底部东西宽2.73~2.95米。室内堆积有大量的碎砖，厚0.36~0.4米，为窑室倒塌后形成的堆积。

烟囱共有三个烟道，分别位于窑室后部两角和中部，等距分布，均残存底部，系挖掘土坑，并经烧烤壁面而成，中部被近代坑破坏严重，平面均呈长方形，烟道底部西侧宽0.23、进深0.48米，中部宽0.28、进深0.45米，东侧宽0.27、进深0.48米，窑室上部南北壁面向内侧倾斜，口部尺寸略小。两侧烟道底部均与窑床平齐，中部低于窑床12厘米，为一长方形坑状，两侧直壁，南端斜壁内收，北壁破坏，底面南高北低。

3. Y11

位于发掘区西北部，T0819北部，西部为Y12，北部为Y17，与其并列一组。开口于第1层下，距地表0.15~0.25米，打破黄褐黏生土，操作间被H27打破。现存东西8.8、宽1.1~3、残深0.76~1.15米。结构与Y9、Y10相同（图一〇；图版三七，1~5）。

操作间平面为椭圆形，东西长3.7、宽2.7、深0.6~1.12米。近火门处有一平台，其余壁面均为斜壁，底较平。操作间堆积可分为3层：第1层为废弃堆积，黄褐色粉砂土，厚0~0.3米，较致密，出土有较多的碎砖和烧土块；第2层为废弃堆积，深黄褐色粉砂土，厚0.28~0.6米，较致密，含有较多炭屑、烧土粒、砖渣等；第3层为使用时期堆积，多层踩踏面，黄褐色粉砂土，厚0.3~0.4米，较致密，含有大量的草木灰、烧土粒、炉渣、砖渣等。

火门呈券形，上部已破坏，上口宽0.4、下口宽0.75、进深0.5米，壁面为青灰色烧

图一〇 Y11平、剖面图

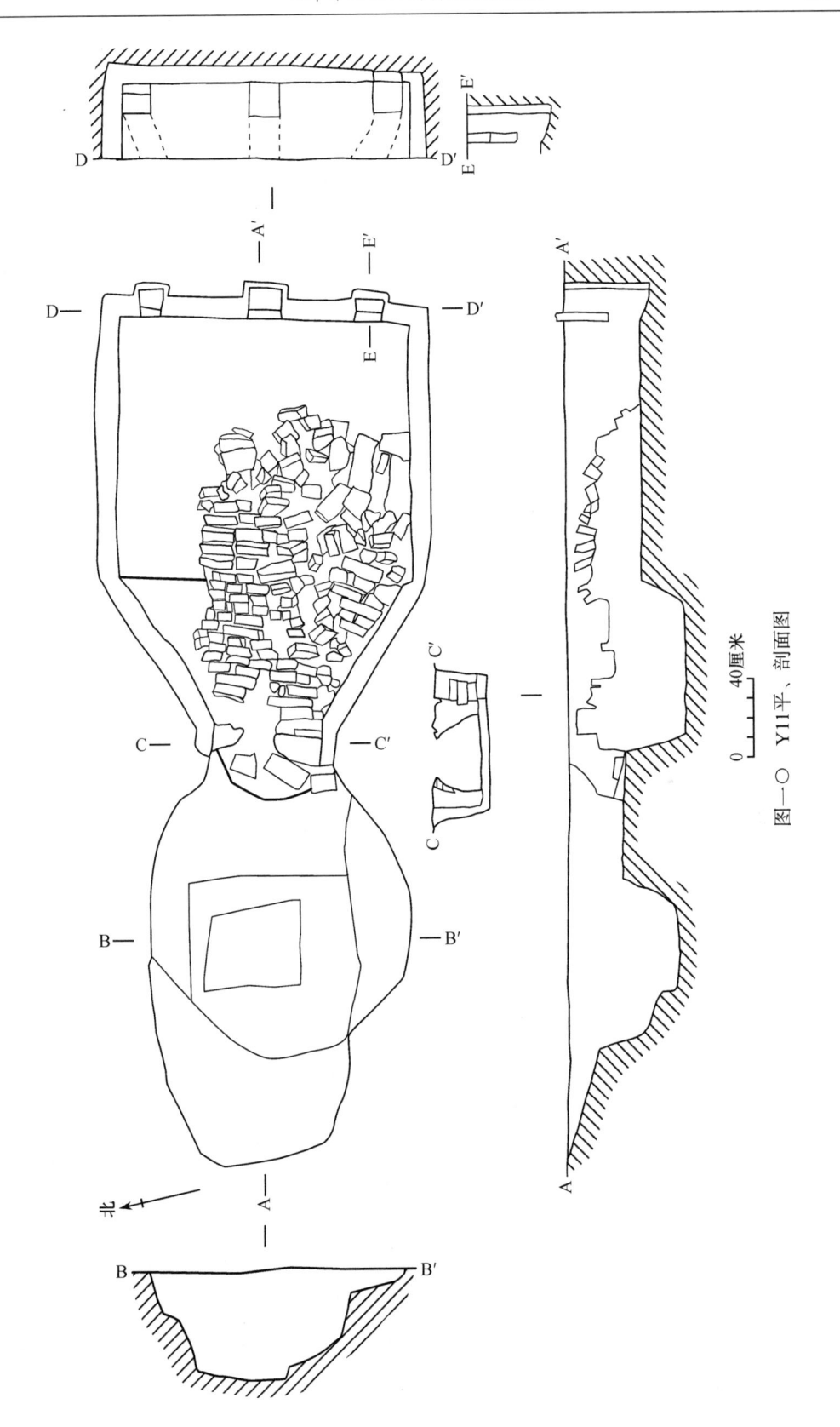

烤壁，向内倾斜，西侧壁面保存有窑门砖墙，残存四块残砖，竖向平砌，残高0.4米，青砖尺寸为长39、宽19、厚9厘米。火门内多为倒塌堆积，填土为浅灰褐色粉黏土，含有大量草木灰、烧土颗粒和碎砖，中部发现有席纹青砖，长48、宽24、厚12厘米。

火膛为梯形竖穴坑，宽0.8~3.05、进深1.4、残深1.2米。壁面较直，平底，两侧为青灰烧烤面，厚0.2~0.25米。火膛上部被倒塌的窑墙叠压，砌砖为错缝平砌。填土为浅灰褐色粉黏土，较疏松，含大量的草木灰和烧土颗粒。

窑室平面呈长方形，长3、宽2.6、深0.76米。直壁平底，壁面烧烤呈深灰色，厚0.2米。壁面可见竖向条状工具痕。底面可见火道和砖坯痕平行分布，砖坯痕共发现13条，宽14~15厘米。窑室内及火膛大部被窑墙倒塌堆积叠压。根据倒塌形制可知，窑墙由青砖错缝平砌而成，残高2米，砖墙外涂有经烧烤的红褐以及青灰泥层作为保温层，墙砖有两种形制，均为素面，分别为长39、宽19、厚9厘米和长24、宽12、厚6厘米。窑室内填土为浅灰褐色粉黏土，较疏松，有大量的烧土块、烧土颗粒以及草木灰，出土少量残瓦片和陶片。

烟囱仅存底部，共计三个烟道。中部一个，靠近两端各一个。平面为方形和长方形。烟孔外均有封砖，两侧烟道向中间倾斜，仅清理南部，口宽0.3、高0.3、进深0.2米，烟道残高0.78米。烟道底部有一凹坑，深度为0.1米。烟囱内填土与窑室一致。

4. Y12

位于发掘区西北部，大部分位于T0719西北，东部为Y11，东北部为Y17。开口于第1层下，距地表0.3米，窑室北部被H24打破。东西长8.1、宽0.8~2.9米（图一一；图版三八，1、2）。

工作间平面呈椭圆形，长径2.56、短径1.92、残深0.72米，斜壁，平底，底部为椭圆形，长径1.88、短径1.6米。在近火门处有一平台，有踩踏面，含有较多草木灰。填土堆积分为2层：第1层为浅黄褐土，较致密，含有大量的红烧土颗粒、草木灰及少量陶片、瓦片等，厚为0.08~0.3米；第2层为浅灰褐土，致密，有少量烧土颗粒、草木灰、陶片和瓦片，厚为0.06~0.4米。

窑门整体呈券顶式，平面为长方形，长0.8、宽0.72、进深0.52米。两侧用青砖平行垒砌，共残存四层，火门处发现碎砖，应为封堵火门所用。垒砌火门砖尺寸长36、宽18、厚9厘米。火门内填土为黄褐色粉砂土，疏松，包含少量草木灰、烧土颗粒及残瓦片。

火膛呈梯形，直壁平底，宽0.8~2.78、进深1.72、深0.96米。壁面经烧烤呈青灰色，厚0.2~0.25米。火膛填土分2层：第1层为废弃后堆积，黄褐色粉砂土，含大量草木灰、烧土颗粒及少量的陶片、瓦片，厚0.1~0.3米；第2层为使用时期堆积，大量的

图一 Y12平、剖面图

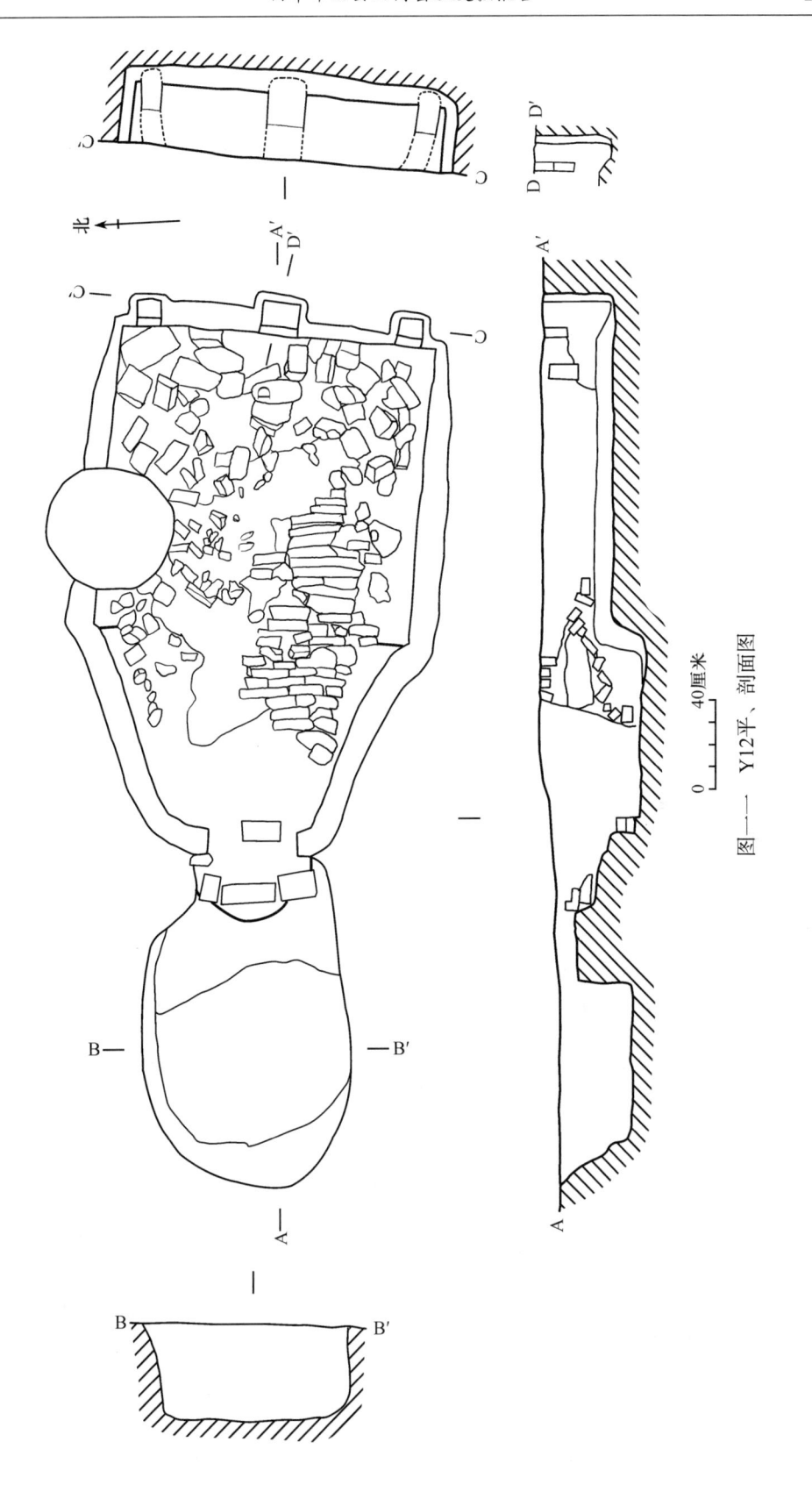

草木灰，可分为灰白色、黑色及浅灰色层，含少量陶片，厚0.4~0.6米。

窑室呈长方形，直壁，平底，长2.55、宽2.78、残深0.45米。壁面烧烤呈青灰色，厚0.18~0.25米，表面可见竖向条状工具痕。窑床底部可见明显砖坯和火道痕迹，宽10~14厘米。根据打破窑床的灰坑剖面可知，窑床烧烤青灰面厚度为0.12米。窑室内发现两层倒塌砖墙，均单砖错缝平砌，与窑门平齐，相对规整。根据倒塌层可知，第1层砖墙应为窑室南墙体，第2层为窑室北墙体。窑墙所用青砖尺寸多为长36、宽18、厚8厘米。

烟囱仅存底部，有三个烟道，均匀分布在窑室后方，平面呈长方形，两侧大小一致，长0.23、宽0.18米，中部稍大，长0.36、宽0.24米。为保存窑墙堆积形态，仅清理南部烟孔。烟孔由出烟孔、隔火墙、烟道三部分构成，根据现存状况分析，应直接于窑壁处挖掘成型，用砖垒砌内侧，形成空腔，底部留有出烟孔，放置封砖。两侧排烟孔均向中间倾斜。出烟孔宽0.2、高0.24、进深0.26米。底部有凹坑，深0.12米，烟道残高约0.58米。烟囱处堆积为黄褐色粉砂土，包含草木灰、烧土粒、残瓦片、砖块等。

5. Y13

位于发掘区西南部，在T0610东南角，东部操作间延伸至探方外，北部为Y14，西部为Y15。开口于第2层下，被G4打破，并打破生土。操作间朝向东部。现存东西长8.02、南北宽3米（图一二；图版三九，1）。

操作间平面形状近圆形，直径2.8~3.2、深1.35米。东壁较直，西侧有一较平整平台，距坑口0.5、南北长1.8、东西宽1米。南北壁呈台阶状，未见踩踏面。操作间堆积分为2层：第1层为灰褐色粉黏土，较致密，含大量草木灰、烧土块，出土有残砖、板瓦、筒瓦、散水残片，厚0.16~0.66米；第2层为浅灰褐色粉黏土，致密，含少量草木灰、烧土粒，出土有板瓦、筒瓦残片，厚0.2~1.14厘米。

窑门上部已破坏，宽1.1、进深0.25、残高0.4米。南北两壁为光滑平整的烧烤面，门道底部略向上倾斜，西高东低，烧烤成硬面。窑门内横向放置完整青砖一块，周边堆砌残砖，推测为封门所用，砖规格为长48、宽24、厚12厘米。堆积与操作间第1层相似。

火膛平面呈梯形，口部宽1.2~2.56、进深1.8米。南北两侧壁较直，东壁内收，底部宽1.1~2.56、进深1.5米。火膛东壁为青砖错缝平砌，可见5层，顶部与窑门平齐，高0.57米，用砖规格分别为长48、宽24、厚12厘米和长36、宽18、厚9厘米。北壁可见用砖修补痕迹，6块青砖东西排列，竖直立于北壁，砖为长36、宽18、厚9厘米。西壁用砖平砌边缘，用砖规格与东壁一致。火膛底部较平整。火膛内堆积分2层：第1层为废弃后堆积，红褐色粉砂黏土，含大量红烧土粒和碎块，发现有板瓦、筒瓦、散水残块

图一二 Y13平、剖面图

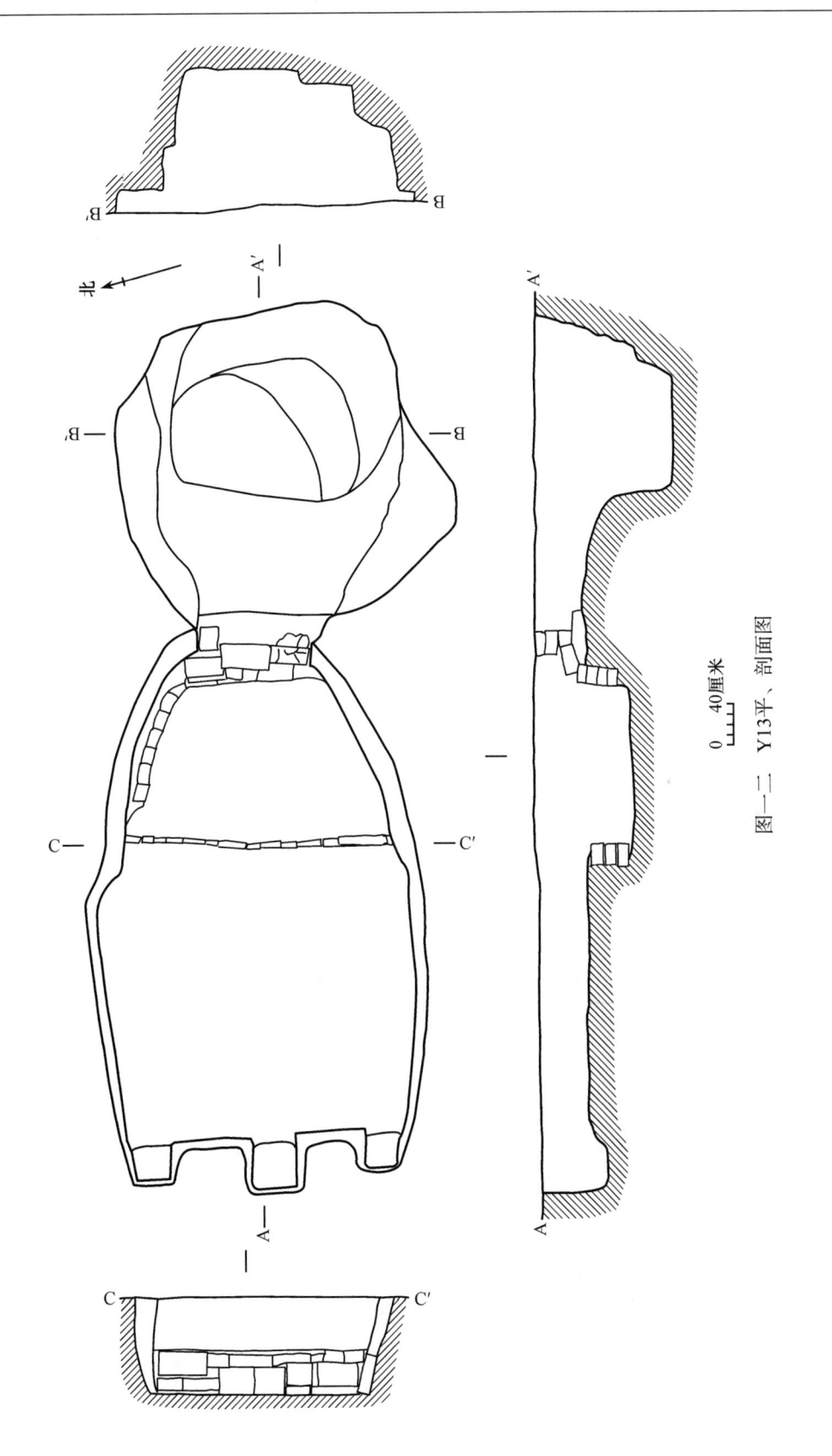

等,厚0.4米;第2层为使用时期堆积,含大量的灰白色草木灰,疏松,厚0.08~0.1米。

窑室平面呈梯形,口部宽2.7~3、进深2.8、残高0.48米。窑壁较直,烧结呈青灰色,坚硬,壁厚0.05~0.2米。窑床较平整。窑室内为废弃堆积,为黄褐色粉黏土,含大量的红烧土和窑壁残块,出有少量板瓦和散水残块,厚0.4~0.5米。

烟囱仅存底部三个烟道,平均分布于窑室后方,两侧烟道向中间倾斜。平面形状呈长方形,北侧口宽0.36、进深0.38米,中部宽0.4、进深0.5米,南部口宽0.32、进深0.36米。烟孔底部有凹坑,深0.2米。烟道壁较直,整体残存高度为0.6米,青灰色烧烤壁,厚0.04~0.06米。

6. Y14

位于发掘区西区南部,大部分位于T0611东南,跨T0610北部,窑室东部在探方外。南部为Y13,西南为Y15。操作间在西北侧。开口于第2层下,被L1、G4打破。东西长8.5、南北宽2.7米(图一三)。

操作间平面近椭圆形,东西长径3、南北短径2.25、深0.94米。坑壁不规则,北壁较直,东侧距窑门处有一平台,距坑口深0.3、宽0.5~0.8米。南壁和西壁均呈台阶状,底部堆积分为2层:第1层为废弃堆积,黑灰色粉黏土,含较多黑灰色烧土粒和少量草木灰,分布在工作间东部,厚0~12厘米;第2层为浅灰褐色粉黏土,致密,含少量红烧土颗粒和草木灰,厚14~96厘米,出土遗物有板瓦残片。

窑门上部破坏,残高0.12~0.2米,底面用青砖和烧烤泥垒砌,侧壁仅见残砖,砖长48、宽24、厚12厘米。门道宽0.7~0.8、进深0.7米,底面为烧烤硬面,西高东低。

火膛平面呈梯形,口部宽1.2~2.3、进深1.8、深0.68米。侧壁较直,平底。火膛壁面均经烧烤呈青灰色,致密,厚约0.16米,外缘红褐色烧土厚约0.15米。南壁可见砖竖直砌于壁面,应为后期修补。火膛后方也可见用砖修补痕迹。用砖规格为长36、宽18、厚9厘米。堆积可分为2层:第1层为红褐色粉黏土,疏松,含大量红烧土,发现有烧土块、板瓦、筒瓦残片,厚0.1~0.3米;第2层为黑灰色草木灰,疏松,厚0.1~0.2米,应为使用时期堆积。

窑室仅存窑床,平面形状近似方形,前端宽2.7、后端宽2.52、中部宽2.7,进深2.7、深0.26~0.36米。窑壁较直,呈青灰色,保存较差,大部脱落,厚0.1~0.14米,窑床较平,可见放置砖坯和火道痕迹,分别为青灰色和黑灰色,东西向砖坯痕10条,火道11条,砖坯痕12厘米,火道10~12厘米。窑室内堆积为废弃后堆积,厚0.1~0.28米,黄褐色粉黏土,出土有较多的烧土块、窑壁残块以及少量板瓦、筒瓦残片。

烟囱仅残存三个烟道,平均分布在窑室后方。平面呈长方形,北侧口部宽0.28、进深0.3米,中部宽0.22、进深0.4米,南侧口宽0.24、进深0.3米。烟孔底部有凹坑,距窑

曲阜市旧县四街窑址发掘报告

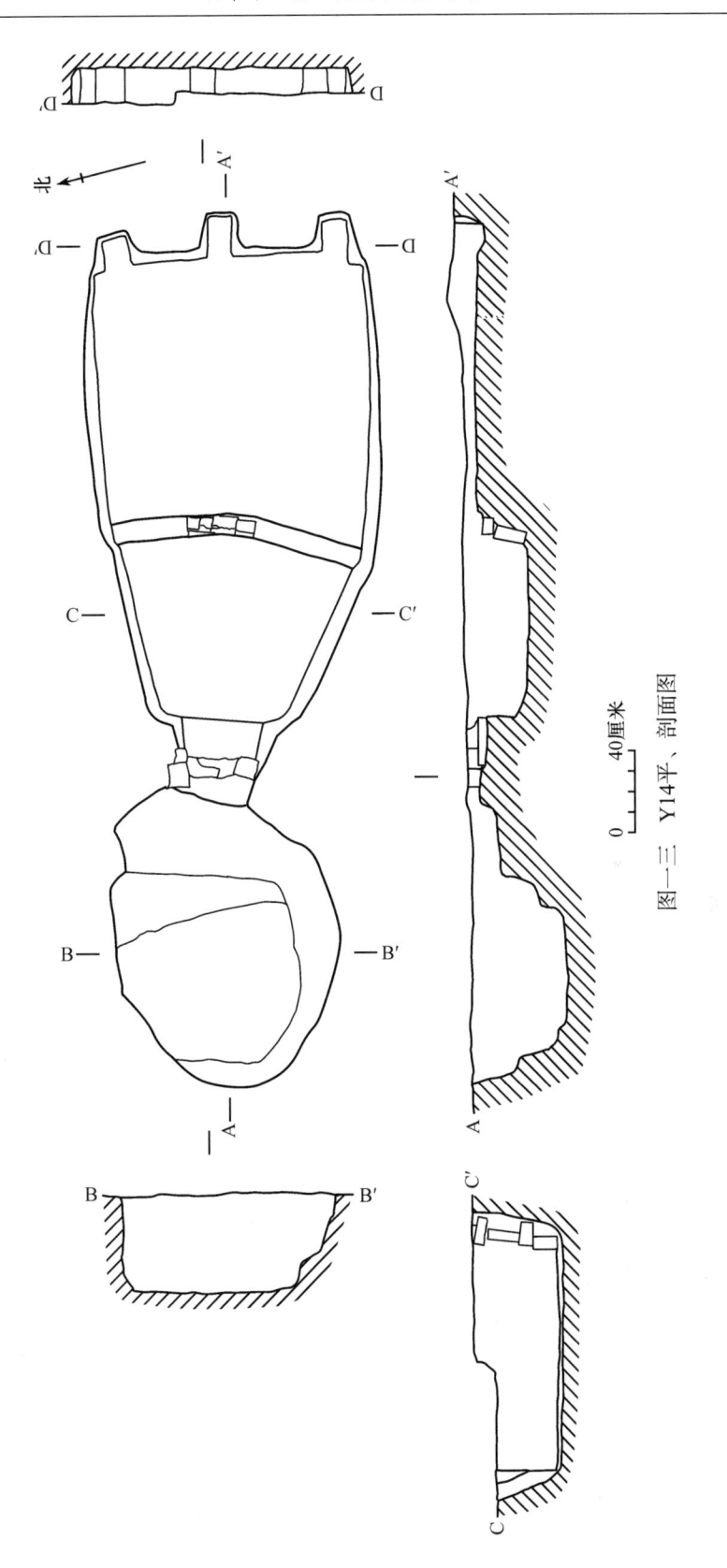

图一三 Y14平、剖面图

床向下0.08～0.12米，烟道残存高度为0.26～0.36米。烟道壁面经过烧烤，较致密，厚0.04～0.08米，外侧为红褐色烧土，厚0～0.15米。

7. Y15

位于发掘西区南部，分布在T0610西部，向西延伸至探方以外。东侧为Y13。开口于第2层下，被L1、G4打破。仅存窑门、火膛、窑室、烟囱三部分。南北总长4.3、宽2.7米（图一四）。

窑门上部已破坏，仅残存门道下方烧土和窑门两侧青灰色烧土，窑门宽0.86米，底部青灰色烧烤层厚0.12米。

火膛平面呈梯形，宽1.3～2.4、进深1.46、残深0.64米，两侧壁较直，底部宽1.3～2.4、进深1.38米。火膛壁面经烧烤呈青灰色，平底。火膛内堆积分为2层：第1层为红褐色粉黏土，含较多红烧土、窑壁残块，出土物有板瓦和陶罐残片，为废弃堆积；第2层为黑灰色草木灰层，疏松，厚0.08～0.1米，为使用时期堆积。

窑室仅存底部，平面形状近方形，长2.7、宽2.5～2.7、深0.12～0.24米。壁较直，窑床底面平整，保存较差，烧结面脱落，可见砖坯痕和过火痕迹，南北向，砖坯痕10条，宽12厘米，过火痕11条，宽10～20厘米。堆积为浅灰褐色粉黏土，含较多烧土块

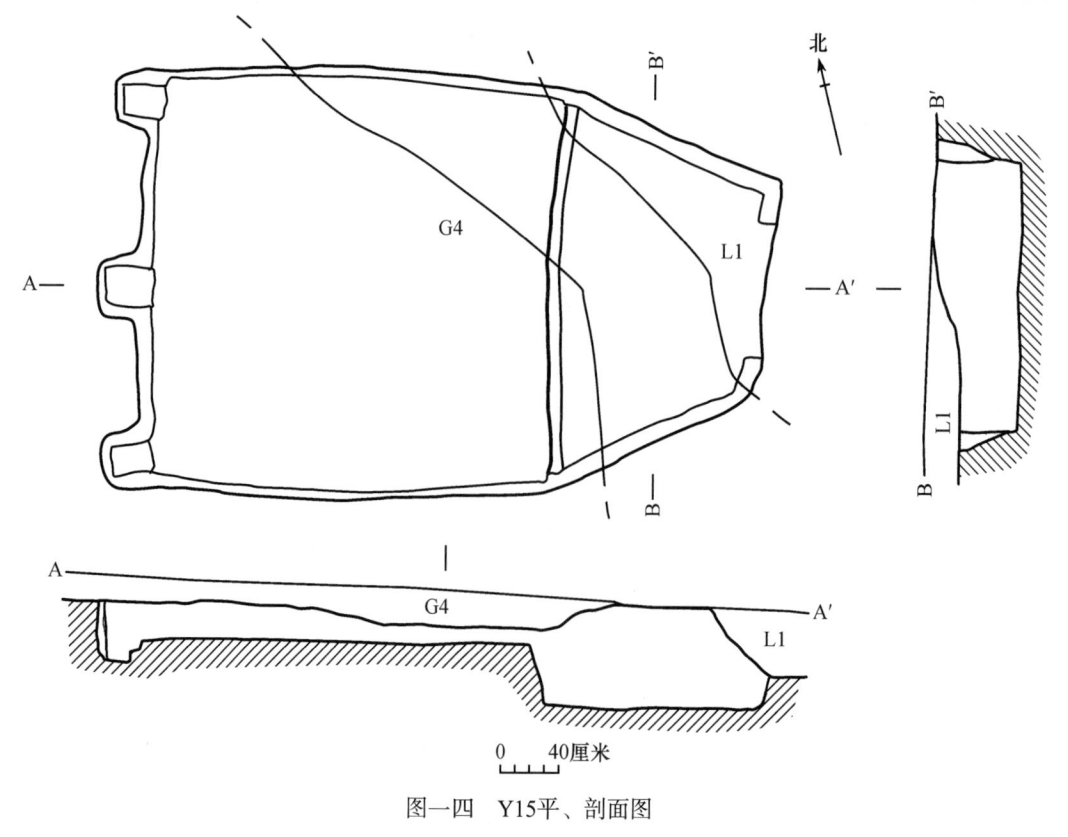

图一四 Y15平、剖面图

和窑壁碎块，出土遗物有板瓦、筒瓦残片，厚0.12~0.24米。

烟囱仅残存底部三个烟道，平均分布于窑室后方，平面呈长方形，东部宽0.2、进深0.3米；中部宽0.24、进深0.32、残深0.24米；西侧宽0.22、进深0.3、残深0.24米，烟道壁面较直，经烧烤。烟孔底部均有凹坑，距窑床0.16米，坑底平整，有烧烤硬面。

8. Y16

位于发掘区西区南部，在T0411和T0511内，东南为Y15。开口于第2层下。工作间朝西。现存东西长8.2、南北宽3米（图一五）。

操作间平面形状近圆形，东西长2.9、南北3、深1.1米。东壁较直，西侧近窑门处有一平台，并向两侧延伸，形成台阶状，底部为圜底。操作间内堆积为灰褐色粉砂土，含烧土颗粒、草木灰，出土少量陶片。在填土内还发现有人头骨及上肢骨。

窑门仅存底部，南北宽0.66、进深0.6、高0.4~0.6米，两侧用残砖垒砌，内部有烧烤硬面。窑门堆积与操作间一致。

火膛平面形状呈梯形，长1.5~2.82、进深1.8、深1.16米。两侧壁面略外鼓，前壁斜内收，后壁用两层青砖竖立平铺。所用砖尺寸长44、宽12、厚10厘米。堆积分为2层：第1层为红褐色粉砂土，较致密，含大量红烧土和碎砖块；第2层为深灰褐色粉砂土，较致密，含草木灰，出有大量碎砖块。

窑室平面呈长方形，东西长2.45、南北2.7、深0.32~0.5米，直壁略内收，平底，均烧烤成青灰色硬面，厚0.06~0.1米。堆积与火膛顶部相同，出有大量碎砖块和少量陶片、散水。

烟囱仅残存底部三个烟道，均匀分布于窑室后方，系直接挖于生土之上，底部有凹坑低于窑床中间，被近代沟打破，北侧宽0.35、高0.34、进深0.32米；中部高0.36、进深0.33米；南部宽0.29、进深0.3、高0.33米。

9. Y17

位于发掘区西北部，大部分位于T0820内，南部为Y11、Y12。开口于第1层下，距地表0.2~0.3米，打破黄褐黏土。操作间朝向东部，方向92°。现存东西通长8.7、南北宽3.3米（图一六；图版三九，2）。

操作间位于窑室西侧，为圆角长方形坑，西部有一半圆形凸起，总长3.6、宽2.54米。壁面保存情况较差，均呈阶梯状，南部为三级，台面较平，中间一级保存有少量青砖铺砌面，青砖皆为残砖，宽24、厚12厘米，一面有席纹；西壁及北壁均保存有两级台阶，较为缓斜。底部不平，西部较深，东部略浅，东部近窑门处存在小区域踩踏面。操作间堆积可分为5层：第1层为废弃堆积层，厚0~0.72米，呈斜坡状。黄褐色粉

图一五 Y16平、剖面图

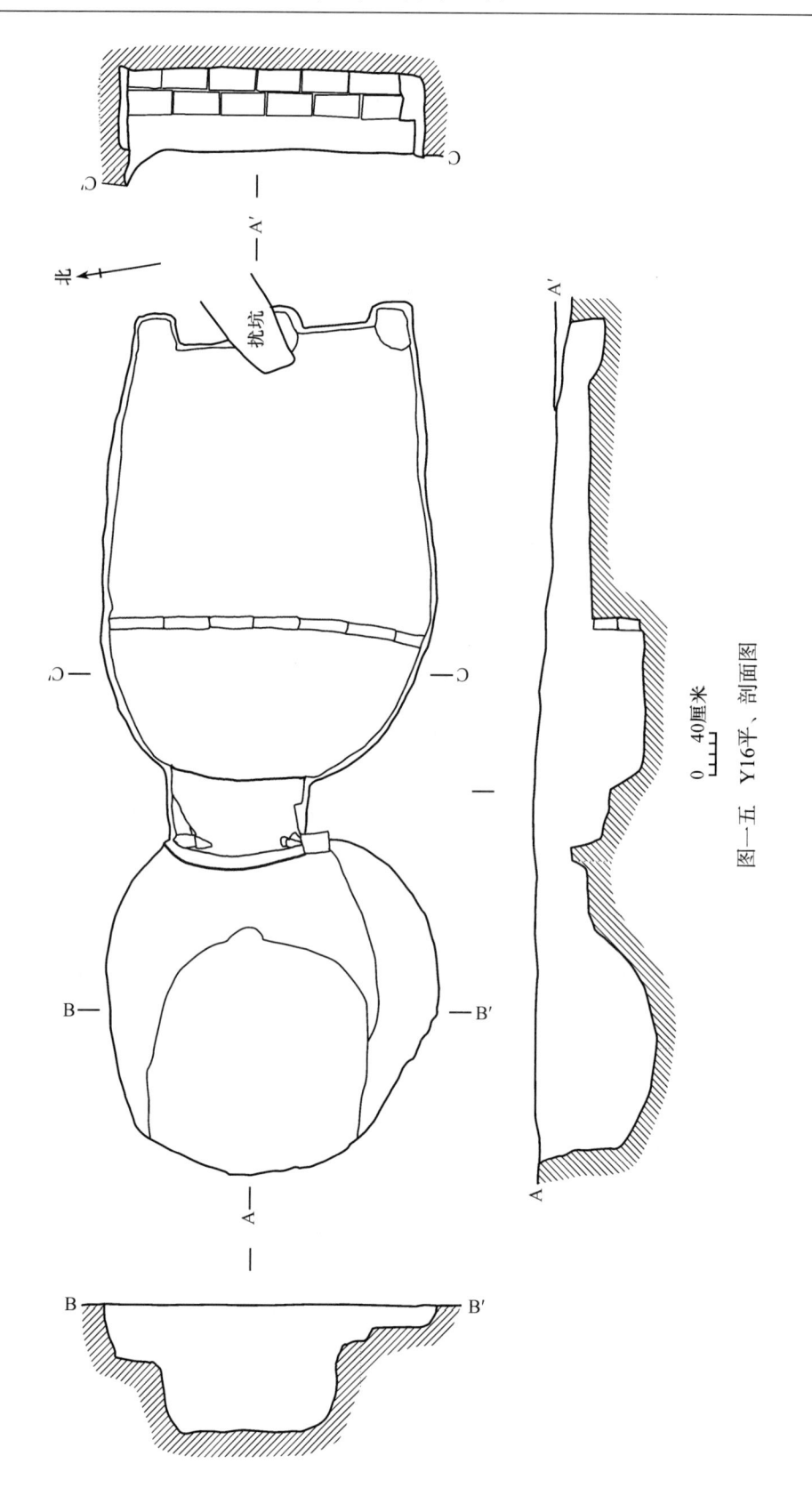

图一六 Y17平、剖面图

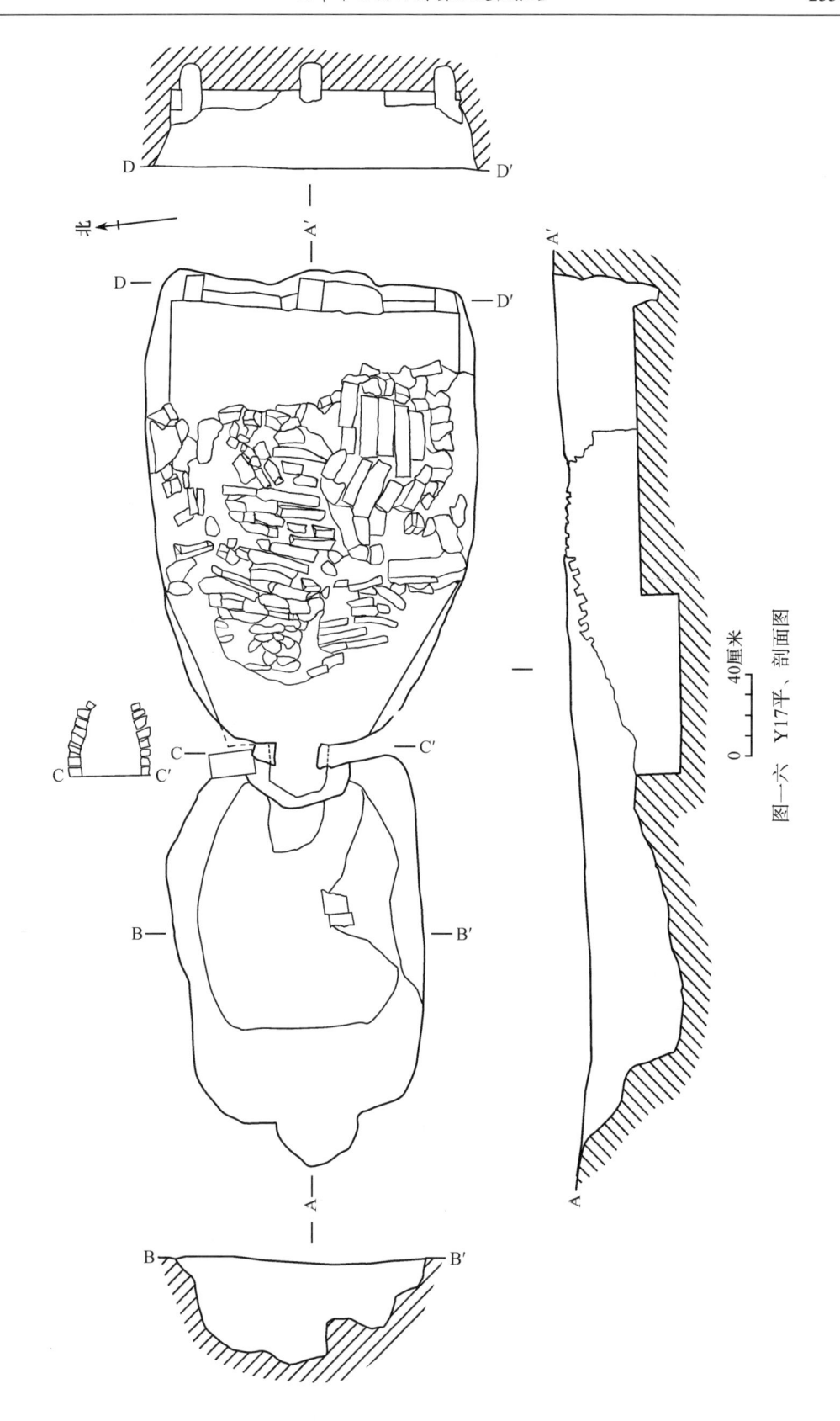

砂土，疏松，杂有烧土块和砖块，发现有残断席纹砖、板瓦、筒瓦、豆柄。统计发现席纹砖共有两种规格，分别为长36、宽18、厚9厘米（图二一，7）和长48、宽24、厚12厘米（图二一，5），绳纹筒瓦内壁饰细密布纹，板瓦内壁为麻点纹；第2层为废弃堆积，呈阶梯状，厚0~0.42米，灰褐色粉砂土，含有大量炭屑、烧土粒、砖渣。出土遗物主要为板瓦，外壁均饰绳纹，内壁素面，内切，根据壁面厚度可分为二型，A型为夹砂灰褐陶，壁厚1.8厘米，B型为夹细砂灰陶，器表饰粗绳纹，壁厚1厘米；第3层呈坑状，东侧较直，可能属于使用时期堆积，黄褐色粉砂土，含较少砖渣、烧土粒，较疏松，出土遗物较少，有细碎陶瓦片；第4层为使用时期堆积，堆积呈坑状，西侧较直，与第3层相接，土质为黄黏土，含红烧土、炭屑，较致密，未见遗物；第5层为踩踏面，东部连接火门，残存部分东西0.4、南北0.56、厚0.05米，含有较多细砂、陶渣、红烧土块、炭屑、草木灰等，较致密，未见遗物。

窑门位于操作间和火膛之间，券顶式，顶部已坍塌，底部平整，为青灰色烧烤面，保存较好。券门由单砖竖向平砌，可见7层，现存高度0.7、底部宽0.6、进深0.24米。窑门内堆积为灰褐黏土，较疏松，含有草木灰、烧土块，出土有碎砖块，属于倒塌堆积（图版四〇，3）。

火膛位于窑门和窑床之间。因大部区域被倒塌窑墙覆盖，具体形制不清，根据窑门两侧暴露壁面来看，其两侧壁面斜直，向窑床南北两角延伸，呈倒梯形。四壁较直，壁上部残留倾斜倒塌壁面，火膛底部距窑门0.46米，距窑室底面约0.36米。火膛底部为黄黏生土，未见明显的烧烤面。根据窑门两侧可知，火膛内大部为草木灰，上部为白灰，疏松，下部为黑灰，疏松，出土有少量碎砖块。

窑床位于火膛与烟囱中间，平面形状呈正方形，仅揭露出窑床东部，其余皆被倒塌窑墙覆盖。窑床残深0.72~0.8米，壁面大部破坏，仅存高度0.2米，壁面直立且平滑，呈青灰色，加工较好，未发现明显工具痕。底部较平，自火膛至烟道口向上倾斜，角度约2°，可见有明显的青灰与黑灰带状痕，平行相间分布，黑灰带宽6~7、青灰带宽19~26厘米，黑灰带应为火道，青灰带为砖坯摆放处。室内堆积大部分为窑壁倒塌堆积，根据叠压层位，可明显看出墙体倒塌顺序依次为火膛南侧砖墙、火门墙、南北两侧壁（图版四〇，1）。

根据现存状况可知，火膛南侧墙首先倒塌，平行横置于窑室内，应为错缝平砌，自西南向东北倒塌，上部覆盖较厚护泥，可分为两层，上部为红烧土，厚10厘米；下部为青灰烧烤土，较致密，厚约10厘米，其东部及北部均被南墙及火门墙覆盖。

窑门墙平行横置于窑室内，覆盖窑室及火膛。根据倒塌形状来看，应为错缝平砌，倒塌长度约2.8、宽1.5米，表面有青灰护泥，较薄，破坏殆尽（图版四〇，2）。

南侧墙亦为顺向横置，错缝平砌，叠压窑门墙及火膛西侧墙，残长1、高1.8米，其上覆盖护泥，大部被破坏，自南向北正向倒塌。

北侧墙倒塌堆积多为平行横置，错缝平砌，砖多残破，长约1.2、宽1.4米，未与南侧墙体叠压。

窑室后部未见倒塌堆积，多墙壁脱落形成的青灰色碎砖，上部为红褐色土，较疏松，下部为黄褐色粉砂土，较疏松，出土遗物有绳纹板瓦、白瓷、青瓷片，底部为较薄的淤积黏土层。

窑室内出土物多为青砖，分为席纹青砖和素面青砖。

烟囱位于窑床东部，仅存底部，共三个烟道，平面形状呈长方形，底部皆低于窑床（图版四〇，4）。自南向北依次介绍，南部残高0.36、宽0.23、进深0.2、深0.24米；中部残高0.12、宽0.24、进深0.3、深0.26米；北部残高0.34、宽0.22、进深0.23、深0.24米；底部剖面整体形状呈扁凿形，南北侧较直，东西侧向中间收缩。堆积为黄褐黏土，土质较细腻，底部为淤积细砂层，未见遗物。

（二）墓葬

1座，被盗。位于T2112东部，向西延伸至T2212内，开口于第2层下，被H22和现代沟打破。土坑竖穴砖椁墓，平面呈长方形，长3.67、宽1.1、深0.8米，直壁、平底，墓向104°。一棺一椁，均遭扰乱。椁室由青砖砌成，单砖错缝平砌，残存4~6层，椁室宽0.65~0.7、残高0.34~0.48米，长度不清。木棺腐朽成灰，可见有较多铁棺钉。人骨一具，扰动严重，头向东，面向上，四肢较乱。仅头骨顶部随葬有铜镜一面。填土为灰褐黏土，较致密，出有较多的碎砖块、陶片，墓室西部夹杂大量的泥质红陶片，可辨器形有耳杯、樽、盘、奁等（图一七）。

（三）灰坑

H25　开口于第2层下，打破H26。位于T0420内，几乎遍布全方，平面形状呈不规则形，南北长9、东西宽9、深0.55~0.8米。在灰坑西部做一解剖沟，可知堆积分为2层：第1层为浅灰褐色粉砂土，较致密，含草木灰、烧土粒，出土有较多的碎砖；第2层为灰褐色粉砂土，较致密，含大量草木灰和少量红烧土颗粒，出土有少量的残瓦片（图一八）。

H26　被H25叠压。清理H25解剖沟时发现，平面呈半椭圆形，南北长2.6、东西宽0.96、深0.84米。斜壁，底较平。坑内堆积为浅灰褐色粉砂土，含大量的草木灰和烧土块，出土有少量瓦片和碎砖（图一九）。

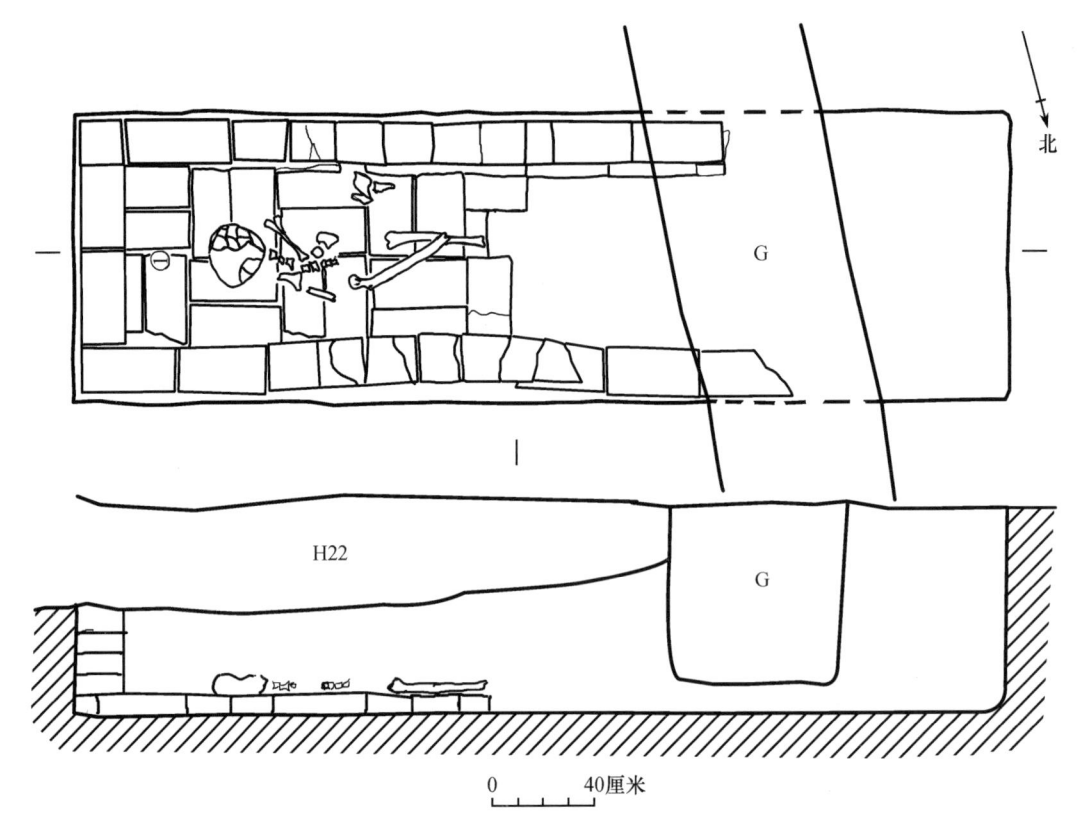

图一七　M1平、剖面图
1. 铜镜

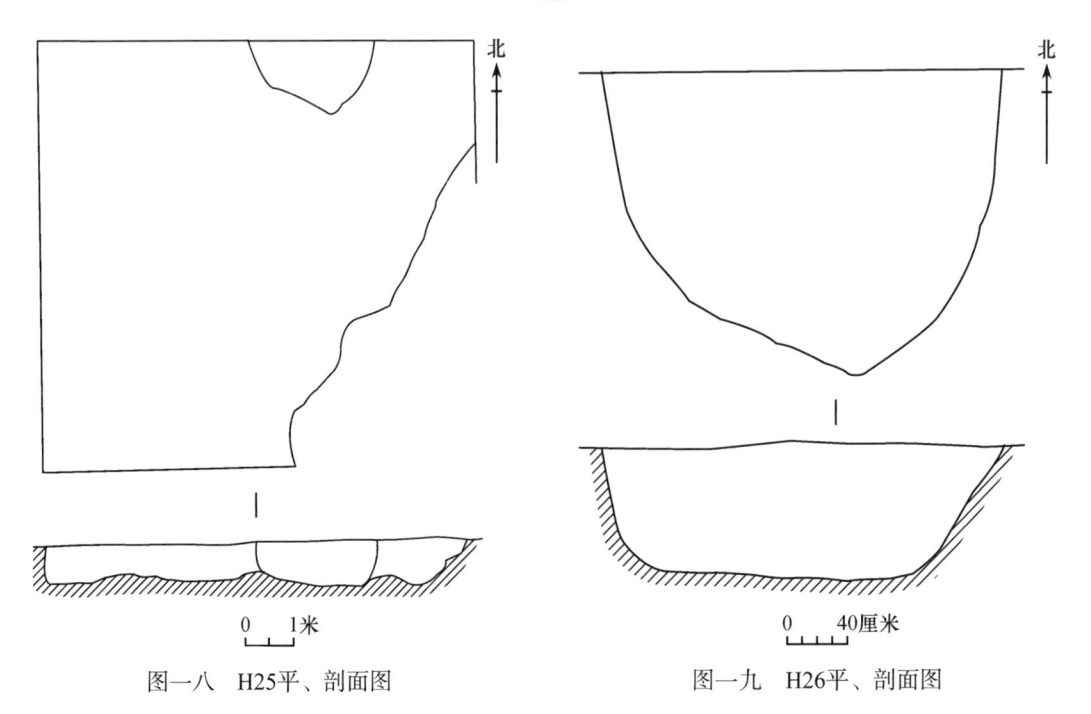

图一八　H25平、剖面图

图一九　H26平、剖面图

（四）遗物

1. 日用陶器

发现数量较少，多为盆、罐、钵、盂口沿残片。

盆　6件，皆为口、腹部残片，可分为二型。

A型　折沿盆，5件。根据折沿宽度分为二亚型。

Aa型　2件。均夹砂灰陶，宽折沿。Y11∶1，方唇，唇下缘凸出，斜弧腹，腹部以下残，素面。复原口径42厘米（图二〇，8）。Y11∶2，方唇，唇下缘凸出，口部以下残，素面。复原口径44厘米（图二〇，9）。

Ab型　共3件。窄折沿，敛口，沿面较平。Y15∶1，方唇，敛口，沿面略向下倾斜，唇外缘有凹槽一周，弧腹，腹下部残失。复原口径37.2、残高11厘米（图二〇，

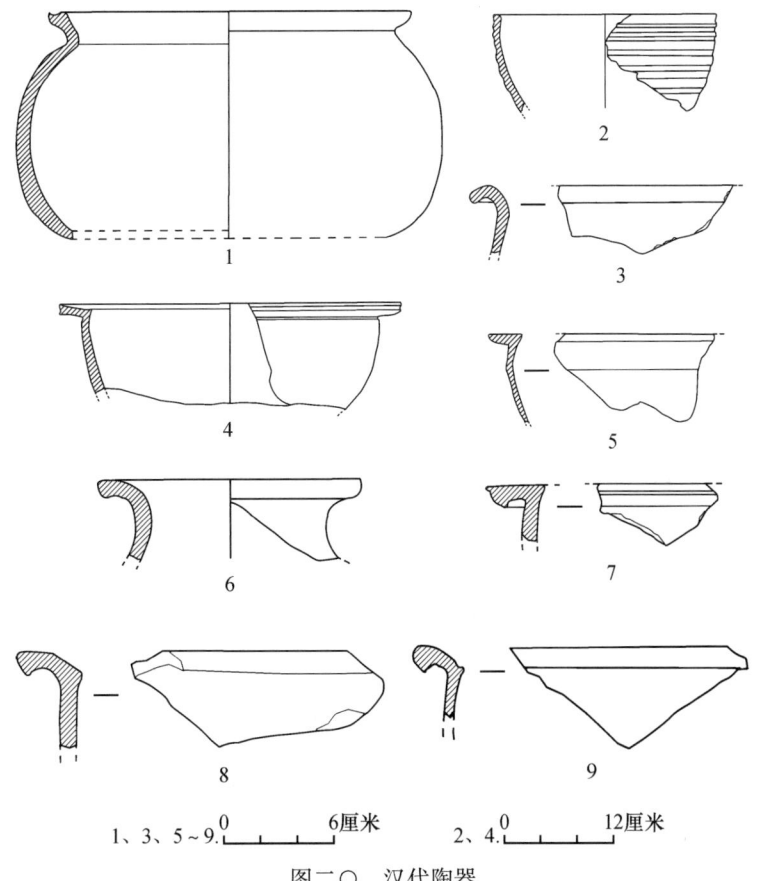

1、3、5~9　0　6厘米　　2、4　0　12厘米

图二〇　汉代陶器

1. 盂（Y16∶1）　2. 钵（Y13∶1）　3. B型盆（Y9∶2）　4、5、7. Ab型盆（Y15∶1、Y9∶1、Y12∶1）
6. 罐（Y13∶3）　8、9. Aa型盆（Y11∶1、Y11∶2）

4）。Y9：1，夹云母红褐陶。圆唇，折肩，下腹弧收，腹壁较薄。口残长9、残高5厘米（图二〇，5）。Y12：1，泥质青灰陶。斜方唇，唇外缘饰一周凹槽，唇下缘突出，形成凹沟。残长7、残高3厘米（图二〇，7）。

B型　1件。卷沿盆。Y9：2，泥质灰陶。圆唇，敞口，卷沿，斜弧腹。残口长9.6、高3.6厘米（图二〇，3）。

罐　1件。Y13：3，泥质灰陶。仅存口部，圆方唇，侈口，卷沿，束颈，素面。复原口径15、残高4厘米（图二〇，6）。

钵　1件。Y13：1，泥质黑皮陶。方唇，敛口，口下饰两道凸棱，腹部饰瓦棱纹。复原口径25、残高9.6厘米（图二〇，2）。

盂　1件。Y16：1，夹云母红陶。方唇，唇沿面压印凹槽，直口，扁鼓腹，底部残失。口径19、高11.5厘米（图二〇，1）。

2. 建筑材料

窑室内出土物以青砖等建筑材料为大宗，另有少量板瓦、筒瓦、散水残片。

条形砖　分为席纹砖和素面砖两种类型。

席纹砖　可分为A、B大小两种规格。

A型　Y17：1，长48、宽24、厚12厘米（图二一，5）。

B型　Y17：2，长36、宽18、厚9厘米（图二一，7）。

素面砖　长约48、宽20、厚9厘米。

散水　2件。Y14：1，泥质灰陶。残半，底部为方形，顶部为圆形乳突状凸起。残16.6、宽16、高8.8厘米（图二一，6）。

筒瓦　出土较多，皆残块，泥质灰陶。瓦上端素面，瓦背饰绳纹，内面饰细密布纹，内切。Y10：1，瓦舌微上翘，瓦背施绳纹，内面为细密布纹，下端残断。残宽12.6、残长11.8厘米（图二一，3）。Y13：2，圆唇，短瓦舌上翘，舌根部伸入瓦身内，瓦上端素面，瓦背饰绳纹，内面为细密布纹，下端残断，内切。残宽12、残长12.2厘米（图二一，2）。Y13：4，圆唇，短瓦舌上翘，下端残断。残宽11.2、残长9.2厘米（图二一，1）。Y12：2，瓦舌微上翘，与瓦身相交处呈缓台阶状，下端残断。残宽7、残长10.6厘米（图二一，4）。

板瓦　发现较少，通过残块可知瓦背饰绳纹和瓦纹，内面饰细密布纹。

3. 随葬器物

大部分被破坏，除铜镜外，均发现于填土内，陶质均为泥质红褐陶，复原器有三足樽、奁、盘、耳杯2件，另有大量无法复原的耳杯残片及其他器物残片。

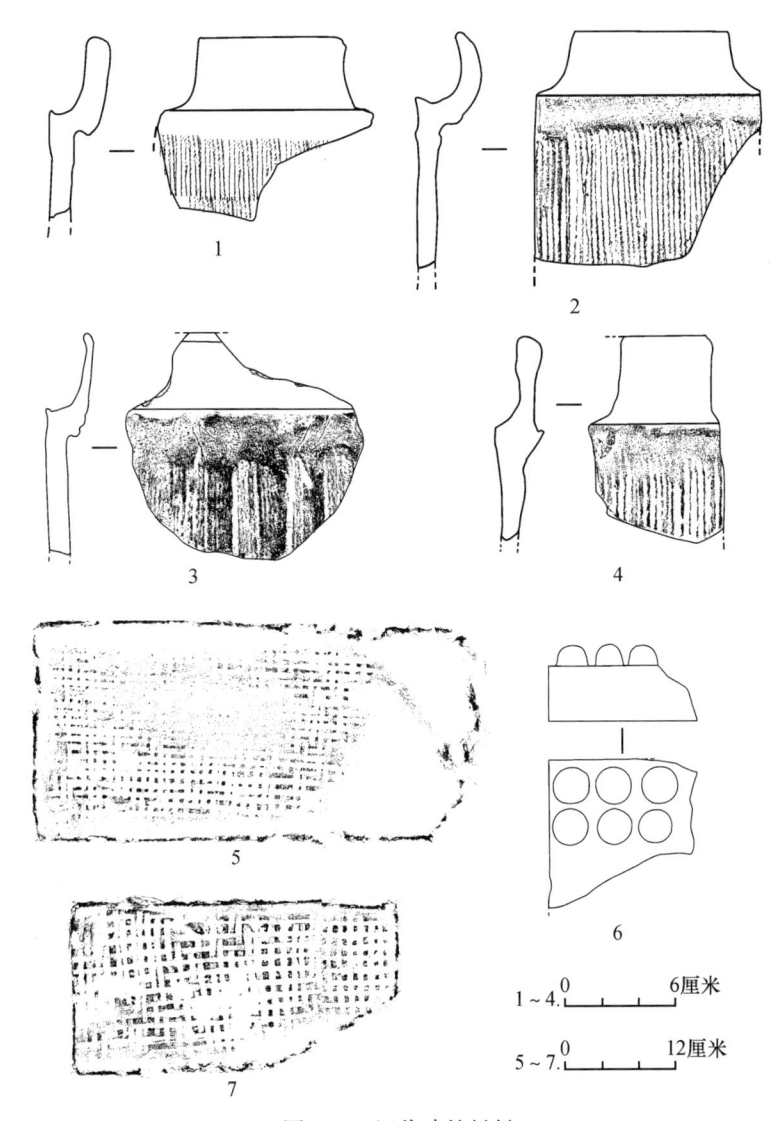

图二一　汉代建筑材料

1~4. 筒瓦（Y13∶4、Y13∶2、Y10∶1、Y12∶2）　5、7. 席纹砖（Y17∶1、Y17∶2）　6. 散水（Y14∶1）

（1）陶器

三足樽　1件。M1∶1，直口微外敞。直腹，平底。复原口径25.6、底径27.4、高17.8厘米（图二二，1；图版四一，1）。

奁　1件。M1∶2，直口，方唇，平底。复原口径25.6、底径27.4、高17.8厘米（图二二，2；图版四一，2）。

盘　1件。M1∶3，方唇，浅盘，平底内凹。复原口径42、底径41、高2厘米（图二二，3；图版四一，3）。

耳杯　复原2件，尺寸基本一致，还有大量残片。M1∶4，平面为椭圆形，两侧各有长5.6、宽约0.5厘米的长条形耳，平底，内部为圜底，长11、宽7.6、高3厘米（图二二，4；图版四一，4、5）。

（2）铜器

镜　M1∶6，锈蚀严重，镜面略凸，局部平整，背面图案亦不甚清楚。背面中部为一圆纽，纽部向外由两组双重平行线形成两个图案单元，内侧四组圆圈和卷云相间分布，外侧由一圈竖向纹和一圈向外三角纹组成。直径7.5、厚0.4厘米（图二二，5；图版四一，6）。

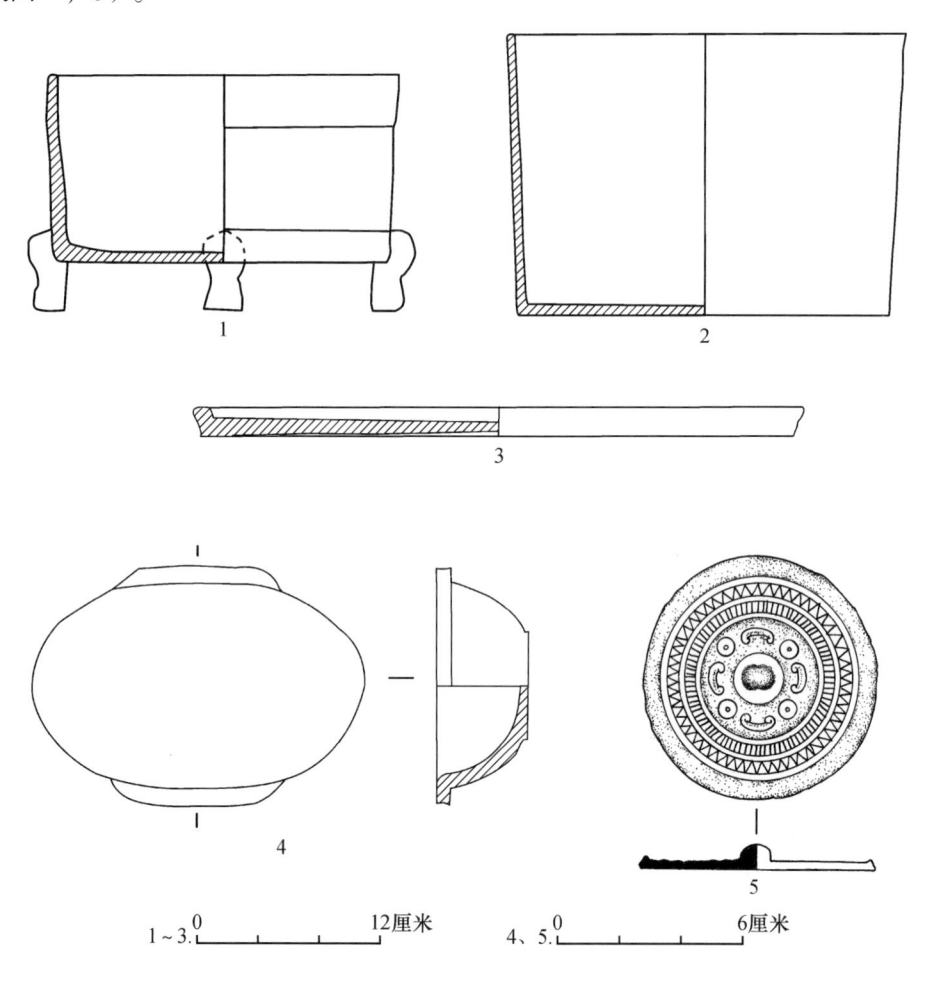

图二二　M1出土遗物
1. 三足樽（M1∶1）　2. 陶奁（M1∶2）　3. 陶盘（M1∶3）　4. 耳杯（M1∶4）　5. 铜镜（M1∶6）

三、宋金遗存

（一）窑址

共发现8座。

1. Y1

位于发掘区东北部，分布在T3412、T3413内。开口于第1层下，距地表0.3～0.45米，被H3打破，并打破Y6和生土。上部已破坏，由南至北依次为操作间、火门、火膛，窑室不存，仅可根据红烧土分布确定大致范围。通长7.5、宽4.2米（图二三）。

操作间位于南部，平面呈梯形，南北长2.5、东西宽3.4、深0.3米。斜壁平底。操作间上部为倒塌的火门窑墙，墙体由烧制变形瓦片和碎砖块垒砌而成，高度约1.5米，瓦长33、宽21、厚2厘米，砖块为长29、宽14、厚5厘米。堆积为浅灰褐色粉黏土，较致

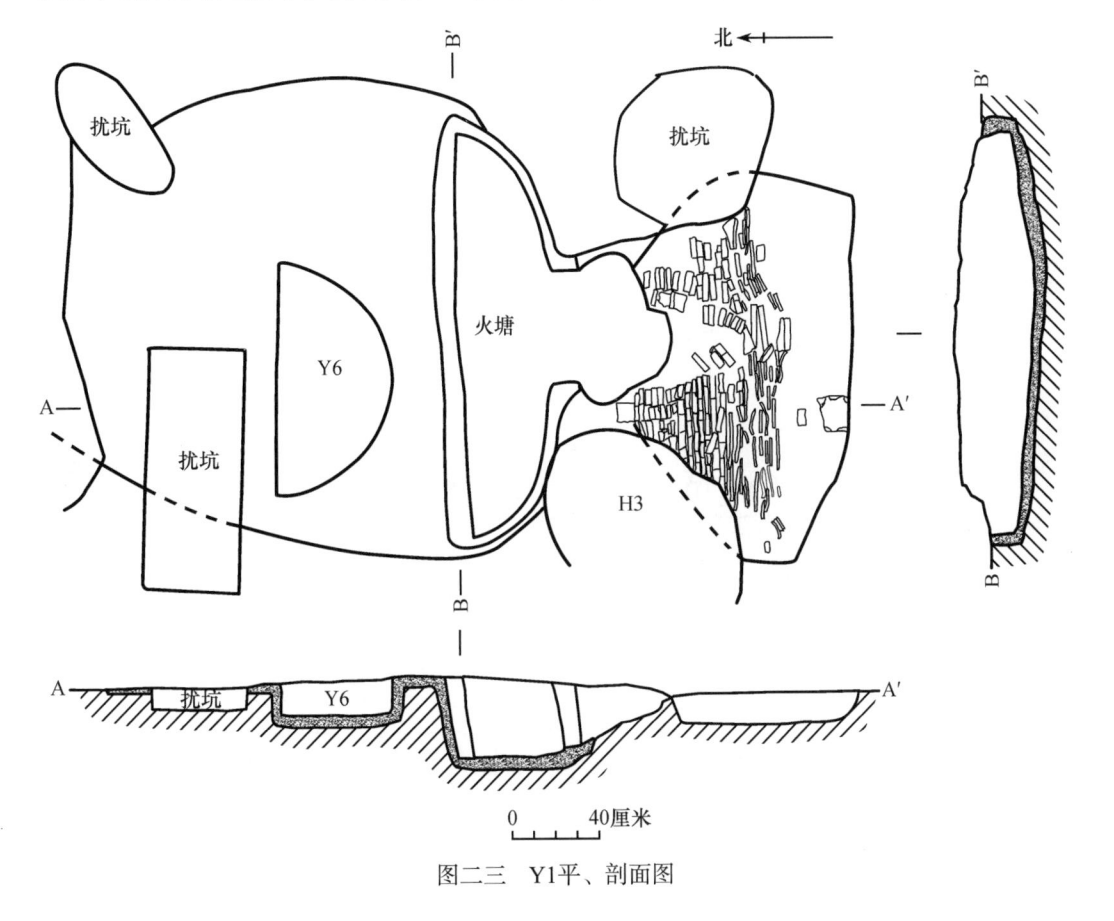

图二三 Y1平、剖面图

密，含有大量红烧土颗粒和草木灰，出有陶片、瓷片，可辨器形有盆、碗、罐等。

火门位于操作间和火膛之间，仅存底部，宽1、进深0.3米，火门上部亦为倒塌窑墙，根据残存倒塌堆积可知，应为券顶，高度约1米。

火膛平面形状为半椭圆形，东西3.85、南北0.9、深0.72米。壁面较直，均烧烤成青灰色。火膛内填土可分为3层：第1层为灰褐色粉黏土，较致密，含有大量红烧土，出有大量砖块，尺寸与工作间内一致；第2层为烧土层，多烧土块；第3层为草木灰层，杂有淤积土，出有砖块、瓦片等。

窑室不存，根据烧土范围可知南北长3.5、东西宽4.2米。

2. Y2

位于中部发掘区南侧，分布在T2111西南部，开口于第1层下，距地表0.18～0.22米，被G1打破，同时打破Y3，东北部为Y5。窑址通长6、宽2.2米。根据残存结构分为操作间、窑门、火膛、窑室、烟室五部分（图二四）。

操作间位于窑址南端，平面形状近长方形，直壁，平底。南北长约2.9、宽2.1、深0.18～0.28米。填土为浅灰褐色粉砂土，致密，含烧土粒、草木灰，出有陶盆、白瓷罐、棕黄釉瓷碗及少量白瓷片。

窑门位于工作间北部，上部被破坏，仅存底部1层，由残砖错缝平砌，东西长0.74、深0.5米。

火膛位于窑室南部，平面呈长方形，南北长1.26、宽0.9、深0.5米。壁面斜内收，

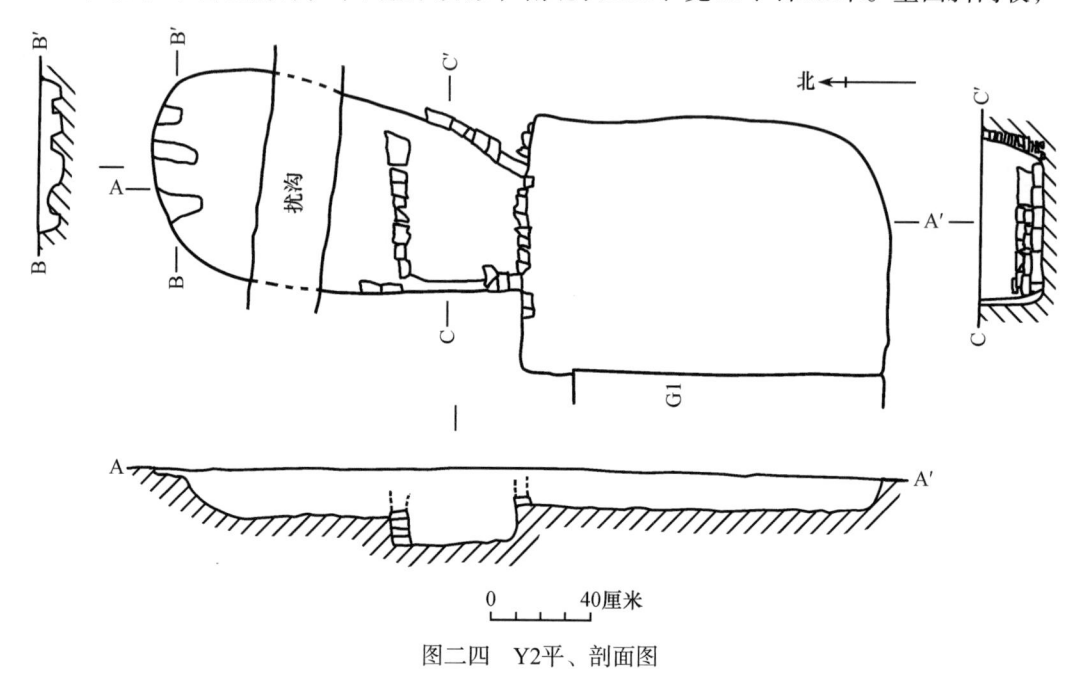

图二四　Y2平、剖面图

北壁残存0.2米，由残砖错缝平砌；西壁残高0.48米，为青灰色烧烤壁；东壁上部残高0.4米，由8层残砖头平砌而成，下部为烧烤壁。底部叠压Y8火膛，东壁利用Y8的火膛壁面。堆积为灰褐色粉砂土，较致密，含大量烧土粒和草木灰，出有陶片和瓷片，可辨器形有陶盆、陶罐、瓷碗等。

窑室平面呈马蹄形，南北长1.55、东西宽1.6、残高0.4米。窑室顶部已破坏，窑壁为青灰色烧烤壁，斜壁内收，厚4~5厘米，中部被扰沟打破。窑床自北向南倾斜，窑床壁厚6厘米。填土堆积为浅灰褐色粉砂土，较致密，出有大量碎砖块和烧土块，应为倒塌堆积。

烟室位于北端，呈半椭圆形，破坏严重。由残存烧土堆积可知存有四个烟道，宽度自西向东分别为30、25、16、20厘米。

3. Y3

位于T2111南部，开口于第1层下，距地表0.3米，操作间被Y4打破，西面相邻Y2，东北相邻为Y5。东西向，平面呈葫芦形，东西通长3.7、南北宽1.9米。根据现存结构分为火膛、窑室、烟室三部分（图二五）。

火膛位于窑室西部，平面呈喇叭口形，东西长约1.9、宽1.26、深0.72米。坑壁呈锅底状，为青灰色烧烤面，厚4~6厘米，底部较平，经过烧烤，壁厚5厘米，东西长约

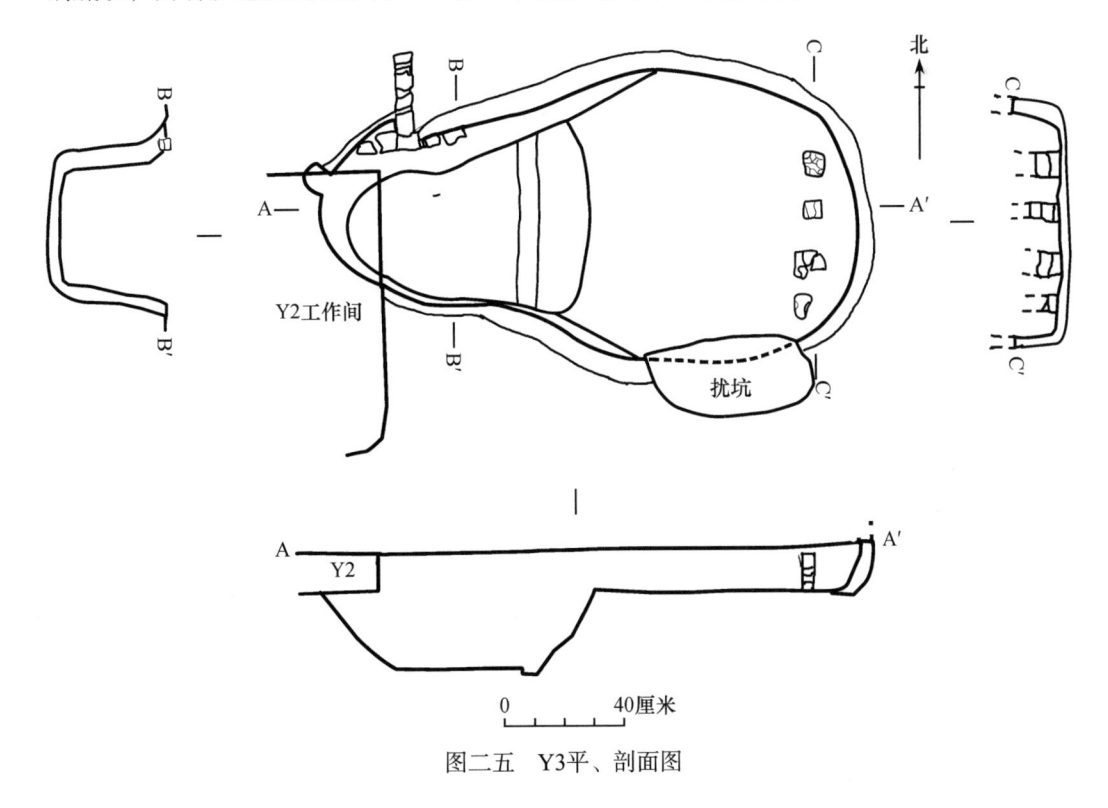

图二五　Y3平、剖面图

0.94、宽0.56米。堆积为灰褐色粉砂土，致密，含红烧土颗粒和草木灰，出有泥质灰陶片和白瓷片，可辨器形有布纹板瓦、陶盆、陶钵、瓷碗等。

窑室平面呈椭圆形，东西长约1.44、南北宽1.9、深0.32米。

窑床较平整，东西长1.44、南北宽1.6米，壁面烧烤，厚18厘米。壁面呈斜壁内收状，残存高度约0.32米，厚4～6厘米。

烟室平面呈椭圆形，长1.5、宽0.4、进深0.26米。由四个独立小砖墙形成5个烟孔，砖墙由残砖垒砌而成，高度自西向东依次为16、18、14、5厘米，宽度为14、18、20、15厘米，进深为15、11、11、16、9厘米。

4. Y4

位于T2211的西南部，开口于第1层下，距地表0.2米，被近代沟打破，同时打破Y5。窑址长8.5、宽约2.2米。结构可分为工作间、窑门、火膛、窑室、烟室五部分（图二六；图版四二，1～5）。

工作间位于北部，平面形状呈长方形，长4.6、宽3、深0.55米，直壁，大部分由残破和变形青砖错缝平砌而成，仅存西墙和东墙一段，砖墙残高0.4米，用砖规格为长28、宽14、厚5厘米。底面呈斜坡状，北高南低，坡度较小，靠近窑门处发现有明显踩踏面，上部有一层薄黑灰，局部铺有残砖块。工作间堆积分为使用时期堆积及废弃

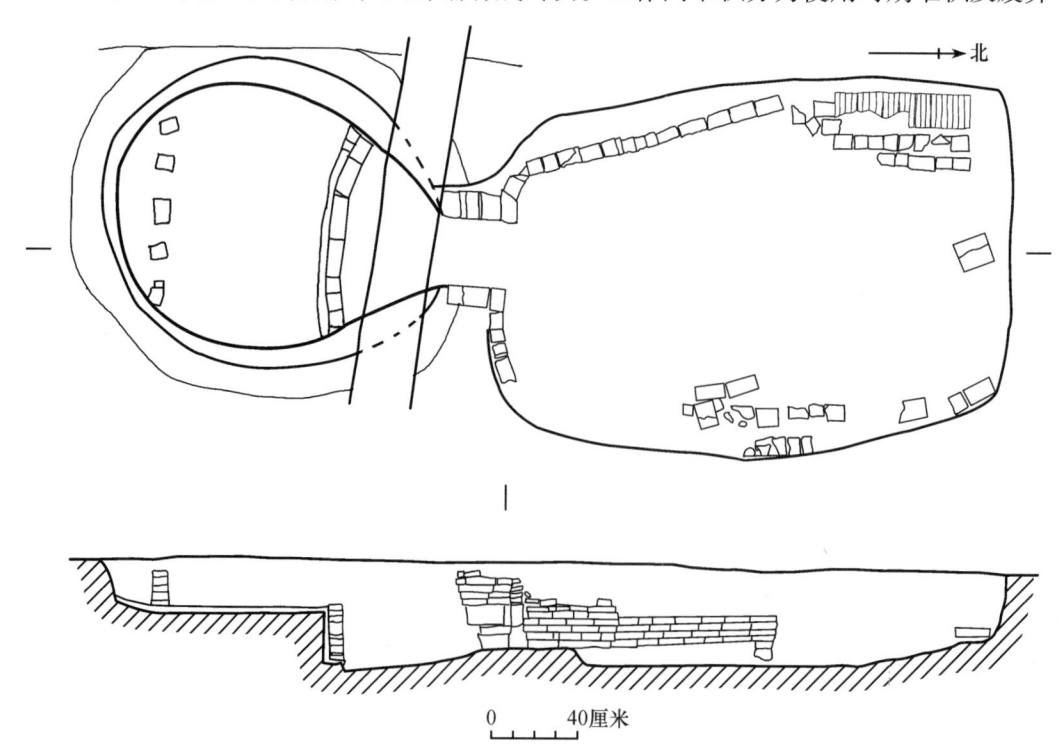

图二六　Y4平、剖面图

堆积。废弃堆积填土主要为浅灰褐和深黄褐粉砂黏土，厚0.6米，含大量红烧土块、烧土粒、炭屑，出土有大量陶片及少量瓷片，器形有陶盆、陶罐、板瓦、滴水瓦、瓷碗等。使用堆积主要为踩踏层，厚0.18米，含较多草木灰、烧土粒，发现少量砖块、陶盆、瓷碗等。

窑门为券顶，顶部残失。由青砖垒砌，西墙较直，东侧向内倾斜，上部宽0.6、下部宽0.7、残高0.7米，进深0.6米。窑门内堆积分为2层：第1层为浅灰褐色粉砂土，较致密，厚0.6米；第2层为黄白色淤积土层，厚0.1米，底部为踩踏面，厚0.15～0.22米。

火膛位于窑门南侧，北接窑室。分为二期：一期平面呈梯形，前端微弧，后端较窄，大部分被二期破坏；二期在一期基础上改建，火膛缩小，把一期火膛底部打破，前端在一期火膛烧烤面砌砖，高0.5米。底面呈斜坡状，北高南低，斜度为78°。前端宽1.55、深0.6、进深0.8米。火膛内堆积分为废弃堆积及使用堆积，废弃堆积与窑门及窑室堆积一致，使用堆积为草木灰堆积及黄褐黏土层。

窑室位于窑门南端，平面呈椭圆形，长径3、宽2.2米，直壁，青灰烧烤面，坚硬光滑，厚4厘米。堆积分为两层：上层与火膛上层一致；下层为黄白色淤积土，含烧土粒，厚1～8厘米。出土有大量的陶片、瓷片，可辨器形有板瓦、陶盆、陶钵、瓷碗等。

烟室位于窑室后方，呈半弧形，长1.9、宽0.48、深0.6、进深0.32米。由残砖错缝平砌五个短墙，形成六个烟道，残高0.15～0.3米，烟道宽0.18～0.2、进深0.15米。烟室内堆积为浅灰褐色粉砂土，致密，含大量烧土和窑壁残块。

5. Y5

位于发掘区中部偏南，大部分在T2111东北角，工作间跨T2112、T2211、T2212，东部为Y4，西部和南部分别为Y2、Y3。开口于第1层下，距地表0.2米。通长6.9、宽3.5、深0.5～1.2米。根据其结构分为操作间、火门、火膛、窑室、烟室五部分。操作间与Y4共用，朝向东北（图二七；图版四三，1、2）。

操作间上部被现代沟和Y4打破，仅存底部，平面呈圆形，直径3.5、深0.9米，斜壁，底部较平。西壁近火门处残存三块平铺残砖块，与火门北侧相接，并与Y5右侧残留砖基本在一条直线上，可以推断Y4、Y5共用工作间。底部发现踩踏面，厚0.15～0.22米，包含大量草木灰。堆积为灰褐色粉黏土，含大量草木灰、烧土粒，出土有大量陶片、砖块、瓦片及少量瓷片。

火门平面呈长方形，两侧壁向内倾斜，呈袋形，斜底。宽0.5～0.6、高0.91米。填土为灰褐色粉黏土，疏松，含大量草木灰、烧土颗粒，出土有陶片、瓦片及砖块。

火膛呈喇叭口形，斜壁外张，平底。长2.05、宽0.64、深1.1米。火膛两侧壁烧烤而

图二七　Y5平、剖面图

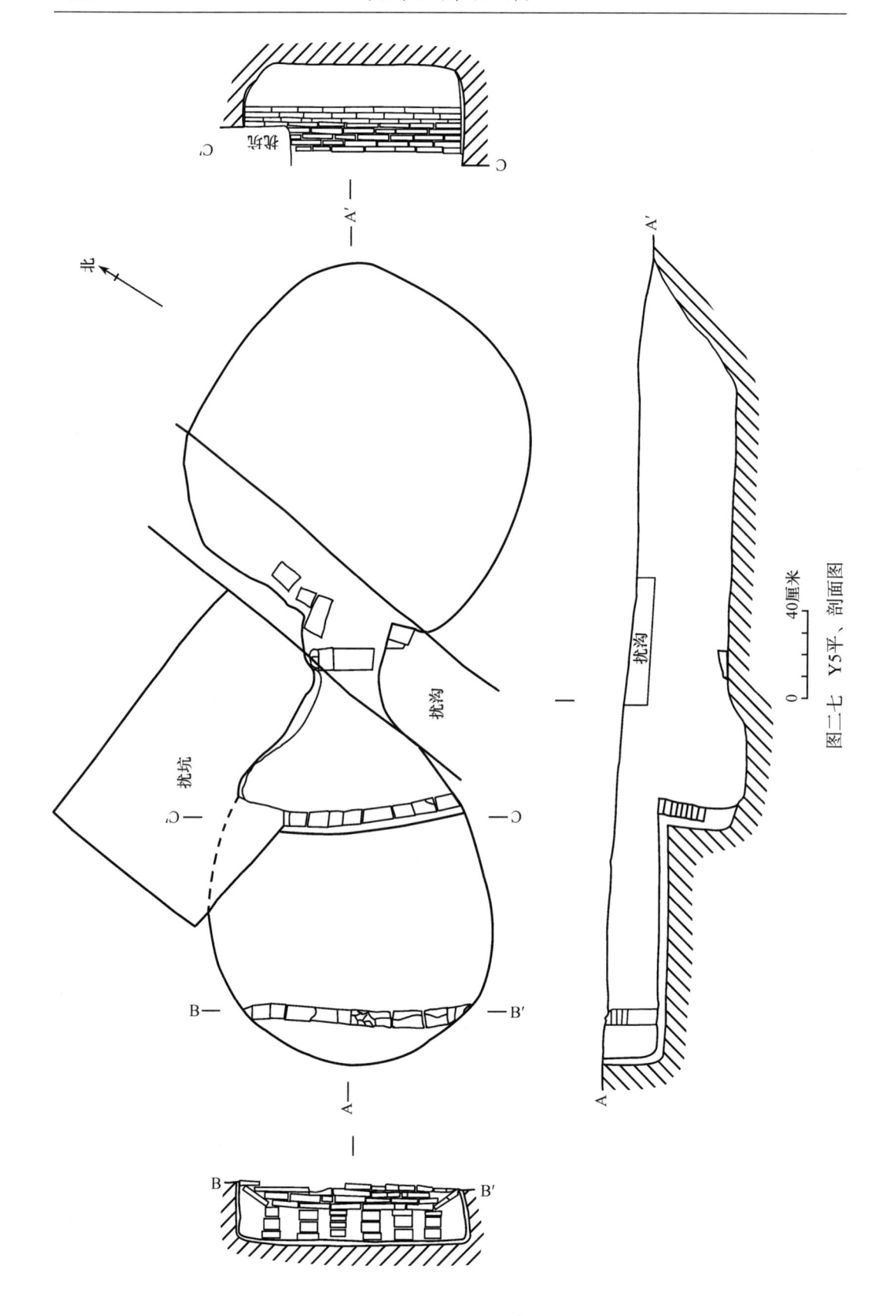

成，厚0.04~0.12米，内侧火膛壁分为3层：上层为单砖错缝平砌，高0.42米，整砖尺寸为长29、宽14、厚5厘米；中层为原始土壁经烧烤成硬壁面；下层呈黑灰色，原始土壁烧烤，硬度较低，高0.18米。堆积分为2层：第1层为废弃堆积，出土有大量烧土块、砖块；第2层为使用时期堆积，黄褐黏土，含有大量草木灰、炉渣，厚0.1米。

窑室平面形状呈椭圆形，直壁，平底。长径2.6、短径1.7、深0.55米。壁面为烧烤土壁，呈青灰色，光滑，厚2~6厘米，壁面上发现有长条形工具痕，宽15、高20厘米。堆积为灰褐色粉黏土，疏松，含大量烧土粒、草木灰，出土有陶砖、陶瓦及少量瓷片等。

烟室位于窑室后方，平面呈半椭圆形，保存较完整，长2.15、进深0.36、深0.5米。挡火墙底部为烟孔，上部为砖墙，由青砖平砌，共有4层，高0.2~0.25米。整砖尺寸为长29、宽14、厚5厘米。底部烟道有7个，由6个隔墙分开。宽度自南向北分别为28、12、14、14、12、18、22厘米，高度为0.31~0.44米。砖隔墙由残砖垒砌，高度为31厘米。

6. Y6

位于发掘区东北部，分布在T3413内，被Y1打破。残存火膛。半圆形，东西长2.2、南北宽1.1、深0.34米。北壁由单砖错缝平砌，南北为青灰色烧烤壁。火膛内填土为灰褐色粉黏土，较致密，发现有较多板结炉灰和碎砖块（图二八，1）。

7. Y7

位于发掘区中部，分布在T2112西南。顶部破坏，仅存底部。平面近似长方形，直壁，平底。壁面经烧烤呈红褐色。南北长1.26、宽0.78、深0.16米（图二八，2）。

8. Y8

位于发掘区中部，被Y2打破，仅存火膛。平面呈不规则形，南北长1.1、宽1、深0.4米。填土为浅灰褐色粉黏土，含烧土颗粒和草木灰，出有陶罐及瓦残片（图二八，3）。

（二）灰坑

金代时期灰坑共发现23座，坑口形状可分为圆形、椭圆形、长方形、不规则形四种，以椭圆形和不规则形灰坑为主。

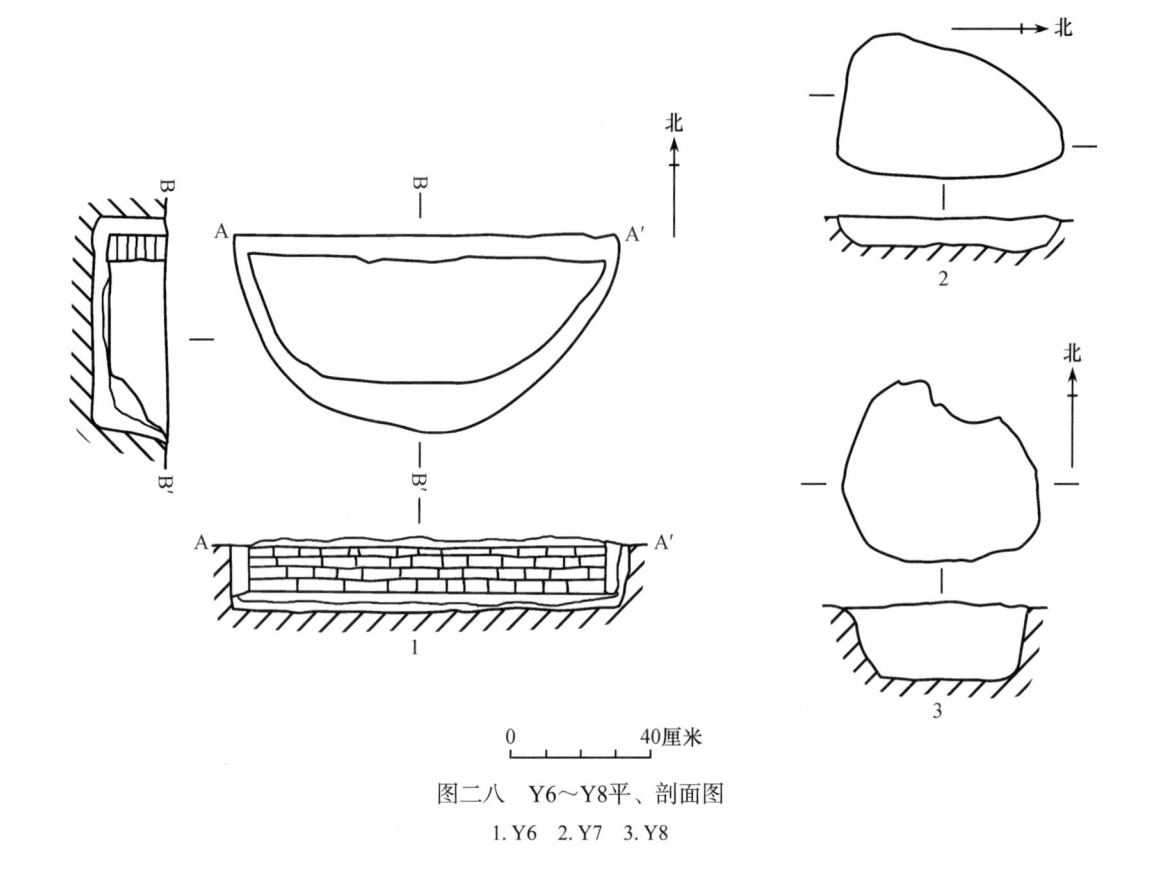

图二八　Y6~Y8平、剖面图
1. Y6　2. Y7　3. Y8

1. 椭圆形坑

H2　位于T3112西北部。开口于耕土下，打破H9和生土。口径4.1~5.3、深0.7米，四壁不规整，近椭圆形，圜底。坑内北部为红烧土堆积，西部为草木灰堆积，其余区域为灰褐色黏土，出土有较多的陶片、瓷片、兽骨等，可辨器形有筒瓦、板瓦、瓦当、陶盆、陶双耳罐、陶钵、瓷碗、瓷支架、瓷盘、咸平通宝等（图二九）。

H3　位于T3413中部。开口于耕土下，打破Y1和生土。口径1.6~1.8、深0.29~0.32米，斜壁内收，底面较平。坑内堆积为灰褐色黏土，较致密，含有红烧土颗粒、草木灰，出土大量陶片和少量瓷片，可辨器形有白瓷碗、陶盆、陶双耳罐等（图三〇）。

H6　位于T3012东北部，向北延伸至探方外。开口于第2层下，距地表0.5米，打破G2。长2.6~3.05、深0.1~0.44米。斜壁内收，底部近圜底。坑内堆积为灰褐色黏土，较致密，堆积形状呈凹镜状，含大量红色和青色烧土块，出土有瓷片、陶片等，可辨器形有板瓦、陶盆、陶罐、瓷碗（图三一）。

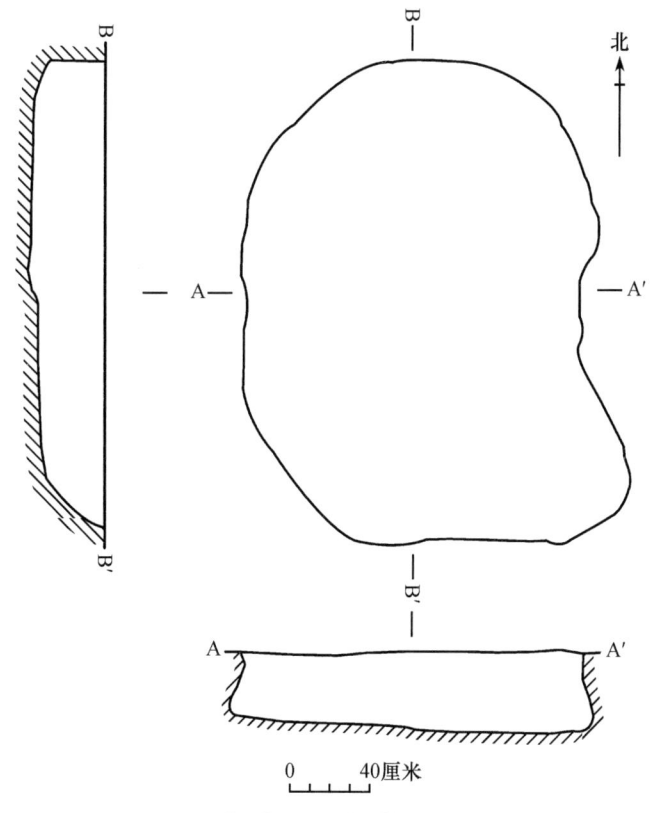

图二九　H2平、剖面图

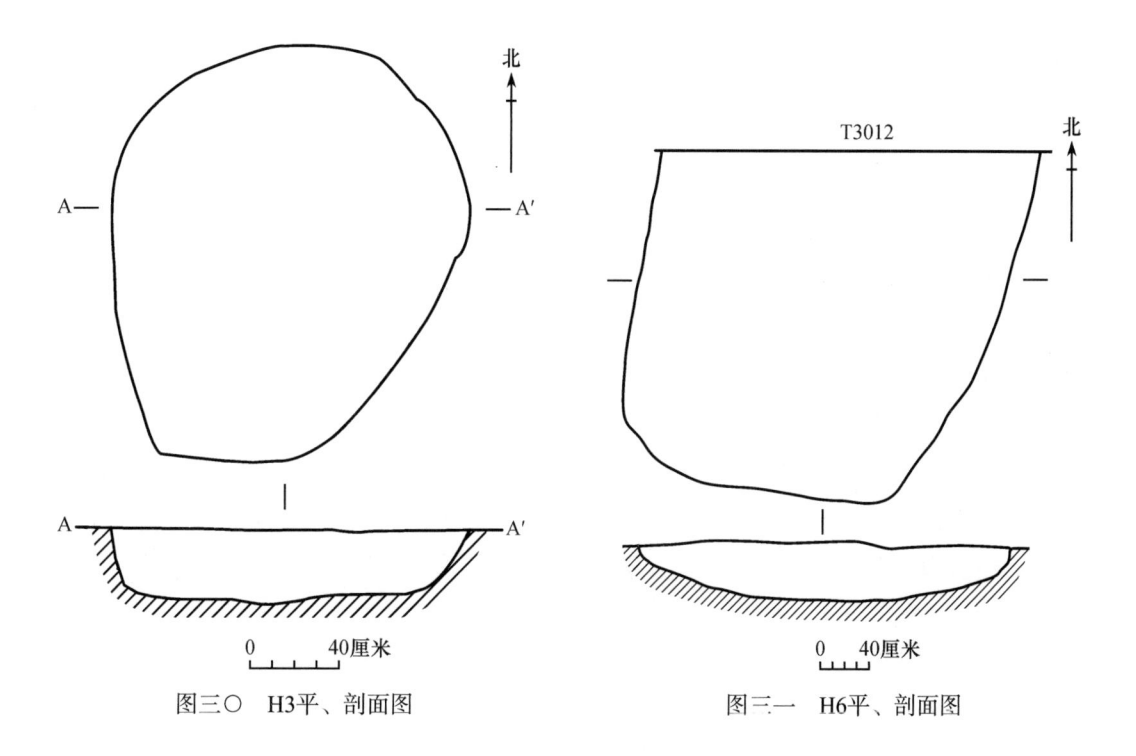

图三〇　H3平、剖面图

图三一　H6平、剖面图

H9　位于T3112西南角，延伸至T3012东部，开口于第2层下，被H2打破。东西5.2、南北4.4、深1米。斜壁，底不平。填土为灰褐色黏土，较致密，含烧土颗粒，出土有陶片、瓷片、兽骨等。可辨器形有板瓦、筒瓦、陶罐、瓷碗、瓷盘等（图三二）。

2. 不规则形坑

H11　位于T3412东部，探方以外未发掘。开口于第1层下，被现代沟和H17打破。口径1.9~2.4、深0.55~0.7米。斜壁内收，平底。填土为灰褐色粉砂土，较致密，含烧土粒、草木灰，出土有陶片、瓷片、石块、兽骨、蚌壳等（图三三）。

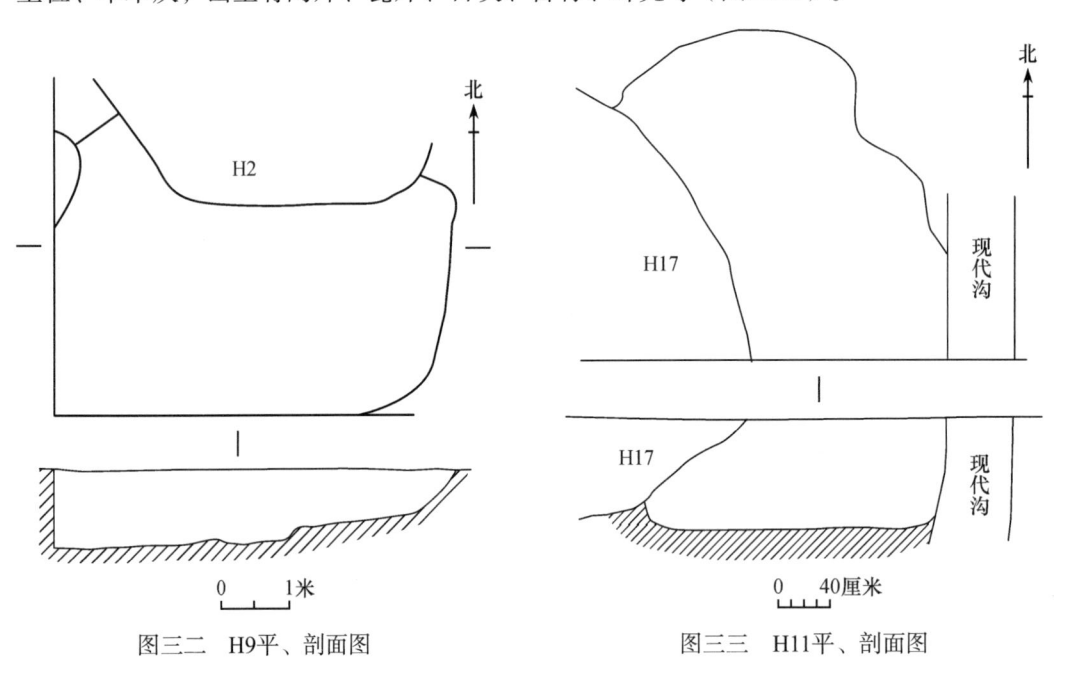

图三二　H9平、剖面图

图三三　H11平、剖面图

H15　位于T3012南部，向南延伸至T3011内。开口于第3层下，被H14和G2打破。口径0.92~2.9、深0.45米。坑壁斜壁内收，底部不平。堆积为浅黄褐色粉黏土，疏松，含少量红烧土颗粒，出土有陶片、瓷片，可辨器形有板瓦、陶盆、陶罐、瓷碗等（图三四）。

H18　位于T3112东南部，南部延伸至发掘区外。开口于第2层下，被现代沟打破。口径东西2.3、南北3.2、深0.45米。斜壁内收，底不平。堆积为浅灰褐黏土，较致密，含少量草木灰、烧土颗粒，出土遗物有砖块、陶片、瓷片，可辨器形有板瓦、筒瓦、瓷碗等（图三五）。

H19　位于T2211、T2212东部，并向南北延伸。开口于第2层下，南北19、东西7.25、深1.15米。弧壁，底不平。堆积分为2层：第1层为灰褐色粉砂土，较疏松，含较

图三四 H15平、剖面图

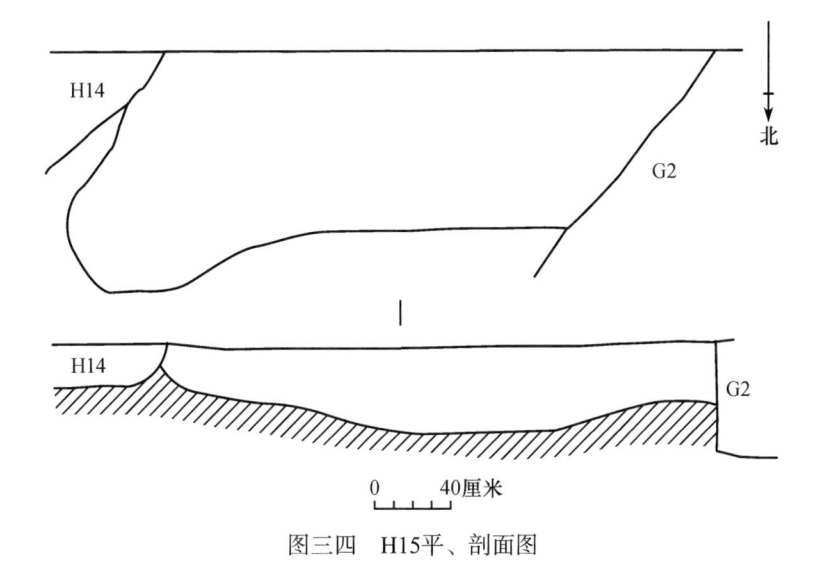

多烧土颗粒、草木灰和少量炭屑，出土有砖块、陶片、瓷片等，可辨器形有板瓦、陶盆、陶罐、陶钵、瓷碗等，厚0.6~0.75米；第2层为黄褐色粉砂土，含少量炭屑，较致密，出土有瓦片、砖块，厚0.07~0.25米（图三六）。

3. 圆形

H16 位于T3012西部，向西延伸。开口于第3层下，直径1.4、深0.4米。直壁，平底，壁面规整，稍内收。填土分为2层：第1层为浅灰色黏土，较疏松，含较多草木灰；第2层为浅灰色黏土，较致密。出土遗物有陶片、瓷片，可辨器形有板瓦、陶盆、瓷碗等（图三七）。

图三五 H18平、剖面图

H24 位于T0719北部。开口于第1层下，直径1、深0.85米，直壁，平底，壁面粗糙。堆积为黄褐细砂土，较疏松，含烧土颗粒、草木灰，出土有陶片、瓷片，可辨器形有板瓦、陶罐、瓷盆等（图三八）。

4. 长方形

H7 位于T2112东北部，开口于第1层下，平面呈圆角长方形，东西长4、宽2.15、深0.8米。筒状，平底，壁面未见加工痕。堆积为灰褐黏土，较致密，出土有陶片、瓷

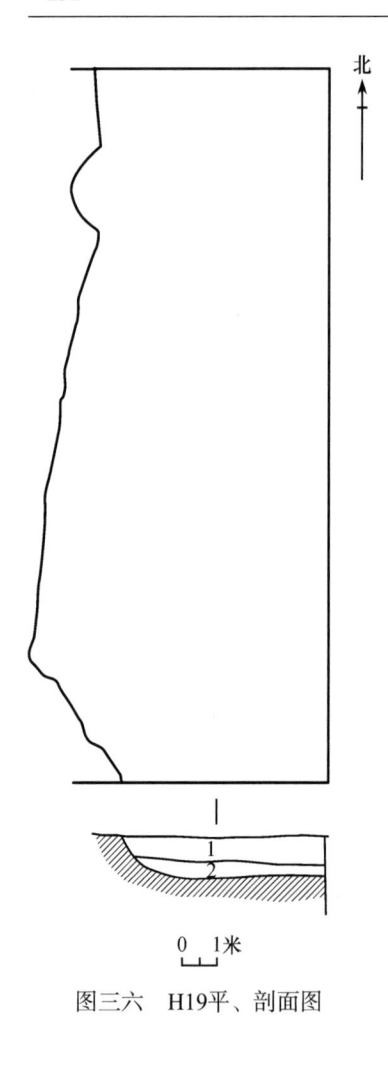

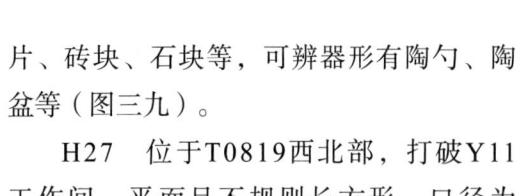

图三六 H19平、剖面图

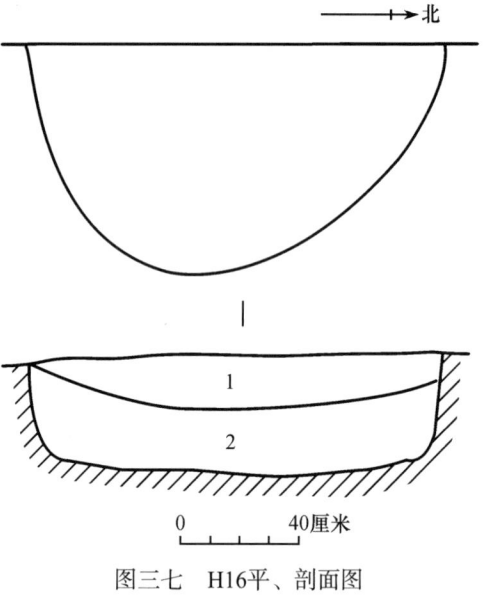

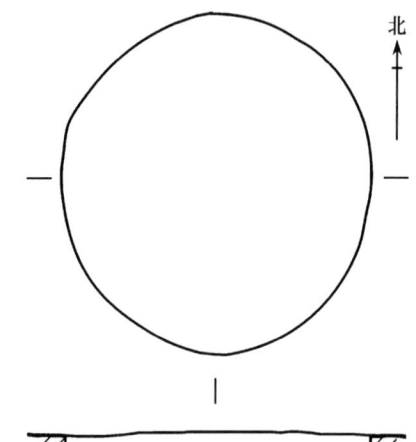

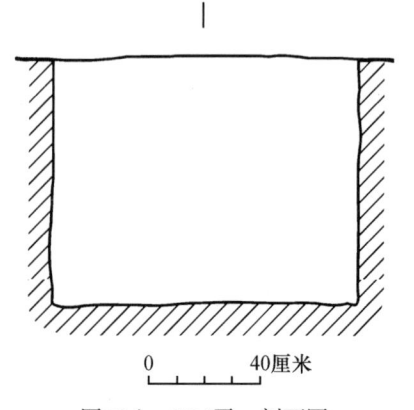

图三七 H16平、剖面图

图三八 H24平、剖面图

片、砖块、石块等，可辨器形有陶勺、陶盆等（图三九）。

H27 位于T0819西北部，打破Y11工作间。平面呈不规则长方形，口径为0.8~2.25、深0.45米。直壁平底。堆积为浅灰褐色粉黏土，较致密，含少量红烧土和草木灰。出土遗物有陶片、瓷片，可辨器形有碗、壶等（图四〇）。

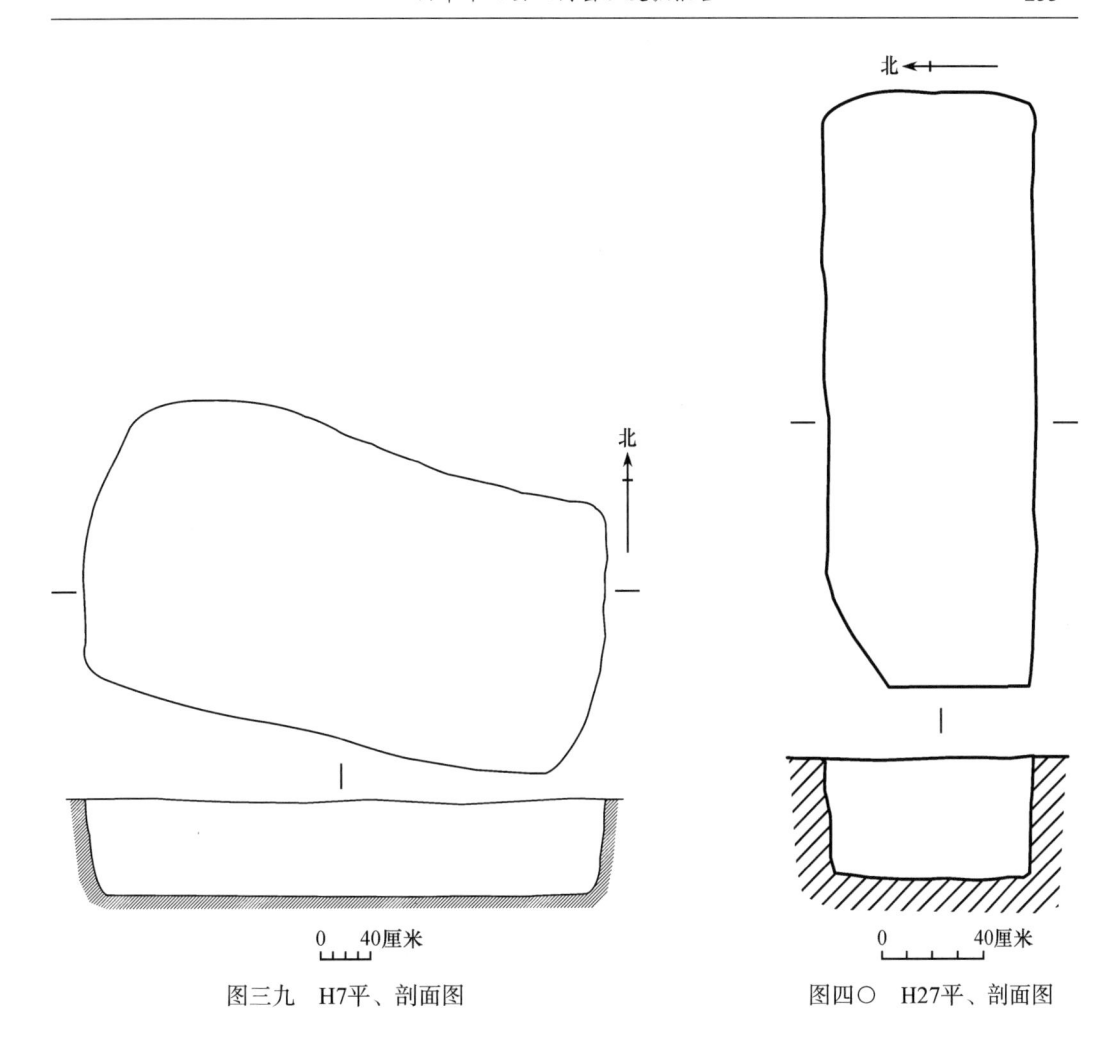

图三九　H7平、剖面图　　　　　　　　　图四〇　H27平、剖面图

（三）灰沟

G2　位于T3012内，东北—西南向，向两侧延伸，方向34°。开口于第3层下，被H6打破，同时打破H15、G3。长11、宽0.55~0.7、深0.6米。斜壁平底，剖面呈倒梯形。堆积为灰褐黏土，含烧土颗粒、草木灰，出土物有瓷片、陶片、兽骨等，可辨器形有板瓦、陶盆、瓷碗（图四一）。

G3　位于T3012内，东北—西南向，向西南延伸，方向34°。开口于第3层下，被G2打破。长5.75、宽0.5~0.8、深0.25~0.32米。直壁，底不平。堆积为浅灰褐黏土，含少量烧土颗粒、草木灰，出土物有瓷片、陶片、兽骨等，可辨器形有板瓦、建筑构件、陶盆、瓷碗（图四二）。

G4　位于T0610、T0710内，东北—西南向，向两侧延伸，不甚规整，方向72°。开口于第2层下，被L1叠压，并打破Y13、Y14、Y15。不规则长条状，长17、宽

图四一 G2平、剖面图

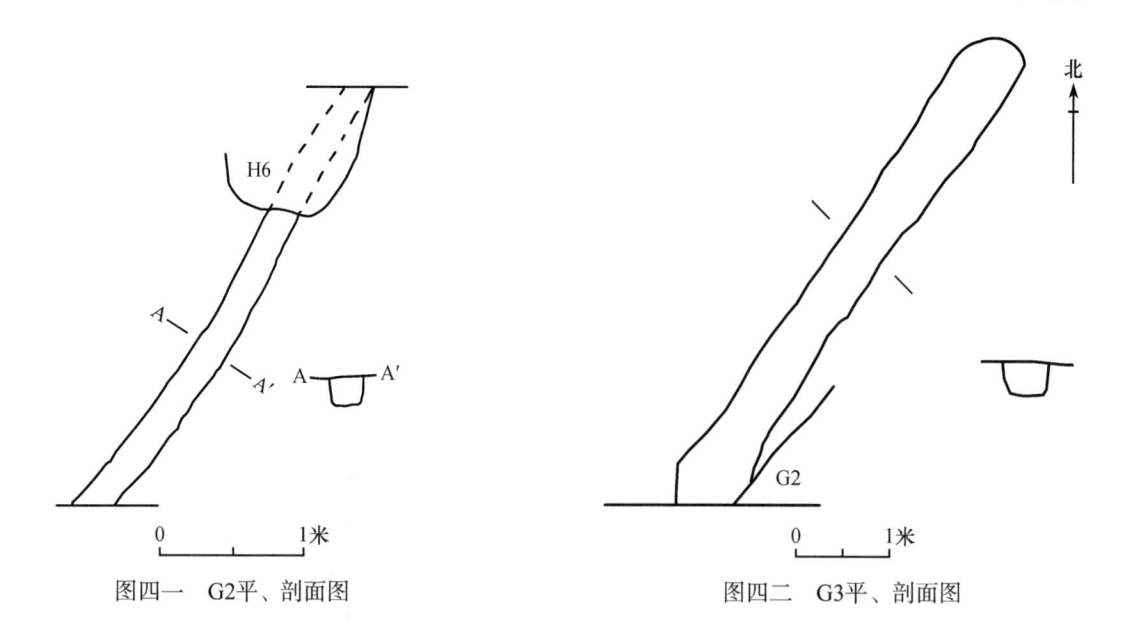

图四二 G3平、剖面图

2.3～4.6、深0.1～0.45米，壁面不规整，北侧较直，南侧呈坡状，底不平整。堆积分为2层：第1层为黑灰色粉黏土，含大量草木灰和红烧土颗粒，疏松，厚0～0.3米，出土有陶片、瓷片，可辨器形有板瓦、筒瓦、罐、钵、盆、洗及建筑构件等；第2层为黄褐色粉黏土，疏松，含少量烧土块，分布于西部，厚0～0.35米（图四三）。

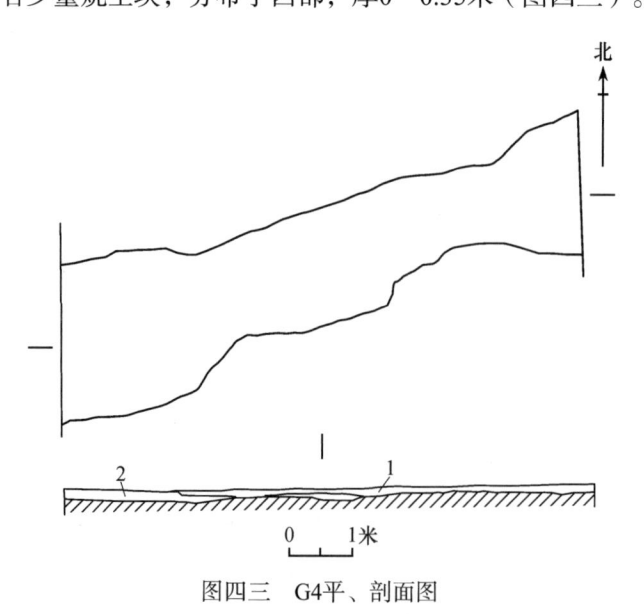

图四三 G4平、剖面图

（四）道路

L1　位于发掘三区南部，分布在T0610、T0611、T0511，向两侧延伸，方向72°，底部为生土。开口于第2层下，叠压G4、Y13、Y14、Y15、H23。清理长度20.5、宽10.5、厚0.44米。道路内发现有9条车辙沟，堆积可分为2层：第1层多为黄褐和灰褐色粉砂土，含少量粗砂，发现有陶片、青花瓷片和碎砖块，时代为明清时期；第2层浅灰褐色粉砂土和粉黏土，含细沙和烧土颗粒，发现陶片、白瓷片，时代应为宋金时期（图四四）。

四、金代遗物

出土遗物较多，以陶器、瓷器为主，另有少量铜钱。陶器以陶盆为大宗，多烧制变形，其次为钵、罐、盂等器形，还有大量建筑材料和少量建筑构件、窑具；瓷器以白瓷为主，另有少量棕黄釉瓷及青瓷器，器类以碗、盘为主，少量罐、盏、炉、枕等。以下分别予以介绍。

1. 建筑材料及构件

板瓦　数量较大，多数变形残破，完整者较少。Y1：1，泥质灰陶。半月形，内切。外壁素面，内壁粗布纹。长33.6、宽19.9、高5.9、厚1～1.2厘米（图版四四，9）。

滴水瓦　数量较大，窑室内出土多变形和破损。H19：22，泥质灰陶。半月形，头端外折，沿面四道平行凸棱，自内向外第一及三条凸棱压印斜方格纹，唇缘压印波浪纹。外壁素面，内壁布满粗布纹。长20～26.2、高11厘米，沿面宽4.4厘米（图四五，2；图版四四，8）。

兽面瓦当　6件均为泥质灰陶，当面为模印高浮雕兽面纹。H2：6，边轮较宽，刻画波折纹，上部和右侧缺失。头端有两弯角，双眉斜竖，怒目圆睁，眼窝深陷，两耳斜向上竖起，鼻孔扩张，倒梯形口，露出獠牙，口部外两侧各有4组鬃毛向上卷曲。直径19.2、厚6厘米（图四五，3；图版四五，1）。T2212②：2，边轮宽平，两弯角向下，两眉斜上弯曲，两眼外凸，三角形鼻，鼻孔模糊不清，口部上唇弯曲，下唇平齐。直径14.7、厚1.3～4.8厘米（图四五，5；图版四五，5）。H4：5，边轮宽且平，头端有两弯角，斜眉，圆耳，三角形鼻，鼻孔扩张，倒梯形口，面部磨损严重。直径12.5、厚4厘米（图四五，6；图版四五，4）。G4：20，边轮宽且平，右侧缺失，头端有两弯角，两角中间有竖向鬃毛，斜眉，眼模糊不清，三角形鼻，鼻孔扩张，口部外

图四四 L1剖面图

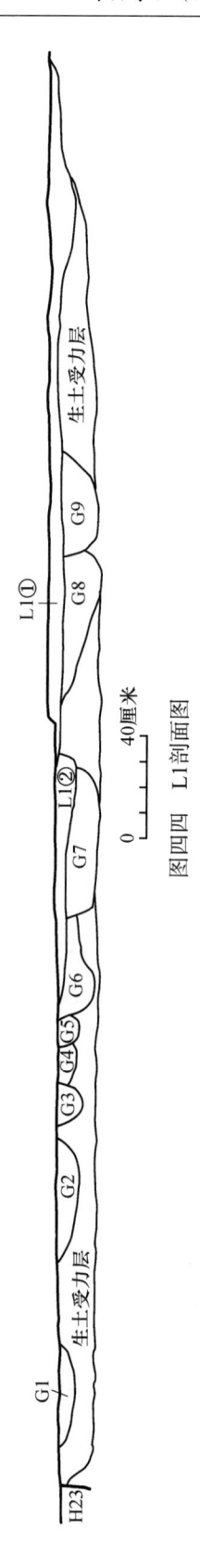

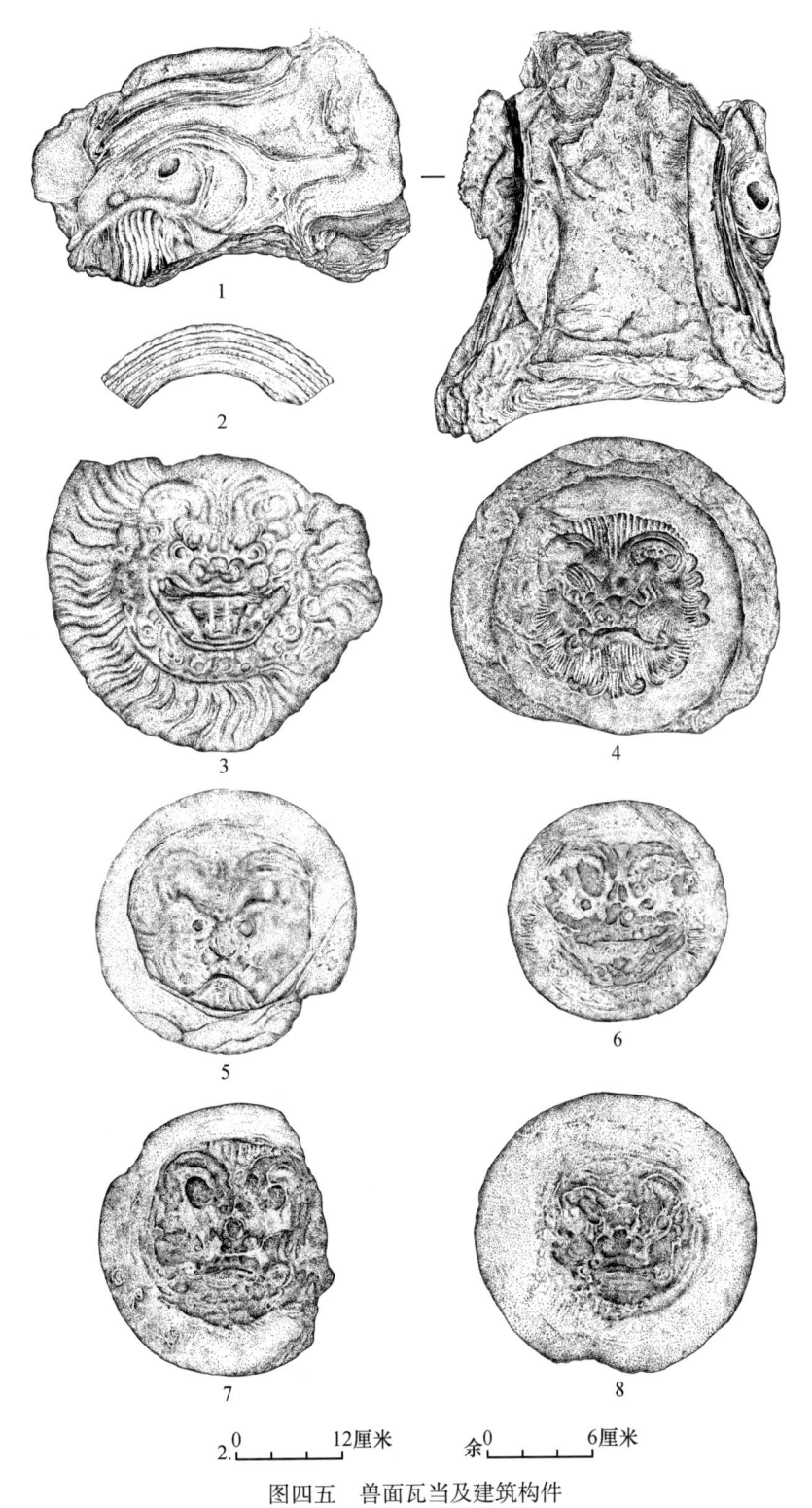

图四五 兽面瓦当及建筑构件
1. 鸱吻（G4:15） 2. 滴水瓦（H19:22） 3、5～8. 兽面瓦当（H2:6、T2212②:2、H4:5、G4:20、G4:22） 4. 瓦当模具（H9:7）

张，整体面部磨损严重。直径13.5、厚4.8厘米（图四五，7）。G4：22，边轮宽平，当心较小，两角向下弯曲，斜眉，眼窝深陷，圆形鼻，鼻孔扩张，口部外张，面部整体磨损严重。直径15.5、厚4.8厘米（图四五，8；图版四五，2）。

鸱吻　1件。G4：15，泥质灰褐陶，外壁施白陶衣。整体造型为龙，鼻部及角均残失。残长22、高16、宽20.7厘米（图四五，1；图版四四，1、2）。

建筑脊饰　根据形态有翅膀、鱼身、爪、牙、尾部及其他等，陶质多为泥质灰黑陶或灰陶。

脊翅　2件。H2：17，泥质灰黑陶。残存翅膀尖部，整体呈斜三角状。顶部由弦纹分割形成八组柳叶状条带，单元内中部为弦纹，由弦纹刻划斜向外的短竖线。底部竖向排列7组弯月状纹，内部刻划弧线。高20、宽18.5、厚2.5厘米（图四六，1；图版四四，4）。H2：16，泥质灰黑陶。背脊部装饰，表面均匀刻划数条浅沟槽。长14.5、宽9.5厘米（图四六，2；图版四四，5-1）。

鱼身　1件。H2：15，泥质灰陶。器表刻划有鱼鳞状纹，中部有一方形孔，底部粗糙不平。残长21.8、高19、厚4.5厘米（图四六，3；图版四四，3）。

爪　2件。H2：18，泥质灰陶。顶部及底部均略残断，正面有三条凹槽，背部较平整。长7.2、宽0.5～3.2、厚1.4厘米（图四六，4；图版四四，5-3）。H9：13，龙爪，残存完整龙爪一跖，器表刻划短线。残长10、宽6厘米（图四六，5；图版四四，5-4）。

牙　2件。H9：14，弯曲钩状，表面刻划三道浅沟槽，背部较平。残长9、宽3厘米（图四六，6；图版四四，5-2）。

尾部　2件。H9：15，外表施一层白陶衣，仅存尾部，卷曲状。残长15、宽10厘米（图版四四，7）。G4：17，泥质灰陶，残断较甚，为建筑构件尾部。残长17、宽10厘米（图版四四，6）。

2. 窑具

瓦当模具　1件。H9：7，泥质灰陶。整体为圆形。圆形模印，边轮较平，头顶有两向下弯曲角，两角之间有多条竖向鬃毛，斜椭圆形眉，眉上有竖向睫毛，尖耳，圆形鼻，鼻孔扩张，口部张开，露出两颗獠牙，面部两侧各有8组卷曲鬃毛。图案直径为15、残宽17.2～18.8、厚6.5厘米（图四五，4；图版四五，3）。

三叉形支架　2件。H2：3，整体为边部内曲三角形，三端捏出钉头，钉头较矮。顶部有青绿色釉。灰白胎，细密坚致。宽7、高1.5厘米（图四六，7）。T3012③：3，整体为边部内曲三角形，三端捏出钉头，钉头较矮。灰白胎，夹粗砂，坚硬。宽7、高1.6厘米（图四六，8）。

图四六　建筑构件及其他

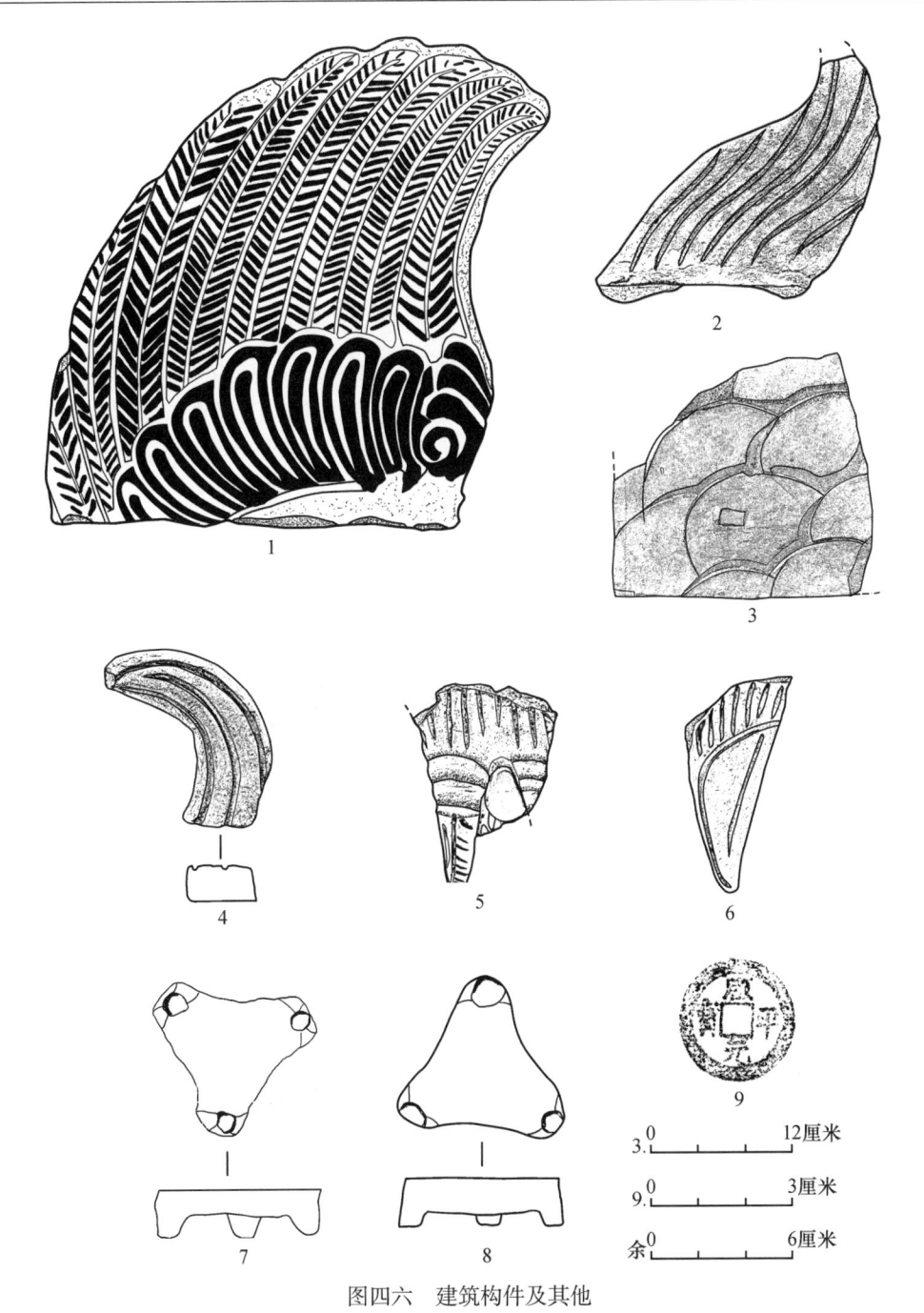

1、2. 脊翅（H2∶17、H2∶16）　3. 鱼身（H2∶15）　4、5. 爪（H2∶18、H9∶13）　6. 牙（H9∶14）
7、8. 三叉形支架（H2∶3、T3012③∶3）　9. 铜钱（T3111④∶1）

3. 日用器

（1）陶器

出土数量较多，种类丰富。主要有盆、钵、盂、罐、铺满、陶釜、器盖等。

盆　261件。按口沿形态和腹部分为三型。

A型　135件。卷沿盆，多为泥质黑灰陶，少量褐陶。依器体大小可分为二亚型。

Aa型　123件。大型陶盆，口径均大于35厘米。内壁有素面和压划暗纹两类。内壁饰压印暗纹，H19∶8，泥质灰陶。烧制变形，残缺大半，口部、器身及底部均扭曲变形。敞口，卷沿，圆唇，弧腹。内壁施白陶衣，盆底中心压划平行圈纹，其外压划交错圆弧纹。底19.4、高11.5～14厘米（图四七，2；图版四六，5、6）。H11∶1，敞口，圆唇，斜弧腹，上部较直，平底。器体变形严重，底部局部上翘，开裂。内壁压

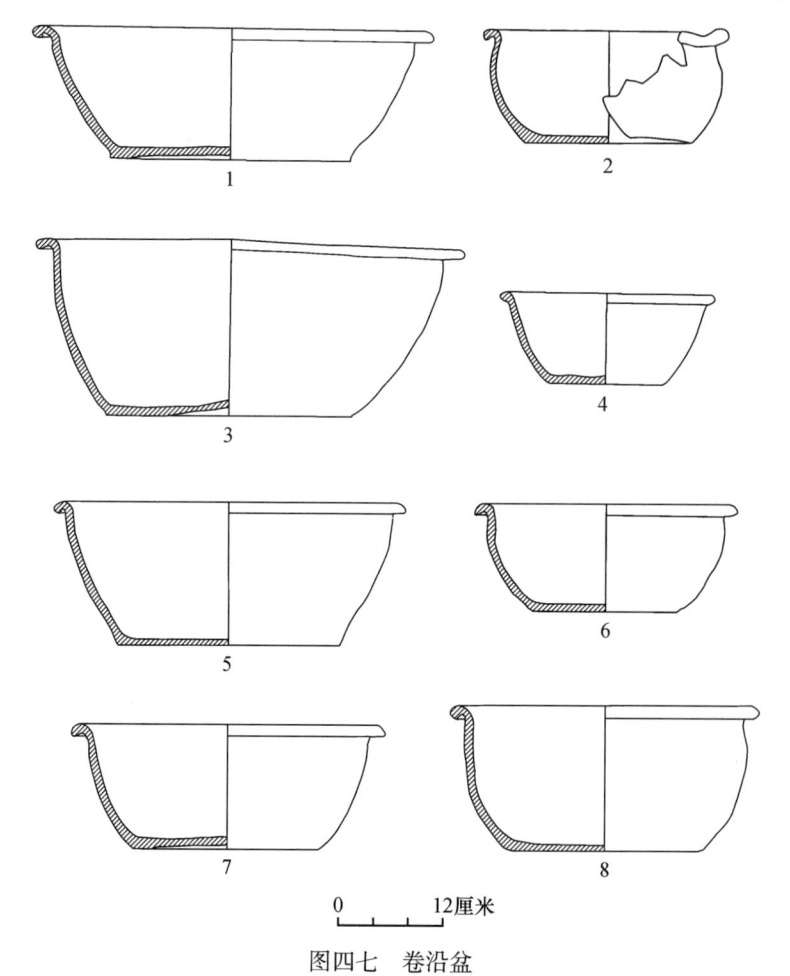

图四七　卷沿盆

1、5.Aa型素面盆（T3012②∶1、H3∶2）　2、3、7、8.Aa型暗纹盆（H19∶8、H11∶1、H19∶11、H3∶3）
4、6.Ab型盆（H19∶16、G4∶6）

划平行圈纹，腹中壁压划一周波浪纹。口径44.6～49.4、底径27～28、高18～19.4厘米（图四七，3；图版四六，1、2）。H19：11，泥质灰陶。卷沿，圆唇，敞口，斜弧腹，平底内凹。内壁光滑，腹内壁压划平行圆圈暗纹，盆底压划两道交错弧线纹。口径36.6、底径21.6、高14厘米（图四七，7）。H3：3，圆唇，唇缘下垂，与腹壁形成浅凹槽，弧腹，上腹较直，平底，内壁光滑，压划平行圈纹。口径35.6、底径21.2、高16.2厘米（图四七，8）。素面，T3012②：1，泥质灰陶。卷沿，唇缘下翻，敞口，斜弧腹，平底。器体变形，底部不平。口径46.8、底径24、高14.8厘米（图四七，1）。H3：2，卷沿，圆唇，敞口，斜弧腹，平底。复原口径41、底径26、高16厘米（图四七，5）。

Ab型　共计12件。小型陶盆，口径均小于30厘米。H19：16，泥质灰陶。圆唇，敞口，翻沿，弧腹，平底，大部残失。口径24.8、底径12、高9.6厘米（图四七，4）。G4：6，圆唇，直口，弧腹，平底。内壁及口沿施白衣，光滑。口径30、底径15、高10.8厘米（图四七，6）。

B型　124件。折沿盆，多数为泥质黑灰陶，少量泥质褐陶。内壁有压划暗纹和素面两类。压划暗纹，Y2：3，泥质黑陶。宽折沿，圆唇，唇缘下垂，沿面弧曲，敞口，斜弧腹，内壁光滑，腹部及底部均压划平行圈纹。口径42、底径24、高11.8厘米（图四八，2）。Y3：2，泥质灰陶。卷沿、圆唇、敞口，弧腹，平底。口径38.6、底径22.6、高14.2厘米（图四八，3）。Y4：1，泥质褐陶。宽折沿，沿面下斜，圆唇，

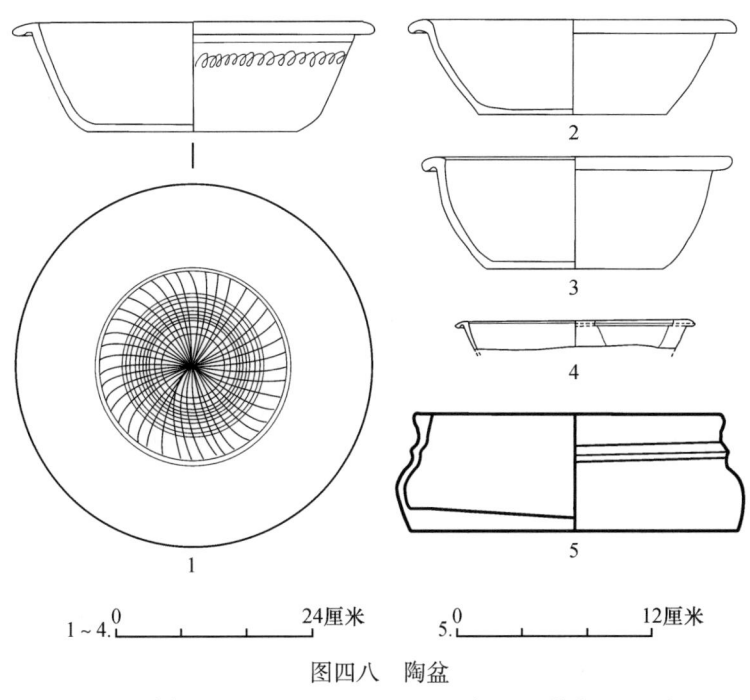

图四八　陶盆
1～4. B型（Y4：1、Y2：3、Y3：2、H5：1）　5. C型（H19：15）

唇缘下垂与外壁形成凹槽，敞口，斜弧腹，平底。内壁光滑，近口处饰一圈连续交错波浪纹，盆底压划平行圆圈纹，交错以放射线纹。口径46、底径26、高13.5厘米（图四八，1；图版四六，4）。H6：2，泥质灰陶。圆唇，卷沿，弧腹，平底。变形严重。残。内壁压划平行圈纹。口径残长21、高7~9.8厘米。H6：3，泥质灰陶。圆唇，平沿，弧腹，平底，变形严重。残。内壁压划平行圈纹。高9.5厘米。口径残长24.3、高10.6~11.5厘米。素面，H5：1，泥质灰陶。尖唇，唇下缘下垂，弧腹，腹部以下皆残。复原口径58、残高7.2厘米（图四八，4）。

C型 2件。浅腹盆，H19：15，泥质灰陶。方唇，直口，浅弧鼓腹，平底。口径19.2、底径21、高7厘米（图四八，5；图版四六，7）。

钵 27件。多为泥质灰陶，少数泥质黑皮陶，敛口。依口径大小可分二型。

A型 22件。口径大于15厘米。Y4：6，泥质红褐陶。圆唇，直口，弧腹，平底。口径25.6、底径16.2、高10.8厘米（图四九，1）。Y4：2，泥质灰陶。圆唇，口微敛，弧腹，平底。口径21.6~22.4、底径14~14.6、高9厘米（图四九，2）。H19：17，泥质灰陶。厚圆唇，敛口，弧腹，平底，外壁施白陶衣，光滑。口径22.4、底径12.6、高8.2厘米（图四九，3；图版四六，3）。H2：1，圆唇，弧腹，底部略凹。口径16、底径10、高6.5厘米，最大腹径16.6厘米（图四九，4）。

B型 5件。尺寸较小，口径多数小于15厘米。G4：18，泥质灰褐陶。圆唇，敛口，弧鼓腹，平底，底腹交界不显，底部大部残失。口径8、底径6、高3.6厘米（图四九，5）。H19：6，泥质黑皮陶。圆唇，敛口，弧鼓腹，平底，底腹交界不显，底部大部残失。口径11、底径8、高4.6厘米（图四九，6）。G4：19，泥质黑皮陶。圆唇，弧鼓腹，平底，腹底分界不显。口径10.8、底径8、高4厘米（图四九，7）。H19：9，泥质灰陶。圆唇，敛口，弧鼓腹，平底，腹底圆折。口径10、底径7、高4厘米（图四九，8）。T2004②：1，泥质灰陶，素面。直口，圆唇，弧腹，平底。口径9、底径7、高4厘米（图五一，13）。

盂 4件。多泥质灰陶，少量泥质红褐陶。H19：13，泥质灰陶。圆唇，卷沿下翻，口微敛，浅弧腹，平底。口径16.8、底径8.4、高7.4厘米（图五○，1）。G4：14，泥质灰陶。圆唇，敛口，近口略鼓，下腹弧曲，平底。口径13.6、底径7.6、高8.6厘米，最大腹径15.6厘米（图五○，3）。H19：5，泥质红褐陶。圆唇，翻沿，口微敛，弧鼓腹，平底。口径15.4、底径8、高6.8厘米（图五○，5）。H19：7，泥质灰陶。圆唇，翻沿，口微敛，弧鼓腹，平底。口径16、底径8.8、高7厘米（图五○，7）。

双耳罐 31件。均为泥质灰陶。根据腹部特征可分为二型。

A型 30件。鼓腹。H9：5，圆唇，敛口，弧鼓腹，下腹急收，平底。上腹部有一对扁桥形耳。下腹部饰凹旋纹。口径12.4、底径9.4、高18厘米（图五○，2）。

图四九　陶钵

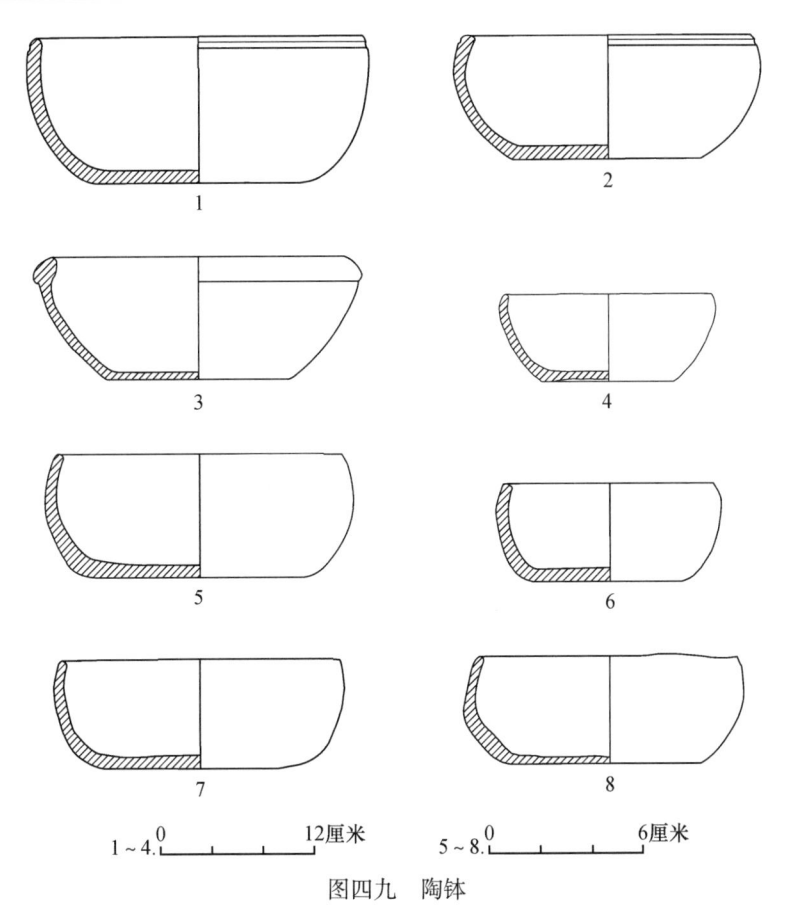

1～4. A型（Y4∶6、Y4∶2、H19∶17、H2∶1）　5～8. B型（G4∶18、H19∶6、G4∶19、H19∶9）

H7∶2，仅存口腹。泥质灰陶。斜方唇，略下，唇面下凹，直口，弧鼓腹，口腹交界饰两扁桥耳。口径14.2、高11、腹径25厘米（图五〇，4）。H9∶10，泥质灰陶。仅存口沿。圆唇，直口，弧鼓腹，肩部饰两桥耳。口沿以下饰瓦棱纹。口径18、残高8厘米（图五〇，6）。

B型　1件。弧腹。Y4∶3，圆唇，直口，矮颈，斜弧腹，平底，口沿及领腹交界处饰两桥状耳。口径11、底径8、高15.8厘米（图五〇，8）。

铺满　6件。泥质灰陶，另有较多烧制变形器，均残破。H19∶25，残存底部，烧制变形。泥质灰陶，腹部下方存有两圆孔。残高5.5、底径7.3厘米（图五〇，9）。H19∶24，泥质灰褐陶，外表呈灰褐色。尖顶，圆鼓腹，平底。顶部一侧可见有残存扁孔。高8.2、复原底径9厘米（图五〇，10）。H19∶26，泥质灰褐陶，外表呈灰褐色。尖顶，圆鼓腹，平底。顶部一侧可见有残存扁孔。高8.2、底径9厘米（图五〇，11）。

瓮　10件。均残存口部。H9∶12，夹砂灰陶。直口，圆唇，短颈。复原口径72、残高11.6厘米（图五一，1）。H11∶5，泥质黑灰陶。素面。敛口，厚圆唇，斜弧腹，

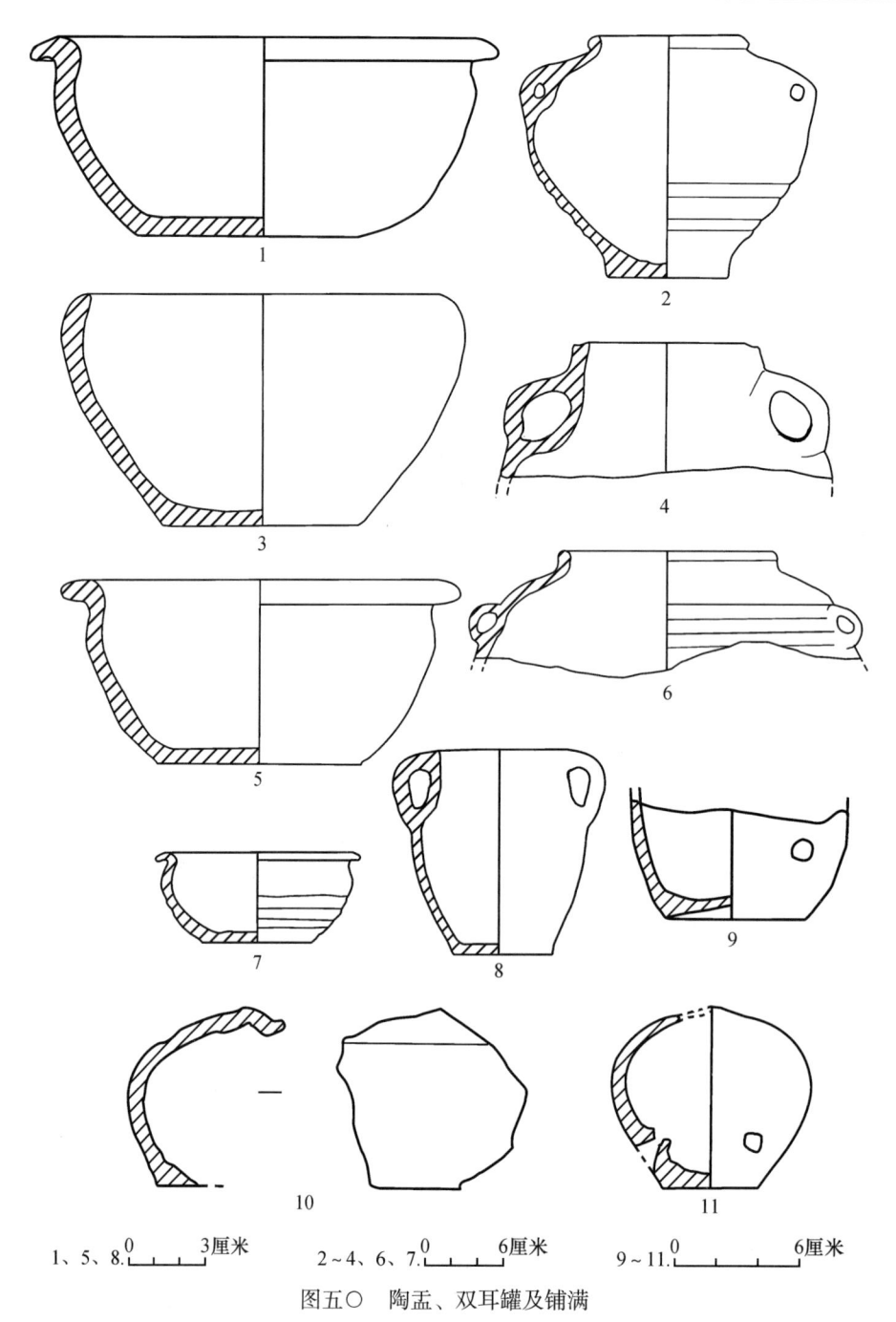

1、5、8. 0̲___3厘米   2~4、6、7. 0̲___6厘米   9~11. 0̲___6厘米

图五〇　陶盂、双耳罐及铺满

1、3、5、7.盂（H19：13、G4：14、H19：5、H19：7）　2、4、6.A型双耳罐（H9：5、H7：2、H9：10）
8.B型双耳罐（Y4：3）　9~11.铺满（H19：25、H19：24、H19：26）

腹部以下皆残。复原口径18厘米（图五一，6）。

擂钵　3件。Y4∶7，泥质浅灰陶。仅存口部及上腹部。敛口，圆唇，近口部饰有三条瓦棱纹，弧腹，内壁压印有细密小方格网。复原口径44.8、残高8.5厘米（图五一，2）。

盘　2件。H2∶9，泥质灰陶。宽折沿，沿面弧曲，圆唇，唇下缘下垂，浅弧腹，平底。内壁光滑，压划平行圆圈暗纹。复原口径41.4、底径29.4、高4.2厘米（图五一，3）。H11∶4，泥质红陶。圆唇，敞口，浅弧腹，腹底结合圆弧，平底内凹。素面，内壁光滑。复原口径19.6、底径17、高2.8厘米（图五一，7）。

釜形盆　1件。G4∶24，泥质灰陶。斜沿，沿缘尖锐，直口，直颈，颈腹相交处饰宽扁凸棱，斜弧腹，平底。腹部施瓦棱纹。口径22.8、底径11～11.6、高13.6厘米（图五一，4）。

釜　4件。H2∶2，泥质灰陶。圆唇，敛口，弧鼓腹，平底。上腹饰有扁条凸棱，宽1厘米，由五处缺段均匀分割。口径8.4、底径3.6、高7、最大腹径12.4厘米（图五一，5）。

杯　2件。G4∶11，泥质黑皮陶。厚圆唇，侈口，弧鼓腹，平底，内底一圈凹槽。内外壁刮抹光滑。口径8.8、底径6.8、高5.8厘米（图五一，8）。H2∶5，泥质黑灰陶。方唇，直口，直腹，底部不平。素面，厚胎，粗疏。口径10、底径10、高6厘米（图五一，10）。

花边口盆　1件。H20∶1，泥质灰陶。方唇内斜，斜直腹，平底。口沿上按压花边。口径15.4、底径10、高6.5厘米（图五一，9；图版四六，8）。

直领罐　2件。Y2∶1，泥质灰陶。方唇，唇沿刻划两条凹痕，直口，矮领，弧鼓腹，平底。领腹交界处饰两道平行凹弦纹。口径20、底径11、高15厘米（图五一，11）。

勺　1件。H7∶1，泥质灰褐陶。勺柄头端呈扁圆形，柄身较短，勺身平面为椭圆形，尖唇，圆弧腹，圜底。口径7.2～8.4、高10、长11厘米（图五一，12）。

器盖　5件。均为泥质灰陶。H19∶2，顶部中心为乳头状纽，盖身倾斜，并饰三条凸棱，内凹。盖径7、高2厘米（图五一，14）。H9∶4，盖顶饰圆形捉手，盖身斜弧，底部内凹，有两条凸棱。口径6.6、高2.2厘米（图五一，15）。H19∶3，顶部中心为乳头状纽，盖身倾斜，并饰两条凸棱，内部向上内凹。盖径6、高1.8厘米（图五一，16）。H19∶10，顶部中心为乳头状纽，盖身倾斜，自上而下分两单元，顶部及底部均为连续折线纹，顶层折线纹顶端为小乳钉，盖内壁内凹。盖径6.3～7、高2.6厘米（图五一，17）。H19∶14，圆形，顶部中心饰乳头状纽，盖身斜弧，盖缘及内部粗糙。盖身布满纹饰，自上而下分为三单元，五边形环绕盖纽，中部饰一圈三叶草纹，

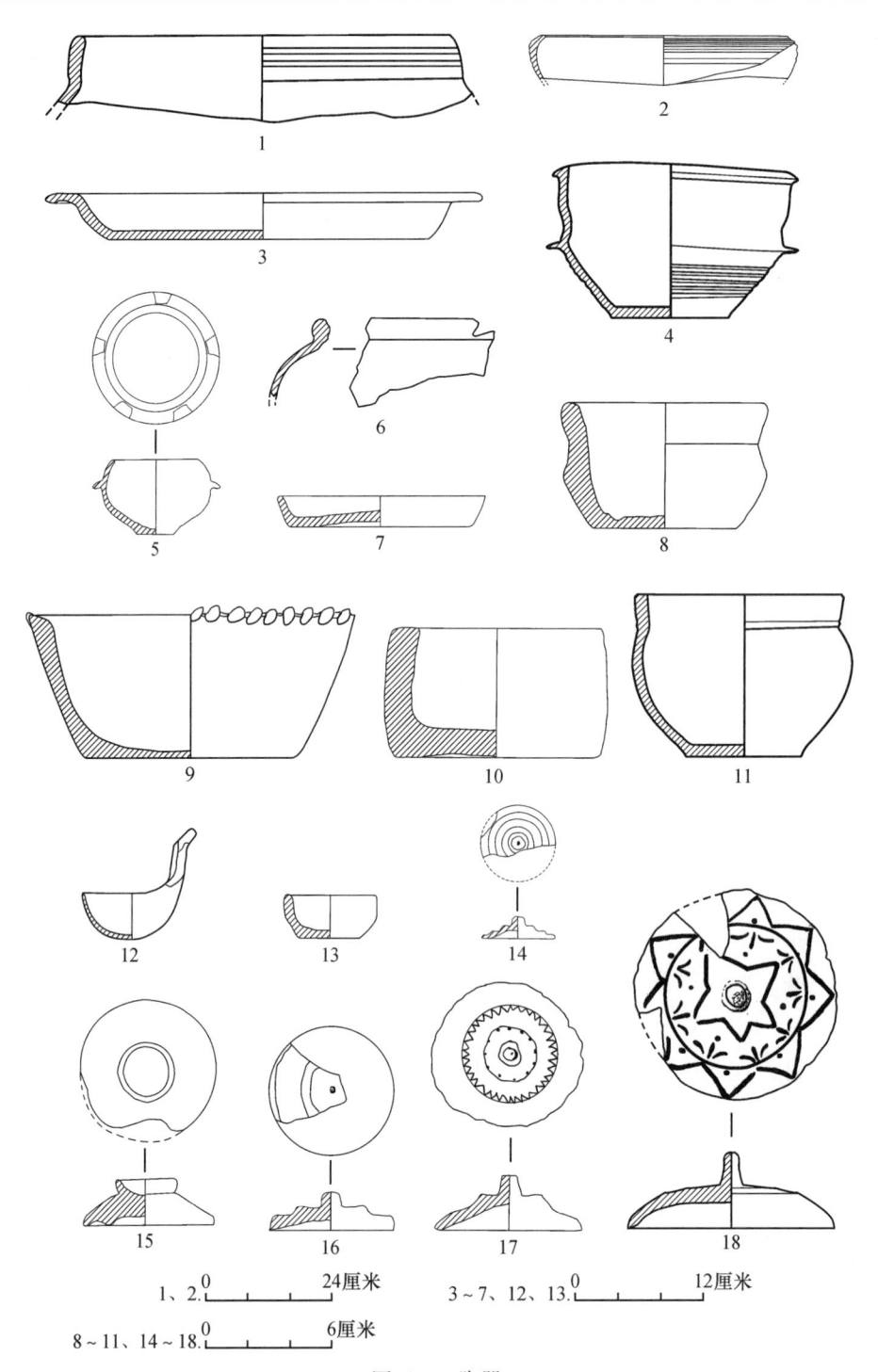

1、2. $\underset{0}{\rule{0pt}{0pt}}$　24厘米　　3～7、12、13. $\underset{0}{\rule{0pt}{0pt}}$　12厘米

8～11、14～18. $\underset{0}{\rule{0pt}{0pt}}$　6厘米

图五一　陶器

1、6.瓮（H9∶12、H11∶5）　2.擂钵（Y4∶7）　3、7.盘（H2∶9、H11∶4）　4.釜形盆（G4∶24）
5.釜（H2∶2）　8、10.杯（G4∶11、H2∶5）　9.花边口盆（H20∶1）　11.直领罐（Y2∶1）
12.勺（H7∶1）　13.B型钵（T2004②∶1）　14～18.器盖（H19∶2、H9∶4、H19∶3、H19∶10、H19∶14）

草叶纹顶部之间饰小圆钉，最底部为外三角，底端中部饰小圆钉。直径9.8、高3.5厘米（图五一，18）。

（2）瓷器

瓷器多见于灰坑和灰沟中，主要为生活用瓷，均残破，基本完整和可复原器共有60件。釉色多样，有白釉、棕黄釉、酱釉、青瓷、黑釉等。白釉瓷占绝大多数。器形种类丰富，装烧方法为涩圈叠烧和支钉支烧。

白釉瓷器数量最多，器形有碗、盘、盏、壶、盂、炉、罐、枕、洗、玩具、支具等。出土量最大，种类丰富。胎体上均施一层化妆土，装饰技法有划花、刻花，均为支钉支烧。

碗　20件。数量最多，均施半釉，依口部、腹部、内底形态可分为六型。

A型　11件。敞口，弧腹，内平底。H19：21，圆唇，敞口，弧腹，内底较平，碗心略凹，矮圈足。底面残存三个支钉痕。白釉泛灰，有长条状开片，光亮，施釉不及底。灰白胎，断面见气孔，夹粗砂，坚致。外壁刻划窄长条痕，内部近口处刻划四条平行凹弦纹，其下剔刻一周三角纹，近底部分布一圈自下而上的剔刻痕。口径20.6、底径7.6、高8.2厘米（图五二，1）。G4：2，圆唇，敞口，弧腹，平底，圈足外高内底，底部凸起，内底可见两个支钉痕。白釉泛黄，有浅隐开片，施半釉，内壁及外壁均施化妆土。棕灰胎，夹粗砂，坚致。内壁近口沿处刻划三条平行纹，其下剔刻一周三角纹。口径18、底径7.8、高6厘米。G4：5与其一致（图五二，2；图版四七，3）。H2：12，尖唇，敞口，弧腹，矮圈足。白釉泛黄，有浅隐开片，施半釉，釉下施有化妆土。棕灰胎，含细砂，坚致。底部可见有三个三角形支钉痕。圈足内地有小乳突。口径16.6、底径7.2、高5.8厘米（图五二，3）。H9：11，尖唇，敞口，弧腹，近底部有折棱，底部较平，矮圈足，略外撇。白釉泛黄，局部脱釉，施半釉，内壁及口外壁施化妆土，内壁底面见有四个支钉痕。棕灰胎，细腻坚致，口径17、底径7、高6厘米（图五二，4；图版四七，2）。G4：9，尖唇，敞口，弧腹，圈足，内底较平，可见两个椭圆形支钉痕。白釉，釉面脱落，施釉不及底，内壁及外壁均施化妆土，生烧。灰白胎，粗疏。口径20.4、底径6.8、高7.8厘米（图五二，5）。H9：1，尖唇，敞口，弧腹，矮圈足，平底，挖足过肩。白釉泛灰，有浅隐开片，施釉至底，内底可见五个支钉痕，内壁及口外壁施化妆土。灰白胎，粗疏、坚致，口径18.8、底径5.8、高7.4厘米（图五二，6）。H2：7，尖唇，敞口，弧腹，近口处内凹，矮圈足，内底较平。白釉泛黄，局部有细碎开片，施釉不及底，内底可见有两个支钉痕。灰白胎，粗疏。口径19.2、底径7.2、高6厘米（图五二，7）。T2312②：1，尖唇，敞口，斜弧腹，矮圈足直立，足部大部分残缺。白釉泛黄，施釉不及底，外壁及内壁均饰化妆土。灰白胎，坚致。复原口径19.8、底径7、高5.5厘米（图五二，8）。H19：18，尖

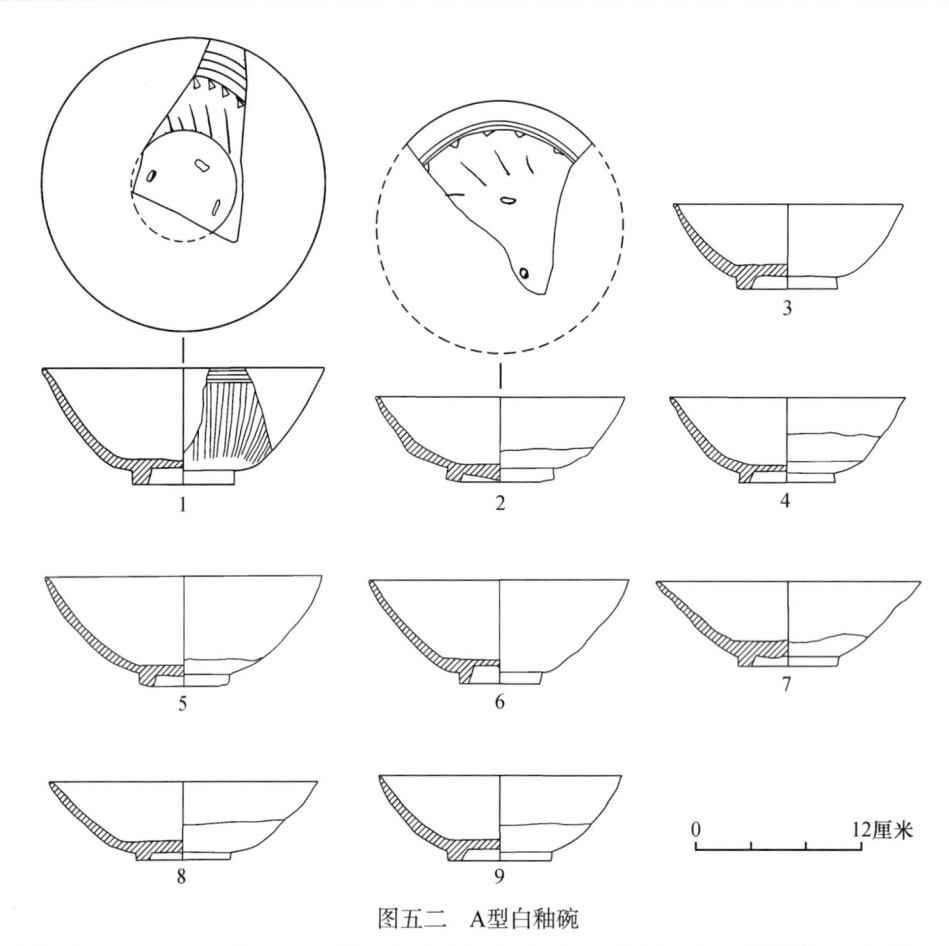

图五二　A型白釉碗
1. H19∶21　2. G4∶2　3. H2∶12　4. H9∶11　5. G4∶9　6. H9∶1　7. H2∶7　8. T2312②∶1　9. H19∶18

唇，敞口，弧腹，圈足，内底较平，可见两个支钉痕。白釉泛灰，釉面光亮，有细碎开片，施半釉，内壁及口外壁施化妆土。灰白胎，坚致。口径17.5、底径7.5、高6厘米（图五二，9）。

B型　3件。大敞口，圜底。H2∶10，尖唇，敞口，弧腹，圜底，矮圈足。白釉泛黄，有浅隐开片，施半釉，内底可见四个支钉痕。灰白胎，夹砂，坚致。口径20、底径6.8、高6厘米（图五三，1；图版四七，6）。H6∶1，圆唇，敞口，弧腹，矮圈足，圜底。白釉泛灰，施半釉，内壁及口外壁施化妆土，内底残存两个支钉痕。灰白胎，细腻坚致。口径16.8、底径6.6、高5.8厘米（图五三，2；图版四七，4）。H19∶12，尖唇，敞口，弧腹，凹底，矮圈足。白釉泛黄，浅隐开片，施半釉，内壁及口外壁施化妆土，内底可见四个支钉痕。灰白胎，夹砂，坚致。口径20、底径7、高6.6厘米（图五三，3）。

C型　1件。敞口，斜直腹，圜底。H23∶2，圆唇，敞口，弧腹，矮圈足。白釉泛灰，施半釉，内底可见两个支钉痕，灰白胎，粗疏坚致。口径16.6、底径6.6、高5.8厘米（图五三，4）。

D型　2件。卷沿，弧腹，内平底。烧制变形。H2∶11，圆唇，沿略外卷，弧腹，平底，内底可见四个支钉痕。白釉泛灰，有细碎开片，器表有灰褐色落砂。棕灰胎，夹粗砂，坚致。口径17.3、底径6.3、高6～6.5厘米（图五三，5；图版四七，5）。H15∶1，圆唇，翻沿，斜弧腹，矮圈足，内底较平，过烧，口部变形。白釉，釉面脱落，内壁及口外壁施化妆土，内底可见三个支钉痕，棕灰胎，坚致。口径21.8、底径7.4、高7厘米（图五三，6；图版四七，7）。

E型　2件。敛口，弧鼓腹，内平底。H22∶1，圆唇，口微敛，斜弧腹，圈足外高内低，圜底。生烧，白釉泛黄。灰白胎，粗疏。口径12.8、底径7.2、高7.5厘米（图五三，7；图版四七，1）。T3012③∶1，圆唇，敞口，弧腹，圈足。白釉泛灰，

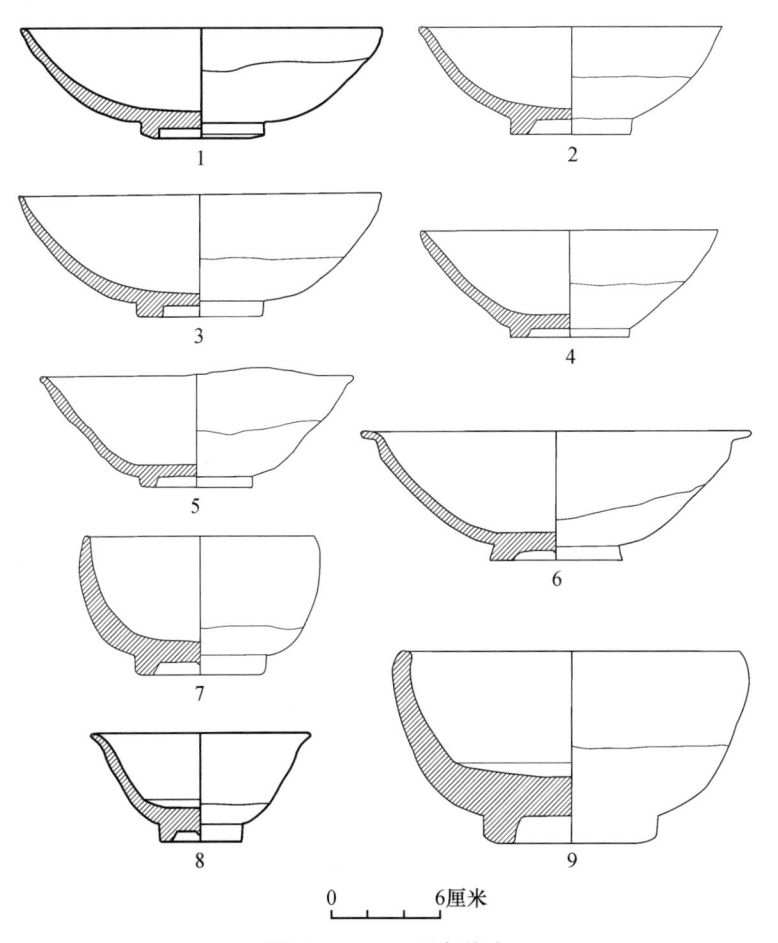

图五三　B～F型白釉碗
1～3. B型（H2∶10、H6∶1、H19∶12）　4. C型（H23∶2）　5、6. D型（H2∶11、H15∶1）
7、9. E型（H22∶1、T3012③∶1）　8. F型（G4∶4）

施半釉，内壁及口外壁施化妆土，内底可见两个支钉痕，灰白胎，细腻坚致。口径19.8、底径7、高10.1厘米（图五三，9）。

F型　1件。侈口，弧腹，内平底。G4：4，尖唇，敞口外撇，弧腹，圈足，中心有旋突，内地较平。白釉泛黄，布满细碎开片，施釉不及底。灰白胎，粗疏坚致。口径12.2、底径5.6、高6厘米（图五三，8；图版四七，8）。

盘　7件。盘的数量仅次于碗。依口部和腹部特征，可分为三型。

A型　5件。敞口，上腹弧曲。H4：1，圆唇，敞口，弧腹，圈足，底部外凸，内底较平，可见三个支钉痕。白釉泛灰，有浅隐开片，施半釉，内壁及口外壁施化妆土。灰白胎，坚致。口径16.6、圈足径6.6、高4.4厘米（图五四，2）。T3012③：5，圆唇，敞口，斜弧腹，近底部平缓，矮圈足，外高内低。白釉泛黄，布满细碎开片。内壁及口部施化妆土，内底可见两个支钉痕。棕灰胎，夹粗砂，坚致。复原口径16.4、圈足径6、高3.6厘米（图五四，3）。H2：8，尖唇，下底斜收，矮圈足，内底较平，残存一个支钉痕。白釉泛黄，有细密开片，施釉不及底，器内壁及外壁施釉处均施化妆土。灰白胎，粗疏。内腹部刻划弧线。口径18、圈足径7、高4厘米（图五四，7；图版四八，1）。H4：2，圆唇，敞口，斜弧腹，矮圈足，平底，器底外凸。白釉泛灰，

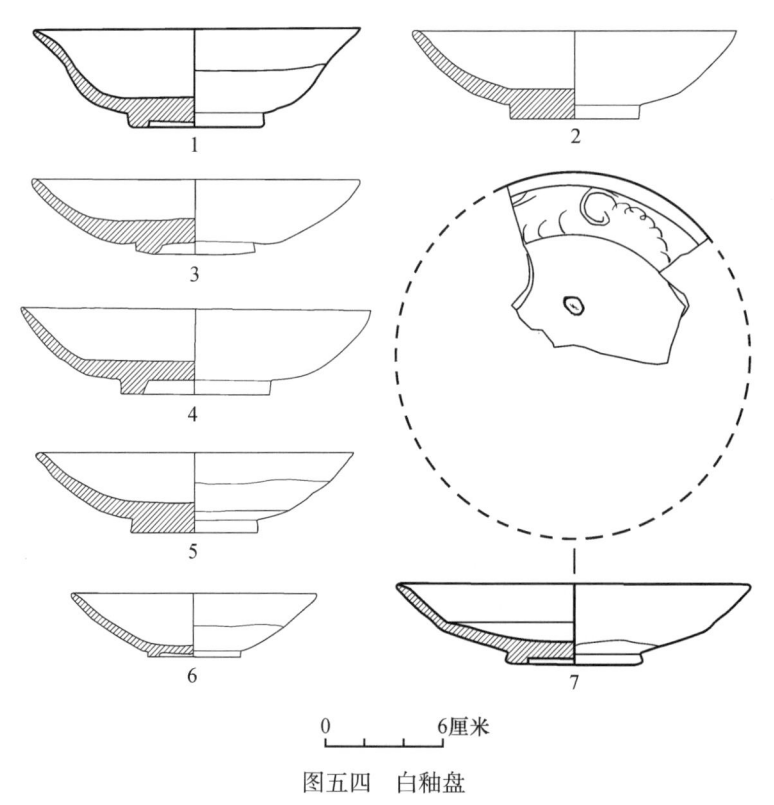

图五四　白釉盘

1. C型（Y2：2）　2、3、5～7.A型（H4：1、T3012③：5、H4：2、H3：1、H2：8）　4.B型（H19：19）

施半釉，内壁及口外壁施化妆土，内底残存三个支钉痕。灰白胎，夹粗砂，坚致。口径16.7、圈足径6.7、高4厘米（图五四，5；图版四八，2）。H3：1，圆唇，敞口，斜弧腹，矮圈足。白釉，光亮，施半釉。灰白胎，细腻坚致。口径13、圈足径5、高3.2厘米（图五四，6）。

B型　1件。腹部圆折。H19：19，圆唇，敞口，浅弧腹，平底，内底可见四个长条形支钉痕，矮圈足。白釉，光亮，有细碎开片，施釉及底。灰白胎，细腻坚致。口径18、圈足径7.7、高4.2厘米（图五四，4；图版四八，3）。

C型　1件。口微侈，曲腹。Y2：2，尖唇，敞口，弧腹，矮圈足，内地较平，有四个支钉痕。白釉，内壁可见细碎开片，外壁大部脱落，施半釉。灰白胎，坚致。口径17、圈足径7、高4.8厘米（图五四，1；图版四八，4）。

罐　数量较少。可分为双耳罐、瓜棱罐、鼓腹罐、矮领罐、小鼓腹罐等。

瓜棱罐　1件。采：1，圆唇，短领，圆鼓腹，矮圈足，腹壁内凹呈瓜棱形。白釉，光亮，内壁局部裂釉，施釉不及底。灰白胎，坚致。口径9.3、圈足径6、腹径11.4、高7.2厘米（图五五，1）。

鼓腹罐　3件。H4：4，圆唇，敞口，短领，圆鼓腹，圈足，外高内低，鸡心底。白釉，布满细密开片，局部脱落，施釉及底。生烧。灰白胎，粗疏。上腹刻划卷曲弧线，中部刻划两条平行凹弦纹。口径8.8、圈足径7、高13厘米（图五五，2）。Y3：1，圆唇，直口，短领，弧鼓腹，圈足直立。白釉，浅隐开片，施釉不及底，外壁及内壁饰化妆土。灰白胎，内部见有小气孔，坚致。口径9.4、底径7.4、高7厘米（图五五，3）。H2：13，方唇，直口，圆鼓腹，底部残失。生烧。白釉，釉面脱落，施半釉，内壁及口外壁施化妆土。灰白胎，粗疏。口径10.6、高7厘米（图五五，6）。

矮领罐　1件。H9：8，圆唇，直口，直领，扁鼓腹，矮圈足，外高内低。白釉泛灰，施半釉，内壁及口外壁施化妆土，灰白胎，坚致。口径8.6、底径4.4、腹径8.8、高4.8厘米（图五五，4）。

双耳罐　1件。H2：14，圆唇，直口，短领，弧鼓腹，领腹间饰有扁状桥耳，腹部以下残失。白釉泛青，细密开片，施半釉，外壁及领内壁饰化妆土。青灰胎，内部见有小气泡，坚致。口径9.2、残高8厘米（图五五，5）。

小鼓腹罐　2件。G4：1，圆唇，直口，圆鼓腹，饼形足。白釉泛灰，光亮，施半釉，内壁及口外壁施化妆土。灰白胎，粗疏。口径4.8、底径3、高4.8厘米（图五五，7）。H9：2，圆唇，直口，圆鼓腹，饼形足。白釉泛灰，光亮，施半釉，内壁及口外壁施化妆土。灰白胎，粗疏。口径4.8、底径2.6、高4.2厘米（图五五，8）。

洗　6件。T0611②：2，厚方唇，唇缘尖锐，直腹，敞口。白釉，有开片，腹中部按压竖凹槽，施釉及底。灰白胎，粗疏。口径15.6、底径15.6、高5厘米（图五六，

图五五 白釉罐

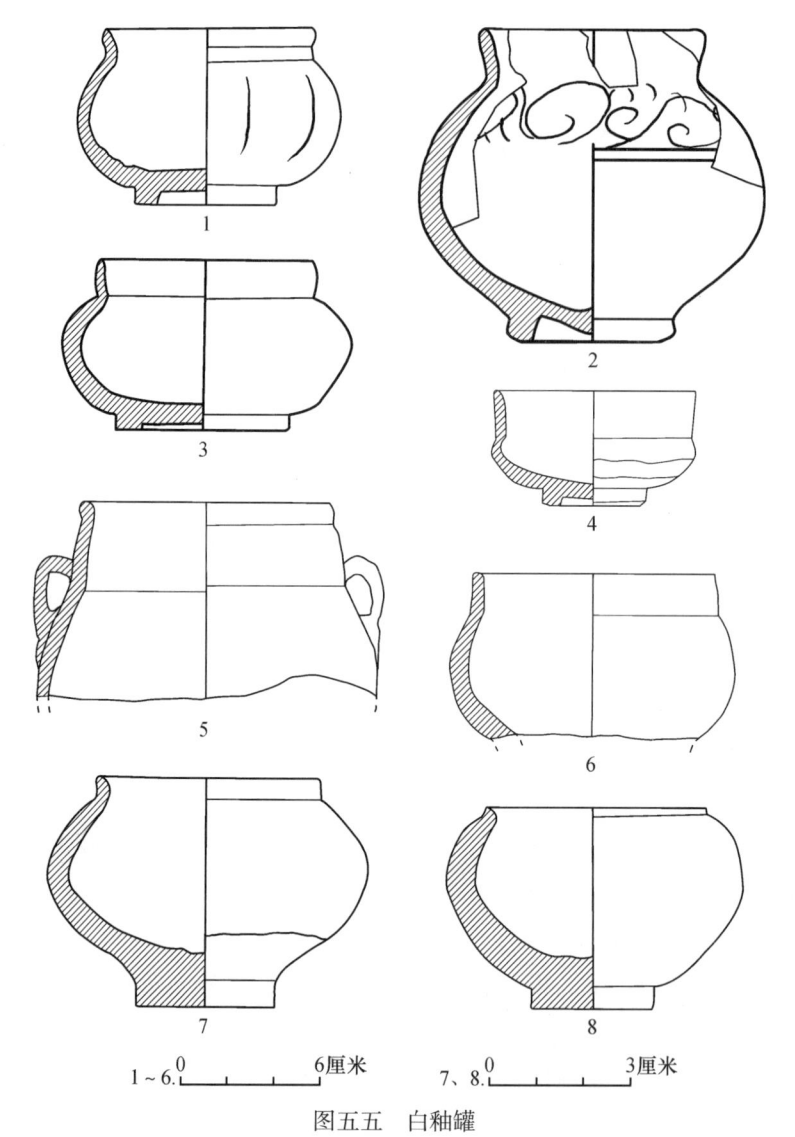

1. 瓜棱罐（采：1） 2、3、6. 鼓腹罐（H4：4、Y3：1、H2：13） 4. 矮领罐（H9：8）
5. 双耳罐（H2：14） 7、8. 小鼓腹罐（G4：1、H9：2）

1）。G4：12，尖唇，弧腹近直，口微敛。白釉，有开片，近口部刻划两道弦纹，其下剔刻一周三角纹，中部饰竖向篦点纹，施釉及底。灰白胎，粗疏。口径14.6、底径14.8、高5.3厘米（图五六，2）。G4：13，尖唇，弧腹近直，口微敛。白釉，有开片，近口部刻划两道弦纹，其下剔刻一周三角纹，中部饰竖向剔刻纹，施釉及底。灰白胎，粗疏。口径14、底径14、高4.8厘米（图五六，3）。G4：16，尖唇，弧腹近直，口微敛。白釉，有开片。灰白胎，粗疏。口径12、底径11.2、高4.8厘米（图五六，4）。G4：10，尖唇，弧腹近直，口微敛。白釉，有开片。灰白胎，粗疏。口径12.4、

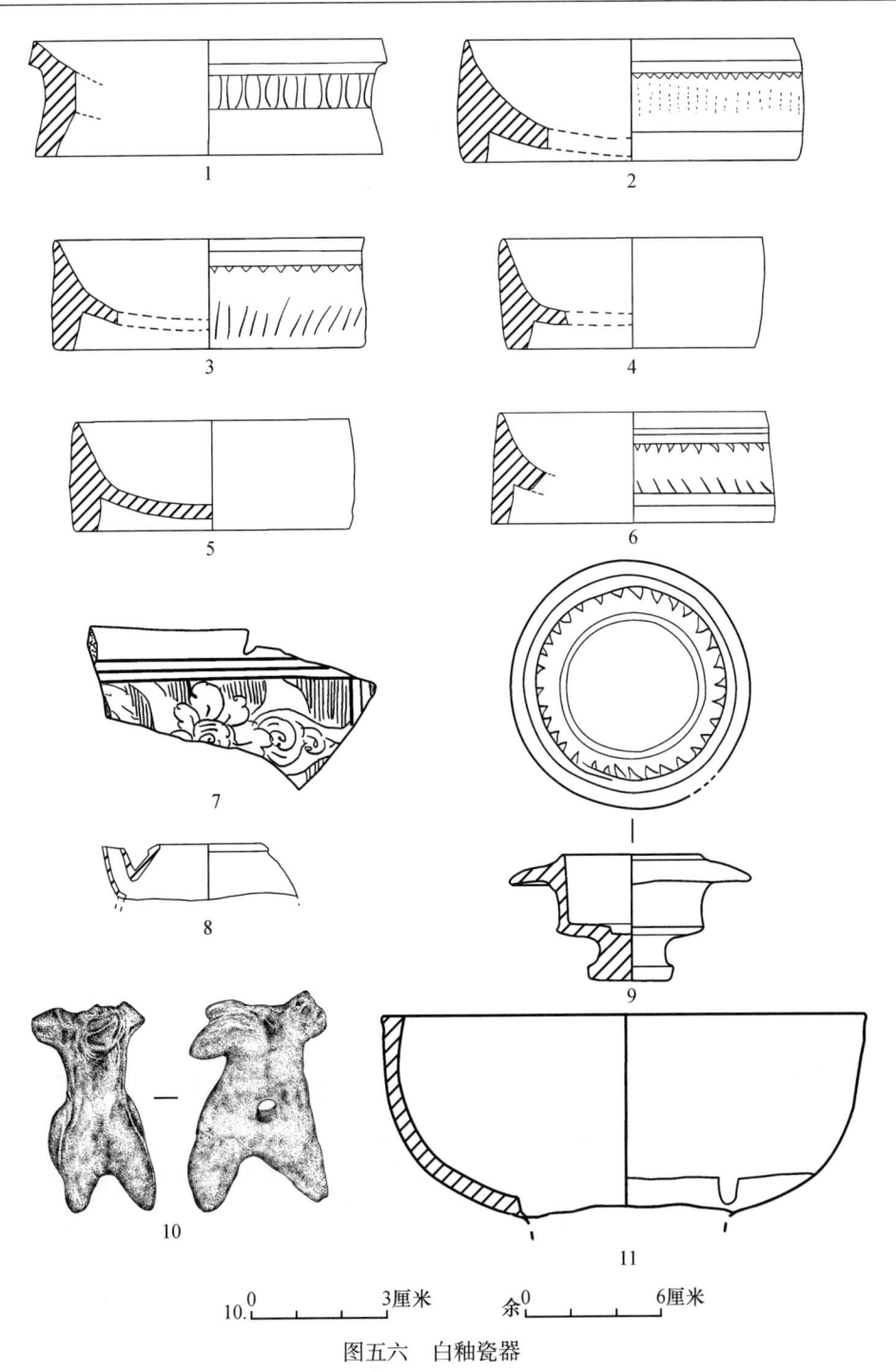

曲阜市旧县四街窑址发掘报告 · 273 ·

图五六 白釉瓷器

1~6.洗（T0611②：2、G4：12、G4：13、G4：16、G4：10、T0611②：1） 7.枕（T3012③：6）
8.壶（H19：23） 9.炉（T3012③：4） 10.狗（H9：6） 11.盂（H22：3）

底径12.4、高4.8厘米（图五六，5）。T0611②：1，尖唇，直腹，口微敛。白釉，有开片，近口部刻划三道弦纹，其下剔刻一周三角纹，中部饰竖向剔刻纹，近底部刻划两条平行弦纹，施釉及底。灰白胎，粗疏。口径14、底径14、高4.8厘米（图五六，6）。

枕　2件。残片。T3012③：6，白釉泛黄，棕黄胎，粗疏。器表刻划牡丹纹，以篦划线为底。残宽12.8、高6.6厘米（图五六，7）。T3012③：8，白釉泛黄，棕黄胎，粗疏。器表残有刻划纹和蓖底纹。残宽3.6、高4.3厘米。

壶　1件。H19：23，仅残存口部及流部。圆唇，敛口，鼓腹，口部下方有一圆形流，釉面脱落。灰白胎，较坚致，内部可见有气孔。口径8.8、残高4.6厘米（图五六，8）。

炉　1件。T3012③：4，平沿下斜，宽扁腹，腹壁较直，底部内凹，台底状实足。灰白胎，坚致。白釉剔花、划花。沿面划三圈平行圈纹，中间一层，由外向内剔一圈三角纹。口径5.8、边径10.7、高5.4、足径4厘米（图五六，9）。

狗　1件。H9：6，较完整，耳部及足残缺。整体造型为小狗，身体中部横穿一小孔。通体施釉。高4.4厘米（图五六，10）。

盂　1件。H22：3，仅存上腹部。方唇，直口，圆弧腹。白釉，施半釉，过烧，局部釉面剥落。釉面有细碎开片，釉下施化妆土。灰白胎，坚致。口径21.4、高8.6厘米（图五六，11）。

棕黄釉瓷　发现较多，均为碗，可辨识7件。内壁均印花，以缠枝牡丹为主，篦划纹为底，均涩圈叠烧。H19内出土瓷碗纹饰一致，G4内纹饰一致。T2212②：1，圆唇，敞口，弧腹，圈足直立，内地较平。施釉近底部。棕灰胎，细腻坚致。腹内壁模印花卉，腹中部为缠枝牡丹纹，篦纹为底。涩圈叠烧，直径6.4、宽1厘米。口径16.2、圈足径6.6、高7.4厘米（图五七，1；图版四九，3）。G4：8，尖唇，敞口，弧鼓腹，圈足直立，挖足过肩，内底较平。光亮，有细密开片，碗底有涩圈，直径6.4、宽1厘米，施釉不及底。灰白胎，细腻坚致，腹内壁模印连续缠枝牡丹花叶纹，篦纹为底。口径15、高6.8、圈足径5.8厘米，与G4：7纹饰一致（图五七，2）。G4：7，尖唇，弧鼓腹，圈足直立，内地较平。光亮，有细密开片，涩圈，直径6.4、宽1厘米，施釉不及底。灰白胎，坚致，腹内壁模印连续缠枝牡丹花叶纹，篦纹为底，局部纹饰模糊不清。口径14.6、高6.8、圈足径5.8厘米（图五七，3；图版四九，1、2）。H19：1，圆唇，敞口，弧腹，圈足直立，底部有旋突，内底较平。施釉近底部。棕灰胎，细腻坚致。腹内壁模印花卉，腹中部为缠枝菊花纹，腹下部为连续蒲草纹，篦纹为底。涩圈直径6.8、宽1.1厘米。口径15.6、圈足径5.8、高7.4厘米（图五七，4）。H19：4，圆唇，敞口，弧腹，圈足直立，内地较平。施釉近底部。棕灰胎，细腻坚致。腹内壁模印花卉，腹中部为缠枝菊花纹，腹下部为连续蒲草纹，篦纹为底。涩圈叠烧，直径

图五七 棕黄釉碗

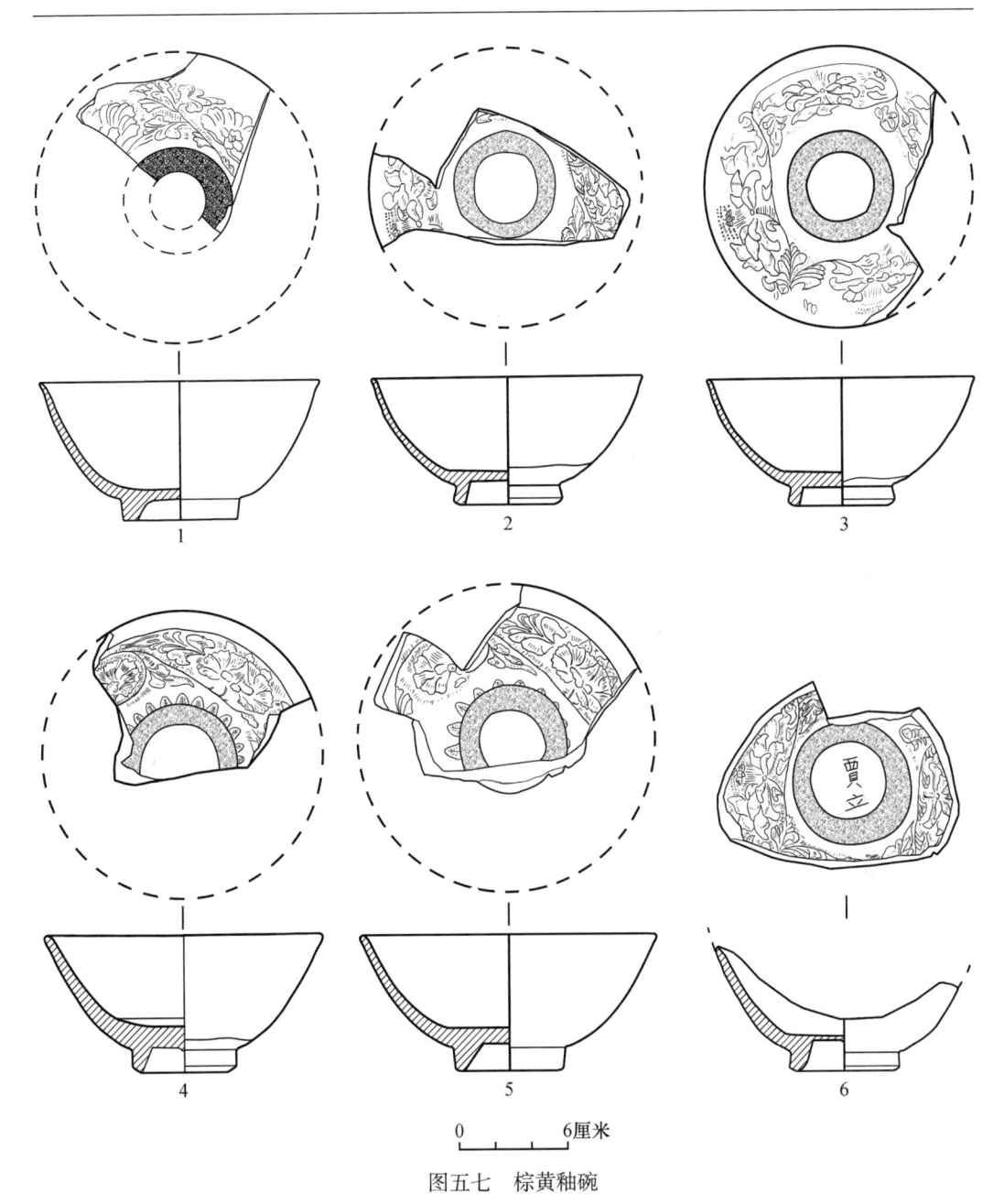

1. T2212②:1　2. G4:8　3. G4:7　4. H19:1　5. H19:4　6. G4:21

6.4、宽1.2~1.5厘米。口径16.4、圈足径6、高7.4厘米（图五七，5；图版四九，5、6）。G4：21，残存腹部及底部。弧腹，圈足外撇。挖足过肩，内地较平。光亮，有长条状开片。碗底有涩圈，直径7~7.5、宽1~1.5厘米，施釉不及底。青灰胎，细腻坚致，腹内壁模印连续缠枝牡丹花叶纹，篦纹为底，碗心有刻划"贾立"字样。残宽13.6、残高6.8、圈足径6.2厘米（图五七，6；图版四九，4）。G4：25，尖唇，敞口，弧鼓腹，圈足直立，挖足过肩，内地较平。光亮，有细密开片，碗底有涩圈，直径6.4、宽1厘米，施釉不及底。灰白胎，细腻坚致，腹内壁纹饰与G4：7一致，口径15、高6.8、圈足径5.8厘米。

青釉瓷　数量较少，有碗、盏和盒。

盏　1件。H9：3，圆唇，敞口，口沿外卷，浅弧腹，矮圈足。青釉，晶莹光润，无开片。青灰胎，细腻坚致。腹部及底部模印缠枝忍冬纹。口径8.8、圈足径3.3、高3.2厘米（图五八，1）。

碗　2件。H19：20，圆唇，肿唇，弧腹，圈足，内底凹陷。莹润，釉层内可见小气孔，满釉。灰白胎，细腻坚致。口径14.2、圈足径3.3、高4.9厘米（图五八，2）。T3011④：1，厚圆唇，敞口，弧鼓腹，矮圈足，内底凹陷。釉面莹润，有长条状开片，满釉。灰白胎，细腻坚致。口径12、圈足径3.6、高5.2厘米（图五八，4）。

盒　1件。H4：3，子母口，尖唇，敛口，上腹弧曲，腹中部偏上有一折棱，下腹折曲饰瓦纹，喇叭口形圈足。釉面晶莹光润，裹足刮釉。青灰胎，细腻坚致。口径8.8、圈足径7.2、高6.1厘米（图五八，3）。

酱釉瓷　发现数量较少，复原器物有盆和碗。

碗　H16：1，圆唇，敞口，弧腹，圈足。施半釉。内底有涩圈。灰褐胎，细腻坚致。口径22.6、圈足径6.6、高8.2厘米（图五八，5）。

盆　H24：1，厚方唇外折，敞口，斜直腹，大平底，一侧略翘。内壁及唇上沿施釉，内底有涩圈，直径11.2、宽3.2厘米。棕灰胎，坚致。口径30、底径18、高12.6厘米（图五八，6）。

4. 铜钱

发现较少，共计5枚。其中有"开元通宝"2枚（H9：9），直读，锈蚀较严重，直径2.5厘米。"咸平元宝"1枚（T3111④：1），楷书，旋读，直径2.5厘米。另2枚字迹模糊不清，似五铢钱（图四六，9）。

图五八 青釉及酱釉瓷器

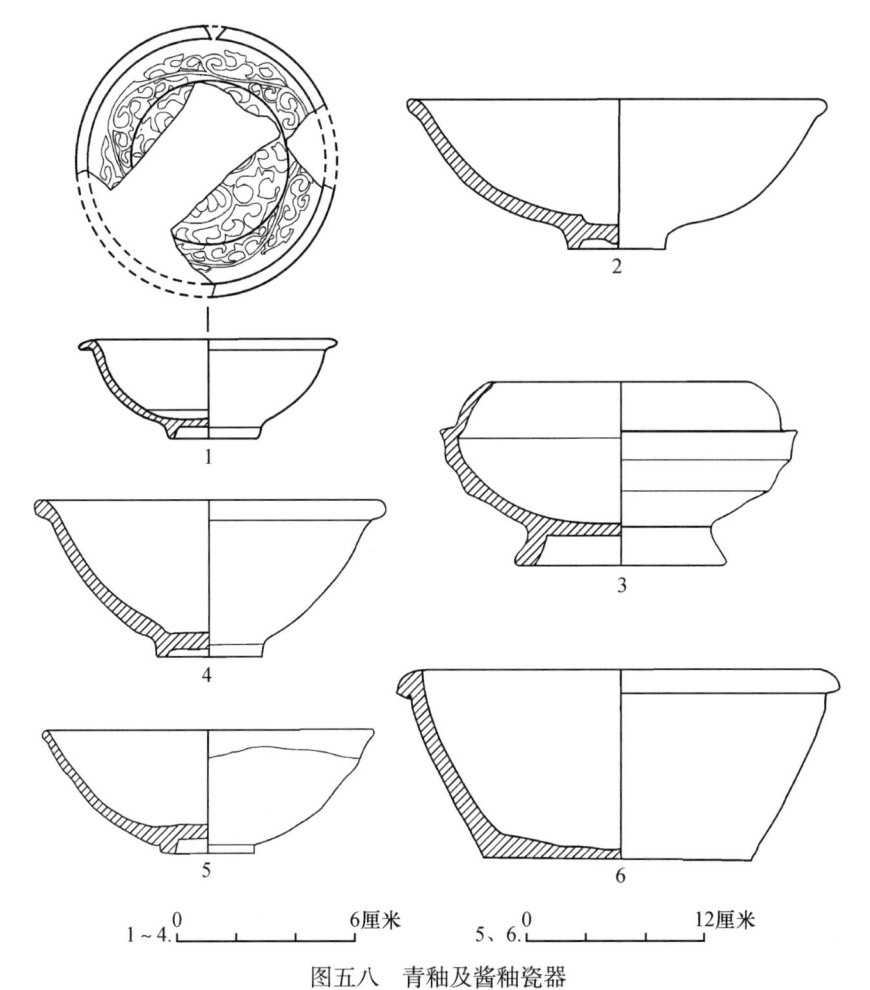

1. 青釉盏（H9∶3） 2、4. 青釉碗（H19∶20、T3011④∶1） 3. 青釉盒（H4∶3） 5. 酱釉碗（H16∶1）
6. 酱釉盆（H24∶1）

五、结　语

1. 西部窑址的时代

9座窑址分南北两组集中分布，两组相距较近，形制结构一致，时代也应相近。陶窑中出土物多为残砖，仅发现少量生活用陶，为准确判定时代带来诸多不便。窑址内出土的大型青砖与鲁故城内"望父台"墓地M41出土的青砖尺寸一致[1]，Y17出土的A型席纹砖见于鲁故城周公庙遗址东汉时期大型墓葬内[2]；窑室废弃堆积内发现的筒瓦，瓦舌根部嵌入瓦体内的特征，与鲁故城内汉城出土Ⅴ式筒瓦较一致[3]；窑室及工作间填土内发现的陶盆及陶罐均显示出东汉时期的特征[4]；等腰梯形的火塘、长方形窑室和三烟道的形制均显示出较为成熟的建造工艺[5]，与西安市北郊阎家寺村2号窑址[6]以及焦作武陟苗庄汉代陶窑形制相近[7]，据此可知窑址的使用时期应为西汉晚期至东汉中晚期。

2. 东部及中部窑址的时代

该区域窑址及灰坑出土较多的瓷器及陶器，窑址结构较为接近，与周边灰坑出土遗物面貌较一致。其中H2：6、H4：5狮面瓦当分别与吉林安图宝马城遗址出土Aa型和B型瓦当较为一致；H19及Y4出土大量滴水瓦与宝马城遗址出土Fb型瓦形制相同[8]；遗址中发现A、B、C型瓷碗分别与观台磁州窑址出土的Ⅱ型Ⅴ式、XXV型Ⅰ式、Ⅴ型Ⅲ式白瓷碗类似[9]，A型瓷碗与青州博物馆所见承安四年（1199年）白瓷碗形制相近[10]；B型白瓷盘与山西河津市固镇瓷窑址出土A型盘相类[11]，由以上出土物分析，时代多集中分布在金代中晚期，未见元代器物，因此可以推断东部窑址的废弃年代应为金元之际。根据出土遗物多属金代中晚期的特点和关于曲阜仙源县城及景灵宫相关记述，在金大定二十一年（1181年），重修仙源县城，并修葺景灵宫太极观[12]；另据2015年山东省文物考古研究院对曲阜仙源县城、景灵宫及周边区域的详尽勘探，发现县城北护城河打破景灵宫夯土基址，县城周边多金元时期遗存等，推断位于仙源县城外西南的窑址极有可能是为金代重修仙源县城而设立，创烧年代约在金代中期大定年间。

3. 窑址的产品特点及性质分析

汉代窑址中堆积物大多为废弃青砖，其中Y10、Y11、Y12、Y17发现倒塌的用青砖垒砌的窑墙，窑墙多采用废弃的产品垒砌，窑室底面可见清晰的砖坯和火道痕迹，砖坯痕的宽度与出土青砖厚度相近，由此我们可判定汉代窑址主要烧制A、B型席纹砖及素面青砖；大型席纹砖仅发现于墓葬中，城墙及居址中未见，推测该处应为专门生产墓葬及建筑用砖的专业化陶窑。

金代窑址区内窑址及灰坑、灰沟中发现有大量的变形陶器和建筑废品，由Y1工作间内及周边主要发现大量变形板瓦可知，其主要产品为板瓦；由Y4工作间内发现大量的陶盆、双耳罐残片，窑室内多发现变形板瓦、筒瓦、滴水瓦、铺满等可知，其产品有陶盆、陶罐、铺满等生活用具和板瓦、筒瓦、滴水瓦等建筑用器；Y5内也发现有大量残破及变形陶盆，从窑室内集中发现残砖和变形板瓦可知，应主要烧制青砖、板瓦和陶盆；此外在窑址周边的废弃堆积中，除生活用陶外还发现有兽面纹瓦当、兽面纹瓦当模、建筑脊饰等，由此可知东部及中部窑址区烧制产品主要分为两类，一类为生活用器，陶盆、陶双耳罐、铺满，二类为建筑用器，青砖、板瓦、筒瓦、兽面瓦当、滴水瓦、建筑脊饰等，根据考古发现，兽面纹瓦当多见于官署、寺庙、陵园等建筑遗址,故推测东、中部的窑址,除为仙源县城衙署和寺庙类建筑烧制建筑用陶外,兼烧日用陶器,产品结构较丰富。此外,还发现有少量三叉形支钉和窑柱,不排除附近有烧制瓷器的窑址。

4. 陶窑的建造及燃料的使用分析

汉代及金代的陶窑均直接挖坑而成,汉代窑址结构均一致,操作间直接挖生土形成,火门两侧窑墙多由青砖砌成,火膛及窑壁多直接用铲形工具修理平整,部分火膛壁砌有青砖作为挡火墙,少量窑壁可见有涂抹陶泥。窑室底部多用细腻陶泥涂抹而成,均较平整,多略微向前倾斜,呈斜坡状。烟道均三孔,底部挖生土形成,低于窑床,两侧向中间倾斜,顶部残破,推测一定高度后三烟道合为一个出烟口。金代窑址操作间、窑门、火膛多砌有青砖,窑室为挖生土抹泥而成,烟室位于窑室后方,半椭圆形,出烟孔较多,均由青砖块短墙分割而成。

汉代及金代的火膛内均发现有草木灰,草木灰均呈细腻粉状,未见明显碎渣,通过对草木灰浮选发现金代陶窑有炭化大豆等,推测汉代及金代窑址主要燃料为植物秸秆,未见用煤作为燃料的迹象。

5. 窑场的布局及与周边城址的关系

窑址区西部约20米发现大量河沙堆积,经勘探为一条废弃的南北向古河道,宽40~60米,勘探及沟坎断面显示,地表下数米皆为多层褐色黏土及粉砂土堆积,遗址所在区域当为河漫滩。窑址的选址当与这条古河道有关,该区域水资源充足,交通便利,黏土和砂土为烧制砖瓦等建筑材料提供了天然的优质原料。

汉代窑址集中分布于遗址西部,发掘区西北部H25范围较大,并出土有大量残砖堆积,应为废弃堆积填埋区;遗址区北部经过勘探发现东西宽约50、南北长30余米的不规则状坑,应为窑厂的取土坑;东部区域未见窑址和灰坑,推测此区域可能为晾坯区域;窑址西距汉鲁城约2千米,产品以青砖为主,结构单一,应为汉鲁城东郊一处重要的青砖烧制专门化窑场。

金代窑址均位于发掘区中部及东部,一区西部发现有活动面和灰坑集中分布区,二区的东部分布有大型灰坑H19,北部发现较多灰坑,推测一区和二区之间存在窑厂取土区和垃圾回填坑,东部窑址的南部及西部少见遗迹,可能为金代窑场的晾坯区域;窑址的西北部为宋金仙源县城,县城东北部为景灵宫,部分烧制产品可能用于仙源县城及景灵宫的建设。

总之,从位置环境及资源分析,该遗址具备烧制砖瓦所需各种优势条件,该遗址为汉鲁城及金代仙源城外的一处重要窑厂。

附记：发掘项目负责人为高明奎。参与发掘的有董文斌、李召恒、李兆銮、马翔、陈殿和、陈辰；刘志标、闫启新承担文物修复工作，董文斌、高明奎承担整理工作。发掘过程中得到了曲阜市文物局、旧县四街村民的大力支持，查阅资料中得到了罗鹭凌、李志勇老师的无私帮助，在资料的审核出版工作中得到了何德亮研究员的热心指导和鼓励，在此并致谢忱！

绘图、摄影：董文斌

执　　笔：董文斌　高明奎

注　释

[1] 山东省文物考古研究所、山东博物馆等：《曲阜鲁国故城》，齐鲁书社，1982年。
[2] 见于山东省文物考古研究院鲁故城考古队资料。
[3] 山东省文物考古研究所、山东博物馆等：《曲阜鲁国故城》，齐鲁书社，1982年。
[4] 新乡市文管会：《新乡北站区前郭柳村汉代窑址发掘》，《考古》1989年5期。
[5] 李毓芳：《汉代陶窑初论》，《汉唐与边疆考古研究》（第一辑），科学出版社，1994年。
[6] 唐金裕：《西安市北郊汉代砖瓦窑址》，《考古》1964年4期。
[7] 焦作市文物考古研究所等：《焦作武陟苗庄汉代陶窑发掘简报》，《中原文物》2015年5期。
[8] 吉林大学边疆考古研究中心：《吉林安图县宝马城遗址2014年发掘简报》，《考古》2017年6期。
[9] 北京大学考古学系、河北省文物研究所、邯郸地区文物保管所：《观台磁州窑址》，文物出版社，1997年。
[10] 青州博物馆馆藏。
[11] 山西省考古研究所、河津市文物局：《山西河津市固镇瓷窑址金代四号作坊发掘简报》，《考古》2019年3期。
[12] 孔德平、彭庆涛：《游读曲阜》，泰山出版社，2012年。

附表一 旧县四街遗址窑址登记表

编号	操作坑 形状	操作坑 长×宽—高（米）	火膛 形状	火膛 长×宽—高（米）	火膛 出土物	窑床 形状	窑床 长×宽（米）	窑床 周壁结构	窑床 出土物	烟室 长×宽—高（米）	烟室 隔墙厚（米）	烟道（个）	总长（米）	时代
Y1	梯形	2.5×3.4—0.3	半椭圆	3.85×0.9—0.72		马蹄形	3.5×4.2		Aa型陶盆、B型陶盆、直领罐1、C型盘1、白瓷罐、棕黄釉瓷片、砖块等				7.5	金元
Y2	长方形	2.9×2.1—0.28	梯形	1.26×0.9—0.5	陶瓦、陶盆、陶罐及白瓷片	马蹄形	1.55×1.6	斜壁内收	Aa型陶盆7、B型陶盆5、瓷鼓腹罐1、陶瓦片、白瓷片			4	6	金元
Y3			喇叭口形	1.9×1.26—0.72	陶瓦、陶盆	马蹄形	1.6×1.44	斜壁内收	Aa型陶盆31、B型陶盆、A型双耳罐2、B型罐瓮1、A型钵2、擂钵1、建筑构件1、小鼓腹罐1、瓷枕1、瓷双系罐1、瓷碗、铺满、大量滴水瓦、板瓦、筒瓦	1.5×0.4—0.26	0.2	5	3.7	金元
Y4	长方形	4.6×3—0.55	喇叭口形	1.55×0.8—0.6	陶盆、陶罐及白瓷碗	马蹄形	3×2.2	斜壁内收		1.9×0.48—0.6	0.14	6	8.5	金元
Y5	圆形	3.5—0.55	喇叭口形	2.05×0.64—1.1	砖瓦残块	马蹄形	1.7×2.6	直壁	Aa型陶盆12、B型陶盆12、瓮1、滴水瓦、白瓷小鼓腹罐1、变形板瓦	2.15×0.36—0.5	0.2	7	6.9	金元
Y6			半圆	2.2×1.1—0.34	砖瓦残块									金元

续表

编号	操作坑形状	操作坑 长×宽—高（米）	火膛形状	火膛 长×宽—高（米）	火膛出土物	窑床形状	窑床 长×宽（米）	周壁结构	窑床出土物	烟室 长×宽—高（米）	隔墙厚（米）	烟道（个）	总长（米）	时代
Y7			不规则	1.1×1—0.4	陶罐、瓦残片	近长方形	1.26×0.78	直壁	无					金元
Y8														金元
Y9	梯形	(1.2~1.7)×2.36—0.74	梯形	2.55×1.7—0.4	砖块和残瓦片	长方形	2.75×2.55	直壁	Ab型陶盆1、B型陶盆1、筒瓦			3	7.6	汉代
Y10	梯形	(1~2.15)×2.3—1	梯形	(1.1~2.75)×1.75—0.4	砖块和残瓦片	长方形	2.95×2.85	斜壁内收	筒瓦、砖块			3	8.3	汉代
Y11	椭圆形	3.7×2.7—1.12	梯形	3.05×1.4—1.2	砖块和残瓦片	长方形	3×2.6	直壁	Aa型陶盆2、砖块			4	8.8	汉代
Y12	椭圆形	2.56×1.92—0.78	梯形	(0.8~2.78)×1.72—0.96	陶片和残瓦片	长方形	2.55×2.78	直壁	Ab型陶盆1、筒瓦1、砖块			3	8.1	汉代
Y13	近椭圆形	(2.8~3.2)—1.35	梯形	(1.2~2.56)×1.8—0.7	砖块和残瓦片	长方形	3×2.8	直壁	陶钵1、筒瓦1、陶罐1、陶瓦2、板瓦和散水残块			3	8.02	汉代
Y14	近椭圆形	(2.25~3)—0.94	梯形	(1.2~2.3)×1.8—0.68	板瓦、筒瓦残片	长方形	2.7×(2.52~2.7)	直壁	板瓦、散水			3	8.5	汉代
Y15			梯形	(1.3~2.5)×1.46—0.64	陶罐、筒瓦残片	长方形	2.7×(2.5~2.7)	直壁	Ab型陶盆1、砖块和散水残片			3	4.3	汉代
Y16	近圆形	2.9×3—1.1	梯形	(1.5~2.82)×1.8—1.16	砖块	长方形	2.45×2.7	斜壁内收	陶盂1、砖块、散水残块			3	8.2	汉代
Y17	近长方形	3.6×2.54—1.02	梯形		砖块	长方形	2.8×3.3	直壁	A、B型席纹条形砖			3	8.7	汉代

附表二 旧县四街其他遗迹登记表

序号	编号	位置	开口层位	口径（米）	残深（米）	坑口形状	剖面形状	坑底形状	出土遗物	备注	年代
1	H2	T3112西北	①	4.1~5.3	0.7	近椭圆形	筒状	不平	Aa型盆8、Ab型盆8、B型盆13、A型钵4、瓮1、釜1、陶杯1、直领罐1、建筑脊饰4、瓦当2、建筑脊饰4、A型瓷碗2、B型瓷碗1、D型瓷碗1、F型瓷碗5、A型瓷罐1、双系瓷罐1、瓷炉1、鼓腹瓷罐1、三叉支架1	H2→H9	金元
2	H3	T3412北部居中	①	1.6~1.8	0.29~0.32	圆形	弧形	较平	B型盆3、瓦当1、Ab型瓷盘1	H3→Y1	金元
3	H4	T3111西南角	③	3~3.2	0.7~0.9	长方形	筒状	不平	Aa型盆1、B型盆1、A型鼓腹罐1、建筑构件1、Aa型瓷盘2、盒1、鼓腹瓷碗1、瓷碗、瓜棱罐、双系瓷罐		金元
4	H5	T2112西南角	①	0.9~1.4	0.4	椭圆形	弧形	不平	Aa型盆12、Ab型盆1、B型盆8、A型钵1、建筑构件4、板瓦、筒瓦、白瓷碗、酱釉瓷碗		金元
5	H6	T3012东北	②	2.6~3.05	0.1~0.44	椭圆形	弧形	圆底	Aa型盆7、B型盆2、A型双耳罐1、建筑构件4、B型瓷碗1、瓷碗、瓷盘、双系罐	H6→G2	金元
6	H7	T2112东北	①	2.15~4	0.8	圆角方形	筒状	平底	A型双耳罐1、瓮1		金元
7	H8	T2111西南	①	1.25~3.75	1.46	半圆形	不规则形	平底	青花瓷片、白瓷片	G1→H8	明清
8	H9	T3112南部	②	4.4~5.2	1	圆形	弧形	平底	Aa型盆5、B型盆2、C型盆1、A型双耳罐12、建筑构件3、瓦当模具1、A型瓷碗2、F型瓷碗1、瓷矮领罐1、青瓷盏1、双系罐、黑瓷片	H2→H9	金元

续表

序号	编号	位置	开口层位	口径（米）	残深（米）	坑口形状	剖面形状	坑底形状	出土遗物	备注	年代
9	H10	T2111东部居中	①	1.55~1.64	0.7	不规则形	筒形	不平	白瓷片、青瓷片		金元
10	H11	T3412南部	①	1.9~2.4	0.55~0.7	不规则形	筒形	较平	Aa型盆5、Ab型盆1、B形盆5、A型双耳罐1、瓮1、青瓷盏2、E型白瓷碗1、F型白瓷碗1	H17→H11	金元
11	H12	T3012东部	②	0.3~2.8	0.2~0.45	不规则	不规则	不平	陶罐、板瓦、白瓷碗		金元
12	H13	T3012东南角	③	0.5~1.8	0.2~0.32	不规则	弧形	较平	陶瓮3、白瓷碗1		金元
13	H14	T3012南部偏东	③	0.75~2.0	0.12~0.2	近椭圆形	弧形	平底	Aa型盆1、F型瓷碗1	H14→H15	金元
14	H15	T3012南部居中	③	0.92~2.9	0.45	不规则	不规则	不平	Aa型盆3、A型双耳罐1、A型钵1、瓮1、A型双耳罐1、A型瓷碗1、双系瓷罐1	H14→H15	金元
15	H16	T3012西壁下	③	1.4	0.4	圆形	筒状	平底	酱釉瓷碗1、白瓷碗3、黑釉瓷碗1		金元
16	H17	T3413东部	①	2.05~2.2	0.05~0.55	不规则	不规则形	较平	陶盆、陶罐、青砖	H17→H11	金元
17	H18	T3013东南	②	2.3~3.2	0.45	不规则	弧形	不平	A型瓷碗5、E型瓷碗1、F型瓷碗7、瓷盏1、瓷洗1、黑釉瓷片、青釉瓷片、板瓦、筒瓦		金元
18	H19	T2212东部	②	7.25~19	1.15	不规则	弧形	不平	Aa型盆8、Ab型盆1、B形盆12、C型盆1、A型钵9、B型钵2、A型双耳罐1、铺满5、直领罐3、小敛腹罐1、盂1、器盖5、滴水瓦2、A型瓷碗2、B型瓷碗1、F型瓷碗2、瓷炉1、双系罐1、B型盆1、白瓷壶1、棕釉碗2、青釉盏1		金元

续表

序号	编号	位置	开口层位	口径（米）	残深（米）	坑口形状	剖面形状	坑底形状	出土遗物	备注	年代
19	H20	T2212西北角	②	0.15~3.36	0.6	不规则	弧形	不明	Aa型盆3、B型盆3、A型钵1、瓮1、A型双耳罐1、花边口盆1、E型瓷碗1	H20→H21、未清理至底	金元
20	H21	T2212西北角	②	0.8~3.3	0.4	椭圆	锥形	较平	残砖、瓦片		金元
21	H22	T2212西南角	②	2.85~2.9	0.3	圆形	弧形	较平	Aa型盆5、B型盆2、铺满1、A型瓷碗1、瓷盆1	H22→M1	金元
22	H23	T0611西北	②			不规则		平底	C型瓷碗1		金元
23	H24	T0719西北	①	1	0.85	圆形	筒状	不平	酱釉盆1、白瓷片	H24→Y12	金元
24	H25	T0420西部	②	9	0.55~0.8	不规则	不规则	平底	陶盆、板瓦、筒瓦	H25→H26	汉代
25	H26	T0420西部	②	0.96~2.6	0.84	圆形	弧形	平底	白瓷片、黑釉瓷片		汉代
26	H27	T0419西北	①	0.8~2.25	0.45	不规则形	筒状	平底	瓷碗、瓷盆、黑釉瓷片	H27→Y11	金元
27	G2	T3012	③	长11、宽0.7	0.5~0.6	长条形	筒状		白瓷片、棕黄釉瓷残片	H16→G2→G3、H15	金元
28	G3	T3012	③	长5.75、宽0.8	0.25~0.32	长条形		底不平		G2→G3	金元
29	G4	T0611	②	长17、宽4.6	0.1~0.45	长条形	弧形	底不平	Aa型盆5、B型盆12、A型双耳罐5、擂钵1、A型钵3、B型钵2、盖纽1、陶瓷2、釜1、兽面瓦当3、建筑构件6、A型瓷碗3、F型瓷碗1、青釉瓷碗4、洗4	L1→G4→Y13、Y14、Y15	金元
30	L1	T0611	②	长20.5、宽10.5	0.44				青花瓷片、白瓷片等	L1→G4、Y13、Y14、Y15、H23	金元—明清

济宁市嘉祥县龙城华府墓地发掘简报

济宁市博物馆

一、地理环境与历史沿革

嘉祥县位于山东省济宁市西部，属黄河冲积平原。东西宽16、南北长47.5千米，总面积838.56平方千米。嘉祥县属暖温带季风区大陆性气候，四季分明。从双凤村和长直集村发掘的石刀、石斧、石凿等文物来看，嘉祥县远在新石器时代就有人聚居。西周时属兖州，春秋时属鲁国南武城，战国时属齐国。秦朝时属薛郡爰戚县。三国（魏）时属兖州山阳郡巨野县。魏泰始元年（265年）属兖州高平国巨野县。东晋天平元年（534年）分属兖州高平郡巨野县和兖州任城郡任城县。隋大业八年（612年）分属兖州东平郡巨野县和兖州鲁郡任城县。唐开元二十九年（741年）分属河南道郓州东平郡巨野县和河南道鲁郡任城县。

二、龙城华府墓地简况

嘉祥县龙城华府墓地位于山东省济宁市嘉祥县迎凤路以东，萌山路以西，曾子大道以南，嘉北路以北（图一）。为配合嘉祥县龙城华府项目，2020年4月，济宁市文物保护中心对墓地进行了发掘清理，发现小型墓三座（图二；图版五〇）。

发掘区地势较为平缓，地层堆积简单。上部为厚约0.3米的耕土层，其下为0.2米左右的褐色垫土层，最下层为黄褐色生土层。墓葬均开口于生土层上。3座墓葬均为圆形穹隆顶砖雕墓。

1. M1

位于发掘区东部，开口距地表0.3米，保存较完整。由墓道、墓门、甬道、墓室四部分组成，方向195°（图三）。

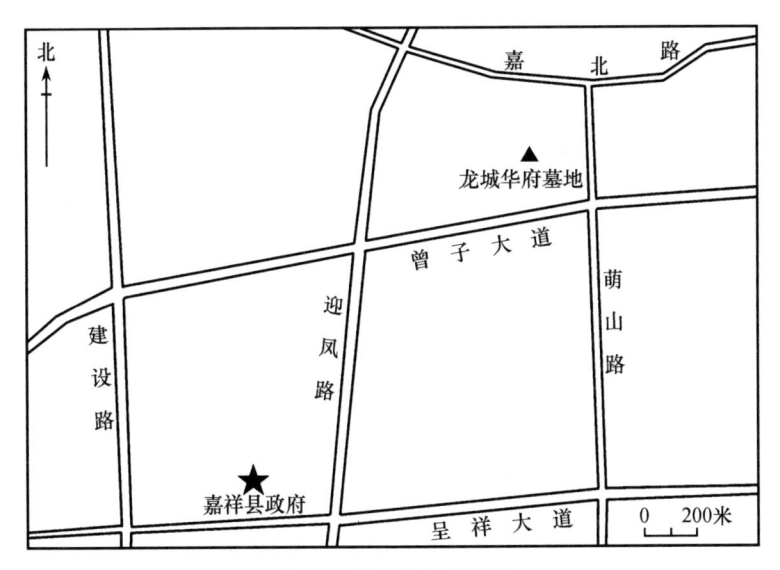

图一 墓地位置示意图

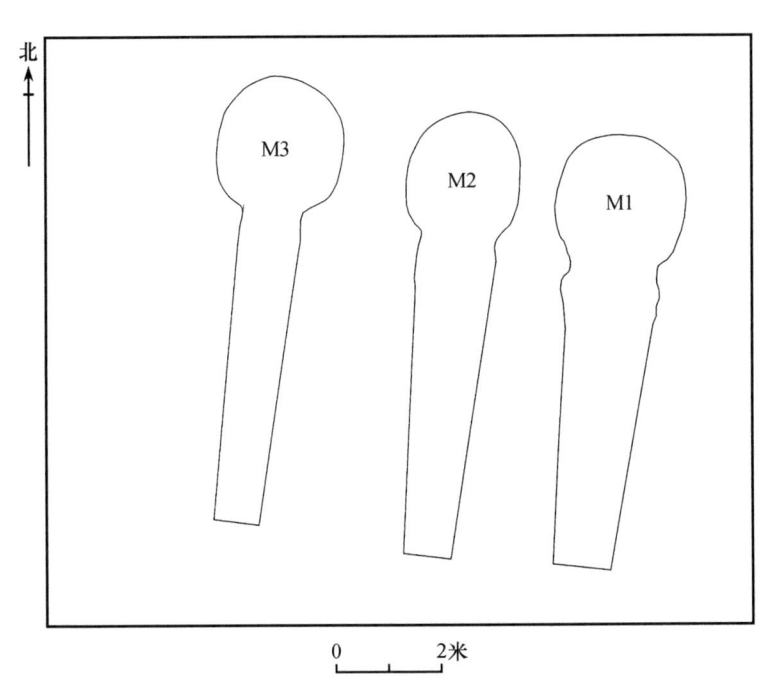

图二 墓葬分布示意图

图三　M1平、剖面图

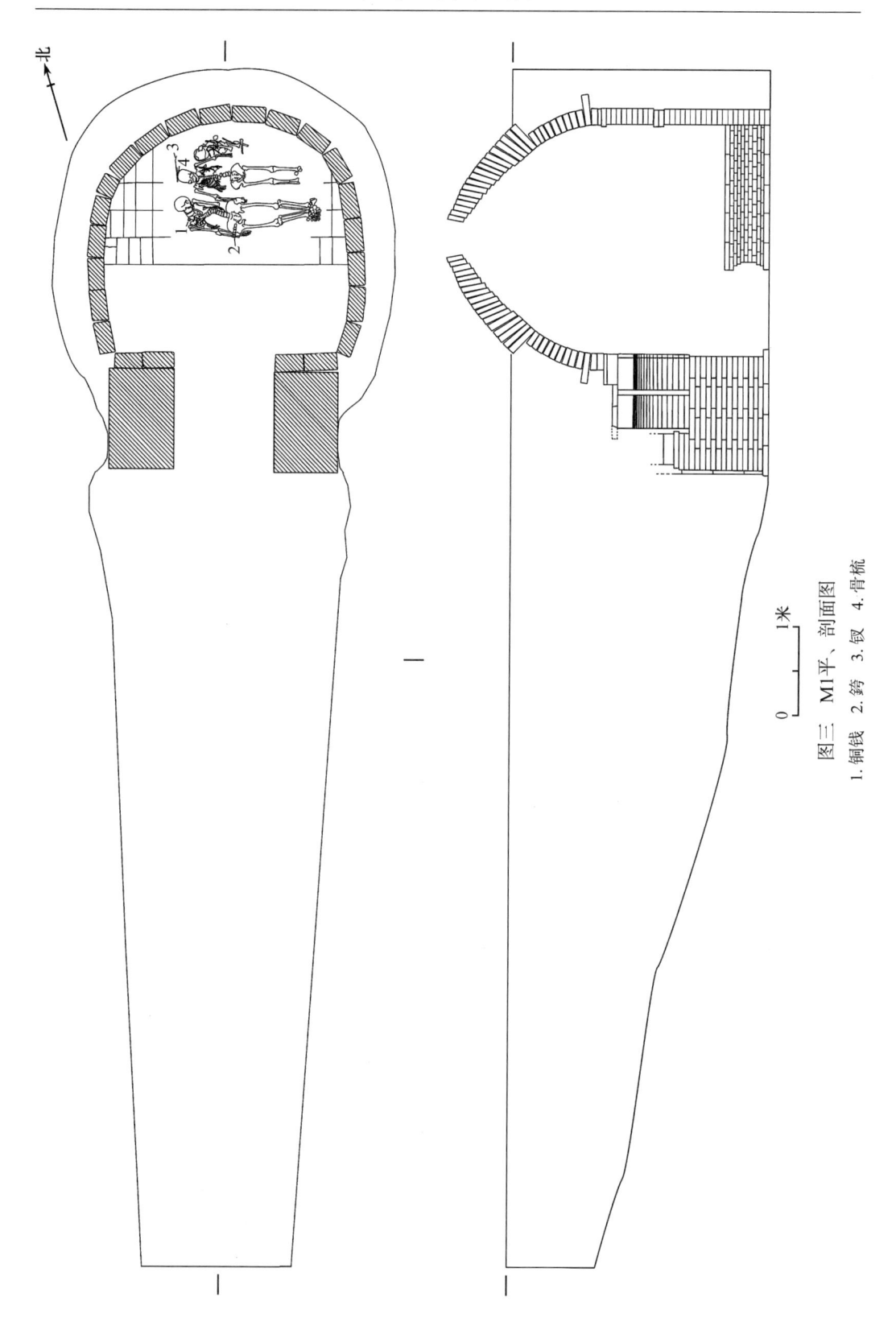

1. 铜钱　2. 銙　3. 钗　4. 骨梳

建造方式为先从地表下挖一带墓道的近圆形土圹，在墓道北端用青砖垒砌墓门和甬道，圹内筑墓室，两砖之间用泥浆黏结，砖墙与土圹之间用黄褐色花土填实。所用青砖长34、宽28、厚6厘米，均为素面。

墓道位于墓室南侧，平面呈梯形，长8.6米。直壁，填土黄褐色，质较松软。

墓门为仿木结构门楼，宽1.1、残高1.6米。

甬道宽、高同门洞，进深1.38米，券顶，两壁错缝平砌。

墓圹平面近圆形，直壁，平底，底部长3.1、宽3.7、深3.4米。填土黄褐色，质较松，含少量砖渣、石块、白灰粒。墓室平面近圆形，直壁，穹隆顶。底部北侧砌出棺床，南北宽2.8、高0.5米。棺床表面铺砖一层，纵向一排，横向一排交替平铺。

墓室内壁设有砖雕（图四）。一周均匀贴砌四根倚柱，柱头上置斗拱，均为把头绞项造，上承素枋，枋上为穹隆顶。

棺床上有人骨架三具，北侧为儿童，骨架散乱，推测为迁葬；南侧为两具成人骨架，仰身直肢葬，头向西，随葬品铜钱若干枚、銙1件（图五；图版五一，3）、钗1件（图六；图版五一，2）、骨梳1件（图七；图版五一，1）。

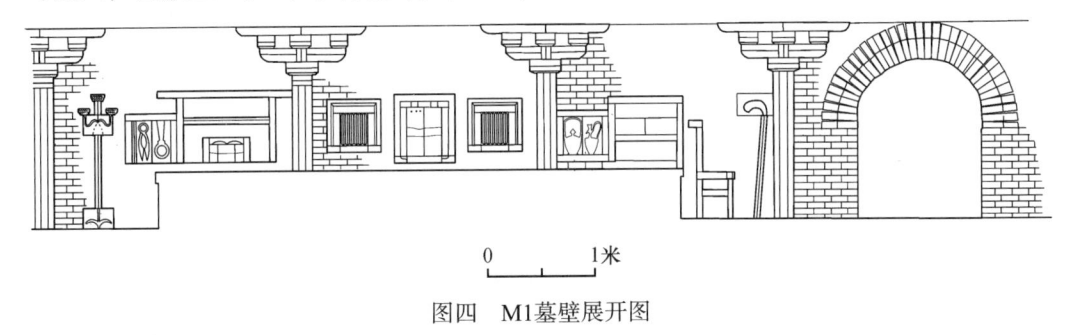

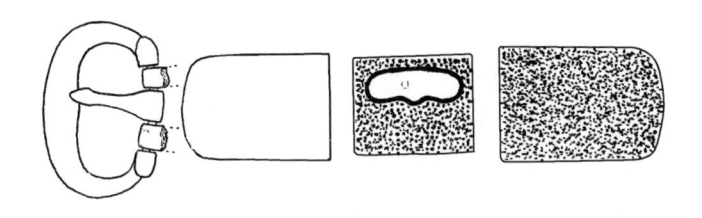

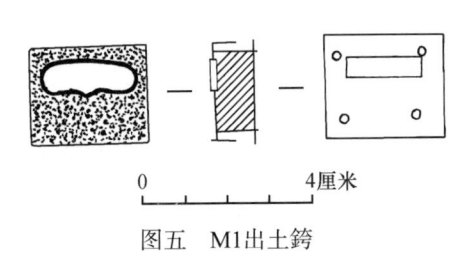

图四　M1墓壁展开图

图五　M1出土銙

图六　M1出土钗

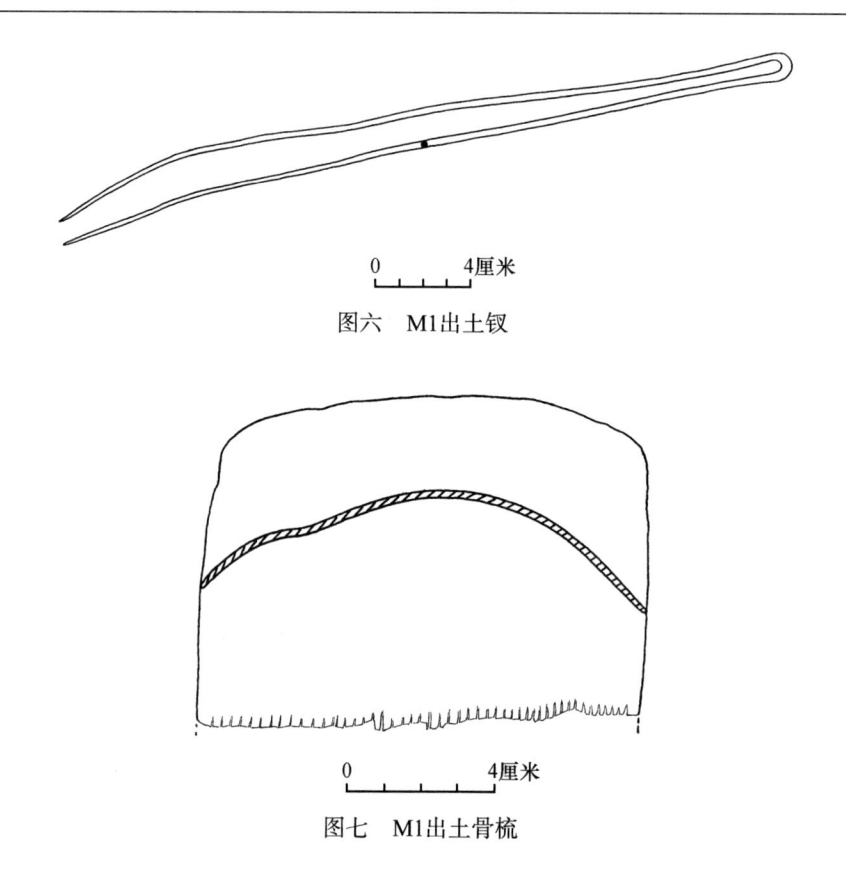

图七　M1出土骨梳

2. M2

位于发掘区中部，开口距地表0.4米，保存较完整。由墓道、墓门、甬道、墓室四部分组成，方向190°（图八）。建造方式为先从地表下挖一带墓道的近圆形土圹，在墓道北端用青砖垒砌墓门和甬道，圹内筑墓室，两砖之间用泥浆黏结，砖墙与土圹之间用黄褐色花土填实。所用青砖长30、宽24、厚6厘米，均为素面。

墓道位于墓室南侧，平面呈梯形，长8.8米。直壁，填土黄褐色，质较松软。

墓门为仿木结构门楼，宽0.8、高1.4米（图九）。

甬道宽、高同门洞，进深0.8米，券顶，两壁错缝平砌。

墓圹平面近圆形，直壁，平底，底部长2.9、宽3、深2.7米。填土黄褐色，质较松，含少量砖渣、石块、白灰粒。墓室平面近圆形，直壁，穹隆顶。底部北侧砌出棺床，南北宽2.18、高0.4米。棺床表面铺砖一层，纵向一排、横向一排交替平铺。

墓室内壁设有砖雕（图一〇）。一周均匀贴砌四根倚柱，上为穹隆顶。

棺床上有人骨架一具，骨架散乱，随葬瓷碗1件（图一一；图版五一，4）。

图八 M2平、剖面图
1. 瓷碗

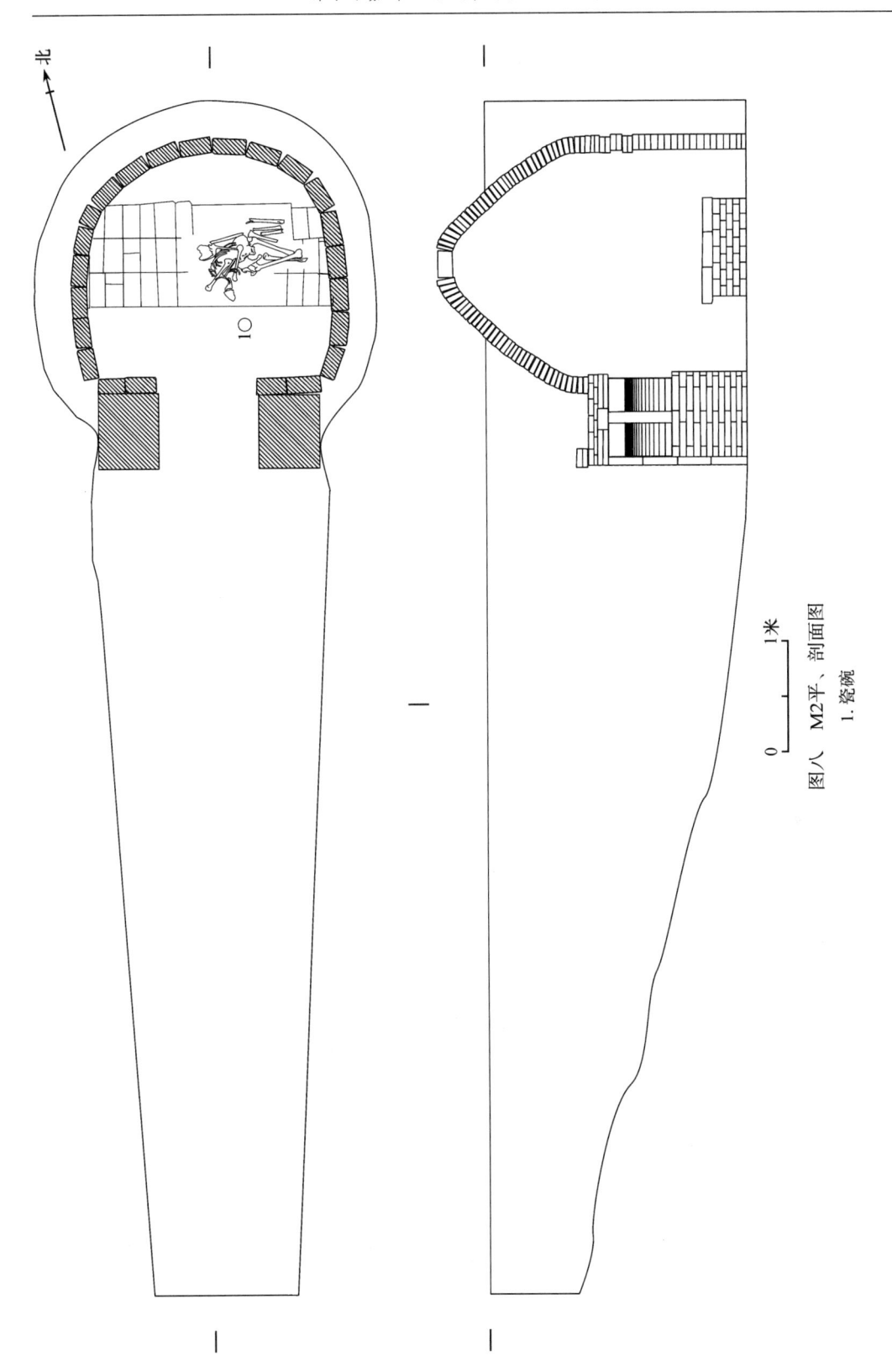

图九　M2墓门正视图

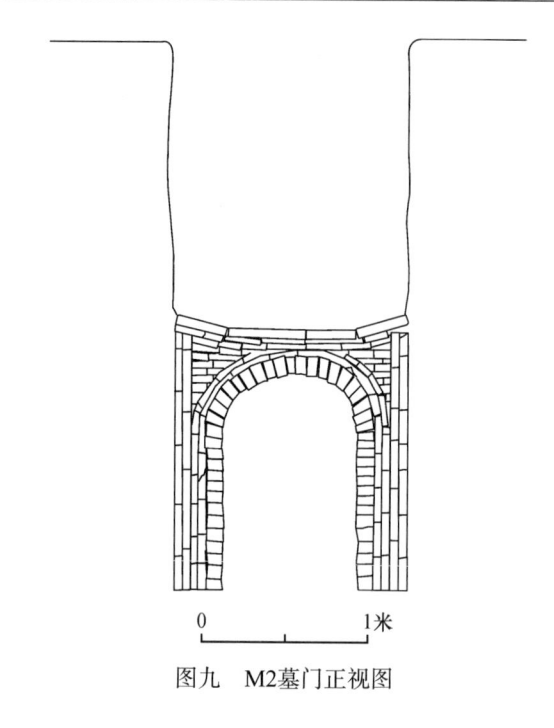

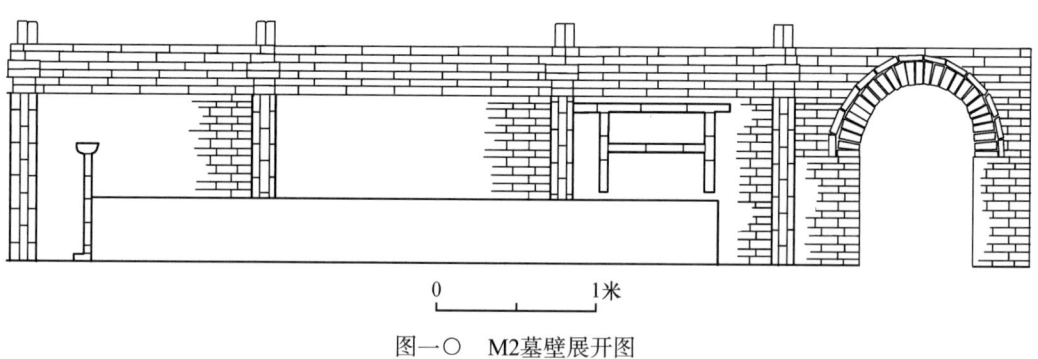

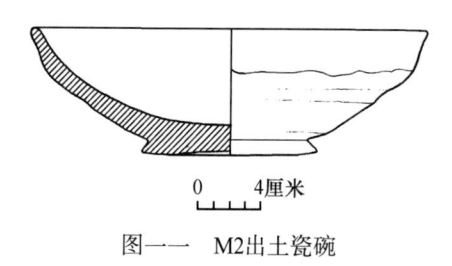

图一〇　M2墓壁展开图

图一一　M2出土瓷碗

3. M3

位于发掘区西部，开口距地表0.3米，保存较完整。由墓道、墓门、甬道、墓室四部分组成，方向183°（图一二）。建造方式为先从地表下挖一带墓道的近圆形土圹，在墓道北端用青砖垒砌墓门和甬道，圹内筑墓室，两砖之间用泥浆黏结，砖墙与土圹之间用黄褐色花土填实。所用青砖长30、宽26、厚6厘米，均为素面。

墓道位于墓室南侧，平面呈梯形，长7.9米。直壁，填土黄褐色，质较松软。

墓门为仿木结构门楼，宽9.6、高1.2米。

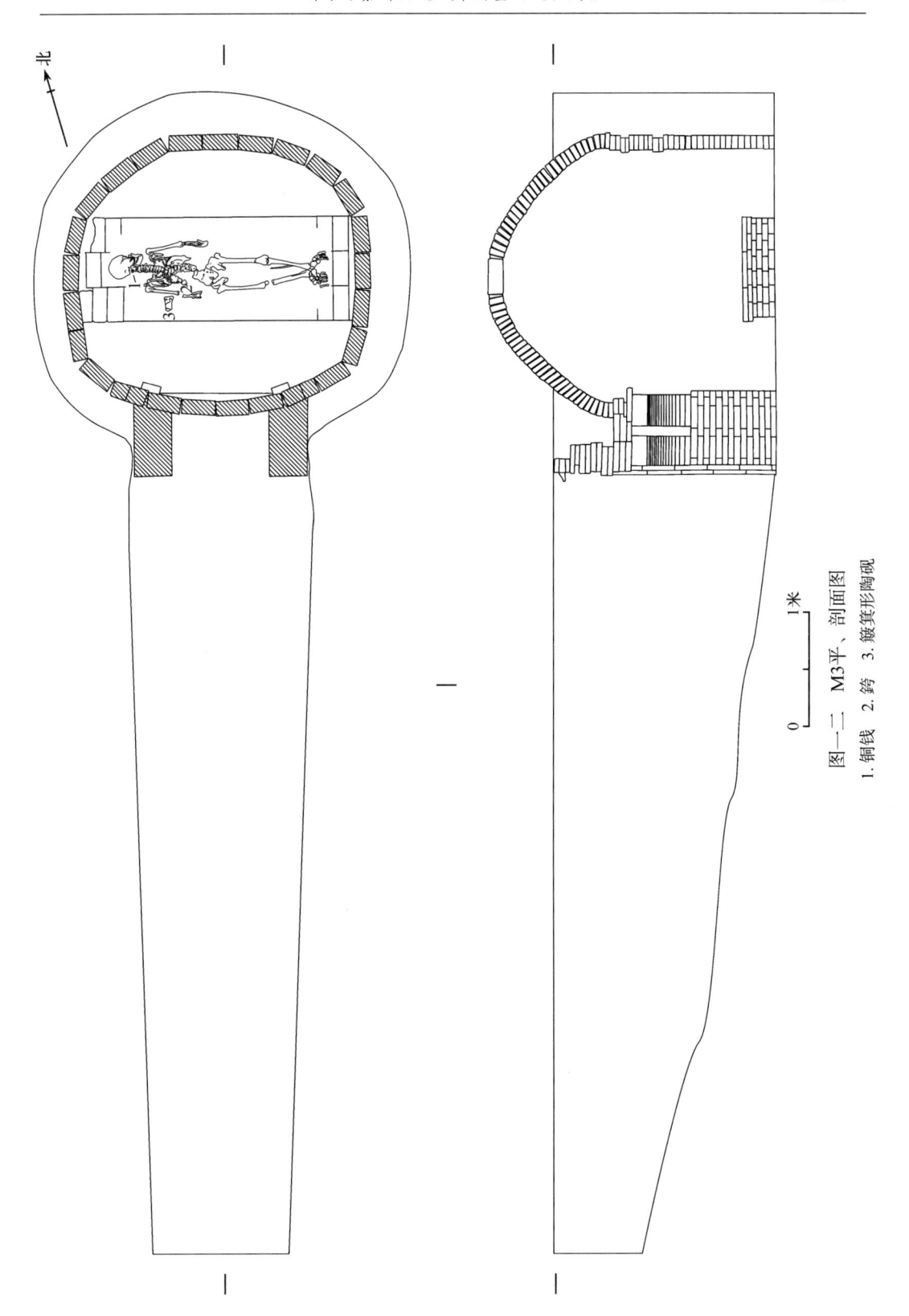

济宁市嘉祥县龙城华府墓地发掘简报 ·293·

图一三 M3平、剖面图
1. 铜钱 2. 钫 3. 簸箕形陶砚

甬道宽、高同门洞，进深0.74米，券顶，两壁错缝平砌。

墓圹平面近圆形，直壁，平底，底部长2.68、宽2.9、深2.6米。填土黄褐色，质较松，含少量砖渣、石块、白灰粒。墓室平面近圆形，直壁，穹隆顶。底部北侧砌出棺床，南北宽2.46、高0.3米。棺床表面铺砖一层，纵向一排，横向一排交替平铺。

墓室内壁设有砖雕（图一三）。一周均匀贴砌四根倚柱，柱头上置斗拱，均为把头绞项造，上承素枋，枋上为穹隆顶。

棺床上有成人骨架一具，仰身直肢葬，头向西，随葬铜钱若干、銙1件（图一四）、簸箕形陶砚1件（图一五；图版五一，5）。

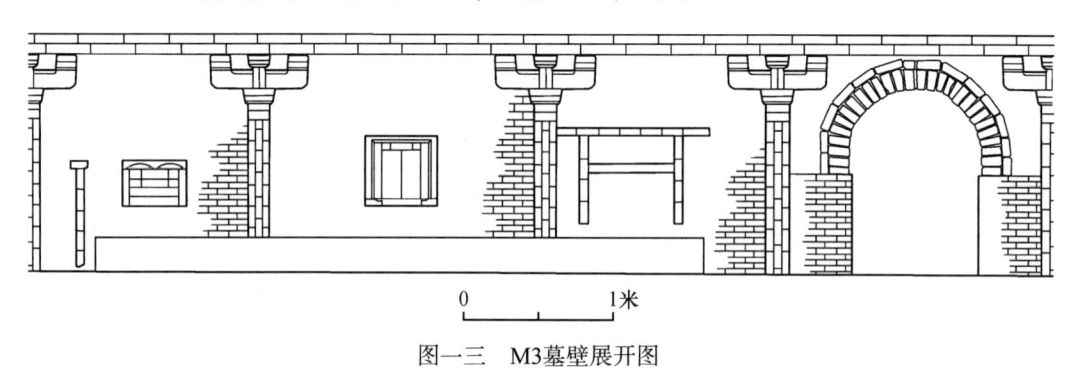

图一三　M3墓壁展开图

图一四　M3出土銙

图一五 M3出土簸箕形陶砚

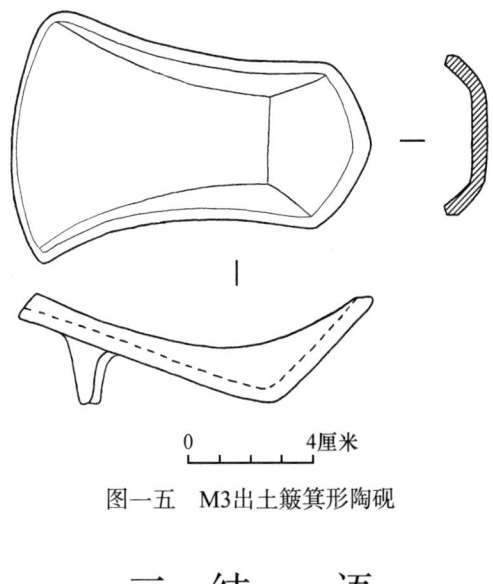

三、结　语

本次清理过程中没有发现文化层，也未发现纪年材料，对各墓葬的时代只能根据其形制和随葬器物来推断。根据出土瓷器等随葬品，初步推测三座墓葬的时代为唐晚期。

本次发掘的墓葬为济宁地区唐晚期的丧葬制度以及社会、历史研究提供了新的材料。据墓葬形制及出土器物推测，三座墓葬可能属于家族墓葬，对于研究济宁地区唐晚期丧葬习俗有一定的借鉴作用。

执　笔：张　超

山东巨野县元代济宁路达鲁花赤按檀不花家族墓地及其出土碑刻*

张慧敏[1]　康建国[2]

（1.巨野县博物馆；2.内蒙古社会科学院草原文化研究所）

山东省巨野县的按檀不花家族墓地曾有过多次考古调查和抢救性发掘，但因为条件所限，此前并未明确该墓地为元代济宁路达鲁花赤按檀不花家族墓地。本文拟根据考古调查和发掘情况，结合清代道光年编纂的《巨野县志》收录的金石碑文，对该家族墓地资料与现状做一初步的整理与研究。

据第三次全国不可移动文物普查资料，该墓地位于巨野县玉山路东段北侧60米处的党校院内。2007年，党校建教学楼挖地基时，在距离地表3.5米处发现墓葬，抢救清理出砖石墓两座，出土器物二十余件，有金器、银器、木器、铜镜、石翁仲、神道碑等。其中神道碑已残断，风化剥蚀严重，字样断续不详，依稀可见"至元十年三月任达鲁花赤胡祖宾撰，忽都海牙篆额"等字样。后续又陆续发现了年代明确的元代墓碑2通，墓葬1座，龟趺1个，以及刻有牡丹花纹的石供桌、石香炉各1个。由此可推断，该墓群是一个元代墓群。墓地南北大约150米，东西长约100米，连绵成一个整体。墓群发掘完毕后回填，该地现为巨野县党校驻地（图一）。

发现的3块墓碑，在清朝道光年间编写的《巨野县志》中均有收录。通过对比碑文保留内容可知，墓碑现状较清代缺损更加严重，可辨识度进一步降低。但仍对县志录文起到了很多校勘、补充作用。同时，县志在编写过程中也附记了碑刻的发现地点、保存状况等信息，对判断该墓地的基本情况起到了很多参考作用。

《巨野县志》记载，在同一地点发现四块墓碑，其中《驸马陵表庆之碑》"在北门外演武场后，地名石碑坡"[1]。《少中大夫按檀不花暨夫人陈、辛氏合葬神道碑》"北门外教场后驸马陵，是碑撰文、篆额、书丹、姓氏、衔名，并竖立年月俱佚"[2]。《乐善公墓碑》发现于"驸马陵侧"[3]。县志还记载有《济宁路达鲁花

---

* 国家社会科学基金一般项目"元朝鲁王家族史研究"（编号18BZS061）。

图一 元代墓群平面位置示意图

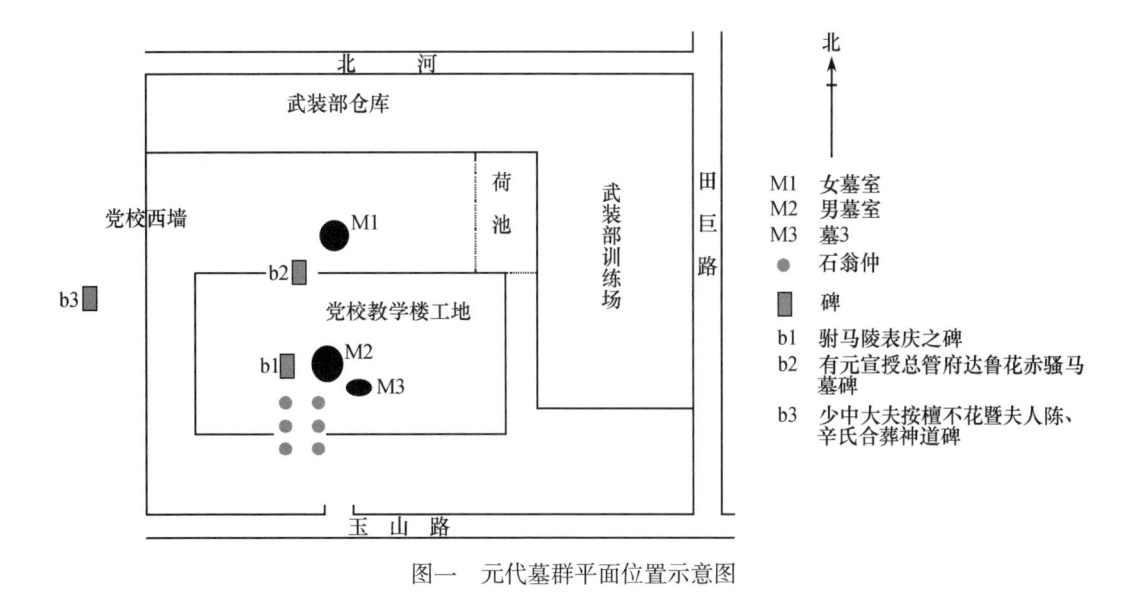

图中标注：
北河、武装部仓库、党校西墙、荷池、武装部训练场、田巨路、党校教学楼工地、玉山路
M1 女墓室
M2 男墓室
M3 墓3
● 石翁仲
■ 碑
b1 驸马陵表庆之碑
b2 有元宣授总管府达鲁花赤骕马墓碑
b3 少中大夫按檀不花暨夫人陈、辛氏合葬神道碑

赤睦公善政颂碑》"在北门真武庙后漫地内只存上半截，所有撰文篆额书丹等衔名俱佚"[4]。

通过碑文内容可知，这四块墓碑所记的事迹均属于元代济宁路达鲁花赤按檀不花家族。按檀不花家族墓地在清代被当地百姓称为"驸马陵"。元代在山东济宁路能称驸马的只能与弘吉剌部的历任万户有关。弘吉剌部与皇室为世婚关系，"生女世以为后，生男世尚公主"，因此，弘吉剌部的万户首领均为元朝驸马。济宁路是弘吉剌部在中原地区取得的第一块封地，但并非实有领地。弘吉剌部万户委派官员管理，但并不常驻和生活在济宁路，更没有埋葬济宁路的可能。根据碑文内容推测，几通石碑中带有"驸马"字样的比较多，后世百姓不明所以，因此称此地为"驸马陵"。

这些碑刻的存世和漫漶不清，都源于元末明初黄河的多次决口。元朝末年的洪水淹没了巨野城，而此时战乱频仍，被洪水淹没的巨野地区逐渐荒废。"黄河……元溃溢不时，至正中受害尤甚，济宁、曹、郓间，漂没千余里……明洪武元年决曹州双河口，入鱼台……塌场者，济宁以西、耐牢坡以南直抵鱼台南阳道也。"[5] 按檀不花家族墓地因此被洪水淹没于地下得以保存。清道光年间《巨野县志》修撰之时，这些碑刻仍被发现于县城附近。"巨邑地最洼下代多河患，其中金寒石泐淹没于污泥砂砾之中者，何可胜道。翰（县志编纂者）足迹所至，留心侦觅问有，或留半身或露微顶，一有端倪无不刊土而出之，有深至七八尺并丈余者，其事其人所属旧志所不载籍，得补唐宋金元职官之阙。……兹就搨拓本分年代而次第之文，可考者存其文，石可传者存其石，文字不全者存其阙文，意不顺者，存其略。"[6] 这段文字记载了清代道光年间这个元代墓地的现状，县志编纂人员抄录碑文，并进行了初步考证断代后编入县志，为我们保留了很多原始资料。

一、墓地神道与表庆之碑

图二 表庆之碑

2007年8月27日在巨野县北关党校教学楼建设工地地下发现一通古石碑（图二），巨野县文物管理所立即派人赶到现场。经勘查，该石碑距地面3米深，碑身、碑座分离，石碑残毁断裂，字体不清，碑文依稀可见。考古人员对石碑周围进行了初步勘探调查，又发现三对站立的石翁仲和一个石供桌、一个石香炉。石翁仲的头部均损坏，但身子造型精致，两两相对，相距6米。

碑阳文字现可辨识的内容如下：

……使 胡祖宾撰
……章政事忽都海牙篆额
……章政事天（大）鹤书丹
……至元十年三月内悬金虎符
授中顺大夫济宁府达……
……中大夫历任三十五年勤于善政始终如一甚得民
……乎贤必因大臣而后知□是分省
……改元转忠翊校尉同知扬州路真州
……为苛细沽名台纲大振至治壬戌
……公哀戚过甚无以自存安忍入仕
……不起远近闻之莫不称善泰定乙丑迁
……大老祖考妣立神道碑

该碑目前风化剥落严重，仅有部分文字可以辨识。但根据可辨识的内容，可以完全确定它正是道光二十年的《巨野县志》卷二十《金石》中收录的《驸马陵表庆之碑》。县志未录碑阴内容，今根据原碑，可分辨是按檀不花家族世系。文字大部分不可识读，可辨识的有孛罗帖木儿、霍耳弥思、锁住奴等人名。该碑碑首风蚀严重，已经不可辨其名称。但据县志所述，录碑者在发现该碑时，"碑首唯存'表庆之碑'四字"[7]。因此"驸马陵"三字为录碑者所加。这显然是错误的，该碑原名虽暂不可考，但以"表庆之碑"命名更准确。

二、两座券顶砖室墓与有元宣授总管府达鲁花赤骚马墓碑

2007年9月10日，巨野县北关党校教学楼工地施工中，发现古墓2座（以下简称M1、M2），巨野县文物管理所对其进行了抢救性发掘，并撰写了发掘清理情况简报[8]。根据简报记载两座墓穴挖掘情况如下：

发现的M1坐东朝西，M2坐北朝南，在M1的西北方向，相距两米，两墓顶塌方，其他均完好，墓室内积满黄色淤泥（图版五二）。下面对两墓结构分别加以介绍。

M1为长方形单室券顶砖室墓，由墓门、墓室组成。方向正西，东西长3.2、南北宽2、墓门宽1.3米，用砖封门，墓室四壁用青砖垒砌而成，白灰实缝，从下至上略向内收到券顶，砌法为平砖错缝，内有一柏木棺材，东西走向，棺盖板已塌陷，墓室内被泥土掩埋，随葬品方位均扰乱。

M2为圆形单室券顶砖室墓，由墓门、墓室组成。方向正南，墓顶距地表3.7、墓高2.5、墓内径2.6米，均用青砖垒砌，白灰实缝，墓门用砖封门，一横一丁直至券顶，墓室为正方形，墓墙从墓底开始一横一丁切砖，墓墙与券顶相接处为六边形，砖切出棱檐，墓底为平铺青砖，有一木制棺材，且放棺处砖高一层，棺板为柏木，棺长2、宽头长0.7、窄头长0.5米，棺板厚5厘米，比较完整，棺盖早期被泥沙冲开，头盖骨冲在棺外，随葬品也都埋在流沙和水里。

随葬器物如下。

M1、M2由于早年黄水泛滥，淤泥冲刷，墓顶塌方，所以许多器物残毁，位置不详。M1出土完整器物14件，铜钱一组60枚。M2出土完整器物3件，铜钱15枚。两墓共出土完整器物17件，铜钱75枚。

M1在清理淤泥的过程中依次发现铜镜一面、金簪一支、金质嵌宝石饰件一件、宝石金戒指一对、金耳环一对、金钱一枚、金饰件一对。

铜镜　完整，圆形、圆纽。直径9.5、厚0.4厘米。背面纹饰为四乳鸟纹，纹饰精美绝伦，中间分铸有四字铭文，但不清晰。

铜钱　圆形，方孔，大小不一。大钱直径3.8、孔径0.7厘米，小钱直径2.5、孔径0.7厘米，均锈蚀严重，纪年不清。

金簪　长11.6厘米，形似挖耳勺，无纹饰。

金质嵌宝石饰件　形状似心形四边形，中间是一椭圆形嵌孔，周边均分五个心形嵌孔，边缘有六个圆形嵌孔，上面仅存三颗绿色心形宝石，从制作工艺看较多运用了锤鍱、錾刻、镂雕、铸造、焊接等技法，具有厚重艺术的夹层技法，为宋代以前金银器制作中所未见，这对于研究元代金银器的发展有着重要价值。

宝石金戒指　2枚。一枚镶嵌方形绿宝石，錾刻花枝纹，造型玲珑奇巧，新颖雅致，另一枚嵌红色宝石，光泽悦目。

金耳环　一对。呈S形，上穿有绿松石和白珍珠颗粒，并缠有金丝。

金钱　圆形、方孔，薄如纸。直径2.8厘米。

M2出土有铜镜、瓷盘、瓷杯各一件，均完整；银质熏炉一套，已残；另外还发现铜钱数枚，多数残缺，木制筷子一根，人参一枝。

铜镜　完整，圆形，圆纽，锈蚀严重，纹饰不清。直径20、厚0.5厘米。

铜钱　圆形方孔，大小不一。大钱直径3.8、孔径0.7厘米，小钱直径2.5、孔径0.7厘米。均锈蚀严重，纪年不清。

银质熏炉　残损，由底、腹、盖三部分组成，底有三足，残断，造型为龙首形，口衔蹄形足。底边周长约50厘米，腹部镂空透雕三个桃形缠枝花卉图案，腹围长约36厘米。盖呈葫芦形，高约8厘米。

瓷盘、瓷杯　各1件，盘敞口，浅腹，平底，口沿为六瓣连弧形，釉色为青白色，光润莹亮，胎质洁白细腻，内外壁均有贴金刻花纹饰，部分脱落，盘高1.9、口沿直径16、盘底直径13厘米。瓷杯釉色亦是青白色，青润淡雅，敞口，圆唇，深弧腹，平底，单耳，内外壁均有贴金刻花纹饰，部分脱落，内有三枚锈蚀铜钱，杯高3、口径7、底径4厘米。

筷子　呈黑色。残长10厘米。

人参　已朽化。长7厘米。

该墓值得关注的有两处，一是这应该是一处夫妻异穴墓葬，但两座墓的朝向却不一致；二是这组金饰品中除金簪、镶嵌宝石的金戒指、金耳环和金钱以外，还有一个嵌宝石掐丝金饰件和一对金十字架出现（图版五三，1、2）。金十字架形制与聂斯脱里教的教徽形象一致。该墓地景教文物在山东地区尚属首次发现。嵌宝石掐丝金饰品以十字为骨架，下以莲花纹相衬，将"十字"与"莲花"融为一体。上镶宝石，以现存叶片状绿松石推断，其中间与周边应镶嵌有红宝石或者红珊瑚，分别代表了莲花与莲叶。这件金饰品的造型工艺与在西安何家村窖藏出土的团花纹金杯和内蒙古锡林郭勒盟博物馆的藏品近似，同时这一金饰品的花纹样式在内蒙古发现的景教墓顶石上也有所体现。这三件景教文化金饰品，其中一对是金质十字架形制，与多处景教十字图形基本一致。稍有区别的是，其他地方所发现的景教十字架图形主要出现在墓顶石上或碑刻上，景教十字架也主要是青铜挂件，与这对十字架在质地、造型和佩戴方式上不同。这对十字架的四角留有小孔，以此判断是缝缀在衣服之上的。该饰品的材质、造型和工艺包含了中原传统文化、景教宗教文化、草原文化等多元因素，是一件极为珍贵的体现多元文化交融的工艺品。聂斯脱里教派，起源于叙利亚，创始人是聂斯脱里,在7~10世纪传入我国,在唐代被称为大秦景教,元代称景教徒为也里可温。景教最典型标志是与基督教相似但有区别的十字架图形与莲花图案的组合,被统称为"十字莲花"。这一图案,在新疆霍城、吐鲁番,甘肃敦煌,陕西西安,内蒙古的额济纳、达尔罕茂明安联合旗、鄂尔多斯、乌兰察布、呼和浩特、赤峰,北京,江苏扬州,福建泉州等地均有发现。

有元宣授总管府达鲁花赤骚马墓碑发现在两座券顶砖室墓附近,巨野博物馆现存该墓碑的拓片(图三)。经与《巨野县志》比对发现,该碑在县志中被写作"乐善公墓碑"。没有用碑额的名称,也没有将碑额文字抄录。县志记载该碑位于"驸马陵侧",应该是指在表庆之碑附近,这与考古人的发现应该一致。从拓片上看,本次发现的有元宣授总管府达鲁花赤骚马墓碑碑文与县志抄录的碑文相比多了碑额部分,碑右下角残缺,可识读的部分更少。

现存碑文内容抄录如下,同时为便于比较,本文将原碑的录文内容与县志收录碑文做一直观对比。( )内为据《巨野县志》补碑文内容;删除文字为县志录文中的衍文;[ ]中的文字为县志抄录碑文的脱文。

  碑额 [有元宣授总管府达鲁花赤骚马墓碑]
  1   [承]
  2   [□](嘉祥县主簿苏若思撰)
  3 公讳骚马乐善其自号也其先阿里(马里人氏□□□藩曾王父讳岳雄佐太)
  4 祖特(授)□睦哥职事佩金虎符王父讳别古思袭前(职仍佩金虎符父讳按檀不花)
  5 国初(侍)忠武王勋绩日闻于
  6 朝(佩)金符中顺大夫济宁府达鲁花赤后改府为路进少(中大夫济宁路总管府达鲁花赤兼管本路诸军奥鲁劝农事在任四十余年惠泽在人嘉绩善政已见翰林学士承旨李公)
  7 颂德之碑今赠嘉议大夫翰林直学士上轻车都尉云中(郡侯母辛氏赠云中郡夫人昆季八人公次居二兄变德古思奉议大夫全济[9]宁路达鲁花赤次三录硕霸进义副尉鱼台县)
  8 达鲁花赤次四岳出谋奉政大夫湖南道肃政廉访副使今(致仕嘉议大夫大都路达鲁花赤次五业里通瓦管领东平等处打捕鹰房种田等户达鲁花赤次六伯颜铁木儿将仕郎济宁)
  9 路单州达鲁花赤次七岳忽难承事郎济宁路兖州达鲁(花赤次八山柱藏

器待时隐居未仕重辉叠芳震耀一时公之操修特异于人者有父祖种德端本于上有昆季继志述）

10 事于时故公孝于亲宜于兄弟施于为政有由然矣前嘉议公（为政时自食其禄所需如意公惟以和气愉色惋容务悦其心虽孝不见也既老且病公于是弃官）

11 就养不忍离朝夕日以捡方合药为务衣不解带旬日病且笃稽（颡北辰求以身代及其寿终哀毁逾制顿绝方苏号泣之声自晨达暮远近闻之莫不嗟叹于是咸以公为孝子焉而又非徒以养生为孝也）

12 ［可以当六事合此无以致其力□］昔［先母］太夫人辛氏卒于松州去此（四千余里舆榇来归与继母夫人陈氏同祔先公之兆为营冢圹备尽坚致塞泉以炭樟棺以石砖堌于上当为是）

13 役也［躬］亲土石操畚锸栉风沐雨［心无少怠］力不知疲及其落成巍巍（嵩嵩若层台焉公喜且悲曰吾亲安矣因庐于侧迄三年如一日既免丧）

14 ［终乃］复筑（报德）堂四楹塑像于中岁时祭享以展孝思［岁时祭享］牲牢肥腯黍稷苾芬（并绘诸昆弟诸妇于壁列侍左右以致如在之诚呜呼古所称生事之以礼死葬之以礼祭之以礼如公者其庶几无愧乎好事者尝绘公侍亲之容卷行于乡里文士咸）

15 歌咏之故（有司高）其行以闻

16 朝允其请特旌其门众又以为未足以光其实请驸马中原散仙文诸石立（于其门之右昔公之筮仕钦受）

17 圣旨玉宝管□也里可温掌教司官重修也里可温寺宇祝□

18 圣寿其移孝以尽忠也又如此继而宣授承务郎打捕鹰房诸色人匠总管府达鲁（花赤在任八年号称廉平民不扰而赋已集进退从容无丝毫过差其究心儒术也里可温经蒙古字）

19 译语阴阳方书诸子百家无不详览［然性虽忠孝学问之功亦不可□］人但知公忠孝大节难能可贵而不知学问之功实有大过人者至元元年（十二月十九日以疾终于家年七十有五葬于郡北先茔之兆先夫人宏吉烈氏祔焉一子塔海早卒）

20 今夫人拓拔氏一子密聂杰［年逾弱冠］先公一年卒女一［人］完者适江东道廉访佥（事白德仁次室祝氏一子买住早卒夫人生于望族贤和淑慎动遵礼法公没负土筑坟与家人共劳苦）

21 闺训严肃得母道甚敦睦族人内外无间言［克俭克勤动遵礼法］一日

设（祭享）公会（族人毕至因泫然流涕谓其侄巨野达鲁花赤磬珥曰尔伯父生平善迹虽人所共知吾惧其久而没也）

22　[□子当之善□□不闻吾今]伐石他山非文无以示远成吾志者非子而谁（磬珥遂奉）命（持状来请铭余观其行实文何足尚虽然仆为乡下士间尝接见于公行实彰着其信然矣且念今）

23　（之世子弟为父兄）求托金石为传[者]或多有之今一妇人拳拳反复致意于夫子[者]（独一人尔可尚也已呜呼岂非以公之力善如彼而天之报施不使没于孝子之手可哀也已宜为）

24　之铭铭曰：

25　惟水有源　□导而清　惟木有本　栽培而荣（人生有祖　奕戴有成　曰祖曰父　乃公乃卿）

26　孝可继述　善类聿生　公号乐善　其心粹明（克纂芳猷　世有令名　克尽子职　养志悦情）

27　生事葬祭　务竭精诚　众嘉其德　如贤父兄（或图或碑　门闾以旌　施于有政　谦慎廉平）

28　言不称德　道惟心亨　今也云亡　谁识忠贞（夫人望族　虑殚心倾　琢石于山　勉力经营）

29　真书大刻　留传颂声　苍苍凤台　峨莪麟城（郡治之北　是公先茔　征文周道　庶识其英）

30　至元五年三月[吉日□]立

三、石棺椁墓与少中大夫按檀不花暨夫人陈、辛氏合葬神道碑

2008年，在党校教学楼西北边小树林中发现石棺椁墓一座，盗洞3个。石碑一块，碑文漫漶不清，据可辨碑文结合清代《巨野县志》收录内容，可确定该碑为少中大夫按檀不花暨夫人辛、陈氏合葬神道碑。根据出土照片碑身（图四）可识读内容如下：

……二夫人祔礼也谨按公讳按檀不花世为阿……
……有谋简易无傲喜怒不形于色不加……
……□□于人长斋素食月余而罢公□……
……势作威侵浚细民民者不妄答一人……

图三　有元宣授总管府达鲁花赤骚马墓碑拓片

……父兄愈敬愈爱故能岁历三纪一如……
……以历风俗建医学祀三皇聚生徒……
……
……□而逝□年八十
……奉议大夫全宁路达……
……□□升奉训大……
……女□宣武将军……
……元夏五月佥宪军……
……朱紫焜煌……

该墓发掘时仅余部分照片。根据照片可确认这是一座石棺椁墓。这与《有元宣授总管府达鲁花赤骚马墓碑》所说相符，碑中记载"昔先母太[10]夫人辛氏卒于松州去此（四千余里舆榇来归与继母夫人陈氏同祔先公之兆为营冢圹备尽坚致塞泉以炭椁棺以石砖堌于上当为是）役也躬[11]亲土石操畚锸栉风沐雨心无少怠[12]力不知疲及其落成巍巍（嵓嵓若层台焉公喜且悲曰吾亲安矣因庐于侧迄三年如一日既免丧"[13]。

图四　少中大夫按檀不花暨夫人陈、辛氏合葬神道碑照片

四、关于按檀不花家族墓地的初步结论

综上发现，考虑到墓地曾多次遭受洪水，以及受建筑施工、墓地被盗、植被繁茂等多种因素影响。当时的工作人员没有对该处墓地的整体性做出判断，因此并未指出这里为元代济宁路达鲁花赤按檀不花的家族墓地。

这是一个完整的家族墓地。最早被发现的表庆之碑应该处于墓地神道所在位置，立有表庆之碑并放置有石供桌，通道成对摆放有石像生。有元宣授总管府达鲁花赤骚马墓碑应是两座券顶砖室墓组成部分之一。石棺椁墓墓地为该家族墓的主墓，墓室规格很高。墓室被盗，因此没有随葬品出土。该墓地为按檀不花的子孙在按檀不花去世前后营建，主要营建和立碑之人应为按檀不花的二儿子骚马。

关于按檀不花家族的来历，根据《巨野县志》收录的碑刻资料可知，其祖父岳雄是阿里马里人。阿里马里，《元史》写作"阿力麻里"，今新疆天山北麓的霍城县。据碑文所讲，岳雄很早的时候就开始追随成吉思汗，是一位政治地位很高的将军，元代被封赐在松州定居。松州即今天的内蒙古赤峰市松山区，现仍存有松州古城遗址。碑文中还提到，按檀不花次子骚马是景教掌教司官，还曾"重修也里可温寺宇"。因此，按檀不花家族确与景教关系密切，今在其家族墓中出土这些与景教有关的金饰品，则可确信无疑，并且此墓主人为骚马的可能性极大。景教除部分蒙古部落信仰外，主要是来自西域、中亚一带的民族或其后裔。元朝时期，在我国今天的新疆、内蒙古、福建、江浙一带拥有比较多的信众。景教在传播过程中大量吸收了中华文化，儒道佛思想都有体现，对中西方文化的交流、交融起到了促进作用，其信徒中有很多名医，对中西医药的互相交流融汇做出了贡献。

值得注意的还有碑文中提到，按檀不花的祖父母死后被葬在了松州。按檀不花的第一位夫人陈氏，死后也曾葬于松州，按檀不花死后其子孙将其尸骨接回与按檀不花及其继室辛氏合葬于此家族墓地中。巧合的是，在今内蒙古赤峰市松山区也曾出土与景教有关的墓碑。根据碑上的回鹘文内容可知，它属于一个叫"药难"的将军。《巨野县志》上的碑文是抄录的，其所说的"岳雄"很大可能是"岳难"之讹，碑文中前后文皆有脱字现象，因此此字被抄写者识读错误的可能性很大。若如此，从两人的活动时间和身份地位判断，极可能为同一人。

由于元朝与四大汗国的关系密切，促进了丝绸之路的再度兴盛，中西方交往频繁。由于弘吉剌部与蒙元皇室的世婚关系，很多来自中亚、西域和西夏的色目人，进入弘吉剌部。很多家族因此迁居蒙古腹地，长期相处使他们较好理解蒙古族的生活和文化，他们被弘吉剌部首领派往中原做官，他们在吸收中华文化的同时，把自身的文

化潜移默化地渗入了生活之中，促进了文化的交融和传播，因此我们在中原腹地的山东地区还能看到东西方文化交流融汇的实物见证，就成为很自然的事情。

注　释

[1]　胡祖宾：《驸马陵表庆之碑》，《巨野县志》卷二十《金石》，中国国家图书馆藏清道光二十年刻本，19页。

[2]　佚名：《少中大夫按檀不花暨夫人陈、辛氏合葬神道碑》，《巨野县志》卷二十《金石》，中国国家图书馆藏清道光二十年刻本，22页。

[3]　苏若思：《乐善公墓碑》，《巨野县志》卷二十《金石》，中国国家图书馆藏清道光二十年刻本，27页。

[4]　佚名：《济宁路达鲁花赤睦公善政颂碑》，《巨野县志》卷二十《金石》，中国国家图书馆藏清道光二十年刻本，36页。

[5]　张廷玉：《明史》卷八十三《河渠志一》，中华书局，1974年，2013页。

[6]　黄维翰：《巨野县志》卷二十《金石》，中国国家图书馆藏清道光二十年刻本，1页。

[7]　胡祖宾：《驸马陵表庆之碑》，《巨野县志》卷二十《金石》，中国国家图书馆藏清道光二十年刻本，19页。

[8]　该简报现存巨野县博物馆，未发表。当时参与发掘的人员有祝延峰、陈红生、孙自民、赵德武等，简报为陈红生撰写。

[9]　济，应为衍文。

[10]　先母，据原碑补；太，原碑无，为衍文。

[11]　躬，据原碑补。

[12]　心无少怠，据原碑补。

[13]　苏若思：《乐善公墓碑》，《巨野县志》卷二十《金石》，中国国家图书馆藏清道光二十年刻本，28页。

邹平黄山三路发现铜器窖藏

张玉静

（邹平博物馆）

图一 邹平市铜器窖藏出土点位置示意图

1992年4~5月，邹平市黄山三路拓宽公路过程中，在黄山三路北侧、黛溪一路东约150米处（原商业局至邮电局一带）（图一）发现有窖藏文物。收缴各类青铜器47件。山东省文物考古研究院李振标，惠民地区的常叙政、郭士云，邹平文物管理所王臻、杨翠英、赵鹤鸣、滕福成参加了清理发掘，发掘者认为这里可能是晚明张延登家族的花园。

一、出土铜器

铜器共47件。有铜鼎7、觚形杯5、壶5、盘2、锅4、器座2、熏炉3、灯3、舟1、盉1、盖豆1、勺1、匜1、暖手炉1、三联灶1、三孔水炉1、提链壶1、如意1、兽形尊1、波斯人像1、六棱贯耳瓶1、铜鹤1、蟹子2件等。

鼎 分为A、B二型。

A型 圆形鼎。标本0487，口微敛，方唇，斜折沿较窄，腹部弧曲略外凸，圜底。三柱状足较高。腹部被三竖格分为三区，饰梅花纹，底纹为麻点纹。口径11.6、耳高2.6、足高6.8、通高15.8厘米（图二；图版五四，1）。

B型 方形鼎。标本0489，长方形鼎。圆角双竖耳，有穿。直口略外侈，方唇斜折沿较窄。斜直腹，平底。三柱状足较高。四角饰四个竖扉棱，每面中间饰一竖棱，饰饕餮纹。上口长12.4、宽9、通高13.2厘米（图三；图版五四，2）。

觚形杯 分为A、B二型。

A型 圆形觚形杯。标本0503，大敞口，厚方唇。直柄，喇叭状圈足。口部饰蕉叶纹。柄部、圈足饰三道扉棱，其间饰草叶纹。口径18.3、底径8.5、通高32.9厘米（图四；图版五六，2）。

B型 方形觚形杯。标本0501，横截面呈方形。大敞口，厚方唇，直柄外凸，高圈足外撇。四角扉状棱外凸。上口饰蕉叶纹。口边长14.3、底边长7.7、最宽15.3、通高27.1厘米（图五；图版五六，1）。

壶 分为二型。

A型 铜龙首环耳六棱扁壶。标本0493，侈口，厚方唇，宽斜折沿，高束颈。球状腹，下部内束，底足外斜。通体横截面呈六边形。颈的上半部一道凸棱分为上下二区，上区饰蕉叶纹，蕉叶上装饰云纹；下区饰回字纹。颈部装饰两个对称的龙首环耳，环耳含在龙口内。肩部素面。腹部饰回字纹。腹根束腰处也用凸棱分为上、下区，上区饰斜的细凸线纹；下区饰错位的横向凸棱和回字纹。底足饰回字纹。整体为一次性铸造而成。壶口宽5.2、厚4.2、腹部宽8.6、厚6.4、底宽7.8、厚6.2、通高21.9厘米（图六；图版五五，1）。

图二 A型铜鼎（0487）

图三 B型铜鼎（0489）

图四 A型铜觚形杯（0503）

图五 B型铜觚形杯（0501）

图六　A型铜壶（0493）

B型　环状耳方形壶，1件。标本0495，口微侈，厚方唇，高颈下部外敞，直腹，下部斜直内收，高圈足。颈部装饰斜方格纹，方格内饰四对双线半圆纹。颈部饰两对铺首衔环，环为六边宽环，是活动的，可以提用。腹部素面宽边，内部画面呈方形，饰蟠螭纹。下部为素面。口宽7、腹宽10.8、底宽8.7、通高25.1厘米（图七；图版五五，2）。

花边口铜盘　标本0508，花边口八卦双鱼纹铜盘。敞口呈花边状，圆唇。宽折沿，斜腹微曲，大平底。沿面上装饰八卦纹，间以梅花、荷花等花草纹，底部中心饰荷花纹，两侧绕以双鱼，周边饰斜线状水波纹。口径49.1、底径29.6、沿高10.2厘米（图八；图版五七，2）。

铜火锅　标本0513，敞口，圆唇，宽折沿，沿面下凹，斜壁微外弧曲，大平底。下腹部一周横向的合范缝。中部用四块铁板焊接成十字形分格，应为分格火锅。口径41、高16.2厘米（图九；图版五八，1、2）。

图七　B型铜壶（0495）

图八　花边口铜盘（0508）

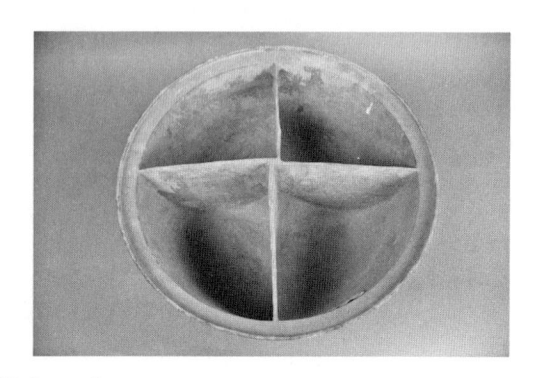

图九　铜火锅（0513）

铜器座　标本0519，整体呈束腰状，台面呈椭圆形，长8.9、宽4.7厘米。束腰，花瓣状底座，长8.4、宽6.7厘米，通高6.4厘米（图一〇；图版五九，2）。

铜熏炉　3件，分为三型。

A型　铜鸭形熏炉，1件。标本0499，鸭形香薰，鸭子双腿并，昂胸抬头，曲项向天，抬头张嘴，作鸣叫状，尾部上翘，屁股后面镂空铜钱状孔。上部鸭翅上翘。鸭的腹部和上部分别铸造而成。鸭的腹部作空心长椭圆状，子口。长22.9、宽9.8、通高24.7厘米（图一一；图版五五，3、4）。

图一〇　铜器座（0519）

B型　球形熏炉，1件。标本0505，球形熏炉整体呈镂空花纹状球体，由三部分组成：内心的铜香炉、镂空外壳的上半部和下半部。铜熏炉，敛口，窄折沿，圆唇。曲腹，圜底。口部外侧有两个对称的横銎，外端为短卯，与固定熏炉的圆铜圈榫孔相连接。镂空外罩的下半部，由外罩和内壁上固定香炉的三个铜圈组成。外罩呈半球状，直径14.8厘米，镂空花纹有树木、花卉。内壁固定香炉的铜圈共有大小不一的三个，内部铜圈由榫孔固定在香炉的两个铜卯上；中部铜圈由两个榫孔、横向铜柱与内圈相连；外侧铜圈由两个榫孔、铜柱与中圈横向连接，外侧用二铜柱与外罩上的榫孔相连，固定在外罩上。这样通过三个铜圈将香炉固定在外罩的下半部上。外罩的上半部呈镂空的半球体，花纹分为二区：顶部有一镂空的圆圈，内饰方孔钱纹，后边饰六道竖杠纹；下半部饰镂空树木、牡丹花和鸟，下口呈母口状（图一二；图版五六，3、4）。

C型　金猊形纽铜香炉，1件。标本0515，侈口，厚方唇，斜折沿。短束颈，扁圆状鼓腹，三柱状足。口部装饰半圆形带状立耳，有穿。弧凸顶盖，侈口，窄折沿，方唇，盖的两侧有缺口扣在立耳两侧。盖上饰一金猊，四足蹲踞器盖上，大嘴箕张，

图一一　A型铜熏炉（0499）

回首向天，长尾贴于顶盖。盖内侧有穿孔，与空心金猊身体相通，烟雾从金猊嘴中冒出。口径24.6、腹径29.4、盖口径24.5、通高33.8厘米（图一三；图版五八，3）。

铜灯　1件。标本0520，灯盏呈敞口浅盘状，平底。空心高直柄，柄的下部呈束腰葫芦状。喇叭口状底座。盏直径8.5、底座直径7、高18厘米（图一四；图版五九，3）。

铜舟　1件。标本0517，椭圆形，敛口，尖圆唇，斜折沿较窄。鼓腹，圜底。三马蹄状足。腹部饰对称的环形双錾手。口长径17.7、短径13.8、高8.5厘米（图一五；图版五八，5、6）。

铜盉　1件。标本0518，敛口，圆唇，沿微卷。鼓腹，小平底。三足较高。肩部饰一对并列的带孔纽，对应的腹部有一鸟首状流。上有顶盖，敞口，折壁，弧顶。盖顶中央有一带孔纽，一侧有带孔纽与盉身用卯钉相连。素面。口径7.3、盖径8.3、腹径13.2、足高4.5、通高13.4厘米（图一六；图版五九，1）。

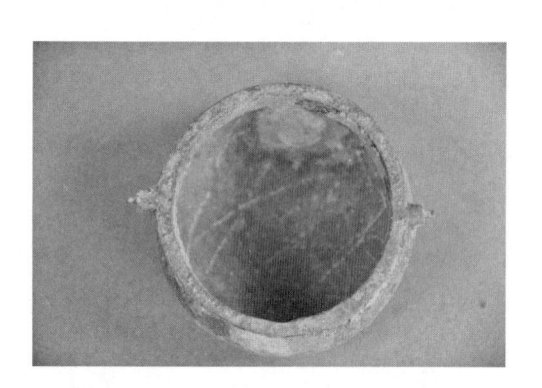

图一二　B型铜熏炉（0505）

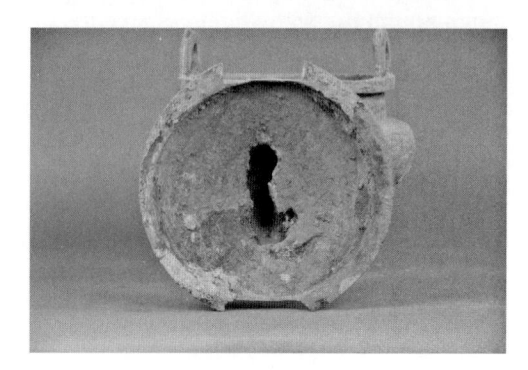

图一三　C型铜熏炉（0515）

铜盖豆　2件，标本0516、0517，敞口，圆唇，曲腹，喇叭口状圈足，束腰细矮柄。腹部饰数周横向凸棱。口径18.1、底径10、高6.7厘米（图一七；图版五八，4）。

铜勺　1件。标本0509，圆形勺，敞口，圆唇，圜底。长柄，柄端呈圆形花边状。长20.1、勺头直径7.7、高3.5厘米（图一八；图版五七，3）。

铜暖手炉　1件，标本0522，敛口，上腹壁外斜直，下腹内曲收，口小底粗，底部焊接双层铜圈，其内为钱币纹状镂空露灰板。上面盖有带纽顶盖。口径5.7、腹径8.8、底径9.2、高14.3厘米（图一九；图版六〇，1、2）。

图一四　铜灯（0520）

铜双环四足三联灶　1件，标本0523，长方体，四角饰兽头，两端饰铺首衔环作提手，下面为四个兽面足。灶的上面为三个并列的圆形灶坑，上面可以架锅做饭。两

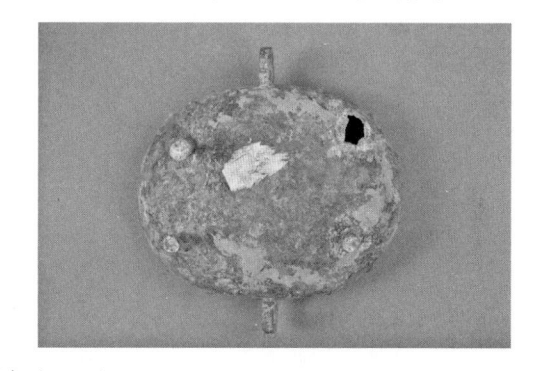

图一五　铜舟（0517）

图一六　铜盉（0518）

图一七　铜盖豆（0516）

侧小的灶坑的四周各镂空四个圆形钱币纹透孔。长33.8、宽19.5、通高21厘米（图二〇；图版六〇，3、4）。

铜六棱贯耳瓶　1件。标本0507，直口，方唇。直颈，口部并列两个短管。扁圆腹，高圈足。颈部饰三周双凸棱，分为三区，与两侧双短管形成回字纹。腹部装饰六道竖棱，外凸，底纹饰回字纹。高圈足呈喇叭状外撇，是龟形六边回字纹。口宽13.6、厚4.2厘米，腹部宽15.4、厚12.3厘米，底部宽12.7、厚9.5、通高35.2厘米（图二一；图版五七，1）。

图一八　铜勺（0509）

兽形双篓铜尊　标本0528，塑一空心奇兽，头有二短角，圆目凸出，高鼻向天，嘴大张，獠牙长卷，回头长啸。脖垂长毛，四足踞立。后背中部塑通圆桶状，身体两侧各驮一背篓，用条带捆扎背上。奇兽的胸前垂挂铜铃，尾部垂挂铜铃。四足佩戴护具。长30.9、宽29.7、通高30厘米（图二二；图版六〇，5）。

图一九　铜暖手炉（0522）

图二〇　铜双环四足三联灶（0523）

铜如意　1件。标本0510，弧曲宽扁状长弯柄，长42.9、宽2厘米。如意头，呈花边三角状，上面三朵饰祥云。宽7.5厘米（图二三；图版五七，4）。

铜波斯人像　1件。标本0506，波斯人作舞蹈状，高鼻梁，大眼睛，面庞英俊，络腮胡，长须下垂，头盘辫状长发，身穿长袖大衣，两肩上耸，衣角外摆，脚蹬长靴，左脚直立，右脚蹬起，立于圆台上。右手上扬，左手后卷，眼睛下视，作舞蹈状。底座和人像分别铸成，左脚下有长卯固定在底座上。通高38.1厘米。底座宽11.9、高4.6厘米，像高31.9、宽15.6、厚13.5厘米（图二四）。

铜鹤形镇纸　1件。标本0498，用铜铸造而成。鹤长腿耸立，站在一山形底座上。颈部下伸，头部残。高14、底座宽7.4、高2.6厘米（图二五）。

铜蟹子　2件。标本0511、0512，用铜铸造焊接而成，状如螃蟹，栩栩如生。标本0512，长19.2、宽9.3、高7.9厘米（图二六）。

图二一　铜六棱贯耳瓶（0507）

图二二　兽形双篓铜尊（0528）

图二三　铜如意（0510）

图二四　铜波斯人像（0506）

图二五　铜鹤形镇纸（0498）　　　　　　　　图二六　铜蟹子（0511）

二、结　语

邹平黄山三路铜器窖藏，发现的铜器数量多，器形复杂，既有仿古铜礼器，还有大量的生活用器。出土的铜器非常精美，有鎏金的，也有镂空花纹的。纹饰复杂，有兽面纹、蟠螭纹、回字纹、凸棱纹、蕉叶纹、禅形纹、梅花纹、鸟纹、鱼纹、八卦纹等。

数量庞大的铜器集中埋藏在一起，其年代延续时间较长。

铜舟、铜盖豆、铜盉，形制古朴大方，是周、汉代常见遗物，应该是主人收藏把玩的物件。

数量较多、器形复杂的仿古铜礼器可能是家族宗庙祭祀用器。A型圆铜鼎与西充县出土明代铜器窖藏[1]的寿纹鼎、素鼎形态相似，梅花装饰为宋代铜器特点；B型方铜鼎与圆形铜鼎皆为柱状足，腹部扉棱装饰风格相似，时代应该一致。A型觚形杯和B型觚形杯与沈阳故宫藏清代宫廷仿古铜器[2]的觚形杯如出一辙。

鸭形熏炉与江西吉水嘉熙元年（1237年）墓葬[3]出土的形制相近。香炉、双鱼盘、灶与湖南邵阳市城北路明代窖藏[4]相类。踏山铜鹤在江西万安明代窖藏[5]有发现。暖手炉、吊壶、灯、器座等生活用器，应是明清时期家庭用器。

因此该窖藏铜器的时代从周汉，历宋、元以至明、清。窖藏的埋藏应该在清代后期或更晚。

铜器窖藏的埋藏位置为我们分析判断窖藏主人提供了线索。窖藏发现于邹平旧城的西部，明清时期邹平名门有东、西二张家，这里可能是明、清一门四进士张延登家族的花园。张延登明末重臣，万历二十年（1592年）壬辰科进士，历任内黄县、上蔡县知县，迁给事中。后历官太仆寺少卿、大理寺左少卿、太仆寺卿、浙江巡抚、南京都察院右都御史、工部尚书、都察院左都御史。崇祯十四年（1641年）病逝。朝廷赠官太子太保。南明弘光时，追谥忠定。曾祖张桂，以贡生授清河县训导；祖父张佩弦，封吏部侍郎；伯父张一元，官至河南巡抚；次子张万选，官至刑部员外郎；三子张万钟（1592~1644年），授镇江府江防同知兼推官。明万历到崇祯年间，张延登家族在山东邹平营建了8处园林[6]：兔柴园、寄清园、河媚园、药圃、会景园、月河庄、日涉园、拳湖。只有寄清园一处建于城中，其他的建在城外，铜器窖藏可能就埋在寄清园内。

张氏一族是明清时期邹平的名门望族，多在江、浙、河南、京城为官，这对我们研究窖藏铜器的使用和埋藏有帮助，也为我们探讨铜器产地提供了线索。明清时期，潍坊青铜器复制闻名于天下，这批铜器可能以潍坊复制铜器为主，也有江浙或京城的因素，有待于今后研究的深入。

注　释

[1] 李南书：《西充县出土明代铜器窖藏》，《四川文物》1985年3期。
[2] 冯维：《慕古追新——沈阳故宫藏清代宫廷仿古铜器》，《收藏》2021年12期。
[3] 陈定荣：《江西吉水纪年宋墓出土文物》，《文物》1987年2期。
[4] 邵阳市文物局：《湖南邵阳市城北路明代窖藏发掘报告》，《湖南考古辑刊》1999年1期。
[5] 刘红兰：《加冠晋爵　延年益寿———江西万安明代窖藏铜器赏析》，《南方文物》2014年3期。
[6] 郭以德、周向频：《晚明山东邹平张延登家族园林考略》，《城市建筑》2021年10期。

辽东半岛新石器时代晚期社会格局再识

张翠敏

（大连市文物考古研究所）

一、辽东半岛新石器时代文化时空关系

目前，辽东半岛新石器时代文化序列为：小珠山下层（或小珠山一期）→小珠山中层（小珠山二期）→三堂一期→小珠山上层（小珠山三期）（图一）。发现最早的新石器时代文化是小珠山下层文化（小珠山一期）[1]，距今6500～6000年，以压印之字纹和席纹的夹滑石筒形罐为主要特征，以零散的小型聚落为单元，几座圆角方形房址组成一个小聚落，以打制石器和渔猎为主，以初始农业为辅助经济手段是当时经济形态的真实写照。这时期的遗址面积小，数量少，遗存不丰富，没有发现墓葬，主要分布于辽南南部和鸭绿江下游。陶器属于东北地区筒形罐系统。营口地区几乎没有发现新石器时代遗址，反映了当时的人口少且分布相对集中。

距今6000～4500年，辽东半岛分布小珠山中层文化（小珠山二期），文化格局较以前发生了较大变化，本地原有的筒形罐系统仍然存在，但有了新的变化。筒形罐仍然是主流陶器，但纹饰由压印纹演变为刻划纹，器形变小、变薄，夹滑石陶变成了夹砂陶。最明显的变化是大汶口文化进入辽东半岛，盆形鼎、觚形杯、鬶、豆、器盖、彩陶等大汶口文化陶器和制作技术被带入辽东半岛（图二）。这时遗址数量相对增加，聚落面积有了明显增大，圆形和方形房址是当时主要居住形式，文化内涵更加丰富，农业进一步发展。磨制石器占多数，家畜饲养占了很大比重，渔猎和采集仍占一定比重。人口有所增加，山东大汶口移民从海路进入辽东半岛，为当地注入新的活力。在辽南这个时期遗址中，均发现本地土著文化与大汶口文化因素并存特征。到目前为止，小珠山中层尚未发现墓葬。但大汶口文化分布范围有限，主要分布于辽东半岛南部，以渤海沿岸和长海县岛屿为多，鸭绿江下游少见。主要遗址有小珠山、吴家村[2]、郭家村[3]、文家屯[4]、大潘家[5]等。

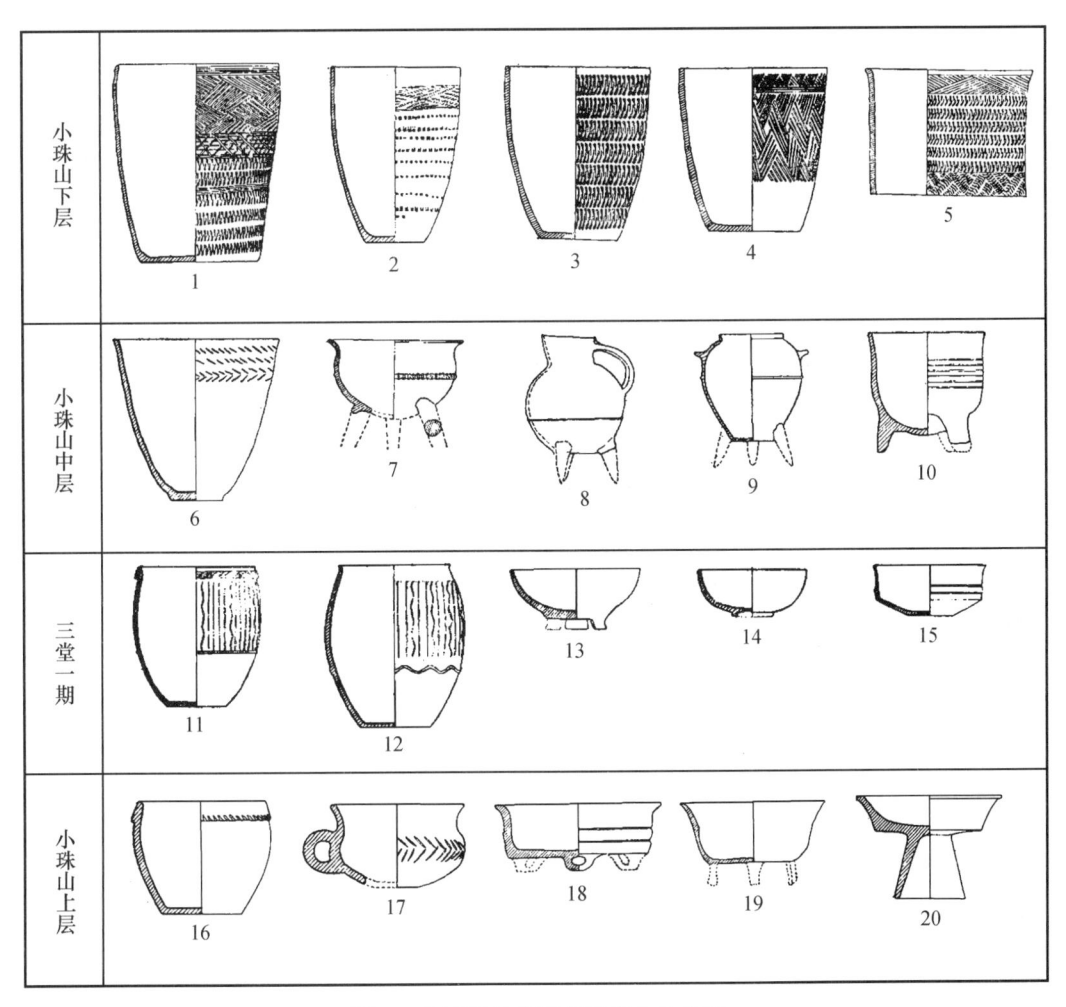

图一 辽东半岛新石器时代文化分期
1、2.小珠山 3～5.北吴屯 6、7.吴家村 8～10、16、17、20.郭家村 11～15.三堂 18.上马石 19.蛎碴岗

距今5000～4500年，在小珠山中层和上层之间出现了新的文化因素，即三堂一期遗存[6]，文化面貌与偏堡文化一致。三堂一期最突出的特征是饰各种竖条、横向附加堆纹的夹滑石筒形罐和刻划纹泥质红陶壶组合，在辽东半岛主要分布于半岛南部和鸭绿江下游地区，沈阳地区有一定分布，内蒙古科尔沁沙地等也有较多发现。三堂一期与大汶口晚期因素并存，以长兴岛三堂、交流岛的蛤皮地[7]最为典型。有个现象值得关注，三堂一期遗存主要分布于大连地区北部，南部和长海县岛屿也有分布，但数量较少，比如郭家村遗址发现三堂一期陶器就比较少，没有三堂和蛤皮地遗址典型。偏堡文化主要影响范围在大连北部地区的瓦房店近渤海岛屿，普兰店和庄河发现更少，说明大汶口晚期辽南地区受到了偏堡文化影响，北部强烈，南部偏弱。这似乎为偏堡子文化由北向南传播提供了证据。

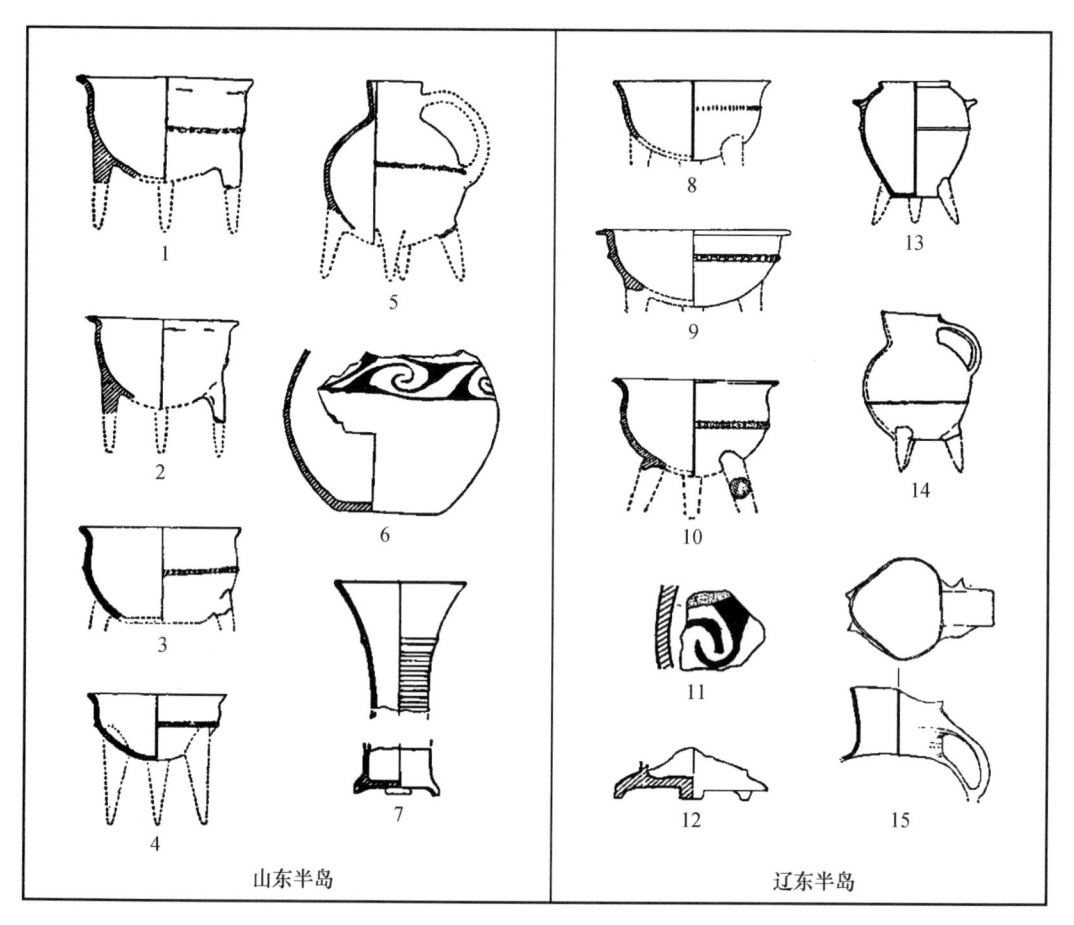

图二　两半岛大汶口文化因素对比

1、2、5~7.北庄一期　3、4.紫荆山下层　8、9、11、13、14.郭家村下层　10、15.吴家村　12.小珠山

距今4500~3900年的小珠山上层（小珠山三期），辽东半岛进入了新的发展时期，文化面貌发生了巨大变化。由于山东龙山文化进入辽东半岛，龙山文化器物占较大比重，遗址数量增加，面积增大，房址为圆形和圆角方形，以黑陶为主要特征的器物普遍存在，山东龙山文化黑陶系列以及受龙山文化影响而出现的夹砂红褐陶系列成为这时期陶器群的主要特征（图三），山东龙山文化陶器占主流，土著文化反而不明显，但筒形罐一直存在，以素面居多，外叠唇流行。这时期有一个重大变化，就是发现了数量众多、分布广泛的积石冢，是辽东半岛土著文化的典型特征。积石冢葬俗多样，一次葬、二次葬、火葬、丛葬均可在同一个积石冢出现，两套文化系统陶器均可在同一座积石冢或墓室中出现，比如四平山M36的E室[8]，推测可能是龙山移民和土著居民都使用积石冢。山东龙山文化则流行土坑墓，多为单人一次葬，也有双人合葬，但不见火葬、丛葬和拣骨葬。积石冢主要分布于渤海沿岸，出土器物以龙山早

期居多，少数积石冢出土器物可延续至龙山晚期。在小珠山上层，还有一种文化因素仍然存在，就是外叠唇筒形罐和附加堆纹，这就是偏堡文化遗风的延续，在辽南有少量分布。四平山、王宝山[9]、鞍子山[10]等积石冢等出土极少量陶器都有偏堡文化遗风。

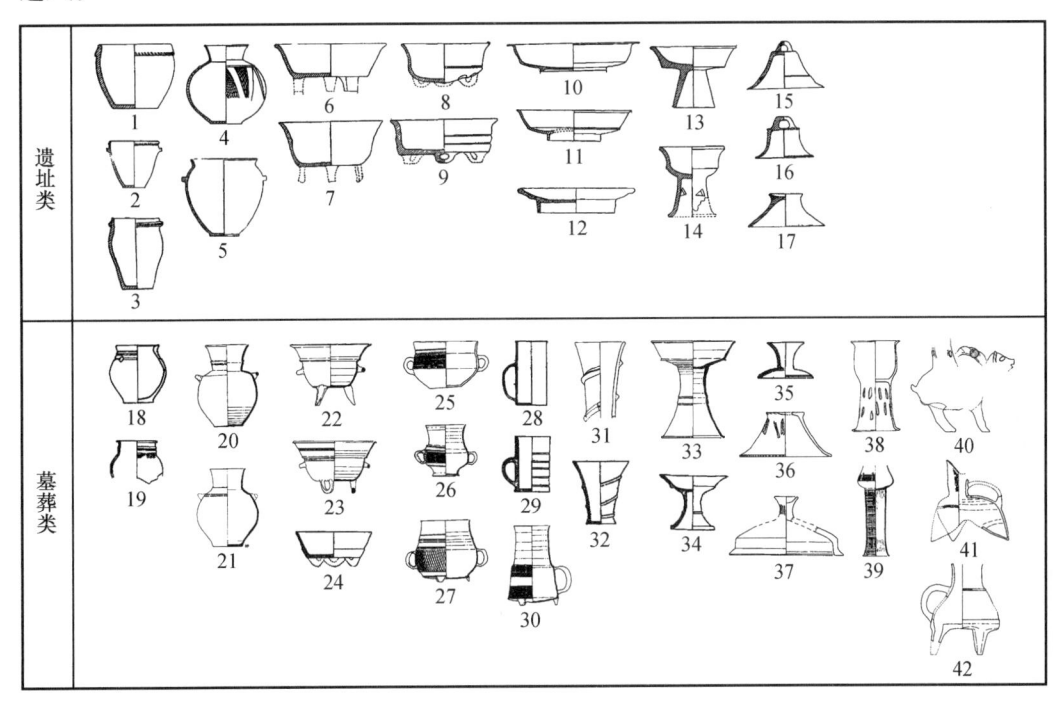

图三　小珠山上层出土陶器
1、2、4～6、11～14、17.郭家村　3.小珠山　7～10.上马石　15.蛎碴岗　16.南窑　19、24、28、29、32、34、35.老铁山（余为四平山）

小珠山中层往往被小珠山上层叠压，有些遗址小珠山上层、双砣子一期被双砣子二期、三期叠压。除了小珠山中层的晚段偏堡文化进入辽南地区外，两半岛在大汶口文化、龙山文化乃至岳石文化时期文化基本上是同步的。小珠山上层还有一个重要现象，就是早期与晚期陶器发生了较大变化，早期精致细腻，晚期粗放笨拙，二者对比强烈，以至于出现了"双砣子一期文化"。双砣子一期内涵比较复杂，不仅有龙山中期、晚期器物，而且也有岳石文化器物，双砣子一期属性有学者做过探讨，究竟是否能独立存在，将来还需要进一步探讨。

除小珠山下层外，小珠山中层和上层都是伴随着大汶口文化和龙山文化向辽东半岛的扩散而发生了巨大变化，文化交流始终是通过海路完成的。

二、大汶口文化与龙山文化北渐

  大汶口文化距今6000~4500年，分布于山东、苏北、皖北、豫东地区，考古学文化在不同时期分布范围有所变化，晚期阶段达到全盛。海岱地区"大汶口早、中期，以泗河流域发展水平较高，应是大汶口文化的中心区"[11]，晚期阶段，在汶、泗、沂、沭河流域，苏北，皖北等形成了多个中心分布区，也形成了多个类型。早期的王因、刘林、紫荆山类型等，中期的大汶口、花厅、五村、呈子、北庄类型等，晚期的西夏侯、陵阳河、三里河、尚庄、杨家圈、赵庄、尉迟寺类型等。大汶口的遗址和墓葬数量多、分布广，发掘的数量也多，学界对大汶口文化的内涵了解得也最为清楚。大汶口文化陶器特征比较突出，鼎、豆、罐、壶、钵、鬶、觚、杯等为其典型器物，彩陶流行。大汶口文化葬俗多为单人一次葬，有少量合葬，拔牙和含小球习俗、枕骨人工变形等特殊习俗流行。随葬品出现了多寡区别，已经出现贫富分化。济南焦家遗址发掘大汶口中晚期墓地，"发现了1圈城墙和壕沟、215座墓葬、116座房址、1座陶窑，以及近千个灰坑，绝大多数属于大汶口文化时期，主体年限大约是距今5500年到4500年。出土的大量大汶口文化日用陶器及玉器、白陶，大型墓葬的出现，以及大汶口文化晚期城墙和壕沟的发现，均揭示出这是一处重要的大汶口文化中晚期阶段的中心聚落遗址"，"已经表现出明显的社会分化和等级差别，并且形成了十分严格的礼仪制度，玉器在礼仪系统占据了重要位置，形成了严格的标准和规范，开后世礼仪制度的先河"[12]。墓葬分化日益加重，财富越来越集中。大汶口丰富的遗迹遗物说明，该文化势力强大，文明程度较高，分布范围广。因此大汶口文化势力强大，向外扩散也是必然，以至于辽东半岛南部也成为该文化向外输出之地，不难理解辽南地区大汶口文化因素的来源。"以小珠山中层、郭家村下层为代表的小珠山中层类型中大量存在的鼎、豆、觚、壶、鬶及各种纹样的彩陶等均与山东半岛蓬莱紫荆山、栖霞杨家圈、长岛北庄、福山邱家庄、烟台白石村等遗址出土的同类器特征相同"[13]（图二）。

  龙山文化距今4500~3900年，分布区域"以泰、沂山地为中心，西界到聊城、菏泽、商丘和周口东部，南达淮河流域，东至黄海，向北至少在鲁、冀交界一带"[14]。龙山文化最典型的特征是以黑陶见长，发现较多玉器。龙山文化高度发达，目前，海岱龙山文化发现城址10余座，有城子崖、两城镇、尧王城、边线王、丁公、田旺、景阳冈、教场铺、丹土等，大城址面积超过三十万平方米，小的仅有二三万平方米，城墙宽10余米，城址外有壕沟，可谓城池林立。规模巨大的城池非一般力量所为，必须集合大量的人力物力和时间才能完成，这就需要一个高层权力集团，来调动或控制大量民众为其修城，因为城是重要的防御手段，也是财富集中的体现。城的修建不仅仅是为了防止战争、掠夺，而且有可能是为了防止水患。"大禹治水"的传说就发生在龙山时代，反映了当时洪水泛滥。两城镇城址为大型城址，城址规模和城墙宽度及三圈壕沟显示两城镇为龙山时期都城。龙山文化分为城子崖、尹家城、姚官庄、尧王城、杨家圈、王油坊等类型，龙山文化分布范围也在扩大。龙山文化分期已经相当精细，目前可细分为六期，每一期的器物组合和特征都有一定变化，具有很强的标杆意义。龙山文化墓葬一般多为土坑墓，有的有棺椁，有的有棺，也有的无葬具，多为仰身直肢葬，合葬和二次葬较少。随葬品已出现贫富分化，随葬礼器和玉器已经比较普遍，像做工精致的黑陶或蛋壳陶的鬶、高柄杯等应属于礼器。岫玉制品在山东龙山遗址或墓葬中出土不少，一方面说明贸易交换，另一方面玉器有可能被部落首领或者权力集团所控制，出现了财富高度集中现象，足以显示龙山文化之强大，向外扩散也是必然。

海岱龙山文化对周边地区的扩散和传播已是不争的事实，豫东、皖西北以及苏北等地区，都发现了龙山文化遗存和遗物，而且有些是高规格遗存。在山西陶寺[15]、陕西石峁[16]等发现了规模庞大的城址和重要文物，陶寺遗址还发现了祭祀台和宫城遗址、高规格墓地。这说明整个龙山时代普遍进入"万国林立"时代，迈入了高度发达的文明社会。大量考古资料印证了龙山时代正处于苏秉琦先生所提出的中国国家起源发展阶段的三部曲——"古国、方国、帝国"的方国阶段。

小珠山上层，两半岛文化交流已经相当频繁。继大汶口文化之后，从龙山早期开始，山东龙山文化对辽东半岛源源不断地输出，山东龙山移民从海路不断进入辽东半岛，而且强度和力度要大于大汶口文化的输出。因为龙山文化扩散范围不仅仅限于半岛的南端，而且龙山移民已经向鸭绿江下游、辽南北部的地区扩散，分布范围有了明显扩大。在丹东石佛山[17]、岫岩北沟[18]、大连北部地区的普兰店和庄河等地均发现了龙山文化因素，而这些地区基本不见大汶口文化因素。龙山文化最典型的陶器组合特别是黑陶、蛋壳陶系列陶器（图四）也传到了辽东半岛，有的陶器特别是礼器应是从山东运过来的，还有大量的陶器是当地烧造的，二者区别是比较明显的。当地烧造的龙山风格陶器，与海岱龙山文化陶器风格近似，但陶质、陶色、烧制火候等都存在较大区别，夹砂红褐陶、黑皮陶等在辽南地区普遍发现，纯黑陶数量少于前二者，越往北，陶质变化越大，黑陶数量在逐步减少，而且在器形方面不如山东龙山文化丰富多样。越是接近于渤海沿岸南部的遗址，发现的龙山文化器物越纯净，比如郭家村遗址、四平山积石冢发现的黑陶和蛋壳陶与海岱龙山文化几乎完全一致。小珠山上层既有纯粹的龙山文化因素，又有受龙山文化影响而产生的红褐陶系列，可能是龙山移民及后裔在当地烧制。四平山、老铁山积石冢出土黑陶系列与胶州三里河同类器如出一辙（图五），显示了二者的密切联系。青岛地区相对于胶东地区东部应主要是龙山文化的"传播者"[19]，表明青岛地区也是龙山文化分布中心。龙山移民不仅带来了先进的制陶技术，而且也带来了先进的种植技术，比如水稻，就是经山东半岛传到辽东半岛的。山东半岛已发现了龙山时期的水稻田，比如杨家圈遗址。我们在辽南的郭家村、王家村等遗址中均发现了水稻的植硅体，王家村遗址还发现了炭化稻米[20]，但尚未发现水稻田。这时期的辽东半岛稻作和旱作并存。对大嘴子青铜时代遗址发现炭化稻米[21]而言，辽东半岛实际发现稻米的时间提前了1000年。

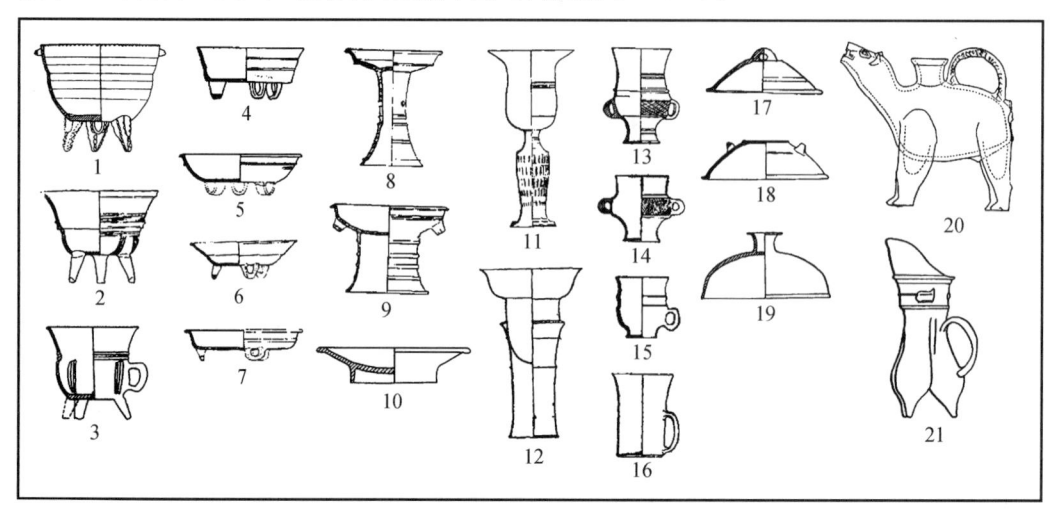

图四　山东半岛龙山文化典型器物
1、3、10、19、21.杨家圈　2、6~9、14.姚官庄　4、11~13、16~18、20.三里河　5、15.紫荆山

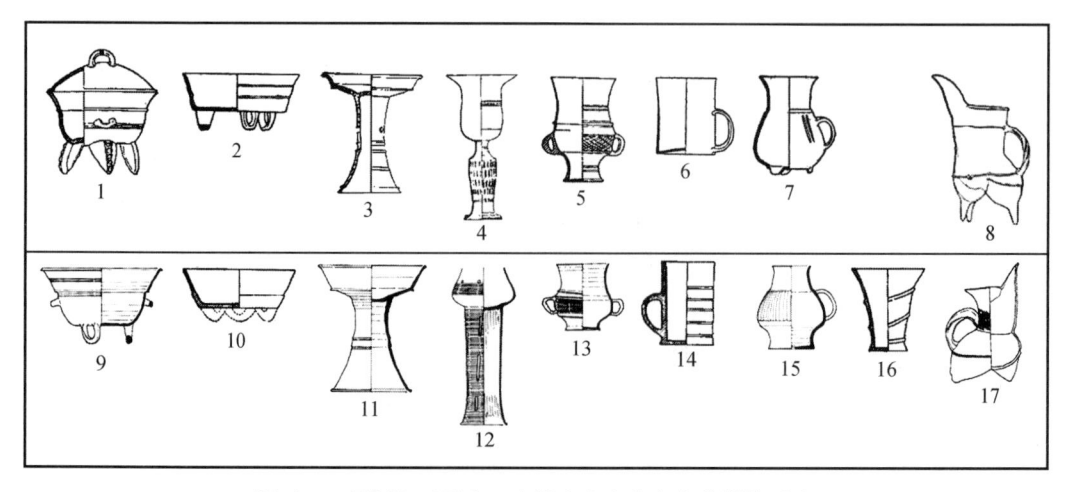

图五　三里河与四平山、老铁山出土龙山文化器物对比
1~8.三里河　9、11~13、15、17.四平山　10、14、16.老铁山

山东龙山文化对辽东半岛影响深刻，土著文化势力则显得比较薄弱，龙山文化风格陶器已经覆盖了辽东半岛南部和东部地区，而辽东半岛对山东半岛的影响极其微弱。不可否认，山东龙山文化对辽东半岛文化和社会格局产生了深刻影响。

三、辽东半岛新石器时代晚期社会格局发生骤变

从济南焦家等遗址分析，在距今5000多年的大汶口文化中晚期，社会已进入文明阶段，"礼出东方"，已为学界共识。李伯谦先生说："山东焦家遗址在距今5000年左右，是黄河下游进入古国阶段的典型代表和确切例证。"焦家遗址是鲁北古济水流域具有政治、经济和文化中心意义的大型聚落。大汶口时期高规格、出现贫富分化的墓地不止焦家一处，比如花厅、刘林、野店、三里河墓地等。海岱地区大汶口文化形成强大的势力范围，对外扩散已成必然，范围已扩大至苏北、豫东、皖北等，向北渡海进入辽东半岛。大汶口文化的进入为辽东半岛带来新的文化因素、新的活力，其影响是巨大的。辽东半岛两套不同的文化系统在陶器上反映得最为明显，土著文化与大汶口文化同时存在，但仍以土著文化为主。

山东龙山文化高度发达，城址规模大，数量多，一般都在数十万平方米，聚落面积大、数量多，遗迹、遗物非常丰富，蛋壳陶应该是生产力发展到一定阶段才能出现的，代表了高超的制陶技艺。龙山文化分布范围已超过海岱地区，向北到达了辽东半岛东部，大大超出大汶口文化影响的范围。辽东半岛相当于龙山时期的文化面貌更多地反映了龙山文化因素，本地土著文化因素在减少和弱化。这时期的聚落也开始增加，人口也在增多，但大规模分布的积石冢仍保留土著文化特色，而没有发现一座土坑墓。龙山文化的扩散，给辽东半岛带来了先进文化、生产和制陶技术，龙山文化的政治制度、礼仪制度、物质文明达到较高程度，生产力水平有了明显提高，辽东半岛多个遗址发现了水稻遗存，水稻北传是通过胶东半岛，两半岛相似性更强。龙山文化在大汶口文化的基础上进一步发展繁荣，为辽东半岛源源不断地输入新的能量，才使辽东半岛文化面貌发生了巨变。

山东龙山时期的墓葬发现很多，出现贫富分化和财富集中现象，比如，山东临朐朱封龙山大墓[22]，均有棺椁，而且M203为重椁一棺，出土器物丰富，陶器有鼎、鬶、豆、罐、盒、罍、杯、盆等，发现了多种颜色彩绘，还有玉石器、骨器等，为龙山晚期墓葬，而且规格高，推测墓主人身份显赫、地位特殊，应为某个权力集团的当权者。泗水尹家城五次发掘，发现龙山时期墓葬65座，分为大中小和没有墓圹四类，大的墓室M15超过25平方米，而最小的M209仅为0.59平方米。规模大的墓葬有棺椁，随葬品丰富，而小墓室多数没有葬具、没有随葬品。泗水尹家城出现了明显的贫富分

化，越来越多的财富集中于一部分人手中，这部分人掌握一定权力，而小墓葬多为平民的墓葬[23]。

辽东半岛小珠山上层墓葬以积石冢的形式分布，数量多，分布范围广，葬俗多样。出现了等级和阶层分化，墓葬大小和随葬品都有所不同，最大墓往往分布在山顶，依次向下递减。例如，四平山积石冢，有学者分为几个层次，其中就有一定的阶层分化。山顶大冢规模大，随葬品相对多，墓主人身份高，而越往山下，积石冢规模越小，随葬品也越少。一些山东过来的黑陶礼器和玉器在一些大墓中出现，但总的看随葬品变化不大，贫富分化并不明显。四平山山顶大墓M36是积石冢中最大的一个，内有31个墓室，其中E室随葬器物数十件，以陶器居多，有多种形制的杯、壶、罐、鬶、器盖等，以龙山文化器物占多数，且多为早期，一些黑陶器物与山东出土的完全一致，应为舶来品，也有一部分土著文化的罐等。P室是顶部最上一个墓室，随葬精美的黑陶鼎、豆、杯和红陶鬶、罐以及玉器（牙璧、环、锥形器、珠子）、石斧等，虽然没有E室数量多，但精美的黑陶足以说明墓主人的地位较高。由于四平山积石冢人骨普遍保存不好，多为残存的碎骨，但通过王宝山、鞍子山等同时期的积石冢观察，保存较好的人骨，多为单人葬，四平山积石冢应该也是单人葬为主。M32位于山坡下位置，规模小，包含4个墓室，出土器物仅有几件，如罐、贝环等。从上述墓葬和随葬品可明显看出身份阶层不同。四平山发掘报告作者将四平山积石冢龙山文化系统的陶器分为五个阶层[24]，表明辽东半岛相当于龙山时期也有了阶层之分，出现了贫富分化。王宝山、鞍子山积石冢也存在这样的情况，但积石冢的规模、大小不同，可判断墓主人身份不同。

辽东半岛发现的新石器时代晚期积石冢多分布在半岛南部的渤海沿岸，越往南，积石冢随葬的黑陶越多，而且山东过来的舶来品就越多；越往北，黑陶器物越少，受龙山文化影响的红褐陶系列就增加，所以南北存在差异。像四平山积石冢出土一批纯净黑陶器物在大连地区其他积石冢少见，这说明四平山积石冢大墓有可能是当时比较强权集团的高规格墓地，随葬品的档次、级别要比其他墓地高。位于金州的王宝山积石冢与四平山积石冢都相当于龙山早中期阶段，随葬品明显不如四平山积石冢精美，数量也不多。金州张家岚后山积石冢[25]有部分相当于龙山晚期的墓葬，随葬品明显偏晚，粗糙，积石冢的规模、随葬品的数量和档次都明显降低了。

综上所述，大汶口、龙山文化文明化程度较高，尤其是龙山时期城池林立、聚落分布广、规模大，墓葬规格高，发达的制陶业与墓葬大小等级之分成正比，这时已经形成了一套礼仪制度、政治制度，特别是龙山时期的牙璋、玉钺等礼器大量出现，标志着龙山社会已进入高度文明社会。大汶口和龙山文化向外扩散，是源于其自身的政治、经济、文化势力之强大，辽东半岛受其影响而出现了巨大变化，龙山文化影响更为强烈,从而给辽东半岛带来了文明曙光。尽管遗址规模、数量、陶器种类等都远达不到海岱地区那样高度的文明,并且保留着土著文化特色,但不可否认,大汶口文化、龙山文化给辽东半岛土著文化带来了强烈的冲击,给原不发达的辽东半岛带来了更多的活力和新生力量,使此地社会格局发生骤变,其影响深远。如果说海岱地区是大汶口和龙山文化政治中心,那么辽东半岛则是其辐射区、边缘地带,而文化面貌仍存在一定差异。

四、两半岛社会格局存在较大反差

大汶口和龙山文化向外扩散对辽东半岛产生深刻影响,伴随着山东移民的北渐,先进的文化进入辽东半岛,但影响不平衡,范围始终有限。大汶口文化在辽东半岛的范围不超出大连地区,其影响从南部向北部逐渐衰落。聚落也比较小,遗址面积不大。龙山文化影响范围略广,到了鸭绿江下游地区,向北到了岫岩境内。在辽东半岛发现的遗址出土器物中均可看出明显的演变轨迹,这说明大汶口、龙山文化是源源不断地陆续输送到对岸。大汶口、龙山移民北上的原因,移民的身份等,需要进一步深入研究。小珠山中层和小珠山上层文化属性,许多学者都进行了多方面探讨,本文不再赘述。考古发掘资料证明,小珠山中层土著文化因素仍占主要地位,小珠山上层龙山风格器物在辽东半岛已占大多数,土著文化陶器比较薄弱。这时期的遗址主要仍集中于半岛的南端和鸭绿江下游地区,向北逐渐减少。岫岩以北至沈阳一带,几乎没有发现相当于大汶口和龙山时期的因素。尽管两半岛文化面貌有很大相似性,但社会格局仍存在较大反差,分布也不平衡。

(1)聚落形态

焦家大汶口晚期遗存发现夯土城墙、护城壕沟、祭祀坑和大型墓葬在内的诸多高等级设施,显示了政治中心特有的威严,辽东半岛没有上述发现。但大汶口文化的势力并没有超过土著文化,说明大汶口文化虽然进入辽东半岛,但没有形成统治地位,还是以土著文化为主,到目前为止,辽东半岛相当于大汶口时期尚未发现一处墓地。

大汶口文化时期的聚落面积都很大,胶东地区大汶口文化遗址面积有的略小,可能与丘陵山地多有关系。比如紫荆山遗址约3万平方米,北庄遗址2.8万平方米。而鲁西南遗址分布面积相对比较大。小珠山中层聚落面积都不大,大的有1万~2万平方米,超过2万平方米的少见,小的仅有数千平方米,遗迹也不丰富。像郭家村、吴家村、文家屯等面积稍大的聚落遗址遗物相对比较丰富。山东地区龙山时期聚落剧增,比如根据青岛地区调查资料,由大汶口文化遗址约30处发展到龙山时期达到70处,以5万平方米以下遗址居多,大型遗址约10处,面积10万~50万平方米,这样的大的聚落在辽东半岛不见。发掘材料显示，大汶口文化政治中心与边缘地区存在较大落差。大汶口文化器物群特征鲜明、具有代表性，辽东半岛尽管有一定数量的大汶口文化陶器，但高规格的白陶、彩陶等典型器物组合较少，如背壶几乎不见。彩陶发现较少，多为残片，图案简单，远不如大汶口文化丰富。

山东龙山时期大型城址多有分布，已发现10余座，而且有的城址规模相当大，分布也比较集中，城子崖、两城镇、丹土这三座城距离比较近，显示了龙山时期社会高度发达，是进入文明社会的标志。但在辽东半岛到目前为止尚未发现城址，聚落面积也比较小，比大汶口文化时期有一定增加，遗迹并不丰富，器物群和陶器制作技术也不如山东半岛发达。

（2）龙山移民葬俗

从大汶口到龙山时期，山东半岛墓地出现了明显的贫富分化，出现了等级制度。焦家发现了玉器、白陶、黑陶和彩陶等高端礼仪用具，形成比较成熟的礼仪制度和文明化标志。有权势的人墓葬有棺椁，随葬品丰厚，少数人有重椁一棺现象，而贫民墓葬几乎没有葬具，极少有随葬品，墓葬规模和随葬品存在巨大差别。这是大汶口和龙山文化文明化标志之一，文化和社会的高度发达，才有能力对外扩张，辽东半岛则是扩张的辐射区。原本是土著文化分布区，由于大汶口与龙山文化的进入，辽东半岛接受外来先进文化，本土的文化面貌随之发生变化。相当于龙山晚期，辽东半岛文化面貌有了较大变化，分布范围缩小，仅限于南部地区。陶器笨拙、器形变大，多黑皮陶。龙山晚期遗址，胶东地区发现得较少，鲁西地区遗存仍比较多。其原因比较复杂，与龙山晚期可能发生了重大事件（包括降温事件）有关。

辽东半岛没有发现小珠山下层、中层墓葬，小珠山上层墓葬却大量分布，都以积石冢形式分布，数量多，规模庞大，延绵山脊，分布范围比较广，在渤海沿岸的各大山脊几乎都能看到这种墓葬形式，山下则有遗址对应。以早中期墓葬居多，而且葬俗多样，一次葬、二次葬、丛葬、拣骨葬，甚至火葬等在同一座积石冢内存在，随葬品既有龙山文化因素，也有当地土著文化特征。海岱地区龙山文化多为土坑墓和一次葬，合葬和二次葬比较少见，火葬更是不见，而辽东半岛尚未发现这个时期的土坑墓。两半岛葬俗形成强烈反差和对比。积石冢内随葬两套不同系统的器物显示，龙山移民和土著居民都在使用积石冢。积石冢的复杂葬俗，可能暗示其墓主人身份比较复杂。

辽东半岛遗址和墓葬是对应的，如郭家村遗址对应的是老铁山-将军山积石冢，文家屯遗址对应的是四平山积石冢等，但却没有发现一座土坑墓。一个墓地由若干积石冢群组成，每个积石冢内有若干墓葬，同一座积石冢内墓葬形式多样，王宝山积石冢还发现了多人丛葬情况，却没有任何随葬品。有的墓室火葬，火化程度非常高，随葬品以龙山风格器物居多。积石冢是辽东半岛土著的墓葬形式，最早见于小珠山上层，相当于龙山早期阶段，一直延续至春秋时期。这种风格墓葬在山东没有发现，与龙山文化墓葬形式大相径庭，尤其是火葬，绝不见于龙山文化。那么龙山移民为什么要放弃自己的丧葬习俗而选择这种辽东半岛当地土著文化的丧葬习俗呢？况且每个积石冢内丧葬形式也不同，是否可以这样推测：一次葬的墓主人是龙山移民或后裔，二次葬、火葬的墓主人为本地土著人？或者龙山人及后裔也在使用二次葬和火葬？从新石器时代积石冢就流行墓底铺卵石的习俗，如王宝山积石冢有些墓室就流行铺卵石习俗，其中包括丛葬和火葬墓室。到双砣子上层仍很流行，比如于家砣头积石墓地[26]，甚至高句丽早期积石冢如桓仁冯家堡[27]、小北旺积石冢也流行铺卵石的作风，同样流行火葬。辽东半岛积石冢传承有序，延续时间较长，一直是本地土著文化因素。我们注意到，四平山积石冢最大最高规格的M36，几乎每个墓室都有两套文化系统的陶器，为什么会这样，值得深思。因为葬俗是代表一个民族或部落意识形态最突出的标志之一，不会轻易改变。

（3）航海能力

大汶口文化是通过海路传播到辽东半岛，大汶口文化的移民来到辽东半岛的数量肯定受限，文化传播幅度和强度也受限制，因为辽东半岛东部、北部并没有发现大汶口文化遗存。辽南地区大汶口文化与本地土著文化筒形罐相结合，两套不同的陶器特征形成强烈对比，但筒形罐在数量上占绝对优势，大汶口文化器物并未占绝对优势，因此大汶口文化虽然到了辽南，但其势力影响范围有限，还没有达到统治当地的地步。辽南地区含有大汶口因素的遗址主要分布于半岛南端渤海沿岸和长海县岛屿，与大汶口文化移民上岸最近最方便地点有关。小珠山中层的聚落面积遗址比较小、分散，遗迹不丰富，陶器数量和种类也逊色于山东大汶口文化。

到了龙山时期，龙山移民进入辽东半岛的人数有一定增加，从上述小珠山上层遗址分布范围、聚落数量、龙山系统器物占主流、墓地出现了等级分化等方面得到证实。从大汶口早期开始到龙山时期，特别是龙山早中期，两半岛文化交流相当频繁，以山东输出为主，辽东半岛对山东半岛影响则较弱。

大汶口、龙山移民都是通过海路到达辽东半岛，尽管两半岛距离不远，但毕竟是海上天堑，受当时的条件和航海能力所限，船只运力可能非常有限，移民的数量值得探讨，不像豫东、皖北、苏北，没有任何地理障碍。辽东半岛相当于龙山时期的遗址规模和数量就说明了这个问题。但有个值得注意的现象，小珠山中层遗址明显少于小珠山上层遗址，分布范围不如小珠山上层范围大，但从小珠山上层分布的大量积石冢分析，这时期的人口有明显增加。四平山发现60个积石冢，周围其他山头还存在不少积石冢。已发掘的10个积石冢（M32～M41），墓室数量不一，有的达31个，有的仅有

4个墓室,墓室多为单人葬,那么60个积石冢所葬人数不是少数。目前,积石冢墓主人人骨科学检测、DNA等尚未有结果,究竟哪些是山东移民、移民后裔,哪些是土著居民,尚不能做出判断。

龙山移民踏上新土地,将龙山文化先进技术、经验和思维理念一并带到辽东半岛,而且龙山移民的后裔创造了与龙山陶器风格近似的红褐陶系列陶器,这在海岱龙山文化黑陶普遍存在的情况下是少见的现象,仅有部分礼器是从山东直接运过来的。像四平山积石冢出土的精美黑陶多不是辽东半岛本地所制作,因为没有这种陶土,当然,使用这样精美礼器或陶器以及玉器的人,肯定是掌握一定权势的部族首领。

(4)小珠山上层晚段辽东半岛发生较大变化

辽东半岛"本土龙山文化",从龙山早期到晚期均存在分期的标准陶器,遗址和墓葬陶器分期均能与海岱龙山文化分期对应,尤其是积石冢,从目前发掘和调查情况看,积石冢的年代相当于龙山早中期,龙山晚期发现较少。于家村下层发现的龙山晚期风格陶器,虽然有龙山文化遗风,但器形变大、变粗糙,黑皮陶多。相当于龙山晚期遗存,在辽东半岛发现并不多,范围也在缩小,主要分布于半岛南部地区。在胶东半岛龙山晚期遗存也不多见,而鲁西南龙山晚期遗址非常多,显示龙山晚期政治中心西移,胶东半岛逐渐衰落。大汶口和龙山文化向辽东半岛输出,主要是胶东半岛与辽东半岛的文化交流,两半岛文化面貌有更多相似性,而与鲁西地区有一定区别。辽东半岛相当于龙山晚期遗存之所以发生了较大变化,其原因非常复杂。

(5)玉器的制作与垄断

辽东半岛是岫玉的故乡,在山东和辽东半岛发现许多岫玉制品。在辽东半岛遗址和积石冢内也发现了岫玉的半成品、切割玉料、加工工具,说明玉器多在本地制作。比如玉牙璧在两半岛都有发现。玉器是特殊商品,被赋予了更多意义,多为有权势人和集团控制,很可能在辽东半岛做好后再运到山东半岛。但目前辽东不多,尚未发现玉璋、玉钺等高规格、高等级的玉礼器,发现玉器多为小件工具类或装饰品,而山东半岛却发现了相当多的高规格玉器包括礼器,比如焦家遗址,说明焦家作为政治中心的地位尤显突出。

(6)文明化进程存在巨大落差

随着大汶口文化和龙山文化向外扩散,辽东半岛文化面貌出现了翻天覆地的变化。小珠山中层辽东半岛文化面貌仍以土著文化为主,代表性器物筒形罐仍占主流,大汶口文化陶器等逐渐进入辽东半岛,为辽东半岛单一的筒形罐系统增加了新的色彩,诸如鼎、豆、罐、壶、钵、鬶、瓠、杯等,从大汶口早期至晚期都存在,三角宽叶石镞等也是大汶口典型器物。这些器物与山东半岛典型器物形似,但陶质和制作方法都有一定的变化,不如山东半岛精细。这说明,大汶口文化陶器并不是原封不动地从山东运来，而多数是大汶口文化的移民来到了辽东半岛后在本地烧制的。同样，龙山文化移民不仅带来了山东舶来品，而且多数移民是陆续来到辽东半岛，主要在本地烧制陶器，造成与山东本土陶器相似而制作技法和陶质存在一定差异的现象。由于大汶口文化和龙山文化比较先进，社会文明化程度较高，所以对辽东半岛的影响是巨大的。

山东大汶口和龙山文化都发现了城和高规格的墓地，甚至一套等级、礼仪、丧葬制度，说明社会已集权化，越来越多的财富和权力高度集中，贫富差别越来越大，尤其是龙山时期，辽东半岛属于边缘地区，尽管相当于龙山时期已出现贫富分化、阶层、等级，但逊色于山东半岛，表现得并不充分。

五、结　语

辽东半岛新石器时代文化格局是因大汶口和龙山文化的进驻而发生重大改变。小珠山中层文化面貌呈现出两套不同的系统，仍以本地土著文化为主。小珠山上层，在大汶口文化基础上，龙山文化广泛进入和强烈影响，给辽东半岛社会格局带来了骤变，文明曙光初现。尽管两半岛文化面貌相似度很高，但也存在较大反差，分布不平衡。辽东半岛土著文化因素始终顽强保留，并流传长久。

注　释

[1] 本文分期仍采用辽宁省博物馆、旅顺博物馆、长海县文化馆：《长海县广鹿岛大长山岛贝丘遗址》，《考古学报》1981年1期；最新分期将原小珠山下层划分为二期，见中国社会科学院考古研究所等：《辽宁省长海县"三堂一期"小珠山新石器时代遗址发掘简报》，《考古》2009年5期。

[2] 辽宁省博物馆、旅顺博物馆、长海县文化馆：《长海县广鹿岛大长山岛贝丘遗址》，《考古学报》1981年1期。

[3] 辽宁省博物馆、旅顺博物馆：《大连市郭家村遗址新石器时代遗址》，《考古学报》1984年3期。

[4] 〔日〕辽东先史遗迹发掘报告书刊行会：《文家屯——1942年辽东先史遗迹发掘调查报告书》，2002年。

[5] 大连市文物考古研究所：《辽宁大连大潘家村新石器时代遗址》，《考古》1994年10期。

[6] 辽宁省文物考古研究所等：《辽宁省瓦房店市长兴岛三堂村新石器时代遗址》，《考古》1992年2期。

[7] 辽宁省文物考古研究所等：《瓦房店交流岛原始文化遗址试掘简报》，《辽海文物学刊》1992年1期。

[8] 〔日〕澄田正一等：《辽东半岛四平山积石冢の研究》，2007年。

[9]　见大连市文物考古研究所发掘资料。
[10]　见中国社会科学院考古研究所鞍子山积石冢发掘材料。
[11]　栾丰实：《海岱地区考古研究》，山东大学出版社，1997年。
[12]　《章丘焦家遗址入选2017中国六大考古新发现》，《济南时报》2018年1月17日第B02版。
[13]　王青：《试论山东龙山文化郭家村类型》，《考古》1995年1期。
[14]　同［11］。
[15]　中国社会科学院考古研究所山西队等：《山西襄汾陶寺城址2002年发掘报告》，《考古学报》2005年3期。
[16]　孙周勇等：《石峁遗址的考古发现与研究综述》，《中原文物》2020年1期；邵晶：《试论石峁城址的年代及修建过程》，《考古与文物》2016年4期。
[17]　许玉林：《辽宁东沟县石佛山新石器时代晚期遗址发掘简报》，《考古》1990年8期。
[18]　许玉林、杨永芳：《辽宁岫岩北沟西山遗址发掘简报》，《考古》1992年5期。
[19]　陈宇鹏、林玉海：《青岛地区龙山文化初探》，《龙山文化与早期文明——第22届国际历史科学大会章丘卫星会议文集》，文物出版社，2017年。
[20]　马永超、吴文婉、王强等：《大连王家村遗址炭化植物遗存研究》，《北方文物》2015年2期。
[21]　大连市文物考古研究所：《大嘴子——1987年青铜时代遗址发掘报告》，大连出版社，2000年。
[22]　中国社会科学院考古研究所山东工作队：《山东临朐朱封龙山文化墓葬》，《考古》1990年7期。
[23]　山东大学历史系考古专业教研室：《泗水尹家城》，文物出版社，1990年。
[24]　〔日〕澄田正一等：《辽东半岛四平山积石冢の研究》，2007年。
[25]　大连市文物考古研究所等：《大连张家岚后山积石冢发掘简报》，《北方文物》2015年4期。
[26]　大连市文物考古研究所：《于家砣头墓地》，科学出版社，2018年。
[27]　辽宁省文物考古研究所等：《辽宁桓仁县冯家堡子积石墓群的发掘》，《考古》2016年9期。

关于蒙山古道的几个城址

杨光海[1]　郝导华[2]　张子晓[3]

（1.滕州市博物馆；2.山东省文物考古研究院；3.临沂市文物考古研究院）

一、文献关于蒙山古道的记载

通过调查，在山东"蒙山南部，有一条重要的商旅通道，该路途经民国时期费县的汪沟、方城、薛庄、店子、上冶、卞桥、柏林、保太、仲村等集镇，东通渔盐海港东口（今山东省日照市涛雒等地）、青口（今江苏省赣榆县青口镇）。西通兖州、菏泽，过黄河到达河南、山西、内蒙古一带，终日商旅不绝，故有'东西通衢'之称"[1]。这条通道由于位于蒙山之南，我们不妨称其为蒙山古道。通过对比，这条通道在商周甚至史前时期即已存在。为研究方便，我们把向西延伸至曲阜的部分亦纳入蒙山古道之中，可称为蒙山古道的西段。而仲村至汪沟的古道可称为东段（图一）。对于蒙山古道西段的行经地点，东周时期吴国讨伐鲁国的武城之役有较好的体现，见《左传·鲁哀公八年》（前487年）：

> 三月，吴伐我，子洩率，故道险，从武城。初，武城人或有因于吴竟田焉，拘鄫人之沤菅者，曰："何故使吾水滋？"及吴师至，拘者道之以伐武城，克之。王犯尝为之宰，澹台子羽之父好焉。国人惧，懿子谓景伯："若之何？"对曰："吴师来，斯与之战，何患焉？且召之而至，又何求焉？"吴师克东阳而进，舍于五梧，明日，舍于蚕室。公宾庚、公甲叔子与战于夷，获叔子与析朱鉏。献于王，王曰："此同车，必使能，国未可望也。"明日，舍于庚宗，遂次于泗上。微虎欲宵攻王舍，私属徒七百人三踊于幕庭，卒三百人，有若与焉，及稷门之内。或谓季孙曰："不足以害吴，而多杀国士，不如已也。"乃止之。吴子闻之，一夕三迁。
>
> 吴人行成，将盟。景伯曰："楚人围宋，易子而食，析骸而爨，犹无城下之盟。我未及亏，而有城下之盟，是弃国也。吴轻而远，不能久，将归

矣，请少待之。"弗从。景伯负载，造于莱门，乃请释子服何于吴，吴人许之。以王子姑曹当之，而后止。吴人盟而还。

以上记载涉及关键的几个地名，下面分别对其进行说明。

武城 据杨注[2]，"此武城为南武城"，"其地多山，故云险道"，"在今山东费县西南，沂蒙山区之县"。

东阳 据杨注，"《汇纂》及顾祖禹《读史方舆纪要》俱谓即今之关阳镇，则在今费县西南八十里，清时曾设巡司于此，此说可疑。今费县西北平邑县南数里有东阳镇，不知是否即此，待考"。

五梧 据杨注，"当在东阳西北"，"据明日舍于蚕室，又明日舍于庚宗推之，其地当今平邑县西，蚕室之东"。

蚕室 据杨注，"以明日舍于庚宗推之，当在庚宗东南，今平邑县境内"。

夷 据杨注，"乃鲁地，当在庚宗不远处"。

庚宗 据杨注，"庚宗在今泗水县东"。

泗上 据杨注，"今泗水县"。

莱门 据杨注，"莱门为鲁郭门"。

由上述记载来看，这条通道经过曲阜、泗上、庚宗、夷、蚕室、五梧、东阳、武城等地。武城至东阳（现平邑南）一段是一条险路，可看作蒙山古道向南的分支。而蚕室、五梧以西才是蒙山古道向西延伸的重要组成部分，是向西连接曲阜等地的重要通路。

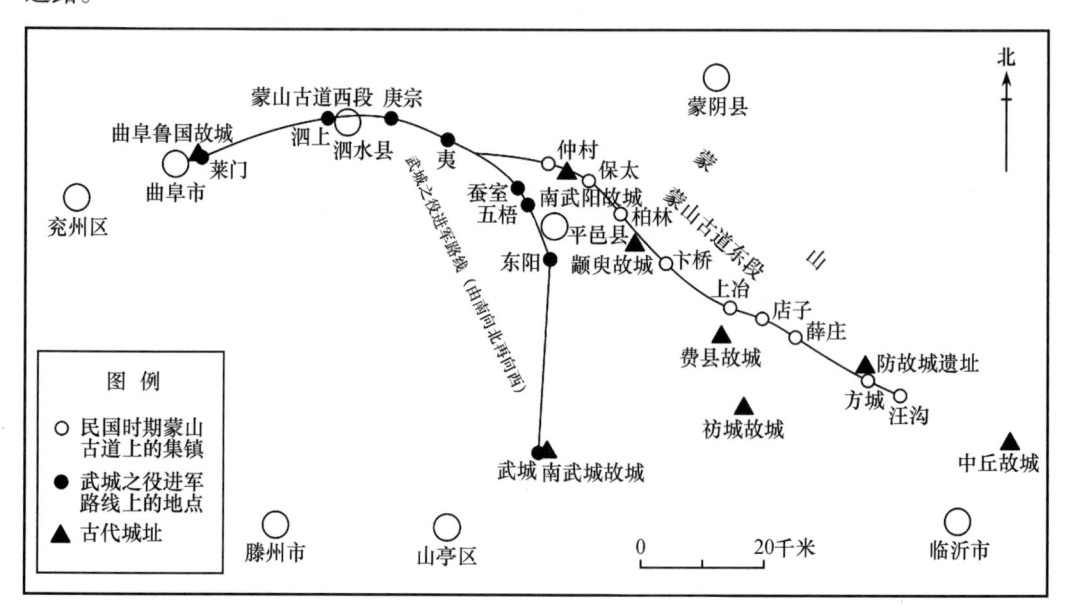

图一 蒙山古道及其附近古代城址示意图

二、蒙山古道的古代城址

经过多年的考古工作，在蒙山古道左近及向南的分支上发现一系列的古代城址，这些城址往往为古代的国都或城邑，下面一一列举。

（一）曲阜鲁国故城

鲁国故城位于今曲阜城及其周边。故城东北高、西南低，泗河及其支流沂河自东向西穿过。洙水河环绕鲁国故城的北面和西面。

历年对鲁故城做的工作较多。1930年城内曾出土过青铜器。1942、1943年，日本人关野雄、驹井和爱曾对故城进行过两次调查和发掘。此后分别在1953、1968、1973年出土过青铜器。1958、1977~1978、1981、2001年进行过勘探或发掘。2010年鲁故城国家考古遗址公园立项，山东省文物考古研究院对其做了大量考古工作[3]。

鲁故城可分为东周鲁故城以及汉代鲁国都城和郡县的治所。东周鲁故城的郭城平面呈不规则的扁方形，东西最宽3.7、南北最长2.7千米，总面积约10.35平方千米。除南城墙较直外，其他三面城墙呈弧形。宫城位于周公庙村北的高台地上，总体呈长方形，但西北角略内折。宫城面积约12万平方米。宫城除城墙外，还发现城壕、城门、道路、大型夯土建筑及排水设施等。宫城主体年代为东周时期。大型夯土建筑位于宫城西南部。勘探发现11座郭城门，但郭城西南部被明代城址占压，这里可能还有一座城门。城内发现了道路和排水设施及重要的冶铜、冶铁、制骨、制陶等手工业作坊区和居址。在故城内的药圃、斗鸡台、孔府后花园、望父台等地发现了周代墓地。

鲁故城的汉城位于故城的西南部。年代在西汉早、中期。其宫殿建筑群位于周公庙附近，发现有关城墙和大型建筑基址。汉代诸侯王墓群分布于曲阜的九龙山、亭山、马鞍山及邹城的四基山、云山等地。

在鲁故城城南，南泉村西南500米处发现"舞雩台"建筑遗址。夯土台基近方形，东西长120、南北宽115、残高7米。该台《水经注》谓"坛高三丈"。从考古发掘情况来看，该台上层夯土当属汉代，中层夯土应属战国，下层夯土只分布于东部，可能为春秋及以前遗存。

"曲阜"二字始见于《礼记》，东汉应劭曰："鲁城中有阜，逶曲长七八里，故名曲阜。"这里曾是商奄故地，同时，根据文献记载，还是黄帝、神农氏、少昊及舜所都之处。自从伯禽就封于此，至鲁顷公二十四年（前256年）鲁为楚考烈王所灭，曲阜一直是鲁国的国都所在。秦置鲁县，属薛郡。秦末，项羽被封为鲁公。汉代，刘邦封奚涓为鲁侯。因死后无子，其母继承侯位。高后元年（前187年），张偃封于鲁，始称鲁王，后被废除，鲁地归于楚国。汉景帝三年（前154年），复置鲁国，原淮阳王刘余被封为鲁王，即鲁恭王，传世六代，至汉成帝阳朔二年（前23年），复改为鲁郡。哀帝建平三年（前4年），复立刘闵为鲁王，至王莽时，鲁国复为鲁郡。东汉建武二年（26年），刘兴被封为鲁王，后鲁地益封给东海王刘强，鲁地亦归入东海国管辖。后鲁地又恢复鲁国。曹丕称帝后，国除。

（二）费县故城

费县故城位于今费县西北12千米左右的上冶镇西毕城、古城及宁国庄三村周围。浚河环绕故城的南侧、东侧，西、北则是丘陵高地。

2002、2003年，对日东高速公路费县互通连接线经过的故城遗址进行了考古调查和勘探，对故城遗址和勘探确定的道路进行了部分发掘。2014、2017年又分别对城墙和城内堆积进行了勘探。

经过一系列的工作发现，费县故城存在两圈东周城和一圈汉代城，三者皆近圆角长方形。西毕城村南有一东西向分布的丘陵，外圈东周城的北墙即是利用这一丘陵的顶部，堆土用束棍夯打建成的。外圈东周城西墙穿过宁国庄，东墙紧靠古城村，南墙则分布在宁国庄、古城村的南侧，浚河的北岸。个别地段城墙的外侧发现有较宽的壕沟。这样，外圈东周城的平面形状呈南北狭长、东西略窄的长方形，南墙长900、北墙长1040、东墙长1530、西墙长1780米，周长约5330米，总面积约167万平方米。现存高4~6、宽30~38米。

内圈东周城位于外圈东周城的北部，其北墙与外圈东周城共用。该城平面呈南北长、东西略窄的长方形，南墙宽约460、北墙宽约470、东墙长约720、西墙长约750米，周长约2400米，总面积34万多平方米。南墙中部有门道，宽5米，底部有石板[4]。

汉代城是在东周城的基础上，废掉北城墙而在其北侧重新建北城墙，东、西两侧城墙则向北延伸而建的。汉城北墙和南墙分别宽850、900米，东墙和西墙分别长2150、2420米，总面积约218万平方米[5]。南墙中部有门道，宽约5米，平面呈喇叭状，底部有路土和石板。西墙外侧有数个墩台。

另外，在古城村北，发现一大型夯土台基，平面近"日"字形，台基南北长48.5、东西宽12.6~14米。台上发现有陶瓦等建筑构件，台基内有石砌排水管道，从出土遗物判断，时代为春秋晚期至战国时期。东周外圈城东南角和东部曾发掘过东周墓葬，城内亦发现过大型东周墓葬。

汉城内则历年出土过汉代"千秋万岁"瓦当、"五铢""半两"石钱范及铜镜、铁犁范等文物。经过多年的考古工作，在故城北侧的山岭上，东起奇石城路，西到万仓庄北，分布有大量的汉代墓葬，这些墓葬主要为小型墓葬。其中2001年在西毕城村西墓地共发掘墓葬1800多座。2002年，在西毕城村西北洼地清理72座汉代墓葬。而宁国庄村西岭应该是大型墓葬分布区。墓地规模大，又邻近故城，所以应与故城有关。

费县故城未见相应的文字资料，但多数历史文献记载其为费国、春秋费邑及西汉费县。杜预注："费，音祕。"《史记·鲁周公世家》载："伯禽即位之后，有管、蔡等反也，淮夷、徐戎亦并兴反。于是伯禽率师伐之于肸，作肸誓。""肸"，《史记集解》裴骃案："《尚书》作'柴'。"洪亮吉云，"费"一作"鄪"，或作"柴"。

文献记载，费国位于鲁国东郊，在西周甚至以前即已存世，但可能是鲁国附庸。例如上述《史记·鲁周公世家》的记载。同样，《尚书·费誓》亦有相似的记载。《左传·僖公元年》（前659年）载："公赐季友汶阳之田及费。"这时费国被鲁灭亡而成为鲁国的城邑。此费属鲁国城邑期间，季氏于鲁定公十二年（前498年）"堕费"，消除了家臣据邑叛乱之祸。然而到了战国时期，随着形势的发展，季氏以邑立国而成立了费国并出现了费惠公其人。对此，《孟子》《吕氏春秋》《史记》《说苑》等文献中有零星的记载[6]。梁玉绳在《史记志疑》卷二十二中指出："费乃季氏之僭，以邑为国号也。"童书业亦说："季氏之族终独立为费国。"据考证，"季氏费国立于鲁元公即位不久"[7]。这个费国以现在的费县故城为中心，"季费地域当北起今鲁中偏南的平邑东、蒙阴南一线，南部或稍伸入苏北，基本上是一个窄小的狭长地带"[8]。对于费国的灭亡没有明确的文献记载，但《史记·楚世家》记述楚顷襄王十八年（前281年）楚弋人对楚王的话："昔者三王以弋道德，五霸以弋战国。故秦、魏、燕、赵者，鶀雁也；齐、鲁、韩、卫者，青首也；邹、费、郯、邳者，罗鹜也。外其余则不足射者。"说明这时费国还存在。而到了楚考烈王二年（前261年），楚伐鲁，"取徐州"，至鲁顷公二十四年（前256年）鲁为楚考烈王所灭。费大致处于徐州和曲阜之间，可能在这段时间内，楚国灭掉了费国。费在西汉时为费县，《汉书·地理志》东海郡下有"费（县），故鲁季氏邑"。至东汉时，费县已移至祊城故城处，见下文。

除上述上冶镇费县故城之费外，还有一处费出现于文献记载和铜器铭文中。

《左传·隐公元年》（前722年）载："夏四月，费伯帅师城郎。"《左传·隐公元年》（前721年）载："司空无骇入极，费庈父胜之。"对于前条记载，杜预认为费伯为鲁大夫，然而大多学者还是认为费伯应是费国国君。与此有关，相应的铜器铭文亦有发现。1972年夏，邹城市（原邹县）邾国故城内出土了两个铜鼎，一件鼎腹内壁有"弗敏父乍孟姒囗滕鼎，其眉寿万年永宝用"铭文[9]。这件器物是弗敏父为其大女儿作的陪嫁器，这说明弗为姒姓国。同时，传世青铜器叔皮父簋铭文亦有"费公"的记载。《世本·氏姓》载："费氏作弗，禹后有弗氏。"《史记·夏本纪》亦载："禹为姒姓，其后分封，用国为姓，故有夏后氏、有扈氏……费氏……"《史记索隐》认为"费"应为"弗"。以上的记载说明，周代还有一个夏后姒姓费国存在。邾国故城出土这件鼎的年代为春秋早期，与《左传》记载的年代大体一致。此费国的地望，可能在山东鱼台县旧治西南的汉魏时期的费亭。

2009年5月，枣庄市与峄城区文物部门在峄城区徐楼村西清理两座春秋中晚期墓葬，M1出土了三件带铭文铜鼎，形制、纹饰及铭文相同，仅大小有别。铭文内容为："有殷天乙唐（汤）孙宋公𢀳（固）乍（作）㸚（滥）叔子餴鼎，其眉寿万年子子孙孙永保用之。"李学勤认为㸚即"㚘"字，为"费"字[10]。而赵平安认为该字从水旁毇声，应释为"㵒"，可看作"灆"的异体字，"灆"与"滥"古时音近可通，故"㸚"可以释为滥字[11]。兹认同赵平安的观点。因此，徐楼墓葬与费国无涉。

（三）南武城故城

南武城故城位于临沂平邑县南约45千米处郑城镇的南武城村、北武城村及水泉沟村一带，依山面水，地处东西走廊之咽喉。城址西侧为南城山，南侧西端为苍山，这里山体为岱崮地貌，悬崖峭壁，险峻天成。从整体看，城址地势西南高，东北低，落差极大。城内沟塘较多，梯田层层。整个城址易守难攻。城址北邻温凉河，河北岸为一条东西向通道。

对南武城故城的考古工作进行过多次，分别在1954、1980、1988年进行过调查。2009年，第三次全国文物普查时亦进行了系统调查。2014年，临沂市沂州市文物考古研究所对城址进行了全面调查和勘探[12]。

城址平面大体呈不规则的圆形，东西、南北最大径分别约为1600、1530米，总面积约214.4万平方米。城墙现存宽1.5~42、高0.5~6米。按照建筑方式和建筑材料，城墙可分为山险墙体、石砌墙体、石包土墙体和夯筑土墙体。同时，在东墙南段墙体的外侧有一向外凸起的"马面"，总面积约180平方米，是城防的重要设施。对于门道，除在北城墙处发现有路土现象，推测可能是该城址的北门外，其他未明确发现城门迹象。但据调查，在城址的西南部，即南城山与苍山顶部的崮与崮之间有一山口，现地表有许多陶质瓦片，可能是通向外部的一个通道。

据刮削城墙剖面出土的小片瓦片，城墙时代为东周时期，但在调查中，墙体周围亦发现有豆、盆、罐、井圈、"千秋万岁"瓦当及其他筒瓦、板瓦等遗物。说明故城时代为春秋晚期、战国至汉代时期。

南武城故城是以山险作为城墙设防的故城，同时又有"马面"等防御设施。对古代的战事防御和交通的研究具有重要意义。

南武城依山傍水，地势险要，自古为兵家争夺之地，历史上也被称为武城、南成、南城等，始建于鲁襄公十九年（前554年）。春秋时属鲁国，为鲁国武城邑治所。后鲁国季孙氏后裔自立费国，武城属费。后为齐国占据，改称南城，成为齐楚对峙的军事要塞。对此，《史记·田敬仲完世家》载有齐威王的话："吾臣有檀子者，使守南城，则楚人不敢为寇东取，泗上十二诸侯皆来南。"

战国末，南武城被楚国吞并。秦始皇统一中国，仍名为南城，属琅琊郡。汉置南城县，亦称南武城县，属东海郡。汉武帝元朔四年（前125年），封刘贞为南城侯，属东海郡。王莽废南城侯国，复置南城县。东汉，仍编为南城县，属泰山郡。

（四）防故城遗址

防故城遗址位于临沂市兰山区方城镇以北古城里村一带，北面为蒙山东端余脉，西为诸满古河道，内有方城河自北向南流过。整个遗址地势稍隆，面积约50万平方米。从遗物看，遗址延续时间较长，包含龙山文化、岳石文化、东周和汉代等时期的遗存。

为配合华泉公路建设，1995年，对整个遗址进行了全面的调查和初步勘探，并对东周城北墙进行了试掘。这次工作意义重大，发现遗址包含龙山文化、东周及汉代三个时期的城。龙山文化城的范围不清，仅在东周城北墙处发现了龙山文化时期的城墙线索。东周城基本为古城里村覆盖，平面略呈椭圆形，东西长440、南北宽370米，城垣周长1400米，面积约14万平方米。其中，北墙、西墙和东墙北半部保存较好，南墙及东墙大部分已被夷平。汉代华县城址在东周防故城的基础上向南扩大而成。根据现有的线索，其面积在50万平方米左右[13]。

防故城遗址在史前即存有龙山文化城。东周时期，这里是鲁国的东部重镇防邑所在地，《春秋·隐公九年》载："公会齐侯于防。"西汉时，该地为华县县城所在地。《费县志》载："华城，城址在县治东北五十里。汉置县，属泰山郡。后汉永平后省，延熹前复置，仍属泰山郡。入晋，与费同属琅琊郡。……刘宋时废。"

（五）祊城故城

祊城故城位于费县费城镇郭家园村东。该城平面略呈椭圆形。南北长220、东西宽180米。城三面环水。城内文化堆积厚处约1米。采集有东周及汉代陶片等遗物[14]。

关于祊，文献记载偏重于其功用。《左传·隐公八年》载："郑伯请释泰山之祀而祀周公，以泰山之祊易许田。三月，郑伯使宛来归祊，不祀泰山也。"杨注："祊，'使于天子祭泰山时，为助祭汤沐之邑'。"关于祊的位置，文献中却有一段错误的注解。《春秋·隐公八年》载："郑伯使宛来归祊。"杨注："祊，郑祀泰山之邑，当今山东省费县东约三十七里处。"然而，今费县以东没有与祊有关的地名，仅有防。而根据《康雍乾盛世图》，现祊城故城附近有祊山[15]。因此，有可能城以山名，祊城应在祊山附近。同时，祊城故城附近有温凉河，而温凉河"古为祊水上游，故史称祊水"。有祊山祊水，因此，祊应在祊城故城附近。

据以上《春秋》《左传》及《费县志》的记载，春秋时，祊是鲁国一邑。而《续汉书·郡国志》载："费，侯国，故属东海。有祊亭。"祊亭，杜预认为在费县东南，与祊城故城位置一致。因此，东汉时，此地应是费国。而后国除改为费县。一直到西晋，祊城故城应是费县治所。

（六）颛臾故城

颛臾故城位于平邑县柏林镇固城村北，北依蒙山，南近浚河，东邻制麦河，城西原为一古河道，现已淤平。

2016年，对城址进行了全面调查、勘探。

城址平面近方形，南北长约600、东西宽约560米，面积约33.6万平方米。城墙外四周环有城壕。城内遗迹主要有道路、夯土遗迹、沟、洼地、灰坑、墓葬、窑址等。从城墙夯土结构及出土文物分析，城墙的始建年代不早于战国，或晚至西汉时期。城墙大致在东汉晚期即已废弃。

对于颛臾的功用和位置，《左传·僖公二十一年》载："任、宿、须句、颛臾、风姓也，实司大皞与有济之祀，以服事诸夏。"据杨注，"颛臾故城在今山东省费县西北八十里，即平邑县东"，"相传四国为大皞之后，故主其祭祀"。另外，对其功用，《论语·季氏》又载："季氏将伐颛臾。冉有、季路见于孔子曰：'季氏将有事于颛臾。'孔子曰：'求，无乃尔是过与？夫颛臾，昔者先王以为东蒙主，且在邦域之中矣。是社稷之臣也，何以伐为？'"而《通志·氏族略》亦载："颛臾氏，风姓，伏羲氏之后，鲁附庸国，主东蒙及济水之祀。"《读史方舆纪要》亦载："颛臾城，（费）县西北八十里。在蒙山之阳，鲁附庸国。《论语》：季氏将伐颛臾。谓此。"从季氏将伐颛臾到战国末，史料再未提及颛臾下落，从侧面说明颛臾应已被鲁国吞并。现在，在蒙山主峰脚下，即颛臾祭祀蒙山处有古蒙祠。

（七）中丘故城

中丘故城位于临沂市兰山区白沙埠镇诸葛城村和后隅村内，属平原地貌，东邻沂河。

2018年，对城址进行了考古调查和勘探。

城址分大、小城。小城位于遗址的北部，大部分被后隅村和诸葛城村占压。城墙及壕沟走向基本清晰，勘探发现了城墙的部分墙基、围壕、北城门及城外西南部作坊区等。小城平面近方形，南北长490~500、东西宽约480米，面积约24万平方米。从采集标本和城墙夯层、夯窝等分析，小城或建于战国时期。

大城是在小城的基础上向南扩建而成，外部有围壕。大城南北长约1130、东西宽560~760米，面积约81万平方米（含壕沟）。根据出土器物判断，大城时代为汉代。

《左传·隐公七年》载："夏，城中丘，书，不时也。"《沂州府志·古迹》载："诸葛城，亦名中邱城，在县东北三十里。《后汉志》琅琊临沂县有中邱亭，即此。后诸葛亮来居于此。" 对于春秋时期的中丘城，应做进一步的工作进行证实。

（八）南武阳故城

南武阳故城，位于平邑县仲村镇临城村东，南、北昌乐庄之间，因居武山之阳而得名。城址地势较高。

故城平面呈刀形，东、北两面城墙各长500米，西城墙长600米，南城墙东段长200、西段长300米，两段由一南北长100米的城墙相连接。面积约30万平方米。其北城壕痕迹尚存。

从城内、外采集的文物看，该城址主要属东周和汉代时期，1958年和1972年两次出土五铢钱约9000枚。

根据文献记载，南武阳始建于西汉，为兖州泰山郡南武阳县治所。天凤元年（14年），改称为桓宣县。建武元年（25年），桓宣县复称为南武阳县。据《后汉书·郡国志》载，和帝刘肇封大将窦宪为武阳侯。南朝刘宋时期改称武阳县。北齐时，撤南城县并入武阳县。隋开皇十八年（598年），武阳县改称颛臾县。唐贞观元年（627年）并入费县。

三、结　语

通过以上的论述，在山东蒙山之南，自古有一条重要的古道，我们称其为"蒙山古道"。其中，仲村至汪沟的古道可称为东段，向西延伸至曲阜的一段可称为西段。这条通道不仅是连接山东沿海与中原、西北的经济动脉，还是一条重要的军事通道。在中国的经济、政治、军事、文化中产生了深远的影响。周和鲁的军队就是从这条通道东征夷方，扩张鲁疆。而吴国军队征伐鲁国通过的也是这条通道的西段和向南通过武城的分支。另外，人们习惯以费县紫荆关口为界，将蒙山分为东西两部分，分属西蒙和东蒙。而紫荆关口为沟通南北之咽喉，这里必然有一条通过紫荆关的南北通道。这样，蒙山古道在东周时期通过一系列的古道与鲁、齐[17]、莒、楚、吴、越、三晋等相互交织成一系列的交通网络。东周以后，直至民国，这条通道也起了很重要的作用。而这条道路及分支上的几个城址作用至为凸显。例如，费是鲁国的重要城邑，季氏专权以后成立费国。南武城则是一座重要的军事城邑，在鲁吴、齐楚等军事对峙中产生了重大的作用。因此，对这条古道和道路上的城邑进行研究，必然具有重要的价值和意义。

注　释

[1]　杨东霞：《蒙山古盐道》，天津教育出版社，2015年，2页。
[2]　下文杨注，均指杨伯峻之《春秋左传注》。
[3]　王永波、王传昌：《山东古城古国考略》，文物出版社，2016年，391页。
[4]　据临沂市文物考古研究院勘探资料。
[5]　据临沂市文物考古研究院勘探资料。
[6]　何浩：《楚灭国研究》，武汉出版社，1989年，364~366页。
[7]　何浩：《楚灭国研究》，武汉出版社，1989年，373页。
[8]　何浩：《楚灭国研究》，武汉出版社，1989年，378、379页。
[9]　王言京：《山东邹县春秋邾国故城附近发现一件铜鼎》，《文物》1974年1期。
[10]　李学勤：《枣庄徐楼村宋公鼎与费国》，《史学月刊》2012年1期。
[11]　赵平安：《宋公固作㸒叔子鼎与滥国》，《中华文史论丛》2013年3期。
[12]　王永波、王传昌：《山东古城古国考略》，文物出版社，2016年，412页。
[13]　防城考古工作队：《山东费县防故城遗址的试掘》，《考古》2005年10期。
[14]　国家文物局：《中国文物地图集·山东分册》，中国地图出版社，2007年，752页。
[15]　王自强等：《中国古旧地图辑录——康雍乾盛世图》（第1册），星球地图出版社，2002年，42页。

[16] 吴宗越：《沂沭泗河览胜》，长江出版社，2006年，307页。
[17] 郝导华、董博、崔圣宽：《试论齐国的交通》，《东方考古》（9集），科学出版社，2012年，349~367页。

汉画像石上所见"牛马合犋"图研究

李 放

（山东博物馆）

一、汉画像石上所见"牛马合犋"图

汉画像石、画像砖上有许多关于农耕的内容，尤其是其中刻画的牛耕图，反映了汉代耕作技术的进步，其代表性引起了学者们广泛的兴趣，对此学者们也已经做了较为详尽的研究[1]。在这些牛耕图中还有一种特殊的图像，刻画的是牛与马共同拉犁的场景，即所谓的"牛马合犋"，目前仅在山东枣庄市出土的两块画像石上发现，学者的研究也不够深入，此种图像所包含的信息还需要进一步揭示，以便我们更为深入地理解图像背后所传达的文化信息。现对这两块枣庄出土的画像石进行介绍。

第一块画像石出土于枣庄滕州市龙阳店黄家岭，现藏于滕州汉画像石馆，可能为祠堂石，雕刻技法为弧面减地浅浮雕，年代大致为东汉晚期，高约56、宽约166、厚约20厘米。原石在流传过程中被损坏，经修复后部分画面已残缺，牛马合犋图像仅能看清马首和牛首的一部分，根据《滕县金石志》[2]记载的早年拓片我们得以了解该画像石的全貌。画面被线条分隔为三层：最上层左侧有三人在锻造、磨制兵器，墙上悬挂着许多长条状武器，似是环首刀，画面最上层中间有一龙一人，最右侧有数人手持笏板站立；中层主要为农耕场景，画面左端有三人挑食而来，有三人手持农具耘锄，其后有一人抱一物似在播种，播种之人身后即为牛马合犋图，驾牛马耕地之人身后有一人驾牛，牛身后拉一横长器物可能为耙，此层画面最右侧是一棵枝条弯曲的树，树下有一人单手扶杖而坐；下层似刻画盘曲的龙形图像。画面的上、左、右有双边框（图一~图三）。

第二块画像石出土于枣庄市山亭区东堌城，现藏于滕州汉画像石馆，可能为石室墓的部分墙壁，雕刻技法为弧面减地浅浮雕，年代大致为东汉晚期，高约85、宽约182、厚约20厘米。画面内容被边框大致分隔为左右两部分。画面左侧刻一四足兽低头吃草，兽背上横卧一人。其后一人手中托碗，在其身后是一牛一马拉犁，牛马之后跟

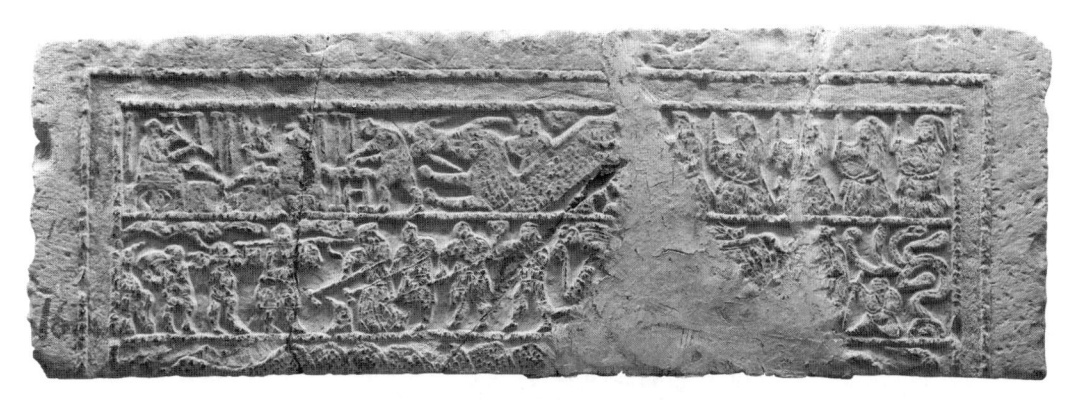

图一　滕州黄家岭出土画像石

图二　滕州黄家岭出土画像石拓片

图三　《滕县金石志》所载滕州黄家岭出土画像石拓片

随一人扶犁。扶犁人身后有一人肩上荷锄、手中执锤。画面右侧为一身体朝下的多头神兽（图四～图六）。

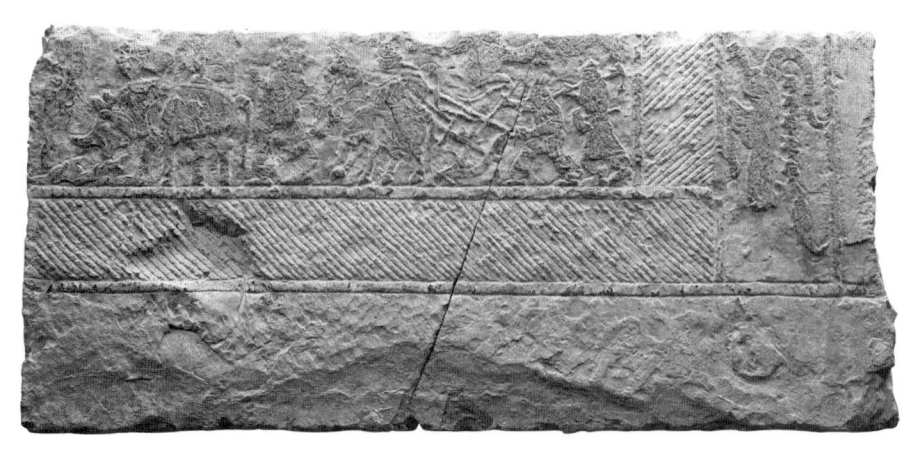

图四　枣庄山亭东堌城出土画像石

图五　枣庄山亭东堌城出土画像石拓片

图六　枣庄山亭东堌城出土画像石拓片局部

二、"牛马合犋"图中体现的农耕技术

"牛马合犋"是一种特殊的犁耕方式,使用了两种不同的牲畜拉犁,因为牛和马体格不同、脾性不同,在通常情况下这是增加了操作的难度。有学者论证认为这是汉代的一种犁耕方式,说明在汉代犁耕技术、畜力使用以及套驾方面都积累了丰富的知识[3]。如在东埧城村出土的画像石"牛马合犋"图中,可以清楚地看到牛、马身后有一根横短木,其与两边绳索构成了"犁盘"[4]的形象,这是畜力系驾方式中的一大发明。有了犁盘,耕作中回转就更便利,而且牲畜两侧用力比较均匀,这就体现了犁耕套驾方式的进步。在"牛马合犋"图中,马和牛被拴在一起,马辔拴在马笼头,牛辔拴在牛鼻上,牛马之间由一根辔绳连接,这样扶犁者可以同时操控牛、马,而不需要专门牵牛或牵马的人。也有学者认为"牛马合犋"体现了农耕技术的进步,如方壮猷先生认为:"滕县犁前面牵引者有一牛一马,牛驾于辕首,而马则用绳索的一端驾于马颈,另一端系于辕首,这就为后世短辕犁开辟途径。"[5]蒋英炬先生认为:"从图像所示,牛是驾辕的,马是用绳索牵引拉边的。……对照此幅犁耕图像,牛驾辕走在里面,以牛为主,也可称'服牛';马拉边走在外面,也可称'骖马'。"[6]

通过学者的论证,我们可以得知"牛马合犋"似乎是比普通牛耕更为复杂的犁耕方式,但其运用的牲畜套驾方式并未显示出相比普通牛耕的优越性,其采用的主要犁耕技术也并非必须一牛一马配合才能施行。并且,"牛马合犋"这种图像在全国范围内发现极少,目前仅在山东枣庄滕州出土的两块汉画像石上发现,似乎说明在汉代这并不是一种普遍使用的犁耕方式,其在提高生产力方面的作用有待进一步证明。

三、"牛马合犋"图中的马

以往学者对"牛马合犋"图像的研究,大多集中在分析这种牲畜驾套方式上,图像中的马往往被当作耕牛的附属而被忽视。然而马作为汉代重要的牲畜,其出现在汉画像石中的频次远远超出其他牲畜,其在"牛马合犋"图中的意义应不只是耕牛的陪衬角色这么简单。

在汉代,马匹是财富的重要象征,马匹的使用可以从一个侧面反映出社会经济的状况,如汉初方历战乱,社会萧条、民生凋敝,甚至出现"自天子不能具醇驷,而将相或乘牛车"[7]的情况,同样,若社会富足也可从对马匹的使用上体现出来,如《盐铁论·未通第十五》载:"文学曰:'……闻往者未伐胡、越之时,徭赋省而民富足,温衣饱食,藏新食陈,布帛充用,牛马成群。农夫以马耕载,而民莫不

骑乘……'"[8]可见农夫用马耕地，百姓普遍有马骑乘是汉代人所认为富足的重要标志。甚至在历经"文景之治"后，天下富足的环境中出现"众庶街巷有马，阡陌之间成群，乘牸牝者摈而不得会聚"[9]的情况，骑母马参加聚会都会遭到嫌弃，这与汉初"自天子不能具醇驷"形成了鲜明对比，而对马的使用则成为评判国家富足与否最直接的标准。并且养马成本之高，一般农户显然是担负不起的，《盐铁论·散不足第二十九》载："夫一马伏枥，当中家六口之食，亡丁男一人之事。"[10]也就是说养一匹马需要中等之家六口人的粮食并且还要有一个成年男子专门照看。

同时，在汉代马匹还是重要的战备物资，就如《后汉书·马援列传》所说："马者，甲兵之本，国之大用，安宁则以别尊卑之序，有变则以济远近之难。"[11]我们从史籍上经常可以看到官方征调马匹的记载，如汉伐大宛时，从民间征发"牛十万，马三万余匹，驴、骡、橐它以万数"[12]，为征调方便还"籍吏民马，补车骑马"[13]，将吏民私马登记造册。并且对隐匿马匹不配合征调的还予以重罚，如《汉书·高惠高后文功臣表》载："侯延嗣，十九年，元封六年，坐不出持马，要斩。"颜师古注："时发马给军，匿而不出也。"[14]东汉时期征调民间马匹的记载也不鲜见，如光和四年（181年）"初置骡骥厩丞，领受郡国调马"[15]，设置专门的职官负责征调马匹事宜，中平元年（184年）征讨黄巾军，令"厩马非郊祭之用，悉出给军"[16]，甚至在战争激烈时除祭祀用的马匹，其他马匹要悉数充军。由这些记载不难看出，民间的马匹时常会被征用，尤其是恰逢战乱时。

通过上述分析，我们或可推断，若要普遍出现马耕的情况至少要满足两个条件：一是要家庭富足，有财力购买马匹，负担得起养马的费用；二是所处时代和平，没有发生需要大规模征调军马的战乱，民间可以保有数量充足的马匹满足生产生活使用。

四、"牛马合犋"图的意义

从本质上讲，汉画像石是服务于丧葬礼俗的艺术形式，汉代人事死如事生，因此从汉画像石刻画的内容来看，有大量仿效墓主日常生活的场景。然而，这并不意味着汉画像石中的图景是完全写实的，且不论那些神仙祥瑞、奇珍异兽的超自然场景，就是那些普通的日常生活场景也可能是源自丧家的要求或者是工匠的创作，所以我们在对待这些图像资料时应谨慎，不能将其完全作为现实的写照，认为所描绘的内容必然存在。明确这一点后，我们再来分析"牛马合犋"图，关注点就不应仅仅局限在其体现的农耕技术，而应充分考虑其象征意义，考虑其在墓葬这个环境中的作用。

在"牛马合犋"图中，牛作为最常用的耕田畜力，很难体现出特殊性，而马却不同，结合前文分析，普通百姓能够将马作为耕田的牲畜需满足一定的条件，这个条件简单来说就是生活富足与社会安定。所以，我们首先可以认为"牛马合犋"图与其他描绘生产、日常生活的图像类似，可能象征着充足的生产资料和富裕的生活。其次，正如马放南山比喻天下太平，马耕作于田的图像或许也有相似的隐喻。老子《道德经》第四十六章："天下有道，却走马以粪；天下无道，戎马生于郊。"这句话中的"却走马以粪"历来注释家有不同解释，有耕田说[17]、播种说[18]、肥田说[19]、种田或耕种说[20]，但一致的意见都是将马投入农业生产与天下太平联系到一起。而在汉画像石中甚至有不少直接刻画捡拾马粪的场景，如图七所示，在滕州龙阳店出土的画像石中，画面上层是铺首、凤鸟、猴子等具有象征意义的图像，下层则是两马相对，其中一匹马后有一人持箕收集马粪。在此种构图中，我们显然不能仅仅把捡拾马粪作为普通的农业生产活动来解释。同样，表现马参与农业生产的"牛马合犋"图或许也具有预示"天下有道"、社会安定的意义。后世的图像中也有类似的"牛马合犋"图，如清代山西稷山县稷王庙献殿农事木雕图[21]、山东杨家埠年画"男十忙"图[22]中都有出现，显然这些"牛马合犋"图的象征意义大于写实性。

图七 滕州龙阳店出土画像石拓片

综上所述，"牛马合犋"图所表现的耕作方式未见史料记载，并且在汉代作为图像出现目前也仅在枣庄发现两例，这在发现的汉代牛耕图中所占的比例近乎孤例，同时此种耕作方式并未体现出更优于普通牛耕的作用，"牛马合犋"这种耕作方式是否真实存在令人生疑。但通过分析其象征意义，或可为解释"牛马合犋"图提供一种新的思路。

注　释

[1] 张振新：《汉代的牛耕》，《文物》1977年8期；渡部武、姚义田：《中国古代犁耕图再考——汉代画像所看到的二种犁》，《农业考古》1995年1期；郭世玉：《淮海地区牛耕画像石与汉代耦犁二牛三人问题的探讨》，《农业考古》2004年3期；徐燕：《从汉代画像石看汉代的牛耕技术》，《农业考古》2006年1期；周昕：《汉画像石中的犁作图综合述评》，《农业考古》2010年1期；刘兴林：《汉代犁耕驾牛方式和用具的初步研究》，《考古与文物》2014年1期；张宣逸：《汉代画像中的"牛耕图"》，《农业考古》2020年4期。

[2] 滕州市汉画像石馆：《滕县金石志》，中国文化出版社，2017年，45页。

[3] 蒋英炬：《略论山东汉画像石的农耕图像》，《农业考古》1981年2期。
[4] 孙机：《汉代物质文化资料图说》（增订本），上海古籍出版社，2008年，7页。
[5] 方壮猷：《战国以来中国步犁发展问题试探》，《考古》1964年7期。
[6] 同［2］。
[7] （东汉）班固：《汉书》卷二十四上，中华书局，1962年，1127页。
[8] （汉）桓宽：《盐铁论·未通第十五》，《盐铁论校注（定本）》上册，中华书局，1992年，190页。
[9] （东汉）班固：《汉书》卷二十四上，中华书局，1962年，1135页。
[10] （汉）桓宽：《盐铁论·散不足第二十九》，《盐铁论校注（定本）》上册，中华书局，1992年，350页。
[11] （南朝宋）范晔：《后汉书》卷二十四，中华书局，1965年，840页。
[12] （汉）司马迁：《史记》卷一百二十三，中华书局，1959年，3176页。
[13] （东汉）班固：《汉书》卷六，中华书局，1962年，201页。
[14] （东汉）班固：《汉书》卷十六，中华书局，1962年，627页。
[15] （南朝宋）范晔：《后汉书》卷八，中华书局，1965年，345页。
[16] （南朝宋）范晔：《后汉书》卷八，中华书局，1965年，350页。
[17] 辜正坤：*Laozi*：*The book of Tao and Teh*（《老子道德经》英译本），北京大学出版社，1995年，199页。
[18] 董恺忱、范楚玉主编：《中国科学技术史·农学卷》，科学出版社，2000年，130、131页。
[19] 王晖、宋友文主编：《老私塾·道德经》，中国社会科学出版社，2000年，89页。
[20] 任继愈：《老子今译》（修订本），上海古籍出版社，1985年，159页。
[21] 史晓雷：《山西稷山县稷王庙献殿农事木雕图初探》，《文物春秋》2012年6期。
[22] 沈泓：《杨家埠年画之旅》，中国画报出版社，2006年，159页。

尺寸之间：汉尺形制和纹样综考*

孔凡一[1] 刘艳菲[2]

（1.山东大学文化遗产研究院；2.山东大学历史文化学院）

度量衡是统一国家运作的重要基础和国家权力的象征，汉代度量衡在中国古代度量衡发展史中占有重要地位，对后世度量衡体系的建构产生了深远的影响[1]。尺子即是一类重要的度量衡器，主要承担"度"与画直线的功能。《汉书》云："度……所以度长短也。"[2]关于汉尺的研究内容包括两类，一是探索汉尺的单位和数值，即对"物"所承载的科技价值的研究。学界已基本明确了汉代尺度的具体数值和演变过程[3]，西汉一尺约23.1厘米，东汉一尺略长[4]；二是对汉尺艺术价值的探索，即将汉尺作为普通"人造物"来看待的研究，清代学者在考证汉尺长度的同时就关注到了这方面的内容，如"朱碧绣错，为赏鉴家所玩"[5]，"叹为神物、陆离斑驳杂朱翠"[6]，"是故秦权汉尺，以为质古"[7]，在金石学者和收藏家眼中，汉尺天然具有古朴之美。

准确性和实用性是制尺和用尺的前提与目的，装饰并不是必须考虑的因素，却蕴含着古人力求在规则内追求"美"的心理。一般情况下，器具造型的设计内容既包括表面装饰性的形如纹样、符号、表面色彩等，也包括依据合理的功能结构而设计的外形[8]，所以本文拟超脱作为工具的汉尺，而从艺术视角来看待这一类"人造器具"。

一、汉尺材质与形制

"材有美，工有巧"[9]是古代器具制作的标准，"审曲面势，以饬五材"[10]，人们必须在把握材料的基础上，方可进行器具设计制作。首先现存汉尺（附表）[11]中铜尺几乎占有一半，且以东汉铜尺最多，学者推测东汉时期普遍使用铜尺[12]；其次

---

* 本文为国家社会科学基金重大项目"邾国故城遗址的考古发现与综合研究"（项目编号22&ZD248）子课题"经济考古学视角的度量衡制度研究"阶段性研究成果。

骨尺占一部分，竹木牙尺再次之，铁尺和玉尺最少（图一），这可能与历史实际情况不同。

作为社会生活中最常用的度量衡器，考虑到制作成本与原材料的易获取性，竹木尺应当最为常见，虽然竹木易受温湿度影响，但变化比较细微，并不会影响民间的使用精度要求[13]。而骨尺的原材料来源于肉食的副产品，也比较常见，动物骨骼兼具硬度与韧性，是史前以来优秀的器物制作原料[14]。在金属工具发达的汉代，制作面平体薄的骨尺相对容易。目前对竹木、骨尺尚缺乏科学鉴定，原材料的具体种属无从知晓，只有广西罗泊湾西汉墓出土的两件木尺被鉴别为杉木[15]。此外，汉代冶铁业相对成熟，铁器广泛应用于生产生活，铁尺应当也很常见。

但是竹木、铁都是易腐蚀材质，很难保存下来，如因为阳原三汾沟9号墓出土铁器上印有刻度线痕迹，才确认了木尺的存在[16]。也有学者认为两汉时期，铁尺制作数量比铜尺少，因为时人已经有了铁具有易于腐蚀特性的认知[17]。而铜器在复杂的埋藏环境中相对稳定，能够历经千余年而保存下来，所以铜尺存世数量较多是有客观原因的。不过可以明确的是，汉代官方标准的尺应当是铜尺。《汉书》载："凡律度量衡用铜者，名自名也……铜为物之至精，不为燥湿寒暑变其节，不为风雨暴露改其形。介然常似士君子之行，是以用铜也。"[18]因具有坚固不易变形的特质，古人认为铜似坚持原则的君子，且铜被引申为"同度量衡"的"同"，具有政治意涵，故而铜被用于制作具有标准性、强制性的度量衡器，有政治上的优势，汉章帝时即"铸为铜尺，

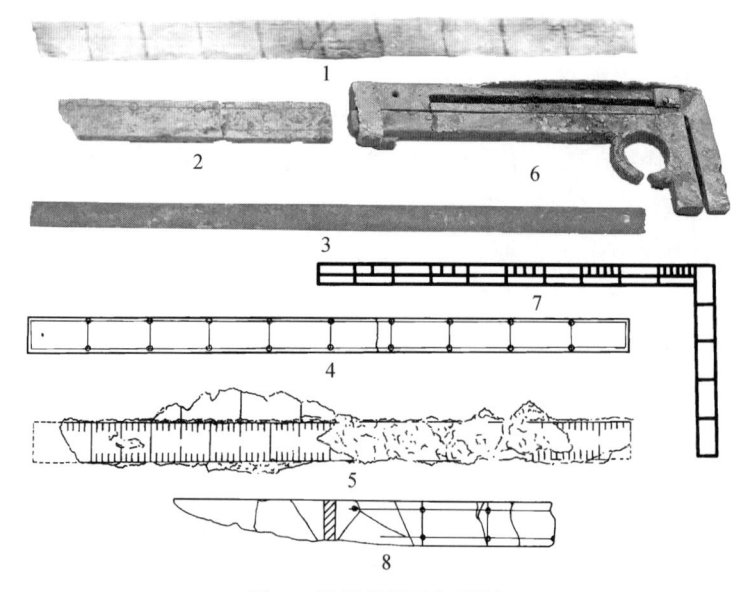

图一　汉尺的材质与形制

1. 肩水金关木尺　2. 洛阳苗南村骨尺　3. 扬州蜀秀河铜尺　4. 洛阳中州大渠玉尺　5. 阳原三汾沟木尺1号
6. 扬州甘泉铜卡尺　7. 子长县桃园村铜矩尺　8. 曹操高陵骨刀尺

颁郡国，谓之汉官尺"[19]。

至于数量较少的牙尺、玉尺，材料本就贵重，象牙在两汉时期是财富和地位的象征之一[20]。出土牙尺的墓葬有济宁肖王庄汉墓、东平王陵山汉墓、亳州曹操宗族墓等，均为王侯大墓，出土玉尺的定陶灵圣湖汉墓也是王级大墓。因此，实际使用的汉尺应该以竹木、骨尺最多，铜、铁尺次之。

相对于材质的多样化，尺的形制比较固定。现存最早的尺是商代牙尺，与后世的尺形制差异并不明显[21]。目前所见汉尺均为扁长条状，尺面四角为直角，长度为汉制一尺或略长。汉尺厚度较小，基本不超过0.5厘米。尺面宽度在1.2～2.4厘米，有六分、七分、八分之别，有一定的规范性[22]。任何器具的形态都是工艺匠人从日常实际生活出发，根据器具的功能结构设计出来的[23]，汉尺的形制是由其功能和使用方式所决定的。测量长度和画直线功能决定了汉尺的边缘应当是平直的，尺面需要一定的宽度以刻画刻度线。为了携带方便，汉尺不会特别重。形制特殊的汉尺数量极少，可见者有扬州邗江铜卡尺[24]、江苏仪征铜圭表尺[25]、子长县桃园村铜矩尺、扬州姚庄铜矩尺[26]等，均是在普通尺的形制基础上进行改造，因需求特殊而形制特殊，以其特殊形制而服务于特殊功能。此外，酒泉果园铜尺和曹操高陵骨刀尺，在刀表面加刻度线，将刀、尺功能合并。曲阜九龙山西汉墓出土的铜尺残件较厚，达1.5厘米，并不利于更好地发挥尺的功能，且推测全尺较重，可能并非日常用器。

大部分的尺在端处有贯穿尺体的小孔，可以用来穿绳或悬挂。有些汉尺也可能置于专门的容器内保存，穿孔并不是必然的设计要求，如扬州姚庄竹尺与漆黛板、铁削等共置于漆盒内，海州双龙村木尺与针筒、绕线板等同置于漆奁内，阳原三汾沟木尺与铜刷、木篦、木梳等置于饰铜铺首、纹样华美的漆奁内，"探揣箱中取刀尺"[27]亦可反映尺之保存方式。

二、纹样类别与内涵

材质和形制的确定是在尺面上施以纹样的前提。总体来说，汉尺纹样分为两大类：功能纹样和装饰纹样。功能纹样即用于标识寸、分的刻度线，存在于所有汉尺上（图二），大多在五寸刻度线处的交午线也属功能纹样。部分汉尺上只有寸刻度线，无分刻度线，刻度线的位置也不统一，有的汉尺刻度线位于尺正面，有的位于尺正面的边缘，有的位于尺侧面（如盱眙大云山铜尺），特殊者在正面和侧面均有刻度线（如纳林套海3号墓骨尺），这种设计形式使得尺子在被使用时，不论使用者的视线如何变化均能看清刻度线。在部分汉尺之上，存在添加圆圈来强调刻度线的现象，如扬州姚庄竹尺、洛阳西工段萧街骨尺、兰州兰工坪骨尺、蠡县骨尺等，均在寸刻度线上

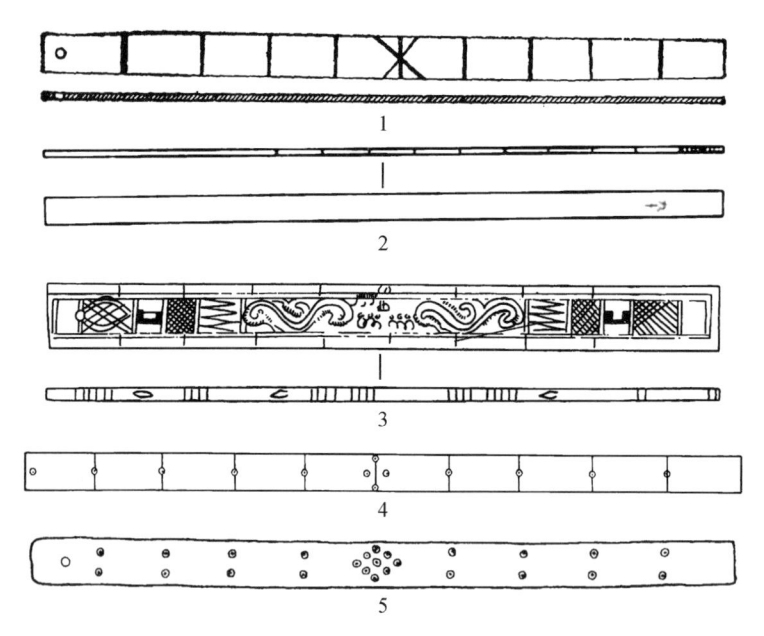

图二　汉尺的功能纹样

1.广西罗泊湾木尺1号　2.盱眙大云山铜尺　3.纳林套海3号墓骨尺　4.扬州姚庄竹尺　5.偃师华润115号墓骨尺

有一个或者两个大小均等的小圆圈，五寸处会多加数量不等的小圆圈代表交午线，偃师华润5号墓、115号墓骨尺则直接使用圆圈代表刻度线。

有装饰纹样的汉尺数量共40件，纹样种类较多，更具有艺术色彩，包括以下几类（图三）：

第一类，几何纹。包括线条以及线条构成的菱形纹、锯齿纹等，它们的本质作用是填充和装饰刻度线之间的尺面空白。部分汉尺以几何纹为主要装饰纹样，例如长沙地区的雷家嘴铜尺、东圹铜尺（正面）、龙洞坡铜尺、小吴门铜尺、燕家岭铜尺、工农桥铜尺1号、国防科大铜尺、子弹库铜尺，以及安徽潜山马道村铜尺和广州先烈路铜尺，尺面纹样基本相同，为十组或八组用刻度线间隔网格状菱形纹。合浦铜尺在尺面的首尾两寸内有锯齿纹和网纹。整体上来说，几何纹以菱形纹为主，这种纹样在汉画像石中较为常见，有学者认为菱形纹、网纹等是交龙穿璧图的抽象表达，是生殖崇拜观念的感性显现与直觉造型[28]；也有学者认为菱形代表山石，是对冥界空间的一种界定，具有丧葬和宗教意义[29]。此类纹样在先秦时期便已出现于葬具绘画、刻纹铜器上，可能具有祥瑞内涵，同时用于区隔画面、填充空白，它们在汉尺上应该也有相似的作用。

第二类，云气纹。汉尺上的云气纹由变形的旋涡形云头和平滑的曲线构成，通常呈平躺的"S"形，有的云气纹上附着有灵芝状或蔓草状凸起，是对云气的抽象描绘。部分汉尺以云气纹为主要装饰纹样，如满城汉墓铁尺，通体为错金云气纹。此外，有

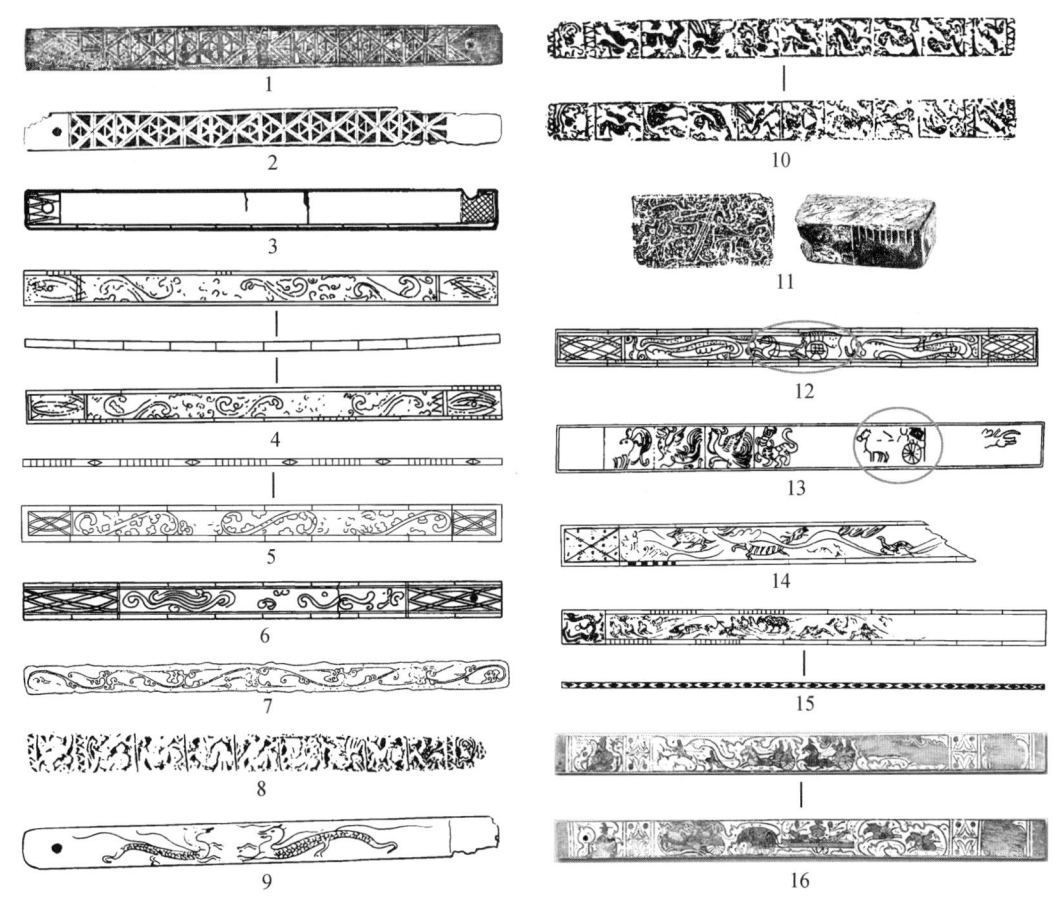

图三　汉尺的装饰纹样

1～3. 几何纹（长沙雷家嘴铜尺、长沙龙洞坡铜尺、广西合浦铜尺）　4～7. 云气纹（朔州平朔汉墓骨尺、卢氏县西北街骨尺、固原大坑堰骨尺、满城汉墓铁尺）　8～10. 鸟兽纹［长沙小林子冲铜尺、长沙东圹铜尺（反面）、长沙刘家冲铜尺］　11. 人物纹（曲阜九龙山铜尺）　12、13. 车马纹（沙金套海骨尺、掖县铜尺）　14～16. 纹样组合（扬州胡场骨尺、扬州姚庄骨尺、海州双龙村木尺）

一批汉尺的主体纹样为云气纹，如晋博朔州骨尺、朔州平朔汉墓骨尺、朔唯陶瓷厂骨尺、固原大坑堰骨尺、卢氏县西北街骨尺，尺面两端的十字菱形纹占比较小，大部分尺面为云气纹，纳林套海3号墓骨尺、纳林套海20号墓骨尺、沙金套海骨尺尺面上均有大面积云气纹，洛阳唐寺门骨尺1号和骨尺2号的纹样占尺面的一半，以小菱形边饰围着云气纹。云气纹是汉代最为常见的图像元素，广泛出现于各类载体之上，大部分器物甚至墓葬壁画和画像石中都存在这类纹饰，《说文解字》认为："云，山川气也。"[30]《黄帝内经》认为："雨出地气，云出天气。"[31]云气是天的象征符号，云气纹的产生深受汉代自然崇尚和神仙崇拜的影响，具有祥瑞色彩[32]，出现于生活的方方面面，汉尺上的云气纹正是汉代流行文化的一种反映。

第三类，鸟兽纹，包括写实动物和幻想动物等，因线条粗略，除龙纹、凤鸟纹外，大部分鸟兽纹都无法明确所描绘的具体种属。扬州胡场汉墓骨尺、姚庄骨尺、敦煌马圈湾竹尺、房县松嘴铜尺、长沙九尾冲铜尺、山东掖县（今莱州市，余同）铜尺、甘谷七甲庄骨尺等均有鸟兽纹，但都与云气纹等相组合，只有长沙小林子冲铜尺、刘家冲铜尺、工农桥铜尺2号、杨家山铜尺、长丝营铜尺的纹样为相对纯粹的鸟兽纹，每个寸格内有一只鸟或兽纹，纹饰古朴、粗犷豪放。另外，长沙东圹铜尺（反面）和长沙国防科大铜尺（反面）为头部相对的两条龙纹，纹饰简单，但鳞片清晰可见，较为特殊。

第四类，人物纹。装饰人物纹样的汉尺较少，曲阜九龙山鲁王墓铜尺双面有执剑人物图像，圆目张口，左手持剑横于腹前，与汉画像中的方相氏较为类似，具有升仙的意义[33]。海州双龙村木尺尺面上有凭几而坐的男女人物，为东王公和西王母形象[34]，还有两个执棨戟前行的人物形象。

第五类，车马纹。车马纹是由车、拉车的动物、车上人物、车上构件等组成不可分割的图像单元。如纹样较为复杂的海州双龙村木尺正面有两处轺车纹，均无车盖，车上坐双人，单马拉车，为奔跑状，均左向；反面有一处轺车纹，无车盖，车上坐双人，单马拉车，为奔跑状，一处鼓车纹，无车盖，车上有双人相对敲击建鼓，大象拉车，为行走状，均左向，后有两处向左的骑马人物纹样。沙金套海骨尺正面有一处车马纹，车有伞盖，车上坐单人驾车，单马拉车，为奔跑状，左向。山东掖县铜尺正面有一处车马纹，无车盖，车上坐单人，单马拉车，为站立状，左向。

有19件汉尺使用了组合式纹样，由两类以上的纹样组合而成。云气纹+鸟兽纹组合最多，此类纹样组合或可称为"云虞纹"，即各种灵禽异兽奔驰于云气中的图案[35]，暗示着这些鸟兽不是世间的普通鸟兽，而是仙界的神兽神鸟，如扬州胡场汉墓骨尺尺面纹样是鸟兽奔跑于云气上下，线条粗糙、不可细辨；扬州姚庄骨尺纹样线条细腻，细节清晰，尺最左侧有卷曲的龙纹，其余尺面为各种鸟兽分布于云气纹上下，房县松嘴铜尺、长沙东圹铜尺（反面）和长沙国防科大铜尺（反面）上的龙纹更是归属于仙界的幻想动物，制尺者选取仙界中典型的一些祥瑞元素，可能是人们对幻想中的仙山和天堂的具体描绘[36]，以此满足用尺者在日常生活中对升仙的渴求及趋吉避凶的心理。

车马纹在汉代也与升仙和神仙世界关系密切，具有祥瑞色彩。沙金套海骨尺纹样由十字菱形纹+云气纹+车马纹组成，车马奔驰于云气中间，山东掖县鎏金铜尺上的车马纹与凤鸟纹等位于同一尺面之上，均证明这些纹样具有祥瑞色彩。尤其是这些车马纹均左向，与常见的汉画像石车马图案类似，车马左向具有奔向"西方"的寓意，表达了对西方神仙世界的向往[37]。海州双龙村木尺的装饰纹样可进一步确认车马纹为祥瑞纹样，尺正反面的最左端云气环绕的人物为汉代神仙崇拜中最重要的东王公与西王母，云气中的车马、象车、人骑马均奔向二者，尤其是象车在汉代较为少见，但也明确为祥瑞，《郊祀歌》有"象载瑜"句，颜师古注为："象载，象舆也，山出象舆，瑞应车也。"[38]象车上的建鼓与云气、西王母、东王公处于同一画面中，无疑具有求仙道的象征意义[39]。

因此，可以认为汉尺上的装饰纹样具有祥瑞色彩，并未超脱汉代流行的纹样类型，是汉代人的神仙思想在日常用器上的直接反映。

三、构图形式与工艺

汉尺上的装饰纹样是制尺者的刻意所为，具有艺术色彩，故而探索汉尺装饰纹样的构图形式也就成为可能。

制尺者在饰纹样于尺面之前，需仔细审视作为"画布"的尺面，合理考虑功能纹样与装饰纹样的关系，所以就产生了以边框来区隔功能纹样和装饰纹样。在具有装饰纹样的汉尺中，有30件汉尺尺面有边框，如扬州胡场汉墓骨尺、纳林套海3号墓骨尺、潜山马道村铜尺、山东掖县鎏金铜尺等，装饰纹样均限定于边框之内，刻度线处于边框线与尺面边缘之间几毫米宽的范围内，边框之内的大面积尺面成为制尺者作图的"画布"，避免了对功能纹样的干扰。边框区隔了尺面上的功能部分和装饰部分，图像所要传递的信息大部分都在边框限定的范围之内[40]，这更容易使观者聚焦于边框内的图像内容[41]，但是制尺者并没有忘掉尺面上的功能纹样，这在部分具有鸟兽纹和几何纹的汉尺上有所表现，如长沙地区的几件几何纹铜尺，寸刻度线将装饰纹样分隔成相同的区域，使得寸刻度线成为边框内的垂直切割线，图像显得规整、平稳、静止和严肃[42]。细察汉尺纹样，我们发现大部分装饰纹样会被严格限制在边框内，但是卢氏县西北街骨尺上的云气纹因迁就边框而不完整，少数装饰纹样会超过边框，沙金套海骨尺尺面上车马纹的车盖超出了边框范围，再次确认了边框是先被标识出来的，显示了制尺者的自主性和创造性。

根据尺面不同纹样之间的关系，汉尺装饰纹样分为单元式构图与长卷式构图。长沙地区的几何纹和鸟兽纹铜尺使用了单元式构图，寸刻度线之间为独立的纹样，这种构图方式给人以明快、清晰、有序的感觉。长卷式构图以海州双龙村木尺为代表，所有奔驰于云气中的车马人物都朝向东王公和西王母，构成了一幅叙事故事图[43]，表现出对进入神仙世界的迫切期待。还有扬州胡场汉墓骨尺、姚庄骨尺上的纹样为鸟兽奔跑于云气中，表现出一幅动态景象，也为长卷式构图。此外，如何在尺面安排装饰纹样，似乎并没有严格的规范要求，如扬州姚庄骨尺、合浦铜尺、洛阳唐寺门骨尺尺面均有不少空白，也说明了大部分制尺者最看重的还是功能纹样，装饰纹样可有可无。

由于不同材质的汉尺在硬度、韧性、表面附着力等方面的差异，所使用的纹样制作工艺也不完全相同，使用的工具也可能不同。当然，不同的材质也可能使用同样的工艺。

大部分汉尺的纹样都使用了针刻工艺，也称锥画，多用金属质尖状物在尺面上刻画出较细的阴线线条。大部分的刻度线、边框、装饰纹样都用针刻表现，有些纹样非常细腻传神，如山东掖县铜尺、扬州姚庄骨尺上的鸟兽纹和车马纹，细节清晰，表现出制尺者的高超技术；有些纹样较为粗犷，寥寥数笔勾勒出纹样的基本特征，如房县松嘴铜尺上的龙纹。此外，只有功能纹样的汉尺，多使用针刻工艺来表现刻度线，唯肩水金关木尺、宁夏石砚子骨尺的刻度线由墨绘而成。

还有一类铜尺使用了铸造工艺，包括饰几何纹的潜山马道村铜尺、广州先烈路铜尺以及长沙地区的一批铜尺，饰鸟兽纹的一批长沙地区铜尺。这些汉尺纹样所使用的工艺需要制尺者具有较高的雕刻技术来制作模范，尤其是单元式构图的鸟兽纹，在不到一寸见方的尺面上把一只鸟兽表现得纤毫毕现，构思与技巧均不可缺，铸造技术可以大批量生产纹样类似的铜尺，应该是专门的手工业作坊所生产。

部分汉尺使用了彩绘工艺，如海州双龙村木尺，双面纹样均以白底彩绘，先以黑线勾勒，然后再以红、黑、蓝、白、青诸色涂绘，细节生动[44]。纳林套海3号墓骨尺、卢氏县西北街骨尺，用黑彩绘出刻度线、云气纹和几何纹等并施以红、绿彩。纳林套海3号墓骨尺、沙金套海骨尺的纹样也为彩绘刻度线和装饰纹样，晋博朔州骨尺、朔州平朔汉墓骨尺、固原大坑堰骨尺尺面的装饰纹样为黑线绘成，但侧面的刻度线为针刻。

有些汉尺综合使用了不同的构图工艺。如扬州胡场汉墓骨尺、凤翔唐志庄骨尺、甘谷七甲庄骨尺，在针刻装饰纹样的基础上，填以色彩。武威磨咀子竹尺，先对尺面髹黑漆[45]，然后针刻刻度线[46]，最后用朱漆填充刻度线的凹痕。敦煌马圈湾竹尺，两面髹黑漆，然后针刻鸟兽纹和云气纹。山东掖县铜尺、房县松嘴铜尺、汉中铺镇铜尺还存在鎏金现象。满城汉墓铁尺和扬州姚庄铜矩尺使用了错金工艺，云气纹和刻度点均为错金，汉代的错金银和鎏金技术相当成熟[47]，少数汉尺使用这两种金饰工艺，旨在凸显尺的华贵，似乎暗示了这类汉尺并非日常用品，而是用于把玩欣赏。

针刻、彩绘、铸造、鎏金、错金等汉尺纹样制作工艺在汉代的各类器物和壁画、汉画像石中都可以找到，是汉代社会流行的工艺，其差异性主要表现在纹样的精细程度以及对不同工艺的熟练掌握上。不同纹样的汉尺可能使用类似工艺，同样的纹样也会使用不同的工艺，如晋博朔州骨尺、朔州平朔汉墓骨尺、纳林套海3号墓骨尺、朔州朔唯陶瓷厂骨尺、卢氏县西北街骨尺、固原大坑堰骨尺的装饰纹样相似，但存在针刻和彩绘两种工艺。

从现存汉尺可以看出，西汉早中期有装饰纹样的汉尺较少，无法判定装饰纹样的地域差异。两汉之际，晋冀蒙地区流行十字菱形纹+云气纹，东汉时期，以长沙为代表的南方地区流行几何纹和单元式构图的鸟兽纹，工艺以铸造为主。针刻工艺广泛使用，没有特定的流行地域，鎏金、髹漆、彩绘等工艺使用较少，南北方均有发现。汉代的手工业较为发达，各地均有大量官营、私营手工业作坊以及个体作坊[48]，产品包罗万象[49]，借助于商品流通，生产的产品可以在一定地域内被广泛使用，所以晋冀蒙地区和南方地区流行的相似的汉尺是完全可以理解的。

四、余 论

古人认为"度，法制也"[50]，"非天子不制度"[51]，掌管尺度的权力在中央，"职在内官，廷尉掌之"[52]，因此汉尺具有高度的严肃性。但是部分汉尺上的装饰纹样却又种类多样，构图方式、工艺不统一，具有艺术性、生活化的色彩，似乎与严肃的国家制度矛盾，那么部分汉尺上为什么会有装饰纹样呢？

首先，装饰纹样的产生是汉代社会和艺术发展的结果。中国传统器具设计通常具有实用和理性的思维，在造型上注重简洁、装饰上强调少饰，同时也有重纹样的传统，孔子认为："官致良工，因丽节文，非无良材也，盖曰贵文也。"[53]工匠重视纹样甚于材质。这两种看似矛盾的传统深刻影响了汉代人对装饰纹样的态度，如既有大量仅具功能纹样的汉尺，也存在具有华美装饰纹样的汉尺。盖因进入汉代，手工业生产发展迅速，手工业的艺术设计日益为人所重视，成就突出，造就了艺术设计史上的第一个黄金时代[54]，大量器具实现了实用功能基础上的艺术升华。随着使用的普及，人们对尺子的设计逐渐产生了艺术需求，从而产生了装饰纹样。

其次，多样的装饰纹样体现了汉代社会的创造力和艺术思维。虽然中央对尺子的制造有严格规定，但是由于各地无意识地制造误差或者有意识地为经济利益而制造非标准尺子，产生了异于标准的尺，如有些时代相近的汉尺一尺长度也不统一[55]，有些汉尺原料选择随意（如肩水金关竹尺用废旧竹简制作），有的汉尺刻度线不整齐，甚至每寸长度不等。这些现象大大降低了尺度的权威性，进一步说明民间不一定需要那么精准的尺度，作为生活必需品，有没有才是第一位的，装饰纹样不是必需因素，所以尺面上装饰何种纹样，如何装饰，更不可能与中央保持一致。同时，相对于造型庄重肃穆的量器和衡器，尺子的制造成本低，使用难度几乎没有，在生活中最为常见，社会意义不甚强烈，因此难以用于标志社会地位，秦和新莽对度量衡的改革重点不在于尺度也是这个原因[56]，故而汉尺的装饰纹样缺少了礼制、政治的限制，可以自主选择。汉尺装饰纹样基本为祥瑞纹样,体现了汉代流行的神仙信仰,与汉代传统礼器逐渐消亡、实用器逐渐增加以及生活化器物纹饰逐渐增多[57]的社会大背景密切相关。

当然,装饰纹样不能影响尺子的基本功能,这是尺的设计前提,装饰纹样是超出使用功能的一种艺术追求,是制作者、使用者的内心思维和审美意趣的反映。少数汉尺的装饰纹样会产生喧宾夺主的效果,刻度线弱化,如满城汉墓铁尺和海州双龙村木尺,尺面边缘的刻度线(点)就不清晰,这种超出规范的艺术追求在一定程度上使尺子变成了赏玩品。

部分汉代人去世后,将日常使用的汉尺带入地下,放置于棺内、墓室或墓道中,是汉代"事死如事生"观念的表现。如海州双龙村木尺与针筒、线绕等实用器同出于漆奁内,可解读为特殊随葬品[58],满城汉墓铁尺与生活器皿和娱乐器具同出,有丝绸包裹痕迹[59],受到特殊珍视。曲阜九龙山鲁王墓出土的铜尺规格较大,很可能不是日常实用器,甚至有学者推测其为有刻度线的铜块[60]。此外,19件汉尺出土于墓主性别明确的汉葬,11件出土于男性墓葬或棺中,8件出土于女性墓葬或棺中,难以遽定尺是女性用品。虽然在文献里女用尺较为常见,如"左手持刀尺,右手执绫罗","龙刀横膝上,画尺堕衣前",但是工匠用尺的历史亦早至先秦时期[61]。汉尺的同出遗物并不统一,出土于男性墓葬或棺中的汉尺,有与铜刷、铁削同出的(徐州后楼山汉墓),也有与漆黛板、铁削同出的(扬州姚庄汉墓),出土于女性墓葬或棺中的汉尺,有与铜刷、木篦、木梳等同出的(阳原三汾沟汉墓),有与针筒、线绕等同出的(连云港海州双龙村汉墓),有与铜削同出的(汉中铺镇铜尺),均为日常用品,再次证明了墓中汉尺为生活用具,并没有纳入葬制。部分汉尺与削同出,说明了"刀尺"为常见使用组合。

总之,部分汉尺的装饰纹样是在保证功能纹样前提下的艺术创作,这些装饰纹样包括几何纹、云气纹、人物纹、车马纹等,均来自汉代社会流行的祥瑞纹样,是神仙信仰的一种反映,体现了汉尺功能性与艺术性的统一,也是制尺者技术和艺术思维的物质表现。因此对汉尺的研究不仅可以理解汉代的经济和度量衡制度,也有助于理解汉代的信仰、社会与艺术思维。

注 释

[1] 熊长云:《新见秦安度量衡器集存》,中华书局,2018年,1页。
[2] 《汉书》卷二十一《律历志》,中华书局,1962年,966页。
[3] 白云翔:《汉代尺度的考古发现及相关问题研究》,《东南文化》2014年2期。
[4] 丘光明:《中国历代度量衡考》,科学出版社,1992年,55页。

[5] （清）孔尚任：《汉铜尺记》，《湖海集》卷八，古典文学出版社，1957年，187页。
[6] （清）黄文旸：《埽垢山房诗钞》卷七，《续修四库全书》第1459册，84～87页。
[7] （清）恽敬在：《〈坚白石斋诗集〉序》，《坚白石斋诗集》，山西人民出版社，1991年，526页。
[8] 李砚祖：《工艺美术概论》，中国轻工业出版社，1999年，129页。
[9] （清）孙诒让撰，王文锦、陈玉霞点校：《周礼正义·冬官考工记第六》，中华书局，2013年，3115页。
[10] 同［9］，3108页。
[11] 根据相关著述和考古资料，目前所知的汉尺实物百余件，其中有明确具体出土地点的汉尺105件（见附表），本文研究对象即以这105件汉尺为主。
[12] 同［3］。
[13] 蒋廷瑜：《广西贵县罗泊湾汉墓出土度量衡资料分析》，《第二届中国少数民族科技史国际学术讨论会论文集》，社会科学文献出版社，1996年，148页。
[14] 马萧林：《近十年中国骨器研究综述》，《中原文物》2018年2期。
[15] 广西壮族自治区博物馆：《广西贵县罗泊湾汉墓》，文物出版社，1988年，57页。
[16] 河北省文物研究所等：《河北阳原三汾沟汉墓群发掘报告》，《文物》1990年1期。
[17] 白云翔：《秦汉时期的铁钱币和度量衡器概论》，《秦汉考古与秦汉文明研究》，文物出版社，2019年，367～378页。
[18] 同［2］，972页。
[19] 同［5］，187页。
[20] 罗小华：《汉墓随葬明器象牙犀角现象探因》，《中国文物报》2017年5月19日6版。
[21] 同［4］，6页。
[22] 同［3］。
[23] 程颖：《权重衡平——中国传统权衡器具设计研究》，科学出版社，2018年，17页。
[24] 卡尺是专门的一种测量长度工具，可用于测量圆形器之直径，器物的深度、厚度等（见丘光明：《谁最早发明了卡尺》，《中国计量》2013年5期）。
[25] 发掘者认为该物是炼丹使用的工具（见南京博物院：《江苏仪征石碑村汉代木椁墓》，《考古》1966年1期），丘光明认为是最早的铜圭表尺（见丘光明：《中国历代度量衡考》，科学出版社，1992年，52页），是重要的天文测量仪器（见车一雄等：《仪征东汉墓出土铜圭表的初步研究》，《中国古代天文文物论集》，文物出版社，1989年，154～161页）。
[26] 矩尺即曲尺，除了具有测量长度和画直线的功能外，还具有找角度等功能。
[27] （南朝梁）王筠：《行路难》，《汉魏六朝诗选》，上海古籍出版社，2005年，440页。
[28] 张志春：《从具象到抽象的演化轨迹——对陕北等地汉画像石一种抽象图纹的文化追溯》，《艺术百家》2003年3期。
[29] 姜生：《界定者：汉墓画像边饰研究》，《东岳论丛》2015年11期。
[30] 方向东：《大戴礼记汇校集解》卷一《主言第三十九》，中华书局，2008年，579页。
[31] 周鸿飞著，范涛点校：《黄帝内经素问》，河南科学技术出版社，2017年，10页。

[32] 吴卫、廖琼：《汉代云气纹艺术符号探析》，《美苑》2009年3期。

[33] 钟玲：《四川汉代考古资料中的方相氏图像》，《四川文物》2016年1期。

[34] 石峰：《略析连云港双龙汉墓出土的彩绘木尺》，《长江文化论丛》2012年1期。另，该墓年代为西汉晚期（见赵川：《连云港海州双龙汉墓M1的几个问题》，《江汉考古》2014年2期；凡国栋：《释连云港海州西汉墓名谒中的"西平侯"》，《中国国家博物馆馆刊》2015年9期），以往学界意见多认为东王公形象出现于东汉早中期，但该尺与新出土的海昏侯衣镜证明，东王公形象早至西汉中晚期已经出现（见庞政：《从海昏侯墓衣镜看西王母、东王公图像的出现及相关问题》，《江汉考古》2020年5期）。

[35] 孙机：《几种汉代的图案纹饰》，《文物》1982年3期。

[36] 傅举有：《汉代漆器装饰（中）》，《中国文物世界》1997年137期。

[37] 李立、谭思梅：《汉画车马出行画像的神话学诠释》，《理论与创作》2004年6期。

[38] 《汉书》卷二十二《礼乐志》，1069页。

[39] 刘乐乐：《河南汉画中建鼓图的礼仪功能探析》，《文化遗产》2017年3期。

[40] 宋艳丽等：《浅析图像边框的视知觉认知》，《传媒与艺术研究》2018年3期。

[41] 韩丛耀：《图像：主题与构成》，北京大学出版社，2010年，77页。

[42] 同［41］，82页。

[43] 武利华：《中华图像文化史·秦汉卷》，中国摄影出版社，2015年，569页。

[44] 马振林：《连云港双龙汉墓汉尺考》，《苏州文博论丛》2010年1期。

[45] 也称髤泬或髹泬，见朱德熙、裘锡圭：《马王堆一号汉墓遣策考释补证》，《朱德熙古文字论集》，中华书局，1995年；高杰：《汉代地方工官研究——以出土骨签和漆器铭文为中心》，凤凰出版社，2020年，41、42页。

[46] 在漆器制作中，这道程序被称为"画工"，包括漆画彩绘和针刻纹饰的工序，见李则斌：《扬州出土汉代工官漆器考》，《扬州博物馆建馆五十周年纪念文集》，《东南文化》2001年增刊。

[47] 刘艳等：《"错金银"新论》，《文物保护与考古科学》2019年4期。

[48] 蔡锋：《中国手工业经济通史·先秦秦汉卷》，福建人民出版社，2005年，389~419页。

[49] 《史记》卷一二九《货殖列传》，中华书局，1982年，3274页。

[50] 同［30］，140页。

[51] 宋胡安国著，钱伟疆点校：《春秋胡氏传》卷四《桓公上·二年》，浙江古籍出版社，2010年，46页。

[52] 同［2］，987页。

[53] 楼宇烈：《荀子新注》卷二十八《宥坐》，中华书局，2018年，586页。

[54] 杜海滨等：《中国古代造物设计史》，辽宁科学技术出版社，2014年，88页。

[55] 同［3］。

[56] 马铭悦、韦正：《汉魏王侯墓随葬度量衡器浅论》，《中原文物》2021年2期。

[57] 吴小平：《从礼器到日常用器——论两汉时期青铜容器的变化》，《厦门大学学报（哲学社会科学版）》2006年3期。

[58] 陈松长：《连云港海州双龙汉墓出土汉代漆尺彩绘图像解读》，《中国汉画学会第十二届年会论文集》，中国国际文化出版社，2010年，124页。
[59] 中国社会科学院考古研究所、河北省文物管理处：《满城汉墓发掘报告》，文物出版社，1980年，277页。
[60] 熊长云：《秦汉度量衡研究》，北京大学博士学位论文，2012年，279页。
[61] 李浈：《官尺·营造尺·鲁班尺——古代建筑实践中用尺制度初探》，《建筑史》2009年1期。

附表 汉尺一览表

序号	时代	尺名	整体形制	功能纹样	装饰纹样	纹样工艺	出土信息	资料来源
1	西汉早期	徐州后楼山竹（木）尺1号	扁长条形，残	有	无	不详	出于洞室墓内至棺外，与铜镜、铜刷柄、铁削、2号尺同出，墓主为男性贵族	徐州博物馆：《江苏徐州市后楼山八号西汉墓》，《考古》2006年4期
2	西汉早期	徐州后楼山竹（木）尺2号	扁长条形，残	有	无	不详	与1号尺同出	《江苏徐州市后楼山八号西汉墓》
3	西汉早期	广西罗泊湾竹尺	扁长条形，残	有寸刻度线	无	针刻	出土位置不详，墓主人为南越国高级官员	广西壮族自治区博物馆：《广西贵县罗泊湾汉墓》，文物出版社，1988年，57页
4	西汉早期	广西罗泊湾木尺1号	扁长条形，残	有寸刻度线	无	针刻	出土位置不详，墓主人为南越国高级官员	《广西贵县罗泊湾汉墓》，57页
5	西汉早期	广西罗泊湾木尺2号	扁长条形，残	有寸刻度分度线	无	针刻	出土位置不详，墓主人为南越国高级官员	《广西贵县罗泊湾汉墓》，57页
6	西汉早期	盱眙大云山铜尺	扁长条形，残	尺侧面有寸刻度线，首寸有分刻度线	无	针刻	出于盗洞。墓主刘非，西汉江都王陵1号墓。同出一残长216厘米木丈	南京博物院等：《大云山：西汉江都王陵1号墓发掘报告》，文物出版社，2020年，114页
7	西汉早期	满城汉墓铁尺	扁长条形，两端穿孔	两面寸刻度均以错金小点标识	流云纹	错金	出土于M2窦绾墓中室南区中部器物群中，丝织品包裹	中国社会科学院考古研究所等：《满城汉墓发掘报告》，文物出版社，1980年，277页
8	西汉中期	曲阜九龙山铜尺	扁长条形，残	一面有寸刻度线，首寸有分刻度线	人物纹	针刻	出土于M3，具体位置不详，为鲁王墓	山东省博物馆：《曲阜九龙山汉墓发掘简报》，《文物》1972年5期
9	西汉中期	肩水金关竹尺	扁长条形，一端穿孔	尺侧面有寸刻度线	无	针刻	出土于南墙外侧	甘肃居延考古队：《居延汉代遗址的发掘和新出土的简册文物》，《文物》1978年1期

续表

序号	时代	尺名	整体形制	功能纹样	装饰纹样	纹样工艺	出土信息	资料来源
10	西汉中期	肩水金关木尺	扁长条形	两面有寸刻线	无	彩绘	出土于关城之中	《居延汉代遗址的发掘和新出土的简册文物》
11	西汉晚期	海州双龙村木尺	扁长条状，一端有穿孔	尺面边缘有寸刻度线	云气纹、车马纹、人物纹	彩绘	与针筒、绕线板等同出于漆奁内，墓主为女性	连云港市博物馆：《江苏连云港海州西汉墓发掘简报》，《文物》2012年3期
12	西汉晚期	扬州胡场汉墓骨尺	扁长条状，残	尺面边缘有寸刻度线，2寸内有分刻度线	几何纹、云气纹、鸟兽纹	针刻、彩绘	出土于M2漆箱内，墓主性别不详	扬州博物馆：《扬州邗江胡场汉墓》，《文物》1980年3期
13	西汉晚期	日照海曲木尺	扁长条状，一端有穿孔	有寸刻度线	无	针刻	女性棺内的脚部	日照市博物馆：《山东日照市大古城汉墓发掘简报》，《东南文化》2006年4期
14	西汉晚期	阳原三汾沟木尺1号	扁长条状	尺面上下边缘有寸和分刻度线	无	针刻	与铜削、木笥、木梳等同出土于女性棺内漆奁内	河北省文物研究所等：《河北阳原三汾沟墓群发掘报告》，《文物》1990年1期
15	西汉晚期	阳原三汾沟木尺2号	不详	不详	不详	不详	简报仅提及，但具体信息均不详	《河北阳原三汾沟墓群发掘报告》
16	西汉晚期	纳林套海3号墓骨尺	扁长条状，一端有穿孔	尺面边缘和侧面均有刻线	双面均有几何纹、云气纹	彩绘	双人合葬砖室墓，具体位置不详	内蒙古文物考古研究所：《内蒙古中南部汉代墓葬》，中国大百科全书出版社，1998年，44页
17	西汉末至新莽时期	纳林套海20号墓骨尺	扁长条状，一端有穿孔	侧面有刻度线	几何纹、云气纹	彩绘	双人合葬砖室墓中南部室内棺外，与铁剑同出	《内蒙古中南部汉代墓葬》，44页

续表

序号	时代	尺名	整体形制	功能纹样	装饰纹样	纹样工艺	出土信息	资料来源
18	西汉晚期	扬州姚庄竹尺	长条状，由两片竹片合成，尺面稍圆凸	双面均有寸刻度线	无	针刻	出土于男性棺中，与漆黛板、铁削同出于漆盒内。墓主为广陵国的中级武官	扬州博物馆：《江苏邗江姚庄101号西汉墓》，《文物》1988年2期
19	西汉晚期	扬州姚庄骨尺	扁长条状，一端穿孔	尺面边缘有寸刻度线，部分寸内有分刻度线	云气纹、鸟兽纹	针刻	出土于双人合葬墓的女性棺中	《江苏邗江姚庄101号西汉汉墓》
20	西汉晚期	阳谷吴楼骨尺	扁长条状，一端穿孔	不详	无	不详	出土于大型砖室墓内扰土中，墓主可能为西汉阳平侯	聊城市文物管理委员会、阳谷县吴楼一号汉墓的发掘，《考古》1999年11期
21	西汉晚期	定陶灵圣湖玉尺	扁长条状，残	有寸，分刻度线	无	针刻	该墓为诸侯王级大墓	白云翔：《汉代尺度的考古发现及相关问题研究》，《东南文化》2014年2期
22	西汉晚期	敦煌马圈湾竹尺	扁长条状，一端穿孔	尺侧面有寸刻度线	云气纹、鸟兽纹	髹漆，针刻	出土具体位置不详	甘肃省博物馆，敦煌县文化馆：《敦煌马圈湾汉代烽燧遗址发掘简报》，《文物》1981年10期
23	西汉晚期	扬州蜀秀河铜尺	扁长条状，一端穿孔	两面均有寸刻度线，部分寸内有分刻度线	无	针刻	出土于墓葬，具体信息不详	扬州市文物考古研究所：《广陵遗珍》，江苏凤凰美术出版社，2018年，40页
24	西汉	江西樟树铁尺	不详	不详	不详	不详	报道为西汉墓	《江西清江樟树镇多次发现古墓，樟树农业学校及樟树中学违反政府法令，擅自进行清理》，《文物参考资料》1954年5期
25	西汉	子长县桃园村铜矩尺	L形	两面均有寸刻度线，部分寸内有分刻度线	无	针刻	只有出土地点，墓葬或遗址不详	师小群，韩建武：《陕西历史博物馆新征集文物选释》（第3辑），《陕西历史博物馆馆刊》，1996年

续表

序号	时代	尺名	整体形制	功能纹样	装饰纹样	纹样工艺	出土信息	资料来源
26	新莽时期	扬州姚庄铜矩尺	L形，残	有寸刻度线和分刻度线	云气纹	针刻、错金	出土于双人合葬墓中的女性棺中	扬州博物馆：《江苏邗江县姚庄102号汉墓》，《考古》2000年4期
27	新莽时期	扬州姚庄漆尺	不详	不详	不详	髹漆	与铜矩尺同出于女性棺中	《江苏邗江县姚庄102号汉墓》
28	新莽时期	沙金奎海骨尺	扁长条状，一端穿孔	两面的边缘及侧面有寸刻度线，部分分寸有分刻度线	几何纹、云气纹、鸟兽纹、车马纹	彩绘	双人合葬墓，男性棺内，头骨右侧，与铜镜同出	《内蒙古中南部汉代墓葬》，107页
29	新莽至东汉早期	晋博朔州骨尺	扁长条状，一端穿孔	尺面边缘有寸刻度线，一端的一寸有分刻度线	几何纹、云气纹	针刻、彩绘	不详，同朔州平朔汉墓骨尺出土地相同	《汉代尺度的考古发现及相关问题研究》
30	新莽至东汉早期	朔州平朔汉墓骨尺	扁长条状，一端穿孔	尺面边缘有寸刻度线，一端的一寸有分刻度线	几何纹、云气纹	针刻、彩绘	不详	平朔考古队：《山西朔县1987年6期汉墓发掘简报》，《文物》1987年6期
31	东汉早期	常德芦山铜尺	扁长条状，一端穿孔	不详	不详	不详	出土于砖室墓内	常德市文物事业管理处：《湖南常德市芦山乡发现一座东汉墓》，《考古》2004年5期
32	东汉早期	上虞后头山铜尺1号	扁长条状，一端穿孔	有寸刻度线	无	针刻	出土于小型砖室墓内，具体位置不详	浙江省考古研究所：《浙江汉墓》，文物出版社，2016年，208页
33	东汉早期	上虞后头山铜尺2号	不详	不详	不详	不详	发掘简报提及该尺破碎严重，无具体出土信息	《浙江汉墓》，208页

续表

序号	时代	尺名	整体形制	功能纹样	装饰纹样	纹样工艺	出土信息	资料来源
34	东汉早期	朔州朔唯陶瓷厂骨尺	扁长条状,一端穿孔	有寸刻度线	几何纹、云气纹	针刻	出土于一座大型木椁墓中	雷云贵:《东汉的一件骨尺》,《中国文物报》2003年12月3日8版
35	东汉早期	宁夏石砚子骨尺	扁长条状,一端穿孔,残	侧面有寸刻度线	尺面有红色痕迹	彩绘	出土于M2盗洞中	宁夏文物考古研究所:《宁夏海原石砚子汉墓发掘简报》,《文博》2018年4期
36	东汉早期	扬州甘泉铜卡尺	卡尺	不详	无	不详	出土于砖室墓内	李健广:《东汉铜卡尺》,《中国计量》1997年4期,50页
37	东汉中期	蠡县骨尺	扁长条状,一端穿孔	两面均有寸刻度线,部分肉有分寸刻度	无	针刻	出土于多室砖室墓内	河北省文物研究所:《蠡县汉墓发掘记要》,《文物》1983年6期
38	东汉中期	益阳赫山庙铁尺	扁长条状,残	不详	不详	不详	出土于多室砖室墓,前室内	湖南省博物馆:《湖南益阳坡国两汉墓》,《考古学报》1981年4期
39	东汉中期	洛阳西工段萧街骨尺	扁长条状	有寸刻度线	无	针刻	出土于砖室墓	米士诚:《洛阳一座东汉墓》,《考古》1959年6期
40	东汉中期	武威磨咀子竹尺	扁长条状	有寸刻度线	无	髹漆、针刻	出土于夫妻合葬墓内	甘肃省博物馆:《甘肃武威磨咀子汉墓发掘》,《考古》1960年9期
41	东汉中期	济宁肖王庄牙尺	扁长条状	有寸刻度线,部分寸有分刻度线	无	针刻	可能是东汉任城孝王刘尚	济宁市文物管理局:《山东济宁肖王庄一号汉墓》,《考古学集刊》(第12集),1999年
42	东汉中晚期	东平王陵山牙尺	扁长条状,一端穿孔	两面均有寸刻度线和分刻度线	无	针刻	可能和东汉诸侯平宪王家族有关	山东省博物馆:《山东东平王陵山汉墓清理简报》,《考古》1966年4期
43	东汉中晚期	万州大丘坪铁尺	扁长条状	锈蚀严重,刻度不详	不详	不详	作者定为铁刀,根据形制判断,应为铁尺。出土于砖室墓内	重庆市文化局、重庆市移民局:《万州大丘坪墓群》,科学出版社,2014年,111页

续表

序号	时代	尺名	整体形制	功能纹样	装饰纹样	纹样工艺	出土信息	资料来源
44	东汉中晚期	汉中铺镇铜尺	扁长条状	有寸刻度线	无	鎏金、针刻	出于墓室砖台上，与铜削同出，可能为女性墓	何新成：《陕西汉中市铺镇砖厂汉墓清理简报》，《考古与文物》1989年6期
45	东汉晚期	偃师华润5号墓骨尺	扁长条状，一端穿孔	寸刻度由小圆圈代表	无	针刻	出土于砖室墓前室内	洛阳市文物考古研究院：《偃师华润电厂考古报告》，中州古籍出版社，2012年，48页
46	东汉晚期	偃师华115号墓骨尺	扁长条状，一端穿孔	寸刻度由小圆圈代表	无	针刻	出土于土洞墓地面	《偃师华润电厂考古报告》，38页
47	东汉晚期	山东掖县铜尺	扁长条状	有寸刻度线	云气纹、鸟兽纹、车马纹	鎏金、针刻	多室砖室墓，多砖室同出，墓主性别不明	刘桂芳：《山东掖县出土墓的鎏金器和其他文物》，《文物参考资料》1956年12期
48	东汉晚期	西安尤家庄骨尺	扁长条状，一端穿孔	有寸刻度线	无	针刻	出于土长斜坡墓道砖砌多室墓的中室	西安市文物保护考古所：《西安东汉墓》，文物出版社，2009年，260页
49	东汉晚期	房县松嘴坡铜尺	扁长条状，残	有寸刻度线	鸟兽纹（龙纹）	针刻、鎏金	出土于单室砖室墓内	湖北省文物考古研究所：《1986～1987年湖北房县松嘴坡战国两汉墓发掘报告》，《考古学报》1992年2期
50	东汉晚期	潜山马道村铜尺	扁长条状	有寸刻度线	几何纹	铸造	出于单室砖室墓内	余本爱：《潜山县发现东汉铜尺》，《文物》1996年4期
51	东汉晚期	合肥乌龟墩古铜尺	扁长条状，一端穿孔	有寸刻度线	无	针刻	出于多室砖室墓的前室砖台上，为夫妻合葬墓	安徽省博物馆筹备处清理小组：《合肥西郊乌龟墩古墓清理简报》，《文物参考资料》1956年2期
52	东汉晚期	兰州兰工坪骨尺	扁长条状，残	有寸刻度线	无	针刻	出土于棺内头骨旁，与金花同出，性别不详	甘肃省文物管理委员会：《兰州兰工坪东汉墓出土的残骨尺》1956年5期《考古通讯》

续表

序号	时代	尺名	整体形制	功能纹样	装饰纹样	纹样工艺	出土信息	资料来源
53	东汉晚期	绍兴漓渚铜尺	扁长条状，残	有寸刻度线	无	针刻	出土于夫妻合葬墓中，可能出于女性棺内	浙江省文物管理委员会：《浙江绍兴漓渚东汉墓发掘简报》，《考古通讯》1957年2期
54	东汉晚期	江苏仪征铜尺	形制特殊	有寸刻度点，刻度均有修改痕迹	无	针刻	出土于头箱内，与铜量、过滤器等同出，为主表尺	南京博物院：《江苏仪征石碑村汉代木椁墓》，《考古》1966年1期
55	东汉晚期	南昌施家窑铜尺	扁长条状，一端有穿孔	有寸刻度线	无	针刻	出土于多室砖室墓内	程应林：《江西南昌市区汉墓发掘简报》，《文物资料丛刊》1977年1期
56	东汉晚期	嘉峪关新城骨尺1号	扁长条状，一端有穿孔	有寸刻度线和半寸刻度线	无	针刻	出土于多室砖室墓内	嘉峪关市文物清理小组：《嘉峪关汉画像砖墓》，《文物》1972年12期
57	东汉晚期	嘉峪关新城骨尺2号	不详	不详	不详	不详	与1号尺同出一墓，具体信息不详	《嘉峪关汉画像砖墓》
58	东汉晚期	洛阳苗南村骨尺	扁长条状，一端有穿孔，残	尺面上下边缘有寸刻度线，与铜削同出，部分有分刻度线	无	针刻	出土于长斜坡墓道砖室墓	洛阳市文物考古研究院：《河南省洛阳市苗南村三座东汉墓发掘简报》，《洛阳考古》2016年2期
59	东汉晚期	洛阳西工塘沽路骨尺	扁长条状，一端有穿孔	尺面上下边缘有寸刻度线，部分有分刻度线	无	针刻	出土于砖室壁画墓内	洛阳市文物工作队：《洛阳西工东汉壁画墓》，《中原文物》1982年3期
60	东汉晚期	常德台家铺铜尺	扁长条状，残	锈蚀严重，刻度线不详	不详	不详	出土于双室券顶砖室墓内，出土位置不详	湖南省常德市文物局：《沅水下游汉墓》，文物出版社，493页
61	东汉晚期	亳州元宝坑牙尺	扁长条状，一端有穿孔	有寸刻度线	鸟兽纹	针刻，彩绘	出土于多室砖室墓内，曹操宗族墓葬	安徽省亳县博物馆：《亳县曹操宗族墓葬》，《文物》1978年8期
62	东汉晚期	梧州旺步铜尺	扁长条状，一端有穿孔	有寸刻度线	鸟兽纹（龙纹）几何纹	针刻	出土于土坑竖穴墓内	梧州市博物馆：《广西梧州市近年来出土的一批汉代文物》，《文物》1977年2期

续表

序号	时代	尺名	整体形制	功能纹样	装饰纹样	纹样工艺	出土信息	资料来源
63	东汉	卢氏县西北街骨尺	扁长条状，一端有穿孔	尺面上下边缘和侧面有寸刻度线	几何纹、云气纹	彩绘	出土于砖室墓内，与玛瑙饰品同出	卢氏县文管会：《河南省卢氏县出土一件东汉彩绘骨尺》，《文物》1992年7期
64	东汉	长沙东郊雷家嘴铜尺	扁长条状，一端有穿孔	有寸刻度线	几何纹	铸造	出土于砖室墓内	张鑫如：《长沙东郊雷家嘴东汉墓的清理》，《考古通讯》1958年2期
65	东汉	长沙小林子冲铜尺	扁长条状	有寸刻度线	鸟兽纹	铸造	出土于砖室墓内，可能为贵族墓	湖南省文物工作委员会：《湖南长沙小林子冲工地战国、唐墓清理简报》，《考古》1958年12期
66	东汉	长沙刘家冲铜尺	扁长条状	有寸刻度线	鸟兽纹	铸造	出土于砖室墓内，与铜刀同出于陶案旁	罗张：《长沙北郊东汉墓中出土的铜尺》，《考古》1959年12期
67	东汉	长沙杨家山铜尺	扁长条状	不详	鸟兽纹	铸造	不详	丘光明：《中国历代度量衡考》，科学出版社，1992年，22页
68	东汉	长沙长丝骨铜尺	扁长条状	有寸刻度线	鸟兽纹	铸造	不详	《中国历代度量衡考》，26页
69	东汉	长沙东圹铜尺	扁长条状，一端有穿孔	有寸刻度线	几何纹、鸟兽纹（龙纹）	针刻、铸造	不详	《中国历代度量衡考》，28页
70	东汉	长沙龙洞坡铜尺	扁长条状，一端有穿孔	有寸刻度线	几何纹	铸造	不详	《中国历代度量衡考》，28页
71	东汉	长沙小吴门铜尺	扁长条状，一端有穿孔	有寸刻度线	几何纹	铸造	不详	《中国历代度量衡考》，28页
72	东汉	长沙燕家岭铜尺	扁长条状，一端有穿孔	有寸刻度线	几何纹	铸造	不详	《中国历代度量衡考》，30页
73	东汉	长沙工农桥铜尺1号	扁长条状	有寸刻度线	几何纹	铸造	不详	张海军：《长沙市博物馆藏东汉铜尺研究》，《文物鉴定与鉴赏》2012年7期

续表

序号	时代	尺名	整体形制	功能纹样	装饰纹样	纹样工艺	出土信息	资料来源
74	东汉	长沙工农桥铜尺2号	扁长条状，一端穿孔	有寸刻度线	鸟兽纹	铸造	不详	《长沙市博物馆藏东汉铜尺研究》
75	东汉	长沙国防科大铜尺	扁长条状，一端穿孔	有寸刻度线	鸟兽纹（龙纹）、几何纹	铸造、针刻	不详	《长沙市博物馆藏东汉铜尺研究》
76	东汉	长沙九尾冲铜尺	扁长条状，一端穿孔	有寸刻度线	鸟兽纹	铸造	不详	《长沙市博物馆藏东汉铜尺研究》
77	东汉	长沙五里牌铜尺	扁长条状	有寸刻度线	鸟兽纹	铸造	出土于砖室墓内	长沙市文物工作队：《长沙市左家塘、五里牌东汉墓》，《湖南博物馆文集》，1991年
78	东汉	广西贵县铜尺	扁长条状	不详	不详	不详	墓主性别不详	广西省文物管理委员会：《广西贵县汉墓的清理》，《考古学报》1957年1期
79	东汉	广州先烈路铜尺	扁长条状，一端穿孔	有寸刻度线	几何纹	铸造	不详	《中国历代度量衡考》，32页
80	东汉	洛阳石桥11号墓骨尺	扁长条状，一端穿孔	有寸刻度线	无	针刻	不详	《汉代尺度的考古发现及相关问题研究》
81	东汉	洛阳石桥15号墓铜尺	扁长条状，一端穿孔	有寸刻度线	无	针刻	不详	《汉代尺度的考古发现及相关问题研究》
82	东汉	徐州和平大道漆尺	扁长条状	不详	不详	髹漆	出土于墓主人腿骨附近，应为中级贵族男性	林玉尘：《汉代木质棺椁昨开棺发掘》，《彭城晚报》2012年7月3日A08版
83	东汉	盐池张家场骨尺	扁长条状，残	有刻度线	不详	彩绘	采集于遗址内	宁夏文物考古研究所：《盐池张家场古城址调查》，《中国国家博物馆刊》2013年4期

尺寸之间：汉尺形制和纹样综考 · 373 ·

续表

序号	时代	尺名	整体形制	功能纹样	装饰纹样	纹样工艺	出土信息	资料来源
84	东汉	凤翔县唐志唐庄骨尺	扁长条状，一端有穿孔	两面均有寸、分刻度线	云气纹	针刻，彩绘	不详	《中国历代度量衡考》，50页
85	东汉	宝鸡古陈仓遗址牙尺	扁长条状，残	有寸刻度线	无	针刻	不详	《中国历代度量衡考》，50页
86	东汉	旬阳铜尺	扁长条状，一端有穿孔	有寸刻度线	无	针刻	不详	旬阳县博物馆：《陕西旬阳县出土的汉代铜尺和铜钟》，《考古与文物》1987年2期
87	东汉	酒泉北稍门铜尺	扁长条状，一端有穿孔	有寸刻度线	无	针刻	不详	《中国历代度量衡考》，40页
88	东汉	酒泉下河清铜尺	扁长条状，一端有穿孔	有寸刻度线	无	针刻	不详	《中国历代度量衡考》，36页
89	东汉	酒泉果园铜尺	扁长条状，一端有穿孔	有寸刻度线	无	针刻	不详	《中国历代度量衡考》，40页
90	东汉	酒泉果园铜刀尺	刀状	有寸刻度线	无	针刻	不详	《中国历代度量衡考》，52页
91	东汉	甘谷县七甲庄骨尺	扁长条状	尺面边缘刻寸度线，首寸有分刻度线	几何纹、云气纹、鸟兽纹	针刻，彩绘	不详	甘肃省社会科学院：《甘肃省文化资源名录（第12卷）》，中国书籍出版社，2017年，332页
92	东汉	广西合浦铜尺	扁长条状，一端有穿孔	尺面边缘有刻度线	几何纹	针刻	不详	《中国历代度量衡考》，36页
93	东汉晚期	洛阳唐寺门骨尺1号	扁长条状，一端有穿孔	有寸刻度线	云气纹、几何纹	针刻	出土于砖砌多室墓内，纪年为167年	洛阳市文物工作队：《洛阳唐寺门两座汉墓发掘简报》，《中原文物》1984年2期
94	东汉晚期	洛阳唐寺门骨尺2号	扁长条状，一端有穿孔	有寸刻度线	云气纹、几何纹	针刻	与1号骨尺同出	《洛阳唐寺门两座汉墓发掘简报》
95	东汉	洛阳岳家村骨尺	扁长条状，一端有穿孔	有寸刻度线	无	针刻	不详	《中国历代度量衡考》，42页

续表

序号	时代	尺名	整体形制	功能纹样	装饰纹样	纹样工艺	出土信息	资料来源
96	东汉	洛阳玻璃厂骨尺	扁长条状，一端有穿孔	有寸刻度线	无	针刻	不详	《中国历代度量衡考》，46页
97	东汉	洛阳中州大渠玉尺	扁长条状，一端有穿孔，残	有寸刻度线	无	针刻	不详	《中国历代度量衡考》，52页
98	东汉	长沙子弹库铜尺	扁长条状，一端有穿孔	有寸刻度线	几何纹	铸造	不详	《中国历代度量衡考》，26页
99	东汉	固原大坑堰骨尺	扁长条状，一端有穿孔	尺面边缘和侧面有寸刻度线	几何纹、云气纹	针刻、彩绘	不详	《中国历代度量衡考》，48页
100	东汉	淮南谢家集铜尺	扁长条状，一端有穿孔	有寸刻度线	无	针刻	不详	《中国历代度量衡考》，34页
101	东汉	楼兰木尺	扁长条状	有寸刻度线	无	针刻	出土于官衙类建筑中	斯坦因：《西域考古图记（第二卷）》，广西师范大学出版社，2019年，128页
102	东汉	敦煌烽燧木尺1	曲尺形，一端有穿孔	有寸、分刻度线	无	针刻	出土于烽燧中，可能是手杖改造	《西域考古图记（第二卷）》，767页
103	东汉	敦煌烽燧木尺2	扁长条状，一端有穿孔	有寸、分刻度线	无	针刻	出土于烽燧中	《西域考古图记（第二卷）》，775页
104	东汉晚期	曹操高陵骨尺	扁长条状，残	有寸、分刻度线	无	针刻	出土于后室北侧室扰土中	河南省文物研究院：《曹操高陵》，中国社会科学出版社，2016年，224页
105	东汉晚期	曹操高陵骨刀尺	刀状，残	有寸刻度线	无	针刻	可能为骨尺改造而成的骨刀	《曹操高陵》，226页

注：①该表所列汉尺仅包括有明确具体出土地点的汉尺；②该表所列汉尺的时代采纳来源资料的观点。

山东汉墓出土铅釉陶器研究

么 彬 张 冲 王 滨

(淄博市博物馆)

铅釉陶是指以普通黏土作胎，铅的化合物作为基本助熔剂，在800℃左右烧成的低温釉陶器，其胎多呈砖红色，少数为灰胎。它以铜和铁作为主要着色剂，在氧化气氛中铜呈翠绿色，铁则呈现黄褐或棕红色[1]。由于铅釉陶主要流行于黄河流域，所以也有人称其为"北方釉陶"。由于烧成温度较低，质地较软，也被称作"软釉陶"。在汉代，铅釉陶与灰陶、印纹硬陶构成了陶器生产的三大技术体系，但是在以往的研究文章中铅釉陶大多被放入灰陶体系中一起进行型式分析，鲜有把铅釉陶作为单独体系进行研究的。2006年，在山东淄博临淄区辛店镇安乐店村战国墓出土了国内最早的铅釉陶器[2]，山东地区铅釉陶器发展情况受到关注，所以本文拟以考古资料为基础，结合已有的研究成果，对山东地区出土的铅釉陶进行单独研究。

据笔者对已公开发表资料的统计，截至2020年，山东地区出土铅釉陶的墓葬地点超过40处，约85座，其中西汉时期26座，新莽时期7座，东汉时期约52座。在这些汉墓中出土釉陶器超过665件，另有部分墓葬虽然也出土釉陶器，但报告中没有公布具体数量，或者仅发现有残片无法统计数量，本文没有统计在内。已经公开发表的墓葬资料有青岛崂山县西汉夫妇合葬墓[3]、日照五莲县张家仲崮汉墓[4]、日照海曲2号墩式封土墓[5]、日照大古城汉墓[6]、日照莒县沈刘庄汉画像石墓[7]、临沂金雀山汉墓[8]、临沂苍山县汉代石棺墓[9]、临沂银雀山西汉墓[10]、临沂金雀山周氏墓群[11]、枣庄方庄汉画像石墓[12]、枣庄桥上东汉画像石墓[13]、枣庄渴口汉墓[14]、枣庄山亭区安岭汉墓[15]、滕州西公桥遗址汉代石椁墓[16]、滕州柴胡店汉墓[17]、滕州官桥车站村汉墓[18]、滕州东小宫墓地[19]、滕州封山墓地[20]、济宁师专西汉墓群[21]、济宁师范学校汉墓[22]、济宁微山县微山岛汉墓[23]、济宁嘉祥县十里铺2号汉墓[24]、济宁邹城车路口东汉画像石墓[25]、烟台海阳市开发区西汉墓[26]、潍坊昌乐县后于刘遗址[27]、潍坊后埠下墓地[28]、青州马家冢子东汉墓[29]、滨州市汲家湾汉墓[30]、临淄金岭镇一号东汉墓[31]、德州平原王韩村汉墓[32]、德州宁津县庞家寺汉墓[33]、聊城高唐县沙王庄汉墓[34]、泰安东平县后屯汉代壁画墓[35]、曲阜花山墓地[36]、山东大学新校区东汉墓[37]、济南平阴新屯汉画像石墓[38]、济南长清区大觉寺村一、二号汉墓[39]、济南北毕村汉画像石墓[40]、济南青龙山汉画像石壁画墓[41]、济南奥体中路画像石墓[42]、章丘黄土崖东汉画像石墓[43]、章丘女郎山南坡汉墓[44]、章丘女郎山[45]、章丘于家埠汉墓[46]、章丘普集镇汉墓[47]。

一、山东汉墓出土釉陶器的类型学分析

山东地区出土的铅釉陶器依据功能可以分为饮食器、酒水器、生活用具、建筑模型、人物俑、动物俑等。具体包括鼎、甑、壶、簠、长颈壶、盒、罐、器盖、钫、瓿、盆、盘、碟、碗、钵、瓮、耳杯、扁壶、鐎壶、樽、魁、勺、案、熏炉、灯、仓、灶、井、碓、磨、楼、畜舍模型、方阙、屋、鸡俑、鸭俑、狗俑、猪俑、熊俑、庖厨俑、镇墓兽以及部分异形器等四十多种。由于山东地区出土铅釉陶器种类较多，本文选择其中部分具有代表性的器类进行类型学的分析，总结一般演化规律。

鼎　根据口、肩、腹的不同可分为四型。

A型　釜形鼎。小口内敛，双耳，折腹，圜底，折腹处多有一圈凸棱，最大径接近腹中部，三蹄足。分五式。

Ⅰ式：环形耳，深腹，圜底，三蹄足较高，足跟内收。如东平后屯汉壁画墓M14：13，泥质红胎，底部饰竖向中绳纹（图一，1）。

Ⅱ式：长方形耳较直，扁圆腹较浅，圜底，三个细长的蹄足。如临沂银雀山西汉墓M6：4，耳部饰菱形格纹，足上饰兽面纹（图一，2）。

Ⅲ式：长方形耳上部稍向外撇，腹较深，平底。如临沂金雀山周氏墓群M10：3，红胎黄釉，带盖，盖顶饰凹弦纹，耳外侧压印方格纹，足上部饰兽面纹（图一，3）。

Ⅳ式：曲尺形錾耳，扁圆腹较浅，底近平，三柱足内收。如滨州汲家湾汉墓出土釉陶鼎，施绿釉（图一，4）。

Ⅴ式：环形耳，腹较浅，底近平，三蹄足较矮。如德州宁津县庞家寺汉墓出土釉陶鼎（图一，5）。

B型　敛口，腹较深，圜底，双耳外侈，三蹄足较矮，最大径在上腹部。根据有无盖分二亚型。

Ba型　无盖。

Ⅰ式：圜底较深。如平阴新屯汉画像石墓M1：7，满施酱釉，腹上部一周宽沿（图一，6）。

Ⅱ式：圜底较平。如东平后屯汉壁画墓M8：7，泥质红胎（图一，7）。

Bb型　圆弧形盖。

Ⅰ式：腹较深。如济宁师专西汉墓群M11∶10，满施黄釉，盖面和腹下部各饰凹弦纹一道（图一，8）。

Ⅱ式：相比Ⅰ式，腹变浅，鼎身变得宽矮。如枣庄渴口汉墓M86∶4，施黄釉（图一，9）。

C型　圆鼓腹，平底，最大径在腹中部。

Ⅰ式：三足较高。如滨州汲家湾汉墓出土釉陶鼎，施绿釉，肩部一侧附兽形錾耳，另一侧附方形錾耳（图一，10）。

Ⅱ式：三足较矮。如东平后屯汉壁画墓M9∶24，红胎豆青釉（图一，11）。

D型　盆形鼎，侈口，无耳，浅腹，底近平，三蹄形矮足。如济南长清区大觉寺村汉墓M1∶13，红胎绿釉（图一，12）。

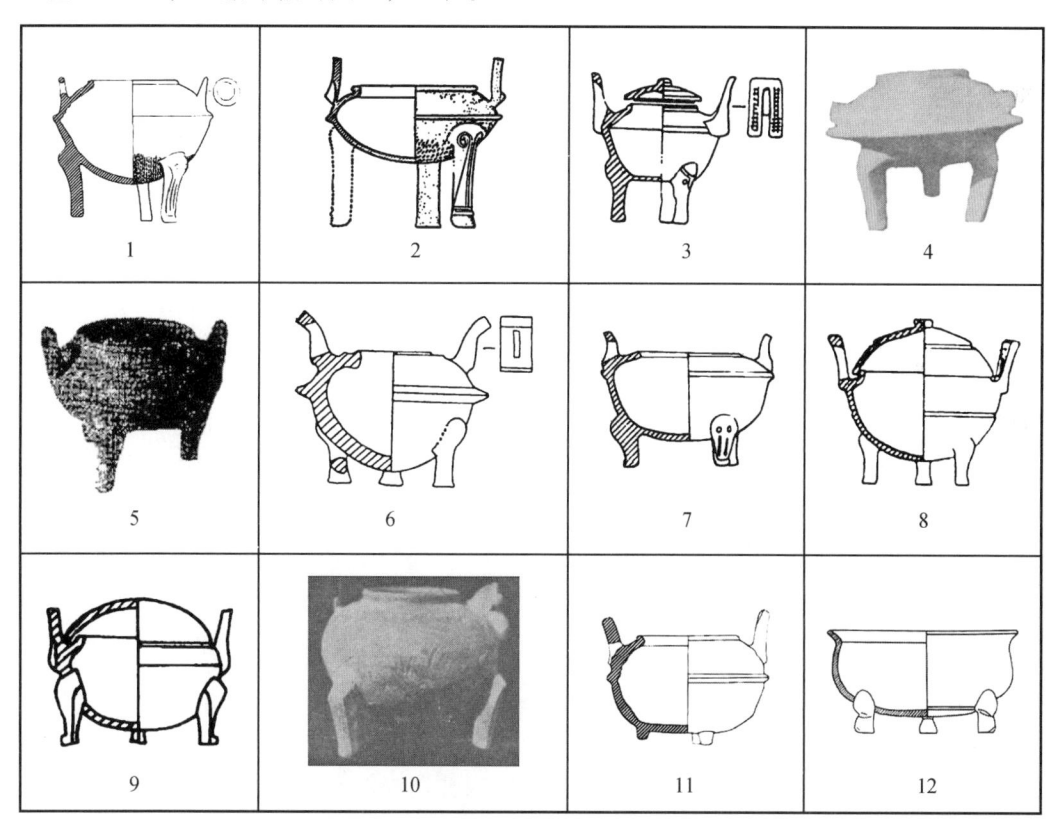

图一　鼎

1. A型Ⅰ式（东平后屯汉壁画墓M14∶13）　2. A型Ⅱ式（临沂银雀山西汉墓M6∶4）　3. A型Ⅲ式（临沂金雀山周氏墓群M10∶3）　4. A型Ⅳ式（滨州汲家湾汉墓）　5. A型Ⅴ式（德州宁津县庞家寺汉墓）　6. Ba型Ⅰ式（平阴新屯汉画像石墓M1∶7）　7. Ba型Ⅱ式（东平后屯汉壁画墓M8∶7）　8. Bb型Ⅰ式（济宁师专西汉墓群M11∶10）　9. Bb型Ⅱ式（枣庄渴口汉墓M86∶4）　10. C型Ⅰ式（滨州汲家湾汉墓）　11. C型Ⅱ式（东平后屯汉壁画墓M9∶24）　12. D型（济南长清区大觉寺村汉墓M1∶13）

釉陶鼎耳由附耳最后变为无耳，中间还出现錾耳，腹由深变浅，足由高变矮，底由圜底逐渐变为平底。

壶　根据口、足的不同分为六型。

A型　盘口，圈足。据足的高矮分为二亚型。

Aa型　矮圈足。

Ⅰ式：高束颈，溜肩，腹部最大径偏上，下腹壁斜。如东平后屯汉壁画墓M14∶9，泥质红胎，肩部饰宽条带，中腹饰横向粗绳纹，下腹饰竖向中绳纹（图二，1）。

Ⅱ式：深盘口，颈部较长，圆鼓腹，最大径在腹中部。如日照五莲张家仲崮汉墓M1∶1，红胎豆青釉，口、颈部饰细水波纹，腹部饰弦纹（图二，2）。

Ⅲ式：盘口较深，束颈，圆鼓腹，最大径在腹中部。如平阴新屯汉画像石墓M1∶1，施酱釉，肩、腹部饰凸弦纹（图二，3）。

Ⅳ式：深盘口，颈上窄下宽，球状腹。如东平后屯汉壁画墓M13∶06，泥质红胎。肩部、中腹部饰宽条带纹（图二，4）。

Ⅴ式：浅盘口，颈内收，圆肩，腹部浑圆。如临沂银雀山西汉墓M5∶6，肩腹部饰弦纹（图二，5）。

Ⅵ式：浅盘口，短颈，长圆腹。如临沂银雀山西汉墓M6∶1，中腰饰弦纹（图二，6）。

Ⅶ式：深盘口，溜肩，垂腹。如东平后屯汉壁画墓M9∶29，泥质红胎，中腹饰模压宽带状纹，其下饰两周横向粗绳纹，下腹饰斜向篮纹，竖向绳纹（图二，7）。

Ab型　高圈足。

Ⅰ式：细喇叭颈，扁圆腹，腹最大径在中部偏上。如青州市马家冢子东汉墓QM∶37，颈部饰凹弦纹，肩、腹、足部分别饰凸弦纹（图二，8）。

Ⅱ式：长束颈，扁鼓腹。如济南长清区大觉寺村汉墓M1∶39，红胎绿釉（图二，9）。

Ⅲ式：长颈较粗，垂腹。如济南奥体中路画像石墓M3∶14，红胎绿釉，腹上部饰凹弦纹（图二，10）。

B型　侈口，圈足。根据足的高矮分为二亚型。

Ba型　矮圈足。

Ⅰ式：侈口，束颈，鼓腹。如日照五莲张家仲崮汉墓M3∶6，灰陶豆绿釉，口、颈部饰水波纹，腹部饰凹凸弦纹（图二，11）。

Ⅱ式：长颈微内收，圆鼓腹稍扁。如海阳市开发区西汉墓M1∶2，深褐色胎，口沿下和颈部饰水波纹带，肩部饰凹弦纹，耳面饰叶脉纹（图二，12）。

Ⅲ式：颈较直，圆鼓腹。如临沂金雀山周氏墓群M10∶2，红胎黄釉，口沿及颈下部饰凹波浪纹及弦纹，肩及腹上部饰凹弦纹（图二，13）。

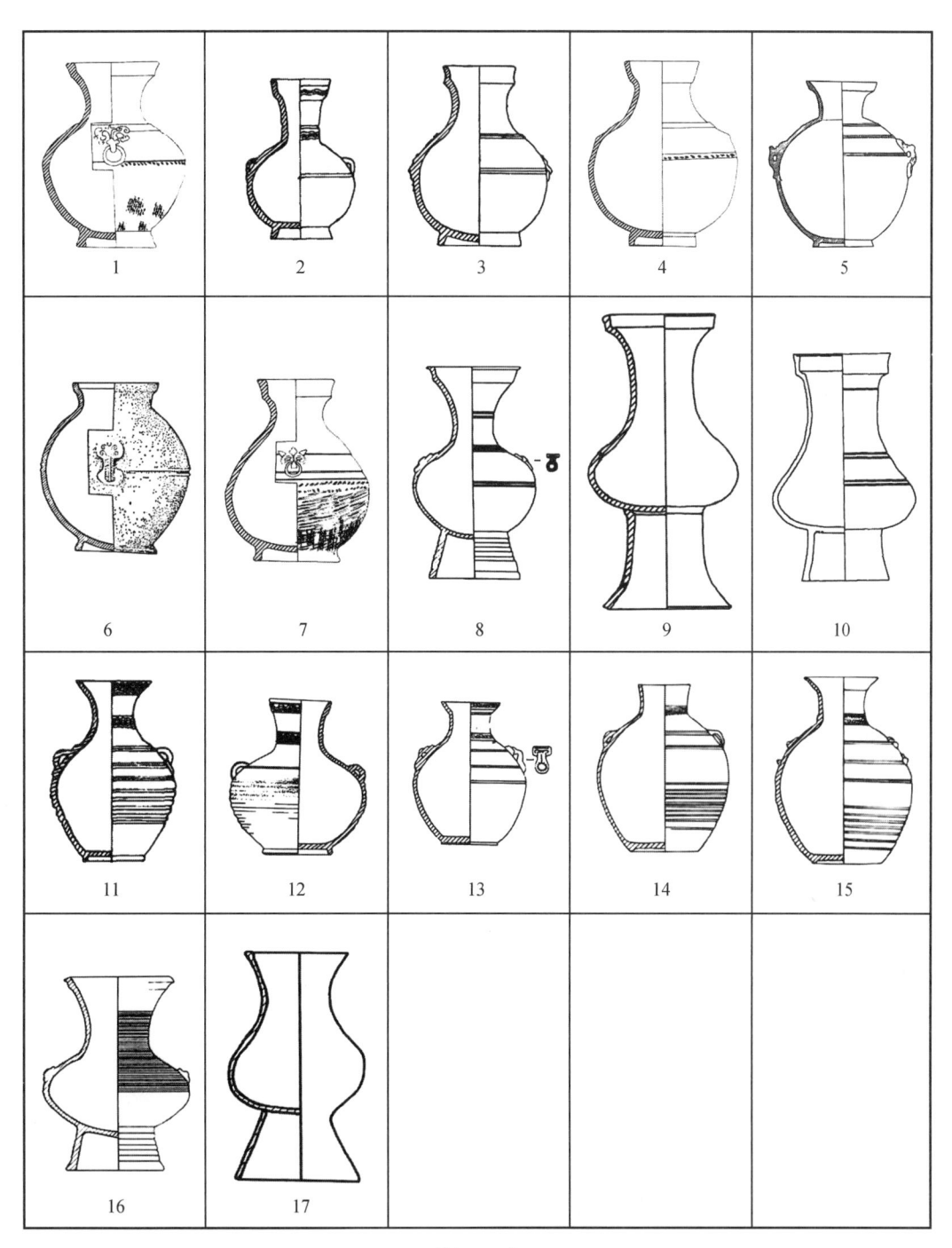

图二 壶

1. Aa型Ⅰ式（东平后屯汉壁画墓M14：9） 2. Aa型Ⅱ式（日照五莲张家仲崮汉墓M1：1） 3. Aa型Ⅲ式（平阴新屯汉画像石墓M1：1） 4. Aa型Ⅳ式（东平后屯汉壁画墓M13：06） 5. Aa型Ⅴ式（临沂银雀山西汉墓M5：6） 6. Aa型Ⅵ式（临沂银雀山西汉墓M6：1） 7. Aa型Ⅶ式（东平后屯汉壁画墓M9：29） 8. Ab型Ⅰ式（青州市马家冢子东汉墓QM：37） 9. Ab型Ⅱ式（济南长清区大觉寺村汉墓M1：39） 10. Ab型Ⅲ式（济南奥体中路画像石墓M3：14） 11. Ba型Ⅰ式（日照五莲张家仲崮汉墓M3：6） 12. Ba型Ⅱ式（海阳市开发区西汉墓M1：2） 13. Ba型Ⅲ式（临沂金雀山周氏墓群M10：2） 14. Ba型Ⅳ式（曲阜花山墓地M84：20） 15. Ba型Ⅴ式（滕州东小宫墓地M161：3） 16. Bb型Ⅰ式（青州市马家冢子东汉墓QM：19） 17. Bb型Ⅱ式（济南市北毕村汉画像石墓M1：36）

Ⅳ式：口较直，稍外撇。圆鼓腹，相较于Ⅲ式腹更深，整体更修长。如曲阜花山墓地M84：20，颈下部饰波浪纹，腹部饰凹弦纹（图二，14）。

Ⅴ式：形制与Ⅳ式相同，唯口部外撇，整体更修长。如滕州东小宫墓地M161：3，颈下部饰细波浪纹，肩腹部及下腹部饰弦纹（图二，15）。

Bb型　高圈足。

Ⅰ式：喇叭形口，扁圆腹，最大径在中部。如青州市马家冢子东汉墓QM：19，颈、腹、足部饰凸弦纹（图二，16）。

Ⅱ式：腹部下垂，整体较Ⅰ式瘦长。如济南市北毕村汉画像石墓M1：36，泥质红胎（图二，17）。

C型　盘口，平底。

Ⅰ式：浅盘口，长颈，斜肩。如临沂苍山小北山汉石棺墓M2：1，红胎绿釉，颈部有凸棱、波浪纹，两耳饰柳叶纹（图三，1）。

Ⅱ式：形制与Ⅰ式相近，唯颈部变短，腹部变浅，整体比例变矮。如临沂苍山小北山汉石棺墓M3：2，灰胎釉陶，饰凸棱（图三，2）。

Ⅲ式：浅盘口，颈斜收，圆肩，鼓腹。如临沂苍山小北山汉石棺墓M4：1，灰胎黑褐釉（图三，3）。

Ⅳ式：深盘口，粗颈，瘦长腹。如曲阜花山墓地M84：14，盘口外侧及肩、腹部饰弦纹，颈下部饰波浪纹，下腹饰凹弦纹（图三，4）。

Ⅴ式：造型与Ⅳ式相近，唯整体变矮。如滕州市官桥车站村汉墓M5：1，泥质黄褐胎黄绿釉，腹饰弦纹（图三，5）。

Ⅵ式：相较Ⅴ式盘口加深，颈更短，腹变浅，整体比例变得更宽矮。如潍坊后埠下墓地M82：01，红胎绿釉，肩部饰凹弦纹，腹部戳印纹（图三，6）。

D型　侈口，平底。根据口、颈的不同，分为四亚型。

Da型　喇叭口，细束颈。

Ⅰ式：溜肩，鼓腹，最大径在上腹部。如日照五莲张家仲崮汉墓M3：1，灰陶豆绿釉，颈部饰水波纹，腹部饰弦纹（图三，7）。

Ⅱ式：器形较小，溜肩，鼓腹，最大径在腹中部。如济宁师专西汉墓群M11：5，通体施黄釉（图三，8）。

Ⅲ式：圆肩，最大径在上部，腹变深，整体变得修长。如济宁微山县微山岛汉墓M20G3：6，红胎黄釉，颈、肩部饰水波纹，腹部饰细密弦纹（图三，9）。

Db型　侈口，颈较粗。

Ⅰ式：溜肩，鼓腹，最大径在腹中部。如日照五莲张家仲崮汉墓M1：15，红胎黄釉，腹部饰压印纹，肩部饰弦纹（图三，10）。

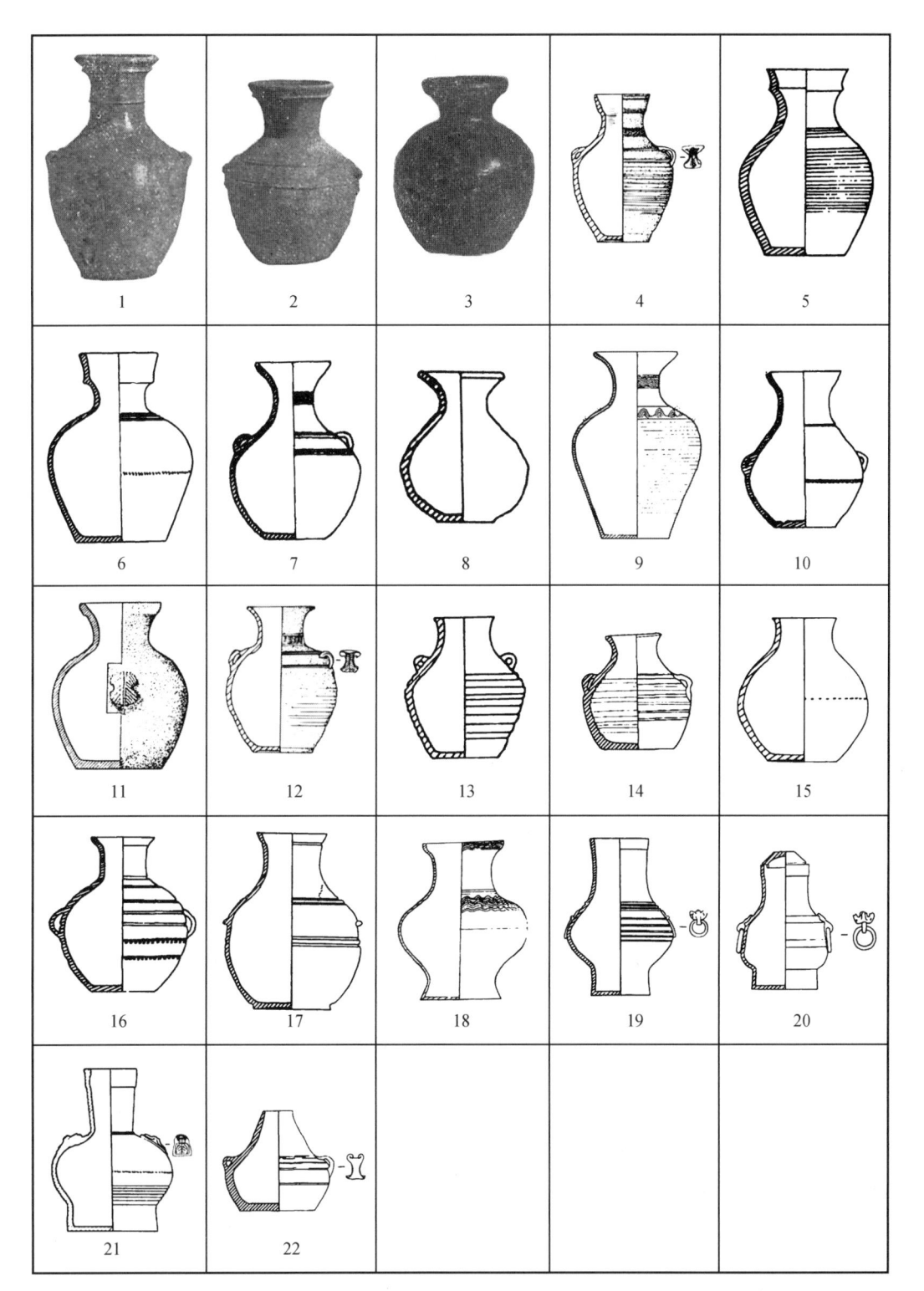

图三 壶

1. C型Ⅰ式（临沂苍山小北山汉石棺墓M2∶1） 2. C型Ⅱ式（临沂苍山小北山汉石棺墓M3∶2） 3. C型Ⅲ式（临沂苍山小北山汉石棺墓M4∶1） 4. C型Ⅳ式（曲阜花山墓地M84∶14） 5. C型Ⅴ式（滕州市官桥车站村汉墓M5∶1） 6. C型Ⅵ式（潍坊后埠下墓地M82∶01） 7. Da型Ⅰ式（日照五莲张家仲崮汉墓M3∶1） 8. Da型Ⅱ式（济宁师专西汉墓群M11∶5） 9. Da型Ⅲ式（济宁微山县微山岛汉墓M20G3∶6） 10. Db型Ⅰ式（日照五莲张家仲崮汉墓M1∶15） 11. Db型Ⅱ式（临沂银雀山西汉墓M5∶4） 12. Db型Ⅲ式（曲阜花山墓地M84∶13） 13. Dc型Ⅰ式（临沂金雀山汉墓M32∶17） 14. Dc型Ⅱ式（日照海曲2号墩式封土墓M217∶27） 15. Dc型Ⅲ式（曲阜花山墓地M84∶12） 16. Dd型（日照五莲张家仲崮汉墓M1∶14） 17. E型Ⅰ式（济宁师专西汉墓群M11∶3） 18. E型Ⅱ式（济宁微山县微山岛汉墓M32∶2） 19. E型Ⅲ式（临淄金岭镇一号东汉墓M1∶96） 20. E型Ⅳ式（临淄金岭镇一号东汉墓M1∶102） 21. E型Ⅴ式（青州市马家冢子东汉墓QM∶273） 22. F型（日照海曲2号墩式封土墓M217∶26）

Ⅱ式：圆肩，最大径在肩腹部。如临沂银雀山西汉墓M5∶4（图三，11）。

Ⅲ式：腹较Ⅱ式深。如曲阜花山墓地M84∶13，颈下部饰波浪纹，双耳上下及下腹饰凹弦纹（图三，12）。

Dc型　口微外侈。

Ⅰ式：溜肩，最大径在上腹部，腹向下斜收。如临沂金雀山汉墓M32∶17，灰陶黄绿釉，肩腹饰凹弦纹（图三，13）。

Ⅱ式：与Ⅰ式相近，唯整体较宽矮。如日照海曲2号墩式封土墓M217∶27，青黄釉，腹部内外壁均饰瓦棱纹（图三，14）。

Ⅲ式：口较直，圆肩，鼓腹。如曲阜花山墓地M84∶12，中腹部饰绳纹（图三，15）。

Dd型　侈口，颈较直，圆鼓腹。如日照五莲张家仲崮汉墓M1∶14，红胎绿釉，腹部饰弦纹、压印纹（图三，16）。

E型　假圈足。

Ⅰ式：浅盘口，微束颈，圆腹，假圈足较矮。如济宁师专西汉墓群M11∶3，黄绿釉，肩腹各饰两道凹弦纹（图三，17）。

Ⅱ式：浅盘口，束颈，鼓腹，高假圈足外撇。如济宁微山县微山岛汉墓M32∶2，红胎黄釉，口、肩部饰水波纹（图三，18）。

Ⅲ式：直口或盘口，长颈较直，溜肩，扁鼓腹，高假圈足。如临淄金岭镇一号东汉墓M1∶96，红胎绿釉，口部外侧宽带纹，肩、腹部各饰凸棱纹（图三，19）。

Ⅳ式：直口，长颈较直，溜肩，垂腹，高假圈足。如临淄金岭镇一号东汉墓M1∶102，红胎绿釉，口外侧一周宽带纹，腹部各饰以凸棱纹（图三，20）。

Ⅴ式：盘口或直口，长颈较直，圆肩，扁腹，假圈足较高。如青州市马家冢子东汉墓QM∶273，颈部饰凸棱纹，腹部饰压印纹和凸棱纹（图三，21）。

F型　匏壶。小口，斜直颈，上窄下宽，扁鼓腹，平底。如日照海曲2号墩式封土墓M217∶26，灰褐陶，肩腹相接处及下腹部饰凹弦纹（图三，22）。

釉陶壶型式较为复杂多样。总体发展趋势是浅盘口变为深盘口，腹由圆鼓变得扁圆，圈足由矮变高。具体而言，A型壶由圆鼓腹变成扁鼓腹，矮圈足变为高圈足。B型壶由侈口、圆鼓腹、矮圈足发展为喇叭口、扁圆腹、高圈足。C型壶由浅盘口、颈部较长，变为深盘口、短束颈、浅腹，整体由修长逐渐变得宽矮。D型变化较为复杂，型式也最为多样。E型由浅盘口、微束颈、鼓腹、矮足逐渐发展为深盘口或直口、直颈、扁圆腹、高假圈足。

罐　根据口部可分为三型。

A型　大口。

Ⅰ式：侈口，圆肩，下腹斜直内收，最大径在上腹部。如临沂银雀山西汉墓M6∶26，腹上部饰弦纹（图四，1）。

Ⅱ式：与Ⅰ式相近，深腹。如济南长清大觉寺村汉墓M2∶44，深绿釉，口部至腹部拍印纹饰（图四，2）。

B型 中口。

Ⅰ式：丰肩，弧腹内收，最大径在上部。如曲阜花山墓地M71∶1，肩与腹部均饰深凹弦纹（图四，3）。

Ⅱ式：圆肩，最大径较Ⅰ式稍下移，斜腹内收。如滕州封山墓地M13∶1，红胎酱黄釉，肩部饰凹弦纹（图四，4）。

Ⅲ式：圆肩，最大径进一步下移。如枣庄渴口汉墓出土釉陶罐，施酱釉，腹上有四行方孔圆钱纹，钱文为"十工五千"四字（图四，5）。

Ⅳ式：器形宽矮，最大径接近腹中部。如滕州封山墓地M13∶2，泥质灰陶，内外皆施黑釉，口沿及腹部按压粗凹弦纹（图四，6）。

C型 小口。矮领，溜肩，收腹。如枣庄方庄汉画像石墓出土釉陶罐，红胎酱釉，领、肩饰凹弦纹，双耳饰叶脉纹（图四，7）。

盆 可分为二型。

A型 弧腹，敞口。

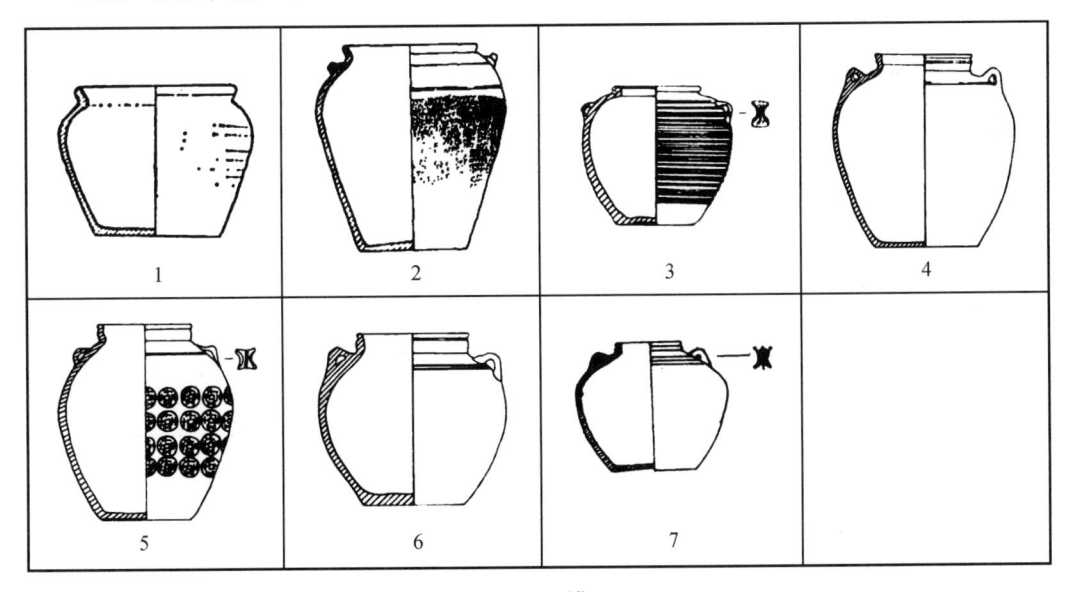

图四 罐

1. A型Ⅰ式（临沂银雀山西汉墓M6∶26） 2. A型Ⅱ式（济南长清区大觉寺村汉墓M2∶44） 3. B型Ⅰ式（曲阜花山墓地M71∶1） 4. B型Ⅱ式（滕州封山墓地M13∶1） 5. B型Ⅲ式（枣庄市渴口汉墓） 6. B型Ⅳ式（滕州封山墓地M13∶2） 7. C型（枣庄方庄汉画像石墓）

Ⅰ式：侈口，弧腹，浅圈足。如昌乐县后于刘遗址M6：3，红胎青釉（图五，1）。

Ⅱ式：侈口，斜腹，圈足。如昌乐县后于刘遗址M6：2，腹饰凹弦纹（图五，2）。

Ⅲ式：平沿外折，弧腹，平底。如济南奥体中路画像石墓M3：6，红胎绿釉（图五，3）。

B型　折腹，宽沿。

Ⅰ式：折沿较窄，折棱偏上。如临沂银雀山西汉墓M6：2（图五，4）。

Ⅱ式：宽折沿，折腹，折棱偏上。如东平后屯汉壁画墓M9：25，红胎青釉，上腹饰颗粒状粗绳纹（图五，5）。

Ⅲ式：宽沿，折腹，折棱近腹中部。如日照莒县沈刘庄汉画像石墓07，红胎绿釉，口沿饰凹弦纹（图五，6）。

器腹由深变浅，底由小变大，口沿逐渐变宽。

灯　依据造型的不同可以分为二型。

A型　高足灯。根据足部可以分二亚型。

Aa型　灯盘斜直壁，平底，长柄，喇叭形足外撇，底部有一垂直台阶。如济南奥体中路画像石墓M1：6，红胎绿釉，柄下部饰凹弦纹（图六，1）。

Ab型　灯盘弧壁，底近平，喇叭形足，近底稍内收。如青州市马家冢子东汉墓QM：44，足部有镂孔，器身多处饰凸棱纹（图六，2）。

B型　连枝灯。多见于东汉中晚期的墓葬中，灯盘数量有十二、十、八、七、五、三个不等。如济南青龙山汉画像石壁画墓jQM1：3，覆盆形座，中间竖一柱，柱分为三级，每级有三根曲枝，枝端均托一盏，柱顶端立三柱，上托一盘，盘沿上立三叶，

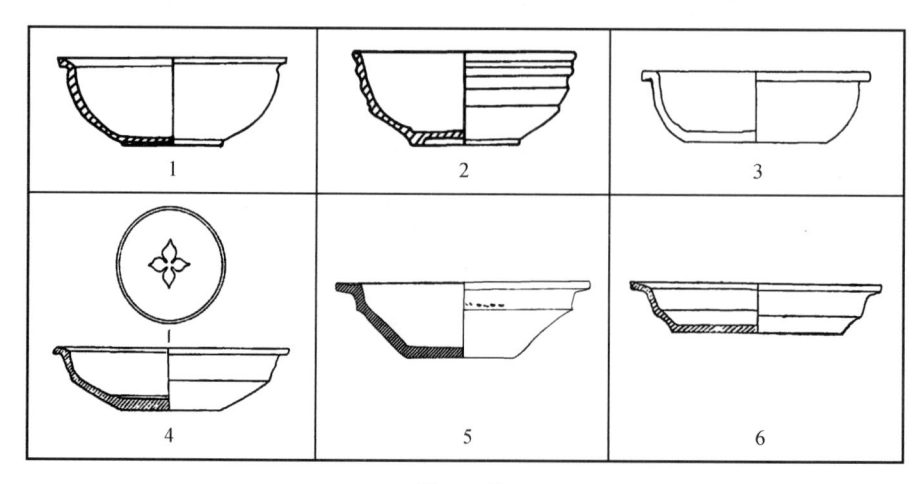

图五　盆

1.A型Ⅰ式（昌乐县后于刘遗址M6：3）　2.A型Ⅱ式（昌乐县后于刘遗址M6：2）　3.A型Ⅲ式（济南奥体中路画像石墓M3：6）　4.B型Ⅰ式（临沂银雀山西汉墓M6：2）　5.B型Ⅱ式（东平后屯汉壁画墓M9：25）　6.B型Ⅲ式（日照莒县沈刘庄汉画像石墓07）

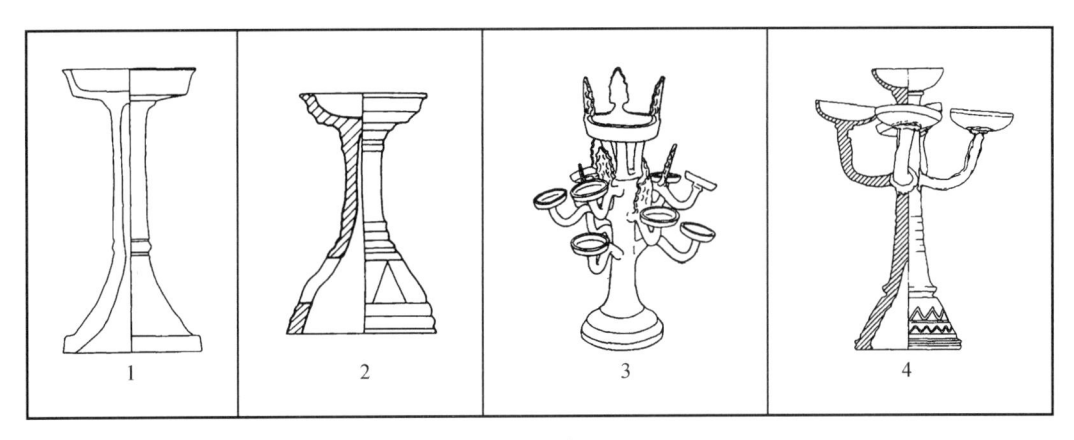

图六 灯

1. Aa型（济南奥体中路画像石墓M1∶6） 2. Ab型（青州市马家冢子东汉墓QM∶44） 3、4. B型（济南青龙山汉画像石壁画墓jQM1∶3、济南奥体中路画像石墓M3∶10）

共有灯10盏。红褐胎施绿釉（图六，3）。济南奥体中路画像石墓M3∶10，喇叭圈足状底座，灯柱顶端一弧壁圜底灯盘，中部有四枝伸出，各顶一灯盘（图六，4）。

熏炉 可分为三型。

A型 博山炉。可分为二亚型。

Aa型 炉身敛口，鼓腹，喇叭形或柱形柄。承盘敞口，斜壁，平底。博山形盖，呈群山状凸起，有镂孔。如平阴新屯汉画像石墓M1∶4，酱色釉陶（图七，1）。东平后屯汉壁画墓M9∶8，红胎褐釉，柱状实心高柄，盖呈覆钵形，乳状纽高凸（图七，2）。章丘女郎山南坡汉墓M46∶3，施绿釉，柄中空，中间有一浅承盘（图七，3）。

Ab型 炉身敞口，斜壁较直，柱状高柄。如滨州市汲家湾汉墓出土博山炉，施绿釉，炉身饰凹弦纹（图七，4）。

B型 敞口，筒腹，四个兽首形鋬，腹部镂菱形孔四组，每组四孔，下接承盘。斗笠形盖，顶部接一圆柱状纽。如滨州市汲家湾汉墓出土熏炉，施绿釉（图七，5）。

C型 三足炉。敛口，鼓腹，平底，三蹄足，腹部镂孔，口部多有三凸起。如济南长清区大觉寺村汉墓M1∶34，红胎绿釉，口沿上对称分布三个角状突起，腹部有八个弯月形镂孔，两两相对（图七，6）。章丘女郎山南坡汉墓M46∶10，下接一浅腹三足承盘，施绿釉（图七，7）。

仓 根据口、腹等的不同，分为四型。

A型 侈口，束颈，下腹斜直内收，平底。如东平后屯汉壁画墓M13∶03，泥质红胎（图八，1）。

B型 敛口，斜肩。可分为二亚型。

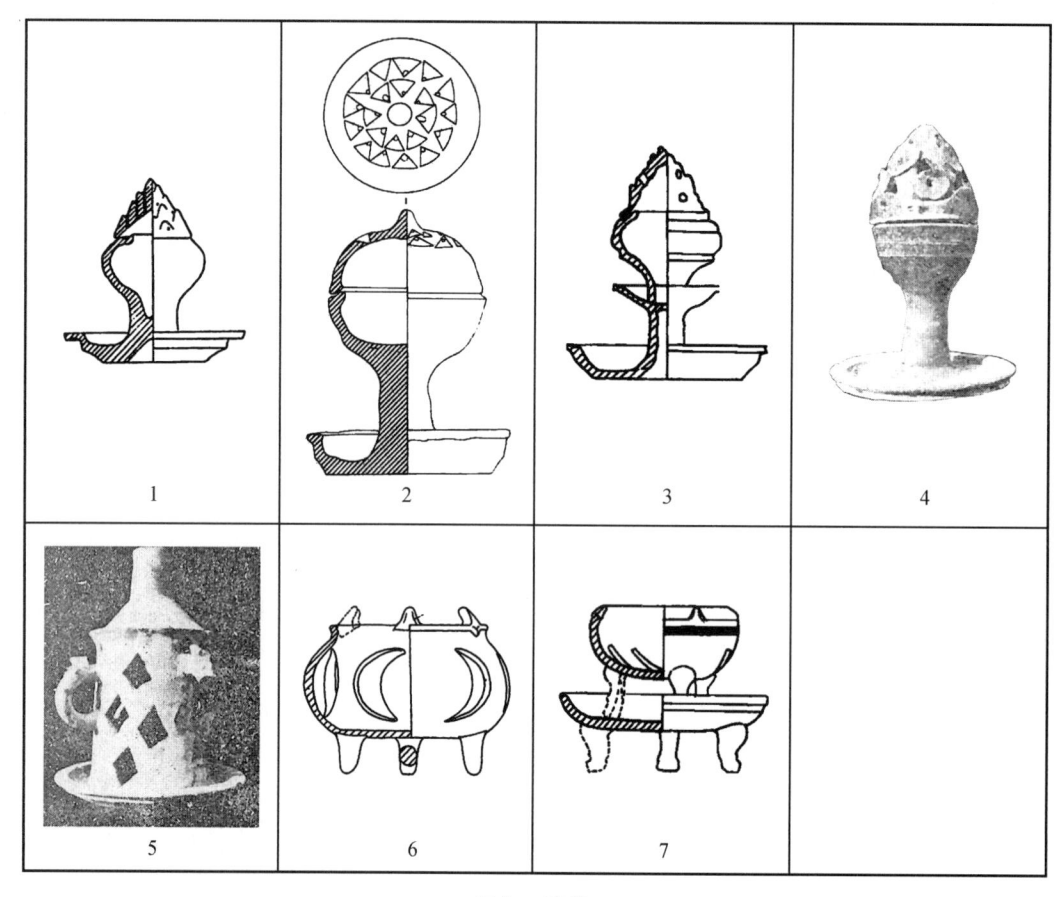

图七 熏炉

1～3. Aa型（平阴新屯汉画像石墓M1∶4、东平后屯汉壁画墓M9∶8、章丘女郎山南坡汉墓M46∶3）
4. Ab型（滨州市汲家湾汉墓） 5. B型（滨州市汲家湾汉墓） 6、7. C型（济南长清区大觉寺村汉墓M1∶34、章丘女郎山南坡汉墓M46∶10）

Ba型 三足。腹部有长条形孔状仓门，底部有镂孔。如东平后屯汉壁画墓M13∶07，泥质红胎（图八，2）。平阴新屯汉画像石墓M1∶8，施酱釉，器壁有对称的四个，底有一个长方形镂孔（图八，3）。

Bb型 平底。根据腹部又分二式。

Ⅰ式：深腹。如东平后屯汉壁画墓M8∶6（图八，4）。

Ⅱ式：浅腹。如东平后屯汉壁画墓M9∶7（图八，5）。

C型 方口，直腹，平底，正面一长方形孔。如昌乐县后于刘遗址M6∶5，红胎青釉，孔的周边饰折线纹，一侧面饰一个圆形孔及两个三角形孔（图八，6）。

D型 仓楼。如东平后屯汉壁画墓M13∶8，泥质褐陶，平面呈宽扁长方形，坡顶，楼分上下两层，下层中央一方形门，两侧有楼梯，上层两个方形窗，前有护栏

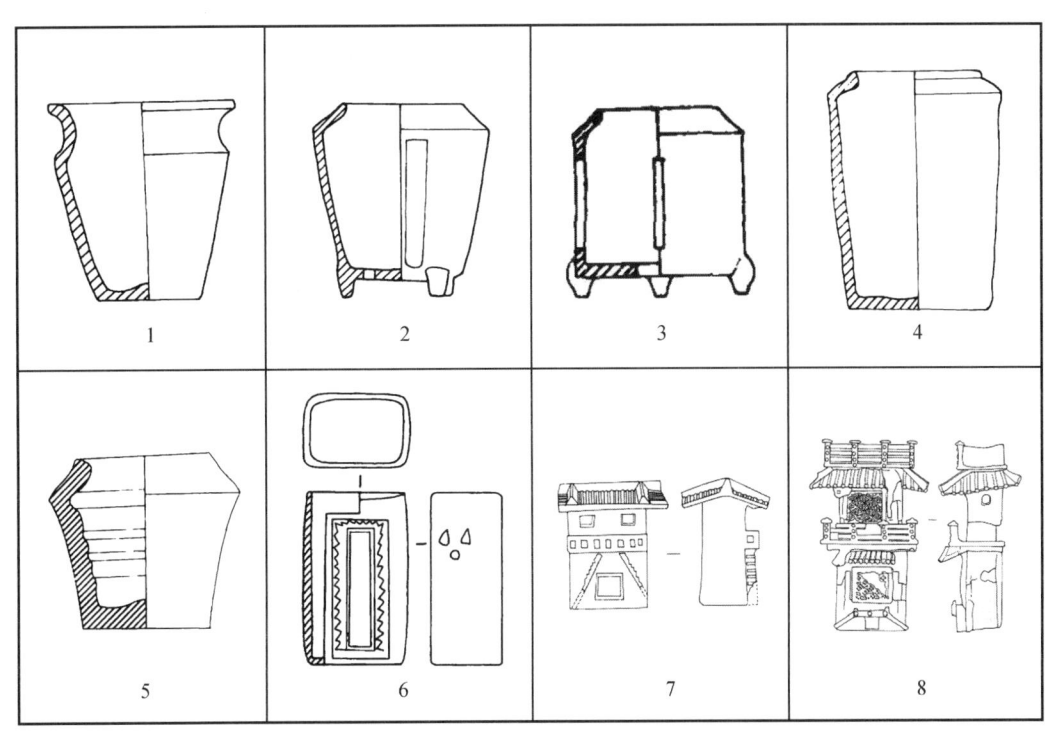

图八 仓

1. A型（东平后屯汉壁画墓M13∶03） 2. Ba型（东平后屯汉壁画墓M13∶07） 3. Ba型（平阴新屯汉画像石墓M1∶8） 4. BbⅠ式（东平后屯汉壁画墓M8∶6） 5. Bb型Ⅱ式（东平后屯汉壁画墓M9∶7） 6. C型（昌乐县后于刘遗址M6∶5） 7、8. D型（东平后屯汉壁画墓M13∶8、聊城高唐县沙王庄汉墓M1∶9）

（图八，7）。聊城高唐县沙王庄汉墓M1∶9，红胎绿釉，残存下部两层，整体结构与前面相同，但是刻画更精细，结构更复杂（图八，8）。

灶 依据时代变化可分六式。

Ⅰ式：长方体灶身，灶面两眼。如平阴新屯汉画像石墓M1∶5，施酱釉，前置半椭圆形火门，上有遮烟檐，灶眼各置一釜，后面釜上又置一甑，均可活动，后有一烟洞（图九，1）。

Ⅱ式：马蹄形灶，中间一火眼，如潍坊昌乐县后于刘遗址M6∶7，红胎青釉，前置长方形灶门，上有遮烟檐，灶眼上置一罐，罐上立甑，后有烟囱，火眼周围刻"之"字形纹，灶上面周边刻水波纹一周（图九，2）。

Ⅲ式：长方形灶体，一个圆形灶眼。如东平后屯汉壁画墓M9∶18，泥质红胎，方形火门，右侧及后侧设挡墙，后墙较高，挡墙皆为直墙两面坡脊瓦顶（图九，3）。

Ⅳ式：器身长方形，两侧外弧，两个火眼，前小后大。如济南青龙山汉画像石壁画墓jQM1∶75，红胎绿釉，长方形灶门，上有遮烟檐，火眼上面各置一釜。后眼釜上

图九 灶

1. I式（平阴新屯汉画像石墓M1:5） 2. II式（潍坊昌乐县后于刘遗址M6:7） 3. III式（东平后屯汉壁画墓M9:18） 4. IV式（济南青龙山汉画像石壁画墓jQM1:75） 5. V式（济南奥体中路画像石墓M3:5）
6. VI式（章丘女郎山南坡汉墓M46:11）

置一圜底钵，灶尾有一向上翘起的烟囱（图九，4）。

V式：灶面呈圆角方形，中间一火眼。如济南奥体中路画像石墓M3:5，红胎绿釉，一端有烟囱，一端有伸出的平沿，沿下有灶口，火眼上置一连体陶釜甑（图九，5）。

VI式：马蹄形灶，中间一火眼。如章丘女郎山南坡汉墓M46:11，施绿釉，长方形火门，火门两侧刻划网纹，其上部凸出一挡火遮檐，后端一圆形烟孔（图九，6）。

二、分期与年代

铅釉陶基本作为陪葬明器使用，所以其制作年代与所葬墓葬年代大体一致。依据原发掘报告关于墓葬年代的推断，再结合前面的类型学分析及其胎釉、纹饰特征，本文将山东地区汉代铅釉陶的发展分为四期。

第一期，西汉中期及稍晚。代表性墓葬有泰安东平县后屯汉壁画墓M14、日照五莲县张家仲崮汉墓等。典型器物包含A型Ⅰ式鼎，Aa型Ⅰ式、Aa型Ⅱ式、Ba型Ⅰ式、Da型Ⅰ式、Db型Ⅰ式壶等。胎以红胎为多，少数灰胎，釉色有黄釉、绿釉、豆青釉。纹饰以弦纹为主，少量绳纹、水波纹等。

该时期出土的铅釉陶器主要是壶，鼎仅在泰安东平县后屯汉壁画墓M14出土一件，而壶在这一阶段的每座墓都有出土，出一件者多，最多的一次性出土6件。

第二期，西汉晚期。代表性墓葬有济南平阴新屯汉画像石墓M1，济宁师专西汉墓群M11，临沂银雀山西汉墓M5、M6，潍坊昌乐县后于刘遗址M6，泰安东平后屯汉壁画墓M8、M13等。该时期出土的铅釉陶无论数量和器形都明显多于第一期，典型器物有A型Ⅱ式、A型Ⅲ式、Ba型Ⅰ式、Ba型Ⅱ式、Bb型Ⅰ式鼎，Aa型Ⅲ式、Aa型Ⅳ式、Aa型Ⅴ式、Aa型Ⅵ式、Ba型Ⅱ式、Ba型Ⅲ式、C型Ⅰ式、C型Ⅱ式、C型Ⅲ式、Da型Ⅱ式、Db型Ⅱ式、Dc型Ⅰ式、Dc型Ⅱ式、E型Ⅰ式壶，A型Ⅰ式罐，A型Ⅰ式、A型Ⅱ式、B型Ⅰ式盆，Aa型熏炉，A型、Ba型、Bb型Ⅰ式、C型、D型仓，Ⅰ、Ⅱ、Ⅲ式灶，灯等。胎仍以红胎为主，少量灰胎、褐胎，釉色以黄色、酱色为主，另有绿釉、黄绿釉、黄褐釉、黑褐釉等。素面为主，纹饰以弦纹为主，另有宽带纹、水波纹、绳纹等。

壶仍是该时期最常见的器形，多为一到三件，鼎出现的次数明显增多，鼎、壶同时出现的情况增加，成为基本组合。鼎、壶的型式相较于第一期丰富了许多。盆、盘、盒、樽、熏炉、钫、仓、灶、畜舍模型等开始出现。此时铅釉陶器和陶器存在相互补充构成基本组合的现象，如临沂苍山县汉石棺墓M2和M4为陶鼎、釉陶壶，泰安东平县后屯汉壁画墓M13为釉陶壶、陶鼎等。其他如盆、甑、熏炉、仓等常见组合也是如此。二者在器形上有一定的界限，即同一墓葬出同类器物，造型上也多不相同，如泰安东平县后屯汉壁画墓M14出土釉陶壶与陶壶形制不同，泰安东平县后屯汉壁画墓M8出土釉陶仓和陶仓有别，泰安东平县后屯汉壁画墓M13釉陶熏炉、仓与陶熏炉、仓形制不同。

第三期，新莽时期至东汉早期。代表性墓葬有曲阜花山墓地M84，临沂苍山县小北山汉石棺墓M1，泰安东平县后屯汉壁画墓M6、M9，临淄金岭镇一号东汉墓等。典型器物有A型Ⅳ式、Bb型Ⅱ式、C型Ⅱ式鼎，Aa型Ⅶ式、Ba型Ⅳ式、Ba型Ⅴ式、C型Ⅳ式、C型Ⅴ式、Da型Ⅲ式、Db型Ⅲ式、Dc型Ⅲ式、E型Ⅱ式、E型Ⅲ式、E型Ⅳ式壶，B型Ⅰ式罐，B型Ⅱ式盆，Aa、Ab、B型熏炉，Bb型Ⅱ式仓，Ⅲ式灶等。还发现有甑、樽、熏炉、畜舍模型、猪俑、鸡俑、狗俑等。胎以红色为主，个别黄褐、红褐胎，釉有绿、豆青、黄、褐等。纹饰以弦纹等简单的几何纹饰最为常见。

此期釉陶出土数量锐减，器形方面基本延续了西汉晚期，但部分器物造型相较西汉时期开始有明显的变化，如最常见的壶由西汉时期的敦实、鼓腹、矮圈足的风格，变成了长颈、扁腹、高圈足的风格。西汉晚期常见的鼎、壶组合变得罕见，多数墓葬只随葬一两件壶。

第四期，东汉中晚期。此期墓葬主要有德州宁津县庞家寺汉墓，青州市马家冢子东汉墓，德州平原王韩村汉墓，济南长清区大觉寺村一号汉墓，济南市北毕村汉代画像石墓M1，济南青龙山汉画像石壁画墓，济南奥体中路画像石墓M1、M3，章丘女郎山南坡汉墓M46，章丘女郎山M231、M255、M284，日照莒县沈刘庄汉画像石墓等。典型器物有A型Ⅴ式、D型鼎，Ab型Ⅰ式、Ab型Ⅱ式、Ab型Ⅲ式、Bb型Ⅰ式、Bb型Ⅱ式、C型Ⅵ式、E型Ⅴ式壶，A型Ⅱ式、B型Ⅱ式、B型Ⅲ式、B型Ⅳ式、C型罐，A型Ⅲ式、B型Ⅲ式盆，Aa型、Ab型、B型灯，Aa型、C型熏炉，D型仓，Ⅳ、Ⅴ、Ⅵ式灶。所见器形还有耳杯、盘、器盖、扁壶、樽、簋、碗、魁、勺、楼、井、磨、碓、狗俑、鸡俑、鸭俑、熊俑、庖厨俑、屋等。此时胎釉风格大体一致，红胎绿釉占据着绝对优势，酱釉、黄釉仅有个别发现。

此阶段釉陶器发展到了汉代顶峰，无论出土数量，还是器物类别都是各阶段之最。典型器物的型式延续了东汉早期的风格，并进一步发展，与西汉时期的风格差异巨大。随葬器物种类变得多样，壶虽然仍是最常见的随葬釉陶器，但是单独随葬釉陶壶的现象变得十分罕见，一次性陪葬大量釉陶器的现象明显增多，如平原王韩村汉墓一次性出土38件铅釉陶器，青州市马家冢子东汉墓出土54件，章丘女郎山南坡汉墓M46出土30件等。这些都反映了这一时期釉陶器发展的兴盛。

综上所述，第一期是山东汉代铅釉陶的滥觞期，随葬铅釉陶器的墓葬数量以及出土的器物类别都很少，墓葬分布集中在泰沂山脉南侧及胶东地区；第二期为发展期，铅釉陶器的数量和器类明显增加，并出现了专门用于陪葬的建筑模型、动物俑、人物俑等，铅釉陶出土范围扩展到泰安、临沂、济宁、济南、潍坊、日照、烟台等地，在西汉中期的基础上向周围地区进行扩散，鲁北地区开始出现；第三期为转变期，在延续第二期器类、形式的基础上，部分器物的风格出现了较为明显的转变；第四期为繁盛期，墓葬中出土铅釉陶器的数量、类别都有了巨大发展，建筑模型、人物俑、动物俑等明器大量出土。

三、相关问题探讨

（一）使用阶层

山东地区出土铅釉陶器的墓葬，形制以竖穴土坑墓、砖室墓和画像石墓为主，使用阶层下至小地主上至王侯一级都有覆盖。根据考古发现，其使用阶层是有一个变化过程的。

西汉时期出土铅釉陶的墓葬未见王侯一级大墓，墓主人阶层主要集中于中下层贵族及地主，出土铅釉陶的数量与墓主人有一定正相关性。如青岛崂山县西汉夫妇合葬墓出土有少量铜器和铁制兵器，并发现一方"解定之印"。墓主人为武职官吏，该墓出土釉陶壶6件。济南平阴新屯两座汉画像石墓虽被扰乱，但根据墓室结构和随葬品判断，墓主人应是地主阶级，尤其是M1，墓葬规制与河南唐河汉郁平大尹冯孺人墓[48]相当，在西汉晚期墓葬中属大型墓，墓主人的身份可能是中上层官员或大地主，出土釉陶鼎、壶、熏炉、盘、灶、奁形器、炙炉、钫共计9件。临沂银雀山西汉墓M5、M6随葬陶器均为釉陶，并出土铜剑、五铢钱等，根据随葬器物和墓室结构判断，墓主人应该是小地主或地方官吏。M5出土釉陶鼎、壶、盘、罐、瓮等共6件，M6出土鼎、壶、盘、罐、瓮、博山炉等共计22件。

东汉时期的许多大型墓都遭到破坏或盗掘，随葬铅釉陶器的准确出土数量不详，但是根据其他陪葬品和墓室结构仍可以判断墓主人的社会身份。临淄金岭镇一号东汉墓规模宏大，发现玉具剑、玉衣片，属王侯一级大墓，墓中残存壶等铅釉陶器共9件。青州市马家冢子东汉墓虽然被盗，仍发现大量金、玉、铜、铁、陶器，墓主人应为高级贵族，该墓出土壶、博山炉、灯、灶、屋、井、猪槽、猪圈、厕所、狗俑、鸭俑等釉陶器共54件。德州宁津县庞家寺汉墓墓室结构为前中后室，墓室内壁绘有几何纹饰，墓主人应有一定身份，该墓出土器物以釉陶器为主，共45件。济南市长清区大觉寺村M1墓室制作精美，并出土较多画像石，墓主人应有一定社会地位，墓葬虽被盗仍出土釉陶器36件。可见东汉时期铅釉陶的使用阶层已经上延到王侯一级的高级贵族，中下层贵族的墓中也出土大量釉陶器陪葬，适用范围和单次随葬数量都已经大大超过西汉时期。由于许多高级贵族墓都被盗掘，釉陶器具体随葬数量无法知晓，其与墓主人的身份关联性无法判断。

（二）起源

关于铅釉陶器的起源主要有两方面的争议，一是来源于本土还是外来，二是起始时代属战国还是西汉。关于起始时代，战国说的主要依据是以美国纳尔逊-阿特金斯艺术博物馆收藏的一批釉陶罍为代表的来自中国的铅釉陶[49]（图一〇，1），但这批资料并非考古发掘，其来源和时代存在争议，所以有着考古成果支撑的西汉早中期说一直占据优势，该观点认为，铅釉陶最早产生于西汉早期晚段的关中地区，之后迅速向周边地区扩展。但是，2006年，在山东淄博临淄区辛店镇安乐店村战国晚期齐国贵族墓出土了两件罍（图一〇，2），原报告称作"青釉瓷罍"，后采用能量色散X射线荧光光谱（ED-XRF）进行胎釉成分的无损分析，发现罍的釉层是典型的低温铅釉，这是中国乃至全世界已知最早的铅釉陶器[50]。而且两件釉陶罍均展示出了较为成熟的制作技术，说明铅釉陶的生产还有个更早的初创期。这一考古发现无疑证明了战国说的可靠性，也增加了纳尔逊-阿特金斯艺术博物馆所藏釉陶罍为战国时代的可信度，此件器物与临淄齐墓所出釉陶罍造型、纹饰极为相近，也与战国齐墓常见的青铜罍（图一〇，3）造型相同[51]，有可能同产于齐地。同时，关于铅釉陶的来源问题也就迎刃而解，两件战国釉陶罍在时代上要早于西亚北非地区，中国铅釉陶器"西来说"的观点也就不成立了。

铅釉陶器又是缘何产生的。首先，对临淄齐墓出土铅釉陶罍分析研究可知，两件罍在造型上与齐地青铜罍相近，其带钩的环形纽以及带兽首装饰的半环形纽是典型的铜器装饰风格，器身装饰的变形蟠螭纹、勾连谷纹亦是典型的铜器纹饰，所以两件罍在造型和装饰上都明显来自青铜器。其次，从铅釉陶自身特点以及时代背景出发，铅釉陶烧成温度大约在800℃，烧成温度较低，极易破碎，遇水即溃，实用性不强，即使施加一层釉，也改变不了其实用性差的情况，而战国秦汉时期制陶工艺已经非常成

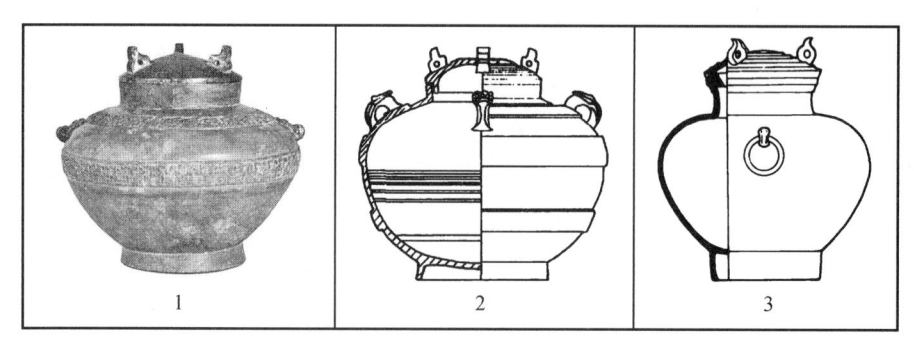

图一〇 釉陶罍
1.美国纳尔逊-阿特金斯艺术博物馆藏釉陶罍　2.临淄区辛店出土釉陶罍　3.临淄商王村战国墓出土青铜罍

熟,能够熟练地制作温度更高、胎质更坚致、实用性更强的灰陶。那么这种产品的创造并非出于实用目的,釉的施加当然也不是为了增加实用性,而是为了模仿某类器物,同时期施釉器物的典型非原始瓷器莫属,铅釉陶的产生应是为了模仿原始青瓷的外观效果,临淄出土的铅釉陶罍在最开始被误认作原始青瓷,恰恰可以印证这一猜想,正是二者外观上的相似性,才使考古工作者出现了错误判断。

原始瓷器早在商周时期已经产生并流行开来,在山东地区也多有发现[52],至今北方地区都没有发现生产原始瓷的窑址,而在南方地区已经发现了多处,且南方原始瓷在数量和品种上远超北方,所以根据现有考古资料判断,原始瓷极大可能原产自南方地区,后传播到北方地区。但是在春秋战国时期,国家纷争不断,原始瓷的生产和流通受到了阻碍,北方工匠便模仿原始瓷器的釉色和青铜器的造型纹饰,创造出了铅釉陶器。

(三)釉色

纵观山东地区汉代釉陶器的釉色变化,西汉时期铅釉陶以黄、黄绿、酱黄、青黄等为主,东汉时期绿釉占据主流,这也代表了全国铅釉陶的釉色发展变化。西北大学的刘成通过对西安龙首原西汉墓群的16件釉陶标本进行实验,得出绿釉、黄绿釉、酱黄釉的烧成温度是逐渐升高的结论[53]。西汉作为铅釉陶器的发展期,选择烧成难度较高的黄色釉、酱色釉,而在鼎盛时期的东汉选择了烧成温度相对较低的绿色釉。推测其原因,一方面是汉代厚葬之风,作为随葬明器的铅釉陶器有大量需求,要控制烧制成本,另一方面是为了追求瓷器的表现效果,东汉时期青瓷渐渐成熟,绿釉在外观上更接近于青瓷的表现效果,这也可与前面铅釉陶是模仿原始瓷器的釉色而创烧的推测相呼应。

四、结 语

山东地区汉代铅釉陶最早发现于西汉中期,器类仅见鼎和壶;至西汉晚期,器类增加了各种生活用具、建筑模型等,此阶段的铅釉陶主要出土于中下层官吏或地主阶级;到了东汉时期,特别是东汉中晚期,铅釉陶风格转变,由西汉时期以黄、酱、黄绿为主的釉色,逐渐变为以绿釉为主,器物类别中建筑模型以及各类俑等专门用于陪葬的明器比例增加,部分器物形式大变,如壶由西汉时期的鼓腹、矮圈足变成了喇叭口、扁腹、高圈足,使用阶层范围扩大,从王侯一级的大贵族到小地主墓葬都有出土,铅釉陶在此时发展到了鼎盛。汉以后,由于社会动荡,厚葬之风衰落,主要用于随葬的铅釉陶逐渐退出了历史舞台。

  山东地区发现了国内乃至世界最早的铅釉陶器,证明铅釉陶战国时代已经产生,并支持了中国铅釉陶"本土说"的观点。而铅釉陶的产生很可能是为了模仿原始瓷器,这从早期铅釉陶与原始瓷器在外部特征上的相似、易于混淆可以窥见。战国晚期至西汉早期,铅釉陶的发现和发展存在缺环,很可能是由于其中部分铅釉陶被误认作原始瓷器,但这些都只能有待于更多的科技分析和考古发掘来解决。

注　释

[1]　中国硅酸盐学会:《中国陶瓷史》,文物出版社,1982年,114页。

[2]　郎剑锋、崔剑锋:《临淄战国齐墓出土釉陶罍的风格与产地——兼论我国铅釉陶的起源问题》,《华夏考古》2017年2期。

[3]　孙善德、刘璞:《青岛崂山县发现一座西汉夫妇合葬墓》,《文物资料丛刊》(9),文物出版社,1985年,181~184页。

[4]　潍坊市博物馆、五莲县图书馆:《山东五莲张家仲崮汉墓》,《文物》1987年9期。

[5]　山东省文物考古研究所:《山东日照市海曲2号墩式封土墓》,《考古》2014年1期。

[6]　日照博物馆:《山东日照市大古城汉墓发掘简报》,《东南文化》2006年4期。

[7]　苏兆庆、张安礼:《山东莒县沈刘庄汉画像石墓》,《考古》1988年9期。

[8]　临沂市博物馆:《山东临沂金雀山九座汉代墓葬》,《文物》1989年1期。

[9]　林茂法、金爱民:《山东苍山县发现汉代石棺墓》,《考古》1992年6期。

[10]　山东省博物馆、临沂文物组:《临沂银雀山四座西汉墓葬》,《考古》1975年6期。

[11]　临沂市博物馆:《山东临沂金雀山周氏墓群发掘简报》,《文物》1984年11期。

[12]　石敬东:《山东枣庄方庄汉画像石墓》,《考古与文物》1994年3期。

[13]　山东省文物考古研究所等:《山东枣庄市桥上东汉画像石墓》,《考古》2004年6期。

[14]　山东省枣庄市博物馆:《山东枣庄市渴口汉墓》,《考古学集刊》(第14集),80~160页。

[15]　山东省文物考古研究院、山亭区文化广电新闻出版局:《枣庄市山亭区安岭汉代墓地发掘报告》,《海岱考古》(第十一辑),科学出版社,2018年,346~377页。

[16]　山东省文物考古研究所:《滕州西公桥遗址考古发掘报告》,《海岱考古》(第二辑),科学出版社,2007年,1~292页。

[17]　山东省博物馆:《山东滕县柴胡店汉墓》,《考古》1963年8期。

[18]　山东省文物考古研究所鲁中南考古队、滕州市博物馆:《山东滕州市官桥车站村汉墓》,《考古》1999年4期。

[19]　山东省文物考古研究所、滕州市博物馆:《滕州东小宫墓地》,《鲁中南汉墓》(上),文物出版社,2009年,264页。

[20]　山东省文物考古研究所、滕州市博物馆:《滕州封山墓地》,《鲁中南汉墓》(上),文物出版社,2009年,58、59页。

[21]　济宁市博物馆:《山东济宁师专西汉墓群清理简报》,《文物》1992年9期。

[22] 王思礼：《山东济宁发现汉墓一座》，《考古通讯》1957年1期。

[23] 微山县文物管理所：《山东微山县微山岛汉代墓葬》，《考古》2009年10期。

[24] 嘉祥县文物管理局：《山东嘉祥县十里铺2号汉墓的清理》，《考古》1998年1期。

[25] 解华英：《山东邹城市车路口东汉画像石墓》，《考古》1996年3期。

[26] 高京平、张春明、孙晓英：《山东海阳市开发区发现一座西汉墓》，《考古》2007年12期。

[27] 潍坊市博物馆、昌乐县文物管理所：《昌乐县后于刘遗址发掘报告》，《海岱考古》（第五辑），科学出版社，2012年，169～242页。

[28] 山东省文物考古研究所、寒亭区文物管理所：《山东潍坊后埠下墓地发掘报告》，《山东省高速公路考古报告集》，科学出版社，2000年，234～286页。

[29] 山东省青州市博物馆：《山东青州市马家冢子东汉墓的清理》，《考古》2007年6期。

[30] 郭世云、吴鸿禧、李功业：《山东滨州市汲家湾发现汉墓》，《文物》1990年2期。

[31] 山东省文物考古研究所：《山东临淄金岭镇一号东汉墓》，《考古学报》1999年1期。

[32] 平原县图书馆：《山东平原王韩村汉墓》，《文物资料丛刊》（10），文物出版社，1987年，131～135页。

[33] 德州地区文物组、宁津县文化局：《山东宁津县庞家寺汉墓》，《文物资料丛刊》（4），文物出版社，1981年，125～128页。

[34] 山东省文物考古研究所、聊城市文物局、高唐县博物馆：《高唐县沙王庄汉代墓葬》，《海岱考古》（第四辑），科学出版社，2011年，240～251页。

[35] 山东省文物考古研究所、东平县文物管理所：《东平后屯汉代壁画墓》，文物出版社，2010年，34～37、42～44、47～53、72～76、78、79页。

[36] 山东省文物考古研究所、曲阜市文物局：《曲阜花山墓地》，《鲁中南汉墓》（下），文物出版社，2009年，632～634页。

[37] 任相宏：《山东大学新校区发现一座东汉墓葬》，《考古》2005年10期。

[38] 济南市文化局文物处、平阴县博物馆筹建处：《山东平阴新屯汉画像石墓》，《考古》1988年11期。

[39] 济南市考古研究所、长清区文物管理所：《济南市长清区大觉寺村一、二号汉墓清理简报》，《考古》2004年8期。

[40] 山东大学历史文化学院、济南市考古研究所、章丘市博物馆：《济南市北毕村汉代画像石墓》，《考古》2012年11期。

[41] 济南市文化局文物处：《山东济南青龙山汉画像石壁画墓》，《考古》1989年11期。

[42] 济南市考古研究所：《济南市奥体中路画像石墓简报》，《东方考古》（第8集），科学出版社，2011年，443～454页。

[43] 章丘市博物馆：《山东章丘市黄土崖东汉画像石墓》，《考古》1996年10期。

[44] 济青公路文物考古队秀惠分队：《章丘女郎山战国、汉代墓地发掘报告》，《济青高级公路章丘工段考古发掘报告集》，齐鲁书社，1993年，150～178页。

[45] 济南市考古研究所：《章丘女郎山》，科学出版社，2012年，89、90、97～99、100～104、106～109、114～118、118～120、123页。

［46］济南市考古研究所、章丘市博物馆：《章丘市于家埠汉代墓葬2012年发掘报告》，《海岱考古》（第七辑），科学出版社，2014年，181～218页。

［47］王思礼：《山东章邱县普集镇汉墓清理简报》，《考古通讯》1955年6期。

［48］黄运甫、闪修山：《唐河汉郁平大尹冯君孺人画象石墓》，《考古学报》1980年2期，239～262页。

［49］谢明良：《中国古代铅釉陶的世界——从战国到唐代》，石头出版股份有限公司，2014年，19页。

［50］郎剑锋、崔剑锋：《临淄战国齐墓出土釉陶罍的风格与产地——兼论我国铅釉陶的起源问题》，《华夏考古》2017年2期。

［51］淄博市博物馆：《临淄商王墓地》，齐鲁书社，1997年，23页。

［52］梁中合：《山东地区商周时期原始瓷器的发现与研究》，《东南文化》2003年7期。

［53］刘成：《汉代低温釉陶的颜色演变规律初探》，《西部考古》（第一辑），科学出版社，2006年，356～369页。

唐与朝鲜半岛往来的历史见证

——山东长清孝堂山石祠上的题刻

杨爱国

（山东博物馆）

唐朝与朝鲜半岛的往来，不论是安史之乱前的"封贡体系"，还是之后的"贸易体系"，学者们都已经做了充分的研究，且旁涉整个东亚地区[1]，山东半岛因与朝鲜半岛的近缘关系，更受学者们的关注[2]。文献史料和已有研究成果无疑是今后继续研究的基础，而过去没有公开发表的文物上的新资料，以及可以期待的考古新发现，也将助推这一研究的发展。孝堂山石祠上的唐人题刻虽然已经存在了一千多年，但由于以前没有公开发表，直到2017年《孝堂山石祠》一书出版，才为世人所知。

位于山东省会济南市长清区孝里镇孝堂山顶的东汉石祠，是一座祭祀死者的墓祠，墓就在祠堂后面。祠堂为石板建造，虽然是双开间，但体量不是很大，室内东西宽3.8、南北进深2.18米[3]，不设门扉（图一），内壁和三角隔梁刻满画像，要弯腰进门才能看见。这座祠堂自建造完成后，一直屹立在原地，距今已近两千年，历史上，虽然有人对其进行过维修，但建筑结构还是东汉时期的样式，是我国现存最早的地面建筑，1961年被国务院公布为第一批全国重点文物保护单位。遗憾的是，祠堂的主人，我们无法知晓了，而且，祠堂建成后不久，就因无人看护，来游玩的人在上面乱刻乱画，造成破坏。最早的是东汉永建四年（129年）平原郡漯阴邵善，此后不断有人在祠堂上刻画，目前见到最晚的一例是乾隆二十二年（1757年），前后延续长达一千六百余年，可以比较清晰地看到的后人题刻至少有145条[4]，实际数量肯定比这多，只是有些刻画很浅，文字难以辨识。这些后人刻画类似今天的"到此一游"，对原建筑和画像无疑是污染和破坏。历史的事实已无法改变，我们今天能做的是不要再污染和破坏，好好保护这处珍贵的历史文化遗产。不过，这些后人题刻在污染和破坏祠堂建筑的同时，也向我们透露了一些历史信息，如它们告诉我们一座不知主人姓名的墓祠是如何演变为汉代大孝子郭巨祠的[5]，还告诉我们，一些人是如何保护修缮这

图一 孝堂山石祠

图二 孝堂山石祠三角隔梁西面显庆五年题刻摹本

座祠堂的[6]。另外，还有几条题刻向我们透露了唐朝与朝鲜半岛往来的信息。

三角隔梁西面显庆五年（660年）题刻"东都河南县郭偕高允为国登□百济来谒孝堂三□祐位回还之日必再□□显庆五年三月廿六日"（图二），西壁内面总章元年（668年）题刻"总章元年新罗使人金元机金人信见"（图三），西壁外面仪凤二年（677年）题刻"新罗善食金葛贝仪凤二年二月二十四日"[7]（图四）。

除了以上三条有明确纪年的题刻外，还有三条，虽然没有纪年，却可确知为新罗人所刻：东壁内面"新罗江深满二月廿九日"（图五）。西壁外面"新罗沙□忠"，"丙申年十月十七日新罗金良吉昔居丘同徒随僧人高原"[8]（见图四）。935年，新罗归附高丽，国亡，因此，这三条没有纪年的题刻上的新罗人应是在唐朝时路过孝堂山，到祠堂游览或凭吊先贤时在祠堂上留下题刻的。

以上六条题刻中，五条是新罗人刻的，惜这些人皆不见于史籍，不知他们的详细生平和事迹，只知道总章元年来的金元机等人是新罗国的使者，他们是前往唐都长安时到了孝堂山石祠，还是由长安返回新罗时到访孝堂山石祠，不得而知。题刻用的是唐朝年号，是新罗使者自己所刻，还是随行的唐朝人助刻也不得而知，不过，从当

图三　孝堂山石祠西壁内面总章元年题刻摹本 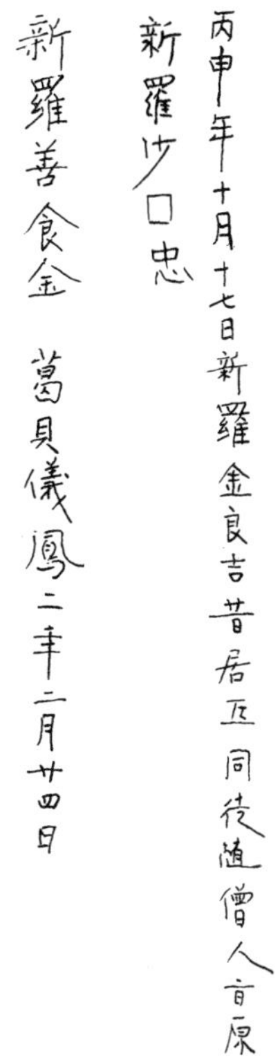　　图四　孝堂山石祠西壁外面仪凤二年等题刻摹本 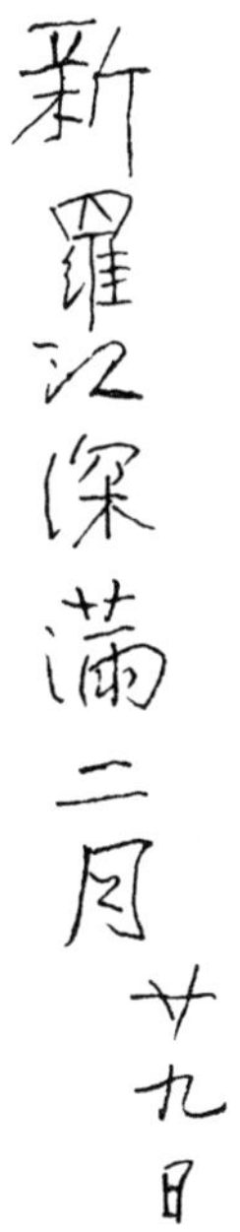　　图五　孝堂山石祠东壁内面新罗题刻摹本

时新罗与唐朝的交往看,新罗使者的汉语读写能力是很强的,自己写、刻是完全有可能的[9]。

当年到过孝堂山石祠没有留下题刻的往来山东半岛和朝鲜半岛的人,尤其是往来新罗的人应比这些留下题刻的人更多。山东半岛有很多人来自朝鲜半岛,尤其新罗的侨民更是史有明证。日本僧人圆仁(793~864年)《入唐求法巡礼记》一书,不仅记录了在唐朝的新罗人,还记录了山东半岛的新罗院[10]。在众多新罗侨民中,名气最大的是在文登赤山(今属荣成)建立法华院的张保皋(高),他以法华院为基地,从事唐与新罗的贸易[11]。另一位是在唐昭宗光化四年(901年)昆嵛山建立无染院的金清[12],民国二十五年(1936年)王昭旭编著《牟平县》卷九著录的《唐光化四年无染院碑》记录了金清创建无染院的事迹。

由于经常有东亚人,尤其是新罗人从山东沿海登陆或回国,山东的相关地方设立了负责通关的机构,从晚唐时期日本僧人圆仁《入唐求法巡礼记》一书的记载看,登州府赤山浦和乳山浦是新罗人出入境的重要口岸[13],在孝堂山石祠上留下题刻的新罗人从这些口岸入境的可能性极大。出使高丽的郭偕等人也应是从洛阳向东行,路过孝堂山石祠,凭吊先贤后,继续沿着山下的官道东行,由山东口岸出境。

由于有大量的新罗人出入或侨居山东半岛沿海地区,当地的蓬莱、牟平、文登、昌阳等地设有新罗坊,登州设新罗馆,文登设新罗所,它们是来华商人、僧侣等旅居和集中侨居的地方,不仅沿海,在稍近内地的青州、长山等地也设有新罗院,圆仁《入唐求法巡礼记》一书中对此多有记载[14]。在孝堂山石祠上留下题刻的新罗人当年很可能也是住在这些新罗院、所、馆。遗憾的是在山东地区历年的考古发现中,尚未发现这些坊、馆、所、院的相关遗存。虽然荣成石岛管理区港湾街道办事处西车村1987年发现了当年张保皋兴建的赤山法华院遗址,但当年繁华的法华院并没有多少遗存留下来,更未见与新罗人有关的遗存[15]。上文提到的无染院碑也不知去向,只有碑文传了下来。

孝堂山石祠上的五条新罗人题刻用的都是汉字,从当年新罗常派留学生到唐朝来学习看[16],新罗人会汉语的大有人在,因此这些题刻极有可能是新罗人自己所为,而非找唐人代刻。

唐高宗显庆五年郭偕等人题刻虽只提到为国登高丽事,但这一年唐朝与朝鲜半岛发生了重要事件。由于此前,高丽、百济、新罗相互攻战,高丽和百济更是联合靺鞨攻新罗,新罗王向唐高宗求救。显庆五年,高宗"乃下诏左卫大将军苏定方为神丘道行军大总管,率左卫将军刘伯英、右武卫将军冯士贵、左骁卫将军庞孝泰发新罗兵讨之,自城山济海"[17]。新罗国在唐军的支持下,打败了高丽和百济军。与此同时,郭偕等人为国登高丽,极有可能是劝说或警告高丽人不要与百济、新罗相攻,当然也可能是肩负其他使命,只是史无记载,我们不能知其详了。后来的结果是,在唐和新罗联军的打击下,高丽和百济节节败退,新罗人不断扩张领土,统一了朝鲜半岛。在这个过程中,郭偕等人出使高丽的活动不见于史载,可见其作用应是较小的。

孝堂山石祠上六条与朝鲜半岛有关的题刻还表明,今天从孝堂山下经过的国道220线在古代也是东西交通的要道,从东都洛阳到朝鲜半岛,至少有一条路线是经过这里的,不仅唐代如此,到了宋代依然如此。石祠立柱上的元丰六年(1083年)杨景略题刻即是明证:"左谏议大夫河南杨景略唐功礼宾使太原王舜封长民奉使高丽恭谒祠下元丰六年十月十七日。"[18]宋代金石学家赵明诚(1081~1129年)在《金石录》一书中也说:"余自青社如京师,往还过之,屡登其上。"[19]

我们曾利用孝堂山石祠上的后人题刻考证该石祠大约在十六国时期就已经与汉代著名孝子郭巨联系上了,此后虽然时常有人试图撇清石祠与郭巨的关系,但社会大众已经对此深信不疑了[20]。到了唐代,孝堂山上的郭巨祠早已深入人心,很多人来到祠堂,都是慕郭巨的大名。北齐时期在石祠西壁外面留下《陇东王感孝颂》的胡长仁如此,唐朝时在祠堂上留下题刻的新罗人大概也是如此。他们虽然是新罗人,但与郭巨故事发生、流传的河南、山东等地，同属汉字文化圈，因此，见到与孝子相关的名胜，产生亲切感是完全可能的。

孝堂山石祠上留下的新罗人题刻文字虽然不多，提供的信息也是残缺不全，但它们还是为我们提供了唐与朝鲜半岛往来的历史见证，也是新罗人仰慕中国古代名胜的见证，是对中国古代孝子充满敬仰之情的见证。

注　释

[1] 刘永智：《中朝关系史研究》，中州古籍出版社，1994年；陈尚胜：《中朝关系史论》，齐鲁书社，1997年；蒋非非、王小甫：《中韩关系史》（古代卷），社会科学文献出版社，1998年；陈景富：《中韩佛教关系一千年》，宗教文化出版社，1999年。

[2] 禹英兰、樊文礼：《关于张保皋在唐贸易中转站赤山法华院的几个问题》，《烟台师范学院学报（哲学社会科学版）》2005年1期，20～24页；王慧、曲金良：《唐代崑崙山无染院碑及相关问题》，《中国海洋大学学报（社会科学版）》2007年5期，88～90页；刘凤鸣：《山东半岛与古代中韩关系》，中华书局，2010年；陈尚胜：《唐朝后期登州港与东亚贸易圈的形成》，《中国传统对外关系研究》，中华书局，2015年，38～68页。

[3] 蒋英炬、杨爱国、信立祥、吴文祺：《孝堂山石祠》，文物出版社，2017年，21页。

[4] 蒋英炬、杨爱国、信立祥、吴文祺：《孝堂山石祠》，文物出版社，2017年，99～105页。

[5] 杨爱国：《故事是如何生成的——以山东长清孝堂山郭氏墓石祠为例》，《社会科学战线》2016年9期，111～119页。

[6] 杨爱国：《孝堂山石祠上的后人题刻——由黄易嘉庆元年细拓石祠画像想到的》，《西泠艺丛》2017年9期，3～8页。

[7] 蒋英炬、杨爱国、信立祥、吴文祺：《孝堂山石祠》，文物出版社，2017年，102页。

[8] 蒋英炬、杨爱国、信立祥、吴文祺：《孝堂山石祠》，文物出版社，2017年，104、105页。

[9] 当年新罗人在唐朝留下的题刻也不仅见于孝堂山石祠，在洛阳龙门石窟还有"新罗龛像"。此条信息由山东大学文化遗产研究院姜波教授提示，诚致衷心感谢。

[10] 该书国内出版过多个版本：〔日〕圆仁著，顾承甫、何泉达校点：《入唐求法巡礼记》，上海古籍出版社，1986年；《入唐求法巡礼记》，广西师范大学出版社，2007年；〔日〕圆仁著，〔日〕小野胜年校注，白化文、李鼎霞、许德楠修订校注，周一良审阅：《入唐求法巡礼记校注》，花山文艺出版社，2007年。

[11] 禹英兰、樊文礼：《关于张保皋在唐贸易中转站赤山法华院的几个问题》，《烟台师范学院学报（哲学社会科学版）》2005年1期，20～24页。

[12] 王慧、曲金良：《唐代崑崙山无染院碑及相关问题》，《中国海洋大学学报（社会科学版）》2007年5期，88～90页。

[13] 《入唐求法巡礼记校注》，花山文艺出版社，2007年，171、505页。

[14] 《入唐求法巡礼记校注》，花山文艺出版社，2007年，222、243、252页。

[15] 威海市文化局、威海市文物管理办公室：《威海文物概览》，青岛出版社，2009年，

44页。
[16] 其中最著名者当数崔致远（857～?），十二岁来唐，"十八岁宾贡及第"，官至殿中侍御史，赐紫金鱼袋。崔致远不仅能用汉语考试，还能作诗，有《桂苑笔耕集》传世。参见党银平：《桂苑笔耕集校注》，中华书局，2007年。
[17] 欧阳修等：《新唐书》卷二百二十《东夷列传·百济》，中华书局，1975年，6200页。
[18] 蒋英炬、杨爱国、信立祥、吴文祺：《孝堂山石祠》，文物出版社，2017年，103页；于中航：《元丰六年杨景略等奉使高丽题名考》，《文物》1983年9期，87、88页。
[19] 赵明诚：《金石录》卷二十二《北齐陇东王感孝颂·跋尾》，齐鲁书社，2009年，183页。
[20] 杨爱国：《故事是如何生成的——以山东长清孝堂山郭氏墓石祠为例》，《社会科学战线》2016年9期，111～119页。

莱州海仓独木舟的发现与研究

张英军　张玉光

（莱州市博物馆）

2004年，莱州市土山镇海仓村、莱州湾的南岸，发现三艘独木舟。是年5月，在莱州市土山镇海仓三村西南发现独木舟一条，位于胶莱河与泽河交汇处，编号为LH1，舟里出有青瓷碗1件。同年10月，在海仓村北约5千米处挖盐池时又发现两条独木舟，编号为LH2、LH3；并出土有一些船材构件，编号为LH4～LH11。

本文拟对莱州海仓发现独木舟分类介绍，对海仓独木舟的特点进行归结，与其他地区发现的独木舟进行对比，对海仓独木舟的结构进行复原，并对独木舟的运行环境和性质进行探讨。不当之处尚望批评指正。

一

海仓村北共发现三艘独木舟，还出土一些船材，分别加以介绍：

（一）一号独木舟（LH1）

独木舟系由一根独木刳挖而成，舟呈长条状，舳圆艉方，两端翘起。舟体平整，厚薄均匀。长6.6、中部宽0.9、舟内深0.45、舳高0.8、艉高0.65米（图一，1）。

舟身内部平面呈圆头长条状。靠舳艉两端，两舷内壁近上口处各留有一内凸的撑子，距离舟舳1.39、舟艉1.35米。撑子前后各一对共四个，是在舟舷的内壁原木上雕刻留下的，起加固横梁和支撑船板的作用。撑子平面呈斜角长方形，靠舟中间部分呈斜角，长约0.26、厚约0.09、高约0.26米。撑子靠近舳、艉端向下凿刻浅槽，槽深0.06米，前后长0.07米。撑子高处较舟舷低0.05米。舟身中部距离前部撑子0.05米、距离后端撑子0.26米的两侧舟壁上，各凿有两个榫孔，宽0.05、高0.04米。

在舟舳雕琢一个0.05米×0.04米的方形榫孔，穿透。孔内残留一段麻绳，应该用以固定靠岸。在舟艉雕琢两个0.04米×0.06米的方形榫孔，上下通透，也是穿绳固定木舟所用。

舟前部有一盖板，前端呈圆头，后部呈直边，长1、宽0.83、厚0.03米，其后侧距离舟舷边撑子0.61米，上面应该有木盖板。

（二）二号独木舟（LH2）

由舟头、舟身、舟艉三部分组成（图一，3）。

舟艏残损严重，残长0.42、残宽0.6、残高0.2、体厚0.05～0.16米，由整块木刨挖而成，其上雕琢大小不一的通透方孔数个，由于前端损坏较重，具体情况不明。

舟身由一根木料刨挖而成，平面呈长方形，长7.15、宽0.87、高0.4米。剖面呈U形，舟体厚0.02～0.16米，自口部向下逐渐变厚。舟身两侧上端各开挖一排对称的方形榫孔12个，孔约0.02米×0.05米。

舟艉长2.78、宽0.5～0.87、高0.15～0.4米，由一整木刨挖而成，平面呈梯形。后端开一通透圆孔，直径0.12米。

舟艉与舟身连接处呈子母口状，一端各剔挖长约0.4米的一层木料，深约0.04米，套装拼接成一体，并于连接处各开有6个大小不一的方形楔孔，用于加木楔子进行加固，孔约0.04米×0.06米，舟身部分一端保留较好，另一端残留3孔。舟艉两侧上端各开挖一排对称的通透小方孔5个，孔长约0.5、宽0.02米。中部对接处每侧各开挖大方孔1个，孔长约0.1、宽0.05米。

有的孔内仍残留用于横向连接的木料，在舟身与舟艉交接处保留一根完整的连接横木，长0.85、宽0.085、厚0.03米。

舟头和舟身复原长度为7.15+2.78-0.4=9.53米，舟艏残长0.42米，二号独木舟全长应该大于10米。舟艏若以舟艉长度计算，复原舟长应为12.5米左右。

（三）三号独木舟（LH3）

独木舟现存中间舟身部分，残长6.6米，舟身由一根木料刨挖而成，平面呈长条状，残宽约0.9、残高0.3米；剖面呈U形，舟体厚0.1～0.17米，自上而下逐渐变厚。舟身与艏艉连接处呈母口状，一端内部剔挖长约0.64米的一层木料，深约0.07米，连接处凿透大小不一的楔孔用于加固与艏艉连接处，0.05米×0.07米的小孔共8个；大孔约0.23米×0.07米。舟身残损严重，结构不清。舟身两侧各开挖一排对称的通透方孔，残存5个，孔0.23米×0.07米（图一，2）。

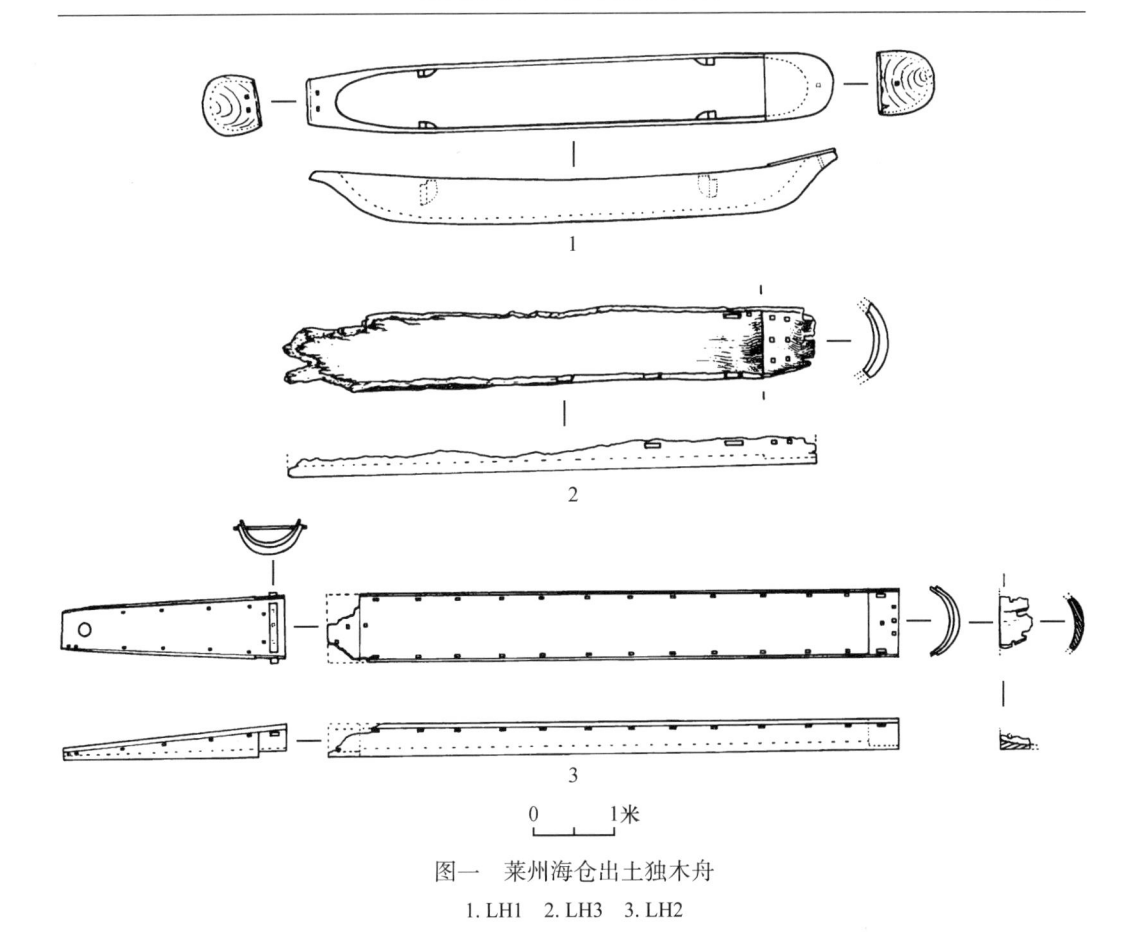

图一 莱州海仓出土独木舟
1. LH1   2. LH3   3. LH2

（四）船材

有桥板、盖板、木桨、桅杆和其他构件（图二）。

桥板 2件。LH4，桥板，长5.36、宽0.5、厚0.1米。一端开一通透的小方孔，孔长约0.07、宽0.05米，桥面开有11个方格状阶梯（图二，5）。LH5，桥板，长5.36、宽0.5、厚0.08米。一端开一通透的小方孔，桥面开有11个方格状阶梯（图二，6）。

盖板 1件。LH6，长3.3、宽0.67、厚0.15米。顶端呈圆头，平底（图二，4）。

木桨 2件。LH8，长6.35、截面直径0.08~1米，下端剖面呈扁片状，宽约0.1、厚0.02~0.04米，杆部直径约0.08米，顶部横接有把手，呈榫卯结构，把手横木长约0.3、直径0.05~0.06米（图二，3）。LH9，长8.4、直径0.08~0.1米，下端剖面呈扁片状，宽约0.1、厚0.02~0.04米，杆部直径约0.08米，顶部有榫卯结构，把手不存（图二，1）。

桅杆 1件，LH7，长8.4、直径0.11~0.14米，下端剖面呈圆锥状（图二，2）。

木料 2件。LH10，长1.57、厚6~20厘米，木料前薄后粗，一端逐渐弯曲上翘呈船头状，中间部位开挖一通透方孔，方孔长6、宽4厘米（图二，7）。LH11，长1.57、厚19～20厘米，木料前薄后粗，一端逐渐弯曲上翘呈船头状，木料粗部根底中间处雕刻一榫头，长12、宽6厘米（图二，8）。

在一号独木舟内出土了青釉瓷碗、黑釉罐残片等器物，推断年代为隋唐时期。

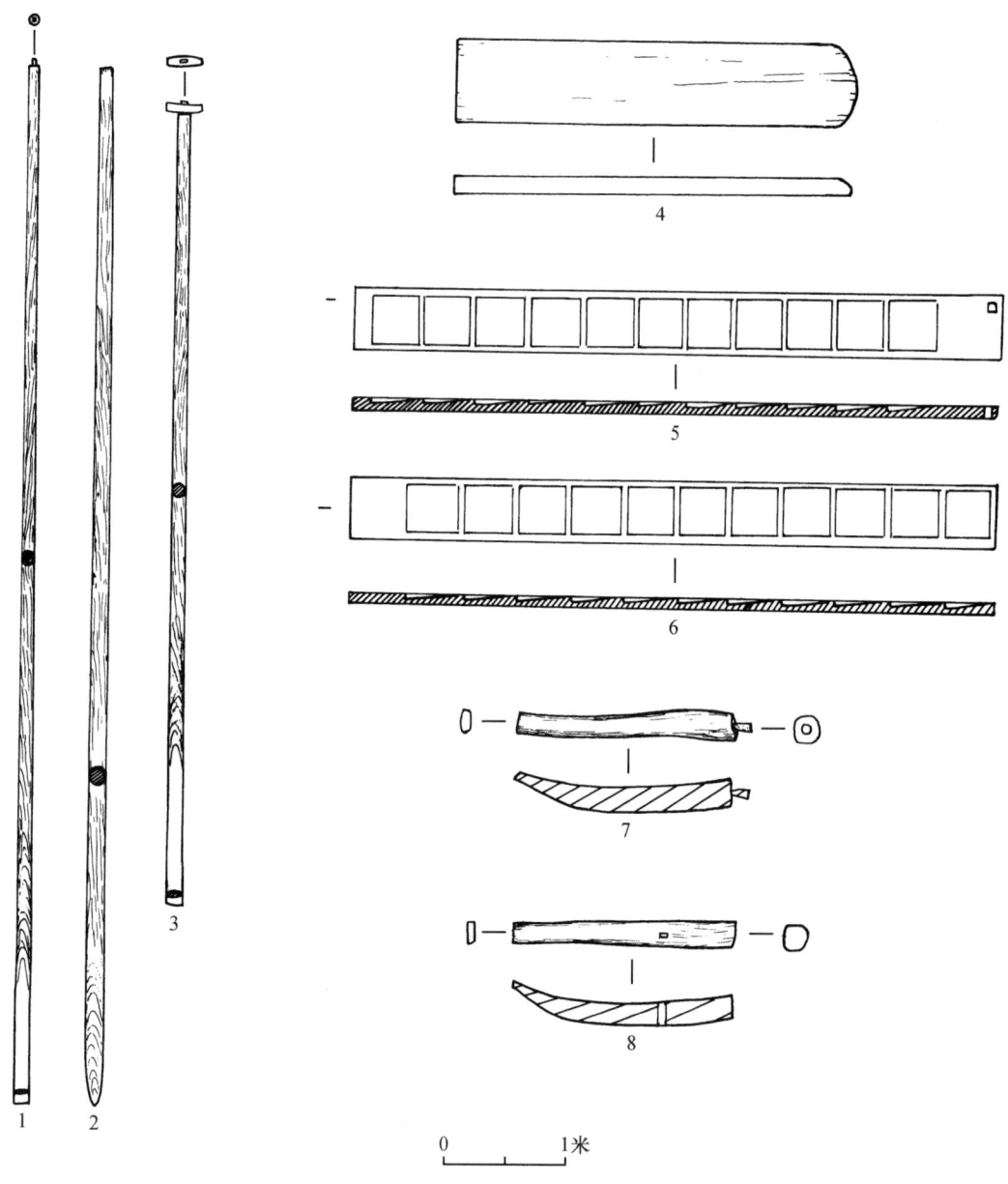

图二　莱州海仓出土船材
1. LH9　2. LH7　3. LH8　4. LH6　5. LH4　6. LH5　7. LH10　8. LH11

二

莱州发现的三艘独木舟有自身特点。

一号独木舟：用整根木头刳挖而成；前圆后方，两端上翘，具有船的特征；近前后端两侧舟壁上雕刻有带浅槽的撑子，上面安置横梁；横梁靠中，舷壁上开凿榫孔两对；艏艉上面加盖平板；舟的艏艉凿榫孔穿绳固定船用。

二、三号独木舟：是复合型独木舟，是用三根木头刨挖呈舟体；利用子母口槽搭接拼合而成，搭接处用多排榫卯加固；舟体变长，载量加大，抵抗风浪能力加强；舟体上口雕琢成口槽状，与两侧成排榫孔相结合，在口部可能加装翼板，将舟面加宽，增强舟体的稳定性；舟体采用榫卯搭接，取材更加灵活方便。

三

莱州一号独木舟用一段完整的树木刳挖而成，是独木舟的基本形态。溯源我国独木舟的历史就是从这种形态起源、发展、延续下来的。

早在新石器时代河姆渡文化的跨湖桥遗址就发现有八千年前的独木舟[1]，其中2002年发现的独木舟，舟残长5.6、宽0.52米，该独木舟是用整棵马尾松加工、借助火焦法刳挖而成的。这里还发现木桨毛坯和风帆的迹象，是一处制作、修理独木舟的工场。这是我国也是世界上发现最早的独木舟。在余姚的田螺山遗址曾出土一件河姆渡文化早期的木质独木舟模型器[2]，具有比较成熟的船体形态。

在余杭施岙遗址[3]和茅山遗址[4]发现良渚文化距今5000年的独木舟。茅山独木舟保存完整，头尖尾方，全长7.35米，由整段巨木凿成。1979年山东长岛大黑山岛发现一艘独木舟，残存舟的尾部，壁厚0.05米，板面平整，有榫卯眼。

史前时期的独木舟，一般长5.6~7.35、宽0.45~0.8米，受砍伐树木、造舟工具和技术等因素的限制，这时期的独木舟通常较小、较窄，舟身较浅。独木舟的刳挖借助火焦法，用石器刳挖而成。结合出土地点多处于内湖、河道分析，跨湖桥独木舟可能出入近海。

夏商周时期河南、山东等地多有独木舟个体发现，所发现的独木舟一般舟体长8.3~13.7、宽0.55~0.85米，较之史前期明显加长，说明这时期造舟技术更为进步；仓隔（横向龙骨）的设置，增强了舟体的横向拉力，舟体更加坚固；荣成松郭家独木舟[5]已经出现船的初步形态，开始向船转变；息县小围孜村独木舟[6]舱壁保存较好的一侧有17个方孔，已经开始设置翼板，也可能存在边架艇的结构，为双体独木舟打下了基础。

汉代发现有较多的独木舟。铁工具的使用，使得刳挖舟体更为简易，形制更加规整，功能更为齐全。铁钉的使用，使部件的固定更加坚固和便利。

唐宋时期，独木舟还在流行使用。随着我国造船业的发展，高超的造船技术应用在独木舟上，铁钉、麻、艌料、桐油、榫卯、套接等新材料、新技术的运用，使独木舟的制造达到了巅峰。

1960年江苏摄州施桥镇发现的2号船[7]是以一棵大楠树干当中剖空而成。船的两头微翘，以檀香胶合并钉补木板，树根为船尾；树梢为船头。圆底。整个船体作长条形，全长13.65、宽75、深56厘米，舷和底厚6厘米。船头右边有一拴绳子的木扣，船尾有两个方形的穿孔。根据出土遗物来看，木船属于宋代的可能性较大（图三）。

近现代，部分地区流行赛龙舟，贵州有二体横联或者三体横联的独木舟。在南洋地区，独木舟流行边架艇结构，这增加了舟的稳定性，保证独木舟能够行驶于大海中。这些民族实物素材也为我们复原独木舟的结构和运行方式提供了参考。

莱州一号独木舟，与江苏施桥独木舟在结构上极为相近，长条形舟体，两端上翘，舟艏有一个、舟艉有两个拴绳的穿孔。但是莱州一号独木舟舷壁上两对带浅槽的木撑子及两对榫孔在已经发现的独木舟上没有发现，很有特点。带浅槽的木撑子，可以复原为设隔离舱板、架横梁支撑舟壁、上面铺盖横板。两对榫孔及横穿的设置及复原有待思考，一种可能是榫孔里架横向穿木，上面构架舟篷类设施。但是榫孔两侧有横梁了，榫孔穿木的作用可能需要重新思索。

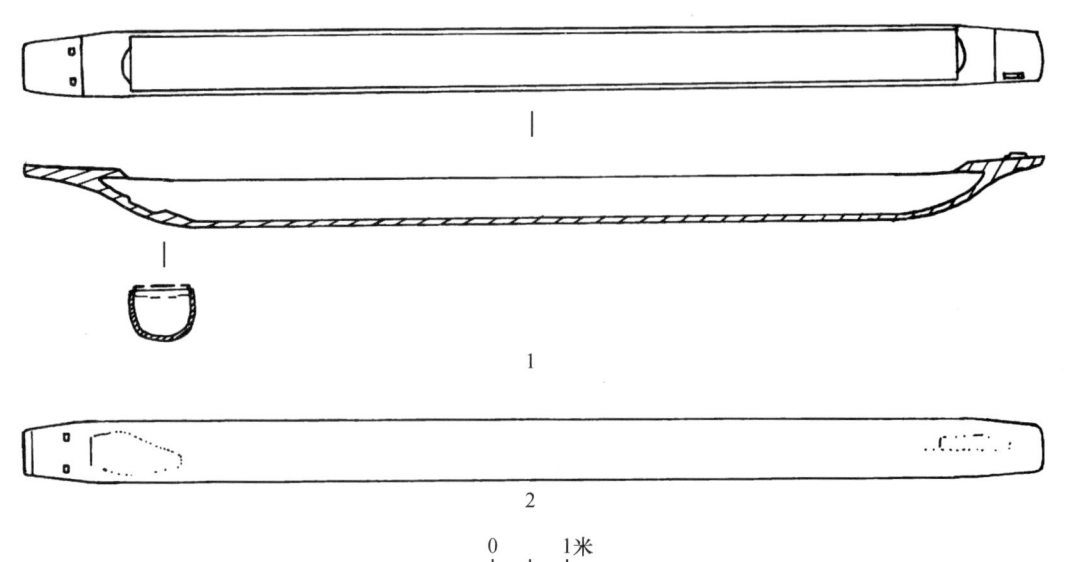

图三　江苏施桥独木舟平、剖面图

南岛语族独木舟的制造和使用能给我们提供参考。美国毕夏普（Bishop）博物馆的艾德里安·霍里奇（Adrian Horridge）专题调查印尼群岛，写成《印尼巴厘岛、马都拉岛的外架艇独木舟》一书，整理大量的"南岛语族"航海舟船资料，边架艇独木舟是其中最重要的形态。设帆的边架艇独木舟是太平洋土著航海的主要工具，其中单边架艇发现于整个南岛语族的分布区。双边架艇分布范围较小，历史上见于西太平洋，一般认为太平洋东部的波利尼西亚和密克罗尼西亚群岛历史上没有双边架艇。詹姆斯·霍内尔（James Hornell）认为，双边架艇的出现早于单边架艇，在远洋航海中，单边架艇的性能优于双边架艇（图四、图五）。

如此，参考南岛语族独木舟资料，将莱州一号独木舟复原为单边架艇独木舟或双边架艇独木舟。莱州海仓一号独木舟的复原有两种模式：带舟篷的独木舟；单边架或双边架的边架艇结构的独木舟（图六）。

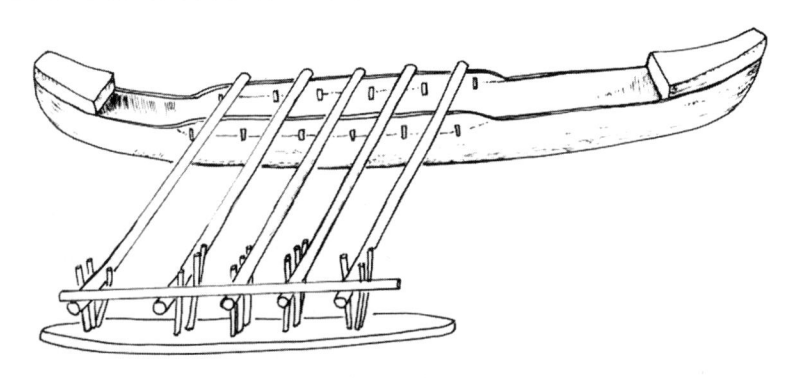

图四　南岛语族单边架艇

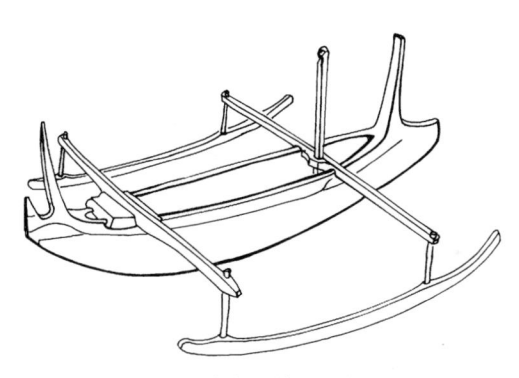

图五　南岛语族双边架艇

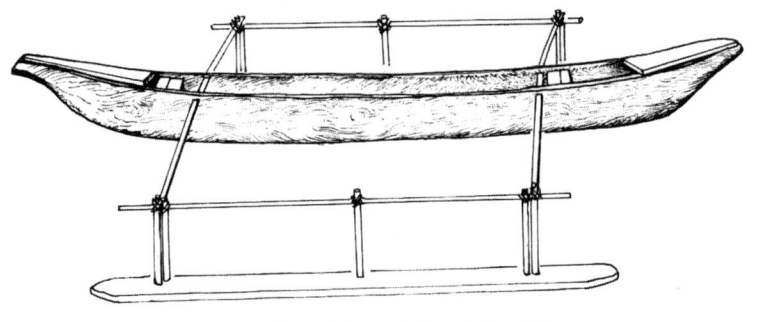

图六　莱州海仓一号独木舟复原图

四

莱州二、三号独木舟的共同特点是用三段独木舟搭接起来的复合型独木舟。对二、三号独木舟进行对比分析，发现两条独木舟舱壁上的榫孔位置、数量和尺寸都不一样，应为两只单独的个体。

在莱州海仓二、三号独木舟南约10千米的平度大苗家村，1975年出土隋代双体独木舟[8]（图七、图八），是将两条独木舟用横梁串起来。与莱州二、三号独木舟的共同特点是，每条独木舟都是将三段独木舟利用子母槽口采取榫卯结构搭接起来的。平度双体独木舟的舳艫向中线内收，上面设有篷，穿横梁的榫孔13厘米×20厘米，共14对，可以复原为20对，舷的两侧还分布众多的小榫孔，嵌接翼板。据老船工估计，平度双体独木舟的载重可达23吨，所用船工当在一二十人，代表了双体独木舟发展的最高水平。

与平度独木舟相比，莱州二号独木舟的舟身、舟艫是直线形的，不见内收；舱两

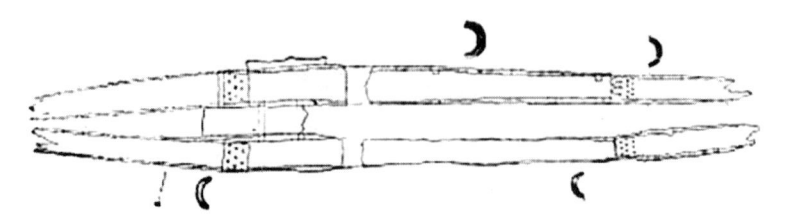

图七　平度双体独木舟平、剖面图

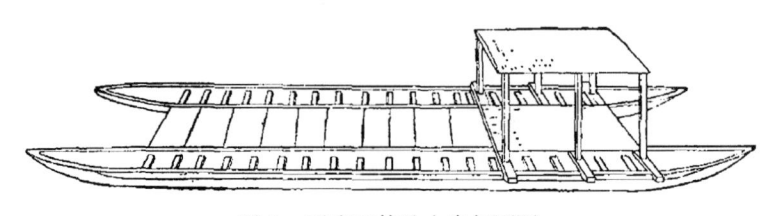

图八　平度双体独木舟复原图

壁的榫孔为舟身12对、舟舷5对5厘米×2厘米的小榫孔，在交接处各有一对大的10厘米×5厘米榫孔，舷的上口为槽口状。两对大的孔应该用横木连接，小的孔可能就是翼板镶嵌孔，不见平度那样大的横梁穿孔。因此，二号独木舟应该属于单体独木舟，非双体独木舟的一部分。

1992年，在韩国珍岛发现的中国宋朝独木舟[9]，是三段拼接到一起的复合型独木舟，可以作为我们研究莱州二号独木舟的参考。船体呈流线形，首尖尾阔，头低尾高。独木舟残长16.85米，船体由三块樟木连接而成。船内由6个隔舱壁分成7个舱。复原尺度船长19、宽2.34米。在独木舟中部第3隔舱壁前，发现用樟木制成的桅座，桅座上开有两个桅夹板孔，说明这艘宋朝独木舟上已经使用了风帆作为行驶动力。这是我国单体独木舟制造的顶峰之作（图九）。

与韩国珍岛出土的中国宋代独木舟相比，二者同为三段独木舟拼接起来的。莱州二号独木舟没有发现桅座、隔舱板和加强材。把二号舟复原为两根横木连接加固，小的榫孔与槽口结合，舟的两侧镶嵌有翼板，以增加舟的稳定性。考虑到其时代和地方特点，将二号独木舟参考一号独木舟，复原为单边架艇独木舟或双边架艇独木舟（图一〇）。二号独木舟的尾部，有一个直径12厘米的圆孔，应该使用了船舵控制方向。

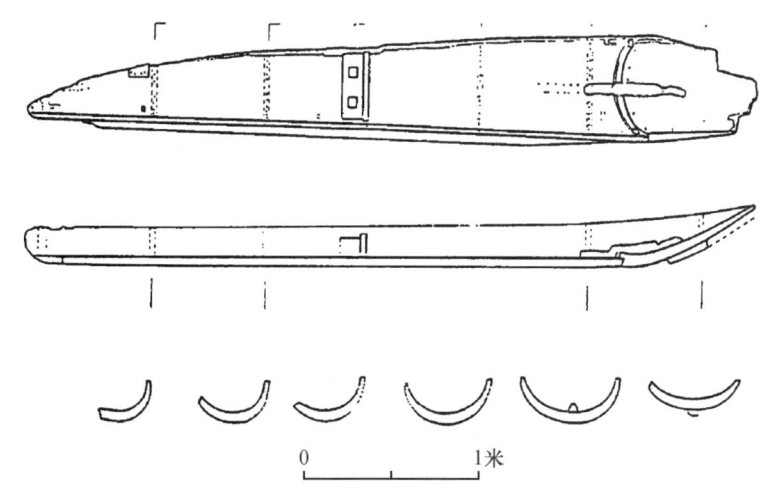

图九　韩国珍岛出土我国宋朝独木舟平、侧、剖面图

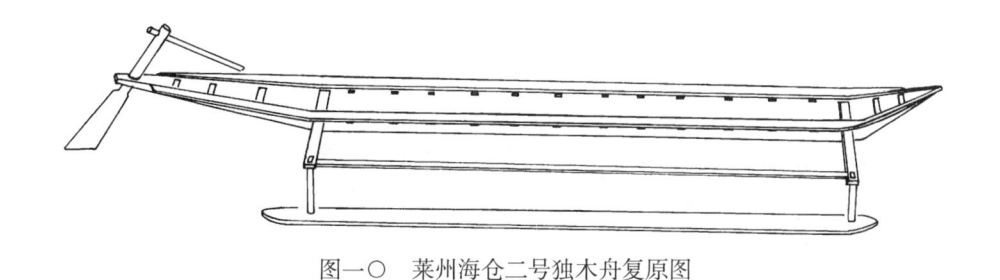

图一〇　莱州海仓二号独木舟复原图

三号独木舟仅存舟身部分，残存5个23厘米×7厘米的榫孔，与平度双体独木舟大的过梁穿孔相类。三号独木舟应该是双体独木舟的残留。其形制结构和运行可以参考平度双体独木舟。

莱州一、二号独木舟的使用，进海行驶可以采用边架艇结构；在内河航行，也可以卸掉边架，采用单体独木舟的模式，更加便捷。

五

海仓村北距莱州湾约10千米，西距胶莱河约1千米，东北距莱州县城约35千米。海仓村北现为成片盐池分布区，LH2~LH11就是海仓村民挖盐池时发现，深埋在地面下六七米深。一号独木舟位于海仓村西南泽河与胶莱河交汇处，泽河是1965年人工开挖的河。由海仓南侧5千米的平度大苗家双体独木舟的发掘情况看，船的附近多红螺、背瘤丽蚌、紫石房蛤、砂海螂、四角蛤蜊、蛤仔、锥螺等种类繁多的蚌壳，说明这一带很早就为海滩空地了，现海水大潮时，仍能逆流而上涨到大苗家古船附近的泽河水面。而莱州海仓独木舟的位置更靠北，二、三号独木舟发现时距离现地表深达六七米，原来应为浅海处。

据《莱州府志（万历）》[10]卷二："《舆地志》云：登莱本海运故道然势险难图稽之往迹平度东南新河水源出高密县至胶州分为二流北河西流入莱之海仓口入海以其自胶抵莱故曰胶莱。"莱州府北侧临海有"三山海口、小石嘴海口、虎头崖海口、海仓海口"，海仓海口自古以来是渤海湾南岸海运航道上著名的船只停泊点和商贾集散地，舟船从这里可以北上京津、南下苏杭，远达东北亚。小型的舟船沿新河上行，还可到达平度、胶州、高密属地，水运交通十分便捷。

莱州在隋唐时期有着发达的造船业，隋、唐二代攻打高句丽，都是在莱州湾打造船只、发兵出征的。从海仓发现的船桥板、桅杆等船材看，这里可能还存在造船修船的基地。平度大苗家双体独木舟和莱州海仓独木舟代表我国独木舟制造的顶端水平，反映了我国隋唐时期先进的造船技术和领先世界的航海业。

注　释

[1]　蒋乐平、朱倩、郑建明、施加农：《跨湖桥遗址发现中国最早独木舟》，《中国文物报》2003年3月21日第1版；浙江省文物考古研究所等：《跨湖桥》，文物出版社，2004年，50页。

[2]　孙国平：《浙江田螺山遗址出土一件完整的独木舟模型器》，www.ncha.gov.cn，2014年5月30日，国家文物局。

[3]　顾小立：《浙江余杭施岙遗址发现宁波地区最早独木舟》，www.xinhuaxmt.com，2021年

4月10日。

[4] 丁品：《浙江省余杭临平茅山遗址首次发现良渚文化独木舟》，www.wenwuchina.com，2010年12月14日。

[5] 王永波：《原始渡具与早期舟船的考古学观察》，《江汉考古》1989年1期。

[6] 尹振强：《息县独木舟与淮河文化》，个人图书馆，www.360doc.com，2020年8月11日。

[7] 江苏省文物工作队：《扬州施桥发现了古代木船》，《文物》1961年6期。

[8] 山东省博物馆等：《山东平度隋船清理简报》，《考古》1979年2期。

[9] 袁晓春：《韩国珍岛发现中国宋朝独木舟》，《海交史研究》1994年1期。

[10] 《重刊万历莱州府志》卷二，永厚堂，1939年，83页；《莱州府志集》万历版，人民日报出版社，2021年，136页。

石以言孝
——博山颜文姜祠历代碑碣考析

徐春晖

(淄博市博山区文物事业管理中心)

博山地处鲁中山区，于清雍正十二年（1734年）建县，建县之前，此地称为颜神镇，其得名来自本地孝妇颜文姜。颜文姜的故事在鲁中地区可谓妇孺皆知，早在东晋时期，郭缘生《续述征记》即有记载，距今已有1600余年历史。颜文姜以孝名世，此后又因救助公婆亡殁，本地先民为纪念颜文姜孝行懿德，尊其为神，并于北周（557~581年）时期立祠以志。

孙廷铨在《颜山杂记》中援引《青州府志》记载，颜文姜祠于"后周时建，唐天宝间重建"[1]，本地专家认为后周（951~960年）为五代时期王朝，在时间上要晚于天宝年间，故认为此说有纰漏，还专门撰文《颜神地名考略》对此加以阐释，认为"后周"乃"北周"之误[2]，其实，北朝和五代均有"后周"朝代名，古文献如唐徐坚《初学记》、宋赵明诚《金石录》等均将"北周"称为"后周"，是以孙廷铨在引用《青州府志》相关文字时亦未加注释。

一、颜文姜祠碑碣简述

据《博山区志》记载，颜文姜祠"始建于北周（557年），更建于唐天宝五年（746年），宋熙宁八年（1075年）扩建，清康熙十一年（1672年）增建"[3]。事实上，根据祠内碑碣介绍，颜文姜祠在修建完成后，几乎历朝历代均有修葺，其改扩建次数远超3次，如现存祠内的《重修顺德祠记》碑就记载了明弘治乙卯（1495年）年间的一次修缮："复建寝殿、两庑、香亭、门左右翼，而规制愈宏敞矣。"[4]康熙年间《颜神镇志》则记载了顺治十四年（1657年）的一次修建过程："巡抚山东辽东耿焞赍助工银一千，里先生太宰大学士孙公（注：孙廷铨）、侍御赵公（注：赵班玺）募修，至康熙三年竣工。大殿三间，后寝殿三间；殿左舅姑祠、王友祠，殿右父母祠、汾阳祠。殿前泉水出其下，左右庑各三间，中间香亭，大门三间，照壁一座。"[5] 上述两次扩修，无论是规模还是所投人力物力均较为可观，但却较少提及，而类似的扩修工程在史料及颜文姜祠现存碑刻中记载不下二十处。

博山历史上庙宇甚多，但似颜文姜祠这样历代不断修缮、不断扩大规模且完整保存至今者却不多见。究其原因，一是颜文姜作为孝文化的代表，符合普通百姓的孝道认知，容易接受，更便于推广。二是颜文姜事姑孝谨、逆来顺受的行为符合施政者的仁治要求，"重念国家以孝治天下，而孝妇有庙若此，何以劝励风俗？"[6] 故历代施政者会抓住时机在其事迹的推广及颜文姜祠的建设上有所举动，以达到以德育人的目的。

在1500余年的发展历程中，颜文姜和颜文姜祠形成了共生共荣的关系，颜文姜祠借颜文姜影响不断得以修葺，颜文姜事迹又以颜文姜祠为载体不断广泛传播。而这期间，有不少修缮者、游玩者、拜谒者、祈福者勒石以志，以崇祀纪念，抒发感情，颜文姜祠也因此留下了数目众多的碑碣。这些碑碣多由当时著名书法家撰写，因此具有较高的书法艺术和文化研究价值。历史上颜文姜祠共存放过多少碑碣已漫漶无考，本地文史工作者在1982年就所存碑碣进行过统计，共有79块，其中碑41块，碣38块。从年份上看，这些碑碣上起宋元，下至近代，跨越一千年之久，其中宋代有5块，元代有1块，明代7块，清代22块，近现代有44块。自1982年迄今，又先后有修建碑、功名碑20余块，其总体数量在百余块。

现存碑碣中，时间最早的应是咸平六年（1003年）的《淄州重修颜神庙记》，该石碣高0.58、宽0.7米，字迹尚清晰。目前存于颜文姜祠西庑，嵌于后墙上。该碑碑文为时任军事判官、宣德郎、试大理评事周沆所撰。周沆为益都人，以户部侍郎致仕，《宋史》有传。颜神之地与益都紧邻，所以周沆肯定对颜文姜的故事相当熟悉，故时任淄州刺史的安赟立此碑时特请周沆撰文。此后颜文姜祠历代碑碣文字大多延聘名家重臣书写，几成惯例。

以中华人民共和国成立为时间下限，颜文姜祠所存年代最近的碑刻为民国十四年（1925年）的《重修灵泉庙碑记》。该碑文不仅详细记述了历代对颜文姜祠的修缮情况，且对博山社会民生状况有所涉猎，颇有史料价值。另外，该碑碑文撰写者李守中、书丹者张新曾、篆额者钱振崧皆本地名家，三人联手完成一块碑刻，这种情况极为少见，由此可见立此碑时的重视程度。

可以肯定的是，在千年流传过程中，颜文姜祠实际拥有过的碑碣要远远超过百块，且时间要比宋元时期更早。如孙廷铨《颜山杂记》记载："宋董逌《颜泉记》（见《广川书跋》）载：余见李胜作《颜泉记》，昔文姜事姑则异，一日泉发其居，遂庙食于此。或曰昔李阳冰尝尉淄川，刻碑庙中，今所书，盖据李监说。余往来求阳冰记不得，其后，得破石仅尺，盖为础。或视之，书字可读。按其说，文姜姓颜，余与今庙中刻石所记无异。"[7]李阳冰为大诗人李白从叔，约生于唐玄宗开元年间，说明至少在唐朝中期甚至更早，颜文姜祠已有碑碣，只是该碑在宋朝时期已经残缺，后孙廷铨作《修灵泉庙碑记》又曾记载："唐淄川尉李阳冰、朱梁刺史高霸，皆尝刻石庙中，惜断灭，莫溯始年。"[8]在孙廷铨生活的康熙年代，祠内唐及五代的石碑就已荡然无存；而孙廷铨撰文的《修灵泉庙碑记》记碑至今不过300余年，也已消失不见。

除上述2块碑碣外，颜文姜祠还有大量碑碣也消失在历史烟云中。如宋代碑碣现存《淄州重修颜神庙记》《敕女石碣》《中书门下牒文石碣》《宣和题名石碣》《咒水符石碣》5块，但根据史料记载，尚有《增修孝妇庙记》《淄州碣子》《续翁婆因地记》等宋代碑碣，现已无存。元代碑碣目前仅至至正二十六年（1366年）《谒顺德祠并序》1块，但史料记载尚有蒙古太宗七年（1235年）《重修灵泉庙记》、至元二十八年（1291年）《重修灵泉庙记》2块元代碑刻。明清以后，随着颜文姜影响日隆，颜文姜祠碑碣也日渐增多，随之佚失的碑碣数量亦随之增多，从史料所存这一时期碑文推断，明清两朝佚失碑碣在20块以上，这也成为一种永久的缺憾。值得庆幸的是，虽然好多碑碣已经消失，但绝大多数碑文却都较完整地记录到本地的各种史料中，成为后世一笔宝贵的文化遗产。

二、颜文姜祠碑碣类型

综合分析史料及碑碣文字，颜文姜祠碑碣可大体分为以下几类。

1. 修建类

该类碑碣在史料和现存碑碣中占比虽然不是最大，但最具有代表性。据不完全统计，颜文姜祠内现存宋朝至民国时期相对完整的重修、增修、扩建碑碣就有12块，其中尤以宋周沆《淄州重修颜神庙记》、明范一儒《重修顺德祠记》、清周亮工《重修颜文姜灵泉庙碑记》、清赵执信《重修顺德夫人坟院记》、民国李守中《重修灵泉庙碑记》等碑碣最为典型。部分碑碣虽已湮灭，但文字尚存，其代表作有宋商亿《增修孝妇庙记》、元陈雷《重修灵泉庙记》、明杨文卿《修灵泉庙记》和清孙廷铨《修灵泉庙碑记》等。以现存最早的咸平六年（1003年）《淄州重修颜神庙记》为例，碑文指出，主政者看到颜文姜祠"年祀浸远，祠宇久隳"，于是"乃召班尔之徒，度材木之用，凡所匠费，悉自俸金。不再浃旬，来告工毕"，其结果是"室连甍而大壮，墙圬粉以过奢"。其他各类碑碣虽然形制大小不一，文字长短有别，其格式、内容却基本相同，均是看到颜文姜祠破败不堪，与颜文姜孝行不匹配，遂予以修建。饶是如此，这些碑碣在歌颂颜文姜孝行的同时，不仅详细记述了颜文姜祠的整修过程和建设成果，且对当时博山地区的风土人情均有所涉猎，是以史料价值极高。

2. 敕封类

该类碑碣虽仅有两块，却影响深远。一为熙宁八年所立《敕女石碣》，一为同年《中书门下牒文石碣》。《敕女石碣》为宋神宗敕封文告，碣高0.37、宽0.95米，楷书阴刻，现嵌于颜文姜祠正殿东墙。其文曰："敕淄州孝妇颜文姜……惟神聪明正直，庇于一方，供民之求，如应影响。守臣列上，朕甚嘉焉；疏赐宠名，以昭灵德；且俾民奉事不懈，今可特封'顺德夫人'，仍赐'灵泉庙'为额。"《中书门下牒文石碣》是对《敕女石碣》的补充说明。宋朝时期，在理学的影响下，三纲五常封建伦理已深入人心，当权者也常以此作为禁锢普通百姓思想的惯用手段。于是，被民间祭拜了几百年之久的颜文姜，终于得到了最高统治者的认可，其"顺德夫人"名号正式沿用，并流传至今。

3. 拜谒类

此类碑碣多是达官文人慕名参观颜文姜祠后，有感而发，因而刻制，其最大特点是可读性强，利于传播。如嵌于颜文姜祠西庑西墙上的宣和题名石碣，其内容如下："淄川衡元度、王巨载，渤海任德充，阳丘高择之，三城傅子容政和七年三月十四日同谒祠下。明年二月十六日，巨载、子容同趋奉高再谒祠下。宣和元年二月初一日记。"该石碣文风类《世说新语》，内容异常简略，却给人留下无限想象空间，至今读来仍觉趣味盎然。此类碑碣中较有代表性的当数明朝熊荣撰写的《题孝妇泉》："孝妇河名自古今，源头一派更泓深。何当吸去为霖雨，洗尽人间不孝心。"因此诗通俗易懂、朗朗上口，是以在所有歌咏颜文姜和颜文姜祠的诗作中流传最广。该石碣在颜文姜祠正殿前，嵌于台基前壁正中，碣高0.51、宽0.88米，楷书阴文，字迹尚清。另外，如明刘分桂《喜雨谒谢顺德泉祠》、周砺斋《孝感泉十七韵》、杨维聪《谒颜文姜祠》等碑碣也均保存完好，且诗文被屡次收入当地志书中。

4. 祷祝类

随着颜文姜传说影响的日益扩大，其身上的神格功能也愈来愈多，颜文姜也逐渐从一个单一的孝行女子演变成为集预警、降雨、送子、御灾等为一体的、具有强大功能的神仙，其最典型的神格功能是降雨。今嵌于颜文姜祠正殿后墙西侧的《风雨竹诗画》碑就是这一功能的典型体现。此碑右上角以行楷体题有"笼泉洒润"四字，画心石上题诗一首："者番瞻拜慕前贤，挚孝由来可动天。清节高风谁与比？为栽修竹护灵泉。静君女史吴秦妲写并题。"其右上角有题跋，文曰："丙戌春杪，二麦苦旱，偕同僚友步祷于夫人之祠。次日，大沛甘霖，欢腾遍野，咸呼为娘娘雨。缉笼余涌，百里同沾。因倩内子画竹勒石，以当匾额。盖竹以象德，风雨之竹，所以志灵也。是为跋。内廷觉罗官署博山县事天目杨春喈。"这是时任博山知县杨春喈苦于博山天旱，到颜文姜祠祈雨灵验后，特命妻子吴静君画竹刻碑以志，因该碑画像清雅典润，是以知名度甚高，颜文姜降雨功能亦愈发为世人所知。

其实，颜文姜的神格功能在宋元时期已经出现，人们在颜文姜祠祈祷灵验后，多刻碑纪念，兼以歌颂颜文姜。如元潘继祖《谒顺德祠并序》碑，碑文提到立碑原因："愚尹般阳仅二载，凡两至祠下，有祷辄应，因作诗八韵，以答神庥，用刻之石而藏之庙庑。"并且在诗中描述颜文姜"荒年能作稔，旱月解为霖"，其影响"祠祭方千里，香缩日积金"，可见民间对其降雨功能之认可。另《颜神镇志》、（乾隆）《博山县志》等志书中描述颜文姜其他神格功能的事例达二十余处，其民间信仰根基之深由此可见。

5. 捐施祈福类

此类碑碣以进香、捐施、醮祭、祈福等为主要内容。与上述碑碣多为名人显贵撰文、书丹不同，该类碑碣基本是普通信众所立，是以撰文、书丹者其名不著，碑文内容亦相对直白、简短。如万历十五年（1587年）的《祈福碣》，记载了青州府益都县孝妇乡掩的社（今博山区白塔镇掩的村）赵敬宾率几个儿子在颜文姜祠祈福之事："喜舍立铜香炉一个，大铜花瓶一对共四十六斤，彩花二枝，神龛一座。惟愿祝世代荣显、人口平安、合镇清宁、国家长久。"其文至为简洁，碑碣由庙户所立，书丹及篆刻者亦为本地普通人。又如道光二十七年（1847年）《重立建醮碣记》石碣，其正文仅百余字，主要记述了李谨庵、王君平等人劝众善共助醮资，以在七月初三颜文姜诞辰日做法事的事情。该碑撰文为廪生王海鳌，其人尚无事迹可寻，而书丹、篆刻者皆无。其他如《捐资修葺碣记》《善士毕君施醮田记》等皆类似。

三、颜文姜祠碑碣价值

诚如上述所言，颜文姜祠历代碑碣虽形制不一，内容各异，其主要目的则不外乎纪念和垂范后世。因各碑文在撰写过程中不可避免地要提到相关的人、物、事，以及立碑的原因、目的等，客观上也为后人了解当时的社会状况提供了第一手资料，具有重要的参考价值。根据碑碣形制、内容、体例等，其价值可大体体现在以下几个方面。

1. 碑碣的历史价值

颜文姜祠碑碣多因某一事件而立，事件本身所含有的历史价值无疑是留给后人的一笔宝贵财富。部分碑文在叙述过程中，也对当时的社会状况进行了或多或少的涉及，这些史料是对当地志书的有益补充。而其中有关颜文姜故事的记载，则在客观上为研究颜文姜传说的发展历程提供了直接依据。

东晋郭缘生《续述征记》中最早记载有颜文姜的故事[9]，其言简意赅，且未冠其名。唐李冗《独异志》有"淄川有女曰颜文姜"[10]记载，故事亦相当简略。上述两文仅仅记载了颜文姜事姑至孝、远道汲水、室涌灵泉等片段，其他人物形象则没有涉及，故事内容还相对单薄，说明该故事虽然在唐中期以前已经在民间传播，但尚未形成显著影响力。宋朝之后，颜文姜故事逐渐完备，开始有其他人物形象出现。宋朝陈琦《续翁姑因地记》记碑虽已消失，但其碑文仍存："夫人祠之左，又有所谓翁婆堂者，乃夫人之舅姑也。舅姓李氏，家于邹邑李颜村。姑郭氏，故居之地，今颜庙是也。舅谨愿惇厚，间里皆敬服，赘郭氏。氏亦生而贤淑，恪修妇道，时人相与言曰：如李氏厚德可高大其门，子孙必有兴者，后果生夫人之夫，聪明正直，克承厥家。壮室颜氏，即亚圣之裔，顺德夫人也。"[11]根据此碑文可知，至少在宋朝宣和年间，颜文姜故事中已经出现了公公、婆婆、丈夫等人物形象，尤其是婆婆郭氏"生而贤淑，恪修妇道"，为厚德之人，非今天所流传的对颜文姜百般刁难的"恶婆婆"形象。此外该碑文也大体理顺了各人物之间的关系，公公姓李，乃当地李颜村人，后入赘郭家，生一子，即颜文姜丈夫，颜文姜丈夫亦是"聪明正直，克承厥家"，整个故事情节呈现的是婆慈媳孝、安定兴旺的情景，与今本故事有很大不同。碑文将颜文姜附会为贤士颜回的后代，也说明在该故事的流传加工中受到了宋朝理学的影响。

明朝时期，颜文姜故事得到了进一步发展，不仅情节更加丰满、完善，且内容上也有新的推展。颜文姜祠所存明范一儒《重修顺德祠记》载："夫人颜姓，字文姜，复圣颜公裔也。舅李氏，姑郭媪，咸颜李村望族云。李公子未聘不禄，姜以柏舟自誓，归事舅姑惟谨。"这里推翻了公公入赘婆家的情节，颜文姜丈夫复归李姓，同时指出其丈夫"未聘不禄"，即尚未成亲就已经去世，颜文姜则守节不嫁，并一心一意侍奉公婆。其情节与宋朝所传又有较大变化。该碑文还同时记载了颜文姜殁而成神后的一个传说："唐天宝征辽，兵经笼水，神以匕箸饷军，今城南营栏，尚其故处，后复助阴兵成功。天子特命汾阳郭公创建祠庙。"这时的颜文姜已经具有神格功能，不仅可以犒劳唐军食物，还派鬼兵辅助唐军作战成功。为表示感谢，唐玄宗特令汾阳王郭子仪为颜文姜创建祠庙。在颜文姜故事现今版本中，有李世民东征时途经该地，颜文姜化身老媪解军队饥困之厄，李世民得胜归朝时为颜文姜修建九十九间庙宇[12]的记载，其故事即来源于该碑所述。

到清中期之前，颜文姜故事体例已大体完备，情节也基本完整。通过祠内碑碣可知，这一时期又增加了仙人赠鞭以及颜文姜羽化成神拨云布雨救助百姓等情节，但是婆婆恶行及与碧霞元君结拜等元素仍未出现。清末民国时期，博山作为经济重镇受到外地游客的关注，他们在实地考察博山经济的同时，也将颜文姜的故事记录在案，如谷凤田于1926年发表于《北京大学研究所国学门周刊》的《颜神的传说》，李育棠1931年发表于《青年友》的《博山纪游》等文章，恶婆婆形象及颜文姜与神仙结为姊妹的故事元素都已经出现，其大体情节与今本颜文姜故事已基本一致。

以上材料可以充分说明，颜文姜的传说在流传过程中不断修改润色，以期更加符合当时人们意愿。经过一千余年的发展，故事不断完备，人物逐渐丰满，情节不断扩充，始成今日规模，这也是历代碑碣所蕴含的文史价值所在。

2. 碑碣的教化作用

颜文姜本身以孝立身，以德立世，所以其故事也具有明显的教化作用。颜文姜祠内的大多数碑碣在征引颜文姜故事的同时，也会自然而然地阐发有关孝道的论点，甚至会用大部分篇幅向社会发出倡议，以达到教化效果。如明碑《修灵泉庙记》中在谈及孝道传承时说："夫大道未隐，人各亲其亲，孝之名未著；世德下衰，始以孝为卓行。"世风日下，在全社会提倡孝道就显得更加重要。而颜文姜的孝行"生既能召室涌泉，殁又能神于一方，以福庇其人民，其孝之至者与？显授封号而庙祀于无穷，岂不宜哉！庸书以著厥美，并系颂祷神辞，俾乡人歌以祀孝妇于永永"。

康熙二年（1663年）的《顺德祠醮祭碑记》碑刻则几乎是通篇论述孝道传承的重要性。其开篇即说："尝论三代而上治以身，三代而下治以神，夫岂盛世之鬼勿权哉？益身习则玩玩，则怠怠，则□于所□□，于所不见若神之焉。"进而谈到颜文姜为神实际"乃圣人之所以孝治者"。并论述道："孝称百行之源，谊不择人而具，吾见声名所著莫不令人□□乎，至性鼓动拔起而不能自己。……夫孝弟而奋于大同者乎，苟如是，是虽以神治，实即圣人以孝治以人治之□也，□□之记而不嫌于市矣。"

该碑文由赵班玺、孙宝仍撰文，二人一为四川监察御史，一为康熙朝掌醢署署正，均为朝廷重臣，所以他们在论述颜文姜孝行及孝道传承时，很自然地会把"为家尽孝"和"为国尽忠"联系起来，进一步拓展了孝道的内涵，也对颜文姜的孝行做了进一步升华。类似论述在颜文姜祠碑碣中举不胜举，即使20世纪80年代后所立的记碑也几乎都有孝道的论述。

千百年来，颜文姜以自己最朴素的人生观丰富了博山孝文化内涵，她的孝行善举也深深影响了博山的民风民俗，使之打上了明显的孝文化烙印，于是"孝"成了博山人的民间信仰，忠实厚道、勤俭朴实成了博山人的性格。他们的精神品格中蕴含的文化传统元素影响至今，成为一代又一代博山人处事、处世的规则和标尺[13]。

3. 碑碣的艺术价值

作为民族艺术的结晶，碑碣一般具有一定的文学艺术价值，碑文形式严谨、语言优美，给人以美的享受。因其碑文多由书法名家书写，石碑也往往成了历代书法家真迹汇集所在。颜文姜祠碑碣同全国大多数碑碣一样，在书写上多以楷书为主，欧体、颜体、柳体均有涉及，字体庄重大方，与石碑之森严互为映衬。

这些碑碣中，部分是当事人自题，再请人刻于碑石之上，如明熊荣《题孝妇泉石碣》、刘分桂《喜雨谒谢顺德泉祠》等；更多的则是撰文、书丹分列，如康熙三年（1664年）的《重修颜文姜灵泉庙碑记》，碑文由户部右侍郎周亮工撰写，钟山胡其孝书丹，邑人孙廷钟篆额。周亮工的文采、胡其孝的书法和孙廷钟的篆刻完美融合在一起，使后人在欣赏碑文文采的同时，可以感受书法的精彩和篆额的神韵。

类似较为典型的还有民国的《重修灵泉庙碑记》刻碑，此碑立于颜文姜祠正殿后墙外檐下，高2、宽0.85、厚0.2米，四周回纹花边，楷书阴文，刻工精细，字迹精美，保存完好。碑文由李守中撰写，张新曾书丹，钱振崧篆额。李守中，字时庵，清光绪乙酉副贡，丁酉举于乡，曾主讲淄川般阳书院。后以直隶州同分发试用，荐升知州，历充天津巡警总局稽查等，民国《续修博山县志》曾收录其文多篇。张新曾（1868～1947年），字焕宸，清光绪进士，选授河北省肥乡县、昌黎县知县。曾任博山商会会长。其书法专攻颜体楷书，尤好天津华士奎书风，晚年偏爱刘石庵书体，求其厚重古朴之感。张焕宸书法在民国时期颇负盛名，其在工部主事进士馆学习期间，年龄不及20岁，但每日求字者已络绎不绝。回博山定居后，张焕宸积极投身本地经济建设，主导成立名店聚乐村，并亲笔撰写"聚乐村"三个鎏金大字。迄今，"聚乐村"三字仍是博山地区最具代表性的书法作品。钱振崧（1868～1944年），字崧山，又字中山、仲珊，博山人，书画篆刻皆精，民国间享名博山。

《重修灵泉庙碑记》刻碑碑文儒雅可读，字迹工整大方，成为博山地区书法爱好者临摹最多的一幅作品，这也是书法艺术赋予碑刻价值的一大体现。

另外，颜文姜祠碑碣中尚有部分行书、草书碑刻亦颇值得一观，如宋刘支离的《咒水符石碣》作品，其书法跌宕落笔，运转龙蛇，纵横洒脱，气脉贯通，令人不禁抚掌称妙。明杨维聪《谒颜文姜祠》碑文为行书写就，其书法轻松活泼，轻重适宜，线条流畅，动感十足，是博山地区代表性的行书碑碣。

除以上草书、行书形式外，颜文姜祠碑碣中尚有隶书、行楷、行草等多种形式，这些作品均为当时书法大家撰写，无一不是精品，可以让游客在感受颜文姜孝道的同时，体验书法艺术之美。

四、小　　结

颜文姜作为孝文化的代表，不仅继承了中国传统文化的精髓，更直接奠定了博山崇仁重孝的文化内核。受颜文姜的影响，博山世代先民均以乐善好施、扶贫济困作为处事标准，其精神品格中蕴含的文化传统影响至今。在颜文姜故事的流传过程中，颜文姜祠内的一块块碑碣如春风化雨，渗透到博山民风民俗的方方面面，并通过这些生活细节使这一优秀的民族文化代代相传，绵延不绝。

注　　释

[1] （清）孙廷铨：《颜山杂记》，《博山旧志集成》（一），中国文史出版社，2015年，78页。
[2] 《颜神地名考略》，《山东省淄博市博山区地名志》（内部资料），1986年，238页。
[3] 淄博市博山区区志编纂委员会：《博山区志（1986~2002）》，中华书局，2010年，472页。
[4] 该碑于明万历四十二年（1614年）立，碑文由时任颜神镇捕盗通判范一儒撰写。
[5] （清康熙）《颜神镇志》，《博山旧志集成》（一），中国文史出版社，2015年，208页。
[6] （明）杨文卿《修灵泉庙记》，（乾隆）《博山县志》，《博山旧志集成》（二），中国文史出版社，2015年，238页。
[7] （清）孙廷铨：《颜山杂记》，《博山旧志集成》（一），中国文史出版社，2015年，69~70页。
[8] （清）孙廷铨：《颜山杂记》，《博山旧志集成》（一），中国文史出版社，2015年，79页。
[9] （晋）郭缘生：《续述征记》，中华书局，1976年，147页。
[10] （唐）李冗：《独异志》，中华书局，1972年，342页。
[11] （清康熙）《颜神镇志》，《博山旧志集成》（一），中国文史出版社，2015年，250页。
[12] 炅继广：《颜文姜的传说》，《博山民间文学集成》（内部资料），1989年，1~3页。
[13] 刘心明主编：《文化博山》，山东人民出版社，2021年，21页。

图　版

图版一

1. 遗址鸟瞰（西—东）

2. 发掘区航拍（南—北）

高青拥护村南遗址航拍

图版二

1. H2

2. H3

3. H6

4. H33

5. H57

6. H60

高青拥护村南遗址东周灰坑

图版三

1. M3

2. M4

3. M5

高青拥护村南遗址东周墓葬

图版四

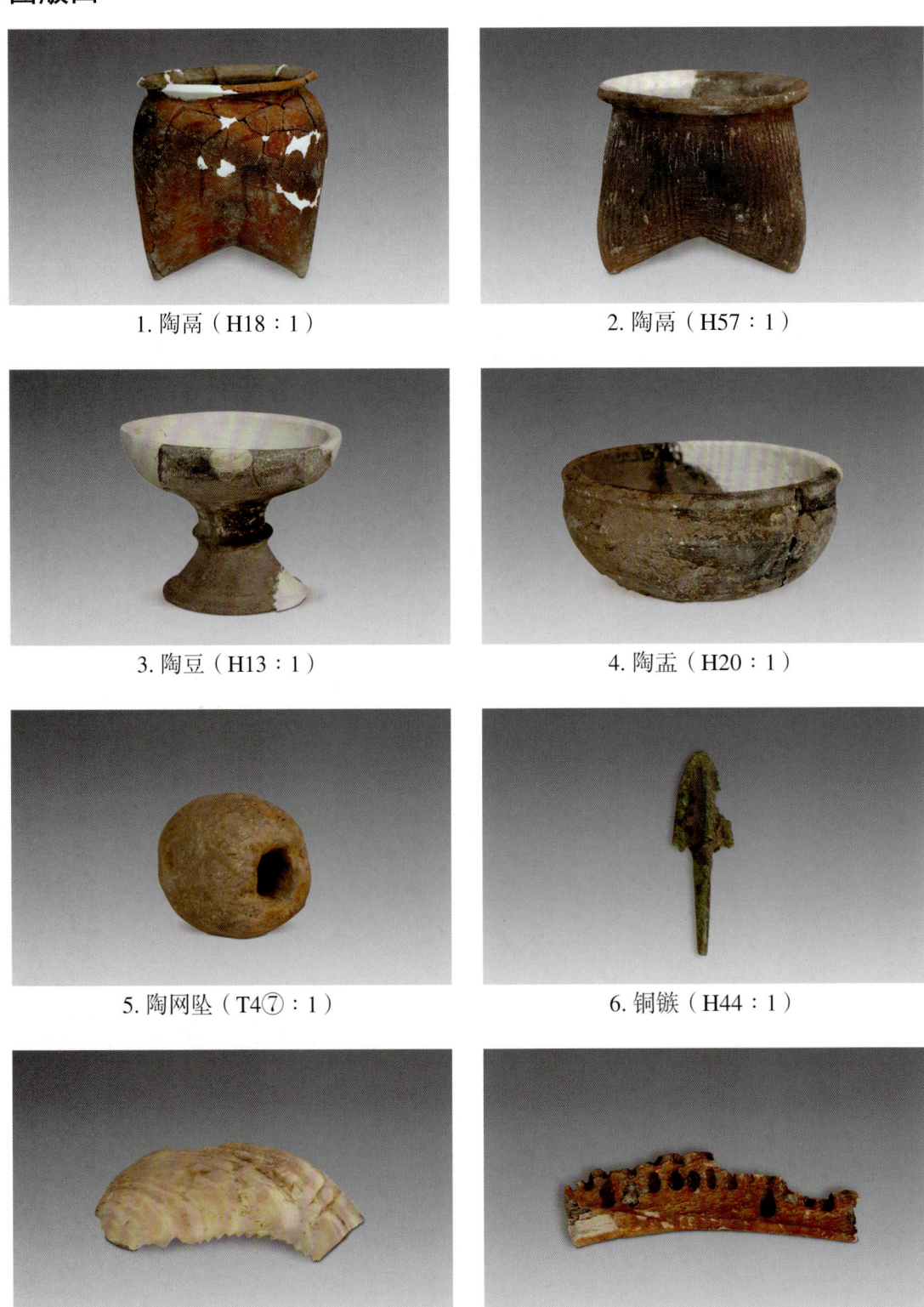

1. 陶鬲（H18:1）
2. 陶鬲（H57:1）
3. 陶豆（H13:1）
4. 陶盂（H20:1）
5. 陶网坠（T4⑦:1）
6. 铜镞（H44:1）
7. 蚌镰（T4⑦:2）
8. 卜骨（H34:1）

高青拥护村南遗址出土陶器、铜镞、蚌镰及卜骨

图版五

1. 豆（M3:1）
2. 豆（M3:4）
3. 盂（M3:2）
4. 鬲（M3:3）
5. 鬲（M4:1）
6. 豆（M4:2）
7. 豆（M4:3）
8. 豆（M5:1）

高青拥护村南遗址东周墓葬出土陶器

图版六

1. H1

2. M1

高青拥护村南遗址唐宋时期灰坑及墓葬

图版七

1. 陶罐（M1∶1）
2. 瓷罐（M1∶2） 
3. 瓷碟（M1∶4） 
4. 陶托盘（M1∶3） 
5. 铜镜（M1∶5） 
6. 铜合页（M1∶7） 

高青拥护村南遗址M1出土器物

图版八

1. 陶鬲（G2⑦:4）
2. 陶鬲（G2⑦:4） 
3. 陶鬲（G2⑦:3） 
4. 陶鬲鼎（G2⑦:2） 
5. 陶钵（G2③:1） 
6. 石钺（G1⑧:1） 

乳山东王家遗址出土器物

1. 全景（T0619~T0624，北—南）

2. 发掘全景（南—北）

济南市省府前街遗址全景

图版一〇

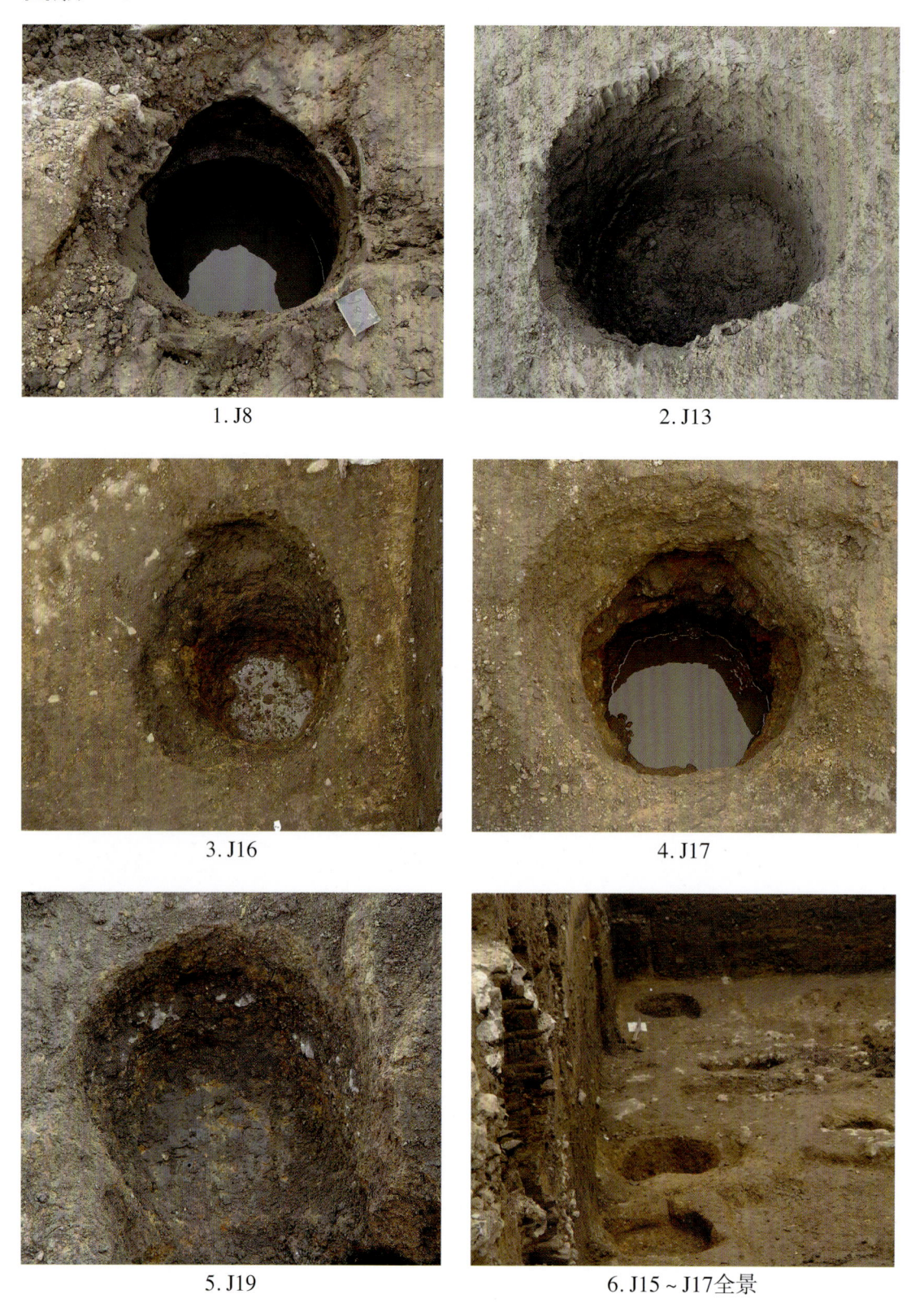

1. J8

2. J13

3. J16

4. J17

5. J19

6. J15～J17全景

济南市省府前街遗址水井

图版一一

1. H11

2. H12

3. H9

4. Z1

5. Z2

6. J18

济南市省府前街遗址灰坑、灶及水井

图版一二

1. F2全景

2. F3

3. F3（局部）

4. F3干栏式建筑解剖

5. F4

6. F4（柱础）

济南市省府前街遗址房址

图版一三

1. 战国陶壶（J17：1）

2. 汉代陶豆盘（T0619⑤：6）

3. 战国陶盆（J17：2）

4. 唐代陶罐（J15：6）

5. 唐代白釉瓷碗（T0619⑤：5）

济南市省府前街遗址出土战国、汉、唐时期器物

图版一四

1. 青釉瓷碗（T0620③：2A）

2. 青釉瓷碗（T0621④：28）

3. 青釉瓷碗（T0619④：5）

4. 青釉瓷碗（T0621④：31）

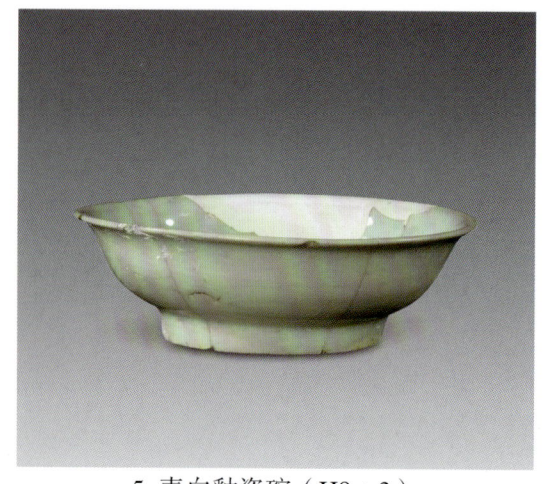

5. 青白釉瓷碗（H9：3）

6. 白釉瓷碗（J11：1）

济南市省府前街遗址出土元代瓷碗

图版一五

1. 青釉瓷盘（T0619③：2）

2. 青釉瓷盘（T0619③：12）

3. 青釉瓷盘（H9：27）

4. 青釉瓷盘（T0620③：6）

5. 钧釉瓷盘（H9：28）

6. 钧釉瓷盘（T0620②：9）

济南市省府前街遗址出土元代瓷盘

图版一六

1. 宋白釉瓷碗（T0620④：7）

2. 宋白釉瓷盘（T0621④：19）

3. 元白釉黑花瓷盆（H9：10）

4. 元三彩陶盆（T0620②：6）

5. 元黑釉高柄杯（J11：3）

6. 元黄绿釉灯盏（T0621④：27）

济南市省府前街遗址出土宋元瓷器

图版一七

1. 白釉瓷碗（T0619③：19） 　　　　2. 黑釉瓷碗（T0620②：10）

3. 白釉瓷盘（T0620H3：A） 　　　　4. 青釉瓷盘（T0621①：5）

5. 青釉瓷盘（T0619③：10） 　　　　6. 黄釉瓷壶（J4：19）

济南市省府前街遗址出土明代瓷器

图版一八

1. 白釉红花描金瓷碗（J4：4）

2. 青釉瓷盘（J4：A）

3. 孔雀蓝釉瓷盘（T0620②：A）

4. 白釉珐琅彩瓷盘（J4：5）

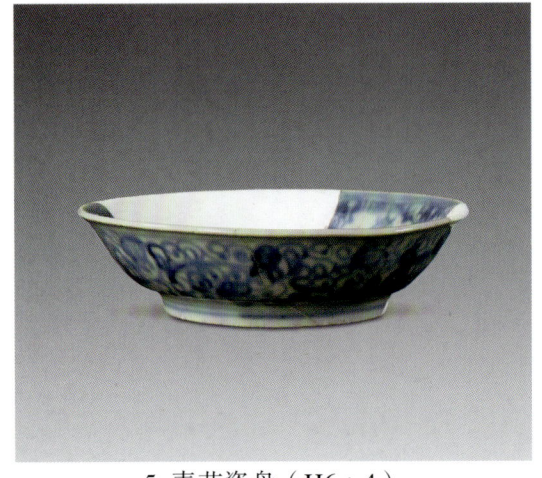

5. 青花瓷盘（H6：4）

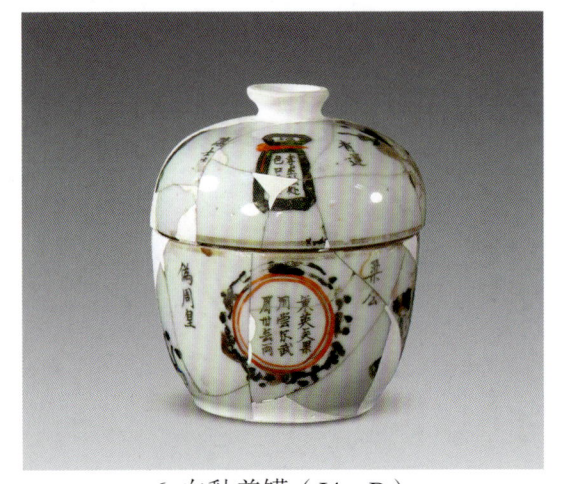

6. 白釉盖罐（J4：B）

济南市省府前街遗址出土清代瓷器

图版一九

1. M1
2. M3
3. M2
4. M2底部

烟台三十里堡墓群西墓区Z16墓葬

图版二〇

1. 陶罐（M1:1）
2. 陶罐（M2:9） 
3. 陶罐（M2:8） 
4. 肩部文字（M2:8） 
5. 陶罐（M2:10） 
6. 陶罐（M2:11） 

烟台三十里堡墓群西墓区Z16出土陶罐及文字

图版二一

1. 陶罐（M2：12）
2. 小陶罐（M2：18） 
3. 小陶罐（M2：19） 
4. 小陶罐（M2：20） 
5. 高领罐（M2：13） 
6. 高领罐（M2：14） 

烟台三十里堡墓群西墓区Z16M2出土陶器

图版二二

1. 高领罐（M2∶15） 　　2. 陶壶（M2∶16）

3. 陶壶（M2∶17） 　　4. 陶钵（M2∶2）

5. 陶钵（M2∶3） 　　6. 陶钵（M2∶4）

烟台三十里堡墓群西墓区Z16M2出土陶器

图版二三

1. 陶钵（M2:5）

2. 陶钵（M2:6）

3. 陶钵（M2:7）

4. 陶盘（M2:1）

5. 陶盘花纹（M2:1）

烟台三十里堡墓群西墓区Z16M2出土器物

图版二四

1. 铜带钩（M2∶46）

2. 铜泡（M2∶36）

3. 铜包角（M2∶41）

4. 铜包边（M2∶44）

5. 铜铺首（M2∶34）

6. 石啥（M2∶33）

烟台三十里堡墓群西墓区Z16M2出土器物

图版二五

1. 白陶罐（M3∶1）
2. 彩陶罐（M3∶3） 
3. 彩陶罐（M3∶4） 
4. 彩陶罐（M3∶6） 
5. 陶罐（M3∶2） 
6. 陶罐（M3∶5） 

烟台三十里堡墓群西墓区Z16M3出土器物

图版二六

1. 陶罐（M3∶7）

2. 陶罐（M3∶8）

3. 铜镜（M3∶9）

4. 陶罐（K.3.32）

5. 陶罐（K.3.70）

6. 陶罐（K.3.7）

烟台三十里堡墓群西墓区Z16M3出土器物及采集陶器

图版二七

1. 陶壶（K.3.28）

2. 陶壶（K.3.8）

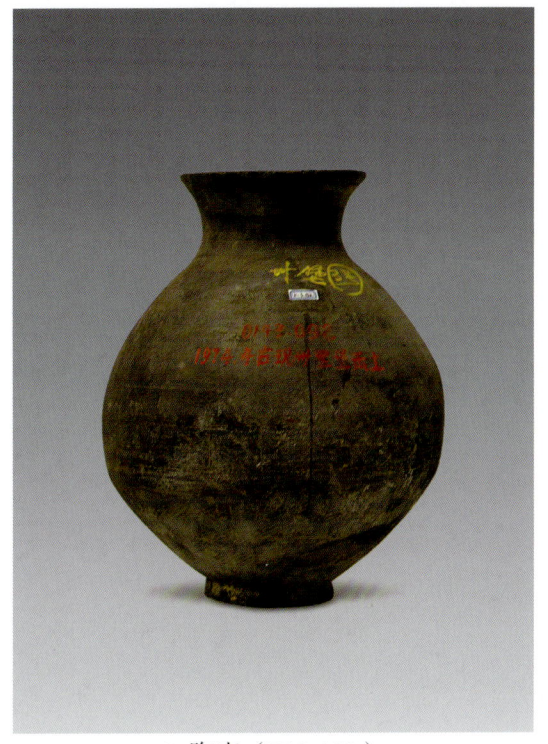

3. 陶壶（K.3.132）

4. 陶鼎（K.3.131）

烟台三十里堡墓群采集陶器

图版二八

1. 陶罐（14YTFQM1∶4）

2. 陶壶（14YTFQM1∶2）

3. 陶盘（14YTFQM1∶1）

4. 博山熏炉（14YTFQM1∶5）

5. 釉陶壶（05YTKZM1∶1）

6. 平底罐（05YTKZM1∶2）

烟台青龙山墓地M1、郑家庄墓地M1出土器物

图版二九

1. 扁壶（M1：2）

2. 奁（M1：3）

3. 玳瑁盒（M1：4）

4. 圆炉（M1：8）

1974年烟台三十里堡墓群东墓区（岗崟）M1出土陶器

图版三〇

1. 鱼形盒（M1:5）
2. 瞻洗（M1:6） 
3. 龟形器（M1:7） 
4. 博山炉（M1:9） 

1974年烟台三十里堡墓群东墓区（岗阎）M1出土陶器

图版三一

2. 03YTKZM3

3. 03YTKZM4

1. 05YTKHM2（东—西）

烟台侯家墓地、皂户头墓地砖室墓

图版三二

旧县四街二区窑址航拍

图版三三

旧县四街三区窑址航拍

图版三四

旧县四街四区窑址航拍

图版三五

1. Y9平面

2. Y9火门及火膛

旧县四街窑址Y9

图版三六

1. Y10平面

2. Y10窑室倒塌堆积

3. 火膛内人骨

旧县四街窑址Y10

图版三七

1. Y11平面

2. Y11窑室倒塌堆积

3. Y11烟道封砖

4. Y11窑室后壁及烟道

5. 火门

旧县四街窑址Y11

图版三八

1. Y12平面

2. Y12窑室倒塌堆积

旧县四街窑址Y12

图版三九

1. Y13平面

2. Y17平面

旧县四街窑址Y13、Y17

图版四〇

1. Y17窑室平面
2. Y17窑壁倒塌堆积 
3. Y17火门 
4. Y17南侧烟道 

旧县四街窑址Y17内部结构

图版四一

1. 陶三足樽（M1∶1）

2. 陶奁（M1∶2）

3. 陶盘（M1∶3）

4. 陶耳杯（M1∶4）

5. 陶耳杯（M1∶5）

6. 铜镜（M1∶6）

旧县四街窑址M1出土器物

图版四二

1. Y4平面

2. Y4工作间侧墙

3. Y4火门

4. Y4火膛

5. Y4火门侧墙

旧县四街窑址Y4

图版四三

1. Y5平面

2. Y5烟室

旧县四街窑址Y5

图版四四

1. 鸱吻（G4∶15）侧视
2. 鸱吻（G4∶15）俯视 
3. 鱼身（H2∶15） 
4. 脊翅（H2∶17） 
5. 建筑构件（H2∶16、H9∶14、H2∶18、H9∶13） 
6. 尾部（G4∶17） 
7. 尾部（H9∶15） 
8. 滴水瓦（H19∶22） 
9. 板瓦（Y1∶1） 

旧县四街窑址出土建筑用器

图版四五

1. 瓦当（H2∶6）

2. 瓦当（G4∶22）

3. 瓦当模具（H9∶7）（左为翻模，右为模具）

4. 瓦当（H4∶5）

5. 瓦当（T2212②∶2）

旧县四街窑址出土瓦当和模具

图版四六

1. Aa型盆（H11∶1）俯视
2. Aa型盆（H11∶1）侧视 
3. A型钵（H19∶17） 
4. B型盆（Y4∶1） 
5. Aa型盆（H19∶8）内壁 
6. Aa型盆（H19∶8）外壁 
7. C型盆（H19∶15） 
8. 花边口盆（H20∶1） 

旧县四街窑址出土陶器

图版四七

1. E型（H22∶1）

2. A型（H9∶11）

3. A型（G4∶2）

4. B型（H6∶1）

5. D型（H2∶11）

6. B型（H2∶10）

7. D型（H15∶1）

8. F型（G4∶4）

旧县四街窑址出土白瓷碗

图版四八

1. A型（H2∶8）

2. A型（H4∶2）

3. B型（H19∶19）

4. C型（Y2∶2）

旧县四街窑址出土白瓷盘

图版四九

1. G4:7（俯视）

2. G4:7（侧视）

3. T2212②:1

4. G4:21

5. H19:4（侧视）

6. H19:4（俯视）

旧县四街窑址出土棕黄釉瓷碗

图版五〇

嘉祥龙城华府墓地航拍

图版五一

1. M1出土骨梳

2. M1出土钗

3. M1出土銙

4. M2出土瓷碗

5. M3出土簸箕形陶砚

嘉祥龙城华府墓地墓葬出土器物

图版五二

巨野达鲁花赤按檀不花家族墓地M1、M2发掘现场

图版五三

1. 金十字架

2. 金质嵌宝石饰件

巨野达鲁花赤按檀不花家族墓地墓葬出土器物

图版五四

1. A型（0487）

2. B型（0489）

邹平黄山三路窖藏铜鼎

图版五五

1. A型壶（0493）

2. B型壶（0495）

3. A型熏炉（0499）

4. A型熏炉（0499）

邹平黄山三路窖藏铜器

图版五六

1. B型觚形杯（0501）

2. A型觚形杯（0503）

3. B型熏炉（0505）

4. B型熏炉（0505）

邹平黄山三路窖藏铜器

图版五七

1. 六棱贯耳瓶（0507）

2. 花边口盘（0508）

3. 勺（0509）

4. 如意（0510）

邹平黄山三路窖藏铜器

图版五八

1. 火锅（0513）

2. 火锅（0513）

3. C型金猊形纽香炉（0515）

4. 盖豆（0516）

5. 铜舟（0517）

6. 铜舟（0517）

邹平黄山三路窖藏铜器

图版五九

1. 盉（0518）

2. 器座（0519）

3. 灯（0520）

邹平黄山三路窖藏铜器

图版六〇

1. 暖手炉（0522）

2. 暖手炉（0522）

3. 双环四足三联灶（0523）

4. 双环四足三联灶（0523）

5. 兽形双篆尊（0528）

邹平黄山三路窖藏铜器